谋略经典

丁健民 ◎ 主编

中国华侨出版社

图书在版编目（CIP）数据

谋略经典 / 丁健民主编. —北京：中国华侨出版社，2015.5
ISBN 978-7-5113-5440-2

Ⅰ.①谋… Ⅱ.①丁… Ⅲ.①谋略—中国—通俗读物 Ⅳ.①C934-49

中国版本图书馆CIP数据核字（2015）第095825号

谋略经典

主　　编：	丁健民
出 版 人：	方　鸣
责任编辑：	羽　仙
封面设计：	中英智业
文字编辑：	王　宁
美术编辑：	宇　枫
经　　销：	新华书店
开　　本：	1020毫米×1200毫米　1/10　印张：36　字数：706千字
印　　刷：	三河市万龙印装有限公司
版　　次：	2015年7月第1版　2018年6月第2次印刷
书　　号：	ISBN 978-7-5113-5440-2
定　　价：	59.80元

中国华侨出版社　北京市朝阳区静安里26号通成达大厦三层　邮编：100028
法律顾问：陈鹰律师事务所
发 行 部：（010）88866079　传　真：（010）88877396
网　　址：www.oveaschin.com
E-mail：oveaschin@sina.com

如发现印装质量问题，影响阅读，请与印刷厂联系调换。

前言

中华民族是一个长于思辨、善于筹谋的智慧民族。翻开五千年文明史，你会发现无数先人的智慧谋略。从古至今，无论是帝王将相，还是凡夫俗子，无不倚重智谋去用心、斗智、出奇、弄巧，以达到预想的目的。大到一个国家、一个民族，为了求生存、争发展，必须使用谋略；小到个人的为人处世、事业发展，也都离不开筹划。从统军作战到治国兴邦，从科技创新到企业经营，从决策应对到说服巧辩，无时无处不展现着谋略的力量。一条妙计，可以赢得一场战争；一番谋划，可以拯救一个国家；一丝灵感，可以揭开一桩迷案；一个点子，可以成就一个奇迹；一句妙对，可以化解一场纠纷……

中华谋略是中华文化中不可或缺的重要组成部分，是我们取之不尽、用之不竭的宝贵财富，甚至对塑造整个中华民族的性格也起了很大的作用。虽然谋略并不是公式，也不是放之四海而皆准的绝对真理，但读一些历史或现实中的谋略故事，却可以启发我们的悟性，开拓我们的思维与眼界，进而启迪智慧，增长才干，提高应变交际能力。

这本《谋略经典》包括断案卷、科技卷、政治卷、军事卷、经营卷、说辩卷、巧女卷、慧童卷、8个部分。举凡古今优秀的谋略故事无不尽量收录，涉及社会生活的方方面面，从多个角度清晰、完整地呈现了中华谋略文化的全貌。其中既有大智慧、大谋略，也有小才辩、小智巧；既有驭下、奉上、对敌、交际等方面的真谛，也有上智、察智、胆智、兵智、语智、捷智、杂智等各方面的精髓。故事中的人物有王侯将相、文人名士、农工学商等。

在本书中，你可以领略到晏婴、张良、光武帝、唐太宗等的深谋远虑，狄仁杰、包拯等的明察秋毫，韩信、诸葛亮、韦孝宽等的用兵如神，以及孟子的巧谏，等等。全书故事丰富多彩，妙趣横生，融知识性、趣味性、哲理性于一体，处处闪烁着智慧的灵光，既可供读者细细研读品味，用以指导人生，亦可供随意翻阅，平添阅读休闲的乐趣。

现代社会的发展日新月异，各种各样的竞争越来越激烈，很多人都在羡慕那些取得巨大成功的赢家。但事实上，在任何方面取得成功的人，都不过是想出了正确的方法，作出了科学的决策，实施了合理的行动而已，说白了，就是多运用了一些谋略罢了。当你汲取了更多的智慧谋略方面的营养，并将其活学活用到你的人生实践中去时，相信离你成为赢家的日子就不远了。

一部开拓眼界、启发悟性的智慧宝典

目 录

断案卷

苏秦死后擒刺客	2
何武凭剑判遗产	2
张敞计捉众小偷	3
薛宣割绢巧断案	3
孙宝充称一知全	3
周纡和死人说话	4
庄遵欲擒故纵计	4
高柔深究破凶案	5
罗际买马破盗案	5
王敬则罚贼扫街	5
李惠拷打羊皮计	6
李崇巧计破疑案	6
李崇辨哭断儿计	7
高谦之擒诈马贼	7
杨津智擒黑衣贼	7
柳庆智断盗金案	8
巧用凶徒治盗贼	8
御史智破诬告案	9
魏复智斩杀人犯	9
刘崇龟查刀破案	9
狄仁杰破杀夫案	10
袁滋称金巧破案	11
赵和智破诈骗案	11
裴度失印而复得	12
阎济美水中捞银	12
张金楚查诬告信	12
裴均智破杀狗案	13
吕元膺巧掀棺材	13
张允济蒙面讨牛	14
李杰智识通奸案	14
崔大臣智找小妾	15
慕容彦智擒骗子	15

孔循刀下留好人	16
张铬钻空心铁佛	16
州官扮鬼问血案	17
向敏宗智雪冤案	17
包拯智破纵火案	18
包拯妙点鸳鸯谱	18
张贤齐断家务事	19
包拯巧取合同文	19
包拯智斩鲁斋郎	20
包拯一时破两案	20
属吏巧破无头案	21
李处厚照伞验尸	21
强至细查免冤案	22
程颢妙破讹诈案	22
陈襄巧计破窃案	23
徐县官巧计辨盗	23
韩亿取证雪沉冤	24
朱寿昌智查真凶	24
张公巧破自诬案	24
张咏识破假和尚	25
程戡破杀母奇案	25
王臻细查仇杀案	26
高昉验布纠冤案	26
范纯仁识破伪供	27
葛源巧治恶吏胥	27
李南公验伤识伪	28
胡颖机智灭蛇神	28
张公谨辨伪擒凶	29
汪推官佛门断案	29
宋日隆诘童雪冤	29
周新巧计识诬告	30
周新一叶破凶案	30
祝瀚妙断白鹤案	31
殷云霁鉴字擒凶	31
宋清搬来猫侦探	32

1

篇目	页码	篇目	页码
何知县审弥勒佛	32	孙柳下智辨淫妇	58
海瑞验尸明真相	33	费县令依图断案	59
海瑞智惩胡公子	33	刺史查扇擒真凶	59
海瑞审十载积案	34	县令扮盗擒淫棍	60
杨卓复审擒真凶	34	张船三絮语诘盗	60
张杲卿深井探尸	35	赵大明善察贼踪	61
李亨一言断茄案	35	胡秋潮变通退婚	61
尹见心询问幼女	36	老翁遗嘱有奥秘	62
一桩稀奇的命案	36	县官巧断夺田案	62
张小舍善察小偷	37	县官巧计破窃案	63
富商智擒淫和尚	37	送贼赏钱寻破绽	63
宋清使诈分遗产	38	施愚山弄神破案	64
老吏妙计审小偷	38	徐昆访哑女破案	65
钱藻离间审京军	39	县令佯倦识窃贼	65
王明阳引盗串供	39	朱垣验骨破宿案	66
顾县令镰刀断案	40	钦正天智断纠纷	66
汪旦破净室淫案	40	费益斋字画断案	67
范贾募兵破凶案	41	张县令智擒强盗	67
陈懋仁智辨假伤	41	李铁桥欲擒故纵	68
冯祥引蛇出洞计	42	孟县官读无字状	69
袁知县饿驴找骡	42	县令巧捉吃人鬼	69
刘知县瘢痕作证	43	县令智惩贪狱吏	70
官员细心擒强贼	43	知县赏钱断曲直	70
王通判焦土复影	44	智断瞎子窃钱案	70
幕僚论鬼断疑案	44	段县令杀鸡断案	71
县令智破谋杀案	45	老茶客酒店判银	71
朱垣智翻毒夫案	45	胡鉴并纸辨真伪	72
袁枚巧保早产子	46	曾县令杀蟒平冤	72
袁枚妙护天落女	46	县令查鞋底断案	73
智判杀夫焚尸案	47	段光清智捕内贼	74
萧爵寅细查折据	47	知府办案四字诀	74
姚一如请神破案	48	知县密访断凶案	75
葡萄架下解悬疑	49	县官催吐识恶婆	75
巡检智辨失窃案	50	高延瑶扁担断案	76
验颈骨智惩真凶	50	汪辉祖分讯得实	76
汪辉祖破田产案	51	知县明断诬告案	76
讼师爷一语翻案	51	胡秋潮断奸杀案	77
县令书楼觅物证	52	林清光雨中查凶	77
张治堂马褂觅疑	53	杖打菩萨揭阴谋	78
同知智断风流案	54	知县妙计擒盗贼	78
知州询童破凶案	54	林公计断换子案	79
彭永思审石破案	55	周省三换套救人	79
县官智破杀人案	55	周师爷假碑之计	80
县官智断替罪案	56	冯师爷写禀救婺	80
县令智惩武秀才	57	弄神教训洋教士	81
县令查树墩破案	57	费侦探智辨真凶	81
癫梅审树查奸夫	58	冷载阳称重伸冤	82

目 录

霍桑与白衣怪客	83
贺中杰破情杀案	84
孙科长悬崖查秘	85
察挂钟识假盗案	85
刑警智识假证人	86
老法医鲤鱼作证	86
察烟头锁定凶手	87
周队长血泊释疑	87
火眼金睛识劫匪	88

科技卷

鲁班智扶斜宝塔	90
鲁班仿草造锯子	90
张衡发明地动仪	90
华佗的特殊药方	91
曹操寒夜筑土城	91
曹绍夔捉妖治病	92
喻皓设计斜宝塔	92
高超新法合龙门	93
丁谓一举而三得	93
毕昇的活字印刷	94
怀丙和尚捞铁牛	94
侯叔献巧堵河堤	95
锡工巧镀玻璃瓶	95
船工河底捞石兽	96
尹县令河中除树	96

政治卷

荀息叠蛋谏晋王	98
荀息借道取虞虢	98
郑武公笑里藏刀	98
州鸠力谏周景公	99
公子小白诈死计	99
秦穆公羊皮换贤	99
申叔时救陈保楚	100
史疾论名实治国	100
石碏假手救国计	101
邢成子智算国运	101
国君以城换罪犯	101
士会死谏救统帅	101
子产不拆毁乡校	102
胥臣苦谏荐良才	102
晏婴讽滥施酷刑	103
晏婴一日三谏君	103
卫士巧言谏吴王	104

专诸刺杀吴王僚	104
薛公献礼荐王妃	104
吴起的赏罚信誉	105
吴起伏尸复仇计	105
邹忌论美谏齐王	105
季梁劝魏王息战	106
甘茂巧谏秦武王	106
范雎远交近攻计	107
苏秦义激张仪计	107
蔺相如渑池挫秦	108
苏代巧言得高都	108
毛遂自荐说楚王	109
魏加以惊鸟喻将	109
刘邦的约法三章	110
伙夫出使救武臣	110
刘邦为义帝发丧	110
萧何月下追韩信	111
张良陈平安韩信	111
韩信给仇人赐官	111
陈平献计擒韩信	112
冯唐妙语救魏尚	112
刘发怪舞获封地	113
刘秀焚信安人心	113
郑均劝兄拒贿赂	113
太史慈智毁奏章	114
曹操许昌迎献帝	114
刘备借雷掩失态	115
刘晔谏明帝保密	115
古弼忠心献弱马	115
高颎妙计灭陈国	116
梁毗哭金息战乱	116
令狐楚智稳米价	116
唐太宗的赏功计	117
唐太宗不登泰山	117
段秀实闯营平乱	117
寇准献计废太子	118
唐代宗不纵皇女	118
顾少连画雕巧谏	119
赵匡胤智释兵权	119
文彦博稳定市场	120
陈太守智收地图	120
阿鲁浑萨里谏帝	120
朱元璋智释人质	121
朱元璋限制宦官	121
朱标巧示负子图	121
解缙题诗劝成祖	122
周新上任先坐牢	122

3

杨暄御前巧揭奸	123	曹操乌巢劫粮草	147
况钟严惩六恶吏	123	曹操传流言挫敌	147
梅国桢拒绝献玺	124	曹操十面埋伏计	148
于成龙为民诓驾	124	曹操隔岸观火计	148
林则徐设计筹款	124	诸葛亮初次用兵	149
蔡锷智斗袁世凯	125	周瑜火烧赤壁计	149
		诸葛亮乘虚夺城	150

军事卷

诸葛亮锦囊妙计	151
曹操离间孙刘计	151
曹刿长勺论战术	128
诸葛亮妙书解难	152
楚国樵夫诱敌计	128
陆逊欲退先攻敌	152
管仲智过鬼泣谷	129
关羽水淹七军计	153
管仲楚国购鹿计	129
陆逊火烧连营计	153
栾枝尘土惑楚军	130
陆逊巧计袭荆州	154
孙膑围魏救赵计	130
诸葛亮烧藤甲兵	155
"胆小鬼"打大胜仗	131
诸葛亮空城退敌	155
孙膑减灶诱魏军	131
木牛流马夺粮草	156
王翦以逸待劳计	132
诸葛亮智收姜维	156
陈胜鱼狐兴兵计	132
死诸葛退活司马	157
郦食其智取陈留	133
羊祜边境攻心战	157
韩信暗度陈仓计	133
马隆磁石收失地	158
韩信木罂渡军计	134
石勒"献礼"夺蓟城	158
韩信背水一战计	134
郭敬循环浴马计	159
韩信巧借洪水计	135
祖逖真假军粮计	159
纪信舍身救汉王	136
傅永瓜瓢盛火把	160
刘邦辱骂激曹咎	136
江卣用鸡播火种	160
陈平离间逐亚父	137
宗悫假狮斗真象	161
陈平白登解围计	137
李崇牛皮鼓报警	161
李广阵前空城计	138
刘亮树旗镇叛军	161
李广装死脱险境	138
陆腾歌舞藏杀机	162
赤眉军豆子诱敌	139
韦孝宽伪造书信	162
耿弇佯攻巨里城	139
杨玄感诈呼懈敌	163
廉范无中生有计	140
贺若敦的粮饷计	163
耿恭请神灵相助	140
尉迟运助火守门	163
虞诩示强惑羌军	141
窦建德诈降之计	164
杨璇石灰火马阵	141
裴行俭粮车藏兵	164
太史慈练箭迷敌	142
史思明扮使立功	165
孙坚笑退几万兵	142
哥舒翰失潼关镇	165
祖茂头巾包树桩	143
李光弼母马引马	166
张辽处变而不惊	143
张巡射蒿识敌首	166
丁斐放牛马脱险	143
李光弼地道之战	167
贾诩设陷巧败敌	144
张𬈑放风筝求援	167
袁绍计取冀州城	144
李愬让鹅鸭参战	168
刘备撤围诱敌计	145
幽州兵派假使者	168
张飞用智擒刘岱	145
李神福画地退敌	168
张飞巧计擒严颜	146
王处存扮羊破城	169
曹操御鞍诱敌计	146
钱传瓘巧用灰豆	169

冯瓒乱更驱盗匪	170	冠生园巧销月饼	191
曹玮应变除叛军	170	巧借政事做广告	191
宋大臣画像离间	170	范旭东的碱之战	191
曹玮巧挫西夏军	171	酒厂的巧妙广告	191
种世衡银子当靶	171	不惜血本仍赢利	192
李元昊妙察行踪	172	中国市长杀手锏	192
赵遹纵猿火攻计	172	奇设医药股之计	193
萧干用计退宋军	173	世界书局的薄利	193
刘光世铸钱之计	173	熊猫玩具换包装	193
岳飞离间废刘豫	173	钟华生空手筹款	193
狄青变阵惑叛军	174	何阳购房送车计	193
岳飞大破铁塔兵	174	向导公司的妙计	194
刘锜投毒战兀术	175	商行返款销售计	194
杨政假招伏兵计	175	巧借总统扬名计	194
毕再遇撑伞借箭	176	古玩店开业贵卖	195
毕再遇山羊击鼓	176	大酒家海鲜特价	195
刘国杰布铁钉阵	176	老店员推销赝品	195
叶旺设冰墙陷阱	177	开发亚运旗之计	195
王真布袋诱燕军	177	为明星免费服务	195
丛兰投毒歼敌军	177	五元钱的火柴盒	196
武理堪挥帽吓敌	178	周宏义的贩狗计	196
清军灯筏惑明军	178	厂长的点火奇计	196
林则徐的黄蜂计	179	茅台酒化整为零	196
起义军木头穿衣	179	歌舞场和生意经	196
刘秉恬山羊运粮	179	竺成汉善于掉头	197
杨秀清淤田歼敌	180	道听途说的价值	197
罗大纲惊心战术	180	经营邮票获巨利	198
杨秀清永安突围	181	半双特效药鞋垫	198
太平军假使破敌	181	冷风机下的美酒	199
石达开以少胜多	182	买书赠报推销计	199
洪秀全智诛祸首	182	勤织信息网的人	199
陈玉成摆陷马阵	183	9元多的收音机	199
宋景诗疑兵之计	183	信息经营和财富	200
刘永福摆地雷阵	184	喝不到啤酒以后	200
聂士成夺连山关	184	狮子山上的宝贝	201
黄兴机智运枪弹	185	在鸭少的季节里	201
李沛基屋悬炸弹	185	弱者打败众强者	202
		市场变我也要变	202
经营卷		大出风头的火柴	203
		日本的杜康酒热	203
"虎"吃"人头"广告战	188	周口味精攻心战	203
简氏揭外商奸计	188	新奇别致的宴会	204
妙销小囡牌香烟	188	联手制造新闻计	204
烟商的有奖销售	189	钻石王借蛋孵鸡	205
吴蕴初发明味精	189	霍英东先人一步	205
宣传梅兰芳之计	190	银行拆借现金计	205
祥生妙用电话号	190	李嘉诚巧借水管	205

条目	页码
点心卡的得与失	205
有轨电车新用途	206
登上船王的宝座	206
刮起魔方的旋风	207
商店拍卖经营法	207
现场的时装表演	207
受欢迎的台湾伞	208

说辩卷

条目	页码
召公劝谏周武王	210
鸱夷子皮反为主	210
邓析与死尸买卖	210
颍考叔妙解黄泉	211
孔子绵里藏针计	211
田叔的巧妙劝导	211
长生不死的秘法	211
老子孔子论刚柔	212
子贡妙喻孔夫子	212
宋玉反嘲登徒子	212
宰人认罪得免祸	212
吴使善辩免死罪	213
马夫巧言劝农夫	213
屈谷嘲隐士田仲	213
晏婴不信鲁昭公	213
晏婴下棋妙谏君	214
晏婴解相和相同	214
晏婴巧语论格言	215
墨子妙言劝楚王	215
墨子解说"兼爱"论	216
虎会巧谏赵简子	216
伍子胥智过昭关	216
苏代妙论鹬蚌斗	217
公孙龙反诘妙计	217
许绾阻造中天台	217
翟璜的顺耳忠言	217
庄子的处世之道	218
燕昭王从善如流	218
雍门周引人悲伤	218
齐人智谏靖郭君	219
淳于髡巧言善辩	219
江乙巧妙答楚王	220
孟子谏王行王政	220
孟子谏言不逆耳	221
孟子谏齐王攻燕	221
孟子妙语问邑宰	221
孟子智辩淳于髡	222
邹忌妙答淳于髡	222
景鲤妙语救自己	222
优旃三次谏始皇	222
李斯妙谏当宰相	223
李斯进谏改诏书	223
刘邦智免杀身祸	223
刘邦论取胜之道	224
刘邦喻猎人猎犬	224
蒯通刀下救自己	224
东方朔上天归来	225
徐福上书汉宣帝	225
宋弘巧谏光武帝	226
郭舍人巧言救人	226
诸葛亮舌战张昭	226
李膺执宪不从君	227
诸葛亮智激孙权	227
简雍妙语谏刘备	227
傅玄替友抱不平	228
秦宓论天展辩才	228
杨晟的正话反说	229
范缜妙驳有神论	229
明君良臣一席谈	229
令狐绹婉曲荐才	230
萧宏引典故招安	230
张咏婉言劝寇准	230
敬新磨打帝嘲帝	231
申渐高笑语免税	231
岳飞论马谏惜才	231
周敦颐怒斥县官	232
刘伯温巧画巧谏	232
农民讥讽酸秀才	232
丘浚巧妙打和尚	232
赵公奏本免捐税	233
黄知县八字翻案	233
纪昀妙解"老头子"	233
测字先生吓皇帝	234
纪昀不投汨罗江	234
幕客智激年羹尧	234
袁枚为妓女辩解	235
陈惟彦驱卢复生	235
孙仙菊巧讽亲王	235
何家声移花接木	235
苏报之案正邪辩	236
冯玉祥怒斥洋人	237
孙中山趣谈道理	238
徐锡麟借镜教人	238
孙中山妙论女人	238

智劝章太炎复食	238		武则天巧用奏章	255
顾维钧巴黎声明	239		武则天教育大臣	255
施洋为工人辩护	239		谢小娥智斩强盗	255
吉鸿昌法庭自辩	240		卖药女巧对王维	256
萨本栋驳英教授	240		侯敏妻子的主见	256
闻一多智鼓士气	241		智劝父皇的公主	256
夏明翰抨击敌人	241		刘晏女儿的见识	256
陆侃如妙解困境	241		李母鞭儿息事端	257
张大千敬梅兰芳	241		母亲荐儿任大将	257
郭沫若故作类比	241		杜太后拒贺教子	257
章士钊妙论戴笠	242		苏小妹吟限字诗	258

巧女卷

			苏小妹考当世才	258
齐姜醉夫为大业	244		刘知远夫人犒军	258
伯宗妻头脑清醒	244		苏小妹词牌妙对	259
楚庄王爱姬荐才	244		皇帝姐姐坚其志	259
陶妻远虑苦劝夫	245		识大体的练夫人	259
孔子修车借东西	245		太宰之母的妙语	259
少妇帮夫改骄矜	245		苏小妹调侃佛印	259
黄霸妻劝夫释怀	246		巧女绝妙的提示	260
鲁班妻子的发明	246		巧女子智惩贼将	260
鲁班妻和中国伞	246		苏小妹以谜辩解	260
鲁班妻子的高招	247		苏小妹谜试秦郎	261
吴妃子撒盐得宠	247		苏小妹对联姻缘	261
孟轲之母明大义	247		晏氏号召抗盗贼	262
赵母上书揭儿短	248		元妹吟诗拒宰相	262
齐后巧解玉连环	248		管夫人的劝夫词	262
杨夫人当机立断	249		藏在茶中的秘密	262
贤德母亲的预言	249		村姑巧难唐伯虎	263
马伦辩才胜丈夫	249		戚夫人摆小牛阵	263
吕母杀县令复仇	249		万历年间一奇女	264
王章贤德的妻女	250		钱六姐避不说九	264
丑女新婚辩夫德	250		钱六姐过渡巧对	265
赵夫人巧做幔帐	250		钱六姐巧改对联	266
阮氏的先见之明	250		钱六姐不舍棒槌	266
辛宪英多思善断	251		钱六姐斥"癞蛤蟆"	266
太守妻子的见解	251		钱六姐断母子案	266
陶侃母截发留宾	251		霍定金试文必正	267
乡下船婆有见识	252		状元妻智对乾隆	267
庾友妻为夫求情	252		乾隆年间一才女	268
前秦皇后劝息战	252		林氏妇死前自挽	268
刘三娘与兄猜谜	253		遗孀佳联惊总督	268
弱女子巧言擒盗	253		十只猪蹄试丈夫	268
长孙皇后巧引典	254		女店主是什么姓	269
杨玉环剪发赠君	254		美女和尚巧对联	269
武则天死里逃生	254		巧媳妇水果表意	270
			老板娘以谜点菜	270
			一个木瓜的故事	270

聪妹盖三间新房	271	汉武帝少年判案	287
五姑娘和韩老大	271	汉昭帝识破骗局	287
五娘子妙讽先生	272	张汤设堂审老鼠	288
五娘子巧治阔少	272	彭修拒盗救父亲	288
巧女黄三姐出嫁	273	张衡发明浑天仪	288
一枝花和死肉瓜	273	华佗拜师解难题	289
种瓜姑娘的故事	273	郑玄壮志成大家	289
巧姑回敬酸秀才	273	徐孺子中秋说月	289
巧姑智斗无赖汉	274	杜安的远见卓识	289
美貌女郎嘲秀才	274	孔融六岁巧分梨	290
织布娘妙解隐语	274	孔融奇辩胜大官	290
村妇巧斥薄情郎	274	诸葛亮巧对老师	291
才女诗责粗心汉	274	少年曹操的心机	291
才女赋诗规劝夫	274	崔瑗门上留佳诗	291
巧玉猜谜招亲记	275	荀攸心细察凶犯	292
贤妻巧解公子难	275	苍舒逗山鸡跳舞	292
金凤断鹰死谁手	275	吴佑止父抄经书	292
妻子赠联劝丈夫	275	曹冲凭石称大象	293
秋瑾夫人庙题联	275	曹冲机智救库吏	293
媒婆断句胜知县	275	诸葛恪滴水不漏	294
侍婢巧言避横祸	276	诸葛恪歪答歪问	294
才女妙答冯玉祥	276	孙亮辨蜜中鼠屎	294
聪明媳妇巧解偷	276	太子孙登比弹丸	295
新娘子编奇风俗	277	张俨做客赋犬诗	295
故意写错了地名	277	陆绩少时议国事	295
列车上的生意经	278	钟毓钟会巧应对	295
学名牌和创名牌	278	司马鎡牵帝衣襟	296
女医生智斗歹徒	279	王戎辨路边苦李	296
嫣然巧解新三纲	279	王允之装醉脱险	296
用绿草换取绿钞	280	司马绍幼时妙言	297
三姐盘歌斗恶霸	280	孙子荆敏捷应对	297
苗族巧女斗恶婆	281	小谢尚酬答自如	297
麻脸姑娘当皇后	281	张玄之反讥邻居	298
黛阿姑娘难秀才	281	张华著赋抒抱负	298
美女讥讽老皇帝	282	百文钱买百只鸡	298
马玲玲智剪羊毛	282	谢道蕴咏雪妙诗	298
		蔡兴宗深明大义	299

慧童卷

神童刘歆的才学	299
小祖莹主讲《尚书》	300
十四岁的小国君	284	高洋快刀斩乱麻	300
远见卓识小鋆贾	284	李寄智勇斩巨蛇	301
子骞深情感继母	284	王澄的机敏直言	301
婧女巧言救父亲	285	祖冲之绳量车轮	302
鲍童智辩田大臣	285	萧遥欣阻止打鸟	302
鲁连妙语驳田巴	286	拓跋晃识敌酋心	303
甘罗十二岁出使	286	宗悫夜半杀强盗	303
孟尝君巧辩难父	287	小苻坚不惧司隶	304

条目	页码	条目	页码
岑文本辩雪父冤	304	岳飞沙盘学写字	323
苏世长上书言事	305	雷潮捏泥人看羊	324
于仲文放牛断案	305	一场特殊的赛马	324
何妥反嘲顾教官	306	安童巧谏忽必烈	325
少年智辩胜狂僧	306	虞仲文七岁咏雪	325
李世民智救父亲	307	王冕解谜骂财主	325
房玄龄识天下势	307	耶律铸少年咏日	326
李琪鉴古而知今	308	朱元璋少年妙联	326
贾嘉隐巧对大臣	308	解缙应景吟诗联	327
骆宾王七岁赋诗	309	岳柱巧驳私塾师	327
元嘉同时做六事	309	王守仁吟抛棋诗	328
李泌方圆动静诗	309	杨溥巧对免父役	328
李白猜谜知姓名	310	一个一丈长的字	328
李白巧对胡乡绅	310	王阳明智诚继母	328
张九龄养鸽传书	310	小解缙戏弄财主	329
薛涛幼吟梧桐诗	311	洪钟四岁御前书	329
林杰五岁七夕诗	311	五龄童元宵捉贼	329
狄仁杰制伏府尉	312	少年智退大鳄鱼	330
慧能和尚承法嗣	312	小邹智一举夺魁	330
张兰妙对武则天	313	小林章的题像诗	331
李百药幼显奇才	313	高明餐桌讽客人	331
神童刘晏震宫廷	314	小刘溥咏《沟水诗》	331
苏舁诗戏京兆尹	314	袁崇焕智胜尚书	332
杨收咏诗巧用典	315	翟永龄止母念佛	332
崔铉咏鹰抒壮志	315	小儿打碎泥菩萨	332
小黄巢咏菊花诗	316	五岁儿子教老子	333
何仲举以诗代税	316	丘浚笑对大富豪	333
解铃还须系铃人	316	曹宗巧对得大鱼	334
张策识辨伪古鼎	317	戴大宾戏弄官员	334
李洟幼作咏灯诗	317	少年英雄夏完淳	335
寇准登华山咏志	318	庞振坤治大疙瘩	335
一日千里的杨亿	318	庞振坤智胜叔父	336
黄鉴妙对祖父联	318	纪昀幼时写状纸	336
磨面娃娃王禹偁	319	纪昀缠叔学对联	337
欧阳修对答过关	319	纪昀幼年巧对联	337
陆轸七岁自咏诗	319	纪昀惩罚恶道士	337
文彦博洞中取球	320	李调元对联得粽	338
司马光破缸救人	320	傅嘉难倒李调元	338
黄庭坚重文轻仕	320	北国才子王尔烈	339
范纯佑预防盗墓	321	郑板桥为师改诗	339
王元泽巧言獐鹿	321	陶澍写对联自勉	339
牧童识名画破绽	321	魏源对联骂举人	340
放鹅娃汪洙趣诗	321	蒋坚古庙识凶犯	340
小抄书手欧阳程	322	毛奇龄应试妙语	341
赵葵一言定军心	322	诸葛庙中的妙联	341
王十朋巧赋奇联	323	小孩智答老和尚	341
李献可皇宫献诗	323	放牛娃计逐群猴	341

小儿量地叔纳妾	342	童仆戏讽大财主	344
小丫头纵火擒贼	342	王华沉银归钱袋	344
童辉井底捞玉簪	343	顾盼巧设四字计	345
小女孩智擒强盗	343	牧羊童妙答三题	345
放牛娃智杀母狼	343	孙中山智擒拐匪	346
少年夜半惩男巫	344		

断案卷

苏秦死后擒刺客

故事发生在战国时代的齐国。

初夏的晚上,月白风清。苏秦正在书房里读书。忽然,从窗口闪进一个黑影,还没等苏秦叫出声来,一个蒙面人就已跃至眼前,提起利剑直刺胸膛。苏秦惨叫一声"救命啊"就跌倒在椅子上。顿时,苏秦的卫士从四面围了上来,刺客来不及补上一剑,慌忙返身跃出窗口。

苏秦遇刺,立即惊动了齐王。他闻报后,当即来看望苏秦。

要知道,苏秦是威震天下的著名人物。在战国时代,秦、齐、楚、燕、赵、韩、魏等七国称雄,而以秦国最为强大。洛阳学者苏秦曾到秦以外的六国去游说,倡议他们联合抗秦,于是六国共同封他为宰相。他在燕国住了较长一段时间,出了很多好的计谋,很受燕王的重用。后来到了齐国,齐王也很信任他。齐国的许多大夫和苏秦争宠,最后竟派人去刺杀他。

齐王见苏秦身负重伤,痛恨交加地说:"我一定要捉到刺客,为先生报仇!"

苏秦喘着气说:"大王,请您不要乱杀人,要抓到真正的刺客呀!"

"你看清刺客的面貌特征了吗?"

"他是蒙面的,看不清,只知道他身材很高大。"

"光凭这一点怎么通缉刺客呢?"齐王很焦急。

苏秦说:"臣有一计……"如此这般地说完,就与世长辞了。

再说齐王回到宫中,一些平时与苏秦争宠的大夫纷纷来到他面前,看他对苏秦之死抱什么态度。

齐王却恨恨地说:"我方才明白,苏秦是燕国派来颠覆我国的奸细。现在要将他五马分尸,方解心头之恨!"齐王当即命令把苏秦的头和四肢分别拴在五辆马车上。一声令下,五辆马车向五个方向奔跑,顿时,苏秦的尸体分为五个部分。

齐王刚要回宫,只见观看分尸的人群中挤出一个人来,自称是杀死奸细苏秦的刺客。齐王见他身材高大,就说:"你把行刺的过程说说看。假如真是你杀的,寡人将重重赏你。"

那人叙说了一遍,跟齐王了解到的现场情况一致。齐王知道那人确是刺客,立即命令拿下刺客,说:"寡人若不照苏秦先生临终献的计谋行事,你这亡命之徒怎会自投罗网啊!"

刺客方知上当,拔剑要刺齐王,周围的卫士们一跃而上,早把他剁成肉酱。

何武凭剑判遗产

西汉时期,沛郡太守何武,某日受理一件遗产继承案。原告是个15岁的少年,被告是他的姐姐、姐夫。

原来,这少年3岁丧母。父亲是个有20余万家产的大富翁。几年后,父亲病危。他觉得大女儿很不贤惠,女婿又是一个十分贪婪的人,恐怕他们为了争夺财产而祸害儿子的性命,而他家已没有其他亲戚。那富翁于是召集族人在场,写下遗书,决定将全部遗产都留给女儿,只留下一支宝剑,说是等儿子长到15岁时再给他。儿子终于长到了15岁,已经懂事了。一日,他向姐姐、姐夫要那支宝剑。可是姐姐、姐夫哪里肯给。少年就告到郡府。

太守何武传来富翁的女儿女婿,并要他们把那把宝剑带来。

太守在大堂上对原告、被告宣读了一遍富翁的遗嘱,问道:"此遗书是否系伪造?"

富翁的女儿女婿忙说:"不是伪造。"

何武道:"既然不是伪造,你等为何还不把宝剑送上来?"

那两个贪心不足的人很不情愿地递上宝剑。

何武对左右的官吏说:"你们看,那富翁的女儿女婿连一把宝剑都不肯自觉留给自家兄弟,可见是多么心狠贪财啊!那老翁事先是料到的,所以他认为,如果把财产留给儿子,儿子的性命必然难保。只得把财产暂时寄放在女儿女婿那儿。"何武说到这里,扬了扬宝剑又说,"而这把剑,意味着要决断这件事情。他估计,今后女儿女婿必定不肯把剑给他儿子,到那时,儿子长到15岁了,其智力和体力足以保护自己。这样,告到州县,如遇到清正廉明的官员,或许能明白他这番苦心,就可为他的小儿做主。你们看,这老翁考虑得是多么深远啊!"众官吏齐声称是。

何武最后对老翁的女婿说:"根据你岳父的这番苦心,本州决定把遗产全部判给你的小舅子。"

那女儿、女婿一齐跪在地上求何武重新判决。

何武说:"你们这两个贪心不足之徒,已经得到10年的好处,难道还不算走运吗?"

张敞计捉众小偷

汉朝，张敞出任京城的行政长官。当时城内小偷很多，扰得人心惶惶。晚上尽管闭窗锁门，但也无济于事。就连西域宾客的财物也时常失踪，严重影响了朝廷声誉。皇帝令张敞限期捉拿小偷。

张敞微服私访，从一些地方乡官那里了解到小偷有头领数人，他们靠不义之财筑高楼、建亭榭、置美器、纳丽妾，尽情享乐。张敞按照线索把头领全部召来。头领们自知罪行深重，个个磕头告饶，自愿把不义之财全部充公。

张敞捋须微笑道："你们只要协助官府捉拿众贼，立功自赎，非但既往不咎，而且还可补为小吏。"头领们听罢张敞的话，一个个惊喜不已。这下可是因祸得福，遇难成祥了。可头领又担心一旦小偷们知道自己供出他们，刑满释放后，不会给自己好果子吃。张敞如此这般，一番交代，几多谋略，打消了头领们的顾虑。

头领们回到家，马上准备酒宴，各自邀请本门所有小偷聚餐。小偷听说有好酒喝，一个个洗肠涤喉，准时赴宴，无一缺席。觥筹交错，杯盘狼藉，酒酣近醉，小偷吆五喝六，自诩起窃技高超、赃物颇丰。喝到后来，醉态百出。这时，小偷的头领神不知鬼不觉地用红土染在他们的衣襟上。

喝得醉醺醺的小偷们离开头领家后，即被吏卒们包围起来了。小偷们有的突围逃跑，可到了街上，马上被捉住了。原来，小偷衣襟上染的红土成了明显的标记，他们自己还不知吏卒是如何识破他们的呢！这天，官府共捕到数百人。从此长安市上警鼓稀鸣，市无偷盗。

薛宣割绢巧断案

西汉时，有个人带了一匹微黄的绢去集市上卖。不想行至半途下起雨来。所处之地前不着村、后不着店，竟无避雨之地，只得把绢展开来遮雨。

雨越下越大，他直发急。正在此时，远处奔来一人，浑身冷得发抖，衣服全湿透了，请求到绢下避雨。举绢者答应。过了一会儿，雨止天晴，卖绢者正欲背绢赶路，却被后到之人一把拉住，说绢是他的。卖绢者大怒，于是争执起来。两人各不相让，竟大打出手。路人纷纷劝阻，他俩仍争执不下。

此时，正巧郡太守薛宣坐轿经过，看热闹者见郡太守驾到，纷纷让道。那两人也停止了争吵。

薛太守问明缘由后说："你们各有其理。那绢上可有记号？"

二人回答皆同。

薛太守叹了口气说："这样吧，既然你们都道绢属于自己，又都不肯放弃，本官作个判决，不知你们可有异议？"两人点头同意。薛太守当即命手下拿出宝剑，将那匹绢一分为二说："各人一半，免得再争。"

两人离去后，薛太守马上派人悄悄跟踪，听他俩各说些什么。

盯梢的人一直跟到集市，只见一人碰到同村人便满脸愤恨地诉说了刚才的遭遇，大骂郡太守是糊涂官。另外一人手拿半匹绢喜气洋洋地叫卖，价钱喊得特别便宜。盯梢者立即报告太守。薛太守命令将两人喊来。赖绢者见此，知已败露，只得老实承认，将绢交出，并得到应有的惩处。

孙宝充称一知全

汉朝时，百姓十分喜爱吃一种叫作油炸馓子的面食，其细条相连成环形，极易断碎。由于其香酥可口，做此生意的挑担货郎大街小巷到处可见。

一天，有位叫张五的货郎，挑着卖剩的馓子回家，行至一小弄口，冷不丁被里面蹿出的一个小伙子撞翻在地，馓子全部落地而碎，无法再卖。张五急红了眼，一把拉住小伙子要他赔偿。

小伙子开始不肯，可围观的人都说他的不是，自知理亏，只得认倒霉。他看了看地上的碎馓子说："这里有多少枚？"

张五由于刚才小伙子的蛮横无理，心头尚恨，决计敲他一下，回答说："300枚。"

小伙子一听不信，只肯赔50枚的钱。张五不同意，说撞碎多少赔多少。两人谈不拢，又争吵起来。围观者越来越多，可也无法判断究竟该赔多少为好，因为馓子全碎了，根本搞不清有多少。

此时，正逢新任京兆尹孙宝充途经此处，问清原因后，对张五和小伙子道："张五卖馓子乃小本经营，被小伙子你无意撞碎，赔偿理所当然。可究竟赔多少亦要实事求是。"

孙宝充问张五究竟被撞碎多少油馓子，张

五心中生怯，自知刚才开口数目较大，便改口说是200枚。

孙宝充看了看地上的碎橄子笑道："你一会儿说300枚，一会儿说200枚，自己也搞不确切。这样吧，今天我来调停判断吧。"

众人不解，看孙宝充如何处理此事。孙宝充不慌不忙地命人到街上买来一枚油橄子，当众称出分量，然后再叫人把撞碎的油橄子全部捧起放入称盘，分量称出后又把那一枚完整油橄子的分量加以折算，当即准确得出了原来张五被撞的橄子数量了。张五红着脸接过小伙子掏出的赔银，连声道谢而去。

周纾和死人说话

东汉的周纾在任县官时，执法严明，不畏权势，深得百姓拥戴，可也得罪了不少官吏。

一天清晨，周纾闻报：附近一座寺院的门上挂着一具尸体，且手脚全无。周纾大惊，他治理此地数年，境内太平无事，连偷盗现象亦很少见。今日忽冒出杀人大案，如何了得！

周纾立即赶至寺院，见那里早围了不少看热闹的人。他走上前去，果见一具血肉模糊的尸体挂在门上，手脚被砍。于是吩咐众人散开，自己站在尸体旁细细察看，发现尸体的嘴边并无多少血迹，好似死去后手脚被砍的样子。

周纾见状心中闪过一念，便装作与死尸谈话的样子，不时点头。众人远远望着，觉得奇怪。半响，周纾才命兵卒将尸体搬走，又对一个兵卒耳语了一番。

回到衙门，周纾便将众官吏召来，严肃地说："本官来此地多年，从来没有发生过如此严重的凶杀案，我要承担责任。此案如何破，本官已有眉目。刚才我已询问了死者，案情已基本掌握，马上可破。请各位稍等片刻便可揭出真相。"

众官吏心中暗笑：怎么能与死人谈话呢？

不多时，外面跑进来一个兵卒，悄悄在周纾耳旁说了几句。周纾点点头，微微一笑说："各位注意了，此案已经水落石出，廷掾（官名）站出来。"

廷掾惶恐地站起走到堂中。

周纾道："你很聪明。不过你要说清楚，为何要恶作剧？"

廷掾顿时面红耳赤，口中喃喃道："小人不知大人所指何事？"

周纾脸色一板道："你不从实招来，便以杀人罪论处！"

廷掾知已闯大祸，只得招供。原来他以前在衙门内油水很足，可周纾上任后为官清廉，治下严厉，他对此耿耿于怀，想找机会煞一煞周纾的威风。那天他晚上下乡回城，见荒丘上有个新葬坟墓被盗墓者掘开，尸体抛于荒野，被盗墓者砸得面目全非。他心生歹意，将尸体装入随身所带装稻子的空口袋，因尸体太大无法装进，便取刀将手脚砍去。进城后，悄悄将尸体挂在衙门近处的寺院门上，制造凶杀样子，想以之煞一煞周纾的威风。不想被周纾识破。

原来，周纾当时观察尸体，发现稻芒和砍痕有异的情况后，便命兵卒到守城门的士兵处询问昨夜谁背口袋进城的。士兵回答只有廷掾一人，因此认定是他所为。

庄遵欲擒故纵计

东汉时，扬州陵阳县发生一起杀兄案。

一天早晨，一个女子在房中揪住自己的小叔，大呼大叫："这可怎么得了啊！小叔子要强奸嫂子，把他哥哥杀死啦！"闻声来了许多看热闹的人。只见她的丈夫果然倒毙在血泊中，小叔子身上沾满了血迹，面无人色，语无伦次。

接着，这女子到县衙告官。县官将小叔抓来，刑讯几个回合，小叔就供认自己图谋奸嫂，杀了哥哥。又有满身血迹为证，所以立即被打入死牢里。

扬州刺史庄遵，这天到陵阳县察访，正巧遇上此案。问清了案子的来龙去脉后，升堂重新审问凶犯。在堂上，先是女子照旧哭诉一番，然后庄遵问小叔子有什么可申诉的。

小叔说："我起早发现嫂子与别人私通，杀害了我的哥哥，我就闯进兄嫂的房间去捉奸，没想到一进房门就被嫂子揪住，她摸起我哥哥的血就往我身上涂抹，又喊又叫诬赖我要奸污她还杀了哥哥。我一时气昏，有口难辩。县衙大堂，刑罚太狠，无法忍受，才招认了奸嫂杀兄，求青天大老爷做主。"

庄遵听罢，觉得案情并不简单，一时真伪难辨。于是当众宣布："这个小叔子真是大逆不道，应依法处置，先监禁起来，可将其嫂子放回。"然后，庄遵密令差役在半夜时分，潜藏在女子窗外墙下偷听。

当夜，果然有奸夫到来。他走进屋子就问："这位刺史大人审问小叔后，有什么疑心吗？"

女子笑着说："一点疑心都没有。"说罢，

两人大喜，相互嬉戏。差役当即闯进屋去，将奸夫淫妇擒拿归案。小叔总算免去一场杀身之祸。

高柔深究破凶案

三国曹魏时，高柔充任廷尉。当时，军营中纪律十分严明，稍有越轨，便将严罚，且株连亲属。

一日，营中报告上司说，护军营军士窦礼已数日不归，想来是开了小差。为严军纪，请求追捕，同时没收其家财产，罚其妻盈以及全家男女充当官家的奴隶。

消息传至窦礼的妻子盈的耳中，她为之大惊，声称冤枉，向官府申诉。但官府因此案涉及军中之事，不敢受理，只是轻描淡写地推却了事。盈见无申诉之门，为了全家的安危，拼死求见廷尉高柔，请其明察。

高柔听完申诉，问她："你怎么知道你丈夫不是逃亡？"

盈哭道："我丈夫久经沙场，从不惧怕战场上的刀光血影，绝不会逃跑。另外，他对我十分珍爱，亦不是那种轻薄浮滑不顾家庭妻小的人。我以为他的失踪定另有隐情，请大人公断。"

高柔听后觉得有理，问："你丈夫与别人有过仇恨吗？"

盈回答："丈夫为人善良，从没跟人有仇怨。"

高柔再换一个角度问："你丈夫没跟人有钱物上的交往吗？"

盈想了想，答道："对了，曾借钱给同营军士焦子文，我夫多次向他索要，他不肯归还。"

高柔心中一惊。这焦子文为人狡诈刁蛮，前天酒后伤人触犯军纪，正被押在监狱，窦礼失踪此事会否与他有关呢？想到此，高柔对盈说："你暂且回去，待我调查之后再作决断。"

高柔待盈走后，立即传令将焦子文从牢中提出，询问几句前日伤人之事后，话锋一转问道："你曾借过人家的钱吗？"

焦子文措手不及，面容失色，过了片刻方才回答："我孤单贫穷，不敢借人家的钱。"

高柔见他神态有异，单刀直入道："你曾借过同营军士窦礼的钱，为什么说不曾借呢？"

焦子文闻言脸色大变，知事已败露，无言以对。高柔怒喝道："你已经杀了窦礼，我证据在手，趁早招认，方可减罪，否则休怪军法无情！"

焦子文顿时魂飞魄散，连忙叩头招认了犯罪事实。

罗际买马破盗案

晋朝时，罗际任吴县县令，一天，有个老人前来报案说："我的马昨夜被偷了。"

罗际见老人急得满头大汗，同情地问："你的马长得啥模样？"

老人叹息着回答道："唉，都怪我马虎，才让偷马贼钻了空子。那可是一匹好马呀，4岁口，个大脊宽，四蹄雪白，身上红得像火炭一样，跑得可快呢。"

罗际又问他夜间可曾听到什么动静。老人略一思忖，说："半夜时分就听到，一群马叫了一阵，听声音是马贩子赶着马从我村上经过。"

罗际问毕，安慰老人说："你回去吧，等马寻到了，我再请你领回去。"老人半信半疑，离开了县衙。

第二天，罗际叫人在城门口贴出布告，上写："本知县奉朝廷之命，出白银千两，买一匹个大脊宽、毛如红炭的4岁口的大马，望养此马者，速送县衙。"

百姓看了布告后，眼睛被诱得红红的，可都摇摇头走开了，寻常人家，别说是好马，就是劣马也买不起呀。不到半天，全城人都知道了。一些大户人家送来几匹好马，只是不与布告上的模样相吻合。不久，有个马贩子探头探脑地送来一匹马，这马与布告上所说的一模一样。罗际一边推说去取银两，稳住马贩子，一边叫那老人前来相认。

那马一见到老人，两蹄腾起，鬃发竖起，咧嘴叫着，并挣开马贩子手中的缰绳，亲热地舔老人的手。老人高兴地说："就是这匹！"马贩子大惊失色，知道中了罗县令的计。

王敬则罚贼扫街

南朝齐代，王敬则刚任吴兴郡太守，地方上接二连三有人来报盗窃案，弄得他很伤脑筋。处理了几桩案子后，他发现贼人之间有党群，作案彼此沟通，相互掩护，且大多为一帮数量众多的盗贼集团所为。

一日，有家富户将一个小偷押至郡府。小偷对所犯之事供认不讳。当时的法律对小偷只能处罚，不能治罪。王敬则思忖了一下，派人把小偷的亲属统统传到堂上。

众人到齐，王敬则道："你们族中出了如此梁上君子，实乃长辈不教之过。本官将当着众人之面，好好教训他一下。"说完，王敬则命将小偷带下，绑于柱上，叫衙役抽打1000鞭。抽至200鞭，小偷便呼爹喊娘直唤饶命。众亲属亦纷纷跪下求情。王敬则便叫衙役停止抽打，对小偷说："饶你可以，可得罚你公差。"

小偷忙点头答应道："小人再也不敢偷盗，任何事都愿效劳，只求老爷开恩，别再鞭打了。"

王敬则说："你行窃扰乱治安，危害百姓，现给你一个将功补过的机会，本官罚你长期打扫街道，做点公益之事。"

小偷怕再挨鞭打，只得应诺。从此，每天清晨打扫街道。过了一段时间，他碰到王敬则，诚恳表示悔过，请求免掉此苦差。

王敬则道："倘若你真有意悔过的话，本官可以赦免你。不过你必须检举出别的小偷来代替自己。"

小偷果真答应。此事传出，城里的小偷人人自危，怕被认出，纷纷逃跑。

李惠拷打羊皮计

南北朝时，北魏的雍州太守李惠某天审理了这样的案子：

有个盐贩子背着一口袋盐到雍州城去卖，半路上遇到一个卖柴的樵夫。走了一段路，他们在一棵大树下一起休息。当他们站起来准备赶路时，却为铺在地上的一张羊皮争执起来，都说是自己的，最后竟打了起来。过路人把他们拉开，叫他们到太守李惠那里去告状。"去就去！"两人面红耳赤地赶到州府。

太守李惠让他们讲讲事情的前因后果。

背盐的抢着说："这羊皮是我的，我带着它走南闯北贩盐，用了5年了。"

砍柴的也嚷道："你好不知羞！竟要把我的东西说成是你的！我进山砍柴时总要披着它取暖，背柴的时候总拿它垫在肩上。"

两个人滔滔不绝地讲得头头是道，一时竟不能看出谁真谁假。

李惠对两人说："你们先到前庭等一下，一会就有审理结果了。"两人退下大堂后，李惠问左右差役："如果拷打这张羊皮，能问出它的主人是谁吗？"左右觉得很奇怪，心中暗笑着不回答。李惠吩咐道："把羊皮放在席子上，打它40大板！"40大板打过之后，李惠上前拎起羊皮看了看，说："它果真吃不住打，已经招供了。"接着又喝道："传他们上来！"

盐贩子和砍柴的上堂后，李惠说："羊皮已经招供了，说卖盐的是它的主人。"

砍柴的红着脸说："大人，羊皮怎么能说话招供？"

李惠指着散落在席上的盐屑说："那你自己看看吧。"

砍柴的知道无法再蒙骗了，只好认错。

李崇巧计破疑案

北魏时，定州（现属河北）的地方，有一对兄弟，名叫解庆宾和解思安，被朝廷判刑流放到扬州。弟弟思安为了逃避艰苦的劳役，在一个风雨之夜逃走了。哥哥解庆宾害怕另外再承担弟弟的劳动任务，就冒认扬州郊外长江边一具尸体是自己弟弟，谎称弟弟被他人所杀害，买了一块地埋葬了。解庆宾还勾结城里一个姓杨的巫婆，叫她自称前几天夜里看见了鬼，是思安，谎说思安是被人勒死的，现在做了鬼整天整夜哭叫。接着，解庆宾便诬陷和弟弟在一起的士兵苏显甫、李盖，说弟弟是被他们杀害的，告状到州府。

州府判官派人把苏、李两名士兵抓去审讯。两名士兵经不起严刑拷打，承认是他俩杀害了思安。将要了结此案时，扬州刺史李崇产生了怀疑。他秘密指派两位扬州城里无人认识的人，伪装是从外地来扬州，探望牢中的解庆宾。

他俩见到解庆宾说："我们住在离此地300里的地方，不久前的某晚，有一人路过我们村要求借宿，从他谈话中，发现他有可疑之处，便立即追问他，他说自己是被州府判刑流放到扬州的犯人，刚从牢里逃出来，姓解名思安。当夜，我们把他绑在树上，要把他捉到官府去。他苦苦哀求，说：'我有一个哥哥叫庆宾，现住在扬州相国城内，如果你们有怜悯之心的话，请去一趟转告我哥哥，我哥哥重情义、讲义气，会变卖家产重谢你们的。现在把我留下当作人质好啦。如果见到我哥哥，通报了情况得不到酬金，到那时送我进官府也不晚。'因此，我们不辞辛劳把消息报告给你，你打算出多少酬金谢我们，我们好赶回去，放你弟弟。"

解庆宾顿时脸色发白，立即准备礼物重谢他们。两人拿着礼品火速回府，上报刺史李崇。

第二天一早，李崇派人到牢房提审解庆宾。李刺史敲一下惊堂木喝问："大胆解庆宾，你的弟弟逃出牢房，你为何妄认别人尸体做你弟弟？从实招来！"

解庆宾见一旁有那两个"外地人"作证，只得认罪。

李崇重新把苏、李两位士兵带到法庭审问，两人承认是受不住棒打招了假供。过了大约一个月，解思安也被拘捕归案，投进牢房。李崇又派人到城里捉来与解庆宾串通一气的巫婆，鞭笞100下，予以惩罚。

李崇辨哭断儿计

北魏宣武帝延昌年间。寿春县（今属安徽省寿县）农村有一个叫苟泰的乡民，儿子长到3岁，遇到动乱，丢失在路上，几年不知下落，夫妻俩整日忧愁。后来，一次偶然的机会，苟泰去城里集市采买东西，看见自己的儿子在同县一个叫赵奉伯的家中，便告到县府，希望官府判还他儿子。县令派人把苟泰和赵奉伯传到衙门审问，两人都说是自己的孩子，而且都找了各自的乡邻作证。县令实在无法判决，只得上报。

后来，扬州刺史李崇听说后，很轻松地说："小事一桩，容易搞清。"他让苟、赵二家与孩子分居，不许来往。

数月后的一天，官府派人送信到苟、赵二家说："孩子得了急病，难以救治，已经死亡。刺史有令，你们家中可派人去看望，并出钱料理后事。"

听到这个不幸的消息，苟泰号啕大哭，悲痛难忍；而赵奉伯仅是叹息几声，并没有悲痛异常的表现。李崇听了差役讲的两家情况，马上将孩子判还苟泰，并追查赵奉伯诈骗他人儿子的罪责。

赵奉伯供认道："我的亲生儿子在很小的时候不幸病死了，为了年老有个依靠，我才冒认别人的儿子。"

高谦之擒诈马贼

故事发生在北魏孝明帝孝昌年间。当时，河阴县的马市十分热闹。

一日正逢集市，赶集的人摩肩接踵、熙熙攘攘。人群中有个红脸汉子在马市上东溜西转，转到一位老者的马前。这是一匹枣红马，十分彪悍雄壮，众人均赞叹此乃好马，只因老者开价太高而无人问津。那个红脸壮汉走上前去，十分挑剔地打量此马，然后与老者商议价钱。

老者见有热心买主自然高兴，可担心这人会被高价所吓退，便道："此乃纯种蒙古马，日行千里。在下迫于无奈方肯出让，不知客官可出得起好价？"

那红脸汉子认真地说："只要马好，价钱可以商量。"

老者很是高兴，便开了个价钱。红脸汉子跟他还了一次价后说："此马我买下了。我先骑它去遛一遛。如好，回来便付钱。"

老者有些迟疑，那红脸汉子笑着指了下身边的一个黑脸汉子说："我这个伙伴留在这里，我一会儿就回来。"说完，他拍拍肩上的钱褡，只听里面发出银钱声响，示意钱有的是。

老汉说："那你先留钱袋再遛马，反正你的伙伴在这里看着。"

红脸汉走了约半个时辰，还不见回来，那老者急了，急忙打开钱袋点钱。谁知打开一看，里面竟是些石头瓦片，他惊叫着抬起头一看，更吃了一惊，原来刚才留下的那个黑脸汉子也逃之夭夭了。老者便直奔县衙向河阴县令高谦之报案。

高县令听后心生一计，吩咐衙役从牢中提出一名在押罪犯，带上枷锁，押到马市中，当众宣布："刚才行骗买马的贼，现已被捕获。为了马市的安宁，当场处刑！"高县令在此同时，暗中派了不少衙役在人群中偷听人们的议论。

不出高县令所料，一个衙役果真听到身旁有个黑脸汉子高兴地说："真凑巧，这下就再不用担心了。"那衙役闻声发出暗号，四处围上数名便衣差人，上前将那黑脸汉子擒住。

高县令当即审讯，并请卖马老者上堂对质。老者一瞧，这黑脸汉子果真是刚才的骗子，那家伙抵赖不过，只得供出同伙。据此口供，很快便抓到了那骗马的红脸汉子。

杨津智擒黑衣贼

北魏杨津任岐州刺史时，曾巧破过不少疑难案子。《北史》中记载着这样一件事：

岐州有个武师，拳脚甚为了得，专事押镖行当。一次，受当地某大商家委托，从外地押运300匹绢回来。货办妥后，武师艺高胆大，偕同一名伙计翻山越岭，日夜兼程往回赶。几天的跋涉，总算提前进入岐州境内，一路平安无事。

时值正午，烈日高悬。伙计支撑不住，要求休息一下。武师也觉疲惫不堪，再一想离城还有30里，歇一下也好。想此青天白日，不会出事，两人便在路边树荫下休息。

不一会儿，远处驰来一匹黑马，马背上跃下一壮汉。此汉身穿黑袄，下着蓝裤，甚为干练。他朝武师作揖后便说找朋友住的村庄竟两个时辰尚未找着。武师对此处了如指掌，热心回答后，黑衣汉竟坐下攀谈起来。一会儿，他掏出水壶喝了几口，用手在壶口上抹了几下，递给武师。武师本就口渴难熬，便不客气地喝了半壶，剩下的给伙计喝。没想到刚过一会儿，武师和伙计头昏眼花，四肢酥软，一头栽倒在地。那黑衣汉哈哈大笑，站起来将300匹绢装上马背，扬长而去。武师心中叫苦，却又奈何不得。

醒来后，武师悔恨交加，空手进城，直奔刺史府报案。刺史杨津听完武师的叙述，叫他退下后，悄悄对手下如此这般地布置了一下。

即刻，城中及附近村落到处传闻：有个穿黑袄蓝裤的壮汉，骑一匹黑色的马，在城东20里处被人杀死。死者如有家属，可速禀告州府。果然，当晚，有个老太婆哭哭啼啼地走到州府，说死者是他儿子。

杨津问清后，确认老太婆所说与武师所诉的贼人外形相同，立即派人逮捕那老太婆的儿子。没多久，此贼便被抓捕归案。经讯，供认不讳，并交出了赃物。

柳庆智断盗金案

柳庆在任后魏朝雍州别驾的时候，遇到一个奇案。

有一次，一个商人携带黄金20斤，到京城去做买卖，寄居在一户人家，商人每次外出，都细心地锁好房门，自己掌管钥匙。一天外出回来，见门锁得和往常一样，进屋一看，黄金却全部不见了。商人想，除了房主人以外，别人是进不了房间的。于是到县衙去告发房主人偷窃之罪。县官立即将房主拘来审问。略施刑讯，房主便全部招认。县官将房主投入监牢，又继续追查赃物。

雍州别驾柳庆得知此案想：房主进入自家的客房，也是情理中之事，但破案却不能这样顺理成章。房主人可能偷窃，但也不能排除另有窃贼。就召来商人问："你的钥匙常放在什么地方？"

商人答道："大人，小人总是随身携带着钥匙。"

柳庆问道："你时常和谁在一起睡觉呢？"

商人答道："没有。"

柳庆又问："你曾同别人一起喝过酒吗？"

商人答道："前些天曾和一个和尚，两次欢宴畅饮，但和尚没有近我身边，也未曾进我住房。"

"你可曾在外面睡过觉吗？"

"第二次与和尚饮酒喝醉了，在和尚的屋中睡了片刻午觉！"

柳庆断然指出："房主人是因为受不了严刑拷打，自诬盗金之罪，他并非真正的窃贼，那个和尚才是真正的窃贼啊！"

柳庆当即派衙役去传讯那个和尚，和尚已经携金逃跑。后来才将他捕获，缴回了商人失去的黄金。

巧用凶徒治盗贼

北周时代，北雍州（在今陕西界内）甚为荒凉，盗贼很多，时常发生大案。刺史韩褒上任后，首先着手治盗。他深入民间，秘密查访，发现许多大案竟是当地一些豪强富户干的。前几任刺史均惧怕这些地头蛇，不敢治盗，致使盗风益长。韩褒亦感到此事棘手。思考了几天，终于想出了一条妙计。

那天韩褒发出请柬，宴请当地所有豪门富户。酒过三巡，韩褒站起双手作揖道："我这个刺史是书生出身，新来乍到，请各位多帮忙。听说此地盗贼案很多，可我对于督察盗贼一窍不通，全靠你们这些人和我共同分忧啊。"

说完，韩褒双手连拍几下，厢房内又走出几十个年轻人，豪门富户见状诧异，原来这些年轻人都是平常危害乡里的凶顽狡诈之辈，大家顿时提心吊胆起来，不知刺史葫芦里卖的什么药。

韩褒对这帮年轻人笑脸相迎，请之入座用餐。安顿毕，韩褒又道："今日宴请有一事安排。从即日起，本官将按地区划分分管地段，每一段设一主帅，主帅由该地段的豪门富户担任，而你们在座的年轻人担任捕头，按住所划分小组。统统实行包干制，凡规定界内发生盗案必须负责破案，包括几起大案，倘若不能破案，本刺史只得以故意放纵盗贼论处。"

当即，一个官吏持书上堂宣读了分工及任命。

众人大惊，不想当任刺史如此厉害。交头接耳之后便有人诚惶诚恐上前对韩褒耳语了一番。

韩褒微微一笑，不出所料，此招很灵。原来那人代表所有作过案的豪门富户招供，前些日子的大案是他们作的，并保证以后不再犯。韩褒取出纸笔，叫他们将作案的同伙写上，然后列册。

第二天街上贴了一张很大的布告，说："自知行盗的人，赶紧前来自首，当即免除他的罪过。本月内不来自首的人，本人弃市，妻子儿女籍没赏给先行自首的人。"

10天以内，众盗全部自首完毕。韩褒取出名册核对，毫无差异，一律赦免了他们的罪行，允许他们改过自新。从此群盗惊恐畏惧，不敢再胡作非为了。

御史智破诬告案

一日，唐高祖李渊在朝中审阅批文。忽见有一份密告，打开一看，心中大惊，只见报告上赫然写着岐州刺史李靖欲图谋反，而且列举罪行数条。唐高祖似信非信，觉得自己一向将李靖视作亲信，况且李靖政绩显赫、忠心耿耿，怎会忽然谋反？唐高祖左思右想，甚为疑惑，当即选定一名能干的御史前往审理此案。

御史觉得惊诧，他平时掌管各要员的动态，从没发现过李靖有谋反的蛛丝马迹，相反一直认为李靖是朝中数得上的忠臣之一。临行，御史请求唐高祖：为方便审案，希望与告发李靖的那位官吏同往，以便作证。唐高祖准许。

御史日夜兼程直赶岐州，到了目的地，御史命众人悄悄进城住在不为人注意的驿站。第二天一早，御史忽然惊恐万状地从房中冲出，说状子失落，难以交差。众人目瞪口呆。丢失皇上所交的东西，后果是不堪设想的。御史火冒三丈地命人将担夫及一名掌管文件的典史捆起来。那两人吓得面如土色，直喊冤枉。

御史审问了好一会儿，毫无结果，怏怏地步入房中，将那密告李靖的官吏唤入道："本官不慎将你的状子失落，此案难以办理不说，叫我如何向皇上复命？只得劳驾你重写一份了。"

那官吏面露难色，但怯于御史的威严，便重写了一份状子。御史接过一看脸色大变，喝道："大胆狗官，居然敢诬陷李大人。来人！给我拿下。"

那官吏浑身发抖，但仍嘴硬说："我犯何罪，请大人道明。"

御史哈哈大笑道："凭你的本事能瞒过我的眼睛？你前后所写的两张状子不相同的地方甚多，分明你在胡编乱造！"

官吏无言可说。经审讯，果是诬告。原来，御史为试真伪，谎称状子丢失，诱那官吏重写，结果两份验证，内容居然出入很大。御史当即回朝，禀报高祖。诬告者被斩首。

魏复智斩杀人犯

隋朝时，泉县恶霸冯弧倚仗姐夫是朝内的吏部侍郎，无恶不作。一次与别人下棋，被对方杀得没有还手之力，他要对方把棋收回去，对方不肯，一怒之下，竟用砖头砸死了对方。

此案告到知县魏复那里。魏复见冯弧一贯作恶，罪孽深重，写了判处冯弧死刑的案卷，火速呈报京城，待秋后处斩。但吏部侍郎批道："此案不实，请魏县主另议。"将案卷退回后，又暗暗给魏复写信，说明冯弧是他小舅子，让他从轻处理，将来保举魏复晋升高官。与此同时，冯弧家里托人送来了许多金银古玩，玉帛绸缎，请魏复网开一面。魏复面对高官利禄的引诱，十分愤慨，痛责送礼之人。又把案卷呈报上去，拖了一些时间仍被退回。

魏复又恨又恼，恨的是自己权小难以为民平冤，恼的是官场黑暗，徇情枉法。他看着被退回的案卷，忽然心生一计，狠狠自语道："冯弧呀冯弧，你必死无疑；吏部侍郎呀吏部侍郎，你这下有苦也说不出了！"于是第三次把案卷送到京城。吏部侍郎阅后，没细看案卷的内容，果然挥笔批了"同意斩处"四个字。

原来，魏复是这样写案卷的："杀人犯马瓜，无故将人杀死，欲予斩首示众，特报请审批。"批复回来后，他在"马"旁添了两点，"瓜"字旁加了"弓"字，变成"杀人犯冯弧"。吏部侍郎哪知是计，于是送了小舅子的性命。魏复急令衙役把冯弧就地处决。百姓奔走相告，大快人心。

刘崇龟查刀破案

唐朝，刘崇龟镇守南海郡（今属广东省）。上任不久，碰上了一桩棘手、古怪的案件。

一个年轻俊美的富商子弟押船载货停泊在江岸，上岸闲逛。岸边一个院落门口，站着一个漂亮少妇，双目顾盼多情。少年调情道："天黑后，我来为你解闷好吗？"少妇含笑着点头。

哪知天黑后，有一个小偷路过，见院门未

9

关，便偷偷地溜入行窃。少妇瞧见一个人影飘进，误认为那翩翩少年来了，急急匆匆迎上去。盗贼见屋内有人冲出来，便拔刀直刺，扔下刀逃之夭夭。没过多少时间，那少年来到院中。夜色里，他踏在血泊里，"啪"地滑倒在地。他伸手一摸，碰到了尸体，吓得魂飞魄散，拔脚就溜，仓促上船，叫船家马上解缆起航，借着夜色逃走了。

第二天清晨，少妇家的人发现了尸体，顺着血迹追到江岸。岸上人忙说半夜里一艘商船突然离开，大伙马上告官追捕。那少年被抓获，但死不承认杀人罪……

刘崇龟心里发急：不能这么僵下去呀。他忙唤人递上凶刀，仔细察看：呀，原来是一把屠刀。刘崇龟情不自禁大笑道："众衙役，给我传令，后天要大祭，让全城屠夫一律到府中听令！"

到了那天，众屠夫来了，他又吩咐："今日天色已晚，都把刀子留在这里，明天再来。"当天晚上，他命令手下用那把行凶的刀换出了其中的一把刀。

第二天，屠夫们各自认领好了自己的刀，只有一个屠夫急得团团转，就是找不到自己的刀。刘崇龟笑着问他："剩下那把，是不是你的？"

那屠夫急着摆手："这是张狗儿的刀，不是我的。"

刘崇龟听罢，忙令人找出张狗儿住处，火速前往追捕。那人却已闻讯而逃了。

刘崇龟接到衙役通报，沉着地笑笑："如此这般，我不愁这张狗儿不上当。"

当天下午，狱中提出了一名死罪囚犯。大街小巷，贴满了公告，称杀人的富家少年已认罪，将在当夜处死。这消息像插上了翅膀，传遍了各地。

三天后，逃跑在外的张狗儿听说案件已经了结，心中暗喜：没什么好害怕啦，回家吧。

张狗儿刚踏进家门，马上被埋伏的差人抓获归案，依法处决。那个轻浮的商人之子，也因为犯了"夜闯民宅"的罪而被处杖刑。

狄仁杰破杀夫案

唐代，有一个名叫郝广友的男子，在端午节那天带了妻子和女儿到市镇上去看赛龙船。喝了点酒，回家后就酣睡不醒，晚上突然凄惨而惊慌地一声大叫，接着他的妻子就痛哭起来。邻居们闻讯赶来时，郝广友鼓出两只大眼，已死于非命。当地的保正就将此事禀报县令狄仁杰。

狄仁杰断案如神是众所周知的，但对这个案件却一时摸不到边际。虽然他怀疑这是个"谋杀亲夫"的案件，但那女子矢口否认，查那尸体，既无伤痕也无中毒迹象。经过他细心勘察死者的住房，发现地窖内有一秘密通道连接邻居孙坤的家。经过盘问孙坤，他承认了与郝广友妻子私通之事。但郝妻仍不认罪，一口咬定那通道是原来购置房产时就有的，孙坤曾几次向他求欢，她未曾答应。她甚至破口大骂孙坤，说孙坤因调戏她不成，才将她丈夫害死的。吓得孙坤也连忙翻供，说那通道虽然连接两家，但他从未使用过。事情搞得越来越复杂。

狄仁杰不是那种动辄就以"大刑伺候"来审案的人。他要拿到真凭实据才作出判决。便耐心地问郝妻："你丈夫白天还好端端的，为何晚间便突然死去呢？"

郝妻答道："这只能说是命里注定的，俗话说，阎王要你三更死，你便活不到五更。小妇人今春曾算过一卦，说我夫妻生肖相克，不是他死，就是我亡。早知这样，我愿代我丈夫先死。"

郝妻油嘴滑舌，分明是一派胡言，但从她这一番话中，狄仁杰了解她相信因果报应和阴曹阎王之说。当下就将郝妻下在狱中，并想出了一个计策，吩咐差役依计行事。

是夜三更，一阵阴风吹进郝妻狱中，她从睡梦中惊醒，只见两个蓬头小鬼将铁链套进她的脖子，将她拘到一个阴森森的大殿，两旁凶神恶煞张牙舞爪，牛头马面如虎似狼。大殿正中端坐着阎王。郝妻见此场面，早就吓得魂不附体。

在幽暗的烛光下，只见从殿后走出一个年轻鬼魂，突鼓两眼对着郝妻大叫："你这贱人，还我命来！"郝妻一见，那人竟是自己丈夫郝广友。

阎王爷开口问道："郝广友，有何冤屈可如实禀告。"

那郝广友呈上一份状纸说道："小的冤屈全写在状纸上，请大王审阅。"

阎王看完状纸，对着郝妻大声喝道："大胆淫妇，私通奸夫，谋害亲夫，还不从实招来。"

旁边的凶神恶煞、牛头马面发出阵阵喝声，郝妻只得磕头求饶，为免下地狱，愿从实招供。

原来，她私通孙坤之后，就处心积虑要害死郝广友。端午节那天，她趁丈夫酒醉熟睡之际，用扎鞋底的钢针钉入丈夫的脑心,因有头发遮住伤口,所以除两眼突然鼓出外,使人查不出死因。

郝妻招供画押完毕,大殿上忽然灯火齐明,那案前端坐的阎王爷,原来是狄仁杰假扮的,那些凶神恶煞、牛头马面以及蓬头小鬼都是差役装扮的。

那郝妻还想翻供,已有差役来报,在郝广友的尸体头上找到钢针一支,郝妻见物证已获,再无可抵赖。

袁滋称金巧破案

李勉在镇守凤翔时,所属的县里有个老农民在田里挖沟排水时,掘出一只陶罐,里面全是"马蹄金"。老农民就请了两个大力士,把陶罐连同金子一起扛到县衙门。县令怕衙门收藏不严,就把陶罐藏在自己家里。一夜做了个好梦。

第二天天刚发白,他便点亮灯打开陶罐,想把马蹄金看个仔细。可一打开,发现陶罐里放的都是坚硬的黄土块,他连叫几声上当,不知如何是好。他可赔不起这么多钱啊!更没法子隐瞒。陶罐从田里挖出来,全村的男男女女老老少少都看见陶罐里装的是马蹄金。不消几日,全县的人都知道金子在县令家里变成了土块,认为是县令暗中做了手脚。县令似哑巴吃黄连有口难辩。州里派官员来查,县令满头大汗录了口供,追问金子放在什么地方,他却一问三不知。凤翔太守李勉看过案宗,大怒,但又无良策让县令交出金子。

隔了数日,在一次酒宴上,李勉向官员们谈起此事,许多人很惊讶。这时,有位名叫袁滋的小官,坐着一语不发,若有所思。李勉便问他在想什么。袁滋说:"我怀疑这件事或许内有冤情。"

李勉站起身,向前走几步问:"您一定有高见,我李勉向你讨教。这案子除你之外,我看没别人能判断出真假了。"

袁滋说:"可以,我来办。"于是派人把案件提到州府办理。

许多官员知道袁滋办理这案子,有的嘲笑,有的挖苦。

袁滋很有计谋,他打开陶罐,见到陶罐里有形状像马蹄金的土坯250余块,就派人到市场找了许多金子,熔铸成块,与罐中的"马蹄金"大小相等,铸成之后用秤称,刚称了一半,就有300斤重。袁滋问众人,当初罐子从乡间运到县衙门是几人抬的,答是两个村民用扁担抬来的。计算一下金块的数目,其重量远不是两个人用竹扁担能抬得起来的。一切都明白了,原来在路上,金子已经被两位大力士换成土块了。

县令的冤案于是得到了昭雪。

赵和智破诈骗案

唐朝咸通初年,江阴县令赵和,人极机智,以善于办案而著称于世。

一日,有淮阴某村农民茅金大来告状。赵县令问道:"你们淮阴也有父母官啊,何苦舍近求远呢?"

茅金大道:"只因淮阴县令不明事理,小民有冤难申啊……"

原来,茅金大去年为办事,到西村熟人黄泰龙那里借钱900千,以地契相抵押,说明债清契还。今年上半年,茅金大先还去800千,以为彼此熟悉,没有索要字据。前不久,茅金大再把余下的借款还去,要索回地契时,谁知黄泰龙竟翻脸不认账,要把地契据为己有。茅金大告到县衙。黄泰龙一口咬定他是诬告,茅金大无凭无证,被判为诬告。告到州府,也碰了壁。走投无路,才慕名越界告状。

赵县令阅过状纸,想:要去拘捕黄泰龙,必定要惊动淮阴官府,我越界办案,说不定会引起官场风波。再说,一无物证,二无人证,岂能轻易破案?他犹豫了起来。

堂上一片寂静。赵和的眼睛定在"黄泰龙说我是诬告"一行楷书上,认真琢磨了一会儿,忽然抬头宣布道:"本县接受茅金大越界申诉,5天后开堂审讯。"

且说赵县令当即派两名公差,拿着他亲笔拟写的文书去淮阴官府。文书上写:今江阴捕获一个江洋大盗,犯罪证据确凿。现已供出同党黄泰龙系淮阴人氏,速捕,交来人押至江阴……淮阴县令见是大盗之案,不敢怠慢,连夜将黄泰龙捉拿归案。

第五天,黄泰龙一上江阴公堂,高喊冤枉不止。赵县令喝道:"你所犯之罪铁证如山,还敢抵赖?赃物都藏在你家中,完全可以查明。"

黄泰龙辩白道:"小人并未藏匿赃物。"

"那你把全部家产一一讲明,若无出入,方可替你雪冤。"

黄泰龙急急把全部家产一一供明。另有

900千钱是东村茅金大赎地契交来的，等等。

赵县令冷笑道："既然你不是江洋大盗，原先为何要隐瞒茅金大赎地契的钱呢？"当即把茅金大传上堂来，黄泰龙只得供认他的诈骗罪行。赵县令最后宣判：把黄某押回淮阴，依法惩处，并责令他将地契交与原主茅金大。

裴度失印而复得

唐朝的裴度任中书侍郎时，一天清晨，他将一个文件交与小吏，叫他速去盖上中书省省印上报。

不一会儿，小吏上气不接下气地奔来报告："不好了！大人，省印不在印盒，肯定被偷走了。"

堂上同僚都吃惊不小，丢了印便是严重失职。追究起来掉官帽不说，弄不好会掉脑袋。大家都站立起来，说道："这还了得？快快查办。"

裴度摇手，示意大家坐下。他笑笑说："各位不必惊慌，坐下继续谈我们的事。"

众人不解，再也无心议事。

刚过片刻，刚才来报大印丢失的小吏又来报告说："奇怪，省印找到了，仍在原处。"

裴度毫不在意地点点头。

众同僚见裴度一直镇静自若料定省印不会丢，不知他何以得知。

裴度笑道："你们可知后汉曹州济阳县县印丢失之案？县印由县令和县主簿昼夜轮流保管。当时县令有个妾，与妻争宠，县令爱妻而不爱妾，妾感到愤恨，便将县印藏了起来，印盖的封条仍然保持原样。主簿当晚接过印盒。第二天吏人要用印，打开只见空盒子。当时众人皆慌，而主簿却神态安详，向县令汇报之后，立即不露声色地进行查找，果然在县令房舍的灶头烟煤堆里找到了县印。主簿何以不作声张，主要怕盗印人一时情急，将印毁掉，那就坏了大事。今日我处省印丢失，我料定是吏人盗用省印去印署驿券了。这是内部人干的，干完定还归原处。倘若刚才急于追查，他怕承担罪名，弄不好就会把印投进水火里灭迹了。"

同僚们听罢这番话，恍然大悟。

阎济美水中捞银

唐朝，某个秋高气爽的早晨，有一只小货船正在长江峡谷中行进，船很沉重，速度很慢。商人们想着船再过一个晚上便到达目的地，暗中庆幸自己将要发财了。这中间有一个大商人，怕身边的银子遭人偷窃，趁着其他商人不注意的时候，悄悄把银子藏在货物中间。但是他的举动却被一旁掌舵的船夫看在眼里。

船行了10余里，停靠到一个码头，商人们都到镇上买东西或散步去了。等商人全部上岸，年轻的船夫偷了那个大商人的银子，却照原样将货物安置好，然后也上岸去了。

第二天，船终于到了江南的一个码头。那个大商人发现自己藏在货物里的银子不见了，在船上翻了几遍，均没发现。于是，大商人便扭着年轻的船夫到了官府，官府派人对小船重新进行搜索，始终没见银子的踪影。

案子交到太守阎济美手中，他对船夫审讯几句后也没有结果，最后问几个商人，小船昨夜停靠在什么地方。知道详细地点后，他命令几个差役立即赶到昨夜停船的码头，到水中打捞，并说谁捞到赃物将给予重赏。结果真的捞出了一只小箱子，里面全是银子。

原来，那年轻船夫经常采用这种巧妙的方法逃避检查，待风波平息后再去取赃物。现在人赃俱在，那个船夫只好认罪服法。

张金楚查诬告信

唐朝武则天执政时期的垂拱年间，有一次，湖州地方官的属吏洪琛告发刺史裴光，说他与叛乱分子徐敬业勾结，意欲谋反，并递上一份裴光的文件书信为证。

武则天派人前往审查，一时难以定论。只因落款和笔迹确是裴光所写，但话和写作风格并不像他的。裴光平时一向光明磊落，为官清廉，深得人心。前后三个使臣前往审案，均找不到裴光谋反的证据。

武则天派遣能干的大臣张金楚前往，临行前关照道："此案定要实事求是查明，不可延误。"

张金楚来到湖州，通过明查暗访，根本找不出他有半点与叛乱分子勾结的蛛丝马迹。张金楚深感忧闷心烦。

那一天，他躺在临窗的床上闭目养神。想着想着，便再次拿出那封书信察看，想从字里行间找出点什么。阳光照射进来，张金楚映着日光瞧了一下那封书信，猛然大惊，赶紧一跃而起。他发现了一个很重要的问题：此案是伪造的。字确是裴光的笔迹，但信却是巧妙地拼凑而成的。拼凑者很高明，痕迹在正常光线下根本无法分辨，而映着阳光就暴露出来了。

此案真相大白了，裴光是受人诬陷。于是，

张金楚当即召集州属所有官吏前来，同时在堂上放了一大瓮水。众官吏到齐，张金楚唤出原告洪琛道："你为何诬陷裴大人？"

洪琛大惊，掩饰着内心的恐惧，说："下官偶拾裴光勾结叛匪信件上报，并非诬陷。"

张金楚见洪琛不肯承认，便将书信交给洪琛，命令他当着众官吏，把书信投到那瓮水里去。片刻，割裂拼凑的文字经水一浸全部散开。洪琛见阴谋败露，立即叩头认罪。

原来，洪琛与裴光有仇，便偷偷窃取裴光平时的文件书信，然后割裂文字，拼凑成文，冒充裴光写给叛乱分子的信来告发，没想到聪明反被聪明误，落得个身首异处的下场。

裴均智破杀狗案

唐朝有位名叫裴均的人，出任襄阳节度使。

某日，有人向裴均告状，说他早晨开门，不见了看门黄狗，正寻找时，闻到邻居张二家传出阵阵狗肉香，敲门进去见有黄狗皮一张，锅中正煮着狗肉。张二惊慌万分，承认昨晚偷杀了他家的狗。

当时的法律很严，家狗因能看门护院，亦在保护之列。倘若偷杀他家之狗，按法也要从严治罪。裴均当即派人将张二传到堂上。张二吓得浑身哆嗦不已，立即承认了杀狗之罪。裴均问："你为何要杀狗？难道就为了解馋吗？"

张二叹息道："不，是我老婆生病，口中无味，想吃狗肉。"

"想吃狗肉亦不能捕杀别家的狗，你难道不知此是犯法吗？"

"老爷不知，我老婆十分厉害，小人不敢违命。"

原来，张二为人十分老实，而娶来的媳妇却十分俊俏而泼辣，平时在家中说一不二，张二对她唯命是从，不敢怠慢。前几天，张二外出做工归家，只见老婆躺在床上，一副病歪歪的样子。张二忙烧上几个好菜孝敬老婆，可她没有胃口吃，并说："医生刚才来看过，说此病只要吃狗肉便能治愈。"

张二家中没有养狗，去捕别家的狗又怕违法，一时没有主意。

老婆生气道："哪有你这种丈夫，老婆病成这样，有现成的药方还不肯去弄。你是不是希望我早死啊？"

张二一听，心里更是着急，可哪里去找狗肉呢？

老婆说："东边邻家的狗常常过来，你去偷偷宰了它，又没人知道。"

张二只得应诺，果真于夜里将狗引来杀掉了。

裴均听完张二的叙述，心中明白了一半。立即将张二老婆传来盘问。裴均喝道："大胆刁妇，与人通奸，竟引诱丈夫犯罪，以达到长期与奸夫同居的目的。还不从实招来！"

张二老婆大吃一惊，她虽然厉害，可毕竟做贼心虚，见官老爷发话似证据确凿之样，顿时支吾，无法圆说。见她这种样子，裴均更有了底。再三审问，张二老婆终于招供承认，她确实与人暗中通奸，为除掉丈夫，便设了圈套叫张二去钻。没想竟被裴均一眼识破。

于是，张二无罪释放。他老婆和奸夫均受到处罚。

吕元膺巧掀棺材

唐朝吕元膺出镇岳阳时，一日出门游览，走到江边，只见路边停有一辆灵车，跟随着5个戴孝的汉子。

吕元膺一瞧心中生疑，他想："看他们的葬礼似有不妥，说远葬，过分排场了；说近葬，又未免太俭省了。"

见吕元膺一行过来，那几个汉子神色有点紧张。这细小的反应皆收入了吕元膺的眼中。他不动声色地上前招呼道："过江啊？"

孝子们点头道是。

吕元膺又问："棺中所躺是你们何人？"

孝子回答："小人们的父亲。"

吕元膺装作同情的样子叹了口气说："唉，这也难为你们了，这么热的天去远葬，孝心可嘉啊。哦，你们5个是亲兄弟？"

孝子们又点头道是。

吕元膺见他们神情呆板，不肯多说话，心生一计，道："船来了，你们先上吧。"

那几个孝子有点迟疑，你望望我，我望望你。其中一个年龄稍大的汉子作答道："大人在此，应该先行。小人们有孝在身，不敢同船而行。请大人先过江吧。"

吕元膺听后大笑道："错矣。人乃孝字为大，你们兄弟不必客气，奔葬要紧，快上船吧。"

孝子们见吕元膺坚持要他们上船，只得将棺材扛上肩，摇摇晃晃朝摆渡船走去。

吕元膺仔细观察，疑虑更深。照理一副棺材并没多大分量，可这几个壮汉扛着却如此吃力。这里面装的是什么？其中定有欺诈。想到此，立即命令手下装作去帮忙放跳板，待孝子们踏上跳板后悄悄一移，只见众孝子站立不稳，把棺材翻至江边，棺材盖板也掀至一边。

吕元膺带众手下上前一瞧，只见棺内并无死人，而是整整一棺兵器。他大喝一声："拿下！"

那几个孝子束手就擒。经审讯，原来这帮假孝子是强盗，打算过江抢劫一批货物，假装送葬，以免摆渡艄公怀疑。这时，他们还供出：几十名同伙已约好在对岸集合，待兵器到手便行动。

吕元膺即令发兵，悄悄过江，将那帮盗贼一网打尽。

张允济蒙面讨牛

唐代武阳县令张允济善于断案。

一天，张允济忽闻县衙外"咚咚"的击鼓声传进来，知道有人告状，当即传呼来人上堂。

告状人是个农民，见了张允济就"扑通"跪倒在地上，连呼："青天大老爷，请帮我讨还黄牛！"

原来他曾到岳父家生活了一段时间，去的时候还带着一头母牛，帮岳父家耕地。谁料耕过田地不久，母牛下了一头小牛犊。岳父家见了眼红，心存不良。待他要告辞回家时，岳父硬扣下了他的母牛和牛犊，还说："口无凭据，凭什么说这些牛就是你的？"故而他气得不行，不得不求县令做主……

张允济听罢农民的申诉，心生一计，当即让差役将农民五花大绑，又用黑布将他头脸包扎好，吩咐道："你不要乱说乱动，一切听从我们的安排。本官自会将牛儿如数归还于你。"

接着，张允济坐上官轿，带着农民和差役直奔那农民的岳父家。

到达目的地后，差役们高声传唤道："县太爷到，家里人速速出来！"岳父在屋内听到，吃了一惊，急忙跑出大门迎接。

张允济掀开轿帘，对他岳父说道："本官刚捉到一个偷牛贼，请你将家里的牛统统赶出来，以便查核它们的来历。"

那岳父看着那个蒙面盖脸的偷牛贼，吓得魂飞天外，生怕自己被牵连到偷牛案件里去，连连向张允济磕头，还拍着胸脯，指天发誓说："我们家里的牛都是自己养的，决不是偷窃的！"

张允济追问道："有什么证据？"

那岳父赶紧回答道："这是我女婿家的，母牛是他前些时候带来帮我耕地的，牛犊是后来在我家生养的。"

张允济听了便断喝道："还不快把偷牛贼的蒙头布撕开！"差役闻命即揭开农民头上的黑布。

岳父见状大惊，正要回话，便听得张允济冷笑道："既然你承认牛是女婿家的，那就把它们统统还给他吧。"

那岳父乖乖地吩咐家人将牛儿们赶出牛圈，交还女婿。

李杰智识通奸案

唐朝滏阳人李杰任河南府尹时，曾断过一桩母亲告儿子的案子。一日，李杰正在堂上与僚属议事，忽听有人喊告状，便命传入。只见外面走进一个中年妇人，长得颇具姿色。她跪于堂中掩面抽泣道："我乃寡妇弱女子，原指望儿子能尽孝道，可他成人后对我虐待之极，我再也活不下去了。"说着列举了无数事实证明儿子大逆不道。

李杰听后心中纳闷，母亲告子乃天下少有之事，一般为人母不到无奈不会做出此举，便道："你守寡已属可怜，而且只有一个儿子。倘若你说的是事实，让他判死罪，你将来老了无靠不后悔吗？"

那妇人道："不孝之子，哪里还心疼他？我恨不得让他立时便死！"

李杰见他对儿子如此咬牙切齿，就安抚道："你的状子本官接下，你暂且回去吧。"

妇人走后，李杰便派人暗中考察那妇人的儿子平时所作所为。结果却与那妇人所言绝不相同。她儿子不仅斯文达理，而且待母亲甚是孝顺。李杰将那妇人传到。

李杰道："你儿子不孝，本官调查确实不假。如此忤逆之子，实在该死。为严法纪，本官判他死罪。"

妇人脸露惊喜之色，叩头道谢。

李杰扔下令牌，命衙役立即前往将妇人儿子捉拿归案，并对那妇人道："你去买只棺材来收殓他的尸体吧！"

妇人应诺而去。李杰马上派人暗中窥视她的行踪。只见她行至外面僻静处，对一个道士喜滋滋地说道："事情顺利，已经了结了。"过了一会儿，妇人把棺材真的弄来了。

李杰至此仍希望妇人有悔改之意，不想她还是坚持治儿子死罪。李杰一声喝令手下冲出大门,将那等候门外的道士擒获。一经审问,他就招供服罪,说道:"我和寡妇早有私情。可他儿子长大后处处监视她,不许她和我往来,因此设此计除掉他。"

李杰大怒道:"这是谁出的主意?"

道士不语,妇人见事败露,哭道:"是他指使我这样做的。"

于是,李杰下令杖杀了道士,并把尸体装进了那口棺材。

崔大臣智找小妾

唐代,有一个姓黄的御史密告一个姓崔的大臣蓄意谋反,还说:"崔大臣的谋反计划,曾在酒后告诉过他的小妾秀英。事后,崔大臣怕事情泄露出去,就将秀英杀死了。"

崔大臣明知有人想夺他的权而设法陷害他,但小妾秀英确实失踪了,使他有口难辩。为了要洗清自己的罪名,必须把那小妾找到。

他就将几个亲信的食客找来商议,他说:"我出重金招募智勇之士,为我找回秀英。"

食客中也有鸡鸣狗盗技能的,他们都跃跃欲试。但都没有获得结果。在这期间,他发现每次同食客们商议的内容,都被黄御史知道。他怀疑食客中有同黄御史通风报信的人。所以他把食客找来商议,故意放出风声:"既然找不到秀英,那就干脆将黄御史杀了吧!赏金是黄金100两。"

崔大臣预料这个"悬赏杀人"的消息会传到黄御史那里。所以他悄悄守在黄御史家门口的台阶下,果然看见自己的一个名叫舒展文的亲信食客走进了黄御史的家中。不一会儿黄御史家中加强了警戒,而且在官场公开宣扬,崔家要刺杀他。

这使崔大臣明白了真相,向黄御史通风报信的就是这个亲信食客舒展文。他就将舒展文找来,骂道:"不知廉耻的东西,如果我谋反的罪名坐实,不仅我有杀身之祸,而且株连九族,就是你们食客也难幸免,这个最简单的道理你还不懂吗?为何要帮他人来害我呢?"

舒展文听了此话又惊又怕,惊的是自己与黄御史串通之事已被主人知道了;怕的是,主人如果获罪,自己确实是要受牵连的。他告饶说:"我不知道黄御史是要谋害主人,只知他贪秀英之美,用钱买通了我,将秀英藏在他家中。"

崔大臣接着说:"我现在赏你黄金100两,你要将秀英从黄御史家中给我找回来。"

俗话说,解铃还须系铃人,当初是舒展文将秀英藏到御史家中的,现在又是他从黄御史家中把秀英找了回来。小妾回到家中,使黄御史参告崔大臣谋反的证据不能落实,反以拐骗良家妇女的罪名,受到革职处分。

崔大臣如数付给舒展文100两黄金。但从此以后,他礼送了所有食客。那些食客丢掉了饭碗,都来责怪舒展文,跟着他吃喝玩乐,很快就把那笔赏金用完了。

慕容彦智擒骗子

五代后汉时,郓州主帅慕容彦机智过人,善捕贼盗,威名赫赫。

当时郓州城内有一家规模较大的当铺,生意兴隆,信誉甚好。一日中午,烈日高悬,气候炎热,街上行人稀少。当铺内伙计熬不住瞌睡,眼皮耷拉昏昏然闭目养神,只闻铺外传来一阵脚步声,睁眼一看,见走进一位穿着华丽的青年,他从衣兜里取出明晃晃两锭大银道:"在下因急需现钱,不知此地可否暂典兑付,不多日便可前来赎取。"

伙计一瞧那两锭大银,吓了一跳。乖乖,好分量。估摸一下,起码可当10万钱。这么大的数目不敢擅自做主,便呼唤老板出来定夺。

老板问明缘由,便欣然答应。命伙计将两锭大银当即过秤,价值20万钱,开出当票,兑付10万钱。

青年取钱后道谢而去,并留言道:不出10天便来赎银。

青年走后,老板很高兴,认为这笔生意很合算。回到后房跟老板娘一讲,老板娘就到店里取银观看,不慎手滑竟将一锭银子跌落地上。捡起一瞧,目瞪口呆,只见那银子表面脱落了一块,里面黑乎乎的根本不是银子。老板大惊,立即前往官府报案。

慕容彦听完典当铺老板叙述后,便对老板如此这般地交代了一下。

即刻,郓城街头出现了一张布告,说是某当铺因不慎遭盗,一些值钱的抵押品都被抢走,吁请各界人士协助捕盗,发现疑迹立即告官。

数日后,持假银骗典的那个青年出现在当铺内,取出当票要求赎银。伙计立时高呼擒拿骗子,众人拥上将他捉拿至官府,此人当即伏罪。原来,他曾用此伎俩在各地作案均得逞,这次在郓城再次诈骗成功,当他从街头看见布告,得知那当铺被盗的消息,心中大喜,认为可再敲一笔钱财。因为假银被盗，无证可对，当票上写明原价20万钱，而他只兑付了10万钱，另外10万钱不怕当铺不赔。没想到竟中了慕容彦的计，自投罗网。

孔循刀下留好人

五代后唐的孔循任夷门代理军府事务时，曾从断头台上救下四个无辜百姓，被人传为美谈。

当时，长垣县百姓家屡屡遭偷。经查，系该县四个大窃贼所为。州衙下令限期将此四贼捉拿严惩。

不料，窃贼早得风声而遁。过了一段时间，觉得如此躲藏非长久之计，四贼认为有钱能使鬼推磨，便深夜偷偷地前往县衙都虞侯、推吏、狱典家，分别给予重赂，请他们设法开脱。此计果真奏效，这些贪官污吏见钱眼开，答应帮忙。

此案州里催得很急。到了限期，长垣县衙果真报说四贼已擒，案卷中明列了许多罪状，属十恶不赦，并据此判处死刑以弃市示众。州府见证据确凿，便允准处决，并派孔循前往长垣监斩。

孔循平时理案十分谨慎，每次监斩前总要和囚犯谈番话，以免出现差错。这次，他看了案卷后，虽觉无可挑剔，但仍将四名囚犯提出询问。可他问了不少话，四个囚犯只是低着头，一声不语。

孔循见囚犯不吭声，便道："你们所犯之罪，实乃恶极。本官问你们多时却不回答，那就算默认不讳了。有什么话尽管说，否则来不及了。午时三刻将至，你们人头落地后悔也晚了。"

四个囚犯直跺脚，可头仍低着不语。

时辰已到，孔循挥挥手，令衙卒及刽子手将囚犯推出处决。

四个囚犯被推至门口，瘫倒地上，回头看着孔循，似有话要说的样子。孔循见此情形，心中生疑，便把他们召回再讯问。

这时他们才说道："我们实在冤枉，刚才狱卒硬把枷尾压住我们的喉咙，所以有话说不出来。"

孔循发现他们似有顾忌，便支开左右随从。

囚犯"扑通"跪下，连喊"救命"，并将冤屈一一道出。原来他们根本不是那四个罪大恶极的盗贼，而是四个穷百姓。那日在街上莫名其妙地被抓，到了县衙被劈头盖脑地打得死去活来，硬要他们承认是盗贼。因吃不住酷刑，只得屈招。

孔循下令将此案移到州衙审理。结果很快查明，那四个百姓果真是冤枉，而为了制造这个冤案，长垣县衙几十人都接受了四大窃贼的贿赂。最后这些人与那四名真窃贼都被惩处。

张辂钻空心铁佛

五代后晋时，魏州冠氏县华村有座庙，由于年久失修，香火稀落。

某日，下大雨。村中几位在旁耕作的农妇躲进庙里避雨，惊异地发现庙里不知何时新添了一尊大佛，高有一丈多。正议论间，忽闻这佛像居然说起话来。众妇人闻声失色，纷纷跪地对佛像道："菩萨神灵，小女子等多有冒犯，请多宽恕。"

不想那佛像居然作答道："吾乃西天佛尊，尔等村民愚昧无知，多年来怠慢神灵，特来问罪。刚才雷雨便是本佛初试神威。"

众女子吓得魂不附体。一个胆大的妇人道："佛尊言之有理。不知怎样才能解脱村民的不敬之罪？"

大佛道："只要虔诚尊佛便可。"

消息传开，远近村民纷纷进庙烧香上供。一向冷落的小庙居然热闹非凡，每天如同赶集一般，连许多头面人物亦来进奉。

此事传至县衙门，县令将信将疑，便去一试，果闻大佛能说人语，且有头有脑。县令将此事报告了州府。

当时，石敬瑭镇守邺县，闻此觉得甚为诧异，便差遣衙将尚谦前往进香供奉，顺便查明是真是假。尚谦手下的主簿张辂听说此事后，请求与尚谦同往。

到了庙前，张辂对尚谦耳语一番，便悄然藏身于庙旁小树林。

尚谦驾到，和尚们受宠若惊，纷纷外出迎接。礼毕，尚谦便请住持拿出庙内和尚名册点名，一个不少，便命众和尚陪同到做道场的大殿之中去。

住持和尚知尚谦到此进香的目的，忙道："大人到此，是否先请去客房休息一下。"

尚谦微笑道："不必了。"

和尚们无奈，只得随尚谦前往。

此时，藏于林中的张辂乘和尚不备，悄悄随后进入和尚住的房子，仔细察看，居然发现里面有一条暗道。顺着暗道往前走，竟走到铁佛底下，那铁佛竟是空心的。张辂大喜，果然不出所料，庙中确实有诈。于是他爬到铁佛的空身里，只见众和尚正陪着尚谦走进殿堂，一本正经准备念经。他在佛身中大喝一声："听着，众和尚。"接着他便用严厉的声调揭穿了这个骗人的把戏。

众和尚大惊失色，纷纷跪地求饶。

州官扮鬼问血案

五代时，苏州有个叫李喜子的商人，妻子早夭，撇下幼子名春秋。他因常年在外经商，春秋无人照料，便续娶刘氏。不想刘氏为人狠毒，对春秋百般虐待。几年后刘氏生下亲子后，更将春秋视为眼中钉。光阴似流水，春秋渐渐长大。李喜子长年在外奔波，一次染上重病，一卧不起，奄奄一息。

一日，刘氏对春秋说："你爹病成这般模样，一旦有个好歹，咱家该怎么过啊！"说着掉了几滴眼泪，"你到城里去买点好药，快给你爹治治吧。"

春秋见继母还算有良心，便应诺跑了几十里地到城里，买来了药。回到家中，见继母脸色好看，心中不觉很高兴，就说："娘，我把药给爹熬了吧。"刘氏连连点头道："秋儿，辛苦你了。"

晚上，刘氏把熬好的药让李喜子喝了。没想到一会儿，李喜子捂着肚翻来滚去，七孔流血，一命呜呼了。

刘氏见状大哭大闹，一把揪住春秋，说春秋毒死父亲，硬拉着他去衙门打官司。春秋浑身是嘴也说不清楚，只是跪在大堂连喊冤枉。

州官听完刘氏的哭诉，对春秋说："你买的药，你熬的药，不是你害死的还有谁？快把李春秋押入大牢！"又对刘氏说："你且暂退回家，老爷决不会轻饶杀人犯的。"

刘氏走后，州官觉得此事蹊跷，李春秋幼年丧母，只有父亲待他好，怎会害他？于是把春秋带到后堂细细查问。

几天后的一个夜晚，刘氏从娘家回来的路上，经过李喜子的坟地，不觉心生寒意。突然坟后边钻出一个蹦跳的披发鬼来，刘氏吓得双腿抽筋，差点晕过去。

鬼说："孩子他娘别害怕，我是喜子。那天我到阎王那里去报到，被打了出来。阎王说：你吃什么死的都不知道，怎么给你登记上簿子？回去问问去。你我夫妻一场，总不能让我死后不得安宁吧。再说我那毛病迟早要死的，有什么过错我也不会怪你。"

刘氏想：既然如此，跟他说实话吧。便颤颤地说："你是吃砒霜死的。"

"谁去买的？"

"不，是前院二拐子家要来的。"刘氏又把毒死李喜子的经过给鬼说了一遍。

"哦，既是如此，那我就去阎王爷那里回话了。"鬼说完便不见了。

过了两天，刘氏被传到衙门。

州官说："前几天你撞到鬼了吗？"

"是，老爷怎么知道的？"刘氏觉得奇怪。

州官笑笑："刘氏，那鬼是我的手下扮的。"

刘氏吓得瘫在地上，连连磕头道："老爷饶命吧！我是怕老头子死后，春秋平分家产，才动心害死老头子，嫁祸于他……"

案情大白，春秋无罪获释，刘氏受到了惩处。

向敏宗智雪冤案

宋太宗时，丞相向敏宗曾驻守在洛阳。

一日，某县报来一个杀人案件。说有个和尚勾搭有夫之妇梅氏，诱骗外出，将梅氏杀死，扔入枯井，自己不慎亦掉入井中被擒。

向敏宗看了案卷，命令该县将人犯送来重审。不几日，人犯送到，向敏宗亲自审问，知他是天台山的和尚，上月初九到洛阳。

"从你到洛阳地面算起，到犯案为止，前后只有几天时间，你是如何勾搭上那个女人的？"

"这……"和尚支支吾吾说不上来。

"我再问你，你杀人用的什么刀？"

"我不懂刀的名称……"

"是鬼头刀吗？"

"对，正是鬼头刀。"

"哈哈哈！"向敏宗大笑起来，"鬼头刀是行刑刽子手所用之刀，你一个出家人怎能带在身上？实话告诉你吧，我正是看出你是冤枉的，才亲自审问，快把实情道出吧。"

"老爷！"和尚大哭起来，"贫僧确是冤枉的呀！"

原来那天和尚云游至李家庄，天色已晚，路径不熟，掉到枯井里，这时，枯井里已有了梅氏的尸体。

向敏宗听后问："那你为何要屈招呢？"

"那县太爷可不像老爷这样问案，他根本不准我答辩，动不动就大刑侍候，我吃不消啊！"

向敏宗退堂后，立即派出10名捕快化装后

到案发地带，要他们如此这般察访。

却说有个捕快在路边小茶馆喝茶，开茶馆的老太婆给他倒茶时问："你是西京来的吧？"

"是啊，你有什么事？"

"向你打听个事。我们县里报上去的和尚杀人一案，向大人是如何处理的？"

"那个和尚？昨天一早杀了。哦，这关你何事？"

"没什么，随便问问。"老太婆马上离开茶馆，众捕快悄悄跟踪，只见老太婆进入屋中，对一个男人说："你放心吧，今天我打听到一个西京客人，他说那个和尚已被向大人判了死刑。"

"这我就放心了。"男子的话刚说完，躲在窗外偷听的众捕快一拥而进，将他捉拿归案。

此男人果真是杀人真凶。他与梅氏的丈夫一向有仇，乘她丈夫不在家，持刀潜入逼梅氏外出将她杀了，扔入枯井。没想到和尚当了替死鬼。后来听闻向敏宗调查此案，心中不安，便叫开茶馆的老太婆打探消息，没想到打听到捕快身上了。

包拯智破纵火案

包拯在京都开封当了开封府尹，京都治安大为好转，百姓高兴，但地痞流氓们却怀恨在心，伺机捣乱。

一天晚上，有两个流氓在一条街上放起火来，火浪汹涌澎湃，向四周扩散，无数火舌不住地盘旋上升，把个京城的上空照得火红一片。

包公带领一班公差正在街上巡视，见此情景，马上分头召集百姓救火。不一会儿，人们一个个挑着水桶来了。失火处有两个巷子，一个叫甜水巷，一个叫苦水巷。人群中忽然有人问："挑甜水巷的水，还是挑苦水巷的水？"另一个高叫道："甜水巷的水甜，苦水巷的水苦，救火当然用苦水巷的水。"人们正在慌乱之中，也顾不得细想，跟着那一问一答的人涌向苦水巷。顿时，巷子被人塞满了，哪里还能挑出什么水来？

包公对两个公差说："把刚才一问一答的两个人抓起来！"那两人被抓来后大喊冤枉。包公对人们说："这两个就是放火犯！你们上当了。这里留下一半人挑苦水，另一半人到甜水巷去挑甜水救火！"

一会儿，人们分别从甜水巷、苦水巷挑出水，扑灭了火，就涌到开封府去看包公审理纵火犯。那两人经不住包公三问，就露了马脚，最后不得不老实招供了纵火的事实。

押下犯人后，有人问包公说："大人，您怎么在刚才救火时就已经知道他们是纵火犯呢？"

包公答道："救火是十万火急的事，怎么挑水还分什么甜水、苦水呢？可他们一问一答，居然就把慌乱之中的人们都引到了苦水巷，这不是有意要让火越烧越旺吗？所以，由此我断定他们的问话是事先编排好的。再说，这两个人很面熟，当时我一想，对了，他们的父兄曾被我判过刑，看来对我是怀恨在心，因此有破坏社会治安、与我过不去的动机。凭这两点，我断定他们是纵火犯。一审问下来，果真如此。这可叫作玩火自焚吧！"

旁听的人都觉得包公推断得合情合理。

包拯妙点鸳鸯谱

传说，包拯在定远县当县令时，王员外的小姐自幼许配给李员外的儿子李侃。后来李员外家道中落，王员外嫌贫爱富，赖婚后将王小姐许配给翟秀才。王小姐与李侃从小青梅竹马，情深谊厚，死活不肯。在翟秀才来娶亲当天，李侃告王员外赖婚。

包拯了解真情后，叫李侃、王小姐和翟秀才一起上堂，包拯对翟秀才说："李侃是王小姐的前夫，有约在先。你还是成人之美为好。"

翟秀才说："凭什么说是我抢人？是王小姐自愿的。"

包公说："既然这样，那就让王小姐自认吧。"

包公叫他们一竖排跪着：前头是翟秀才，中间是王小姐，最后是李侃。然后对王小姐说："如今本官决定，你是愿与前夫陪伴终身，还是愿与后夫白头偕老，让你自选。一旦认了，落文为凭。"

王小姐张嘴就想喊李侃，但老爷只准讲"前夫"或"后夫"。她向后面看看李侃，想说"后夫"，又怕翟秀才纠缠，一时无以作答。包公请她快说，王小姐一急，就脱口而出："老爷，小女子愿与前夫陪伴终身。"三人按了手印。

翟秀才乐颠颠的，李侃愣住了，王小姐流下眼泪。

包公却哈哈大笑说："好！王小姐不嫌贫寒，既然愿与前夫伴侣终身，李侃，那你就带她回去成亲吧！退堂！"这时王小姐破涕为笑，李侃也化愁为喜，独有翟秀才无话可说。

原来，包公故意把李侃安排后边，不管王小姐愿认前夫还是后夫，都可以把她判给李侃。

张贤齐断家务事

宋真宗时，在同皇族有姻亲关系的人之间，发生了分财不均的争执，连皇帝也难断此家务事，就叫宰相张贤齐来判决。

断案难免会得罪一方，得罪皇戚跟得罪皇帝没两样，怎么办？张贤齐亲自察看两家财物。两家实力相等，高阁华宅，亭台楼榭，描龙绘凤，风风光光。张贤齐调查后，心里有了底。两家人都送张贤齐古玩玉器，他一一拒收。两家人暗地里都在张贤齐面前诉说不满：

"你瞧他家，哪点不比我家沾光？"

"啊呀，我们太吃亏了，一碗水总得端平呀！"

张贤齐均报以不置可否的微笑。

几天后，张贤齐把两家主人唤来，说："你们是否都认为自己东西分得少，对方分得多呢？"

双方答："是的。"

张贤齐要他们在供词笔录上签字画押，两家主人不知张贤齐葫芦里卖的啥药，一一照办。张贤齐说："既然你们都承认对方东西比自己分的东西多，那么，你们就互相对调一下，财产物器不能带走，财产文契则相互交换。"

两家主人知道中了张贤齐的计，但供词已画押，不便抵赖，这样双方就无话可说了。

包拯巧取合同文

一天，包公受理侄子告伯母骗取合同文、不认亲侄一案。

原来，在东京汴梁西关外定坊有户人家，哥哥刘天祥，娶妻杨氏。这杨氏乃是二婚，带来一个女儿，到刘家后再没生养儿女。弟弟刘天瑞，娶妻张氏，生得一个儿子，取名安住。刘天瑞在安住2岁时，就给他与邻居李社长家的小女儿订了娃娃亲。杨氏打算待女儿长大后，招个女婿，多分些家产，因此，把刘安住当成眼中钉。

这一年，东京地区大旱，颗粒无收。官府发下明文，让居民分户减口，往他乡逃荒。弟弟天瑞照顾哥哥上了年岁，不宜远行，决定自己携妻儿离乡背井。天祥就请邻居李社长写下两张合同文书，把所有家产全部写在上面，以作日后见证。兄弟俩各执一份，洒泪分别。

天瑞带了妻儿，来到了山西潞州高平县下马村。房东张员外夫妻，为人仗义疏财，虽有许多田产，却无儿无女，见年方3岁的刘安住眉清目秀，乖巧聪明，就收为义子。房东对天瑞夫妻也像骨肉兄弟一样看待。但是不久，天瑞夫妇染上疫症，几天后相继去世。天瑞临死前掏出一纸合同文书，将儿子托付给张员外。

一晃，刘安住18岁了，为使父母尸骨归乡，决定回老家安置。张员外就把合同文书交给他。

刘安住直奔东京汴梁，一路问到刘家门前，只见一位老妇人站在那里。那老妇人正是伯母杨氏，她一心想独占家财，就骗取了刘安住的合同文书，翻脸不认侄子，反抄起一根木棒，打得安住头破血流。邻居李社长闻声赶出，问刘安住："那合同书既被她骗走，你可记得上面写的什么吗？"安住一字不差地背了一遍。李社长说："我是你的岳父李社长。"当下他写了状词，带着安住来到开封府告状。

包拯接了状词，便传令拘刘天祥夫妇到了公堂，责问刘天祥："你是一家之主，为何只听老婆的话不认亲侄子？"

刘天祥回答："小人侄儿两岁离家，一别十几年，实不敢贸然相认，凭合同文书为证。而今他和我妻一个说有、一个说无，我一时决不下。"

包公又问杨氏，杨氏一口咬定从未见过合同书。包公假意愤然对刘安住说："他们如此无情无义，打得你头破血流。大堂上，本官替你做主，你尽管打他们，且消消你这口怨气！"

刘安住流泪道："岂有侄儿打伯父伯母之理？小人为认亲奉父行孝而来，又不是争夺家产，决不能为出气而责打长辈的事。"

包公自有几分明白，对刘天祥夫妇说："本官明白这小子果然是个骗子，情理难容，改日定将严刑审问。"令刘天祥夫妇先回去，而将刘安住押至狱中。

第二天，包公一面让衙役四处张扬："刘安住得了破伤风，活不了几天了。"一面派差役到山西潞州接来张员外，于是真相大白。

几天后，包公传来一行人到公堂。张员外所言句句合情合理，杨氏胡搅蛮缠死不认亲。于是，包公传令带刘安住上堂。不料差人却来禀报："刘安住病重死在狱中。"众人听罢大惊，只有杨氏喜形于色。包公看在眼里，吩咐差人即刻验尸。一会儿，差人回报："刘安住因太阳穴被重物击伤致死,伤口四周尚有紫痕迹。"

包公说:"这下成了人命案。杨氏,这刘安住是你打死的,如果他是你家亲侄,论辈分你大他小,纵然是打伤致死,不过是教训子侄而误伤,花些钱赎罪,不致抵命。如果他不是你的亲侄,你难道不知道'杀人偿命'吗?你身犯律条,死罪当斩!"即命左右将杨氏拿下,送到死囚牢中。

此时,杨氏吓得面如土色,急忙承认刘安住确是刘家的亲侄。包公问:"既是你家亲侄,有何证据?"杨氏只好交出那张骗得的合同文书。包公看后,差人叫刘安住上堂。刘安住接过包公骗出的合同文书,连称"青天"。杨氏方知中计。

包公提笔判决此案:表彰刘安住的孝道和张员外的仁义;杨氏本当重罪,准予罚钱赎罪;刘氏家产,判给刘安住继承。

包拯智斩鲁斋郎

宋朝仁宗年间,有个名叫鲁斋郎的京官,他倚仗着皇帝的宠爱,对百姓大施淫威,敲诈勒索,谋财害命,夺人妻女,无所不用其极。尽管他罪恶累累,却无人敢动他一根毫毛。

京城附近许州地方,有个姓李的银匠。鲁斋郎一次到许州闲逛,见李妻美貌,就强抢回府,并把李银匠驱逐出境。李银匠带着子女流落异乡,投奔郑州的表妻舅张宏。不多久,鲁斋郎又到郑州,见到张妻美貌,又欲强占,因张宏也在官衙做事,鲁斋郎便略施"恩惠",将玩久生厌的李氏赐给张宏为妻,以作交换。结果在张宏家中,李银匠夫妻相认,出现了悲欢离合的戏剧场面。元代戏剧家关汉卿曾据此编写了一出不朽名剧。此是后话,略过不提。

鲁斋郎为非作歹,作恶多端,害得李张两家妻离子散、家破人亡。李张两人曾联名告状,但当地州府惧怕鲁斋郎的权势,不敢审理。

当时,龙图阁大学士兼开封府尹包拯,经常外出私访民情,审理案件。从李、张两家失散的子女嘴里得知两家的冤情,大为震怒,决心要秉公处置鲁斋郎。

包拯为官清正,断案如神,皇帝还赐他龙、虎、狗三把铡刀,便于他秉公执法。但尽管如此,他要严办鲁斋郎,皇帝也未必同意。为此他煞费苦心,设下了一个计策。

包拯把鲁斋郎所犯罪恶事实列成条文,上面冠以"鱼文即"的名字呈报给仁宗皇帝。皇帝见了这份罪状大怒,当即在"鱼文即"的名字上首用红笔批上"斩"字。

包公即将鲁斋郎拘捕来衙,当堂审讯宣布其罪状。开始鲁斋郎趾高气扬,不肯服罪,扬言道:"谁敢动我一根毫毛,我要他以生命相抵!"

包公命差役将皇帝的御批给他看,鲁斋郎见在自己的名字上面有一个大红的"斩"字,顿时吓得魂魄出窍,还没等他转过气来,已被差役押赴辕门外斩首示众。

再说仁宗皇帝发现鲁斋郎几天不来宫中侍奉,便询问其下落,有太监禀报,说鲁斋郎已被包龙图斩首示众,仁宗皇帝大怒,命速传包拯见驾。包公早作准备,将皇帝的亲笔御批的罪状呈上,仁宗帝见那鲜红的"斩"字确系自己的手笔,恍惚回忆起自己曾在一份罪状上批过"斩"字,至于是哪个人的罪状,他已记不清了,既然自己御批"斩"字,当然怪不得包拯,再看那状上列举事实,确属十恶不赦,于是自找台阶,反而对包拯加以慰勉:"包卿执法如山,不负朕意,理该嘉奖。"包公当然顺水推舟谢恩退出。

原来包公在罪状上做了手脚,他先写上"鱼文即"的名字给皇帝批阅,待皇帝批斩后,他再在三个字上加些笔画,变成了"鲁斋郎"的名字。

包拯一时破两案

开封府尹包拯断案如神,但有一案件颇费心思。

街民毛勤猝然死亡,族人因其死得蹊跷,便告到开封府。

包公将毛妻冬花传讯,冬花虽言词哀切,但面露妖冶,外着丧服,内套红袄,分明具有杀夫嫌疑,但她声称丈夫系"气鼓症"死亡。

包公问道:"既患气鼓症,可曾请医治疗?"

冬花对答:"丈夫命薄,未及请医,已气绝身亡。"

包公便命仵作廖杰开棺验尸。廖杰经验丰富,但验尸结果,虽见毛勤死状异样,却并无查出谋害痕迹。他回到家中,夜不能寐,不知如何向府尹汇报。

其妻阿英见他心事重重便问道:"你可曾验看那尸体的鼻子?"

廖杰反问:"验那鼻子何用?"

阿英说道:"那鼻子内大可做文章,倘从中钉上利钉,直通脑门,能不留痕迹而致人死亡！"

廖杰将信将疑地连夜再去复验尸体，果见毛勤的鼻孔内有两根铁钉，于是真相大白，遂将冬花缉拿问罪。冬花抵赖不过，承认串通奸夫谋害亲夫的事实。

事后，包公询问廖杰："冬花作案手段奇特，你是如何想到验看尸体鼻孔的。"

廖杰回答："此是小的妻子提醒的。"

包公说："请你妻子来府，我要当面酬谢。"

第二天，廖杰高兴地带着妻子到府里领赏。包公像是熟人似的对阿英端详了一会儿，开口问道："你嫁给廖杰几年了？"阿英答道："我们系半路夫妻，只因我前夫暴病死亡，才改嫁廖杰为妻。"

"你前夫名字可叫路才？"

阿英面露惊异之色："大人如何得知？"

"路才暴死一案由县衙呈送本府，我昨晚查阅卷宗，得知县衙已对此案作了正常病故的结语。但我觉得此种结语颇存疑问。"

阿英更是呈恐慌之色："大人以为……"

"本府认为，路才系被人从鼻孔中钉钉谋害。"

廖杰奉命前往路才墓地，掘墓开棺，虽尸体已腐烂，但在鼻孔部位露出两根已锈的长钉。

包公继续审理路才案件。他对阿英说："想你一个平常女子，如何懂得鼻孔钉钉的奇特方法，除非有过亲身经历，才能一语点破。"

阿英只得如实招供事实。原来她也是个水性杨花的女子，在与路才结婚之后，经常与人姘居，有个姘夫是个惯犯，与她合谋用铁钉钉鼻之法害死路才，后来那姘夫在斗殴中被人杀死，阿英才改嫁廖杰。

廖杰听了如梦初醒："想不到此女这般蛇蝎心肠，若非大人明察秋毫，我也几乎做了她砧上之肉。"

阿英懊丧不已："若不是我多言多语，此案也断不能破。"

包公正色道："非也，作案之人，侥幸取巧，只能蒙蔽一时，不能长久隐藏，终有一天会暴露出来自食恶果。此乃天网恢恢，疏而不漏！"

属吏巧破无头案

大堂之上，一位汉子再也受不了严刑拷打。

一番惨叫后，那汉子泪水涟涟："冤啊！那天我刚回家，看见爱妻倒在血泊之中，头已不翼而飞。我马上赶到岳父家，爱妻娘家人一口咬定是我杀的，告我死罪。刑也动了，苦也吃了，爱妻也死了，我想想还是认下吧。只求一刀快死，也好去陪爱妻那孤魂野鬼！"

躲在幕后的从事（郡守的属吏）起了疑心，他蹀出幕来，悄声告诉郡守："人命关天哪！做丈夫的谁忍心杀死妻子？即使成心要害她，也会逃避罪责，或许说她是病死，或许推托她突然死亡。如今尸体在而脑袋却飞了，其中必有文章。大人，我看另外再细细查吧！"

郡守微微点头："哦，说得在理！"

从事马上行动，他先令人把这个犯人单独关在别的房间里，然后命人贴出一纸公文：全城仵作明天集中郡守大堂。

第二天，这批仵作来了。从事谈笑风生，让他们每个人谈近日来帮人家安葬坟墓的琐事，边细细盘问来龙去脉。其中有一人漫不经心地讲到："我在帮城东门一家大财主办事时，听他们讲曾经杀了一个奶妈，埋在西山乱岗。"

从事听罢，心中暗喜，马上派人按图索骥去挖开坟墓检验。撬开棺盖，发现棺材中只有一颗女人脑袋！他马上令人押那在狱汉子前往辨认，那汉子哭得很是伤心：你们别糊弄我，这不是我的爱妻！

从事回到郡衙，忙传讯那富豪。三堂会审后，那富豪浑身抖如筛糠，不得不交代："我跟那汉子婆娘私通，就杀了奶妈，砍下她的头埋了，再给奶妈尸体穿上那婆娘衣服，扔在那汉子家里。我把那漂亮的小娇娘接在家里，金屋藏娇了。请大老爷饶命，小的再也不敢如此胡作非为啦！"

郡守大声呵责："杀人抵命！那死去的奶妈的命要让你这恶贼来抵！"

富豪被判斩首。那汉子被释放。

李处厚照伞验尸

宋代的沈括在《梦溪笔谈》中记载了这样一段故事：

太常博士李处厚，刚出任庐州慎县县令时，便有一个农妇前来啼哭告状，说她丈夫数日前上山砍柴，为小事而与邻家汉子发生争执，被那汉子毒打一顿，回家不几日便死去。目前尸体尚未送殓，请县老爷为她做主。

李处厚立即传死者邻家汉子到堂。那汉子一口否认此事，说那日上山一起砍柴是真，但从未与之发生争执，更未动手殴打。李处厚见一时无法了断此案，便暂将那汉子扣押后堂。那汉子大声呼屈，说邻家妇人诬告，要县老爷拿出证据来。李处厚道："本官绝不会冤枉好人，暂且委屈你一下吧，待我调查之后便会放你回去。"说完，带人前往死者家中验尸。

到得死者家，只见全家披麻戴孝，啼哭不已，灵堂内凄凉万分。李处厚立即派人揭开死者身上的白布，解开衣裤进行验伤。奇怪的是，尸体身上居然无一处伤痕。验尸官当时通用的验尸方法，将糟块、石灰水之类对尸体进行冲洗，仍不见殴伤的痕迹。

李处厚想："难道那农妇果真是诬告不成？"便将农妇带回衙门审问。

农妇悲悲切切，说来说去还是状子上的那几句话。李处厚对农妇道："你告邻家汉子将你丈夫殴打至死，并无证据。本官难以了断。你去吧，念你丧夫子幼，不追究你诬告之罪。"

农妇号啕大哭而去。

李处厚正想离堂，有一位退职的老书吏求见，说："我知道一种验尸伤的办法。十分有效。有些尸伤由于凶手作案巧妙，确难检验。你只需用赤油伞在中午阳光下张开覆照，以水浇尸，伤痕就会立即出现。"

李处厚用此办法验尸，那尸体身上果现伤痕累累，确属被殴打而死。证据到手，李处厚马上提审死者邻家汉子，那汉子无法抵赖，只得认罪。

从此以后，江淮一带验伤常常使用这个方法。

强至细查免冤案

宋代的户部郎中强至任开封府仓参军时，某天晚上宫中露天堆物处忽然燃起大火，火势甚旺，竟将所堆之物全数焚毁，幸扑救及时，方未殃及宫殿。

宫中遭火灾，事非小可。仁宗皇帝大怒，下旨严查。这下看守货物的几个人都惶恐不安，以为难免一死。

强至奉命参加此案的审理。为获得第一手资料，他察看了着火处的地形，只见此地处于深宫，戒备森严，外人进入纵火的可能性不大，内部人作案的话可以直接去烧宫殿，何必去烧货物？再者根据调查，这些看守货物的人平时一贯忠君，没有任何可疑之处。可这火是从哪里来的呢？他觉得其中必定另有缘故。

强至召集看守货物的几个人到堂前，询问了一些问题后道："根据你们所述，似乎此乃天火喽？"

众人答："小人们实在搞不清，那火确实莫名其妙而起。"

强至又问："那么，货物中有什么东西会自燃的呢？"

众人道："这很难说，堆放的东西都极能引燃。不过开始烧时似乎闻到一股焦油味道。"

强至闻言又追问："那焦油味是什么东西散发的？"

众人答："油幕。"

强至点点头，令众人退下。他心中暗想，油幕会否是自燃的祸首呢？于是，又将幕工们召来询问。

幕工们说："做幕必须渗入别的药品。久而久之，药品潮湿了便要燃烧。"

强至恍然大悟，此案原来由此而起。要不细查，草草了事，肯定办成冤案了。他据此调查写下奏章，立即把这情况启奏皇上。

宋仁宗看完奏章，顿然醒悟，说道："不久前，真宗陵园的树林也着火了，后查出火是从油衣中起来的。看来此事亦是如此，日后需小心为好。"

强至奉旨参照从轻处理的律文，对那些堆放油幕不慎的人作了处理，人们心悦诚服，甘愿受罚。

程颢妙破讹诈案

宋神宗熙宁年间，担任监察御史的洛阳人程颢，在当山西晋城县令时，曾处理过一件讹诈案。

当时，有一个姓张的财主得急病死了，棺木埋葬后的第二天一早，有个老头来到他家门口，对着财主唯一的儿子说："我是你父亲，现在我年纪大了，无依无靠，来和你一起生活。"接着，老头一五一十向财主的儿子说明了来由。财主的儿子非常惊讶，于是拉着老头一起到了县府，请求县令判断。

老头先说："我是个郎中，因家中贫困，四处流浪，为人治病，一年中很少回家。妻子生下儿子，无力抚养只得狠狠心肠把儿子送给张财主。某年某月某日，由村上的李某抱去，邻居阿毛亲眼看见。"

"事隔那么多年，你怎能把事情说得这么详细呢？"

老头说："我是从远地方行医回村后才听说的，当时记在处方册的背后。"说着从怀里掏出处方册递给程颢，上面用毛笔写道：某年某月某日，某人把小儿抱走，给了张三翁。

程颢问财主的儿子："你今年多大岁数？"

财主的儿子答道："36岁。"

程颢又问："你父亲今年多大年纪？"

"76岁！"

程颢对老头说："听见了吧，这人出生的时候，他父亲才40岁，这样的年纪，别人怎么会称作张三翁呢？"

老头听罢，惊恐异常，承认了自己妄想讹诈财主家的钱物，夺人田地，才来冒认儿子。

陈襄巧计破窃案

北宋神宗年间，有个能干的官员名叫陈襄，曾担任某县主簿，代理县令职务。一天，有户人家夜里遭到偷窃，天明报案到县衙。陈襄问明案发的前后经过，并带差役亲赴现场查验，发下令牌，将附近街弄游手好闲之人和犯有前科的小偷等作为嫌疑犯，拘捕进衙，予以审查。

嫌疑犯们高高矮矮，胖胖瘦瘦，一到大堂，就沸反盈天地闹开了：有高喊"冤枉"的，有痛哭流涕的，有哀求"陈青天明鉴"的，有你怨我骂的……总之，没有一个承认自己犯了偷盗罪。

陈襄朝嫌疑犯们扫了一眼，和颜悦色地说道："盗贼就在你们之中，为了不冤枉好人，我不得已委屈你们来县里走一遭。这儿附近有座庙，庙里有台大钟，这台钟非常神奇，善于明辨是非、识别好歹。谁做了坏事，一摸钟它就会发出敲击声；没有做坏事，任你怎么摸它，也不会发出声。谁是小偷，你们只要到那里一摸就知。"说着，陈襄挥挥手，让差役押着嫌疑犯前往寺庙。

到达寺庙，陈襄让差役在大殿上的香炉里置好香，自己领着下属朝大钟三跪九拜，装出一副恭而敬之、虔诚求问的样子。祭祀完毕后，他又叫人用帷幕将大钟严严实实地裹护起来，好似一帧硕大的帷帐。

一切安排停当后，陈襄喝道："好，现在你们依次进入帷幕摸钟。"一行嫌疑犯不敢怠慢，一个个鱼贯而入，又一个个鱼贯而出。"好，现在摊开手掌让我查验。"陈襄说。嫌疑犯们列着队，有秩序地从陈襄面前走过去。结果，大部分人的手掌上有墨迹，唯独一个矮胖子手上没有。陈襄一声怒喝："把他抓起来，打入监牢听审。"

矮胖子大叫道："您别冤枉好人！刚才根本没有发出钟声，有什么凭证说明我是盗贼？"

陈襄冷笑道："你偷了别人的东西，做贼心虚，害怕大钟发声，所以没有去摸它。"

矮胖子又叫道："我摸了，我摸了。我在幕里，您在幕外，何以知道我没有摸？"

陈襄哈哈大笑道："我叫人在钟上涂上墨。别人摸了，手上有墨，你呢？"

矮胖子看看别人的手，又看看自己的手，明白自己中了圈套。

徐县官巧计辨盗

宋朝时，长安有家布庄，生意十分兴隆。一日，老板命伙计前往外地购货。伙计星夜兼程很快将货采办完毕，便往回赶。

途中，时值黄昏，忽然天降大雨。为防布匹遭淋，伙计将马赶至路边一座凉亭中躲雨。天渐暗，雨一直下个不停，伙计心中十分着急。此时，路上又奔跑来一位避雨汉子。汉子生得熊腰虎背，伙计见了为之心惊。

那汉子躲进凉亭，见了马背上的100匹布很感兴趣，便与伙计攀谈，问了许多布匹的质量、规格、性能等问题。伙计是个胆小的人，见这汉子与自己拉近乎，就很热心地一一解答。

雨止了。伙计整整马背上的布匹，正要继续赶路，汉子忽地站起身来，拦住伙计，厉声喝道："大胆毛贼，光天化日之下居然敢偷抢老子的货物！"

伙计大惊，知道今天碰上坏人了。好在天色尚未全暗，还有路人往来。便壮起胆子和汉子争辩起来。过路行人被弄得无所适从，就拉他们一起告到官府。

县官吩咐差役把这100匹布全部打开，说："我将检查布里的证据。"

差役将布全部抖散。县官便开始询问有关布的质量、用途，不想两人回答得一模一样。

县官略一思索，说："你们为我折叠起来，我再给你们判断谁是谁非。"

伙计和那位汉子快步走到堂中去折布。没折到三四匹，县官就把汉子叫过来责骂。汉子叫冤。县官说："凡从事一种行业的，必定熟悉这一行业的操作技巧。我看到你折布就明白了。这货物既然是你的，那么你就是吃布庄饭的。为什么你所折的布匹不是偏左，就是偏右，不能整整齐齐折成一匹？而你看他折布，提起布来，振臂拦开，或左或右，无不妥帖适宜。事情的真相不是很清楚了吗？"

汉子顿时失色，只得磕头服罪。

韩亿取证雪沉冤

宋朝，陕西洋州有个土豪叫李甲，为人狡诈多心计。当时，其兄病故，留下寡妻及一子，还有房屋多间田地若干。李甲见嫂勤俭治家，日子过得不错，十分眼红，欲夺其嫂子家产。于是，李甲三天两头跑到嫂子家，问寒问暖，嫂子甚为感激。

一天，李甲叹着气对嫂子说："你还年轻，拖着个小孩过日子，倒也不容易。依我之见不如改嫁，也好有个照应。"

嫂子不悦道："你兄就留下一子，我再苦也要将他养大，决不改姓。这辈子绝不再动改嫁之念，谢谢叔叔关心了。"

李甲碰了一鼻子灰，心不甘。四处扬言说哥嫂的儿子不是亲生的，非李家骨肉便不能继承家业。嫂子气不过，便告到官府。不想李甲偷偷买通官吏，官吏便帮着李甲说话。嫂子多次上告，但均被驳回，还被毒打一番，说她诬告。最后，竟将财产统统判给李甲。

时光一晃10年，李甲嫂子为争这份财产一直不断地告状。新任洋州知府韩亿接状后，翻阅了历次审理本案的旧案卷，发现了疑点，案卷中均漏掉了这女人生儿子时请乳医接生之事，而这正是决定小孩是否亲生的关键。

韩亿向李甲嫂子了解当年乳医的姓名后，立即传那乳医到庭。因年代已久，那乳医竟记忆不起，便回家翻阅旧记录，果真查到此小孩是那女人所生，立即出具证明。

一切就绪，韩亿将李甲的族亲都传到官署，道："李甲大逆不道，居然乘人之危，诈兄嫂家产，实该治罪！"

李甲大惊，极力申辩。韩亿取出当年请过乳医的记载，众人无话可说。李甲只得服罪。那女人的10年沉冤终于得到昭雪。

朱寿昌智查真凶

宋代阆州（在今四川省阆中县），有个名叫雍子良的大恶霸，家财万贯，时常惹是生非，屡次将人打死，然后买通官吏，逍遥法外。

一日，雍子良带着手下闯入城东一个酒馆，直奔楼上的雅座。只见雅座坐着一位青年，正独自酌酒观赏窗外景色。雍子良大怒，上前便是一个耳光，出言不逊要赶青年走。那青年不服，与之争执起来。雍子良一挥手，手下人一拥而上将那青年一顿好揍，不想那青年竟气绝身亡。

雍子良见又犯下一桩人命案子，忙溜之大吉。回到家中，打点银子叫管家送往知州府。

不想此时新任知州朱寿昌不肯受贿。管家忙回家向雍子良禀报。雍子良眼珠一转，便对管家如此这般地交代了一番。

再说那死者的亲人立即向知州朱寿昌告状。朱寿昌甚怒，正要签令拘捕雍子良时，外面有人前来自首，说是他打死了人，与雍子良无关。

朱寿昌听完那人的坦白后，觉得怀疑。可自首者编得天衣无缝，而且那青年死时酒馆中的人均胆怯而逃，无证人作证，一时难以断决。便将自首者暂且收监，待调查清楚再作了结。

过了几天，朱寿昌经察访实情，查清了事实真相，便将囚犯提来讯问。不想那囚犯依然咬住原供不松，朱寿昌摇摇头，惋惜地说："你这样做实在不值得。其实，你上了雍子良的当了。"

囚犯闻言不解，睁大眼很是疑惑。

朱寿昌道："雍子良给了你10万钱，说要娶你女儿做儿媳妇，还答应把他女儿嫁到你家。有此事吗？"

囚犯一听，脸上表情立刻大变。

朱寿昌又道："现在你替他顶凶杀之罪，可是他又写了一张假契，把你女儿改成婢女，说那10万钱就是买她的代价，又把他自己的女儿另嫁了别人。你却为他当'替罪羊'送死，何苦呢？"

囚犯听到这里，顿时大哭，便将实情说出。原来，他家一贫如洗。那天雍子良找到他家，对他威胁利诱，要他答应帮助顶罪，说入狱后会出钱买通官府赎他出来，并欲与他结为亲家。为此，他心动了，答应帮忙，还与雍子良立了契约。不想雍子良用心险恶，他差点为此丢命。

朱寿昌据此立即逮捕了雍子良，并依法加以严惩。顿时，阆州城内百姓人心大快。

张公巧破自诬案

宋朝，张公刚任东湖县县令，便阅了在押犯人的所有宗卷。过目中，对一桩平民妻子陈氏逼死婆婆的案子产生了疑问，便重新升堂审理。

张知县再三盘问，陈氏居然对所犯案情不予辩解，一口咬定婆婆是被她逼死的。张知县见陈氏的气度文雅，举止落落大方，心中疑虑更深：这样知书达理的人怎么会去逼死婆婆呢？再者逼死婆婆的证据不足，其中一定另有缘故。便对陈氏说："倘若你有冤枉，一定为你昭雪。错过机会不说，就要依法处决了。"

陈氏说："贱妇背上这样不孝大罪，还有什么脸面继续活在人间？但愿快些死去罢了。"

但张知县有个直觉：陈氏案件中大有名堂。为此，他微服私访了陈氏的邻里，人们都对陈氏逼死婆婆之事感到蹊跷，因为陈氏平素一贯孝顺婆婆。可是陈氏不改口怎么办？张知县思索良久，心生一计。

县衙门有个差役的妻子向来泼辣刁蛮，一日张知县发签把她拘捕到官署，打了她200鞭，打得满背淌血，上下湿透，然后将她关在陈氏的同一牢房里。

差役妻子通宵在牢房咒骂："老娘究竟犯了什么罪而遭鞭打？这样糊涂的人，还能做县官？"一边哭，一边唠叨个没完了。

陈氏劝她："天下有什么事不冤枉？何不稍微冷静一点？就像我承受了这样的重罪，冤枉到身名俱损，尚且默默忍受下来，你遇到的不过是鞭打的小事，有什么可说的？"差役的妻子不信她承受冤枉，陈氏最后只得将自己的遭遇讲给她听。

原来，陈氏对婆婆十分孝顺，每天早早起来，打扫屋内，准备饮食，然后到婆婆床前请安，侍候婆婆梳洗、早餐。有天清早，走进婆婆的卧房，看见床下有双男人的鞋子，大吃一惊，悄悄掩门退出，但婆婆见私情被发现，羞耻之下便上吊而死。陈氏被地保以逼死婆婆的罪名送官。她恐怕婆婆的丑事被宣扬，竟含冤招认。

此番话被张知县派来在外察听的人知悉，张知县闻报立即提审陈氏，终于洗清了陈氏的冤枉，将她无罪释放。而对那衙役的妻子也略作酬劳，安抚一番打发回家。

张咏识破假和尚

宋代的尚书张咏任江宁府长官时，某天，几个兵士押来一个僧人，说此僧在酒馆酗酒食肉并殴打店小二。张咏一瞧，此僧面目非善，不似修性之相。厉声道："大胆僧人，酗酒食肉违反佛规戒律第几条？"

僧人略微一怔，随即现醉状支吾不清。

张咏细察僧人表情，心中生疑，又问："你在哪儿出家？"

僧人答道："灵隐寺。"

张咏再问："有何凭证？请速取来。"

僧人忙从身上取出戒牒作为身份的证明交给衙吏。张咏看了良久，拍案而起，道："来人，将此僧人押入后牢，明日再审。"

僧人不服，高声叫屈不绝。

张咏摆手命衙吏将僧人带走，随后在纸上刷刷地写下几行字：此是假僧人，请司理院审问这个杀人犯。

次日清晨，群官聚集听审。当介绍完此僧人昨日的劣迹后，众人不解，单凭这些何能断定是假冒僧人呢？更令人迷惑的是，张咏又如何推断此人是杀人犯呢？于是私下交耳议论。

张咏微微一笑道："本官自有道理，各位看审吧。"说完传令将那僧人押上。

僧人一进大堂，见此架势，心中生惧，跪在地上口念冤枉。

张咏道："你先别喊冤，待本官问你几句话便可结案。昨日念你酒醉不作计较，今再问你，出家人酗酒食肉违反佛门戒律第几条？"

那僧人头上冒汗，一时语塞。

张咏再问："你出家为僧几年了？"

僧人即答："7年了。"

张咏笑着追问："出家7年，为什么你额头上还有束裹头巾的痕迹？"

僧人惊恐万分，无法解释。

张咏喝道："该死的强盗，杀死了僧人冒名顶替，还不快快招来！"

僧人在严厉的审讯下，终于招供。原来他前几日夜晚在路上遇见一位云游僧人，假意结伴，行至荒僻处，将其砸死，剥下僧衣，取了他的户部戒牒，自行披缁剃发假冒僧人，以靠化斋为生，不想竟被张咏识破。

程戬破杀母奇案

程戬任处州知州时，一日清晨，忽有衙役飞报：东街李家兄弟几人披麻戴孝跪于州府门外，要告西街陈家，说陈家杀了他母亲。

程戬向李家兄弟询问了一下即奔现场，来到西街陈家门口，果见李母尸体横于台阶旁。察看一番后，程戬命将陈家所有的人带往州府，立即升堂审案。

程戬问陈家人："你们家和李家有否过节？"

陈家人答："祖上便和他家有仇，一直至今未了。"

程戬问："近日可有争端？"

陈家人支支吾吾答不出所以然，过了一会

儿陈家大儿子方吞吞吐吐道:"前几日,为了乡下的几亩地划界,我家弟兄几人和李家发生争执,将李家小儿子打伤了。"

程戬大怒道:"打伤了他家小儿子,为何又要杀他老母?"陈家因李母尸首在他家门口,有口难辩,众人皆痛哭不止。程戬命衙役先将陈家人全部收容,另择时再审。

陈家人离去后,程戬思忖了一下,问僚属们:"你们对此案有何看法?"

众僚属答:"证据确凿,陈家杀人事实明显,此案可断。"

程戬微微一笑,摇摇头说:"不,我看并非如此。"说完又命将原告李家兄弟喊上。

程戬道:"你们是何时发现母亲被杀的?"

李家人答:"今天早晨。"

程戬又问:"你们身上的孝服是何时所做?"

李家兄弟一时语塞,脸露惊慌之色。

程戬喝道:"此案可断,你们诬告!你家老母昨夜未归,做儿子的不思寻找。今晨报老母已被害,然后立即来衙门,身上已着孝服,这不是早有准备吗?"

李家兄弟顿时失色,严讯之下终于吐出实情:前几天,他家被陈家兄弟所欺,新仇旧恨交织起来,便想找个办法报仇。母亲道:"我年老多病活不长久,你们把我杀死之后将尸体放于陈家门口,就说他家杀人,便可报仇。"李家兄弟果真实施此计,没料到被程戬识破。

僚属们感到惊叹。程戬道:"杀了人把尸体放在自己家门口,难道不可疑吗?"

王臻细查仇杀案

宋朝时,福州某街有两户人家,结怨甚深。

一日,甲经过乙家门,不慎因地上泥泞而滑倒在地,心中怒极,便站在门口指着和尚骂贼秃,以发泄怨气。乙家见状也跳出大骂,骂着不过瘾,竟动起手来,甲见乙家人多,仓皇逃走。回到家中气愤得很,一家人商议如何报仇。

甲父年老体衰,一直多病,闻儿子被打,加之数年与乙家结仇受欺,竟想出了一条令家人吃惊的计策。儿孙听后,不肯应诺,甲父不再做声。

第二天一早,甲父瞒着家人,悄悄来到乙家,敲开大门闯了进去,见物就砸,见人就打,乙家人不觉大怒,一齐动手上去揪老头。老头孤注一掷,拼死反抗,乙家人见家中被砸得一塌糊涂,就动起手来揍老头。不想刚一动手,老头就倒地气绝。乙家人见出了人命,吓得不知所措。

再说甲早晨不见父亲踪影,立即带着弟兄赶往乙家,见父亲已死,举家痛哭不已,揪住乙家人前往见官。

知府王臻听完诉状道:"邻里之间,本应和睦相处,你们竟闹出了人命,实在不该。"乙家人自认倒霉,因为甲父死于他家是事实。

王臻见乙家供认不讳,便将他们押下,待验伤结果再作了断。

验伤官很快递交上报告。王臻阅后觉得此案有异。因为甲父身上伤痕虽有几处,但不在要害,且属皮外轻伤,不足以死亡。他便又传上甲家人,详细询问。

甲显得有些惊慌,说话时吞吞吐吐。

王臻道:"本官手中验伤报告证明,你父亲并非为伤所死。而是另有原因,请从实讲来。"

甲只得将真相道出。原来,昨天在商议报仇之事时,甲父竟提出自己年老多病无用,让他先服下一种名叫野葛的毒药草,然后去乙家寻仇,待乙家动手时,药性发作,死于他家,便可告其杀人罪。可当时家人均不赞成,没想到甲父一早却依然使用了此计。

真相大白,王臻立即将乙家人释放,但罚款若干作为丧葬费。

高昉验布纠冤案

宋朝尚书左丞高昉任蔡州知府时,曾断过这样一桩案子:

蔡州有个财主名叫王义,一日夜晚涌进一帮蒙面强盗,将王家老小全部捆绑,关入柴屋,房内细软一洗而空。

案子报到州府,知府高昉命手下限期破案。几天下来,毫无进展。高昉细心察看了王义家失物的清单,便将清单分发给办案官吏,要求以此为线索,在街头巷尾注意观察。

一天早上,捕快在市场上巡视,只见有一个摊上5个壮汉在卖旧衣服,价格很便宜。捕快见疑,装作顾客上前挑选,忽见一衫裤上绣有"王"字,他顿想到王义失窃清单上有此物,立即招呼其他捕快,将5个壮汉拘捕到衙门审理。不想5个壮汉却大喊冤枉,不承认与盗案有涉。官吏命大刑伺候。不一会儿,5个大汉便被打得皮开肉绽,终于招供。罪状和赃物都已俱备,立即将案卷交予高昉,请示要以极刑惩处。

高昉发现5人招供有几处不符，马上派人前往调查5人的家境及平时的德行。发现这几个人平时老实本分，家境尚可，均以合伙贩物为生。高昉又将那绣有王字的衫裤取来察看，觉得有异。便传王义到府查证。

高昉问："你所失的衫裤是同一端布做的吗？"

王义答道："是。"

高昉比量衫裤用布的幅尺，发现二者阔窄不同，疏密有异。

高昉将衫裤上的"王"字给王义看，王义道："这不是我的。我那'王'字是用黄线绣的。"

一切明了后，高昉又将5个囚犯带上询问，5人又大呼冤屈。

高昉问："先前为什么认罪？"

5人齐道："不能忍受毒刑拷打，只求速死算了。"

证据不足，高昉慰抚5人一番，立即将他们释放。

过了几天，在高昉的精心布置下，捉住了真正的罪犯。

范纯仁识破伪供

宋朝时，河中府有个录事参军叫宋儋年。一天，宋参军在宅中大宴宾客，散席后，过了一阵就连声喊叫肚子痛，当晚就死了。

河中府太守范纯仁怀疑有人下毒，就下令检验尸体。仵作验尸完毕，呈上验尸单。范太守见上面写道：死者七窍流血，肌肤紫黑，显是中毒身亡。

这时参军太太出首告发说：参军的小妾与一个门客有私情，很可能是他俩谋害。于是范太守就将两人拘捕。

范太守派了一个官员负责审讯，两人供认了毒杀宋儋年的事实。当追问如何下毒的情节时，小妾又供出是把毒药下在清蒸甲鱼这道菜里，宋参军是食后中毒身亡的。

案件审结后，范纯仁复查案卷，发现其中颇有疑点，便问审案吏员说："清蒸甲鱼是第几道菜？"

吏员答道："是第四道菜。"

"客人吃没吃这道菜？"

"都吃了。"

范太守说："我看奸人所下的毒药，吃了之后，毒性便会发作，宋参军岂能于席散后毒发身亡呢？再说，众多宾客都吃了这菜，怎么

无一中毒的呢？可见犯人所供，其中必有蹊跷。"

吏员诺诺称是，只得又重新审问犯人，这次小妾招认，是客人散去后，宋某返回厅堂，休息用茶，在茶水中下了毒。这才是作案的真实情况。原来犯人早已深谋熟虑，故意假造作案情节，准备将来上诉时再行翻供。范纯仁识破伪供，防止了犯人翻供。

葛源巧治恶吏胥

宋朝时，江西泰和县有个吏胥为人奸猾狡诈。每当新任县令一到，他便诱使县民数百人成群结队到县府告状，而且都是些莫名其妙、鸡毛蒜皮之事，弄得县令心中生烦，草草了事。到后来，索性将这些案子统统交与吏胥经办。这样，吏胥便大权在握，为非作歹，大发其财。而人们都敢怒不敢言，县令也往往当不下去而调离。

后来，朝廷派葛源到泰和县任县令。吏胥故伎重演，乘葛源新来乍到之际，又纠集了数百人准备给他来个下马威。

葛源颇有心计，对吏胥的作为早有所闻，所以有了准备。

第一天上堂料理公务，门外便传来嚷嚷声，只见涌入众多告状之人，七嘴八舌，堂上一片喧哗，什么也听不清。葛源一拍惊堂木，大喝一声："肃静！此乃公堂，何以如此毫无规矩！有冤伸冤，有屈诉屈，亦得有个次序。"

众人听后按序而站。葛源将状子收上，阅了几张便道："告状的状子有规矩，必须以事实说清为主。这些状子所述很是模糊，本官难以决断。请你们当堂另写。"说完，命手下将纸发给告状人重写。有些不识字的人便叫吏胥代笔。

不多时，状子收上。葛源发现大多状子内容居然与先前完全不同，更令他生疑的是吏胥代笔的几张，笔迹竟与以前收上的几张完全一样。

葛源心中有了底，大怒道："听着，你们所告之状前后矛盾，这纯属有意戏弄本官。来人，将他们押下，重重责打。"

众人吓得不知所措，纷纷跪下道："大人饶恕。此状并非我们要告，是吏胥老爷逼我们来的。"

葛源立即命将吏胥拿下。经审讯，吏胥只得认罪。从此，葛源名声大振，县中奸诈之辈都十分惧怕他。

李南公验伤识伪

宋朝的李南公尚书,出任长沙县令时,一天,有甲乙两个汉子来告状。李南公见甲高大魁伟煞是雄赳赳,乙却瘦弱憔悴一派病态样。

李南公问:"你们为何告状?"

甲说:"乙打我,把我身上打得遍体是伤,请老爷明判。"

乙气愤地辩诉说:"他胡说,明明是他打我,不信可以看我身上的伤为证。"

两人争执不下,互相指责。李南公喝道:"来人,将他俩的衣服脱下,待本官验伤定夺!"

几名衙役上前脱下甲乙的衣服,见两人膀上、胸口等处青赤伤痕累累,看来这一架打得还不轻。

李南公心中生奇,这两人打架,从体力上讲,甲强乙弱,而且体魄悬殊太大,吃亏的肯定是乙。可为什么甲身上居然也会受此重伤呢?于是,问乙道:"你练过武功没有?"

乙垂泪回答:"小人体弱多病,从未练过武功。倘若有功在身,今日岂会遭他如此欺凌?"

李南公忽然想起了什么,便捏捏他们的伤处,一摸便有数了。正色道:"乙伤是真伤,甲伤是假伤。"

甲不服,经审讯,果然如此。原来,甲乙两家一向不和。为泄愤,甲预先采集了一些榉柳树叶,用树叶涂擦胸口及手臂,不一会儿,皮肤上便会出现青赤如同殴打的伤痕。然后,他又把剥下的树皮平放在皮肤上,用火热熨,便又出现了棒伤的痕迹,明眼根本无法判其真伪。一切准备完毕,便诱乙出门至僻静处,一顿拳打脚踢,把乙打得遍体鳞伤。乙不甘受辱,拼死拉其见官,甲亦不惧,以为自己身上的假伤足以乱真。于是便出现了以上一幕。

李南公大怒,立即判甲吃板子100下,罚银20两给乙作赔偿。

衙吏不解李南公何以觉察甲伤有假,李南公道:"殴打的伤痕会因血液凝聚而变得坚硬,而伪造的伤痕却是柔软平坦,一摸便知。他用榉柳树叶涂擦皮肤,如何骗得了本官?"

胡颖机智灭蛇神

南宋时期,有个叫胡颖的人,他被委派到广东担任掌管一路军务和民政的经略安抚使时,碰到一桩稀奇古怪的公案。

原来,广东路管辖下的潮州(今广东潮阳)有一座寺庙。民间盛传庙里有一条神蛇,修炼的道行很深,常常显灵。百姓对它奉若天神,顶礼膜拜。这个寺庙香火旺盛,佛事兴隆。以前到潮州做知州的历任地方官,也亦趋亦奉,逢年过节都亲自到寺庙去焚香祷祝一番,跪求蛇神恩赐地方以幸福。

胡颖听了此事,大不以为然。属下的老差役就振振有词地劝道:"大人,这不是传说,而是真的。"

胡颖斥责道:"奇谈怪论!"

老差役说:"大人!您知道前两任潮州知州的命运吗?前一个知州到任后轻慢蛇神,没有去祭祀它,结果引起特大旱灾,几乎造成颗粒无收,百姓纷纷责备他治理无能,他待不下去,只好请求他调。后一个知州,一上任就去庙里祭蛇神,忽然看见这条蛇蜿蜒爬出庙堂,大吃一惊,回到官邸就生了重病,不治而死。百姓都说,这位知州大人虽然亲自去祭祀了,但并不诚心,而是做做样子的,所以蛇神要惩罚他。"

胡颖笑道:"有这等事,那我倒要亲自诚心地邀请蛇神来做客哩。"

说着,胡颖便传令潮州州府,让他们叫该庙的和尚把蛇神抬到经略安抚使的官府来。老差役连连摇手道:"使不得,使不得。大人如此对待蛇神,一定要遭到不测之灾。"

胡颖笑道:"你不必紧张,我自己诚心诚意请它,来了待它为上宾,它不会发怒。即使降罪,也只我一人承担,与你们无干。"

不多久,和尚们果然将蛇神抬了送来,只见它的身子粗得像房柱子一样,皮肤的颜色黑得像墨炭灰一样。胡颖叫左右用栏杆将它圈起来供养。

老差役全身索索发抖,胡颖拍拍他的肩头,示意他放松神经,便笑着对蛇神说:"都说你道行深得很,那么我给你三天期限,三天之内,你定要显示你的神力,任你造灾降福。如真灵验,那我就把你尊为天神,日夜率众向你祭祀跪拜。如果不灵,我就对你不客气了!"

三天过去了,那条蛇神跟普通蛇类一样,并没有显出神灵的样子来。胡颖哈哈冷笑道:"哪来的蛇神啊?全都是品行不端的和尚妖言惑众,骗取百姓的香火钱啊!"当即下令将蛇杀死,平毁那个寺庙,严厉地惩治了和尚们的罪行。

老差役这才如梦初醒,说:"都怪我糊涂。不是大人英明,我到死都被恶和尚骗了。"

张公谨辨伪擒凶

金朝明昌年间，景州（今河北省境内）有一个妇人分别跟隶卒马全和王二通奸。这事神不知鬼不觉。

有一天，那妇人要回娘家，与王二约定在城外树下相见。

哪知，马全恰巧听到这消息，马上醋性发作，萌发杀机。他抢先在王二之前，等在那棵树下。

妇人一到，马全忽地从大树背后闪出，把她杀死了。

第二天，妇人的父亲有事进城，顺便去看望女儿。妇人的婆婆说："你女儿昨天已经回娘家了，怎么还来这里看她？"

妇人的父亲大吃一惊，连忙四下寻找，在树下找到了女儿的尸体，马上奔到官府，声泪俱下地告状。

官府审理此案，询问妇人婆婆："你儿媳这几天和谁商量过事情？"

婆婆想了一会儿，答道："对了，只与王二说过话。"

很快，王二被拘捕来，在百般严刑拷问下，只得胡乱招供，并交代道：那妇人所带的包袱还埋在一棵树下。官府派人循迹摸索，果然在树下起获。

王二一听，叫苦不迭，惊骇道："怎么真有？看样子，我命绝矣！"

参与审讯的张公谨见情生疑，对审讯官吏说："给我三天时间，保证擒到真凶！"

官吏点点头，允许了。

张公谨问看门的役卒："审讯王二时，有人在墙外偷听吗？"

役卒们答话："隶卒马全在墙外站了很久。"

公谨又询问看守城门的役卒说："昨晚是否有人带着包袱出城？"

有人告诉："只有马全带着一个包袱出城了。"

张公谨立即下令拘捕马全！

一番审讯，马全只能如实招认。

一起疑案真相大白。

汪推官佛门断案

元朝仁宗延祐年间，平江路（今江苏吴县、常熟、昆山一带）出了一起凶杀案。

慈善大度的净广和尚半夜被人刺杀，身边搁着一把血迹斑斑的刀。

佛门出血案更富神秘色彩，这事一时闹得沸沸扬扬。

官府查访了净广的众弟子，他们提供了一条线索：净广跟某个和尚关系不好，好久不往来。净广被害前一天，那个和尚为重修旧好，特地登门盛邀，请净广去喝酒。喝完酒，净广就在那儿休息。哪料第二天一大早，净广法师就让人害了！

其中二弟子玄能哭得死去活来，痛不欲生，口口声声要为师傅报这血海深仇！

官府得报，怀疑那个和尚因仇杀人，火速捕来审讯。那和尚也是凡胎肉身，哪受得了严刑拷打。屈打成招后，被判处死刑，只等上面批复！

恰任平江路官府的汪推官（掌理刑狱的官吏），审阅此案后，心中的疑团越来越大："口说无凭，这案子根本没有真凭实据啊！"

他拿过那把遗落在尸身旁边的行凶刀，凑在红红的烛光下细细观察。哎，刀的厚刃上铸刻着三个字：张小光！汪推官眼前豁然一亮：找这打铁工，准能问个水落石出。

汪推官几经曲折，找到了张小光："这刀是谁叫打的？"

这打铁工忙答："是净广的弟子玄能叫打的！"

汪推官急令人逮来净广的二弟子玄能讯问。面对如山铁证，玄能吐露实情："净广法师骂我六根不净常惩罚我，我恨；师傅外出讲经说法布道拥有很多钱财，我馋。趁他前往喝酒良机，深夜潜入他住的地方刺杀他，那能给人造成错觉，似乎净广是被那个和尚因仇杀死的，转移视线！"

冤情真相大白，玄能人头落地，那个无辜的和尚被释放。

宋日隆诘童雪冤

南宋咸淳年间，赣州信丰县（今江西省境内）有个木匠住在山岭下边。岭上有条驿道，人们在他的屋后沿着驿道往来。

一天五更时分，木匠带着工具外出干活，在离开驿道五六丈远的地方发现了一具尸体，血肉模糊。他稍瞥了几眼，置之不理，自顾自离开了。

时间到了中午，里长和邻居前来察看尸首，见致命伤口是斧子的痕迹，议论纷纷，都说这肯定是木匠作的案，不分青红皂白，便把木匠夫妇捆绑了送往官府。

一阵接一阵的严刑拷打，这对夫妻没法辩白，只能含冤招认。但这案件漏洞百出，且缺乏证据，拖了一年之久，一直悬着。

这案子上送到赣州府，州官委任精明能干、善断疑狱的知录（掌管司法的官员）宋日隆来复审。

宋日隆心里也没底：这案件肯定有冤，可怎么才能审个水落石出呢？

几次来到狱中审讯，木匠夫妇供词如原来一样，提不出啥新线索。

有一天，宋日隆正在讯问，看到一个小孩来找狱卒。小孩跟狱卒贴得很近，嘀嘀咕咕说了大半天。

宋日隆心存狐疑，走上前去诘问狱卒。狱卒支支吾吾，故意转移话题。

宋日隆想：这里头肯定有鬼。他将手一挥，让周围的人统统走开，自己跟小孩单独交谈。

开始，这小孩守口如瓶，只字不提，经过反复安慰、劝诱，他才说："有一个人在茶馆里给了我50文钱，让我打听审案中木匠夫妇是不是承认了杀人。我告诉你，你可不能告诉别人！"这小孩还挺严肃地嘱咐宋日隆。

宋日隆心中大喜过望。马上命令两个狱卒跟随小孩来到茶馆，逮捕了唆使小孩探听消息的人。

宋日隆劈头呵责："你自己行凶杀人，为何要让别人偿命？还不赶快招认！"

这人再也无法抵赖，只好乖乖地供认了杀人抢劫的罪行。木匠夫妇的冤案马上得到昭雪。

周新巧计识诬告

明代，广东南海人周新，在御史任内，敢于揭发贪官污吏的各种劣迹，连皇亲国戚也敢冒犯。朝廷一班奸邪小人都很惧怕他，一些正直人士诙谐地说："想不到这个来自炎热地方的人物，却是个冷面寒铁的周公！"

明成祖朱棣派他到浙江做按察使，主管该省的司法工作。上任不久，周新就碰到一桩难办的案子。

杭州府监狱一个关了好几年的老囚犯，一天忽然向主管官员告起状来，说是有个叫范典的乡民曾同他一起做过强盗，杀人越货，强奸民女，罪恶十分深重。监狱官把状纸转呈给按察使周新。周新即令将那老囚犯的案卷调来细阅。经过一番思考，传唤范典到衙门审问。

范典被押上官厅，"扑通"跪在台阶下，大声叫道："青天大老爷啊，我同强盗素昧平生，怎么会有合伙杀人抢劫之事呢？"

周新仔细观察范典的言语神情，断定范典是清白无辜的。便好言抚慰道："你别着急，一切由本官做主。"

周新叫范典同一个差役相互调换衣服和头巾，站在庭下，默不作声。接着，他命人将那个老囚犯押送至官厅，令其跪下，听候审讯。

周新突然对那个穿上范典衣服的差役喝道："范典，你的同案犯已到，还不跪下！"假范典忙"扑通"跪在老囚犯之旁。周新指着老囚犯喝道："你告他是同伙，他却不认账。你看是不是他？！"

老囚犯望了望假范典，一口咬定说："周大人！千真万确是他！他跟我一起抢劫，烧成灰我也认得！"

假范典低着头，拒绝回答。

周新又故意问道："莫非不是他？"

老囚犯又看了看假范典，斩钉截铁地说："是他！他叫范典，住在某村，某年与我同在一家南货店做店员，某年某月某日一起抢劫某家，各人分赃多少……"

周新冷笑道："咄！你与范典何曾认识？这个范典是假的，是我的差役装扮的。哼，肯定有人指使你诬告范典，快快从实招来，免得皮肉受苦！"

老囚犯吓得浑身冒汗，一股脑儿将实情相告：原来是乡里一个收税的小吏与范典有仇，用重金买通他陷害范典的。

周新一叶破凶案

明朝永乐年间，浙江按察使周新在院子里的梧桐树下踱来踱去，正为一桩少女失踪案而伤神。忽然有一片叶子从树上落下，正中周新的头上。他惊诧道："这棵树为什么落叶这么早啊！"

"这棵树是今春刚移来的，"一个书吏说，"根没有扎稳，所以落叶早。"

"那倒不一定的。"一个捕役插嘴道，"城西凤云山菩提寺内那棵梧桐树，叶子已落一半了。"

"唔……"周新猛然一惊。那失踪少女正是在去菩提寺烧香的那天晚上，被两个蒙面人抢走的。此案莫非与寺中的和尚有关？周新决定前往察看。

老和尚法元听说周新光临，率众僧迎出山门。寒暄之后，法元陪着他在寺院里游赏起来。不久，便见到捕役说的那棵梧桐树，形状很好，可叶子果真落了一大半。

周新说："这棵树长得不错，就是叶子落得过早。可能是地下水分不足。把它移栽到别处就好了。"

"哦，周大人对此很内行啊！"法元讷讷地说。

"谈不上内行，略懂一二。别人移栽树木要在冬末春初才行，我在一年四季任何时间都能保证成活。"

"哦……这真是奇迹。"

"好，今天本官高兴，献献丑，把此树移栽一下吧！"法元慌了，忙劝阻道："不必了，不要累坏了大人的贵体。"

"没关系。"周新向衙役们说道，"快去找锹，我教你们如何刨根。"

这时，法元的脸吓得煞白。不一会儿，梧桐树倒了，下面有具女尸，果真是那名失踪少女。

"绑了！"周新一声喝令。

"哪个敢动手！"随声跳进两个膀大腰圆的和尚，举刀将法元护住。

周新早有准备，众捕役亦非无能之辈，操作利刀动起手来，生擒了那三个和尚。

经过审讯，周新的推理完全正确：那天少女去寺中进香，被老和尚看中，碍于寺中看客众多不便下手，便派那两个和尚尾随至她家中，待天黑后蒙面将少女抢至寺中，少女不从，被杀，被埋在树下。

祝瀚妙断白鹤案

明宪宗成化年间，宁王朱宸濠最宠爱的皇帝所赐的一只丹顶白鹤不见了。这下惊动了宁王府上下。管家带着四个家奴上街寻找。只见一只狗正在美餐那只脖子上挂有"御赐"铜牌的丹顶白鹤，众家奴大惊，上前用绳子将那狗拴住，准备勒死。管家眼珠一转，忙喝住，他想勒死一只狗赔偿不了王爷的鹤，非得让狗的主人抵命不可。于是他将狗的主人连同狗和咬得残缺不全的鹤，一起交与南昌知府处理。

南昌知府祝瀚一向对宁王府的蛮横霸道深恶痛绝，可又无可奈何。听完管家的话后，祝瀚说："你先写一份诉状吧，没有诉状，本府无法定案。"

管家十分恼火，鼻子一哼说："宁王府打官司，从来不写诉状！你新来恐怕不知道。"

"本府断案从来必须有诉状！"祝瀚的态度亦很强硬。

管家只得写下一份诉状，意思是狗的主人故意唆使狗将"御赐"的丹顶鹤咬死，这种行为不仅是轻蔑王爷，更是欺君罔上！

祝瀚看后，大怒道："胆大恶狗，竟敢咬死御赐丹顶白鹤，该当何罪？快快交代，你是如何受主人唆使的？"

管家心想，狗怎能听懂你的话呢？你不审人却审狗，看你如何结案？

见狗不吭声，祝知府又道："胆大恶狗，竟敢抗拒不答。现有宁王府管家状子在手，你休得抵赖。衙役，将这份诉状让恶狗看看，问它上面所列罪行是否确实！"

"大人！"管家再也熬不住了，"你怎么只管审狗？.狗又不懂话，又不识字。"

"那么依管家如何是好？"

"审狗的主人！"

"你的诉状不是说人是唆使者吗？"

"是呀！"

"狗既然不懂话，又不识字，人如何唆使它呢？你这不是自相矛盾吗？"

管家急了，脸一板道："你别忘了，我是王爷的管家！你必须给我判妥此案！"

"好，你等着。"祝知府提笔批道：

白鹤虽带御赐牌，
怎奈家犬不识字。
堂堂南昌祝知府，
不管禽兽争斗事。

批完，将诉状扔给管家。

管家咆哮道："好你个祝瀚，看王爷不摘掉你的乌纱帽！"

"放肆！"祝瀚一拍惊堂木，"咆哮公堂！衙役们，将他打40大板！"管家见势不妙，忙逃之夭夭。

祝瀚对狗的主人说道："没你的事了。回去之后要把狗拴好，别再惹事。"

狗的主人惊魂方定，对祝知府感恩不尽。

殷云霁鉴字擒凶

明朝正德年间，清江县有一个名叫朱铠的人，被杀死在文庙之中，很久没有查获到凶手。

一天，清江县令殷云霁突然收到一封匿名信，揭发某某杀死了朱铠。殷云霁便问左右，现在有人揭发朱铠是被本衙某某所杀,不知可信否？大家认为一点不冤屈他,因为该人素来与朱铠有仇。

殷云霁道："且慢！依我之见,这很可能是凶手嫁祸于人的做法,是想让我们放松追查真凶罢了！"他接着又问道："县衙里都有哪些人与朱铠的关系较好呢？"

有人答道："有个姓姚的小吏,同朱铠过往甚密。"

殷云霁便请众位吏员上堂,对他们说："本县令要请你们抄写文章,请你们把自己的名字写了呈上来。"片刻,众位吏员将自己的名字写毕呈上。殷云霁逐个看了,便喝道："姚明！为什么要杀死朱铠？"

姚明听县令喊自己的名字,不禁吃了一惊道："小人愿招！小人见朱铠即将去苏州做生意,为了图财就把他给杀了。"

案件破后,众人问殷云霁,如何知道姚明是凶手？殷云霁道："我看姚明的字迹与匿名信的字相同,足见姚明是杀死朱铠的真凶。"

宋清搬来猫侦探

明朝嘉靖年间,有位名叫宋清的人在河北任知县时,曾巧断过不少案子,人称"铁判官"。

一天,宋清正在县衙办公,外面有个叫王讳的男子脸色惨白地奔进来告状,说他刚才摆渡过河,艄公抢走了他50两银子。

宋清问道："你是干什么的？"

"小人贩卖蜜饯为生。"

"你的银子原来放在哪里的？"

"就放在包袱里。"说着,王讳打开包袱,只见里面果然有几盒蜜饯。

宋清当即命衙役随王讳前往渡口捕拿艄公。

不久,两个衙役带来一个渔民装束的大汉,回禀道："强盗已抓获,这是起获的赃银。"

宋知县打开包一看,正好50两银子。

大汉"扑通"跪倒在地："老爷明鉴,小人冤枉！"

宋清一拍桌案："不准乱嚷！本官问你,你是干什么的？"

"打鱼兼摆渡的。"

"这银两是哪来的？"

"这是我两年多的积蓄啊！"

宋清听罢情况,思忖片刻,便命衙役将银子放到院子里。过了一会儿,他养的一只小黄猫便来到银两前东闻西嗅。见此,宋清又命将银子取回,问打鱼的艄公："你存这些银两,可有人知道？"

艄公道："昨天,我在'芦花'酒店喝酒,跟那里一位挺熟的小二说起过。"

不一会儿,店小二被带来了。

宋清唤王讳上堂,指着他问店小二："此人你可认识？"

店小二仔细地打量了一会,道："回禀老爷,此人虽不认识,但记得他昨日在我店中喝过酒。对了,昨日傍晚与这位打鱼的兄弟,前后脚进店的。"

宋清点点头,一拍惊堂木,厉声道："王讳！你竟敢诬陷好人,还不从实招来！"

王讳脸色骤变,声音发颤大喊冤枉。

宋清冷冷一笑："刚才你说这银子是和蜜饯放在一块儿的,这银子在院子里放那么一会,如果是你的,银子上肯定爬满喜爱甜味的蚂蚁。可现在上面连一只蚂蚁也没有,只有我的猫在银子上嗅来嗅去。这说明银子上有点鱼腥味,难道这银两的主人是谁还不清楚吗？"

原来,这王讳是个惯骗。昨天在酒店喝酒,听到打鱼艄公与店小二的谈话,便心生一计,买了些蜜饯,自己撕破了衣服,装着遭劫的样子,今早告上公堂,不想自投罗网。

何知县审弥勒佛

明朝嘉靖年间的一天,白鹿城何知县正准备退堂,外面急匆匆跑进一个小弥陀,跪于地下,双眼流泪道："老爷在上,宁法寺住持迦尼禅师今日早晨被人杀死,请老爷明断。"

何知县立即派捕吏去宁法寺。只见现场已被弄乱,唯一的线索便是迦尼禅师床头有根缝被子的线染满鲜血,一直拖到弥陀爷塑像前。

捕吏回到县衙,将情况汇报后,何知县沉思片刻,发令道："把弥陀爷像请来。"

有个差役忍不住问道："老爷,弥陀是木雕的,又不会说话,请来有何用处？"

何知县正色道："休得多问！"

众差役很快便将弥陀佛抬至县衙,百姓见了,均感惊奇,纷纷跟到县衙看热闹。

何知县凝神审视弥陀佛像,忽见其背上有一六个指头的血印。心中一亮,对弥陀道："佛爷在上,本官问你今晨何人杀死住持？"

弥陀笑吟吟地站着。众人均发笑。

问了几遍,何知县怒道："你身为佛爷,受人香火,理应为民做主,可你知情不报,本官今日得罪了。来人，将此佛爷打40大板，不怕它不开口！"

衙吏们心中好笑，又不敢违命，只得上前将木雕弥陀一顿板子。打毕，何知县又来到弥陀前细瞧，并作耳语状，凝视之时，发现弥陀被板子打出了一条裂缝，用手往里一探，觉察有一暗锁，十分巧妙。顿时心中有数：此乃装钱物之用。从暗锁关启来看，作案者是住持熟人。想到这里，何知县频频点头，朝弥陀作揖道："好，我全知道了。你早说话，本官就不会无礼了。"

何知县坐到案前，即派公差将雕刻师傅及与迦尼禅师要好的人统统传来。人到齐后，何知县道："你们都是迦尼禅师的朋友，现在他被杀害，不知能否提供线索？"

众人均摇头。何知县又道："好，你们不知道的话，就在弥陀佛前举手作揖，祈求它保佑迦尼法师升至西天归祖，也不枉你们结识之谊。"

众人挨个跪下三拜五叩首。何知县仔细观察，见一个六指的汉子不拜，喝道："将那凶手拿下！"

六指汉子大声喊冤。何知县将那六指汉子的手掌按到弥陀背上的血印一比，一模一样。汉子顿时瘫软在地，只得招供。

原来他就是替迦尼法师雕刻弥陀装暗锁的工匠，见禅师藏有不少银子，心生歹念，黎明行窃被禅师撞见，于是杀人灭口后窃钱而去。

海瑞验尸明真相

明朝嘉靖年间的一天，浙江省淳安县的一个小山村里的村民胡胜荣、胡胜佑兄弟俩，抬着大哥胡胜祖的尸体，踏着弯弯小路，到了县府门口，跪在衙门口直喊冤屈，要求县官为民做主，惩治杀害哥哥的凶手邵时重。案子报到淳安知县海瑞那里。

海瑞仔细查看尸体，只见全身上下都有血迹和伤痕。他便问兄弟俩要怎样处置杀害哥哥的山民邵时重。

兄弟俩异口同声："还我田地，杀凶手替我大哥报仇！"

邵时重在大堂上一跪三磕头："争山地之事确有过，但杀人之事从没有，请知县大人明鉴。"

海瑞再次验尸，发现死者身上的血迹洗不掉，不像真血迹。

他派人到山寨找来胶脂，和在上面用火烤一会，然后再洗刷。洗刷了几次，盆里的水发红了，骨头上还留有红血。这哪里是血迹？于是，海瑞严厉审问兄弟俩，在事实面前，胡氏兄弟不得不承认是诬告。

原来，胡胜祖过去同邵时重曾有过争夺山村土地的纠纷，胡家一个外甥也同邵时重家有过宿怨，他们对邵时重怀恨在心已久，正好这时候胡胜祖发病突然死去，胡氏兄弟以为报仇时机已到，便在大哥身上做了假伤痕，又涂上赤脂，冒充血迹。没想到机关算尽还是没能逃过海瑞的眼睛。

海瑞智惩胡公子

海瑞曾是明代淳安县令，当时奸相严嵩得势，气焰很嚣张。海瑞的顶头上司是浙闽总督胡宗宪，此人是严嵩的得意门生，他依仗着有大靠山，不可一世。

一天，胡宗宪的儿子带着一帮浪荡公子窜到淳安闲逛，并派人请县令安排食宿。胡公子的恶名海瑞早有所闻。他想了一下，关照专管接待的驿站公差说："他们不是奉公而来，照规矩可以不接待。不过他们既然来了，就让他们住下，一日三顿便餐就行了。如果他们胡作非为，及时报我。"

胡公子一伙在淳安住了一天，便传来消息，说这帮人抢掠东西，调戏妇女，闹得城里鸡犬不宁。海瑞脸上不露声色，心中却生一计。

晚上，胡公子等人吃饭时，桌上只摆了三菜一汤，而且无酒。胡公子便破口大骂，还把桌子掀翻。驿站公差辩解了几句，胡公子不由分说便命随从将他捆绑起来，吊打一顿。

海瑞大怒，命衙役们将胡公子一帮人捆到公堂受审。胡公子一见海瑞，不肯下跪，高叫："我是胡总督的儿子，你这样对待我，要让我父知晓，轻则革职，重则性命难保！"

海瑞哈哈大笑说："总督大人我是知道的，他可是朝中严太师多次夸奖过的廉洁奉公之人。"

"知道就好，赶快松绑，给我赔罪！"胡公子趾高气扬地说。

海瑞忽地沉下脸道："胡大人是大清官，你是他公子，怎会如此胡作非为？你哪一点像胡大人家的人！你老实说来，你是谁家的恶少，竟敢冒充胡大人的公子，败坏胡大人的名声？"说罢让衙役重打胡公子40大板。

胡公子的一个家奴忙跪下说："大人息怒，

我们出游有老爷的亲笔信，可不是冒充的。"

海瑞又拍了一下惊堂木："大胆小贼，竟敢伪造胡大人信件，再打40大板。"

胡公子一伙人，吓得魂不附体，连连磕头求饶。

海瑞立即给总督府写了个公文，说有一起冒充胡大人亲属的案件，要求严办。接着派人押着犯人连夜赶往总督府。

人押走后，县吏们很为海瑞担心，因为胡公子确实是总督的儿子。海瑞说："正因为是真的我才说他是假的，不以真当假，岂可打他40大板？"众人恍然大悟。

不出所料，胡总督对此果真是哑巴吃黄连有苦说不出，奈何海瑞不得。

海瑞审十载积案

明朝嘉靖四十年（1561年），巡按御史崔栋把一件疑难案子移到淳安县，点名由善断疑案的知县海瑞全权审理。

海瑞了解清楚这案子的来龙去脉，心里沉甸甸的："这案子拖了十多年，千头万绪哪！"

十多年前，浙江省桐庐县的一条河中发现了一具尸体，身上压着一块大石头。捞上后经人辨认，知是县民徐继的妹夫戴五孙。桐庐县官根据徐继提供的线索，动用大刑，逼吏员潘天麒和戴妻徐某承认是"因奸杀夫"，判徐氏凌迟处死、潘天麒斩首。经杭州府、大理寺（中央最高审判机关）复审，终于驳回。桐庐县、建德县、遂安县三县知县会审，审出徐继为"帮凶"。于是，"帮凶"徐继拟处绞刑，"淫妇"徐氏仍处凌迟，"奸夫"潘天麒仍处斩首。徐氏、潘天麒屡次告冤，上面屡次难定。整整拖了十多年，这案子终未定下。

半夜三更，海瑞仍借着烛光在细阅卷宗，越往下看，心里疑点越多：徐氏跟戴五孙结婚后，感情一直很好，生了二男一女，怎么会谋杀亲夫？潘天麒有妻室儿女，并非好色之徒，奸情从何说起？他又翻开原判决书，一行字赫然入目："徐氏串通了他哥哥徐继，潘天麒串通家中仆人潘小毛，掩护他俩通奸。"海瑞更是生疑："世上哪有这种大事声张的通奸？"

海瑞脱去官服换成便装，深入邻里，细细查访。他找到了一条重要线索：徐继的母亲汤氏曾经借给女婿戴五孙3两银子。后来，徐继多次向戴索付，但都没讨到。

海瑞心中有了底，回衙后再次提审徐继。

徐继眼珠骨碌碌转，正欲狡辩，海瑞突然厉声呵责："大胆刁民，为了3两银子就杀人害命，还想抵赖吗？"

徐继见那形势，是纸里包不住火了，颤抖着交代了害人经过：

戴五孙借了3两银子久久不还，徐继怀恨在心。那天，潘天麒带着仆人潘小毛因公外出，投宿在戴五孙家。戴五孙外出买酒菜招待，正好碰上徐继，便乐呵呵请徐继一块儿去他家喝酒。

徐继沉下了脸："3两银子到底什么时候还？"

戴五孙忙请求："手头较紧，宽限几天吧！"

徐继恶声恶气发怒："我看你是千年不赖，万年不还了！"

戴五孙气不过，回嘴顶了几句。徐继恼羞成怒，操起身边的石块，砸死了戴五孙，再将尸体扔进河里。

徐继气喘吁吁讲完这些事，口吐白沫，晕死在大堂上。一件十载积案，终于水落石出，徐氏和潘天麒的生命和名誉遂得以保全。

杨卓复审擒真凶

明太祖洪武五年（1372年），广东某地发生了一起凶杀案。

一位农妇横尸山野，当地山民向前往破案的官府衙役反映：案发时，经过那地方的有20个役卒，正好进山砍树。

官府将那20个人全部逮捕。一番严刑拷打，那20个役卒被迫承认："是我们调戏了她，然后杀了她。"

这案卷送到广东行省，员外郎杨卓细审阅案卷，暗暗纳闷："杀一个农家妇女，哪里用得上这20个人？看来，这20个人里面，肯定鱼龙混杂，不能全部判刑啊。明天，一定要一个个过堂再审！"

第二天，那被押解而来的20个人被一一过堂复审。

复审至半途，杨卓发现其中两人前言不搭后语，惊慌万状。杨卓霍然而起，拍案呵责："杀人元凶，赶快服罪！"

那两人吓得双膝一软，扑通跪下，慌忙交代了罪行："我们两个上山时落在最后，见到那农妇颇有几分姿色，上前调戏。那农妇不答应，还高声叫骂。我们两个又气又急，举起劈柴斧头砍死了她。杀人的斧头就藏在我们的床底下。

大人，请饶命啊，是小的一念之差啊！"

杨卓令人快马赶路，取回那两把斧头。斧头上血痕尚在，杨卓将那两个凶手依法处决，释放了那18个无辜役卒。

大堂之上，有同僚问杨卓："你凭什么猜不是20个人一块儿杀的呢？"

杨卓笑道："人多心杂，20个人在一块儿，不可能同时欺侮一个妇女，哪会一块儿杀一个人呢？"

张杲卿深井探尸

明朝时，有个叫张杲卿的人当润州（今江苏省镇江市）知府，曾处理过一桩谋杀案。

有户人家，夫妇两人。一天，男人外出，当夜未归。女人忧心忡忡，次日倚门而待，望眼欲穿，男人又是未归。第三天，女人红肿着双眼，痴等丈夫归来，结果还是不见人影。就这样又过了几天，忽然有人传报："你家菜园的水井里有一具尸体哪！"

女人听了，全身像筛糠似的抖颤着，匆匆跑到井边张望，果然隐隐约约见一具漂浮在水面上的男尸。女人看罢，便号啕大哭起来，一边哭，一边叫："我的亲人啊！"一边将头往井栏圈上撞，还想往井里跳。左邻右舍看着于心不忍，纷纷动手将她拦腰抱住。

当即，几个好心人劝住女人，一起去向官府报案。张杲卿听罢女人的哀哀哭诉，好言安抚她说："务请节哀。到底是自杀，还是他杀，本官自会破案。"

邻舍说："他们夫妻十分恩爱，这个女人又向来贤慧、本分，男人绝不会自杀的。"

女人听罢越发伤痛欲绝，竟悲伤得晕了过去。张杲卿令左右用冷水巾将她擦醒，又好言劝慰道："你要相信本官一定会替你做主，把案子弄个水落石出的。"说完，当即吩咐备轿上路，径直到案发现场去。

到了菜园，张杲卿叫女人和邻居们都围拢在井旁，向下面细细端详。

过了许久，张杲卿问道："尸体是不是这位女人的丈夫啊？"

女人大哭道："是啊是啊！大人一定要替奴家伸冤哪！"

张杲卿说："你不必悲痛。请问大家，你们看是不是她丈夫哪？"

众人再看井里，复又面面相觑。有人说："水井这么深，实在难以辨认清楚。"

另一个人说："请大人让我们把尸体捞出来辨认吧。"

张杲卿笑道："现在先不必忙，当然以后总要装棺入殓的。"

说完，对女人大喝一声道："好个刁滑的淫妇！你勾结奸夫谋杀了亲夫，还装出悲恸的样子来蒙骗本官吗？"

在场的众人如同听得晴天霹雳，一个个都愣了。唯独那女人重新又痛哭起来，边哭还边叫喊道："张大人，您可不要血口喷人哪！"

邻居也纷纷为她求情："大人，我们平时看她规规矩矩，对丈夫体贴照顾，从没见她与不三不四的男人有勾搭行为。"

张杲卿笑道："我问你们一个问题：这么深的水井，大家都认为井下的尸体是无法确认的，为什么独独她认定是自己的丈夫呢？除了说明她早就知道这件命案外，还能有什么合理的解释呢？"

众人一个个噤若寒蝉，不能作答，那女人顿时收住眼泪，面色变得死白。

张杲卿吩咐差役将女人收押。经过审讯，果然是女人同奸夫合谋杀死了亲夫。

李亨一言断茄案

明代，鄞县县令李亨判过一件偷茄子的案子。

有个菜农，种菜的技艺甚好，他的菜一上市就被抢购一空，引得邻居又妒又羡。一次，那菜农种的茄子刚刚成熟，邻居就趁夜偷摘个精光，一大早挑到集市去卖。

菜农正要到园子里去采摘蔬菜，发现一片茄子地只有光秃秃的茄叶，情知遭了偷窃。正惊疑间，忽有一个小孩飞跑过来报信："伯伯，伯伯，隔壁家的伯伯偷了你的茄子，正慌慌张张挑着上市去哩。"

菜农听了火冒三丈，急忙赶上官道，很快就追上那个偷茄贼。

岂料那贼说："这茄子是我自家的，你不要诬陷好人！"

菜农说："这是我家的，我认得的，你种的茄子哪有我的好？！"

两人争吵了许久，最后竟到县府打起官司来。

县令李亨见他们吵吵嚷嚷，冷冷地说："谁也不准争吵！把茄子统统倒出来看看！"

差役奉命将茄子倒在厅堂上。只见那些茄

子泛着又油又亮的紫色光芒，只是显然还没有完全长得饱满、结实。

李亨观察了一会儿，心中已明白了几分，便问："是谁拿到市上去卖的？"

偷茄贼道："是我。自己种自己卖呗。"

李亨对偷茄贼喝道："你就是小偷！"

偷茄贼大喊："冤枉！冤枉！"

李亨冷笑道："如果真的是你的茄子，你怎么舍得在它们还没有完全成熟就摘下来去卖呢？"

偷茄贼被问得满面羞红，只得乖乖地认罪。

尹见心询问幼女

某地居民中有个当叔父的贪图侄儿的财富，便同儿子密谋，利用一次家宴的机会将侄儿灌醉，然后猛力摧折侄儿的颈椎使他丧命。

侄儿丧命后，处理尸体成了一大难题。父亲说："将他碎尸丢入河中或深埋地底，向外谎称他出外不归。"

儿子摇手道："不行，不行。一则县府破案十分厉害。二则他的财产被我们继承，左邻右舍的眼红者一定会向官府报告我们是图财害命。"

父亲说："那你说怎么办？"

儿子对父亲附耳说道："如此如此。"

父亲拍拍儿子的肩膀，大喜道："如此甚好，名正言顺，一箭双雕！"

原来，儿子与媳妇感情交恶已久，一直无法摆脱，儿子想趁机借"捉奸杀伤"的名义一并将妻子除去。于是，儿子藏利刀闯入卧室，出其不意地将妻子的头猛地砍下，又折返将被摧折颈椎而死的堂兄弟的头颅割下。父子俩将两颗头颅并作一处，以"杀伤奸夫淫妇"的名义向县府告发。

此时，知县尹见心正在20里之外迎接上司，回到衙门听到命案报告已是半夜三更。他在蜡烛光的照射下细细审视那两颗人头，发现一颗颈项皮肉紧缩，一颗却不缩，心中明白了七八分。于是盘问父子俩："这两人是同时杀死的吗？"

父子俩同声答道："是的。"

尹见心又问那儿子道："你同妻子有子女吗？"

答道："生养了一个女儿，只有几岁。"

尹见心说："要将你们暂且拘押在监牢里，等天亮后再审讯定案。"

父子俩被关进牢里后，儿子说："奸夫淫妇为世人所深恶痛绝，我们捉奸杀伤，罪名是很小的，只要花费些银两，说不定很快就会结案出狱。到那时我家既富有，我又能再娶到一个美丽贤惠为我家生儿子的闺女为妻。"

且说知县尹见心打发父子去监牢后，随即发出另一张传票，派差役将报案的那个儿子的小女带来县府。一到，尹见心就携着她的小手走入衙门内院，给她吃枣儿糖果，和颜悦色地询问真实情况，天真的小女孩便一五一十把看到的经过全部讲了出来。

果然不出所料，女人的头颅是被活活砍断的，刀口处皮肉紧缩，血漫周边；男人的头颅是被摧折丧命后割下的，刀口处皮肉不缩，没有流血，呈白色。

尹知县当即喝令传父子上堂，经过严正的审讯，父子俩不得不招供伏罪。

一桩稀奇的命案

明朝万历年间，苏北宝应城外有户姓张的财主，雇有两个伙计。大伙计叫万老大，小伙计叫柳老面。那天启明星刚露脸，张财主便把两个伙计叫醒下地割麦子。

万老大扛着一把锋利的大镰刀在前头走，柳老面忽感肚子痛，招呼了一声便钻入竹林去出恭。完事后柳老面赶到地头，见面前沟头躺着一个人，不由得喊起娘来，原来是万老大的脖子上直冒鲜血，已倒地身亡。柳老面发疯似的奔回张财主家。

张财主赶到地头惊呆了，这人命案非同可，就挂下脸说道："这里并无他人脚印，必是柳老面所为！"当下地保、里正一拥而上，将柳老面押到官府。

适逢宿迁戴知县告假回扬州省亲，船过宝应，见岸上围了一大群人，就上岸察看。宝应知县正在验尸，苦于无法破案，就请戴知县帮助他分析案情。戴知县只见尸体周围脚印清晰，并无搏斗痕迹，旁边一把贼亮的大镰刀，刀刃锋利，上沾鲜血。乡人作证：此刀是万老大的。

戴知县又调查了柳老面平日的禀性，人们都说他胆小怕事，逆来顺受，连鸡也不敢宰，是有名的软面疙瘩。戴知县又仔细将尸首查看，又见尸首身下躺着只死蛤蟆。他摇摇头叹息：蛤蟆成凶手？自古未曾听说过。不过此案不是自杀，亦非他杀，其中定有蹊跷。忽然身旁有个随从叫起来："这儿有血！"

戴知县细瞧，果见草丛里有几点淡血迹，

可不像人血。旁边还有一条二尺多长的死蛇，蛇腰上有一道很深的伤痕。他想怪了，蛇和蛤蟆不可能操起镰刀割万老大的脖子，但为啥现场留下这两个死物？便和宝应知县带了死蛇和死蛤蟆回衙门。

第二天，戴知县扮成江湖郎中到百姓家中串门，和几位老者拉家常，讲得兴起，便把那蛇拿出，请教为何物所伤。大家同声道："像是刀螂锯的。"

一个老者问："在捡到死蛇处可见到蛤蟆、老鼠等物？"

戴知县一惊道："果有一只蛤蟆。不知何故此说，请赐教。"

老者笑道："先生有所不知。这几物是天敌，蛇吞蛤蟆、老鼠为常情，刀螂拔刀相救为天性，跳到蛇腹咬紧蛇身，不愁锯不开皮肉。还有一说，大凡刀螂救出被害之物，精疲力尽，往往就变成被搭救之物的一顿美餐。这虫豸之类也有恩将仇报的。"

戴知县听此欣喜万分，回到县衙即叫宝应知县升堂断案。百姓听说奇案已破，相约赶来，衙门口围了个水泄不通。

两个知县坐堂上，戴知县说："据本官查明，万老大属自误身亡。究其原因，乃是蛇、蛤蟆两物作祟。"人群中发出一片惊叹声。

戴知县又道："万老大来到地头，看见一条蛇正吞蛤蟆，一只刀螂跳过来，锯开蛇肚，救出蛤蟆，蛤蟆见面前的刀螂，一口把它吞进肚中。万老大是个忠义的孝子，见这蛤蟆恩将仇报，气极了。肩上扛着大镰刀，便攥着刀把儿用力拉下去打蛤蟆，谁知莽撞之中锋利的大镰刀把自己的脖子给割断了。万老大身子倒下压死了蛤蟆。柳老面在后面出恭，不知这一切，故造成此桩奇案。"

此言一出，符合情理，案情大白。

张小舍善察小偷

明代冯梦龙《智囊补》中有这么一段故事：

相传，维亭张小舍善缉查小偷，当时流传着小偷的一句口语，说是："天不怕地不怕，就怕维亭张小舍。"

一次，张小舍前往赶集，在人群中穿行，迎面过来一位衣帽十分整齐的年轻人。张小舍发现此人穿着虽然像个模样，可脸腔却不干净，而且耳旁有污垢，走路也不斯文，心中感到奇怪，便跟踪而行。行了一段路，前面过来一个挑草的人。那年轻人悄然伸手在擦肩而过的一刹那抽出一把草，匆匆地朝路旁厕所走去。张小舍见状，认定此人来路不正，便在外等候。过了一会儿，那年轻人从厕所走出，张小舍猛地朝他大喝一声，那人立刻惊恐万分，拔腿而逃。张小舍紧紧追赶，高呼捉贼。路人闻之亦追，将那年轻人捉住，送到官府。审问下来，不出张小舍所料，此人正是官府正在追缉的惯偷。

另一次，张小舍上山去古庙游玩。时值三伏天，十分闷热。来到古庙，只见有3个汉子躺在地上呼呼大睡。旁边有个劈开的西瓜一动不动，没吃。西瓜上面满是嗡嗡乱飞的苍蝇。张小舍大惊，忙下山报告官府，说在古庙发现几个小偷。官府立即派出多名捕快，飞奔古庙。进得庙内，那几个汉子仍在呼呼大睡。捕快二话没说，上前锁住。经审讯，近几日该地几桩大的盗窃案果真是这伙人所为。

人们对张小舍的识辨能力惊叹不已，问有何窍门。张小舍说："只要留点神，动动脑筋便可。一般小偷总有不同常人的神态举止。像那次厕所捉贼的事来说，那小偷虽然穿着斯文，人却不斯文，脸上肮脏，上厕所偷草擦屁，我便断定他是无赖小人，他的衣帽必定是偷来的。再像这次古庙捉贼吧，几个人疲惫不堪，大热天睡在古庙里，身旁并无行李包裹，不像旅途之人，我猜想肯定是夜晚劳累过度白天才如此疲倦；再说劈开西瓜不吃，是用来躲避苍蝇的。我断定这帮人是夜里作案之人。"

富商智擒淫和尚

徽州有个小户人家的妇人，生得天姿国色。

一日，丈夫喝得酒气冲天回到家中，跟她商量一事。说是有位富商早已看上她，并愿意出重金娶她。而她丈夫已收受巨额黄金，答应此事。妇人痛哭不已，丈夫威胁强迫。无奈，妇人只好同意。丈夫大喜，选择了一个晚上，准备了酒食招请富商前来。

那天准备完毕，妇人的丈夫故意藏起来，叫妇人招待。富商有事耽搁，来得稍迟了一些，走进房里大吃一惊：妇人已被杀死，她的头也没有了。富商恐怖之极大叫起来，惊动了左右邻舍。妇人的丈夫也闻声赶来，见状一把揪住富商，拉他见官，说富商杀了他的妻子。

富商连喊冤屈说："我看上他的老婆，这件事是有的，即使不从，还可以慢慢商量，怎么会因而杀她呢？"

官府派捕头调查街邻，一个老人说："以前这儿有个巡夜的化缘和尚，在杀人后的第二夜就没听见他的声音，这很可疑。"

富商听说之后，立即雇人调查和尚的行踪，果然在邻近地方找到了。富商便设一计，让一个人穿着妇人的衣服，躲在林中。和尚经过此林，那人学着妇人的声音叫他："和尚，还我头来！"

和尚吓得面如土色，以为鬼魂出现，忙答："头在你宅上第三户人家的铺架上。"

早已埋伏在林中的众人闻言一拥而上，将和尚捉住。和尚自知漏嘴上了当，只得老实交代。那夜他巡街化缘，见妇人家门半掩，不见里面有人，便溜进去偷东西，进入房内见一漂亮女子，心生歹念欲强奸她。不想女子反抗激烈，一怒之下就杀了她，把她的头带出去，挂在第三户人家的铺架上。

官府把第三户人家的主人抓来，那人说："有这么一回事。当时因害怕招惹是非，就把人头埋在园子里了。"

官吏派人前往挖掘，果然挖出了妇人的头。于是，和尚被处死刑。

宋清使诈分遗产

明朝河北某县有一户弟兄俩，兄长王大，已成家多年，弟弟王二，刚刚成家。成家之前，兄弟合着过，兄弟关系尚可，只是叔嫂之间有些不和。他们的父亲生前经商有些积蓄。照理这笔钱应该是兄弟俩的，可王大媳妇为人刁横，想独吞这笔遗产。王大一向怕老婆，只得依顺。王二成家后提出分家之事，并要求得到遗产的一半。王大媳妇一听便哭道："你真没良心！爹娘死得早，这些年你哥好不容易把你拉扯大。爹娘死时剩下的一点钱早就为你花光了！你还要遗产，真是恩将仇报，令人心寒哪！"嫂子这么一闹，老实的王二一时没了主意，只得回房跟媳妇商量。

媳妇问："你可知道有多少遗产？"

王二答："有一箱银元宝，是我亲眼看见的。"

媳妇想了想说："你嫂子不讲理，心又狠，听说知县宋清为官清正，判案无私，咱们去向他告状。"

第二天清晨，王二便将状子呈上县衙。宋清阅完状子，问王二："你爹死时，你多大？"

"7岁。"

"那么小，你怎么知道你爹留下了遗产呢？"

"我记得爹的丧事刚完，哥哥就让我帮他把满满一大箱银元宝装在一口大缸里。"

"那缸放在什么地方？"

"不知道。后来，我再没见过此缸。"

听完王二的话，宋清一拍桌案，怒道："大胆王二，竟敢胡说八道。你自己搞不清楚，叫本官如何去查？来人，把他赶出去！"

王二回到家中，委屈地与媳妇抱头痛哭。王大夫妻听说此事，高兴极了。

几天后的一个深夜，宋清带着一班衙役，忽然闯进王大家中，将王大拿住。宋清怒喝道："有人检举，说你参与了邻县的杀人抢劫案！"

王大夫妻吓得面如土灰，连连喊冤。宋清板着铁青的脸，喝道："搜！"

房里房后，一下子被衙役翻了个底朝天。终于在床底下浮土中挖出一只缸，打开一看，里面全是银元宝。宋清道："赃物在此，还有何话可说？"

王大忙跪于地上分辩道："冤枉，这不是赃物，而是家父留下的遗产，请老爷明察。"

宋清又喝道："大胆！事到如今，不说实话，还想蒙哄本官！"

王大夫妻吓得直哭道："这些钱，真是家父留给我们哥俩的遗产哪！"

宋清见王大夫妻说出实话，命人取下口供。然后，叫来王二，说："这儿有一份你哥哥的自供，说这些钱是你父亲留下的遗产，请你拿走一半吧。"

见此，王大夫妻再也出声不得。王二这才明白宋清的良苦用心。夫妻俩感恩不尽。王二媳妇当即取出若干银元宝给哥嫂，以谢抚养王二之恩，王大夫妻惭愧不已。

老吏妙计审小偷

故事发生在明代的安吉州。一天，有户富裕的人家娶媳妇，喜事办得热热闹闹，亲戚朋友成群结队前来赴宴。这当儿，有个小偷趁人多杂乱时一头溜进洞房，钻到了床底下，想到天黑时偷些值钱的首饰什么的。没料到，洞房里一连三日灯火通明，新房里也没断过人。小偷苦苦挨了三天三夜，饿得他肚皮贴到背上，渴得他喉咙里冒烟。他实在受不了，乘新房里只有新郎新娘时，爬出来就往外蹿。

新郎新娘见了恐怖地呼叫道："抓小偷啊！抓小偷啊！"

这户人家还有一些帮忙的人没走，见一个

陌生人鬼头鬼脑蹿出新房,他身后又传出呼喊抓小偷的声音,马上扑上去,把小偷绑了个结结实实,推推搡搡地告到官府。

小偷说:"我不是贼,是医生。"

县令喝道:"既是医生,怎么躲到人家的新房里?"

小偷假装镇静地说:"大人,那新娘子患有特殊的妇女病,出嫁前曾求我跟随着她,以便随时上药。"

县令再三审问,小偷对新娘子家的事说得头头是道,似乎有根有据。原来,小偷在床下三天三夜,自然听了那新婚夫妇的全部的私房话。

县令将信将疑,就对原告说:"被告到底是医生还是小偷,只有请新娘子上堂来作证了。"

原告是新郎的父亲,他回家一商量,新娘子爱面子,死活不肯上堂作证。她觉得自己真是太丢人了:一结婚就上堂跟人家打官司,而且被告居然躲在床底下三天三夜,对她来说,真是奇耻大辱。

县官听说新娘子不肯上堂,就同身边的一位老吏商量。

老吏说:"新娘子不肯上堂,是怕丢面子,这是人之常情。我认为,小偷躲在床底下,又突然逃出来,不一定认识新娘子。如果请另外一个年轻女人出庭对证,我们就可以看一出好戏了。"

一会儿,老吏找来一名妓女,让她穿着结婚礼服,打扮成新娘,用花轿抬到县府公堂。

县令对小偷:"现在新娘子来了,你敢和她对证吗?"

小偷硬着头皮说:"敢!怎么不敢!"

县官叫老吏揭开轿帘,装扮得很漂亮的妓女从里面走了出来。小偷忙上前说:"新娘子,是你叫我跟来治病的,为什么让你婆家的人把我当作贼?"

妓女和在场的人都大笑起来。县令再一审问,小偷只好认罪。

钱藻离间审京军

明朝时期,京军的权势很大。他们不仅在北京城里横行不法,还要到外县去肆意骚扰。地方官对他们毫无办法。

一次,有两个京军到通州抢劫百姓。当时拱卫京城的领兵大员是钱藻,驻守在密云。他得知消息后,就将这两名京军召到辕门。

两个京军依仗自己是皇帝的亲信嫡系,说话态度蛮横,并没钱藻放在眼里。

钱藻见他俩不肯服罪,就分别审理,以期各个击破。他将甲留在门外,单把乙叫进堂前反复审问,声色俱厉。还亲自拿起朱笔在纸上记录口供,尽管乙什么也没有说,但他还是记满了一张纸。然后把乙押下去,再将甲传来审问。甲也是依然故我,拒不服罪。

钱藻拿起那张写满字的纸对甲说:"你的同伙已全部招认了。他说抢劫的事是你策划的,是你动手的,也是你同他串通一气,拒不认罪的。你是主犯,他是从犯,现在他服罪了,你还不服罪,所以按例,你应当处死,他可将功折罪,当堂开释。"

京军甲没想到钱藻是骗他,又看到那张写满字的纸,不由又急又气,他愤愤不平地说:"他完全是一派胡言,虽然我也动了手,但一切都是由他做主的。想不到他倒打一耙,反而诬害我。"

钱藻同样没听他的话,仍旧自顾自地又写满一张纸。那京军乙在辕门外听到堂上京军甲和钱藻对话的声音,虽然听不清内容,但心已经虚了。

这时,钱藻又把京军乙传到堂前,让他两人对质。这一对同伙一反开始时缄口不语的态度,而是抢着诉说对方的罪状,把如何策划,如何行动,如何分赃,如何对待官衙的所作所为都讲了出来,就像两只对咬的恶狗一样。还连带咬出他俩以前合伙犯罪的事实以及其他京军胡作非为的行径。

钱藻把这两个京军所供事实,写成奏疏,禀报皇帝,建议朝廷整顿京军,严肃法纪。朝廷见京军闹得太不像样子了,就同意了钱藻的要求,不仅对这两个京军按罪论处,而且对所有有过犯罪和骚扰百姓行为的京军都作了处理。从此京军再也不敢胡作非为了。

王明阳引盗串供

盗首王和尚被捕,他招出了同伙多氏兄弟两人。于是多氏兄弟也被捉拿归案。

知县王明阳在审判这伙盗贼时,盗首王和尚突然翻供了,他说:好汉一人做事一人当,他被捕时供出多家兄弟是挟嫌报仇,事实上他俩是无辜的。

不多时,府里下达了一道批文,也说多氏兄弟可能不是王和尚的同伙,要王明阳复查。

王和尚是在作案时被捕的，多氏兄弟并无罪证，是王和尚供出来的，现在王和尚翻供了，多氏兄弟的犯罪行为再无人证、物证，这确实是很难判处的。

王明阳通过了解，得知多氏兄弟的家眷曾来探过监，不仅和兄弟两人相会，而且和盗首王和尚也有过接触。他们会不会以钱财贿赂王和尚，叫他翻供呢？因为招出多家兄弟对王和尚并无好处，如果翻供，就能得到钱财，王和尚何乐而不为呢？

尽管王明阳认为自己的判断是正确的，但无法以个人的想象来判断案子。此事怎么了结呢？

第二天，他开堂复审，3个罪犯跪在阶下。多氏兄弟再三诉说自己不是盗伙，盗首王和尚也证明他俩并不是自己盗伙中人。他们看准王明阳不是动辄动刑的人，认为只要咬紧口供，是难以对多氏兄弟判罪的。

案子正审不下去时，忽有差役来到堂前向王明阳报告说："府里差役有专使又送来公文了，可能与这个盗案有关。"

王明阳不敢怠慢，忙离开公堂到门前去接待府里的专使了。

这时堂上只留下3个强盗。他们相互挤眉弄眼、摆弄手势，王和尚做着拍打着自己屁股的样子，多氏兄弟不解其意，便低声询问。王和尚回答说："我是说，最多挨打几十板子，挨过这一关就好了。"

多氏兄弟也说："我家里人在府里也通了门路，现在不是又来公文催促了嘛！"

不一会儿，王明阳回到了大堂，继续审案。突然从公案的桌围里钻出了一个差役，把刚才3个强盗的对话和举动全向王明阳作了报告。

原来，王明阳事先就让那个差役钻在桌子底下，在审案时，自己假装有急事外出了一会儿，让3个强盗有机会讲话，而他们的言语正好被钻在桌下的差役听得一清二楚。

3个强盗见自己串供的阴谋败露，只得低头服罪。

顾县令镰刀断案

有一年夏天，天特别热，有一个村民到城里卖了一车西瓜，晚上回家时路过一片小树林，被躲在树后的一个人杀了。

案子送到县府，顾县令起先认为是抢劫钱财而杀人。经检验，周身的衣服都在，钱也没少，身上有镰刀砍的十几处刀伤，因此是仇杀。

于是，顾县令传来死者妻子问道："你丈夫与谁结下的仇恨最深？"

死者妻子回答："我丈夫从来与人无仇。不过，最近外村有一个人来借钱，没有借给他，他临走时对我丈夫说：到期不借钱给我，便要如何如何。"

顾县令记住了借钱人的住处，派人通知那个村上的居民拿出自家镰刀交给官府检验。有隐瞒不交的，就一定是杀人凶手。全村一下交出七八十把镰刀，一一排在村口老树下。

天热得火辣辣，突然树上的苍蝇一窝蜂朝镰刀中间的一把飞去，叮得满满的，少说有几十只。

官吏便拿起那把镰刀问："是谁的？"

其中一个长着满脸胡须的人说："我的。"

顾县令喝道："给我拿下！"

原来，这把镰刀是那个外村借钱人的。马上将此人提到县衙审问。

起先，他死活不肯服罪。

顾县令说："别人的镰刀没有苍蝇叮，你曾用镰刀杀过人，腥味还在镰刀上，所以苍蝇闻到腥味便叮住你的镰刀，你还有什么话可说？"

杀人者只得供认不讳。

汪旦破净室淫案

广西南守水淳县新任县令汪旦，听说本县有个宝莲寺，内设子孙堂，不育妇女只要前往祈祷，在净室住一晚便可怀孕。由于灵验，前往烧香的妇女络绎不绝。

汪旦觉得此事很奇怪，想弄个究竟。因此，他开始侧面调查宝莲寺的有关情况。了解到该寺有个规矩：凡前往祈求生子的妇女必须年轻健康，预先斋戒，烧香之后在净室过夜。住过的妇女有的说夜里梦见佛祖送子，有的说是罗汉送子，说法不一。有的妇女住一夜就不再前往，有的妇女则多次前去住宿。

汪旦对此深感蹊跷，便私下访问几个住过净室的妇女，她们大都支支吾吾搪塞而说不清情况。因为这些净室四周门户严密，而她们的丈夫又可以住在净室外的厅堂内，所以很难不信任。

为解开这个谜，汪旦决定设计试一下真伪。一日，他悄悄物色了两个姿色上乘的妓女，叫她们扮成良家女子，前往宝莲寺试探，并再三关照她们说："夜里假如有人图谋不轨，不必拒绝，只需把红颜色悄悄涂在他们的头上便可。"

第二天清晨，汪旦带兵前往宝莲寺。和尚们听说县官亲临巡视，全都诚惶诚恐地外出迎接。汪旦命令众僧将帽摘除，发现有两个和尚头顶有红颜色。汪旦命令兵丁将他们抓住，同时唤两个妓女出来作证。

两个妓女说："夜深之时，有两个和尚不知从哪儿钻出，来到床前，说是佛祖派他们来送子的，并送给她们一包调经种子丸。然后动手剥除她们的内衣裤，进行奸污。"

汪旦闻言，立即命令把其他密室中过夜的妇女抓来询问，但她们都面露愠色不肯承认有此事。一搜，发现她们身上也有那种调经种子丸。于是汪旦不再追问下去，把她们都放回去。

此时，寺里的和尚知道事已败露，一个个吓得面如土色，不敢动弹。

汪旦又下令搜查寺院，不多久，寺院内部的机关被查出。

原来，这些和尚十分贪图女色，于是利用子孙堂献子的幌子招摇撞骗，许多不育妇女慕名而来祈祷。她们不知住的净室床下有暗道通往外面，和尚们深夜潜入行奸十分顺当，而这些妇女不辨真伪，误认为是梦中佛祖送子。这些和尚凭此诡计已经不知奸污了多少良家妇女。

证据确凿，和尚们一个个落网。

范贾募兵破凶案

故事发生在明朝嘉靖年间。

淮安知府范贾正在批阅公文，忽听有人击鼓告状，便命差役将告状人传进大堂。

告状者是一对年老夫妇，诉说他们的儿子大牛在结婚前夕，外出置办彩礼时突然失踪，生死不明，要求府衙派人寻找。

范贾向老夫妇问了一些情况，立即排除了几种可能：大牛与未婚妻秀英是乡邻，自小青梅竹马，感情很深，是决不会逃婚出走的；大牛力大如牛，也不会被人轻易劫走。可能的是他路遇强人，强盗见他携带购买彩礼的巨款，趁其不备将他杀死。所以当务之急，是要找到大牛的尸体。范贾安慰了老夫妇几句，让他们回家静候消息。

从大牛的村子到城镇，途中有一个大塘叫五里汀。范贾带人来到这里，进行打捞。费了半个时辰，果然在水塘中捞出一具年轻男尸，后背有一刀伤，经辨认，死者是大牛。此时正是严冬腊月，从死者的形态看是刚被杀不久。范贾却当众宣称，大牛是被入侵的倭寇杀害。当时淮安周围正是倭寇经常骚扰之地，所以众人也都信以为真。

范贾当即命人贴出告示，重金招募100名乡勇，保卫地方，以防倭寇再来烧杀抢掠。告示一出，应募者甚多。范贾把这些人召集在一起，发现应募者个个腰圆背阔、魁梧有力，他一个个亲加慰勉。

范贾突然在一个汉子面前停住了脚步，两眼紧紧盯住了他的眼睛，那汉子被他看得不知所措，局促不安地低下了头。范贾厉声问道："你为什么反穿棉袄？"

那汉子一时无以对答，半响才说："我着急赶来应征，不小心穿反了棉袄！"

范贾命人将汉子的棉袄脱下，见正面的布上沾着不少血迹，便问道："这血迹因何留下？"

那汉子支吾其词："我也遇到了倭寇，与他们拼杀，不意留下了血迹。"

"胡说！"范贾揭穿说，"倭寇今年夏天曾来境滋事，已被肃清，近日已无倭寇犯境，你身上的血迹，明明是新沾上的。"

汉子说："听说老爷曾宣称塘中捞出的尸体是被倭寇杀死，怎么又说没有倭寇犯境呢？"

范贾说道："这就是我设下的计策，我故意布下迷阵，使得你这个杀人凶手放下心来，再以重金作为鱼饵，引你上钩，现在你还有何话说？"

这时众人才知范贾招募乡勇之举是为了捕获凶手。那汉子正是凶手，此时再无可辩驳，只得承认自己杀害了大牛。

陈懋仁智辨假伤

一天晚上，某县县衙内出现一桩盗窃案，县令陈懋仁察看现场，见并无留下多少痕迹，便传当夜值班的两名士兵询问。

那两个士兵脸上绑着护伤的布，手上及胸前贴着伤膏药，一脸痛楚样回答道："昨晚巡夜时，见几个黑影蹿墙越檐进入衙门，便追踪进院，不想遭到围攻，寡不敌众，被强盗打昏不省人事。醒来发现强盗已远去。"

陈懋仁命兵士解开绑带及膏药一看，只见一片黑伤，果是厉害。便安抚一番，退堂回房。

陈懋仁在房中踱来踱去，觉得那两个兵士身上的黑伤很是奇怪。照理，凡被棍棒打伤者，至少会皮破肿胀。可那两个兵士却没有这种症状，相反行走如常，不似受伤后有累，难道是假伤？可一时又无充分证据。

心中闷闷不乐，陈懋仁来到后园散心。见老花匠正在给花草培土浇水，便上前闲聊。过了一会儿，他见园中土坡长着几种奇怪的草，颜色黑黑的，可开的小花却雪白雪白。这种草他不识，便问老花匠。

老花匠道："这种草叫'千里急'，是药草。涂在身上会出现受伤的颜色，几天方退。不过只要用露水擦洗立即便退。"

陈懋仁一听，认定那两兵士所言有假，决定一试真伪。当时便采了一把"千里急"回堂上，将两个受伤兵士传来，叫他们把草药捣碎，分别涂在另外两个人的胸部、手腕及脸上。不一会儿，涂的地方果然发黑，与伤痕无异。

那两个巡夜的兵士知道事已败露，可仍嘴硬不肯承认。

陈懋仁笑道："不承认亦无妨，待会我用露水来给你们擦一下如何？"

两个兵士见瞒不下去，只得招认。原来，他俩昨日值班，见衙门内有许多值钱的东西，便偷偷地窃出，然后将"千里急"涂在身上，伪造伤痕，想蒙骗县令。

冯祥引蛇出洞计

明朝万历年间的某年中秋佳节，徽州府城出外经商的人纷纷赶回家乡与家人团聚。突然府衙差役丁小山来向知府冯祥报告："城门外有一人被杀，尚未断气。"

冯祥知府忙跟着丁小山来到现场，见一人卧在当街。胸前插着一刀，虽未断气，但已奄奄一息，紧闭双眼，不能言语。见其衣着，是商人打扮。看来也是回家过中秋节的，背囊已被洗劫一空，明显是一桩图财害命的案件。但凶手并未留下痕迹，被害者又不能说话，这个案件该如何破获呢？

围观的百姓越来越多，差役丁小山怕妨碍知府大人判案，要将众百姓驱散。谁知冯知府喝住了："让大家观看好了，我还有事向众人相求呢！"接着他高声对围观的百姓说："这个商人还未断气，尚有救活的可能。谁能救活此人，本府定有重赏！"

重赏之下果有勇夫。有两人先后来为伤者诊治，但因被害者伤势太重，他们都束手无策，摇摇头退出人群。

冯知府又告示众人："救人一命，胜造七级浮屠，看来，只好本府亲自来救治这个商人了。"

丁小山一听此言，大吃一惊，扯了扯知府的衣袖："此人伤势严重，即使华佗转世，恐也难……大人你？"

冯知府说："本府深明医理，你在这里好生守护，待我回家去取家传伤药！"说罢向小山使了一个眼色，就径自走了。

这时，有个汉子，走近商人，好像也要试着为伤者诊治。他俯下身来察看伤势，趁人不备之际，将手掌轻轻按住商人的喉咙，突然猛一发力，苟延残喘的商人立即停止呼吸，那汉子装出无可奈何的神态，也退出了人群。

但未等汉子走远，丁小山已将他一把抓住。原来，小山跟随知府多年，知道大人并不懂医术，家中也根本无祖传治伤妙药，看见大人向他使眼色，命他"在此好生守护"，知道知府大人必有用意，便毫不怠慢地注视着现场。那汉子刚俯身察看伤势时，他还并不介意，待等他的手掌接近伤者的咽喉时，他就觉得情况有异，他知道咽喉乃人之要害，再说他也懂得武功，那汉子手掌发力瞒不住他的眼睛，所以他当场将那汉子擒获。

其实冯祥知府并未走远，他刚才施用的乃"引蛇出洞"之计。那凶手不知是计，深怕知府把商人救活，说出实情，所以趁知府离开之时，装作为商人诊治的样子来将商人扼死，以灭活口，不料自投罗网。

袁知县饿驴找骡

明朝时，广西太平县深山老林中住着一个老头。一天，他牵着一头骡子，驮着钱物出山赶集。

走到半路上时，骡子尥蹶子，不肯走了，无论老头怎么哄怎么赶都不顶用。

正在这节骨眼儿上，有一位陌生人骑着一头毛驴来到眼前。瞧老头正在吃力地赶骡子，就忙问："你老这么急，要上哪儿去？"

老头回答："别提啦，急着赶到前面县城去，可这畜生硬是不听话！"

陌生人笑道："啊，正巧，我也要去县城办事，咱们一块儿走吧！"然后，他又关心地对老头说："您老这么大岁数，这个骡子性格又暴躁，也真够你受的啦！"他搓了搓手，似乎下了很大的决心最后又开口："你看我这头驴，驯服听话，咱们就换着骑吧！"

老人很感激，忙连连点头。

陌生人笑着跨上老头的骡子，狠抽几鞭。骡子撒蹄飞奔起来，一时尘土飞扬。老头刚想追赶上去，已经来不及了。一会儿，骡子和陌生人早已跑得踪影全无。老头连连跺脚，连声叫上当，就气喘吁吁赶到县府告状。

知县袁道问明情况后，对老头说："你别着急，先把驴留在这儿。过4天，你再来。"

等老头走后，袁道命令手下：把驴拴在一间空屋里，不喂一口草料！

4天后，老头又来了。袁道向老头发话："你还记得那骡跑去的那条路吗？"

老头不假思索地答道："记得！"

袁道笑了："这下，那你就有好戏看啦！"

袁道马上命令两个衙役牵出驴来，跟着老头走。一会儿，这一行人来到了4天前骡子被拐跑的地方，衙役放开驴绳，任其自去。毛驴饿了4天，饥不可耐，又熟识回家的道，就一口气一溜烟跑去，衙役在后面紧紧跟上。

驴子跑到家里，衙役也紧随到达。

众人一看：老头的骡子正系在门口呢！

衙役们呼啦拥上，利索地绑缚了那个陌生人，带他回到县衙大堂，一经审讯，陌生人只好乖乖地认罪。

刘知县瘢痕作证

有一年临海县（今属浙江省）可热闹呢，人流如潮，争着围观县府为新考中的秀才们举行庆贺活动。学宫附近，一位少女已对其中一位风度翩翩的少年秀才产生仰慕，目不转睛盯着。

旁边一位老人看在眼里，便悄悄地说："这是我邻居家的儿子。你如有意，我来做媒，成全你们的姻缘。"

少女害羞地低头不语。

那媒婆找到了秀才，着力撮合，哪知秀才拒绝少女一片爱慕之情。媒婆家的浪荡儿子听说后，当夜假冒秀才跟少女幽会。少女未能识出真伪，委身相许了。

没几天，少女家来了位远方客人。她的父母腾出自己的住房招待客人休息，将女儿安置在别处，老两口睡在女儿床上。哪知半夜时分，有人偷偷溜进去，砍掉少女父母的头颅，扬长而去。

第二天，这凶杀案报到县署。刘知县踏勘现场后，左思右想：死者虽在家中被害，但东西并未短缺，这杀人害命图啥呢？他问："这张床原来睡的是谁？"

有人抢答："是这家的女儿。"

刘知县恍然大悟："噢，快，将这家女儿拘押起来！"

公堂上，知县厉声追问少女："奸夫是谁？"

少女有苦难言，支支吾吾说出是那秀才。

知县发令，一会儿逮来秀才。

秀才振振有词："我早已回绝那媒婆说媒，从没去这姑娘家，哪扯得上因奸杀人呢？"

知县追问少女："你奸夫是秀才，那么他身上可有什么记号特征？"

少女忙答话："他胳膊上有块瘢痕。"

知县当场令衙役查看秀才胳膊，却光光滑滑的，没有一点痕迹。

刘知县陷入困境，过了一会儿，忽然问左右："媒婆有儿子吗？"

知情的衙役说有的。刘知县命令精壮衙役，马上赶去抓来那家伙。查看胳膊，一块朱红瘢痕赫然入目。知县手指媒婆之子："你肯定是杀人犯，如不招供，定用重刑！"

那家伙不得不供认作案经过——

那一夜，他又去找少女私会，进入房中在床上一摸，摸到了两个人的脑袋。他顿时醋意大发：原来这骚女人另有奸夫。马上拔刀猛砍……

案情大白，秀才获释。

官员细心擒强贼

京城里发生了一起盗窃案。奇怪的是，这家富户半夜被洗劫一空，地上却多了一本名册。

第二天清晨，那家富户捡起来翻阅，发现上面开列着一大串富家子弟名字，附有关于他们的20条隐私：饮酒聚会议事、合众赌博、狎妓宿娼等。

这人家如获至宝，忙急急匆匆将它送到官府。

官府按名册一一拘拿这批浪荡青年。青年家长都知道自家孩子的劣迹，也怀疑是他们作的案。众青年也承认干了册中所记的事儿。

一阵严刑拷打，这批平素娇生惯养的青年哪受得了，一个个乖乖认罪。

官员追问："赃物在哪里？"

众青年信口胡说："黑松林。"

第二天早晨，当衙役赶到坐落在郊外的黑松林时，果然挖掘到一批赃物。

这批浪荡青年听说这消息，一个个吓得面如土色，仰天痛哭："命！命啊！看样子，是老天爷安排的命啊！"

参加审讯的一位官员心里一沉：这批浪荡青年如此真心痛哭，案件肯定有错。可线索呢？

左思右想，忽然想起一个可疑之处：自己手下有个长着大胡子的马夫，每当审这个案件时老在场旁听，这是为什么？要试一试真假！

于是他又反复审了几次，发现马夫仍是每回都在场旁听。官员突然问马夫："你为啥特别关心这起案件？"

马夫忙解释："没别的，我好奇。"

官员突然沉下脸："左右役吏，给我用刑，让他讲讲真话！"

马夫忙叩头，连连求饶："大人，您打发掉身边的役吏，我从实讲来！"

众役吏退下后，马夫颤抖着陈述："起先，我压根儿不知道这回事，后来有人找上门，让我旁听审讯这个案子时，记牢您跟犯人的话，马上转告他们，答应每回酬谢我50两银子。大人，小人罪该万死。小人愿引兵前往贼窝擒拿，立功赎罪！"

700名精壮士兵悄悄走出官府，他们在马夫带领下，一举端掉贼窝，抓获那伙强盗。

原来，强盗们为了嫁祸别人，预先造了一份富家子弟的名册，并记下了他们的劣迹，转移官府视线。接着，又贿赂马夫，作为内线。当他们得知青年们信口说出的"埋赃"地点时，便连夜赶到那里，埋下一些赃物，让浪荡青年们有苦说不出。

王通判焦土复影

清初，武康县（当时属浙江湖州府）有个山民叫刘通，因为与兄长刘衡争夺家产发生斗殴，把刘衡打昏后，一不做，二不休，索性用斧子把他劈死。为了灭迹，他又将兄长的尸体火化了。一切安排妥当后，穿上丧服，上县衙报案去了。

刘通向武康县通判王茧庵磕拜后，哭道："我兄前日被一只吊睛白额大虎咬死，那虎常出没在山间，恳请大人派遣猎手为民除害。"

王通判想："如果他的哥哥真的被虎所伤，何必匆忙火化尸体呢？"但他不动声色地说："既然尸体已火化，此事也就了结了，你可以回去了。至于派遣猎手之事，本官自有安排。"

刘通见官府不深究下去，很是高兴，立即回家去了。

第二天，王茧庵带几个差役去山里查访。在峰峦重叠的群山丛中转了一天，才找到了刘通。刘通一见王茧庵来调查刘衡死因，大惊失色。王茧庵见他神色惊慌，更觉得应把刘衡的死因查清。

面前是一片焦土，这是刘衡火化的地方。王茧庵问刘通的邻居，刘衡是不是被虎咬死的，邻居们回答说："我们没看见刘衡被虎所伤，是刘通告诉我们的。"

王茧庵带领差役搜查了刘通的住所，在角落里发现了一把斧子，上面有血点，王茧庵说："这是杀人的凶器！"

刘通脸色沮丧，但他不肯服罪。

王茧庵说："我可以让你心服口服！"他吩咐在火化尸体的地上烧炭，并撒上芝麻。过了一会儿，又把炭块扫去。这时，原来从尸体上流出来以后冻结的脂肪因受热而开始融化，芝麻也因受热而爆裂渗油，两相融合交流后，焦土上就呈现出一具人体的形状，看上去手、脚以及肢体都齐全。左肋下爆裂了芝麻数十粒，肚脐等几处要害的地方所爆裂的芝麻，有的多，有的少，都是受伤的地方。王茧庵指着左肋及肚脐等几个地方，说："你在这几个地方砍了几斧头，这是很明显的事！"

在精明的法官面前，罪状已无法隐瞒了，刘通只得"扑通"跪倒在地，供认了犯罪的事实。

幕僚论鬼断疑案

总督唐执玉，曾经按例复审了一桩杀人案，觉得初审此案的县令量刑无误，便红笔一批，决定将杀人犯李四判斩。

当天晚上，唐执玉在灯前读书。忽然听到中堂外面有哀哀的哭泣声，好像是从院子传进来的。他便掀开门帘，不看犹可，一看吓了一跳。在似明似暗的月光下，一个满身血污的人影跪在石阶前不住地朝他磕着响头。

唐执玉素以胆大著称，厉声问道："你是谁？快如实道来！"

那人影微微抬起头，哀哀哭道："总督大人，我是屈死鬼啊！杀我的凶手是张三，不是李四！可县官误判李四的罪。此案不申，我在九泉之下也不能安宁啊！"

唐公略一沉吟，说："嗯，知道了。"

鬼忽地立起，飘然离去了。

第二天，唐执玉再次复审案件，被告李四

供词中说到的被杀者的穿戴形状，跟他昨晚在庭院见到的屈死鬼完全一样。于是，唐公挥笔将昨天的红批圈去，发下令牌，派差役将张三捉拿归案，并当堂释放了李四。

唐公认为，这个案子总算复审得一清二楚了。初审的县官闻讯赶来申辩，被他骂了个狗血喷头，不得不灰溜溜地告辞。

这时，唐执玉的一个幕僚，耳闻目睹此案复审经过，觉得事有蹊跷，便忍不住问道："大人，那个鬼是从什么地方进来的？"

"我看见时，他已跪在台阶下了。"

"他是怎样离去的啊？"

"他忽地站起，跳过墙头，就走了。"

幕僚笑道："总督大人，您也相信世界上果真有什么鬼吗？人们说的鬼，也是只有形影没有肉体，来无踪去无迹，只能飘然隐去，怎会跳墙呢？"

于是，幕僚就领着唐执玉在庭院周围仔细查看：恰巧前几天落了一场暴雨，从台阶到墙根的院子里，隐隐约约都显出污泥的脚迹。走出庭院大门，墙外地上也有着脚迹，一直迤逦着往树林深处延伸，直到小溪边才消失。

幕僚说："很明显，他不是鬼！"

唐执玉这才有些觉悟了，可一时又想不大通。

幕僚又说道："如果李四不是凶手，那么他肯定不会认识那个屈死鬼了，为什么他招供的穿戴形状会同屈死鬼一模一样呢？这不是说明，就是他通过重金行贿，买通了那个飞檐走壁的强盗了吗？"

唐执玉恍然大悟。马上再次复审，终于弄清了真相。

案子维持原判，李四被重新投入死牢，张三无罪释放。

县令智破谋杀案

清朝雍正十年（1732年）六月的一天深夜，河北献县城西一个村庄里，有一个村民被响雷击身而死，知县闻报后，率人前往现场勘查验证。检查完毕，吩咐死者亲属将尸体装入棺木埋葬了事，便打道回府。

半月后，县令忽然把一个人带到衙门审问："你买火药干啥？"

"用火药打鸟！"

"用火枪打鸟，只须几钱火药，至多也不过一两左右足够用一天了。你却买了二三十斤，是什么原因？"

那人说："我想留着多用些日子。"

县令突然又盘问："你买火药不到一个月，算来顶多用去二斤吧，剩下的放到哪里去了呢？"

那壮年男子愣在那儿，一时回答不上了。县令派人严加审讯，那个男人供认了自己与死者妻子通奸后合谋杀人的罪状。再去审问死者的妻子，她也哭哭啼啼地承认了谋杀亲夫罪。于是县官判决两人斩首示众。

结案后，众人问县令："你怎么知道凶手是这个人呢？"

县令说："要知道，造假雷击人的现场没有几十斤炸药是不成的，而要造假雷必须用硫磺，自己没有，就要到城里商店去买。现在正值盛夏，并非过节放礼炮的时候，买炸药的人寥寥无几。我秘密派人到集市上去查问，挨户问店主，哪个人买炸药最多，都说是城西工匠某某人。然后，再查实工匠买炸药给了谁，又听工匠说炸药是替另外一个人代买的，因此获得凶手证据。"

又有人问县令："大人，那夜正是雷雨大作，你怎么知道那个打死人的雷是假造的呢？"

县令道："雷击人自上而下，不会裂地；如果毁坏房屋，也必自上而下。可是，我在现场察看时，却发现山墙、屋梁都被炸飞了。同时，那村庄距城不过几里，雷电应该与城里相差无几。可是，那一夜，雷电盘绕在浓云之中，没有下击的样子。所以知道那击死人的雷定是人工伪造的。但那个时候死者的妻子回娘家去了，难以马上问清，所以必须先查凶手，才能审讯同谋的女人。"

朱垣智翻毒夫案

乾隆年间，进士朱垣在任济阳府长清县县令期间，一日，正在衙门办公，突闻告状声，只见众人绑着一位年轻女子入堂，言称小女子毒杀亲夫，请县老爷做主。而那年轻女子泪流满面，泣不成声喊冤枉。

原来该女子姓周，一月前新嫁给名叫王巧的男人，两人十分相爱。婚后一月新娘回娘家住了一段时间，昨日刚回婆家。今天早上女子起来熬粥，王巧喝了便喊肚痛不止，一会便倒于地上毙命。公婆和邻居都认为女子在娘家村上有了奸夫，回来谋害亲夫，便告到官府。

朱垣即带役吏们赶到现场，见王巧的面容

并无中毒的样子，便命令将王巧所吐出来的东西和锅里的粥拿来喂狗，几个时辰下来，狗活蹦乱跳并没有死，众人惊诧。朱垣决定启开王巧嘴验毒。役吏拿着银羹匙，放进死者的喉咙里验毒，然后取出，众人哗然，都说不是中毒。

朱垣见状，明白王巧并非死于中毒，又命解开死者衣裤验伤。只见体肤完好，并无伤痕。再看他的生殖器，却奇怪地缩于腹中。朱垣心中顿时明白了三分。他随即将围观的人们驱出，将女子唤来，再三盘问王巧死时的情况。

女子支支吾吾红着脸直哭。朱垣索性直言追问晚上王巧的房事。

女子只得实说：她回娘家数天，昨夜归来丈夫欣喜万分，居然一夜与她同房三次，直至凌晨才精疲力尽地休息。早上起来后，王巧直喊口干，等不及她烧开水便连饮三杯井水，过了一会儿又喝了一碗粥，没多久就肚痛腹胀而死。

听罢女子的叙述，朱垣长长地叹了一口气，对女子的公婆说：你儿子并非中毒，只是死于纵欲过度及受冷，属阴淫寒疾！怎么能怪你媳妇呢？一席话，说得众人心悦诚服。那女子跪着连连谢恩。后来，女子竟然为王巧守节至终。

袁枚巧保早产子

钱塘人袁枚，为人很有骨气，刚正不阿，不畏权势，在上元县当县官时，办案以儒家经典为准绳，有儒吏遗风，深受百姓拥戴。

一天，袁枚收到一张状子。缘由是有个百姓李郎娶媳妇，婚后5个月媳妇便生下一个儿子，邻里都嘲笑他，说他媳妇婚前不轨。李郎不堪忍受风言风语，心中亦生疑虑，认为妻子欺骗了他，便以媳妇先怀孕后出嫁为理由告她父亲。

袁枚接状后，觉得此事虽小，却关系着两家的幸福，不敢怠慢。为弄明情况，他派人去李郎媳妇娘家四邻私行察访，了解情况。邻里都说此女子婚前行为十分检点，从不出户，更无与人私通迹象。而且她为人贤淑，待父母孝顺，乡邻众口称道。

袁枚闻此情况，便传令正式开堂公开审理此案。诉讼双方都到齐了，观看的人围得水泄不通。

袁枚坐于中堂问："谁是李郎？"

李郎跪伏地上答："小人便是。"

袁枚笑而起身上前扶起李郎，双手作揖，道："恭喜恭喜，新添贵子。"

李郎及众人皆惊，不知县老爷为何竟出此言。

袁枚见此光景，叹了一声气道："你们呀，实在是愚蠢，真可谓是得福不知福啊！"说完转身问李郎的父母及岳父："你们识不识字？"

众人回答："不识字。"

袁枚笑着道："今天的官司，正因为你们两家不读书的缘故。你们可知道，自古以来相传老子白鹿投胎、鬼方穿胁生六子，这些荒诞的事固然不必说，但是梁嬴怀孕过期而生一男一女，徐孝穆降生也是早产。分娩有提前有过期，这是史册上有记载的。总之，过期的受母体的元气充足，生来寿命长；提早降生的，受母体元气纯清，生来富贵。就如我，亦是5个月就生下来的，虽然没有才能，尚且也进了翰林院，出任地方官。"

李郎及家人被县官一席话说得目瞪口呆，脸有愧色。

袁枚见众人似信非信，又对李郎说："倘若你不信我的话，你可到后院去问我老母亲。"

李郎果真进去询问。一会儿，喜滋滋地跑出，朝袁枚纳首便跪道："大人明察，所言不差。小人该死，差点冤枉媳妇。这都怪我们不识字，不明理。今后定让小儿好好读书。"

袁枚严肃地说："你们是深明大义之人，切莫把我的话不当回事！"众人齐声附和，于是两家疑团解开，和好如初。

袁枚妙护天落女

江宁知县袁枚接到本县城李秀才之子诉状，要求解除他与未婚妻韩姑娘的婚约。理由是五月十日，江宁地段忽刮大风，韩姑娘当日失踪，第二天由90里外的铜井村民护送回城，据韩姑娘讲是被狂风刮走的，可李秀才之子怀疑韩姑娘行为不端，便上诉。

袁知县接下诉状，便把韩姑娘召到衙中了解情况。姑娘泣诉说："那天正在家门前干活，一阵大风袭来竟被卷到空中，后来便什么都不知晓了。醒时发现自己睡在一个陌生后生家里，现在说我有什么奸情，真是冤枉，叫我日后如何做人？不如一死了之……"

接着，袁知县即派人前往铜井村调查，乡民作证确有此事。再去韩姑娘家四邻了解，大家都说韩姑娘平时文静规矩，独个儿从不到外面去。

袁知县想：看来韩女是清白无辜的。如何断此案，如果李家胜诉，韩女性情贞烈必定自断性命；硬性叫李家娶韩女，将来恐还会出现后遗症。该想个法子让李家甘心情愿才是。忽然他一拍脑门，直奔书房，取出一书，翻了几页，便命传李秀才父子。

李家父子走上堂，果是一副迂腐儒生模样。袁知县客气地问："你们家何时与韩家结亲的？"

李家父子答："自幼便订婚。"

"韩姑娘平时行为有何不端吗？"

"这倒没听说，不过这次太可疑了，哪听说人会被风刮到90里之外的？我们是书香人家，人言可畏啊！"

袁枚又问："五月十日刮大风你们可知道？"

"知道的，那风太吓人了，我家后院屋顶也被掀掉了。"

袁枚微微一笑说："不错，风确实骇人。古代有女子被风刮到6000里外的。你们听说过没有？"

袁知县说罢便把桌子上的元代郝文忠《陵川集》拿了出来，翻开指着一段话递给李秀才父子，只见上写道："八月十五双星会，花月摇光照金罍。黑风当篷灭红烛，一朵仙桃落天外。梁家有子是新郎，芈氏负从钟建背。争看灯下来鬼物，云鬟欹斜倒冠佩。须臾举目视旁人，衣服不同言语异。自说吴门六千里，恍惚不知来此地。甘心肯作梁家妇，诏起高门榜天赐。几年夫婿作公相，满眼儿孙尽朝贵。须知伉俪有姻缘，富者莫求贫莫弃。"

李秀才父子看过之后，默不作声。

袁知县在堂上踱了几步说："当时那个女子，竟嫁了个宰相，这个韩姑娘不知可有此福否？"

李家父子想，既然风吹人至6000里古便有之，况且当事人竟做宰相妻，倒是吉祥之极。再说县太爷出面调停亦很体面光彩，竟转忧为喜。结果两家和好如初，没多久便结秦晋之好，一场婚姻纠葛巧妙而圆满地解决了。

智判杀夫焚尸案

某山的西麓有个村庄，村庄里有个女人，与别个男人通奸。日子久了，丈夫有所察觉。女人便偷偷告诉奸夫，商量如何把丈夫杀死。

某晚，丈夫猛喝闷酒以致酩酊大醉，卧睡不醒，女人乘机用布带将他勒死。看到丈夫紧握双拳面目恐怖的死相，她十分害怕形迹暴露，就放火焚烧自家的房屋，结果丈夫尸体被烧得通体焦黑，颈部形状模糊，勒痕已不复存在。女人见状大喜，自以为万无一失，便报告官府诉请破案。

官府当即派员前往现场验尸。女人就一边哀声号哭，一边断断续续讲述丈夫被烧死的经过。官员问道："你不是和丈夫同住一屋吗？为什么丈夫被烧死，你却活得好好的？"

女人强作镇静，从容答道："火烧时，我丈夫酒醉未醒，我死死推了几次，他还是像死猪一样不动。大火眼看就要烧到床上了，我不得不舍夫逃走，好容易才捡到一条性命。"

官员端详着女人一副油嘴，不由得冷笑道："我且问你，你丈夫是死后烧死的，还是活活烧死的？"

女人吓了一跳，但她坚定地说："当然是活活烧死的。"

官员说："我看是死了以后被烧的。"

女人哭道："你这是凭空捏造，想诬陷好人哪！"骂完，以头撞地，还号叫："亲夫，我的亲人哪！"

官员问道："你知道活活烧死的形状与死了被烧死的双手形状有什么不同吗？"

女人被问得目瞪口呆，只是说："我只知道丈夫同我睡一床，他是酒醉不醒被活活烧死的。"

官员怒喝道："好个嘴硬的淫妇！如果活着被烧死，即使是酒醉也会因烧痛而将手指伸开护住胸部。现在你丈夫既是双拳紧握，显然是死了之后被烧死的。验查烧尸案件我不知经办了多少件，你要瞒骗别人可以，瞒骗我可不是玩的！你再不老实交代，法律是个不会宽恕你的！"说着，一面命令差役将尸首下棺入殓，一边将女人押回官府收监。

经过严厉的审讯，女人只得如实招供。淫妇奸夫终于受到了法律的制裁。

萧爵寅细查折据

道员萧爵寅担任宿迁县（清代属江苏徐州府）知县时，有个叫王庆生的人，他的父亲与同宗开南货店的王鼎和非常要好。父亲去世后，王庆生办理丧事的费用都是向王鼎和借支的，总计约有几十贯铜钱，一直没有归还。

王庆生有个叔父是讼师，他不但不叫侄儿还清这笔债务，还唆使他母子假造王鼎和欠钱600贯的折据，上面写着每月利息9贯，以"王鼎和赖债并坑骗王庆生家财物"的罪名向县府提出控告。

王鼎和在公堂上申诉道："我从来不欠王庆生的款子，相反王庆生还欠我借款几十贯，我的账簿上记得清清楚楚的。"

王庆生反驳道："王鼎和把话说颠倒了，他的账簿是假造的，而他欠我家600贯的折据却是白纸黑字，抵赖不了的。"

原告和被告争执不休，这桩官司拖延了16年，经手的县官也有13任了，没有一个能够将它结案。

萧爵寅到任后，他们又第一个来县府打官司。萧公提取卷宗，只见调查审理此案的材料已装订成厚厚一套，他很想把此案早日了结，又苦于找不到问题的症结。他细细地观察、研究折据，只见折面上刻有"王鼎和"的印章，记载着下列字样："某月某日借来钱六百串，每月一五利息，以后逐月应付。"横看竖看，找不到任何漏洞。翻呀，看呀，萧公看见每条下所盖的一颗阴文石章，模模糊糊，辨不清印文，心里顿时生出疑惑来。他又反复细细察看，发觉折据第一条即封面与别条大不相同，此面又硬又厚。他一边喝茶，一边苦苦思索缘由，不小心泼出茶水将封面浸湿。嘿，封面顿时显露出黏合痕迹，用手轻轻撕开，里面竟记载着："正月初七海参四两，计钱二百四十文。"这才真相大白：原来这个欠钱折据是用货折糊粘伪造的！萧公便派人将王鼎和的历年账簿全部查阅一遍，发现在一个叫廖建德的名下，记有上述的海参账，便问："廖建德是何人？"

左右答道："是本县官府的书吏。"

萧公便将折据按原样重新糊粘妥帖，随即宣布当日传讯所有当事人，并要廖建德到公堂伺候。萧爵寅说："这个案子拖了十几年，现在是应该了断的时候了。"县城的百姓听到消息，都蜂拥前来旁听。

萧公升堂，拿了王庆生伪造的折据询问王鼎和："这是你的折据吗？"

答道："折据的确是本店的，可里面记的账是假的！"

萧公又问王庆生母子："是这个折据吗？"

王姓母子说："我们呈上折据，画上花押，是这个，没错。"

萧公说："根据折据，王鼎和欠你们很多钱，积算本息数额不小，你们可不可以让他少还一点？"

王庆生说："遵照大人指示，我们的利息就让了，不要他还了。"

萧公说："本金600贯，就折半让他还300贯，好吗？"

王庆生说："不。"

萧公说："让他还400贯。"

王庆生说："不。我们让了他利息，已是十分大量了，这600贯本金是一个子儿不能少还的。"

王鼎和听了萧知县与王庆生讨价还价的对话，又气又恨。旁听的观众都私下议论县令糊涂。

忽然，萧爵寅拍了下案桌，对王庆生怒骂道："好个黑心的无赖！你偷了廖建德的货折，糊粘伪造了王鼎和的欠钱字据，不知认罪，反而要我判他把你造假的600贯本金还给你，这不是骗和偷吗？"即叫人将折据的糊粘处揭开给他看，又拿它询问廖建德，廖建德说："的确是我失窃的货折。"

王庆生顿时面孔失色，只得乖乖地认罪。萧知县叫差役重重地打了他一顿，还勒令他限期归还所欠王鼎和的丧事款项数十贯。

案子了结后，王鼎和跪地叩头千恩万谢，民众无不称颂萧爵寅明察秋毫断案如神，都说："看出货折倒还容易，萧大人怎么连货折的失主廖建德也查清楚了呢？"

记载上述公案的魏息园感慨地说："萧知县心细、认真，所以能看出破绽啊。"

姚一如请神破案

清代四川嘉定府的犍为县，有家贫苦人家的女儿从小养在夫家，俗称童养媳。夫家的婆母对她不好，小姑更把她当作仇敌，百般凌辱虐待，简直到了无法忍受的地步。

一天，童养媳跟小姑口角，到婆母面前，又相互斗嘴。事后，小姑十分愤恨，便想了种种办法报复，后来就悄悄将毒药掺和在食物里，企图将童养媳毒死。谁知，这盆有毒食物给婆母误吃而死。小姑闯下大祸后，却到外面大造舆论说："媳妇毒死婆母，目的是报复婆母对她的刻薄。"接着到县府报案。

县令赶到现场查验，把童养媳锁铐起来带回县署，用尽各种方法严刑拷问。童养媳屈打成招。县令就这样让她画押盖了手印，书写公文上报。地方上的人都认为此案已经了结。

不久，犍为县令升调他地，继任者是姚一如。他调阅此案卷宗，细细思索，觉得童养媳很可能有冤情，便重新提审有关当事人，连着升堂数次，总得不到实情，案子难以平反。于是，姚公向外扬言道："我要请神鬼帮忙，审清此案。"于是他叫差役在夜里将小姑和童养媳用绳索缚在城隍庙的廊道上，自己却躲在神像背后，偷偷监听。

先是听到两人争吵，童养媳说："天地良心，我连什么是毒药也不知道啊！"

小姑说："你还要抵赖，不是你毒死的，难道是我女儿毒死母亲的？"

两人争吵了很久，才慢慢止歇。只听得童养媳自认倒霉的叹气声、哭泣声和小姑对童养媳的辱骂声。监听了两夜还是得不到实情。

到了第三晚，姚一如派人预先埋伏在神像后，到了半夜，那人将神像向前推举起来，小姑见了大为惊恐，连声告饶道："菩萨不要惩罚我，我知道自己不对了，我下毒药的目的其实是想毒死嫂子，谁知母亲会误吃了呢？菩萨，请您宽恕我吧。"话音刚落，神像又退回原处。

姚公连夜升堂，经过审讯，小姑只得将真情透露，表示服罪，童养媳的冤枉得以昭雪。

此案平反之后，一时之间，很多缺乏知识的人纷纷传颂："姚大人真是神通广大，竟能驱使鬼神、菩萨办案子！"

葡萄架下解悬疑

某甲以跑单帮贩卖货物为生，常年在外奔波。家里只有妻子和瞎眼的母亲。媳妇早晚服侍婆母，好得如同母女一般。左邻右舍对她们既羡慕又尊敬。

一天，甲回到家里，母亲命媳妇杀鸡款待儿子。当时正是酷热的夏天，他们将饭菜摆在院子的葡萄架下，一同进餐。那天，婆媳两人都吃素，陪着甲一边吃一边叙谈别后的种种琐事。到了半夜，甲忽然暴病死亡。婆媳俩抱头大哭，哀伤之极。邻居得到消息，都来问询、吊唁。里正觉得甲死得太突然了，便向官府报告。官府派仵作验尸，结论是"中毒身亡"。

县官怀疑女子与外人通奸谋杀亲夫，便将她逮捕，用严刑拷问。女子受不住刑罚，只得含冤供认自己是凶手。县官追问："奸夫是谁？"

女子说："没有啊。"

县官又命差役动刑罚。女子被打得急了，只好胡乱说了一个人的名字："十郎"。

十郎是甲的堂弟，甲每次远出，都嘱咐他代为照管家庭。县官听了甲妻的招供，即派人将十郎逮捕归案，向他讯问通奸杀兄经过。十郎大惊失色，坚不承认，县官喝令严刑拷打。十郎最后也只得屈打成招。

案子上报后，巡抚某公怀疑其中大有冤情，要为之平反，却为幕僚劝阻。结果，甲妻与十郎便被面对面地绞死在市集上了。一时群众纷纷为死者鸣冤。

巡抚听到议论心中烦闷，便化装成百姓悄悄察访。到某甲家里，见瞎眼老太坐在屋檐下哭泣，便问："老人家为何悲伤？"

老太说："我儿惨死，虽然没有查出原因，我却认为这是天命啊。而昏官竟然诬陷害死我贤慧的媳妇，我死了之后必要成为厉鬼为媳妇报仇！"

巡抚惊问："为什么说媳妇贤惠？"

老太说："别人不知，我是知道的。儿子在外，她夜夜伴我一起睡，夏天为我驱赶蚊虫，冬天给我贴身暖背，就是母女之间也做不到，哪有什么机会同人通奸呢？！听说巡抚仁慈公正，我正日夜盼望冤案可以平反。可今天看来，巡抚也是个昏官。老天啊！冤枉啊！我要到皇宫去告状，以此来为儿媳伸冤啊！"

巡抚听了，愧悔得汗如雨下，便同老太讲述吃鸡中毒之事："你们都吃鸡，怎么单单死了你儿子？"

老太说："那天我同儿媳吃素。"巡抚说："家鸡难道会有毒吗？一定有特殊缘故。你们在什么地方吃的？"

老太说："葡萄架下。"

巡抚便出钱请人代买一只肉鸡，烧熟后仍置放于葡萄架下当时吃鸡的处所。热气蒸腾而上，一会儿，一缕白丝自上而下掉在鸡盘中，巡抚全神贯注细看才隐隐辨清，十分惊异。便命人撕下一块鸡肉投给狗吃，狗吃了很快就倒毙在地上。巡抚恍然大悟，连声叹道："杀了两个无辜，这是我的过错啊！"

巡抚立即返归衙门，换上官服，召集曾承办此案的各级官员，鸣锣开道，来到甲家。瞎老太大吃一惊，跪在地上迎接。官员们都莫名其妙，不知巡抚葫芦里卖的什么药。

巡抚命令下人烧熟一只鸡，仍置放在葡萄架下原处，叫官员们细细审视。一会儿，细白丝自上而下落入鸡盆。再撕一块肉喂狗，狗吃了立即毙命。众人大为惊骇。巡抚便叫差役拆毁葡萄架，细加搜索，捕得一只长约4寸的毒蝎，细丝原来就是它的涎液。官员们见了面面相觑。

巡抚沉痛地说："这就是甲暴死的缘故。两个无辜百姓被判刑是冤枉的，难道不是我们这班父母官的罪过吗？！"即日奏报朝廷，请求处分。县官以枉杀无辜论罪，其余官员也给以不同的处罚。

巡检智辨失窃案

清代的魏息园有个朋友在常州府管辖的青城镇北的小河地方任巡检。正月十七日，忽然接到一件案子：城里有个叫恽伯仙的人在孟河开了一间南货店，委托堂弟恽曙初照管。恽曙初申报店里账房失窃，损失铜钱28贯，要求官府破案。

小河巡检当即去现场查勘，只见账房靠近窗的屋顶上打穿一个洞，大小只能出入猫鼠之类，屋内东西两侧均安置了床铺，窗下安放记账的条桌，正对着屋顶上的洞孔。

巡检问："你估计什么时候遭到偷窃？"

恽曙初答道："天快要亮的时候。"

巡检又问："条桌有否移动？"

恽曙初说："没有。"

巡检又四处细细观察，查验，临走时满口答应一定在短时期内捕获盗贼。

第二天，巡检派家仆去南货店诱骗小伙计来到菜园，说是要询问失窃详细经过，以便办案。小伙计欣然离店。谁知出店后，即被家仆挟持到巡检府公堂之上，巡检早已高座等候，文书和差役侍立一旁，大声吆喝小伙计跪下，问道："你们店里在正月十六日晚上赌钱，有哪些人在场？"

小伙计眨巴着双眼，结结巴巴地说："没，没有赌钱。"

"啪！"巡检将惊堂木敲在案桌上，又猛地喝令："准备刑杖，看这个小刁鬼还说不说谎！"

小伙计害怕之至，全盘供认道："大人，小店前晚是聚赌的。在场的有恽曙初和他的几个赌友。"

巡检审讯完毕，即派人送小伙计返回南货店。恽曙初情知事相败露，慌忙去巡检府跪见巡检，哭泣着哀求别再把此案追究下去。

事情透露后，人们对小河巡检断案如神十分佩服。有人向他请教："您怎么知道是恽曙初赌博输钱，而不是失窃？"

巡检笑道："正月十六日下半夜下了瓢泼大雨，到天亮都没有停歇，可是那店里账房的条桌正对着屋顶漏孔却丝毫没有水迹。再说，该店的棚门通常不关，唯独那天夜里却关得十分严紧。从上面两点就可以推测：恽曙初是赌博输了钱，故意假报失窃，为的是蒙骗他的堂兄恽伯仙啊！我们这些担任公职的官吏，对于人事乃至晴雨气候都要时时留心，做到心中有数，头脑清醒，否则便要为这班狡猾的家伙所愚弄了。"

在场的人听了，无不钦佩。

验颈骨智惩真凶

浙江德清县有个女子嫁给一个放荡而轻薄的男人。这个丈夫素来品行卑劣，竟跟后母通奸。妻子察觉了丈夫同那女人之间的隐私，深深感到耻辱和痛苦。

一天，后母叫她做鞋子。鞋子做好后，后母细加审视，说："稍微有点不够端正，怎么办？"

媳妇说："鞋子不正，有什么关系？只要走路端正就可以了。"

后母大为羞愤，认为这是媳妇在揭露她的丑行。夜里她便同那放荡的男人密谋，用酒灌醉媳妇，用东西猛击她颈部使之丧命，然后以"暴病而死"向她娘家报丧。她娘家清贫而软弱，不敢同男方的家族提出诉讼。

过了一年多，地方上的人都愤愤不平，议论纷纷，都说那个媳妇死得冤枉，就推派代表向县府控告。尸首埋葬的时间已久，县官令差役掘挖坟墓，打开棺材，验尸仵作查验后报告说："尸首没有伤痕。"于是这场官司只得作罢。不久县官调任，地方人士不服，又向新县令控告，新县令再派员掘坟开棺，查验结论跟前一次相同。越级上诉，还是没有结果。事情就这么拖了数年。

那死了的女子有个兄弟，入了翰林名籍在朝廷做官，为此事详细写了状纸向刑部控告，刑部大臣照例向皇帝奏报。这时，正好浙江要换督学使者，某公接任此职。告别朝廷时，皇帝叫他把这个案子审理清楚。

某公到达浙江后，就将案卷提出来审阅，又讯问了当事人，觉得毫无头绪，尸骨也验不出什么伤痕。他想，这个女子活得好好的怎么会不明不白暴死？如果冤枉不能伸雪，那么既不能告慰死者亡灵，又不能向皇帝交差。想了好久，心生一计，于是向外推托生病，闭门谢客，自己却乔装打扮成百姓，偷偷地出行到邻省去，访问到一个退休的老仵作，用重金聘用，同他一起返归，同他一桌吃饭，一床睡觉，朝夕相处，形影不离，目的是防止有外人对他进行贿赂。不久，贴出通告，公布开棺复验尸骨的日期。

到了那天，原告、被告双方当事人全部到齐，四面八方来观看的百姓围得水泄不通。老仵作对尸骨细细查验，报告说："确实没有伤痕，但脖子下一根颈骨已被掉换了。"

某公的一颗心总算踏实，围观群众顿时活跃起来，被告面如死灰。

老仵作继续解释道："死者青春年少，仅20余岁，其颈骨应该若干分量才对，而现在的颈骨是40多岁的人所有，分量不够。因为年龄越大，颈骨越轻。"

某公派人拿秤来称，果然如此。于是派人将以前历次验尸的仵作召集到现场，严加审讯之下，有个仵作只得供认：地方人士第一次告发时，他就接受了被告的贿赂将颈骨偷换了。某公便派差役将原来的颈骨追回，查看之下，伤痕非常明显。

那个放荡男子到此地步已无可抵赖，只得承认是他伙同后母将妻子灌醉，然后用竹笆斗猛力打击她的颈项而将她压死。案情大白，两个被告被处死。

汪辉祖破田产案

清代的汪辉祖在湖南道州（今湖南零陵地区）做官时，处理了一个案子。

外县有个陈姓人家，有个儿子，被本州一个叫匡诚的人领去做养子，改名为匡学义。后来匡诚自己养了个儿子，取名匡学礼，便赠给匡学义8亩田，让他复归陈氏本宗。过了若干年，匡诚死了，匡学礼也一病不起。弥留之际，匡学礼又赠送学义5亩田，还托付后事，望他照料孤儿寡妇内外家事。

匡学礼遗下田产200亩，妻子李氏和儿子匡胜时勤俭持家，过了17年，又增购田产100亩，每年的收益日渐丰盈。

一天，有个地主来赎田产，正好管家匡学义外出，李氏便叫儿子匡胜时寻找田契，发现上面赫然记载的是李氏与匡学义同买，其他田契也是这么写的，不由得大惊失色。匡学义回来后，李氏质问他，他坚持说田产原是共同购置的，田租也是共分的，这些都详细记入租册了。

李氏又惊又气，向县府告状，县里驳回；上告府里，发到零陵县审理，也因为田契、租册都有明确记载予以驳回。李氏悲愤万分，又向道州告状，为汪辉祖所受理。

汪辉祖认为，匡学义为李氏管理家务，田产买卖都是他一手经办，李氏拿了田契也不认得字，所以田契记载不足为凭。然而丢开田契来判案，又不能使匡学义心服。怎么办呢？汪辉祖略一思索，便叫当事人到公堂上判决道："现在田契、租册白纸黑字记得清楚明白，确系共同购置。"李氏哀哀哭诉，请求判明真假。汪辉祖严厉地挥手赶她出去，却大大嘉奖匡学义善于经营管理。匡学义很是高兴，以为这个案子从此已经了了。汪辉祖便和他亲切地闲聊起来，问："你有多少家产啊？"

匡学义答："有13亩田，每年收租31石，净得16石米。"

"家里有多少人啊？"

"我和妻子以及二男三女。"

"家里收入怎样啊？"

"我要代李氏管理她家的事务，只有长子才能致力于田间劳作。"

汪辉祖问："照这样看来，你家吃粮难以自给，怎么外面都传说你很有钱呢？"

匡学义答："我是哑巴吃黄连，有苦说不出啊。"

汪辉祖顿时将惊堂木一拍，勃然大怒道："那么你和李氏共同购买田产的资金一定是偷来、骗来的喽！"随即命令左右翻出以前尚未破案的失窃报告，说："有个失窃案所失银两很多，案犯尚未捉到，也是陈姓，难道是你吗？！"

匡学义又惊又羞，当即叩头如捣蒜，如实招认道："我并没有做贼，所购田产确系李氏独有。我写成同买，实在是想等李氏过世后可以同她儿子匡胜时争夺田产，因此对历年田租也没有分文的欺骗贪污。"

汪辉祖即派人召回李氏，对她安慰一番，将田契上写有匡学义姓名的字迹涂抹，将伪造的租册焚毁，确认田产归李氏所有。

李氏喜出望外，感恩之余请求严办匡学义。

汪辉祖说："匡学义的品行确实可恶，但你丈夫倒很有知人之明。如果不托他当管家，你家原有的田产都将荒废，怎能再继续增产？如果他一年年将部分田租侵吞，你今天也无从追回。只是他过分贪心，竟想在田契上做手脚意图瓜分田产，以致事情败露，一无所得。上天憎恶贪婪，已经惩罚他了。"于是，宽恕了匡学义，只勒令他复归陈氏本宗。

讼师爷一语翻案

某地有个男人和某家黄花闺女相好，经常潜入她闺房宿夜，两人感情如胶似漆，来往密切，简直难以割舍。但这事被该女的父亲知道了，不由得怒恨攻心。为了拆散他们以保持自家清白的声誉，父亲就诬陷那男人强奸了他的女儿，派人捆绑了他扭送县府告状，要求严惩。同时，又将女儿叫来当面训话，关照道："公堂对质时，县官问你，你要说是被那男人强奸的。"

女儿觉得良心上说不过去，便道："这不是说假话，让他吃冤枉官司吗？"

父亲怒喝道："小贱人、小骚货，事到临头，你还帮着奸夫说话！你如果不听我的话，出来后便要你的命！"说完扬扬买来的杀猪刀威胁。

女儿被吓坏了，哭哭啼啼地答应了。

却说那男人在县府公堂受尽了种种刑罚的折磨，却咬紧牙关，始终不肯承认自己犯了强奸罪。打入监牢后，他翻来覆去睡不着觉。次日天明，趁机向前来探监的亲友传话，请他们火速派人去向县府的讼师爷求教应付，事成之后必有重谢。

讼师爷听了事情的详细经过，对来人说："你去告诉他，要活命，公堂上只能承认是强奸；如果硬是不肯承认强奸，那一定会死在重刑之下。这是拿生命开玩笑啊！"说着，又在纸条上写了一行字，交给来人，嘱咐道："叫他照纸条上的办法招供，沉冤就会昭雪，案子很快就可以公正地了结。"

来人将信将疑，将讼师爷的说话和纸条通过亲友传送给牢里的"强奸犯"。

过了数日，县令再次升堂，把此起"强奸案"有关当事人一起召集到公堂上。他喝问受讯者："大胆淫棍，原告告你强奸，你竟敢抵赖说是通奸。再不说实话，乱棒之下打死，死有余辜！"

跪在一旁的女儿在父亲眼色逼迫下，哭喊道："大人，他是暴力强奸我啊！请为我伸冤啊！"

县令冷笑道："淫棍，你有何话可说？"

"强奸犯"恨恨地朝旁边的父女瞥了一眼，伏地供认道："确实是强奸，但总共只有一次！"

女儿听了，急忙驳斥道："瞎说！你往来有一个多月，难道只有一次吗？"

父亲心里连连叫苦，恨不得当场要骂自家女儿"笨猪"！这时，县官听了先是一愣，随后却是恍然大笑道："哈哈！哪里有强奸而可以往来一个多月的！"笑完，便将此案判为通奸，释放了男方，对女方的诬陷罪给以适当的处分。

县令书楼觅物证

太原有个叫杜有美的秀才，家里有书楼，藏书极为丰富。同县的周生、韦生都是名士，有时来杜家借书阅读，就在书楼过夜。恰逢杜有美与卢家姑娘慧娟结婚。卢慧娟与杜有美是姑表兄妹，自小青梅竹马。举行婚礼时，周生、韦生都来庆贺。周生私下里对韦生说："听说有美向卢姑娘求婚时还有一段曲折哩。"

韦生好奇地问："怎么曲折法？"

周生说："卢公比较固执，坚决反对姑表亲联姻。于是他俩各各相思成病，不知花费了多少唇舌才成就好事。今晚他们进入洞房，夫妻间不知有什么私房话，我们去偷听，可作为笑料啊。"

韦生笑着表示同意。哪知此番话被躲在屏风后的杜有美听见，不觉暗暗发笑。

到了深夜，参加婚宴的客人纷纷散去。杜有美脱掉衣裳准备就寝，忽然想到白天周生对韦生的谈话，疑心他一定还在书楼上。好在新房就在书楼下，于是只着了短衣裤摸黑登楼，准备悄悄观察动静。见一人靠着楼栏杆，心想这一定是周生了，便蹑手蹑脚走到他背后，用双手遮没他的眼睛。那人猛地兜转身子，用手下死劲扼勒住杜有美的喉咙，不一会儿，杜有美昏死过去。

且说新娘卢慧娟到了杜家新房，正想今天新婚之夜，丈夫不知要对自己怎样温存体贴哩，心里就像吃了蜜糖似的。忽然见丈夫穿了短夜裤登上书楼，不知什么缘故，便吩咐丫头为她准备浴水，她要洗澡换衣。忽见一个男人匆匆冲进洞房，从衣着鞋子看完全像杜有美。那男的吹灭蜡烛，搂抱着卢慧娟上床。卢慧娟又惊又骇，默默想到：有美素来温文尔雅，怎么会如此粗暴迫切？这人肯定不是有美！于是她竭力抗拒，那人见不能得手，便抢夺她头上的金钗和腕上的金钏。这时婢女已将浴汤送到。卢慧娟大喊："点蜡烛！"那男人便跳下床夺门逃去。众人对此大为惊疑。

一会儿，忽从书楼上传来呻吟之声。卢慧娟即同婢仆拿了蜡烛登楼照看，只见杜有美赤身露体躺在地板上，好像死去一样。大家将杜有美救活后，有美一五一十将昨日周生的谈话和夜来之事讲了出来，还说："我被扼住喉咙，失去知觉。醒来也不知什么时候，看到自己一丝不挂，才知他是剥了我的衣裳逃去了。"

卢慧娟也详细叙述了夜来险些被强奸的事，夫妻相对惊诧叹息，想周生是时下名士，德行竟是如此，总算玉身未被玷污。杜有美考虑友谊为重，不想多事，就隐忍下来不加声张。

再说周生对韦生的谈话本是无心的玩笑话。等婚宴之夜饮酒，他竟酩酊大醉，呕吐狼藉，衣裤被污染。众人帮他脱去，扶他躺睡在书房内。韦生等周生不醒，径自离去。周生醒来时发现客人都已散尽，看见自家污秽的衣服，非常难为情，就着了短衣，乘着夜色昏暗跌跌冲冲走出杜家。看门人说是要去请主人借些外衣给他，周生说"不必"，径自出门去了。天亮后，看门人向主人报告，杜有美将情况印证对照，更加相信夜来强暴之事是周生所为。

卢慧娟回娘家时将此事透露，父亲卢公大怒，逼杜有美告官，杜有美不肯，卢公就自行报案。县令同周生友好，接案后私自召见周生询问。

周生大惊，说："我决不会做出此等事。"

县令相信周生的为人，便派人向卢公委婉劝说撤销诉讼。卢公更加愤怒，要向上司申报。

县令郁郁寡欢，忽然寻思道："真凶犯既然扼住杜有美喉咙，又剥下他衣服自穿，那他的衣裳必然丢在书楼上。"

县令立即派差役前去杜家书楼搜索，果然在书柜下搜得衣裤和通知赌博的信件一封。原来真凶是杜家乳母之子，名叫阿笨，原在杜家当仆人。由于品行不端，早被驱逐。可他并不死心，所以乘婚礼纷乱之机混入，企图抢掠财物作赌本。最后，阿笨被追捕归案严办，周生的冤枉也就得到昭雪。

张治堂马褂觅疑

清朝的张治堂在担任南昌同知时，奉命审理广昌县盗贼拒捕犯杀死失主、又在按察使司推翻供词的案件。

缘由是这样的：该犯入室偷窃，失主发觉即紧抱该贼不放，该贼慌急用刀连连猛戳，失主登时松手倒毙。县令派差役捕捉到该犯，审讯时该犯供认了上述经过。县府即把案犯和追获的物证：血污短衫一件、无血青缎羊皮袄一件、凶刀一把一同解送府里复审，再由知府转送按察使司审批，谁知该犯竟然翻供，只好发还重审。

张治堂细细阅读案卷，其中记载的血衣凶刀都是当场缴获的，该犯是真正的元凶无疑。可是提审时，该犯竟说："血污白布短衫是失主的，不是我的，衣上有三个刀戳破裂处可以为证。凶刀也是差役后来上交的，并不是从我身上搜出来的。我不是盗贼，更没有杀人，是差役怕不能及时破案遭到责罚凭空陷害我的！"

张治堂命左右查验血污短衫，果然有刀戳破痕三处，确是失主被杀血衣，而且是贴身穿的，既然受刀伤血污和破损，不值得剥取，何况失主被杀之时，该犯正在逃命，哪有时间剥取血衣？死后剥衣已很难让人相信，杀人犯再身穿血污之衣难道可能吗？这当中自有可以翻供的理由，以致该犯连凶刀也抵赖掉，不但不能使他承认自己是杀人犯，而且要弄清他杀人的动机都不可能。那么，那无血的羊皮马褂呢？张治堂当着凶犯询问差役："有没有穿羊皮马褂的小偷啊？"

差役愣住了，不能回答。

张治堂又转问嫌疑犯："恐怕这件马褂也不是你的，是借别人的吧？"

那人答道："这件马褂是我的。我从来不借衣穿，人家也不借我的衣穿。"

张治堂又问："你的马褂有无标记？"

回答道："领口后背合缝处有线绣的'万'字，靠近领口的扣绊还是去年新换的。"

一查，确实是他的。张治堂又将马褂反复细看，只见缎里陈旧，皮面泛黄，里子和皮面似乎都有用水擦洗的痕迹，唯独胸前一块皮面硬邦邦的并露出水印，便盘问道："怎么会有水的？"

该犯答道："是雨水打湿的。"

张治堂冷笑道："为什么雨水只打湿胸部？"

那人面色苍白，结结巴巴不能回答。张治堂继续追问，凶犯说："这是擦洗油腻弄湿的。"

张反驳道："油腻不是水能擦得掉的。"

那人低头不答，已显窘迫之状。根据他的慌张神色和理屈词穷，未尝不可以定案。但擦洗血迹这一点终究还不够扎实，难以使犯人心服口服，即使招认，也难保他不再翻供。张治堂再一细想擦洗不是拆洗，水分浸湿皮服，血污一定不会少，而且胸前出风处毛黄色重，估计里面贴边布定有鲜血渗入。果真如此，案情就大白了。随即拆看，白布贴边果然有大血点四处。张治堂随即叫凶犯自己看自己回答。凶犯面如死灰，只得将他拒捕杀人经过一五一十供认出来。不靠刑讯，只靠事实和深入的盘问查出真相，让犯人服罪，此案再也不能翻供了。

追究犯人翻供的原因，都是因为办案的县官、府官为了贪图省费口舌和思索工夫，把死人的血衣当成犯人的血衣，同凶刀一起上报，好让上级早些审批下来。谁知犯人却抓住办案的破绽翻供，反而拖延了时日。可见，即是真案也马虎不得呀。

同知智断风流案

浙江新城县有个30多岁的女人叫孙叶氏，10多岁时她嫁给一个姓黄的，10多年后黄某死去；之后，她再嫁一个姓孙的，不多久，孙某又死去。孙某留下前妻生养的一个幼儿，以及田产20余亩。孙叶氏就守着田产和孩子过活，并雇请了一个短工秦某料理内外。

没多久，孙姓家族对此很有非议。孙叶氏的侄孙孙乐嘉认为，叔祖母年轻，与青壮农工一起生活难免有瓜田李下之嫌，便劝请她辞退秦某另请雇工。孙叶氏当面答应，却迟迟不动。孙乐嘉就去盘问，秦某以"女主人欠工钱"为借口滞留不走。于是，族长孙某与乐嘉商议，再次以人言可畏为理由劝请孙叶氏改嫁。孙叶氏推托说，改嫁难以寻到稳妥可靠的对象，请求稍微迟缓一些日子。恰巧邻村周某新近丧妻，族长与乐嘉商议，要为孙叶氏做媒与周某撮合。秦某听到消息急忙告诉叶氏，叶氏即命秦某写状纸控告孙乐嘉等人逼嫁。等到县府批复追查此事，族长等人就去找秦某评理，秦某自知理屈，连夜逃走。族长等就斥责孙叶氏不该胡乱告状，叶氏把责任推到秦某身上，但当夜却悬梁自尽了。

事情闹到了县府，县府按照有关逼迫叔祖母转嫁的刑法，判处孙乐嘉等杖刑和徒刑。但知府驳回县里的判决，说：孙叶氏虽是再嫁女，既不愿改嫁，就不能强迫；孙乐嘉等应按照威逼寡妇改嫁自杀的条律给予充军流放的刑罚。可是案件上报到巡抚衙门后，巡抚陈公认为孙家族长等商议逼嫁，一定是在图谋孙叶氏的家产。于是，便委托钱塘县令重审此案，钱塘县令判处族长绞刑、乐嘉流放。判决上报后，巡抚又认为量刑老是变动，改派湖州府同知唐若瀛再审此案。

唐若瀛即细细查阅有关卷宗，觉得历次审讯记录的情节都很离奇，唯独某次查尸记载甚为明确：孙叶氏面抹脂粉，上身着红衬衣，下身着绿裙、红内裤、花膝裤，脚上穿红绣鞋；楼上卧室一间，内里是叶氏的床，中间隔了一块木板，没有门，靠外即是秦某的床。有人看了案卷对唐公说："历次判决都错了，对孙乐嘉等只要稍加惩罚，乱棍打一顿关押数日，就可以结案了。"

唐公惊问："为什么？"

那人答道："孙叶氏的后夫死了，不满一年就面敷脂粉，身穿艳装，哪像守寡的样子？她丢得开与前夫结发10多年的夫妻恩情，却丢不开与后夫很短的夫妻情义硬是守节不嫁，这道理讲得通吗？所谓守贞，不过是舍不得秦某罢了。秦某是因为家里清贫而受雇于叶氏，决不会因领不到工钱而长期替别人白干活。孙乐嘉劝请叶氏转嫁，秦某并没有坚决反对；族长孙某等商议做媒请叶氏改嫁给周某，并没有当面对叶氏说，称不上'逼嫁'。到县府告状打'逼嫁'官司的是秦某，真相揭穿后，他理亏逃走了。孙乐嘉等向叶氏追问秦某下落并斥责他不要乱告状，也算不上'威逼'。叶氏轻生自杀，主要原因是秦某离开了她。事情原委只有抓住秦某才可彻底清楚。"

唐公便派差役捉拿秦某到案。经过审讯，秦某承认是与叶氏通奸。结果孙乐嘉等人分别只受到杖刑和关押数日的处分。地方人士都认为判得公正合理。

知州询童破凶案

清代浙江海宁东门外有座庵堂，内有大小尼姑7人。有个世家大族的厨师常常前去宿夜，同尼姑通奸。后来这厨师因偷窃财物被主人辞退，只得暂时寄住在尼姑庵里。尼姑们开始见他带来的行李厚实，内有若干财物，答应让他寄住，并继续与之通奸。久而久之，财物眼看用尽了，尼姑们就对他白眼相加，厨师便恨恨离去。

一天，尼姑庵的住持一早起来，带了个女徒进城。傍晚回来，只见庵门大开，一只看门狗被刀砍死在庭院，大吃一惊，叫喊数声也无人应答。住持情知不妙，进入内庵，只见一个尼姑被砍下头颅，倒毙在殿堂上；一个尼姑死在穿堂上；一个尼姑死在后面的殿院内；一个尼姑仰卧在床上，头颅和身躯已经分离。还有一个徒弟的尸首，在厨房中找到，她和佛婆两个肚子都给砍裂开来了。

海宁知州叫王百期，接到住持报案即刻前往查验。他想，财物都没有丢失，凶犯作案动机肯定不是仇杀，就是奸杀，便问住持："你们尼姑庵过去同男人有无来往？"

住持掩饰道："没有。"

王百期又询问四邻，邻居答道："不知道。"

这时，一个十来岁的女孩斜着眼睛"扑哧"朝王百期一笑。王百期若有所悟，叫差役把她领到台阶上来，和颜悦色地问道："你是哪家的女孩啊？"

女孩指着台阶下站着的一个男人说："我家是庵堂邻居，他是我爹爹。"

王百期便叫那男的走上台阶，说："你女儿生得端庄，今后必有福气，可做我的义女。"随即吩咐家丁用轿子将她抬回官署，嘱咐夫人好好款待她。

晚上，王公离开官署进入内院，见夫人已为女孩换了衣服，牵着手坐在堂上。女孩见了王公立即站起喊"干爹"，按礼节跪拜。王公笑着扶起，对她十分疼爱，便叫所有丫鬟婢女回避，单独悄悄地询问道："在尼姑庵时你为什么对我笑？"

女孩说："我不笑干爹，是笑大师太对您说谎啊！"

王公说："住持对我说什么谎？"

女孩说："她庵里常同男人来往，她说'没有'，不是撒谎吗？"

王公问："常来往的是哪些男人？"

女孩答道："我常到庵里去采花，见一个厨师在庵里住了一个多月，几天前他同尼姑大闹一场，气愤走了。"

王公说："他走后，又回来过吗？"

女孩面色顿时变得骇怕异常，抖抖颤颤说："昨天中午我恰巧在门外，看到他带着四五个人一直闯入庵内，他们都生得凶恶丑陋，叫人害怕。我赶紧逃走，不知他们什么时候离开的。"

王公想：杀尼姑的一定是这个厨师。急忙升堂，连夜提审两个尼姑，怒喝道："有个厨师曾住在你庵内，为什么隐瞒？"

住持顿时面孔变色，结结巴巴说："厨师是住在我们庵中一个多月，前几天已经离去。"

王公又详细询问那厨师的姓名、籍贯和住家地址，即派差役前去逮捕厨师，并获得厨房用的菜刀一把，他的衣裤上都有血迹。将他用链子锁住带归公堂，命尼姑验视，果然是那个凶犯。到了天亮时，王公审问厨师，他把杀死尼姑的经过讲了出来。

彭永思审石破案

彭永思任楚雄县的知县时，某官员解送一批饷银到达省会，打开贮藏饷银的木箱大吃一惊，发现木箱中有一块石头，清点便发觉少银子200两。地方官怀疑是挑木箱的役卒从中做了手脚，便下令将役卒捆绑起来，送往省府。刚好彭永思在省城，上司就把此案交给彭永思处理。

彭永思察看那块冒顶银子的石头，发现上面有虫做的窝，觉得此事很蹊跷。他想：石头有虫窝说明此并非道路上的石头，那么此案可能并非役卒而作。他用手掂掂那石头的分量，忽地又想起一个关键问题，便问那役卒："石头比银子轻，你肩上担着银子，左右轻重必须保持平衡。你什么时候感到倾斜过？"

役卒经他一提示，猛醒道："是的。今天早上从客店出来上路时，就感到担子倾斜了。"

彭永思一听，心中有了底。对地方官说："你们一行人随我同行。"说完就关照备轿，将那块石头装于轿中，沿着地方官来的那条路往回走。

一路上，彭永思细心察看路边的石头，只要遇到与它有些相像的石头，就拾起来，居然拾了十几块，拿来比较，却又不相像。

走着走着，便到昨夜地方官打点住夜的客店。店主外出迎接，一见地方官等人，面露惊慌之色，但随即正常。这一闪的神情已被彭永思看在眼里，但他丝毫不露声色。

傍晚，彭永思装作散步，在客店旁踱来踱去。忽见竹林处有人私语。细窥，只见地方官的侍从正和店主在窃窃说着什么。彭永思仍不惊动他们，转到后屋见角落处有堆乱石，上面有许多虫窝。上前捡起一块石头细瞧，心中大喜：此石与饷箱中的极为相似。

彭永思把石头带到客店，当即吩咐手下就地升堂，并唤来店主和地方官的侍从。

众人到齐，彭永思正色道："关于饷银失窃一案，本官已有眉目。今日且看我审问石头。"

众人不解。石头何能语言？如何审得？

只见彭永思微微一笑，取出饷箱中的石头，和那一路上捡到的石头，叫地方官的侍从和店主一一比较，都说："不像。"

彭永思又拿出刚才捡到的石头给他们看，问："像吗？"

两人则都说："像！"

彭永思听罢厉声说："这种石头为什么出现在你的后屋呢？"店主顿时失色，无言以对，只得服罪招认，原来他和地方官的侍从是共同盗窃银子的罪犯。

县官智破杀人案

清朝时，山东某县有户人家颇为殷实。有一年父亲娶了小妾，生了一个儿子，正妻所生的两个儿子，对这个小兄弟很不好。因此，父亲和长子、次子的关系也不怎么好。

过了几年，小妾所生的幼子长大成人，做父亲的就忙着给他娶媳妇，完毕婚姻大事。办喜事的那天，亲朋云集，贵客盈门。正当花轿进门，新郎新娘要拜堂成亲的时刻，才发现新郎不知去向。于是全家上下，乱成一团，到处寻找。一连几天，也没有找到下落。过了一些日子，尸臭溢出，才从柴草房里找出幼子的尸首。即时报官，经过仵作勘验，死者颈部有缢痕，显然是被人勒死的。

幼子被人勒死，大家都怀疑是死者的长兄、次兄两人所为。父亲也向县官叙述了平时兄弟之间争吵不睦的情景。县官就把长兄、次兄拘来询问，各种刑罚用过之后，两人招认了谋杀亲弟弟。案件至此告一段落。

不久，县官调走，新县官上任，取来案卷审阅，产生了疑问：这哥俩谋害亲弟弟，什么时候都可以下手，为什么偏偏要选择新婚之日亲朋聚集之时下手呢？其中必定有另外的情节，如果不详细审问，很可能造成冤案。

新令尹对办喜事当天上门贺喜的客人逐个谈话。后来，问到一个做瓦工的邻人，此人是最后去贺喜的。

新令尹问："娶亲之日，你为何迟迟才去？"

那个瓦工答道："他家娶亲之日早晨，小人正替人家检修屋漏，所以去得迟了。"

新令尹道："你在房上，能望见他家吗？都看见些什么呢？"

瓦工答道："能望见，那天我看见某某廪生与新郎的侄女，携手进了柴屋。随后又看见新郎拿着手纸，走过柴屋门前去上厕所。这时，小人整瓦完工，就下屋，换了衣服，过来道喜，别的事情就没看见了。"

新令尹道："凶手有了！"即派差役将廪生及新郎的侄女拘来。在堂上一问，两人都招供了杀死新郎的事实。原来廪生和新郎的侄女早有私情，分别多年，一直没有机会相会，这天都来贺喜，见面之后，两人就到柴屋来幽会，慌忙中竟忘了闭上柴屋的门。不巧又遇着新郎上厕所，冲撞了两人的好事。两人为了免得丑事泄露，就动手将新郎勒死，塞在柴垛下面。杀完人，两人就像没那回事似的，还随着众人忙乱地找了一阵失踪的新郎。

真相大白，新令尹判了两人死罪，释放了蒙冤的两兄弟。

县官智断替罪案

河北省有一位姓胡的县官，某天受理这么一桩奇案：有个瞎眼的中年男子来到县衙门，声泪俱下地说，自己在狂怒中不慎失手打死了年老的父亲，要求胡县令给他治罪。

胡县令随即去现场查勘。进门一看，只见一位白发老翁面朝黄土，倒在血泊中。胡县令发现死者后脑勺有三个伤口，这些伤痕有规则地分开排列着。胡县令心生疑窦，这似乎不像一个瞎子干的。他不露声色地对瞎子说道："你杀了人，是要抵罪的。跟我们走吧！你这一去再别想回来了！家里还有什么人？叫来和你诀别！"

瞎子脸色阴沉地说，家里仅有一个儿子。儿子被传来了，畏畏缩缩地站在瞎眼父亲的身边。此时，胡县令在一旁大声地说道："你们父子有什么话就快说吧，今天可是最后的机会了！"

听罢这话，儿子抓住了父亲的手，低头呜咽起来。父亲也哭着对儿子道："儿啊，以后可要好好做人，只要你今后好好地过日子，你父亲此去也没什么牵挂了。不要想念我，我眼睛瞎了，也不值得想念！"那儿子神色凄然而又慌乱，一语不发地低着头。

县官立即喝令他儿子退下。过了一会儿，他又叫瞎子退下，立即将那儿子叫来铁青着脸高声叫道："刚才你父亲把一切都招认了，是你打死了你祖父，还想要你父亲来抵罪，你知道该当何罪吗？还不快招供？否则……"

那儿子"扑通"一声跪倒在地，哆嗦着说："我确实打死了祖父，但我父亲前来投案认罪是他自己的主意，这跟我不相干，请大人饶命！"说完连连磕头。

原来他家共有四口人，他还有位叔叔，那老翁由于大儿子是瞎子，所以常常偏袒小儿子。这孙子就记恨在心，趁着有一天老翁一人在家，抢起石块就砸。父亲回来可吓坏了。为了门庭这条根，就想出了替罪的办法。

事后，人们惊奇地问胡县令怎么会得知其中的曲折。胡县令说："你想啊，瞎子发怒打人，一般都是乱砸一气，而那三处伤口却排得清楚整齐，这显然是眼明之人所干的！我一看现场，就有怀疑。随后我叫来了他的儿子，故意让他们生离死别，一看那儿子不自然的举动、不合常理的神情，我心里就有了谱，再趁他心神不宁之时一追问，实情不就水落石出了吗？"

县令智惩武秀才

清朝时，华亭县县令许君治为官清正，办事精明。一天，有个武秀才扭着一个乡下人来到县衙门喊冤。许君治传令升堂，片刻工夫，弄清了来龙去脉。

原来，乡下人一早进城挑大粪，因为早晨雾气浓，看不清前面是否有人，他挑着粪，一边走一边喊："请当心，让让路！"唯恐撞上个无赖泼皮。可是，前面的这位武秀才一听，心想：是谁这么大声嚷嚷让路，老子走路从来就是人家让我的。我偏要在中间大摇大摆地走。待挑粪的乡下人刚看清前面有人，想停脚步时，只听见"咕咚"一声，粪桶已经撞上了武秀才，荡出来的粪水溅了他一身。

挑粪人一看撞了人，慌忙赔不是。答应帮他洗衣裳，并上前赔罪，可武秀才哪里肯依，非要打乡下人不可，路上行人纷纷替挑粪人说情，武秀才一定要乡下人赔衣裳，乡下人一时哪有钱来赔衣裳，再说，是他自己不让路才撞上来的。俩人争执不休，武秀才便扭着乡下人到县衙来了。

许君治一听，明明是武秀才不肯让路才撞上去的，人家已答应帮他洗衣服，他还无止无休缠着人家，又要打人，又要赔衣裳，真是蛮不讲理，今天，本县令要煞煞你这个武秀才的威风。

突然许君治把惊堂木一拍，对着乡下人道："大胆！一个乡下佬居然把大粪溅到秀才身上，现在，你给秀才磕100个头赔罪！"说着叫武秀才坐在下堂的一边。

这下子，武秀才得意忘形，心想：你县官也得奉承我。越想越得意，跷起了二郎腿，眯着眼看着乡下人给他磕头。许君治见武秀才那种得意的样子，看在眼里，火在心里，一言不发。

当乡下人磕头磕到70多个时，只听惊堂木"啪"的一声响，许县令突然叫了一声"停"。大家都用惊诧的眼光看着县老爷，只见许君治对着武秀才慢悠悠问道："你是文秀才，还是武秀才？"

武秀才傲慢地答道："武秀才！"

许君治笑着说："哎哟！我差点弄错了，我这里的规矩是给文秀才赔罪要磕100个响头，给武秀才只要磕50个头。现在乡下人给你多磕了20多个头，怎么办呢？你应该还他才是。"

武秀才一听跳了起来："我是秀才，怎么能给乡下人磕头？！"

许君治不理他，对乡下人说："来，你坐到那边去，让他给你磕头。"

武秀才气急败坏地叫着："我不磕，就是不磕！"

许君治惊堂木一拍："来人，这位武秀才不会磕头，你们帮帮他！"

旁边走出4个彪形大汉，不顾武秀才的挣扎，反剪着他的双臂，一直磕了20多个头。把他的额头撞得青一块紫一块的。

武秀才痛得哇哇直号，捂着头逃也似的离开了大堂。从此，华亭县的武秀才再也不敢横行霸道、欺负百姓了。

县令查树墩破案

清朝，博平县乡民朱元义与杨中元同住一个庄子，种的地连在一起，地里又都栽的是杨树。

一日，朱元义怒气冲冲地赶往县衙告杨中元。状纸上写着："因为我家中困苦贫穷，为糊口，只得砍伐杨树一棵，欲变卖度日。不想庄中杨中元认为我砍的是他家的树，强行将此树抢去。特请求追究。"

不一会儿，杨中元也义愤填膺地赶至县衙，状纸上也以"杨树是我家的"为理由，前来控告朱元义偷伐杨树。

县令看过双方的诉状，一时难下断论。便说："凭此诉状，本官难辨真伪。请你们双方拿出地契来。"

双方都道无地契，县令问："那凭什么让明树是长在你们的地里呢？"

两人均答靠丈量。

县令于是带人前往该处勘查。到得那处，发现朱元义和杨中元的地，果然相连一起，没有任何地界标志。县令便先叫他俩指出地界。

杨中元虽无地契，却道得出地界，而且按他所说之步丈量，砍伐的那棵杨树，确实在他地内。而朱元义却不然，支支吾吾，指点不清。

此时，县令已心中有数，但仍仔细察看，只见杨中元地里的杨树，连边上的一株，共10株，排列成行，大小粗细不相上下。而朱元义地内的杨树数株都被砍去了，仅留下树桩。

县令调查完毕，手指那棵被砍的树说："此树是杨中元家的，你朱元义乃是偷伐了杨家的树。"

朱元义不服，再三辩解。

县令说："你不用再辩，真与假一句话便可断定。你砍的树与杨中元地内的树连接在一起，不分断落，不是杨中元的树是谁的？这是就地势而言；再揣度情节，你砍树已不止一次，杨中元从前并没有说话，为什么单单这次不依你？况且，根据你所说，家贫没吃的，自然先卖自己的树，等到自家的树砍光了，就不免要波及别人。这是一定的道理，你还想抵赖不成？"

朱元义没话可说，只得叩头请求宽恕。

癫梅审树查奸夫

有个浑号叫"癫梅"的人在广东任知县时，县里有个叫陈山的人从海外归来，带了很多金子。走到快天黑时，还没回到家，怕遭到强盗的抢劫，就把金子埋到一棵树下。四下里看看没有人影，方才匆匆赶路。到家后，他把埋金子的事告诉了妻子。可第二天早上到埋金子的树下一看，金子竟然不见了，就告到癫梅知县那里。

癫梅了解到陈山外出已经4年了，家中没有父母，只有妻子和一个4岁的孩子。就又问道："你回家后，是否发现家中有反常的事？"

陈山说："今早起来，家中几道门都虚掩着，不知是否可说它是反常？"

癫梅忽然大怒道："这是树的罪过！我要审问它一下！"就吩咐差役把那棵树截断了抬来，并叫陈山把他那4岁的儿子抱来。

再说差役奉命去锯树，那树又高又大，倒在地上堵塞了交通。过路人知道真情后都觉得好笑。树抬到县署大堂上后，围观的人很多。癫梅突然命令关上门，命令陈山抱着儿子立在公案前，又叫来观看的人一个个跟着从公案前经过，就像点名似的。

这样走了几十个人。忽然，陈山的儿子亲热地对一个从案前经过的人道："叔叔抱我！"

癫梅把那人叫住，问他："你认识这孩子吗？"

那人答道："不认识。"

癫梅命令那人抱孩子，孩子就张开双手要他抱，嘴里大喊着"叔叔，叔叔"，看上去很亲热。

癫梅问那孩子："这个叔叔，你在哪里看见过？"

"这是我家的叔叔。"

"叔叔喜欢你吗？"

"喜欢，常常给我吃东西。"

"叔叔住在哪里？"

"我妈家里。"

癫梅对那人说："你就是偷金子的人。"

那人说："我没偷金子！"

癫梅冷笑道："早晨陈山家里的几道门都虚掩着，不是你干的吗？若不老实招供，我可要动刑了。"那人只得承认是他干的。癫梅叫差役押着他到家里起出那些金子。

大家十分佩服癫梅。癫梅说："陈山说几道门都虚掩着，那么偷听的肯定是他妻子的奸夫了。陈山回来时，奸夫一定在屋子内，他听了陈山说给妻子听的话，就先下手把陈山的金子取走了。只是苦于没抓到证据，我就利用这奸夫与幼儿熟悉这一点，来找出奸夫。话虽如此，假如我不装疯发癫要审树，让人们惊奇并前来观看，那奸夫怎么肯进入县署呢？"

孙柳下智辨淫妇

相传太原有一人家，婆媳均守寡。婆婆40岁，熬不住空房寂寞，常约村上一帮无赖汉夜半翻墙爬窗进入卧房鬼混。媳妇看不过，便在婆婆的窗台上偷偷放上铁蒺藜之类的东西以示警告。不想惹恼了婆婆，想法要撵媳妇出门，以除眼中钉，可媳妇居然忍气吞声不愿改嫁。婆婆无奈，就告官说媳妇和人私通。

县官问她儿媳妇的奸夫姓名，这婆子道："这要问我儿媳，她自然清楚。"县官传她儿媳上堂讯问，儿媳果然报出几人，却说这些奸夫都是她婆婆的。县官便把其中一名无赖押到堂后。无赖狡辩。县官用刑后，无赖竟咬住说是和儿媳妇通奸。县官大怒，将儿媳妇一顿痛打，可儿媳妇死也不承认。县官把她赶出衙门。

儿媳妇受此屈辱，心中气不过，告到省里，结论乃是不了了之。她再告，上边便把这案子批到临晋县令孙柳下手中。

人犯押到临晋，孙柳下便吩咐差役们准备了不少砖石瓦块，还有刀子和锥子，留作审讯之用。

次日升堂。孙柳下将所备之物唤人拿上大堂，对婆媳两人说："目前，你们二人谁是淫妇一时难定，然而奸夫是确定的。你家原本清白，全是被歹徒引诱，败坏了家风，罪责全在那歹徒身上。现在堂上有的是砖头石块和刀锥，你们可以抄家伙杀了他。"只见婆媳都在犹豫。县官又道："别担心，打死亦不偿命。"

言毕，婆媳两人齐动手，捡起砖头瓦块一

阵乱砸。儿媳妇怀着仇恨，心中怨气尤甚，恨不得马上要那无赖的命。手扔石头既大又狠，每下都砸得无赖惨叫。而婆婆呢，毕竟是她的情夫，舍不得真砸，捡的都是些小石头朝无赖屁股上扔而已。孙县令见状心中有数，还想一试，便命她们用刀。儿媳妇操起刀，毫不留情直朝无赖的胸口刺去，而婆婆却犹犹豫豫下不了手。

孙县令喝住她们，脸露微笑道："行了。此案本官已有决断，淫妇是谁一清二楚了。"说罢，孙县令命衙役把那婆婆抓起来严厉审讯，婆婆果真道出真实情况。

此桩拖延多日的悬案只经孙县令稍一摆弄，便水落石出。

费县令依图断案

山东淄州县费县令接到一桩案子：有个商人在外出途中遇害，他的妻子上吊自尽。费县令速赶赴现场察看，发现商人腰间钱袋内装有不少银子，并没被人动过，他断定此案不是图财害命。费县令先把商人的左右邻居找来调查，可人们都说商人忠厚善良，并无仇人。几天下来毫无线索。

过了半年，此案仍没破。一日，有几个人违法被捉到衙门。审问之时，费县令眼睛忽地一亮，盯住了一个叫周成的汉子身上挂的钱袋。周成莫名其妙，以为县太爷要搜他的钱袋，便解下呈上。

费县令看了看问他："你家住哪儿？"

周成答："周村。"

费县令又问："去年被杀的那个商人是你何人？"

周成闻言脸色骤变，可嘴上回答不认识。

费县令大怒道："你杀了人还说不认识吗？来人，大刑伺候！"

周成闻之魂飞魄散，跪下求饶，果然招供。

原来，商人的妻子十分贪图虚荣。一次准备串亲戚，向别人借了首饰装扮得富贵显赫。从亲戚家回来时将首饰装入布钱袋，不巧失落。她赔不起，又不敢告诉丈夫，急得要死。这天，周成正好捡到这布袋，一瞧上面的字样，便知是商人老婆丢的，心中大喜。他早就对此女子的姿色垂涎，想以此要挟她就范。晚上，他探得商人外出不归，便翻墙越进商人家。天很热，商人的妻子睡在院里，他过去便加以调戏，女子惊恐大叫。周成赶紧捂住她的嘴，出示捡到的钱袋和首饰。商人的妻子顿时不敢吭声，只得任周成轻薄。事后女子关照就此一次，下不为例。周成不甘，事后多次想前往，偏偏商人长久不外出，无计可施。一怒之下，将商人骗出杀害。商人妻子闻讯痛哭，觉得有愧便自尽了。

费县令查清案情，将周成判处死刑。人们不明白费县令根据什么吃准周成是凶犯。

费县令笑道："事情很简单，我只是处处留心罢了。当初检验尸体时，发现商人装钱的布袋上绣着一个'万'字图案，而周成的钱袋也绣着同样图案。我辨认后发觉此图案出自一人之手。等我询问他时，他搪塞应付，神态不正常，这是我断案的依据。"

刺史查扇擒真凶

山东青州府益都有个叫范小山的人，一天外出做生意，不料年轻貌美的妻子贺氏在家中被人所杀。现场只留下一柄扇子，上有诗句，题款是王晟赠吴蜚卿。王晟是何人无人知道，可吴蜚卿却是当地有名的阔财主。范小山立即执扇上府告吴蜚卿。

郡县衙门立即拘捕吴蜚卿，可吴蜚卿却说冤枉。重刑之下，他吃不住，只得承认指定的罪行。这个案子经过多名官员审核，认为没有出入。

不久，新任青州刺史周元亮复审此案，心中生疑：吴蜚卿杀人证据只有一把扇子而已，况且那个王晟是何人亦不知晓，证据显然不足。再说被害妇女是春天被杀，那天夜里阴雨绵绵很是寒冷，扇子根本是用不着的东西，怎么会在干那紧急匆忙之事时拿把扇子当累赘呢？想到这里，他将那把扇子取出再三观看题诗，觉得似曾相识，再一细想，猛然记起以前在城南某店避雨，看见墙上有题诗，而且就是这首。

周元亮发下传签，马上把城南那店主押来。周元亮问他："你那店里的题诗是何人何时所题？"

店主道："去年有两三个日照县的秀才到我那儿喝酒，喝醉了，就有个叫李秀的在墙上题诗。"

周元亮又命人到日照县把李秀提来，怒言道："你身为秀才，为什么要杀人？"李秀大惊否认。周元亮把扇子扔给他说："明明是你写的，为何假托王晟之名呢？"

李秀一看说："诗确是我作的，可字不是我写的。"

周元亮问："你看笔迹是谁的？"

李秀回答："像是临沂王佐写的,那天他跟我们几个一块在城南喝酒的。"

周元亮马上把王佐拘捕到衙,王佐交待:"这扇面是益都商人张成叫我写的,他说王晟是他表兄。"周元亮把张成抓来,只过一次堂,他就认了罪。

原来,张成偷看到贺氏长得漂亮,心生歹意,伪造了吴蜚卿的诗扇,冒充吴蜚卿前往引诱贺氏。他打算事成以后就亮出真名,不成就嫁祸于吴蜚卿。他跳进院墙,见贺氏已睡,摸进去想偷袭行奸,谁知贺氏枕下藏刀,惊恐之下竟操刀直刺张成。张成夺刀后想逃跑,却被贺氏揪住,而且喊叫起来。这下张成可急红了眼,一刀杀了贺氏,扔下那柄扇子就仓皇而去。

吴蜚卿被无罪释放,冤案昭雪。

县令扮盗擒淫棍

清朝时,山东福山县一家富翁,生有一独子。儿子成年后老两口给他娶了一个非常漂亮的媳妇,一起居住在楼上。媳妇过门后孝顺公婆,料理家事,夫妻恩爱,合家和睦。邻家见他家找了个如此美丽而达理的媳妇,均赞不绝口。

没想到,媳妇的美貌竟引来了一段横祸。富翁家中有一个仆人,十分狡诈而好色,且长得五大三粗。至那媳妇进门后,他便魂不守舍,朝思暮想欲占有此妇。平时,他窥视机会与那少妇套近乎,极力讨好。并动手动脚语言挑逗。少妇是个正经女子,不吃这一套。仆人碰了几次壁后,心中生恼,设毒计要强行奸污她。

一日深夜,仆人手拿绳索、铁钉、榔头和刀子,悄悄地上楼,进入卧室立即关上门,利索地用大钉把门钉死。少妇和丈夫从梦中醒来大惊。男的正欲下床,便被仆人狠狠一拳打翻在地,恶仆拿粗绳先把男的捆到楼柱子上。少妇吓得发不出声,被仆人用另一条绳子绑在床上。恶仆淫心大发,将少妇强行奸污。少妇遭此奇辱,无法寻死,无力抗拒,只得同她丈夫一起在楼上呼喊求救。

老两口闻声上楼,焦急万分,门被钉死进不了。要破门进去,恶仆又在楼上威胁道:"如要强行破门和报官,就先把你们的儿子杀死。"老两口怕伤了儿子性命,硬是无可奈何。

一连几天,恶仆从楼上放下绳子向老两口要吃要喝,不给就恐吓说让他们儿子和儿媳妇挨饿,送的饮食不如意,就用棍棒打他们的儿子。吃饱喝足,便又在少妇身上发泄。听着儿子的哀号,媳妇的哭吟,恶仆得意的声音,老两口忍无可忍,终于横下心来,来到县衙哭诉。

县令简单地看了一下状词,就把它投掷于地,说:"这类事近年来很多,没法治。你们既然留恋儿子不忍心舍掉他的性命,我有什么办法解救呢?"老头只好回家同老太暗自流泪,恶仆在楼上听到这个情况,越发恣意大胆。

那天晚上,恶仆正想上床睡觉,忽见火光照耀,数十人破门入室。紧接着,听到楼下有乞求救命和翻箱倒柜搜找东西的声音,恶仆在楼上听见非常惊慌。一会儿,又听见这伙强盗吵嚷说:"这上面有楼。一定有藏钱的地方,为啥不搜出来一起带走!"恶仆正非常恐惧之时,一伙人已砸门拥入。恶仆还没来得及藏匿,就被这伙强盗捆了起来。

原来,这些人并不是强盗,而是县衙的捕快。县令白天不受理投诉,是怕泄露意图,再者当即兴师动众前往捕捉恶仆,会伤及人质的生命。于是设计扮盗,使恶仆出其不意被擒。

张船三絮语诘盗

清朝,山东莱州有个强盗,凶狠奸诈,罪行累累,被官府捉拿后常常翻供,审讯的官员拿他无法,不知如何定罪。

新任太守张船三一到职,离任太守便向他移交此案。问清案情,张船三笑道:"这类小事,在下3天便能结案。"

第二天早晨,张船三到衙门客厅,伸开两腿坐在炕上,茶几上放着一大盘金华火腿,台阶上放着一缸绍兴美酒。书童扇炉暖酒,书吏记录口供。

张船三把强盗叫来,边喝酒边问:"你是郯成人吗?"

强盗回答说:"是的。"

"你年龄多大了?"

"37岁了。"

"你住在城里还是乡下?"

"住在城里。"

"你有父母吗?"

"小人不幸,父母都死了。"

在旁记录的书吏感到好笑,不知新太守何故老是问些细碎小事,如此审讯哪能结案?

第二天,张船三依然问强盗说:"你年龄多少了?"

答道:"39岁。"

"你住在乡下还是城里?"

"住在乡下。"

"有父母吗？"

"父亲早死了，只剩下母亲。"

这时书吏更觉好笑，认为太守所问和昨天没有什么不同。看来这位新太守是个糊涂虫。

到了第三天，张船三传衙役准备刑具，听候结案。他照例来到客厅喝酒，又把强盗喊来问道："你年龄多少了？"

答道："41岁。"

"你住城里还是乡下？"

"有时住城里有时住乡下。"

"你有父母吗？"

"小人全福，父母双在。"

书吏在旁暗自摇头，想太守所问就如老太婆谈家常，怎么能就此定案。

这时张船三连饮三杯，严肃地对强盗说："看案卷，你犯罪事实确凿，为何屡屡翻供？"

强盗回答："小人实在冤枉，恳求大人怜悯详察。"

张船三拍案斥责道："少来这套，人家说你狡诈，确实没有说错！我和你闲谈3天，都是家常小事，你3天所答，前后不符。小事尚且如此出尔反尔，谈及案子本身的事更是如此！如果再敢掩饰强辩，我就把你3天所答的小事，用来证明你的反复无常，即使用严刑处死，也不算过分。"强盗还想辩解，张船三命令衙役："狠狠用刑，打死勿论！"

强盗这时吓得急忙求饶，情愿交代，发誓不敢再翻案，并在供词上签字画押，这件案子就此了结了。

那位书吏见状恍然大悟，对新太守张船三叹服不已。

赵大明善察贼踪

有个商人被强盗杀死，一时抓不到凶手。县令严令衙内捕役，限期在10天内一定要捕获凶手。那些捕役一个个愁眉苦脸，一筹莫展。

其中有个叫汪小二的捕役说："我有个朋友叫赵大明，在邻县当捕役，十分聪明，且听我讲个有关他善于明察的故事吧——"

这一天赵大明在河边散步，忽然跳上一只空船，对船夫说："你船里有物，我要搜查！"那船夫生气地揭开舱板说："你搜查吧！"结果里面什么也没有。赵大明又命令他打开底板，可船夫坚决不肯，赵大明强行打开一看，底下全是金银布匹，下面又有底，都是为了隐藏赃物。

赵大明把这船夫押送到县衙，一查，原来他是个大盗贼。有人问赵大明，根据什么知道船里有偷盗来的赃物？赵大明说："我远远见这船很小，可是风浪却不能动摇它，而且系船的缆绳，拖着小船显得很沉重，所以知道船底里有夹层，而夹底板下有东西。那船夫把东西隐藏得那么好，不是赃物又是什么呢？"

捕役汪小二讲完这个故事，又说："你们瞧，善于观察分析的赵大明不是比我们强得多吗？为什么不向他求教呢？"

赵大明被请来了，他听完案情，说："既然商人是在船上被杀死的，那帮强盗很可能经常出没于水道，我们应该经常在河边察访，看看有什么可疑的迹象。"

一天，赵大明坐在河边的茶店中，见一条船经过，他放下茶盅，对身边的汪小二说："快叫弟兄们截住那条船，强盗肯定在船中！"

那只船上的人被押到公堂一审，果然是杀死商人的强盗。

众捕役问赵大明："您怎么知道船中有强盗呢？"

赵大明笑笑说："很简单，我看见那船尾上晒着一条新洗的绸被，绸被上聚集了很多的苍蝇。要知道，人的血迹虽然可以洗掉，可血腥气难以洗掉。那么多的苍蝇聚在上面，很可能是上面有血腥气。再说，船家即使怎么富裕，也不会用绸被，而且，绸面不是另外拆去，而是连同布夹里一起洗，这就证明船上的不是正派人，强盗才会这样大手大脚。"

众捕役十分佩服赵大明善察贼踪。

胡秋潮变通退婚

清朝，博平县城东章家的闺女由父母之命许配给南邻李二为妻，还没正式迎娶。李二忽染疯病，不懂人事，时常疯疯癫癫上街惹是生非。有时候，大白天，拿着刀要杀他的老父亲。街邻十分惧怕，担心发生意外，都劝他父亲李进才把儿子锁起来，不让到外面去。李进才无奈，便将儿子锁于后房，供吃供穿，服侍周到，希望儿子早日康复。不料，如此过了一年，李二的疯病竟越来越重。

章家原指望李二早日病愈，见他如此疯状，很是不安。章家无儿子，仅此一独生女，平日爱如珍宝，指望她能养老送终，如今未来女婿病成这个样子，大失所望，想要退婚，便托人婉言告诉李家。李进才是通情达理之人，正要检点出婚帖送还章家，不料妻舅王书贵正巧上门，闻言后很不赞同。他是个老秀才，平素迂腐之气十足，一番话说得李进才无所适从。王书贵当即写下状子，以章家企图赖婚为由告到县里。

县令胡秋潮接过诉状，只见上面写道："贞妇不嫁二夫。俗话说得好，一女不受两家茶，章家女既许配给李家，就应该生为李家妇，死为李家鬼。况且，李二虽病，但还没有死，活着就离婚，未免有亏伦理，请求查禁。"胡县令看罢状子，便派人前往查证。待核实后，当天便传唤人证到堂，李二疯子也疯疯癫癫地由数十人簇拥而来。

一到大堂，胡县令便一一问过证人，回答都与查证了解的情况吻合。最后，胡县令传李二疯子，问："你叫什么名字？"

李二咧着嘴道："我乃玉皇大帝二太子也！"

众人皆笑。胡县令又指着李进才道："他是你何人？"

李二瞪大着眼，一会儿才说："我不认识他，他是谁？"

胡县令见此，即命众人散去，留下王书贵，对他说："你虽然读了几本书，却不懂得变通的道理。疯病不比其他疾病。如瞎、聋、残疾的人，都还能结婚安家。李二昏头昏脑，连亲生父亲都不认识，又怎能知道有结发妻子？既不知有人伦常理，又怎能过夫妻生活？况且妇女有'恶疾'就按照'七出'的规定办理，为什么男子得疯病，一定要未婚的女子过门守寡？本县考虑一个变通的办法断处此案：章家女对于李二，请等候3年。3年内疯病根治，仍为李二的妻子；不好，仍为章家女，或守节、或改嫁，自行处理。"

王书贵听了这番话，也就不再固执己见，同意县令判断。

不出一年，李二病死，章家女也改嫁了。

老翁遗嘱有奥秘

清朝，某地有位姓张的富户，妻子只生了个女儿便死去。张老爷视女儿为明珠，百般溺爱，养成一副刁蛮习气。待女儿出落成大姑娘后，张老爷选了个上门女婿。成亲后，小夫妻待张老爷并不孝顺。张老爷为此十分伤心。寂寞之中便重纳一妾。小妾待他百般温柔，照料体贴。过了一年，小妾为他生了个胖儿子，取名一飞。奇怪的是，自生下一飞后，女儿女婿一改常态，居然对张老爷孝顺起来。为此，张老爷心中倒也很高兴。

在一飞4岁时，张老爷染病卧床不起。病危时将女婿唤于床前悄悄说："我将不久于人世，关于财产问题，小妾不是正房，她儿子没有资格继承我的财产，财产当归你们夫妇。但你们要养活她们母子，不能让他们饿死在山沟里，这就是你们积了阴德了。"说完便拿纸写道："张一非吾子也家财尽与吾婿外人不得争夺。"写完念道："张一，非吾子也，家财尽与吾婿，外人不得争夺。"女婿大喜，一口应诺丈人的请求。

没多久，张老爷便去世。留下的小妾和儿子却开始受罪，被张老爷的女婿逐到后院草房居住。小妾充当佣人，被百般使唤，吃尽了苦头，过了几年，被疾病缠身，丢下小一飞赴了黄泉。一飞在家处处遭白眼，好不容易熬了几年长成了人。他觉得自己完全有理由得到自己的一份财产，便告官要求明判。可县官一见张老爷的女婿递上的那张遗嘱，就无话可说，对一飞的状子不再理睬。

有一天，奉命查访的官员到了这里。一飞不服气，决定直接向这位官员上诉。听完他的诉词，官员思忖了一下便传唤张老爷的女婿到堂。女婿仍然以岳丈遗嘱为证据递交官员。

这位官员看后微微一笑，这样读遗嘱："张一非，吾子也，家财尽与，吾婿外人，不得争夺。"官员接着说："你岳父明明说'吾婿外人'，你还敢占有他的家业吗？假意把'飞'写作'非'字，是你岳父顾虑一飞幼小，恐怕被你所害啊！"

张老爷的女婿目瞪口呆，无可辩驳，眼睁睁地瞧着那份家业全部被判给了张一飞。

县官巧断夺田案

清朝，有一百姓生有两个儿子，长子叫阿明，次子叫阿定。弟兄俩成家后不久，父亲便病逝。留下7亩田，弟兄两人互相争夺，无人能调停。最后上县衙门打官司。

县官见双方都有父亲的遗嘱在手，难以定案。眉头一皱，心生一计，说："田产事小，你们兄弟反目，不讲手足之情争夺诉讼，实在可恶。我不能断此案。不过有一个办法，你们两人各伸出一只脚来，合在一起上夹板，能忍耐而不叫痛的，田产就归他。"衙役上前照命执行，阿明和阿定连呼疼痛。县官见状命停手，笑道："你们两只脚尚且不忍心舍弃其中一只，你父亲难道肯舍弃两个儿子中的一个吗？这件事过几天再审。"说完，用一条铁索把两人拴在一起，封上锁口。

这一来，使阿明、阿定十分难堪。两人锁在一块儿，一同吃饭，并头睡觉，要走就一同起来，要站就一起站，大小便一同蹲下，一同站起，一刻都不能离开。起初两人互相怨恨而不理睬；过了一两天，就相对叹息；再过了三四天，两人开始搭话，有了悔改之意。

县官见时机已到，便再传弟兄俩上衙门，问："你们有孩子吗？"回答各有二子。县官说："很不幸你们又都生了两个儿子，以后争夺家财没完没了。今天我代你们采取预防措施，你们两人各留一个儿子就足够了。"说完叫衙役去将阿明次子、阿定长子送往收容院，日后送给乞丐为儿，省得兄弟相争。

阿明、阿定闻言魂飞魄散，叩头号哭道："今后再也不敢了。"

县官问："不敢什么？"

阿明说："我知罪，愿把田产让给弟弟。"

阿定说："我不接受，愿把田产让给哥哥。"

县官说："你们俩如有这份心意当然不错，但不知你们的妻子同意否。回去商量一下，三天后再来作定论。"

第二天，阿明弟兄、妯娌邀请了族长一块来到公堂，痛哭流涕，深觉悔悟，宁愿不要这份田产而施舍给佛寺长老。

县官叹了口气摇摇头说："真是不孝啊！你们父亲流血流汗而积下这份产业，你们弟兄俩鹬蚌相争，却使和尚得利，老父亲在九泉之下能瞑目吗？做兄长的应让弟弟，做弟弟的应让哥哥，推让不得就还给你父亲，现在把这田产作为你们父亲典祭的贤财，兄弟俩轮流收租祭祀，子子孙孙永无争端，一举而多得。"

众人齐声称好。当场再三拜谢而去。果然，从此阿明弟兄妯娌之间相亲相爱，不再生什么口舌。

县官巧计破窃案

从前，有个人在旅店过夜，第二天早上起来，发觉自己的50两银子不翼而飞。因为那天夜里没有别的旅客和他住在一起，因此，这个旅客怀疑是店老板偷的。于是，他就把失窃银子的事告到县衙门。

县官传令店老板到公堂，店老板自以为偷银子时做得手脚利落，一点蛛丝马迹也没留下，

所以矢口否认。县官很有办案经验，初步确认银子是他偷的。但由于店老板坚决不承认，没有确凿的证据，一时间还定不下案来。

县官想了一会儿，终于想出一个好办法。他叫店老板伸出手来，用毛笔在他手心底里写了一个"赢"字，然后对他说："你到门口台阶下去晒太阳，如果很长时间字还在，那么你的官司就算打赢了。"这店老板好不奇怪，心想：这县官也真是个糊涂官，只要我不去洗手，写在手心里的字怎么会没有呢？再说县官把店老板支开后，马上派差役到这家旅店。县役按照县官的吩咐，对老板娘说："你家主人已在公堂承认夜里偷了客人的银子，请你把银子交给我们带回公堂，还给客人吧！"谁知，狡猾的老板娘心想，既然我男人已在公堂上承认偷银子，为何不把他一起带回来取银子呢，这样还少费些周折，肯定是县官想用计谋来哄我。所以她便装着什么也不知道的样子。公差见老板娘装模作样，便把她带到了公堂上。老板娘见自己的男人在门口台阶下晒太阳，也弄不清到底是怎么一回事，又不好跟丈夫说话，心中充满了疑虑。只听得县官又照前面的话说了一遍，她还是不作回答。

县官突然对她丈夫大声说道："店老板，你的'赢'字还在不在？"

店老板唯恐"赢"字不在，所以马上回答说："在，在！"由于"赢字"与"银子"的读音相近，老板娘做贼心虚，她清清楚楚听到男人已经承认"银子"在，再也不敢隐瞒了，只好把偷银子的事实都讲了出来，并且乖乖领着公差回到家里，把窝藏的50两银子如数交还给旅客。

送贼赏钱寻破绽

李老头在家门口大骂："哪个该杀的，在半夜里偷了我家一头六十多斤的猪！他终究不得好死！"

有人在他耳边咕噜了一声，他一听，跟着就走，在邻村揪住一个矮小的中年人吼道："矮冬瓜！我要告你偷猪！"这场官司打到南海县县衙门。

矮冬瓜流着泪可怜地说："大人，小民一向循规蹈矩，安分守己，虽然穷了点，但哪肯为了一头猪坏了我的名声啊！再说猪走得慢，偷猪人怕被发觉，是不敢在地上赶猪走的。所以他们偷时，总是将猪背在身上的，你看，小人瘦骨伶仃，手无缚鸡之力，如何偷得动这头

猪呢？"

徐知县认真打量了他一会儿，说："确实如此。我也听说你向来清白无辜，又可怜你家境贫困。这样吧，今赏你10千钱，回家好好做点小本生意，切莫辜负我的一片苦心。"

差役很不情愿地搬出好些铜钱，放在堂上一大堆，亮锃锃，金闪闪，喜得矮冬瓜连连磕头谢恩："青天大老爷，真是我的再生父母啊！"心里却说："想不到我矮冬瓜一生吃喝嫖赌，弄得倾家荡产，今天时来运转，反而因祸得福哩！嘿！这昏官倒也大方。"弯腰就把那一串串钱理好后，麻利地套在肩上，转身要走。

"慢！"徐知县冷笑道，"你既说自己手无缚鸡之力，怎么60多斤重的钱，像没什么分量似的背上就走？可见那60斤重的猪也背得动的吧？"

"这……"

"还有，刚才我没有问你偷猪的方法，是你自己先说出来的。由此可见，你对偷猪倒十分在行呢！你还敢抵赖吗？"

矮冬瓜知道无法抵赖，只得说，他偷了猪是卖给某某的。去那户人家一查，果真如此。

施愚山弄神破案

山东省东昌县出了一起凶杀案，一位姓卞的牛医被人一刀刺死了。

这案子惊动了县衙和济南府，审来审去审不清原委。案卷上这样记载：

卞牛医的女儿胭脂看中了南巷的秀才鄂秋隼，胭脂家对门的龚某之妻王氏自愿做媒。哪知王氏嘴快，跟相好的书生宿介说了。浪荡公子宿介第二天夜里潜入卞家，欲向胭脂求欢，胭脂不从，宿介强行脱下胭脂绣鞋拿走，回到王氏那里睡觉，被王氏紧紧追问，一五一十被迫交代。那绣鞋却被宿介在慌乱之中丢了。几天后的深夜，卞牛医遇刺身亡……

县官先是定那书生鄂秋隼为死罪。济南府知府吴岱南另外发现疑点，根据胭脂口供，逮捕王氏，动用刑具，最后判宿介越墙杀人之罪。

孰料宿介是山东名士，他写好一张状纸转送学使（掌管一省学政的官员）施愚山。施学使见行文措辞凄婉，反复研究调来的宿介口供后，断定宿介有冤。于是请求上司移案再审。大堂之上，施愚山问宿介："你把绣鞋丢在什么地方了？"宿介答："记不清了。敲王氏家门时，绣鞋还在袖中。"

施愚山转头问王氏："你还有几个奸夫？"

王氏答道："再也没有了。我跟宿介自幼相好。后来有人勾引，我都没答应，比如同村毛大多次调戏，都遭我拒绝！"施学使又问："你丈夫远出在外，再没人借故到你那里来吗？"

王氏忙答："村里的浪荡后生甲、乙找了借口，到过我家一两次！"

施学使命将那甲乙一起抓来。

鄂秋隼、宿介、毛大和甲乙等人拘传到衙，施学使把他们带到城隍庙中，令他们跪在神案前。施愚山高声宣布："昨天晚上，神人进入我梦中，说杀人凶手就在你们几个人中间。是自首还是说谎，面对神明不许胡说！"

这几个异口同声："没杀！"

施学使一皱眉，刑具马上摆在堂前。众衙役如虎似狼，用麻绳扎住他们的头发，剥掉衣服，准备动刑。这几个人哇哇乱叫："冤啊！"施学使将手一摆，众衙役退下，他发话："你们自己不招，就让鬼神来指点吧！"手下人捧来毡毯被褥，将神殿窗户遮得不露一丝光线，他们被赶到黑暗地方。一声令下，他们一个接一个在一盆水里洗净后，然后站在墙壁前面。施愚山对他们说："面对墙壁站好。谁是凶手，会有神灵在他背上写明。"

一会儿，叫出殿堂，逐个验看。施愚山指着毛大说："你后背既有灰迹，又有煤烟迹，是真正的杀人犯！"

原来，施学使先让人用灰涂在壁上，又用煤烟水让他们洗手。凶手怕神来写字，就把白背紧贴在墙上，临出殿堂时又用手紧护后背，所以后背上既有灰迹，又有煤烟迹。

毛大被这一"杀手锏"吓得魂飞魄散，面对众多刑具，浑身颤抖，便一五一十地招供。

原来那天他走到王氏房间窗外，拾到女人鞋子。伏在窗下偷听，将宿介对王氏讲去胭脂家的事听得一清二楚，他当即欣喜若狂：这姓王的婆娘不肯与我相好，我何不去找胭脂姑娘试试？说不定能让我尝尝滋味呢！

几天后一个晚上，毛大爬墙进到胭脂家。他不知门户，错摸进卞老头房间。老头见窗外有男人身影，猜是冲女儿而来，火冒三丈，操起刀子猛冲出去。毛大忙转身想爬墙出院，老头已追到身边。毛大慌了，便返身夺刀。卞家老太婆也起身大叫。毛大气急败坏，举刀猛砍老头脑袋。老头应声而倒，毛大逃之夭夭。

案情水落石出。一切料理妥帖，施学使让县令做媒，撮合胭脂跟秀才鄂秋隼结成夫妇。

判决宣读后，东昌县令亲自做媒。大堂上鼓乐齐鸣，鄂秋隼心领胭脂一片情意，两人共结良缘。

徐昆访哑女破案

清朝雍正年间，有位举人出身的地方官叫徐昆，他长期担任浙江金华知府。金华所属各县滞留了大量的案件，上报到府，徐太守都亲自处理，该准的准、该复的复、该改的改，办得清廉公正，百姓都很信服。

汤溪县上报的一个案件却使徐太守有了怀疑。该县有乡绅魏七十，中年丧妻，留下一哑巴女儿，续娶了邻乡寡妇李氏为妻。李氏自己生有一个儿子，刚会走路。谁知结婚不久，李氏母子便双双死亡。有人在魏家墙外的池塘里发现他俩的尸体，正遇李氏前夫的弟弟郦十九去探望嫂嫂。郦十九见嫂侄死得不明不白，便上告县官。魏七十此时也来报案，说李氏母子溺水而死。汤溪县官认为，尸体既是从池塘里打捞上来，当属溺死无疑。况且郦十九来告状也拿不出任何证据，他怀疑魏七十，魏七十还怀疑他哩，于是此事就作溺死了结。

徐昆看了案卷，认为县官处理该案过于草率。便换了民服，到案发地点进行察访。他发现当地乡民对此案都噤若寒蝉，默不作声。越是这样，越引起了徐昆的怀疑，他就径直来到魏七十家。

那天魏七十正有事外出，家中只有魏七十前妻留下的女儿。此女已长大成人，因是哑巴尚未出嫁。徐昆向她询问，当然问不出什么名堂。但他见哑女精神忧郁，似有难言之隐，当他指着墙上哑女生母的遗像时，她竟忍不住哭了起来。徐昆曾在案卷中发现魏的前妻是被虐待致死的，他想到哑女可能知道李氏母子的死情，只是说不出来罢了，便向哑女比着手势。徐昆并不懂得哑语，而那哑女手舞足蹈表演得相当真切，徐昆极其耐心地模仿着。凡对的，哑女则点头认可；不对的，哑女就摇头否认。费了不少精力，徐昆终于把案情摸清了。

徐昆回到金华，将该案的关系人都传到府里，他直截了当地对魏七十说："李氏母子并非溺水而死，却是被你打死的！"

魏七十闻言，大惊失色。徐昆继续描绘了案发时的场景：那天，李氏正在蒸糕，孩子吵着要糕吃，拿糕时，孩子怕烫，不意打翻了糕盘，魏七十见了大怒，就猛打孩子，竟把孩子打死。李氏见儿惨死就揪住魏七十，魏七十一不做二不休，当场也将李氏打死。他将母子俩的尸体藏匿在空屋里，隔天正遇郦十九前来探望，他就以母子两人淹死作为搪塞。郦十九走后，他就假戏真做，将母子尸体丢入池塘里，不久被人发现，当作是淹死的。

徐昆所说的竟与魏七十的所作所为一模一样，像是在作案现场看见一般。而且又有邻居作证，尸体上的伤痕都符合案情。魏七十见无可抵赖，只得当堂招供认罪。至此，他还不明白徐太守是通过察访哑女才获得真情的。

县令佯倦识窃贼

有一个人控告别人偷了他的鸡，宋县令将他的左右邻居传来审讯此事。邻居们都不肯承认偷鸡之事，围着公案跪在地上。一时间形成了僵局。

这时，宋县令想到了这么一个案例。

有个新婚不久的女子在深夜突然死亡。差役赶往现场时，发现其丈夫不在，于是引起了很大的怀疑。他就回县衙复命。在转辗乘船时，巧遇那丈夫在同一渡船上。差役突然上前，说道："你怎么还在此逍遥自在？"

那人一惊道："我怎么啦？"

差役继续说道："你家里出了事，亲友们都在找你！"

那人一愣："家里出了什么事？"

差役说："你妻子突患急病，赶快回去请医诊治。"

那人神情为之一松："我妻子并没生病！"

差役凭着那人的一惊、一愣、一松的神态，咬住他是杀人凶手，当即将其拘捕。后经审讯，那人招供了事实。原来他是招赘为婿的，结婚的目的是为图谋女家财产，所以于深夜将新婚之妻害死，自己就逃出在外，不料被差役查问，他明知妻子已死，怎还会生病呢？就脱口而出"我妻子并没生病"。结果正是这话露出了破绽，被差役捉拿归案。

宋县令想到这个案例，心生一计，他装作疲倦的样子，哈欠连连，对跪在公案旁的众人说："你们都说没有偷鸡，总不会是我大老爷偷的吧？一时也搞不明白，暂且先回去吧！"

众人站起来正要离开时，县令突然拍案大喝道："偷鸡贼也胆敢起来走啊！"那偷鸡之人心慌意乱，不由自主地屈膝跪到地上，县令再作讯问，他就服罪了。

后来也有人模仿宋县令的办法来审案，但并未找到罪犯。宋县令听后笑笑说："这种办法妙就妙在要针对罪犯当时的心理状态，猝不及防地给予突然袭击，倘若不顾场合，不分对象，或者是频频使用，那当然是不会奏效的。"

朱垣验骨破宿案

济阳县有个差役奉命逮捕一名犯人。在押送去县衙的途中犯人突然死去。那差役将他就地安葬后，回县衙复命。但死者家属不服，状告差役途中杀人。由于当时没有旁证，无法确认那人是暴病死亡还是被差役害死。而差役与死者家属又各执一词，遂成了疑案。上下转辗了30年，还无法判处。

朱垣任济阳县令时，接办了这个案件。他决定采用验尸的办法来证明死者的死因。但事隔时间久远，验尸能有效吗？然而除了验尸外，别无他法。

担任验尸的仵作很有经验。他命助手挖地架木，将棺材抬到木架之上，棺材的四面卸开后，仵作拨开上面的腐土，显示出死者的白骨，他又将骨架摆正位置，用草席覆盖好，然后仵作把醋慢慢地注入尸骨之中。过不多久，尸骨开始软化分解。仵作抓紧这时间仔细观察，发现死者脑骨上有紫血痕，约有一寸左右，他将这一发现报告朱垣："死者脑骨有伤，系被人打击造成。"

当时参加验尸的人很多，有府县官员，有当事人及死者家属，听了仵作的报告，群情大哗，认为死者确系被杀而死。死者的长子，此时亦已作为人父。他向朱垣诉说："家父被捕，本系冤屈，而差役草菅人命竟下手将无辜之人杀死，万望大老爷为小民伸冤昭雪。"

那当事者差役，已是衰衰老翁，早已退休归家。他耳聋目花，但记性尚好，慌忙辩解说："我只是奉命捕人，与他无怨无仇，何必杀他？当时他分明是患了绞肠痧突然死去，务请大老爷做主。"

死者长子更加振振有词："家父既然患病死去，你何必仓促掩埋，分明是心虚胆怯，暗做手脚，敲诈不成而杀人才是实情。"

这场官司打了30年，在场者不去分辨谁是谁非，认为以仵作验尸结果作出判决最为公正。

朱垣力排众议，他仔细地察看了死者脑骨上的伤痕，说："要查实死者的死因，还需观看血痕是否能被洗去。"

仵作闻听朱垣之言，不由感到惊奇，说："血痕入骨30年，如何能洗去？"

朱垣笑笑说："不妨洗洗一试。"

仵作依言将伤痕的血迹用清水洗刷，果然将血迹洗净，露出的白骨并无伤痕。说明了死者并非他杀致死。

朱垣解释说："大凡伤处所出之血，总是中心的颜色深，而离中心越远的地方颜色越浅，可是这脑骨上的紫血痕正与这现象相反，这一定是尸体腐烂渗出的血沾上的，所以也就能清洗掉。"

仵作佩服地说："连《洗冤录》都无此种记载，大人真是明察秋毫。"

钦正天智断纠纷

县官钦正天接到街民胡飞的一张状纸，状告族人胡诚若强行在他家门前进出，搅得他不得安宁。随状还奉上白银10两。

县官随即将胡诚若传来讯问，胡诚若却说门前走道原是两家合用的，胡飞想兼并他的房屋，故意挑起事端，无理取闹。

胡飞当然有理由，他说，祖辈造这大院时，门前通道原是合用的。但胡诚若的父亲在世时，因家穷缺钱，以80吊大钱将合用的通道典给了他。后来他们一直无力赎回，当然不能继续使用。说着递上一张典契。

县官接过典契一看，是非曲直似乎已经明了，他对胡诚若说："你父亲既已将通道典给人家，你已无权使用，倘要行走，必须将通道赎回。"

胡诚若连喊冤屈："我父亲再穷，也不会将出入之路典给别人。"

胡飞反唇相讥："既然你家有志气，你拿出80吊大钱赎回通道就是了。"

"这个……"胡诚若穷得不名分文，哪里拿得出80吊大钱来赎呢？

"这80吊大钱由本县代付了！"县官说道，"不要为些许钱财，伤了两家和气。"他叫胡诚若先行回家，让胡飞在堂上等候，他去后宅取钱。

胡飞这下叫苦不迭，他的本意是要阻断胡诚若的通道，好将他的房屋廉价收买，使胡家大院归他一家所有，谁知县官出头还钱，使他的计谋不能实现，心中实在懊恼。

他左等右等也不见县官出来，肚内已饥肠辘辘，就想回家吃饭。他刚要走，就被差役挡住，这时钦正天走了出来，说道："胡诚若从你家门前走过，你要收他的钱，现在我也学到了你的办法，你从我衙内走过，我也要收你的钱。"

胡飞已知县官看出了他的计谋，只好答应："不知要收多少钱？"

"80吊大钱。"

胡飞无话可说，因身边没有带钱，就写份80吊的借据。

县官拿起借据和那张典契说道："这两张文契钱数相符，就算相互抵消了。"接着他又对胡飞说："你这典契，墨迹鲜亮，分明是伪造的，再说你为了区区80吊大钱，却送本县10两银子来告状，妄想让本县贪赃枉法，你可知罪吗？"

"知罪知罪！"胡飞跪下连连磕头。

县官告诫说："10两白银交入县库，你今后不准再以势欺压乡邻，如有此类事情发生，本县定不再轻饶。"

"不敢，不敢！"胡飞大汗淋漓。自此，再也不敢欺压邻居了。

费益斋字画断案

费益斋是清朝道光年间有名的清官。他在接任江西义宁州州府后，首先上街察访民情。

一次，费益斋应一个地方绅士之邀，到他家中做客。这个绅士名叫鲍发，他家中府第高敞，陈设华丽，厅上挂满了各种名贵字画。可是鲍发出言鄙俗，行动粗鲁，与其身份很不相称。

费益斋不由暗暗生疑。更使他疑惑不解的是，当他饭后在花园里散步时，遇见一个穿着华丽的少妇，他便主动上前施礼："夫人，可是府上的主妇？"

少妇慌忙回礼："费大人为官清正，小女子久闻大名。"说着两眼含泪，欲语又止。

费益斋见少妇神态优雅，举止文静，与鲍发的举止谈吐大相径庭。又见她似有难言之隐，便问道："夫人，可有什么秘事要告诉下官？"

少妇沉吟片刻，还是掩饰道："不，小女子失礼了，就此告退。"说着泪珠夺眶而出，慌忙离去。

这事使费益斋更加对鲍发生疑。回到厅上，他指着墙上的字画，赞赏道："府上如此多的珍品，收藏确非容易。"他想探问这些字画的来历。

鲍发扬扬自得地说："有钱还有办不到的事吗？"

费益斋便进而问道："厅中高挂的那副对联很是雅致，不知写联之人与阁下有何交情？"

鲍发见问，显露不安神色，搪塞着说："小民有的是钱，巴结我的人很多，哪里记得这副对联是谁送的？"

费益斋又紧接着问："盖在字画上的图章却有名有姓，不知与你又是什么关系？"

鲍发还是原话对答："我只知花钱，与那些人员是买卖关系。"

"那么，都花了多少钱？"

其实，鲍发并不知那些字画值多少钱，就随手指了幅粗草的字，胡乱说了一个价："这幅字，我花了1000两银子。"

其实这是一幅唐朝怀素和尚的狂草真迹，市价在万两银元之上，费益斋从以上种种迹象，判断出鲍发的这些字画来路不正。

回到衙中，费益斋派衙役将鲍发拘来审讯，并派人用轿子将鲍妻接来衙中。费益斋善言相劝，让鲍妻讲出真情。鲍妻见州官如此严明，便哭诉了事实。

原来18年前，原籍在广东的一个官员，告老回乡，路经鄱阳湖，突然遇到了强盗，一家除一个尚未成年的女儿被抢走外，其他人统统被强盗杀了，官员携带的财物，也被掳走。

因湖中强盗出没无常，地方官虽经多次的侦查，也无结果，此案竟被搁置了18年之久。

谁知，这个江西义宁州鼎鼎大名的鲍发就是这次抢劫案的盗首，他的妻子就是当年掳来的官员女儿。那些字画则是那官员毕生搜集来的珍藏。

人证物证俱在，经过审讯，鲍发无从抵赖，只得供认不讳。

张县令智擒强盗

县令张佳胤正在堂前批阅公文，忽然闯入一胖一瘦的两个锦衣卫使者。锦衣卫使者权力极大，从京城径直来到县里，定有机密大事。张县令不敢怠慢，忙起座相迎。

使者说："有要事，且屏退左右，至后堂相商。"

在后堂，锦衣使者卸除化装，露出了强盗的本来面目，威逼县令交出1万两黄金。事出突然，猝不及防，但张县令临危不乱。他不卑不亢地说："张某并非不识时务者，绝不会重财轻生，但万两黄金实难凑齐，减少一半如何？"

"张县令还算痛快，数字就依你，但必须

67

快。"

张县令说:"这事若相商不成,不是鱼死,就是网破,但既已相商成功,你我利益一致,你们嫌慢,我更着急呢!一旦泄露,你们可一逃了之,我职责攸关,绝无逃遁可能。然而,此事要办得周全,就不能操之过急。"

强盗问道:"依你之计呢?"

张县令胸有成竹地说:"白天人多,不如晚上行事方便,动用库金要涉及很多人员,不如以我名义先向地方绅士措借,以后再取出库金分期归还,这才是两全之策。"

强盗觉得县令毕竟久历官场,既为自己考虑,又为他人着想,所提办法确也比较妥善,就当场要他筹措借款之事。

张县令开列了一份名单,指定某人借金多少,共有9名绅士,共借黄金5000两,限于今晚交齐,单子开好后随即让两个强盗过目。接着他对两人说:"请两位整理衣冠,我要传小厮进来按单借款。"

两个强盗心想,这个县令真好说话,想得又周到,要不是他及时提醒,岂不要被来人看出破绽,于是就越加信任县令。

不一会儿,县令的心腹小厮被传了进来。县令板着脸说:"两位锦衣使奉命前来提取金子,你快按单向众位绅士借取。要办得机密,不得有误。"

小厮拿了单子去借款了,果然办事迅速,没多久,就带了9名"绅士"将金子送来。他们为了不走露风声,将金锭裹入厚纸内。然而待等揭开纸张,里面竟是刀剑等兵刃,他们以迅雷不及掩耳之势,直扑两名强盗,强盗还没弄清是怎么回事,已被绳索捆绑了。

原来,这就是张县令对付强盗的计策,他先"诚意"地和强盗讨价还价,还处处"好意"地既为自己又为强盗着想。说话做事处处谨慎,具有真实感,使强盗对他信任,从而丧失警惕。他开列的"绅士"名单却是本县的9个捕快名字。强盗是外来的,当然不认识这些名字,而小厮一看就心中有数。9个捕快都是捕盗好手,知道县令的计谋,于是结伴而来,一举擒获了强盗。

李铁桥欲擒故纵

李铁桥刚去广东某县做知县时,就遇到了一个争立嗣子的案件,那是前任知县遗留下来的。

告状的是位老妇人,她说她丈夫早就去世,没留下儿子,她丈夫的哥哥却有两个儿子,为了占有她的产业,大伯想把他的小儿子过继给她,做合法继承人。可是,小侄儿的品行很坏,挥霍无度,经常辱骂顶撞婶母。婶母十分厌恶他,便收养了另外人家的一个孩子。大伯发怒说:"按法律应由我这个儿子继承!"她也很生气地说:"立谁为嗣是我的事,我爱立谁就立谁。"双方告到县衙,但拖了几年不能判决。新任知县李铁桥刚上任,双方便来告状。

一天,双方齐集于公堂,大伯坚持说:"有两个儿子,按法律规定,应过继一个给我弟弟家。"

李铁桥说:"对!你说得很有道理。"于是问妇人:"你有什么理由来告状?"

妇人说:"照规定是应立他儿子为嗣,可是,按人情应允许我自行选择。他儿子浪荡挥霍,来到我家必定败坏家业;而且他性情凶顽,经常顶撞我,我已年老,怕靠他不住,不如选我称心如意的人来继承家产。"

李铁桥大怒:"公堂上只能讲法律,不能徇人情!怎么能任你想怎么样就怎么样呢?"那哥哥一听赶快叩头称谢,旁边的人也齐声说对。于是,李铁桥让他们在结案状上签字画押,然后把哥哥的小儿子叫到面前说:"你父亲已经与你断绝关系,你婶子就是你的母亲了,你赶快去拜认吧。这样一来,名正言顺,免得以后再纠缠。"那孩子立刻向婶母跪下拜道:"母亲大人,请受孩儿一拜!"

婶母边哭边说:"要立这个不孝之子当我的儿子,这等于要我的命,我还不如死了好!"

李知县说:"你说这个儿子对你不孝,你能列举事实吗?"于是,那妇人便一件件地叙述,说得清清楚楚。李铁桥对那哥哥说:"按照法律规定,父母控告儿子不孝,儿子便犯了十恶大罪,应当处死,现在这个孩子也应该按法律处治。"于是立即命令差役:"用棍棒打死那个儿子!"

那个哥哥一听要打死自己的儿子,慌忙苦苦哀求,旁边的人也纷纷跪在李铁桥面前请求免刑。李知县沉默许久才说:"我怎么敢不依法办事呢!现在只有一个办法,就是不要他去做婶母的儿子,这样,她也无从以不孝重罪来告她侄儿,你儿子的小命也可以不死在棍棒之下了。"

那哥哥叩头流血,连称照办。于是,李铁桥让众人改口供,由妇人立她所选中的人做嗣子。

孟县官读无字状

濮州雷泽县有个张家庄，庄上有个姓张的大财主。他家雇了个佣人，姓李，是个哑巴。张财主欺负他不会说话，又是孤儿，3年之中没付给他一文工钱，李哑巴有苦难诉，托知情人写状纸准备告官，可是没人敢代写。因为方圆几十里，谁不知道张财主财大气粗呀！李哑巴一气之下，直奔县衙门击鼓伸冤。

孟县官见递上的状纸竟无一字，李哑巴又比比画画，"咿咿呀呀"地半天说不出一句话，觉得此案难判。想了一会儿，他猛击惊堂木吼道："来人啊！将这无理取闹的哑巴拖出去游街半天！"差役把哑巴五花大绑，押着走出县衙门，上大街而去。

李哑巴无比悲愤，热泪满面，嘴里"哇啦哇啦"地大声地喊叫，表示他对财主和昏官的抗议。街上凡是认识他的人，都在窃窃私语，议论纷纷："张财主克扣了李哑巴三年工钱，他为富不仁，定要遭雷打！""哑巴这孤儿好命苦啊！""县官老爷怎么不分青红皂白，惩治好人，放过坏人呢？"

半天之后，李哑巴仍被押回县衙大堂。忽然他的睛眼一亮：大堂上已跪着他的东家张财主。这是怎么回事呢？

此时，孟县官在大堂之上喝道："张财主，你克扣李哑巴3年工钱，可有此事？"

张财主支支吾吾地说："我，我付给他的……"

"胡说！"孟县官说，"我刚才派手下跟在哑巴后面，混于百姓之中，人家都在诅咒你为富不仁，家有万贯，却一毛不拔，欺人孤儿，欺人哑巴，现在又欺到老爷我头上来了，来呀，大刑伺候！"两旁的差役立即拖出刑具。

张财主只得哭丧着脸说："老爷饶命，小的愿罚，愿罚！"

孟县官于是罚了他一大笔钱，从中拿出李哑巴的3年佣金外，其余的入了国库。而张财主除了失了一笔钱财外，还得上街示众半日……

县令巧捉吃人鬼

清朝时，山东即墨县有个年轻人叫秦魁，家境贫困，新娶老婆病夭而死，上有老母尚需供养，无奈干上了"作俑"的行当，逢死人出葬，便扮成"开路神"走在队伍前面，地位很是低贱。

秦魁家穷，邻居屈自明经常周济他，两人感情很好，弟兄相称，特别是跟屈自明的老婆刁氏的关系更为融洽。这刁氏年轻貌美，待秦魁十分体贴。

一日，屈自明的耕牛死在田头。不几天，养的驴又死在驴棚里。屈自明不乐，刁氏对他道："有个人称'柳仙'的算命先生，能言人祸福，你何不去算一下呢？"

屈自明从言而去。"柳仙"见面便惊道："你的面色灰暗，是否失了财物？"屈自明叹服。"柳仙"推算了他的"生辰八字"，大惊道："你只剩下3天阳寿了！"屈自明胆战心惊忙问原因，求"柳仙"救命。"柳仙"道："你命中不死于疾病，而死于鬼。"并告诉他："第3天申时，请4个阳刚壮汉一起饮酒，鬼便不敢侵身。过了酉时就没事了。"

屈自明吓得魂不附体，回家告诉刁氏，刁氏忙与他商定选邀4个壮汉陪酒。

第3天下午，屈自明在隔壁院子摆上酒席，请4个壮汉大吃大喝。刁氏在家烧菜，秦魁往来传递。时值黄昏，众人喝得半醉，瓶中已无酒，秦魁忙去取酒，可久而不返，刁氏过来道："秦魁肚痛回家去了。"屈自明跟跟跄跄地随刁氏去取酒。

4个汉子正在等酒，忽听刁氏惊呼："鬼，鬼！"

4个人拥进门去，只见厅中鲜血一片，刁氏在发抖。刁氏说："我随丈夫进屋，只见有个恶鬼一下揪住我夫，把他吞了下去。转眼鬼便不见了。"

4个人追出门去，只见远远一鬼，红发獠牙，青色脸，跳河不见踪影。

当天，保丁把案子上报县衙，康县令传4个汉子问："这鬼有多大？"

答："跟普通人无异。"

康县令又问："在隔壁院子喝酒，传送人是谁？"

答："秦魁？"

"秦魁是何人？"

"是屈自明好友，以'作俑'为生。"

康县令当即带着一班衙役直奔屈家，看见屋后有个小院堆着柴草，搬开一掘，发现松土，康县令说："找到鬼窟了！"深挖下去，发现一具男尸，竟是屈自明，心口被戳了一刀。

康县令指着刁氏和秦魁厉声喝道："拿下这两个凶手！"秦魁不服，康县令马上下令搜秦家，查获凶刀一把，正好与伤口吻合。又查出扮鬼的衣服假发獠牙等。刁氏、秦魁只得招供。

原来，刁氏和秦魁私通已6年，为做长久夫妻，竟合谋买通"柳仙"，毒死牛、驴，然后设计让人作证"见鬼"而害死了屈自明。

有人问康县令怎么会如此神速地破案，康县令笑道："那鬼同人一般大，怎能一下子吞人？秦魁能'作俑'，自然能扮鬼。"

县令智惩贪狱吏

赵州林城县的刘县令，一次审理一起盗案，狱吏从中捣鬼，令盗犯捏造口供，说是与10多名买赃的人有来往，并向刘县令写了一份报告，提出要向这些人追索赃证，狱吏的目的是想乘机敲诈勒索一番。

刘县令看穿了狱吏的企图，假装糊涂，在报告上批示，快将这些人统统抓来，过了限期要加重处罚。

限期到了，差役将10多个人都如数捉来。刘县令见这些人的穿戴，都很鲜艳整洁，看来都是有钱人家的子弟。

刘县令当即屏退狱吏，又命其他的吏员将盗犯都带上来。刘县令对盗犯道："你们都供出了串通收买赃物的人，现在都已拘来，让你们来认一认。"这些盗犯听说要他们当面指认，都面面相觑。原来这些人中没有一个是认识的，刘县令道："这些人的名字都是你们供认的，见了本人，怎么都不认识呢？"

盗犯们一看不好，便纷纷说："大人在上，犯人不认识堂上的这些人，是狱吏让我们供出这些人的姓名的。"

刘县令命人传狱吏来问事情的究竟，狱吏见自己的诡计已被识破，只得承认是借此机会敲竹杠。

知县赏钱断曲直

某日，赵知县升堂。堂下的原告、被告竟是一对父子。

老头子说："大人，我告那忤逆不孝之子，您瞧我，瘦得皮包骨头，是因为他从不给我吃饱喝足，望大人给我做主啊！"说完老泪纵横。

赵知县一拍惊堂木，怒指年轻人："呔，不孝之子，为何忘却养育之恩？"

年轻人结结巴巴地说："大、大人，冤枉冤枉啊！小的给父亲的赡养费，一向分文不敢少啊！"老头子一口否定。年轻人又连呼冤枉不止。

赵知县问了半天，判决不下。他无可奈何地叹了口气，叫差役取来两串铜钱，每串有100枚，"当啷"一声抛在地上，说："好了好了，时间不早，每人拿一串去，吃饱了饭再来。"

饭后，赵知县重新升堂。他问擦着油嘴的老头说："这回吃饱喝足了吧？"

老头子磕头说："多谢青天大老爷，小人吃饱喝足了，100铜钱也用光了。"

年轻人却双手捧着80多个铜钱说："谢大人，小的也吃饱了，只花了10多个铜钱，余下的还给大人。"

赵知县一听，吩咐差役道："快给我把老头子拿下，重打40大板！"

老头子"扑通"一声跪在地上，浑身发抖地说："大人大人，何故要责打小民？"

赵知县满脸怒气："你一顿要花100个铜钱，你儿子是个种田的，哪有那么多钱任你挥霍呢？你连亲生儿子都要诬告，如何打你不得？"

老头子连连磕头求饶。儿子也为他说情。赵知县哪里肯听，连声喊打。差役们蜂拥而上，按住了老头子，棍棒高高地举起，眼看要落下去。年轻人见了急得大哭起来，说："青天大人，我父亲年老体弱，如何经得起40大板？小儿愿代父受打！"说完匍匐在地上。

赵知县这才叫差役放开老头子，笑着问他："看你儿子孝还是不孝？"

老头子连声说："孝，孝，下次再也不胡告了。"

从此，父子和睦，阖家欢乐。

智断瞎子窃钱案

清朝胡文炳编的《折狱龟鉴补》中记载了这样一件事：

有一天，某旅馆来了个瞎子要住店。当时正值黄昏，店中已客满。瞎子苦苦哀求道："行行好吧，这么晚了我一个瞎子还能上哪儿找住处去呢？"

店小二见瞎子孤苦伶仃，十分可怜，便动了恻隐之念。专门收拾好一间侧厢给瞎子住下。瞎子感激不尽。

入夜，旅馆门被敲开。进来一个小贩，身背鼓鼓的货物，气喘吁吁地想住店。店小二见夜已将深，小贩一时难找容身之处，便道："店已住满，你如将就的话，就委屈你住在侧厢吧。"

小贩面有难色答："我身上带有不少钱，

最好住包房。"

店小二笑道："不妨事的，与你同房的是个瞎子，不会是强盗，你怕什么？"

小贩放下心来，随同店小二进侧厢住下。

瞎子见来了个伙伴，很高兴，两人拉拉扯扯地聊了好一会儿，居然很投机。直到小贩困了才罢休。

第二天清晨，小贩打点行李，急于赶路。一检查，大惊失色，叫道："不好，我的5000文钱被偷了！"

众人便把疑点集中到瞎子身上。瞎子不慌不忙道："呀，你怎么这样不小心啊？带这么多钱丢了真可惜。我就不像你，你瞧，我也带了5000文钱，可是捆在腰里的。这世道谨慎为妙啊！"

瞎子正巧也带5000文钱，众人皆感诧异。小贩急红了眼，这钱是他辛辛苦苦攒出的本钱。他认定瞎子的钱是他的。瞎子不承认，反说小贩想赖他的钱。

众人一时难辨真伪，便将他俩送到官府。

官员问小贩："你说他偷了你的钱，那么你的钱有没有识别的记号？"

小贩急道："这是日常使用的东西，哪里会做什么记号？"官员又问瞎子。

瞎子回答说："有记号，我的钱是字对字、背对背穿成的。"

官员接过检查，正是这样。小贩急得直跺脚，可又无奈于他。而瞎子却脸呈喜色。

官员仔细地观察他俩的神态，心中一动，叫瞎子伸出手来检查。只见两个手掌呈青黑色，铜钱的痕迹看得清清楚楚。官员于是厉声喝道："大胆瞎贼，还敢抵赖？"

瞎子知无法隐瞒，只得供认："此钱确是趁小贩熟睡之际偷来后，花一夜工夫用手摸索着把钱穿成这样的。"

段县令杀鸡断案

俗话说，上有天堂，下有苏杭。不说苏州风景如何优美迷人，那园接园、山叠山、水连水，万紫千红，碧莲粉荷，金枝银叶；就说姑苏城里店铺林立，行人熙攘，书画墨器，南珍北味，也够你目不暇接的了。且说段县令上任后便坐着轿子逛大街来了。他隔着轿窗的竹帘子，一路走来一路看，眼睛睁得圆溜溜，心里乐开了花。

当轿子路过苏州名店"浦五房"熟食铺时，一个农民拦轿告状，县令的兴致败了八九成。他走出轿子，看了农民可怜兮兮的哀求样，又软下心来，于是问农民："你有什么冤枉事？本官与你做主。"

农民气愤地说："青天大老爷，今天我售鸡给浦五房，因议价未成，收回自己所带来的鸡。可是，我检查笼中之鸡时，发现少了一只。"

县令把店主唤出来问道："本县问你，为啥要赖他一只鸡？"

店主振振有词地争辩道："咳！我们乃堂堂大店，怎么会赖人家一只鸡呢？"

县令又问："店里的鸡是何时买的？"

"3天前买的。"店主伸出3个指头。

"你们买回来还喂不喂食？"县令又问。

"当然要喂啦。我们专门买了许多谷子和糠，来喂鸡。"店主又答。

县令转身问农民："你的鸡又是怎么喂的呢？"

农民答道："我们乡下人养鸡，比不得城里人，鸡放养在外，让它们自己去寻食。人都没有吃，哪有谷子喂鸡呢？"

县令微微一笑，吩咐手下人将浦五房的鸡全部宰杀，查看鸡嗉。结果浦五房的鸡，腹中装的是谷子和糠，而唯有一只鸡腹中尽是草籽、碎石。店主一看傻了眼。

县令斥责道："大胆奸商，竟敢戏弄本官、欺负乡人，你说该如何处置？"

"我赔他鸡，赔他鸡。"店主惊惶不安。

县令摇摇头说："赔一只鸡就够了？赖一罚十，才算合理！"

农民对县令千恩万谢，店主只得自认倒霉。

老茶客酒店判银

江南有一个繁华的小镇，镇桥头有一家云集四方来客的酒店。一天，酒店老板在收拾碗筷时，发现一张饭桌下的横架木上有一个宽约3寸、长约6寸的口袋，袋内有两块银洋，几十枚铜钱。店老板就把口袋收拾起来，等待失主来领。

过了一阵，有一个年轻客人走进店来，对老板说："我有一个口袋遗落在你们店里。"店老板就把钱袋还给他。客人却大叫起来："原先我这口袋里有40个银洋，200个铜钱，怎么就剩这几个了？"

店老板说："我收拾口袋时，就是这么几个钱。"

客人揪住店老板说道："不对！准是你藏

起来了。"

这时，许多人围拢过来询问。其中一个老年人问明情由后，请店老板按原样把口袋搭在横架上，口袋两头便垂了下来。老茶客问青年："刚才你的口袋是这样搭着的吗？"

年轻客人说："是这样的。"

老年人转过身来，对店老板说："你开店迎客，就是侍候大家，客人有东西遗落在店内，理应原封不动退还才是。如今，这客人在你店内遗留40块银洋，你为何要吞他38块？他遗落200多个铜钱，你为何要吞他100多个？"

老板大叫道："天哪，真是冤枉好人！钱，我确实是一分没动！"

老年人说："行了，你不用喊冤了，正好我身上带着钱，我替你还给他算了。"说着，从自己钱袋里掏出38块银洋，200枚铜钱，放进那个失者遗落的口袋里，口袋立时就塞得鼓鼓的，钱都装到袋口处，再也装不下了。

青年暗笑，上前抢着口袋便要走。老年人叫住他道："哎，你先别走，你把口袋搭在桌子横架上，让大伙看看再走嘛！"于是，青年在众人目光下把口袋放在桌子的横木上，这回口袋两头不垂了，险些要掉下来。

老年人对大家说："各位请看，你们能这样搭口袋吗？"

"不会的！"大家说。青年结结巴巴说不出话来。

老年人对青年说："如果你口袋中有这么多银洋和铜钱，又能搭在桌子横木上，那一定是个大口袋。而这口袋很小，刚才大家看到了，装这么多钱快要掉出来了，根本不可能搭在桌子横木上，所以口袋不是你的。你如果真丢了口袋，可能在别的地方，这个口袋先还给店老板，让他保存好。"说着从口袋里取出自己放进去的钱后，把口袋还给店老板。

大家齐声叫好。那个青年满脸通红，赶紧逃出店去。

胡鉴并纸辨真伪

清朝福建政和县县令胡鉴上任不久，便受理一桩疑难案子。案由是当地富户孙天豪告破落户子弟沈小观欠400两银子不还，而沈小观却不认此账。胡知县将原告、被告传上堂，可双方各执一词，问不出子丑寅卯，孙天豪出示两张借约为据，沈小观大呼此是伪证。当日无法审清，只好暂且退堂。

胡知县回到房中，心中闷闷不乐。到了掌灯时分，仍不思饮食，独自对着桌上两张借约发愣。忽然一不小心竟碰倒了蜡烛盘，一滴蜡烛油落下，正巧落在两张并放的借约中间，胡知县忙把两张纸拿开，只见边沿已留下一小块半圆形蜡烛油，颜色玉红。胡知县随手把两张借约沿边的蜡烛油再并拢来，又合成一个圆形，在烛光前一照，胡知县惊奇万分，只见那烛油形如一轮旭日升于群山云雾之中。原来，这种纸是贡川纸，其纸纹粗细不匀，光线一照，十分清晰，有如天然风景画一般。胡知县竟欣赏起纸纹来。竖看似山脉层层，横看又海波汹涌。看着看着，他拍案而道："破了！"原来，他并着的两纸竟然纹路齐整，走势乃一纸而裁。此案真相大白。

次日，胡知县清晨升堂，孙天豪、沈小观均被传到。胡知县厉声对孙天豪道："你乃本地名绅，为什么要伪造借约诬诈好人？还不从实招来？"

孙天豪不服地哭诉道："冤枉啊，大人断我伪造借约，从何说起？请大人明察。"

胡知县冷冷一笑道："我已点穿，你还不服？我问你，这两张借约可是两次立的？"

"是。沈小观去年一月借银200两，四月借银200两。两张借约，分别立于一月与四月。"

胡知县见他仍执迷不悟，怒拍桌案："不对，本官已断这两张借约是同时所写。"

孙天豪大惊道："大人此决断的凭据何在？"

"你问凭据？这借约便是。"胡知县即命人点上一支蜡烛，手举借约道："两纸相并，纸纹完全相连吻合，分明是一张裁开，同时写成。试问，难道你孙家一月份裁半张纸写借约，到四月份再寻找另半张纸写借约吗？"

孙天豪听罢顿时目瞪口呆，浑身出汗，只得认罪。原来孙家祖辈落难之际，有一柄传家宝扇存于沈小观先祖当初开设的当铺之中。时隔几代无人再将此当作什么大事查找。去年孙家门下有一食客相投，与沈家有旧怨，便无中生有说宝扇现在沈小观之手，并出谋用此计要挟沈小观，借约亦由此人一手炮制。原以为天衣无缝，不想被胡知县识破，落了个被处罚判罪的下场。

曾县令杀蟒平冤

陕西礼泉县曾县令一日升堂理事，忽接禀报说某村昨晚出了一桩无头命案。曾县令闻报即带人赶至现场查看。

一行人到了凶杀现场，曾县令定睛观看，只见死者侧身睡卧，两腿微屈，颈上无头，仔细端详伤口，不似刀伤，死者身上亦不见伤痕。曾县令便将软禁的嫌疑犯——死者妻子传上询问。

曾县令问："你夫平日待你如何？"

少妇眼圈通红哭泣道："恩爱万分，他平日在外贩布，这次出去了一个月，直到昨日才归……"

曾县令见少妇面带羞色，便道："为弄清此案，你不必害羞，请将昨夜情况实说。"

少妇垂泪含羞说道："平日他不在时，我睡柜那头，昨日他就睡柜那头。他与我叙了别情，又同房一番便入睡。我生怕惊动他，便另睡一头。不想今早我起床，只见血流满炕，他颈上无头，吓得忙叫人。谁知地保硬说我因奸害夫，望老爷为我辨明是非。"

曾县令听着少妇诉说，一阵轻风吹来，他忽闻到一股异样清香味，再一闻断定此乃少妇身上所发，便问："你身带什么清香之物？"

少妇说："这是我夫从外地带回的发油，我时常搽用，故而发香。"

曾县令命少妇下去，再吩咐差人到左右邻舍打探少妇平日行为。不多时，众人回报，均称少妇贤慧异常。曾县令觉得此案甚奇，便折身进卧室观察，忽然，出神地盯住墙上的那个"马眼"观看，这"马眼"和死者头部正好上下是一对直线。他心中忽地一动，觉得一计可试。便又将少妇带上道："今晚，你照样搽上那发油，仍睡在你丈夫昨夜睡的地方。不要关门，大开窗户，别害怕，我今晚就坐在窗口。"

当晚，曾县令手持宝剑坐于窗外，双眼瞪着那个"马眼"。到了三更，曾县令惊叫起来。众差人赶来。他即命带上刀矛硫磺及弓箭，直奔后院搜查有否洞口，查至仓屋墙角果见一个大洞，曾县令命人点上硫磺放入洞中，只见一条大蟒冲出洞外。众人一拥而上刀矛齐戳，大蟒一下便被杀死。曾县令又道："将蟒开膛。"众人动手，果见里面滚出一个人头，竟是少妇的丈夫之头。

众人皆道曾县令神明，曾县令说："非我神也。只因死者给妻子买了种贵重发油，特别香。恶蟒闻到后，到晚间就从墙上的'马眼'伸进头来舔那头儿。恶蟒前夜误将死者当少妇，伸舌头舔油，没舔到清香的发油，反让那硬茬头发刺了舌头，一怒之下咬去了他的首级。刚才我从窗外见了恶蟒探入'马眼'故而惊叫，它受惊蹿入后院，所以命令追赶。"

县令查鞋底断案

某山之东，有甲乙两人，为田地之争结下冤仇，虽住宅相距不远，可老死不相往来。

那日，甲酒后失态，无缘无故将妻子殴打了一顿，并说了许多难听的话。正当甲大发酒疯之时，乙经过甲门，见此情景脸露讥笑神色。甲大怒责乙，两人发生争执，被人劝开。一会儿，甲因酒性发作，倒至床上烂醉如泥。

甲妻子平时常受丈夫无端欺负，感情本不睦，今日又遭恶打痛殴，一时想不开，竟趁甲睡着之际上吊自尽。

甲酒醒，见妻子直挺挺吊于厅堂正梁，解下已气绝。甲对妻子本无感情，对她的死并不伤心，所以没有声张。他想人死了总与他有关，得想个法子方行。

这天夜里，风雨交加。趁夜深无人之际，甲将妻子的尸体背起，悄悄来到乙的家门口，用绳索套上悬挂在乙的门上。挂好后，又悄然回家。躺在床上，觉得此计很妙，既脱掉了干系，又可使乙背罪。

第二天清晨，乙起来开门，大吃一惊，只见门上吊死了人。再一瞧，死者竟是甲的妻子。乙惊恐异常，不知所措。人们听说这里出了人命案，纷至而观。有热心人飞报甲，告诉他妻子死讯。

甲闻讯，装着跌跌撞撞地来到乙门口，伏尸大哭。一把揪住乙胸脯，拉去见官。

到了县衙，甲一副伤心状哭诉道："我与乙向来有仇。只因家境不好，昨日叫我妻子外出借米，直至深夜未归，心中疑虑万端，不知是什么缘故。原以为她借宿亲戚家，不想竟在乙家门上自缢身亡，请求老爷彻底查究。"

县令闻言便询问乙。可乙被飞来祸事弄得惊恐万分，竟答不出所以然。

县令见一时问不清楚，便立即带人前往现场勘验。验尸后，县令仔细观察了一下现场后，大喝一声："来人，将死者丈夫绑了！"

甲大声喊冤道："凭什么抓我？"

县令道："本县不冤枉好人，经勘验你妻子脖上有两道痕迹。这里不是第一现场，而是你移尸至此。"

甲不服。

县令又说："你不要强词夺理，我有一句

话可以叫你心服。昨天晚上下大雨，直到现在地上还泥泞不堪，而你妻子的鞋底却只有一丝干土，如果尸体不是你从别处搬到这里，又能作何解释？再者，刚才听人讲昨日你殴打妻子，明明你妻子自缢身亡，你却以此诬陷他人，该当何罪？"

甲惶恐失色，只好如实招供。

段光清智捕内贼

清朝福建闽县知县段光清，善断疑案。

一次，福建省总督府签押房中失窃700锭银子。总督要段光清限期破案。段光清一口应诺道："多则10天，少则6天，下官保证将盗贼缉拿归案。不过请大人答应三件事。第一，请准许本县差役守卫总督衙门四周；第二，凡从大人衙门口出入者，一律准由卑职派人检查；第三，卑职来见大人，不论何时何地，望勿拒绝。"

总督一一答应，段光清立即回县衙部署。一连几天，段光清接二连三求见，白天深夜一天来几趟，总督因事先答应，也不便拒绝。可段光清到了总督面前却又一句话也不说，只是在前后左右看个遍即告辞。总督莫名其妙。

第6天一早，段光清带着衙役和刑具，直奔总督府。正逢总督想出巡，仆役前呼后拥走至门口。段光清上前行礼后便道："案子已破。"

总督大喜问："窃贼何在？"

段光清指着总督身边的一个随从，厉声道："就是他！拿下！"

总督见此乃他心腹之人，大惊道："有何证据？"

段光清并不答话，只是领众人来到督府中的花厅。里面有一张床。段光清令人将床抬走，只见床下有一堆松土，挖掘开来，里面果真藏着一大包银锭，一数只有200锭。段光清对被捕者道："老实交代，还有银子藏于何方？否则严惩！"

被捕者吓得浑身发抖，只得供出其余500锭银子的藏匿地点。

总督钦佩地问段光清："你是怎么破此案的？"

段光清笑道："签押房是机要重地，只有内贼才有机会行窃。可此地吏员仆役甚多，何人作案难以判断，故向您提出三条请求，盗贼心虚，一定急于了解我的行踪及破案情况。我来求见，他必定设法窃听。不出所料，我每次来总见该人悄然窥视窃听。如果不心虚，何必如此呢？但是，所失之银藏于何处，我还不知。便在府中到处观察。一次走过那间花厅，无意发现里面床被人移动过，再一注意，又见那仆役的眼神也时常盯着床处。于是，我断定这儿可能便是藏赃之处。"

知府办案四字诀

从前，河北省清苑县农村有兄弟俩，已分家多年。弟弟是个败家子，没多长时间便把家产挥霍一空。哥哥经常给他钱花。哥哥50多岁，只有一个儿子，已娶了媳妇，小夫妻俩很是恩爱。

一天上午，弟弟的妻子跑到哥哥家里借钱，只见侄媳妇在厨房里做饭，两人便拉起了家常话。此时，侄儿从田里劳动回家，进门便说："饿死我了，饿死我了。"侄儿的妻子马上盛饭给他，他便狼吞虎咽吃了起来，吃完不到几分钟，忽然腹痛难忍，倒在地上翻滚了一阵，便七窍流血而死。侄儿的妻子大惊失色，不知丈夫怎么会突然死去。弟弟的妻子则大呼大叫说："大家来看呀，侄媳妇谋杀亲夫啦！"

哥哥告到官府，弟弟媳妇也到庭作证。官府严刑审问哥哥的儿媳妇，她受不了残酷的刑罚，便屈供了"与人通奸谋杀亲夫"，并乱指她的表兄是"奸夫"。他的表兄见了刑具十分害怕，便也胡乱招了供。

不久，有个总督到河北各地巡视，看到这个案件，心想：哪有大白天当众谋杀亲夫的？就召来一个很有才能的知府对案子重审。知府阅完案卷后也觉可疑，便传来有关人员，分别讯问。

第二天，知府再次升堂，又把有关人员全部传来，说道："昨天夜里，死者托梦告诉我说，毒死他的人，右手掌颜色会变青。"边说边用眼睛把众人看了一遍。又说："死者还讲：毒杀他的人白眼珠要变黄。"说完又仔细打量众人。忽然拍案指着弟弟的妻子说："杀人者就是你！"

那女人大为惊慌，连声叫道："她杀了自己的男人，怎么凶手倒成了我？"

知府说："我说杀人者右手掌颜色会变青，别人都泰然自若，只有你急忙看自己的手，这是你自己供认了；我说杀人者白眼珠会变黄，别人都不动，只有你丈夫急忙看你的眼睛，这是他给你供认了。你还狡赖什么？"弟弟的妻子只好供出实情。

原来，弟弟夫妇早就有心吞吃哥哥的财产，每次去哥哥家都身带砒霜，伺机投毒，但一直未得手。那一天，偷偷往饭里放了砒霜，本想毒死哥哥全家，没想到侄儿喊饿先吃，所以只死了他一个。

一大冤案，仅过了两堂，寥寥数语，便全部昭雪。大家称颂知府神明。知府说："不是神明，我只是按了四字诀办理此案，即察言观色。"

知县密访断凶案

清代，广东有个少女，美丽妖娆。家中只有老母。某人同意入赘。成婚那天，张灯结彩，高朋满座，喜气洋洋。新郎周旋在酒席之间，为贺喜的人斟酒，忙得不亦乐乎。其实，新郎身在酒席，心在洞房。一阵作揖寒暄还礼后，新郎急急步入洞房，挑开红巾，与新娘对饮。亲友们划拳赌酒，乐得不可开交。正在这时，洞房中传来一声怪叫。只见新郎披头散发，双手掩面，狂奔而出。客人旋即尾随追赶。前面遇到一条大河，新郎跳入水中，顿时被狂涛淹没。母女俩捶胸顿足，痛哭流涕，大骂客人："你们见死不救，简直就是故意害他！只好找你们要人了！"即告到县衙，此案苦于无头无绪，死不见尸，查来查去，很久还不能决断。

新任知县仔细研究案件后，忽然若有所悟："新郎投河，新娘母女却诬告宾客见死不救，显然强词夺理。其实，让客人齐声证明新郎自杀才是真正目的！"母女俩为啥这样做，这里边一定有文章。知县扮着算命先生，竖着"半仙"幡，念着"子丑寅卯"卦语，找到新娘家的邻居，探问新娘家有无反常形迹。

邻人说："有个富豪与她家无亲无故，这些天忽然来往密切，令人怀疑。但成婚那天新郎发狂，众目所睹，怎么会有其他缘故呢？"

知县问："当时新郎的面色怎样？"

邻人说："他披头散发，双手掩面，看不清楚。"

知县听毕，心里有了眉目：恐怕奥妙就在这里。

知县派人到新娘家门口察看动静。不久，差役回来报告说，那富豪又到新娘家去了。知县马上换上官服，率兵搜查新娘家。母女俩惊慌不安。可搜了半天，没有结果，母女俩舒了口气。知县来到新娘房中，叫人把床搬掉，用皂靴踩踩床下的地板，顿觉异样，又叫人搬动地板，露出一个地道。差役从中提起吓成一团的富豪，母女俩见机关败露，面如土色。旋即，又在院中的一堆新土下面挖起新郎的尸体。在事实面前，他们只得如实招供。

原来，新娘在成婚之前，就被富豪看中，得了大量钱财后，两人勾搭成奸。为了达到长远同居的目的，决定除掉新郎。他们蓄谋已久，在床下挖了地道。新婚之夜，新娘假献媚情，把新郎灌醉酒，富豪从地道里钻出来把新郎掐死藏起来。那个投水的"新郎"，则是富豪收买的一个善于游泳的人。

县官催吐识恶婆

清朝光绪年间，某日广东陵丰县发生了这么一桩家庭官司。

有个老妇人到县衙告媳妇林氏不孝之罪。她悲切地哭诉着："大人，平日里，我受的是媳妇的冷言冷语，吃的是媳妇留的冷粥冷饭。今天是我的生日，见她做了大鱼大肉，满想可以快快活活过个好日子，谁想，她把鱼肉端到自己房里，给我留的却是青菜萝卜汤。大人，你想想，我在这么黑心的媳妇手下还能活得下去吗？望青天大老爷替我做主哇！"

县官忙责问林氏。那媳妇却也哭了起来。婆媳俩倒像是来公堂上举行哭鼻子比赛的，"呜哩呜哩"的好不热闹。眼泪把公堂打湿了两大滩。两旁的差役见了暗自发笑。

县官却笑不起来。见那老妇人白发散乱，背弯腰弓，啼哭不止，非常可怜；瞧这小媳妇红脸激愤，手颤脚抖，不止啼哭，可怜非常。弄得这位素能明断的县官很是为难。

他思忖片刻，心平气和地对老妇人说："你媳妇不孝，理应受罚。不过，本县身为百姓的父母官，也应负教化不明之责。现在，本县为你们备下两碗寿面，一来为你祝寿，二来祝你们今后婆媳和睦相处，你看可好？"

老妇人见县官亲自为自己祝寿，觉得脸面光彩，得意地瞥了媳妇一眼，忙向县官叩头称谢。县官对几个差役吩咐了一下，没多久，几个差役端上来两碗热气缭绕、香味诱人的寿面。县官劝他们不必拘束，趁热快吃。婆婆也不客气，端起来便吃；媳妇迟疑了一下，也只好进餐。

可是，刚吃完不久，婆媳俩捧腹而吐，一天的食物全都倾泻于大堂之上。县官令差役上前查看。只见婆婆吐出的有鱼有肉，而媳妇吐出的却是青菜萝卜。原来，县官叫差役在寿面里放了呕吐药。

县官当堂把那婆婆训斥了一顿。从此，那

老妇人再不敢无理取闹了。这场官司反倒使婆媳关系有了好转。

高延瑶扁担断案

清朝时，安徽六安州发生了一起恶性案件，堂兄踢死了堂弟。官府派人前往详细检查尸体，死者浑身上下只有一个地方被踢伤，再也没验出其他痕迹。

一切处理完毕，尸体将要装棺入葬。忽然，死者妻子扑上堂来。她手执一根扁担，扑通一声跪倒在公案前，放声大哭："凶手的哥哥也是凶手，他用扁担帮着殴打我丈夫。这根扁担就是凶器。"

监督检验的州官高延瑶摇摇头："你今天早晨报案，只说了踢死，也没有讲到扁担这码事。如今拿出这根断扁担，是从何来？"

死者的妻子哀哀哭诉："是叔公好心。他拿来请求检验，让凶手一个不漏，好让我丈夫在九泉下瞑目。"

高知州忙问："叔公在何处？"

她回头冲衙门口人群中一指："喏，那个！"

高知州唤那叔公上来，心中早已打定主意。高知州一声吆喝，两个粗壮的衙役把那叔公按倒在地。一位衙役高举扁担，侧着在那叔公的腿上猛打一下，高知州指着伤痕问妇人："用扁担侧打，有这样的痕迹，你男人身上有吗？"

妇人摇摇头。那衙役再用扁担平打一下，高知州指着伤痕再问妇人："平打一下，有这样的伤痕，你男人身上有吗？"

那妇人开口："没有！"

高知州心中更有底了：这叔公准有隐私！他又命令：把这叔公连打20扁担，边打边问："大胆刁民，这究竟是哪门子事？"

那人无奈，如实交代："我跟凶手之兄有仇，看这次机会来了，忙回到家中，找出一根扁担，马上压断，又乘那女人案件发生时不在场，我报仇心切，想陷害凶手之兄，除掉眼中钉。"

汪辉祖分讯得实

清朝乾隆二十七年（1792年）八月，浙江省孝丰（今浙江安吉县）有个人的行船被劫。官府接报，当即通令附近各县缉捕。

不久，邻近的平湖县有名士兵叫盛大，逃军回籍，纠合土匪行抢被捕。几堂审讯下来，他承认自己是抢劫孝丰船的正盗。

平湖县知县刘冰斋署中，有个小吏叫汪辉祖，协办此案。汪辉祖翻阅盛大的供词记录，从材料看，盛大确是强盗。那已起出的蓝布棉被，也经失窃者认出是赃物。但是，汪辉祖心中仍存疑团。

当晚，刘冰斋接受汪辉祖的建议，提出盛大一伙人复审，汪辉祖在后堂倾听。盛大等人认罪招供时，个个滔滔不绝如背书一样，且为首8人供词每字每句都一样。汪辉祖越听越感到疑惑重重。

第二天晚上，汪辉祖让刘冰斋故意在审案时增减些情节，然后一个个分开审。结果，8人所供就各不相同，破绽百出。汪辉祖马上请刘冰斋停止审问，命令主管仓库的人，按照失窃者先前认明的布被颜色和新旧，借了20多条同样的被子。汪辉祖私下里在失窃者已认明的"赃被"上做好记号，然后跟那20多条被子夹杂在一起，嘱咐刘冰斋让失窃者当堂认领。

结果，失窃者竟认不出哪条是他的了。

汪辉祖当机立断，马上又提审盛大一伙。

盛大终于吐露真情："我觉得自己逃军行抢被捕，死路一条，审到这事时，我便胡乱承认了，其他的人也跟着承认啦。那条赃被，其实是我自己的！"

这下，汪辉祖向刘冰斋建议：开脱盛大之罪！消息传开，整个衙门马上喧哗：汪辉祖纵容罪犯。汪辉祖闻言，便向刘冰斋辞职。

刘冰斋再三挽留，汪辉祖却一步不让："如果要我留下，一定要开脱盛大。被抢去的赃物很多，单凭一条好像是赃证又不确凿的被子，就定罪，杀好几个人，这怎么行？我不忍心为贪恋一个小官职而制造冤案。而且，怕连累你！"

这时，署中非议汪辉祖之声沸沸扬扬。刘冰斋却偏偏开释了盛大。

两年后刘冰斋被保举升任知府，交卸印信起程赴省。恰好这时，元和县（属苏州府）在审案中查获了孝丰劫船案，逮住了真正的强盗，搜出赃物。经失窃者辨认，确凿无疑。

刘冰斋带上汪辉祖，星夜急奔赶到苏州，参加会审，最终结案。

知县明断诬告案

婺州（在今浙江金华一带）武秀才胡发，粗通医术，常给别人治病。

有一天，某农民上门来请他去给其妻看病。胡发马上步行而去。他刚走到病人床前准备诊视，突然被人从后面抱住，右面耳朵被另外一人用刀割掉，一时疼痛难忍，昏倒在地，不省人事。

那农民拎着血淋淋的耳朵奔到县衙告状，控诉胡发企图强奸他的妻子，被女方割掉了耳朵，请青天大老爷做主，严加惩处胡发这衣冠禽兽。

胡发的秀才功名被县官革去，他伤口愈合后，便被打入监牢关押起来。

这案件发生后3年，县里都一直没判决。

新任知县刘起喜到职。这县太爷还没进县，那个农民原告突然出现在这一行人面前，中途拉住马头高呼：冤枉啊！胡发这贼为何不判！

刘知县稍稍问清事由，不由皱起眉头，仔细琢磨后，猛然严加训斥："胡发企图强奸你妻，已经打入大牢，你还叫什么冤枉？胡发既是武秀才，必定身强力壮，一个女人家怎么能轻易地割掉他的耳朵？再说，你妻子怎么会预先知道他要行奸，而早早把刀预备在手边呢？你今天又急急忙忙叫冤，显然是想先入为主，把我引入迷途！"

农民正惊恐间，刘知县早令随从绑住他，带回县衙。

几经审讯，事情真相终于弄清——

原来，胡发与邻人施竺田同师求学，本是朋友。胡家有几十亩竹园，周围溪水环绕，出产丰富，景色秀丽，施竺田久已垂涎欲滴，一心想占为己有。可施竺田又想：胡发家境富裕，不会突然破产，这个竹园轻易弄不到手的。再加上县中有个名门之女，胡发与施竺田都想娶做妻子，结果女家把她许给了胡发。施竺田越想越恨，心生歹念，使用钱头通那个农民，安排了这个圈套，陷害胡发。

刘知县依法判处，将那农民杖击100下放回家，判处施竺田流刑，发放到湖南服役。胡发获释，恢复功名。

胡秋潮断奸杀案

山东省博平县知县胡秋潮上任后，第一次碰上一件怪案子。

金家庄村民金四在发现妻子张氏跟邻居高法科通奸后的第5天，杀妻上县衙自首。胡知县再三调查，金四的父亲金管也说是儿子杀了媳妇，他家邻居初泳全建议胡知县查明奸情再说。高法科和张氏通奸证据确凿。胡知县带人验尸，见张氏尸体遍身刀枪戳出伤痕，胸部肋部被戳得找不到一块完整皮肉，确似一时气愤杀死。可胡知县心里总不踏实。

有一天，胡知县的一个远方朋友来访，见面第一句便数落他："我进贵县不久，就听人议论：'谁说胡太爷是青天知县！杀死张家女儿的真正凶手不是正逍遥法外吗？'"

胡知县马上拍案惊叫道："果然如此，差一点判错！"

他马上重审金四，婉言相劝："我看你不像杀人凶手。你即使杀人，肯定有同谋。按法律，丈夫杀死淫乱的妻子无罪，别人根据本夫请求从旁协助，罪也不大。我已知道谁是同谋了，你要如实供清，否则吃罪不起！"

金四见势不妙，忙供认："邻居初泳全帮我捉奸，首先提出杀死张氏。我想他肯为朋友两肋插刀，自己该一人承当，不敢牵连他人。"

县官一阵苦笑："普天之下，哪会真有帮他人杀妻之事？你受人愚弄啦！"

胡秋潮马上提审奸夫高法科，细细盘问："张氏还跟其他人通奸吗？"

高法科想了一会儿，支支吾吾道："原来还有别人。我去后，就跟那人断绝了。但确不知是谁。"

胡知县一道命令，初泳全马上被逮上大堂。县官对他申斥道："好狠毒的借刀杀人，你装什么人样！"

初泳全居然毫不畏惧地问："证据呢？"

县官厉声呵责："原来你证明别人有罪，现在有人证明你行凶！听清了，你杀张氏有金四为证，与张氏通奸有高法科为证！人证俱在，你赖什么？"

初泳全当即心中慌了："金四原来不知道我与张氏有奸，才肯一人承当。现在知道了实情，能饶我吗？索性招供，免受刑罚零碎之苦！"

他当即跪地磕头，供认了通奸杀人罪行。一起本夫杀奸妇案变成了奸夫杀奸妇案。

林清光雨中查凶

清朝时，河北大兴县县宰换了林清光。这天，他复审到一个杀人案：县内一对年过半百老人有个十六岁的女儿，被她表哥强奸后扼死了，但被告一直不服。

林清光提来姑娘表哥讯问，被告不语，只顾低头哭泣。林清光疑窦顿生，召来姑娘父母，又问不出个究竟。

林清光左思右想，决定外出微服私访。他

装扮成一个书生外出。出门不久，风雨交加，他忙跑到一个院落大门洞内躲雨。

风雨稍小，院里出来一个人。

这人是这家厨子，林清光看他见多识广，有意扯到那姑娘被杀案。厨子沉默了一会儿，才从牙缝里挤出一句话："那小伙子挺冤的！"说完，马上闭口不言。

林清光心中一亮，邀请他一块儿来到一家酒店喝酒。林清光打酒买菜，热情劝饮。几杯酒下肚，厨子脸红头热话就多了。

林清光又问到姑娘被杀案，厨子把嘴一抹："不瞒你说，杀姑娘的那人过去跟我最好。有一次我俩喝完酒，他告诉我，那姑娘是他杀的。还特地嘱咐我千万别多嘴。他妈就在我做饭的那家人家当奶妈。他杀人后，一直藏在那家人家里好几个月了。前几天，我向他借几个钱，他不给不说，还用拳头打我，打落了我的一颗牙齿！你说他有多心狠！我怕他下毒手报复，才把气往肚里咽。今天要不是碰上你这么讲义气的朋友，我才不说这事呢！"

林清光心中暗喜，又劝饮了好几杯。这时雨过天晴，林清光回府后，马上命令吏卒前往藏匿凶手的那户人家，指名要人。那家岂敢包庇，只得乖乖交出罪犯。

经过审讯，凶手不得不如实供认。原来，他跟死者是邻居，见姑娘长得俊秀，多次挑逗，都遭到拒绝，姑娘父母却一直不知道。直到几个月前的那天，凶手探知姑娘父母外出奔丧，家中只剩她一个人，便偷偷爬墙进去，潜入闺房，强奸后，用手扼住姑娘脖子，活活将其掐死。

姑娘表哥的冤案昭雪，真正的凶犯得到惩罚。

杖打菩萨揭阴谋

古时候，北京前门外有座小庙。庙内的和尚行为极不检点，弄得香客们都不愿上门。一时间，香火冷落，无人施舍。

除夕之夜，和尚们忽然外出传告：庙周围地里，近日发出神光。

第二天，庙门前空地上好像拱起了一个东西。到了晚上，已经长了四五寸，有过路者好奇，上前细细一瞧，竟是菩萨的发髻！才过了四五天，那东西全身尽出，原来是一尊如来佛像。

消息一传开，轰动四方。各界人士闻讯而动，一块儿凑热闹前往上香礼拜，把个小庙围得严严实实。

陆眉枢当时官居给谏，负责京城治安，他深为和尚的迷信行为所激怒：这帮人准在弄什么鬼名堂，欺世惑众！

他当下亲领大批兵丁来到庙中，下令："把泥佛由神座上拖到地下，重打40大板！"

众兵士个个呆若木鸡，心中害怕，哪敢上前动手。陆眉枢亲手执棍行刑，把佛像击个粉碎，察看打碎的佛像，有不少碎块是湿泥。此时，旁边的和尚早心虚了。

陆眉枢喝令手下严刑审讯和尚，并且挖地3尺，终于获得真情——

原来，和尚们为了骗取钱财，绞尽脑汁想出了一个计谋。除夕之夜，他们秘密地把一尊佛像埋在地里，下面堆放了近百斤黄豆，旁边留出了一个洞口，日夜往里灌水。这样一来，黄豆发芽，体积膨胀，自然慢慢将佛像顶出地面。

陆眉枢马上令手下将和尚的供词抄录出来，挂在大道上，向各界人士揭露阴谋。

知县妙计擒盗贼

新任知县胡海山，刚接过官印就下乡察访民情。

一天晚上，他来到城外田野里，突然从一条田埂下跳出一个大汉，将胡知县擒住。

胡知县厉声喝道："大胆毛贼，居然偷抢到本县身上。"

大汉将胡知县紧紧抓住："贼喊捉贼，分明是你黑夜来此偷窃，不意被我守候在此，当场捉住，还有何话可说！"

远远跟着胡知县的县衙公差闻讯赶来，喝住大汉。那大汉见是自己误将知县当贼擒拿，慌忙磕头谢罪。原来他在附近田里种了两亩萝卜，正想收下上街卖时，发觉萝卜已被人偷走大半，他气怒交加，就守在田埂下，想捉拿贼人。未料想竟捉住了本县县官。

大汉伤心地说："我萝卜被偷，断了生计，如今又冒犯了大人，甘愿进监服役，尚能勉强温饱。"

胡知县说："你且放心，本县一定想办法抓住贼人，追回你的萝卜。"

他回转县衙，差人去关照本城最大的酱园店老板，托他高价收购数万斤萝卜。

酱园店老板不敢怠慢，四处张贴收购萝卜的告示。一时间，四面八方闻风而动，肩挑车载的萝卜源源不断地涌向酱园店。

扮作伙计的县衙公差忙碌地过秤付款。大

批量的萝卜先收购,他们边收购边和卖主搭讪,询问萝卜种在何地。扮作账房的公差便暗中记下卖主的人名、地点、数量,随即派人到实地查核。

在众多的卖主中,有两个对自己出售的数千斤萝卜说不清来历,公差便将这两个人带回县衙。经过审问,证实了这些萝卜是偷来的。

原来,这两个人是兄弟,沾上了赌博的恶习,那天晚上他们大输特输,为了翻本,便铤而走险,干起了偷窃的勾当。看到酱园坊的告示,想将偷来的萝卜卖个好价钱,不料正中了胡知县的计。

林公计断换子案

清朝末年,襄阳县发生了一起换子案。

有一家人家姑嫂两人都是寡妇,都同时生下了遗腹子,为一男一女。生育不久,姑娘便控告嫂嫂在回娘家时,将她的女儿换了自己的儿子。

襄阳知县受理了这个案件,他将姑嫂两人并一干人证都传到堂上审讯。两个当事人都说自己生了儿子,双方的邻居和接生婆都帮着自己一方说话,真所谓是公说公有理、婆说婆有理,莫衷一是,无法判断。

第二天,知县再升堂审理,两方人都诉说自己的理由,吵吵嚷嚷的。知县一拍惊堂木:"休得吵闹,本县夫人最善看相,且把那男孩抱来,让夫人一看。"

不一会儿,就将那男孩抱来送入后堂夫人房中,堂前的姑嫂等人都怀着焦急不安的心情等待着,她们都怀疑,知县夫人凭着相貌就能判断出男孩是谁生的吗?

歇了一会儿,使女将男孩抱入大堂,转告夫人的话:"两家本系亲属,光凭相貌难以判断此孩是谁所生。"

一听此言,姑嫂两方又都吵了起来,知县断喝道:"这孩子实在讨厌,害得亲戚失和,害得邻居争吵,害得本县不得安宁,留他何用?"

说着,一手从使女手中抢过襁褓,将男婴向窗外扔去。窗外园子里有个荷花池,那男婴被丢入荷花池中,泛起了几个泡泡,很快就沉没了。

众人都被知县这一举动惊呆了。那嫂子连声喊道:"不要伤害我的孩子!"

正忙乱时,只听扑通一声,有人投入了荷花池中,正在拼命地捞那孩子,还发出声声凄惨的叫声:"我的儿,妈妈来救你了,你可不能死啊!"此人正是那个原告姑娘。

差役们一齐动手,将那姑娘拉上了岸,不一会儿也把襁褓打捞上来。原来,那襁褓中包着的是一只穿衣戴帽的小枕头。那男婴正甜蜜地睡在知县夫人的床上哩!

知县据此断案,说:"母子连心,血肉相通,刚才婴孩落水,变故突然,姑嫂两人对待婴儿的态度,泾渭分明,此子属谁,已很显然。"

原来知县夫人在幼年时曾不慎失足跌入河中,她母亲为救她而死在河中。所以对此刻骨铭心,帮丈夫定下了这个计谋。

那嫂嫂承认为接续香烟,而用自己的女儿换取了姑娘的儿子,她的乡邻和接生婆也承认接受了贿赂,帮她作了伪证。

周省三换套救人

清代,浙江会稽县出了一个案件。有个年老的盐商,富有万贯家财,但无子嗣,就娶了个20多岁的穷家姑娘做二房。姑娘进门一年多就生了个又白又胖的儿子。可是这个二房姑娘未满产期就死了。由盐商的妻子出头告发,说二房姑娘是吃了一碗西湖藕粉后中毒死亡的,这碗藕粉是婢女兰香冲调的,兰香显然是觊觎夫人的地位,而毒死了那个二房姑娘想取而代之。这个案件并无确凿证据,但由于盐商妻子一口咬定,况且钱能通神,那兰香被绍兴府判处死刑,关在死牢里,只等刑部下达批文,一到秋天就要斩首。

兰香的父母当然不甘心女儿无辜做刀下之鬼,便四处托人,解救兰香。

杭州省城的帅爷周省二原籍绍兴府会稽县,和兰香是乡亲。他看了绍兴府送来的案卷,也觉得此案办得不实。但绍兴府已上报了刑部,"秋斩"期限即到,再要复查已来不及了。这个古道侠肠的热心人,苦苦思索着如何来复查案子,搞明真相。

当时他正在批阅公文,由于心事重重,竟把一支"大白云"的毛笔错塞到"乌龙水"的铜笔套中去了,这一"错套"顿使他的脑子闪过了一个念头。

刑部发往浙江各府的公文都是由杭州省城转发的。他以首席师爷的身份,查看了所有刑部下达的批文,果然看到了刑部发给绍兴府批斩兰香的公文。他又找了一封刑部同日发往浙江边远地区的公文。他把两个公文的封套用烛火将火漆融掉，然后将两件公文互调后转发下去。绍兴府和另一地区的府衙接到退件后，总以为经办人把公文套错了。由于职责攸关，是不敢声张，更不会调查的。等到纠正过来再发批文时，已过了当年秋斩的期限。这样，就为周省三复查这个案件赢得了时间。

于是，周省三抓紧时间，来复查案件，查明了毒害二房并非兰香，而是盐商的妻子。因为她既要传"香火"，又要拔除二房这个"眼中钉"，还可"嫁祸"于盐商早想染指的婢女兰香，真可谓是"一石三鸟"。她还用钱买通了一些人作伪证。周省三抓住了这些伪证者"证词"中的漏洞，顺藤摸瓜，终于找出了真凶。那盐商妻子在事实面前也只得供认不讳。

周省三将真实的案情禀明了杭州知府，由杭州知府出面上报刑部，刑部将案子核实无误后，就推翻了原绍兴府的判决，兰香的冤情得到了昭雪。

周师爷假碑之计

沿江靠山，有块风水宝地。这里是李家的祖坟。李家虽然清贫，但子孙却很有才华，一个个中举，光宗耀祖。据说这是得益于祖坟的风水好。邻村有个张员外，虽富有，但子孙却是不学无术的纨绔子弟，眼看家业无继，张员外不免心急如焚。他不怨自己教子无方，反而怪祖宗不加庇佑。于是他就想夺取李家的风水宝地，说这块地原是张家的祖坟，后被李家夺去的，两家为这块祖坟打起了官司。

张员外为了打赢这场官司，就备下重金去买通县衙的绍兴师爷。明清时期，许多府县衙门的师爷都是绍兴人，他们为主事官出谋划策，鱼肉百姓，为财主富豪消灾避祸，称霸地方，所以"绍兴师爷"几乎成了恶讼师的代名词，但其中也不乏正直之人。张员外买通的周师爷，就是这样的一个人，他看不惯张员外仗势欺人的行为，但还是佯装着答应帮忙。

周师爷对张员外说："要打赢这场官司，必须要有确实的证据。"

张员外说："我为此正想请教师爷，不知师爷有何高见？"

周师爷沉思片刻，出谋划策道："可以秘密派人去那坟地埋下一块祖坟的墓碑，以作凭证。"

张员外听了大喜，称赞道："此计大妙，不知墓碑立何年代为好？"

周师爷思索了一会儿，说："年代太远了不好，太近了也不好，依我看，选一个不远不近的年代吧！"

张员外想了想说："甲子这个年代不远不近，也比较吉利，不知师爷以为如何？"

周师爷听到甲子这个年代，正中下怀，便说："在下不敢为尊祖立碑，就依员外的意思办吧！"

张员外依计做了一块石碑，乘着黑夜叫人抬到山上埋下。

隔了几天，县衙发下传票，会齐两家人实地勘察，差役在破土之后，挖出了一块石碑，上写"张公某某之墓"，下面的落款是"大明万历甲子年立。"张员外顿时趾高气扬，振振有词："铁证如山，这块风水宝地原是我家的。"

李家主人觉得此事蹊跷，但一时也无话以对，县官见事非已有分晓，便将一干人等带回县衙审理。

县官刚进县衙，书童送来周师爷的一个禀帖，打开一看，只见上面写着"万历皇帝无甲子"七个字。县官急去翻看历书，只见上面载着：万历皇帝癸酉年登极，在位四十八年。这期间果然没有甲子年，他马上明白了，那块墓碑原来是假的。

县官大怒，开堂审讯时，责问张员外："你身为乡绅，为何作假，欺骗本县？"

张员外被问得倒吸一口冷气，还待强辩，县官在堂上将历书摔在他面前，怒道："万历皇帝无甲子，你当我3岁孩童吗？"

这场官司，张员外打输了，但他始终没有弄清楚是吃了周师爷的暗亏。

冯师爷写禀救寡

浙江省萧山县有个农村姑娘，由父母之命、媒妁之言嫁给了一个有病的男子为妻。只过了一年，丈夫就病死了。姑娘年轻貌美，耐不住守空房的寂寞，就经常回娘家小住。期间，与娘家的一个青年邻居有了感情。但是囿于封建礼教，两人难以成婚。一次，有个姓冯的师爷到该村办案，了解了这件事，受了姑娘的委托，就想成全他们一对婚姻。

在封建社会，寡妇再嫁被视为不守"名节"的行为，加之姑娘夫家的父亲和兄弟都竭力反对，所以这事很难办。但冯师爷很同情姑娘的遭遇，绞尽脑汁，为她写了一封禀词。大意是这样的：

为请求保持名节事：小女子十七岁出嫁，

十八岁丧夫,年轻守寡,看来是命里注定了的,本想安稳过日子,了却一生,再修来世。无奈公公是个光棍汉,小叔子年轻力壮尚未娶妻。小女子觉得在这样的家庭中很难相处得体,倘若事事顺从他们,就可能乱伦,如果稍有违背,就是对公公不孝,对小叔不敬,顺违两难,为了保全小女子的名节,故写此禀词,请大老爷做主。

这份禀词上写的内容,既有事实,又有冯师爷的分析推理。明明是姑娘想再嫁,要冲破封建礼教的"名节"观念,却偏偏写成姑娘要守"名节",请求官衙加以保护。

县官看了这份禀词,觉得姑娘叙述得很合情合理,为了保持封建礼教,免得乱伦之事发生,丢了他这个父母官的面子,就批复姑娘回转娘家。

姑娘回娘家不久,就和青年邻居结婚了。她原来的公公和小叔因有县官的批文,不敢对她干涉。

弄神教训洋教士

有个洋教士看中了襄阳城十字路口的一块地皮,想在此繁华地区盖一座教堂,他就找到了房地产的老板,要买地皮。老板说:"这里可是寸金地啊!再说店房成群,这个买卖做不成的。"

洋教士说:"我只要羊皮大的一块地皮,价钱嘛,任你用银元堆在这块羊皮上,能堆多少,我就给多少。"

那老板利欲熏心,就同意了这个条件,双方签订了契约。洋教士就去买羊剥皮量地了。谁知他心怀叵测,将羊皮剪成羊皮条,竟将一条街都围了进去。老板觉得受了欺骗,便告到了县衙里。

沈知县把原告、被告和关系人以及店铺住房的主人都传来县衙。洋教士为了虚张声势造舆论,把在襄阳的洋人都请来助阵。

沈知县对众人喝道:"这里是公堂所在,所有人都统统给我跪下!"

中国人一听喝声,齐刷刷地跪了下来,而洋教士与一班洋人都昂首挺立不肯跪下。还强词夺理说:"我们是天主的信徒,只给天主下跪,决不向异教徒下跪!"

沈知县佯装不懂,问道:"你们的天主是谁?"

"我主耶稣。"

"这个名字好陌生,怎么我都没有听到过?"知县装糊涂到底,洋人们发出了一阵笑声,知县对洋教士说:"你把天主的名字写出来!"

"那还不容易,快取文房四宝来!"洋教士显然是个中国通。

"不必!"知县拿过公案上的朱笔,伸过手掌,"就写在我手心上好了。"

洋教士就在沈知县手心写上"耶稣"两字。知县将手凑近耳旁,突然肃立,说道:"天主耶稣要我传言,要你们统统跪下!"

洋人们一听此言,俨然把沈知县当作耶稣的化身,只得跪在大堂上。

沈知县又将手心附在耳上,接着对洋教士厉声喝道:"万能的天主耶稣告诉我,你利用财迷心窍的异教徒,玩弄偷梁换柱的鬼把戏去骗人,叫我当堂代天主重责你40大板!"

洋教士一听,忙辩驳道:"你撒谎,天主决不会帮异教徒说话的!"但其他洋人却面面相觑,不敢吭声。

沈知县喝道:"你竟敢怀疑天主吗?快给我打!"

差役们闻声上前掀倒洋教士,重打了40大板。直打得洋教士屁滚尿流,皮开肉绽。

沈知县又听了听手掌,说:"万能的天主说,只要这迷途的羔羊退还契约,再不提及此事,可以饶恕他的罪过!"

洋教士疼痛难忍,只好当场答应:买地契约作废,所付银两全部赔偿给受损失的中国百姓。

待等洋人走后,沈知县又恢复了当地父母官的面目,下令重打那利欲熏心的房地产老板40大板,以儆效尤。百姓们闻听此事,都称赞知县断案机智公正。

费侦探智辩真凶

江苏常熟有一名叫桃花的女子,此女天生丽质,宛如桃花般的鲜艳美丽,而且天性聪慧,琴棋书画,无一不能。所以,羡其貌、敬其艺的求婚者络绎不绝。无奈桃花家门第太高,且桃花情窦未开,小伙子们只能"望花兴叹"。

同村有一青年男子名叫郎才,学识精博,真可谓是"此郎有才"。但家境贫寒,虽然暗恋桃花却也无法高攀,只能常在桃花家周围徘徊等待,以一睹"桃花"为快。

谁知红颜薄命,一天桃花父母外出烧香,桃花因赶画一幅花卉,未跟随同行,结果竟在家中被人杀死。其父母回到家中，见女儿惨死，呼天抢地，立即报案警署。

警署派侦探费翔前往破案。费翔到得现场发现桃花房中留有凶手足迹，足迹一直延续到郎才屋外。于是郎才作为杀人嫌疑犯被拘进警署。

郎才说："我羡慕桃花，闻其恶讯，我死已无憾了，愿受极刑，但我并没将桃花杀害。"

费翔见郎才感情真切，查验足印并不与郎才的相符，知是凶手采用的栽赃之计。但凶手是谁呢？他便问郎才："你可有仇人？"

"我平素洁身自好，并无仇家。"

"知道你迷恋桃花的，有些什么人？"

"这就多了，我的亲戚，桃花的家中人，还有两家的街坊邻居都知道此事。"

费翔把这些人进行排除，在这范围内的有近百人，如何从百人中认出一个真凶呢？

他把这些人都召集在桃花家中院子里，对众人说："这里是一堆石灰，请各位依次从石灰上踩过，以备我检验足印，确定凶手。"

这些人按照费翔的要求，从那石灰上通过。其中有一个人情绪紧张，走得很慢，而且在行走时故意将足迹搞得模糊不清。费翔在一旁察颜观色，立即将此人抓了起来。经过审讯，他供认了杀害桃花的罪行。

此人是桃花家的街坊邻居，名叫孙立，也为桃花美色所倾倒。这一天他察得桃花独自在家，觉得机会难得，潜入桃花家中，强奸不成，便将桃花当场杀害。为了嫁祸于人，就故意留下足迹，并将足迹延至郎才屋外。因那时是民国初年，检验足迹指纹的办案方法在国内尚未通行。所以他毫无顾忌。

其实囿于当时的办案条件，费翔也尚未掌握检验足迹的科学方法，只是隐约感到地上所留足迹与郎才的足迹似乎不像。但也难判真伪，所以虚晃一枪，以探索人们的心理状态，果然抓获了真凶，为郎才洗刷了冤屈。

冷载阳称重伸冤

清朝末年，浙江宁县知县冷载阳，新到任不久，乡里发生了一桩强奸案，冷知县看完诉状后，便公告于民说：3天后开庭公开审理此案。

到了第3天，看审案的人密密麻麻。冷知县坐在大堂传原告上堂。

原告是凤凰乡的财主叫吴天良，身后跟着他的胖老婆，年纪30多岁。那女人禀道："民妇叫赖巧云。3年前有个外地人郑裁缝流落街头，见他可怜，收留在我家，岂料他忘恩负义，居心不良，前天趁我丈夫不在家之际，闯入我卧室把门关紧，捂住我嘴巴，将我抱到床上动弹不得，正欲撕我衣裤行奸之时，正巧我丈夫回家，踢开房门，郑裁缝才罢手。"接着吴财主亦将所见诉说了一遍，原告诉完，便传被告上堂审讯。

被告郑裁缝60多岁，骨瘦如柴，进得大堂跪下流泪呼冤枉。冷知县道："有何冤枉请明讲！"

郑裁缝说："我做裁缝已几十年，家乡遭灾，流落此地谋生。吴天良夫妇见我手艺不错，便留我住在他家。连年我做手艺所得工钱都存放在吴天良手里，大约已积60多两银子。前不久，儿子来信催我回家。前天我向吴天良告辞，请还我积存之银，他就叫我晚上去拿。到了晚上，他妻子叫我到她卧房取银，刚随她进屋，吴天良便从门后冲出，将我一阵好打，诬我强奸他老婆。此时他老婆解开上衣，把头发散乱大哭大叫。这是圈套，想吞我银子，请老爷明察。"

听完原告、被告陈述，冷知县微微一笑，即叫差人扛来一根木桩和一把大秤。众人皆疑，冷知县向差人说："把赖氏的身子称一下，有多重？"

差人称毕道："原告赖氏体重138斤。"

冷知县又道："木桩有多少重量？"

差人称了回复道："木桩65斤。"

冷知县又叫郑裁缝把木桩抱起来在公堂上走一圈，郑裁缝不解其意，用尽全身之力也没把木桩抱起，直累得喘大气。

"停止！"冷知县手指赖氏厉声喝道，"大胆泼妇，你们贪财设下计谋诬陷好人，给我把这泼妇拖倒重打100大板，再来定罪！"

赖氏见两个差人拿着板子，要在众目睽睽之下拖她打屁股，拼命挣扎不肯跪下，号道："大老爷开恩。"两个差人竟无法制服她。

过了一会儿，冷知县喝道："行了，不用打板子了。"说完站起身来对看审的人道："各位乡亲父老，郑裁缝纯属被冤枉。大家都看到郑裁缝抱不起这60多斤的木桩，怎能将这130多斤的刁妇抱上床？再则差人都无法将她按倒在地，郑裁缝如此体弱怎能对她施奸？这分明是引诱郑裁缝上当，借以诬告，以达到侵吞银子之目的。"

吴天良夫妇见事已败露，只得供认不讳。

霍桑与白衣怪客

暴发户裘日开遇到了一件怪事。这个50多岁的鳏夫和外甥寿康同住一个大宅子，家中还有一个老仆人林生。近来，每到夜晚，他在睡意朦胧中总见有一个白衣人站在他的床前，咄咄逼人地盯着他，但当他惊醒后，白衣人却又不见了。他担心大祸临头，故求助于霍桑先生。

霍桑并不认识裘日开，但在报上曾看到过他的名字。知道他是个股票投机商，原来只是跟着哥哥裘日晖学生意，去年一次股票暴跌风潮中，他一举成功，成了暴发户，而他哥哥裘日晖却突然中风去世了。霍桑听完"怪事"，回答说："这事我可以慢慢帮你查访。"

谁知道第二天，就传来了裘日开于晚间死亡的消息。霍桑赶到了裘家。

裘日开的卧室里，床铺被褥零乱不堪，一把椅子倒翻在地。裘日开表面也无伤痕，尸体随即送警署检验。

霍桑向死者的外甥寿康调查："晚间你听到什么动静？"寿康说："我正睡熟，忽听到姨夫的惊叫声和椅子的倒地声，待我赶到卧室时，姨夫已经死了。"

霍桑又去询问老仆人林生。他昨晚去亲戚家帮办喜事，所以对晚上发生的事一无所知。不过他说今晨回来时，在银行门口看到过寿康，像是去提款的样子。

霍桑给银行打了一个电话，确认裘日开的账户上有2000元款子被提走了，就来找寿康进一步核实。

寿康一听到提款之事脸色顿时变了，他支支吾吾说："别听林生瞎说，他老眼昏花，可能看错了人。"

霍桑说："林生并没瞎说，从你鞋上沾有滑粉来看，今晨你是去过银行的，而且你手指上留有刚点过钞票的痕迹。"

寿康无法辩解，只好坦白说："其实，那经常扮白衣人的也是我，我想引起姨夫的恐慌，可以常留我住在这里，供我吃用，过好的生活。那笔钱原是姨夫昨天开出的支票，叫我去代领的，今晨我得知姨夫已死，赶紧去将它取出来，作为己用。"

霍桑说："你要我相信你讲的是真话，你需将你装扮白衣人的物证拿出来。"

寿康爽快地说："我回房去就可拿来。"可是寿康翻遍了整个房间也找不到那件白衣服。他着急地说："那件衣服大概给人偷走了。其实那件衣服我也是偷来的，可能已被原主发觉取回了。"

"白衣是我的。"这时老佣人林生走进房来，手里拿着一件白衣服。寿康见了如获救星般地说："正是这件衣服。"

林生坦白说："夜间经常出现的白衣人就是我。"

接着，林生讲述了如下的事实：他是裘家的老仆人，是看着裘日晖和裘日开兄弟俩长大的。老太爷死后，裘家由长子裘日晖当家，他成了裘日晖的贴心管家，谁知裘日晖突然破产死亡，而裘日开突然暴发，他怀疑其中必有蹊跷，总感到裘日晖之死与裘日开有关。所以穿了这件衣服，经常在夜晚出现在裘日开卧室里。因为这件白衣服是裘日晖的遗物，让裘日开感到是哥哥的鬼魂出现，在恐慌之中说出真话，以弄清裘日晖死亡的真相。但是最近这件衣服不见了，后来才知道是被寿康偷走的。昨天他又将白衣取了回来，并于当晚再去裘日开的房中。

霍桑问道："你是怎么弄死裘日开的？"

林生迟疑了一下，说："裘日开当时见了我身穿白衣，以为是他哥哥鬼魂出现，连连喊叫'哥哥我对不起你'，这样我就确定他是害死大老爷的凶手，我为了替大老爷报仇，一气之下，就将他掐死了。"

"胡说。"霍桑立即喝道，"你昨天不是去给亲戚办喜事了吗？不在家中，怎么可能去裘日开的卧室呢？再说那裘日开的尸体并无被掐的痕迹，这事你作何解释？"

林生说："我承认撒了谎，我没有掐死裘日开，他是被我吓死的。"

"这也不对，你前几次去都没吓死他，寿康去也没吓死他，为什么昨天你去就把他吓死了呢？"

"因为昨晚我除了穿大老爷的白衣，还带了一个根据大老爷面容制作的面具。"说着从褥子底下拿出来一个面具。霍桑拿过面具一看，再取过裘日晖的照片一对照，果然做得非常逼真。

"这只面具不是你制作的，是谁给你的？"霍桑进一步问道。

"别问了，我是凶手，我是凶手！"

霍桑说："你不说，我来说，裘日晖有个儿子叫裘海峰，在北京美术专业学校读书。他是从去年报载裘日晖死亡的消息中知道这个情况的。裘海峰最近从北京回来了。"

这下子林生忍不住了，惊恐地反问："你怎么知道的？"

"本来我只是一种推测，但现在从你的言行中已经证实了我的推测。"霍桑说，"这个面具是裴海峰制作的，从面具脸形的勾画及色彩的调配，制作者是学过美术的，而裴海峰是美专学生，正具备这种条件。而你想保护裴海峰，把行凶的罪名拉到自己的身上来。"

事情发展到这种地步，林生只得讲述了真实的情况。

裴海峰是昨天从北京回来的，他回来是想向裴日开要一笔钱以备出国深造之用。但裴日开悭吝成性，拒不给钱。裴海峰就来找林生发泄心中的愤懑。他本来就怀疑父亲是被叔叔害死的，所以在去年办完父亲的丧事后，制作了一个面具交给林生，让林生穿着白衣戴着面具，晚间到裴日开的卧房里去恐吓他，让他说出真情。现在见裴日开不肯付本来属于自己的钱，感到愤愤不平。林生对裴海峰是很有感情的，他估计晚间海峰气愤不过又去找裴日开，两人发生争执，裴海峰杀死了裴日开，为了保护裴海峰就自己承认为凶手。

正在这时，来了一个器宇轩昂的青年，正是裴日晖的儿子裴海峰，林生立即惊慌地说："少爷，你不是今天要回北京的吗？怎么又回来了？"

裴海峰说："我在车站看到报纸，知道叔父裴日开死了，特地退了车票，赶回家来的。"

霍桑问道："裴海峰，你回来得正好，你昨晚去过裴日开的卧室吗？"

"去过的。"裴海峰坦率地说，"昨天下午我去会晤一个朋友，想筹借出国的款子，结果未能如愿，所以晚上我想同叔父协商一下。"

"结果如何呢？"霍桑继续问道。

"那时才10点刚过，哪知叔父已熟睡，我走近床边，刚开口，叔父就惊醒过来，口中大喊大叫，还拉起床边的椅子向我掷来，在这种情况下，款子的事当然毫无结果，我连忙退出了房间。谁知叔父竟然死了，这事跟我有干系吗？"

霍桑沉思了一下："这事与你没有干系，因为凶手是裴日开自己。裴日晖是受了裴日开的骗，以至于破产死亡，从这点来说，裴日开是凶手。裴日开又因疑神疑鬼而致于死亡，从这点来说，他又是杀害自己的凶手。"

不一会儿警署送来了裴日开的验尸报告，称裴日开的确是心脏病突然发作而死亡的。

贺中杰破情杀案

1950年的一天，侦察排长贺中杰带了两名侦察员外出执行任务。这一晚错过了宿点，就到山村的一家民户借宿。

这民户家中只有张老汉一个人。他对贺排长说，家中有的是空房，只是近日来闹鬼，怕不安全。贺排长当然不信神鬼邪说，当即就住了下来，并向张老汉问起闹鬼之事。

原来张老汉中年丧妻，与独子张平相依为命。张平前年娶了个叫翠花的姑娘。一天晚上，父子下田归来，只见翠花被捆绑在卧室的椅子上，而房门、窗户紧闭，从里面用门闩闩上。是何人进得房来？据翠花说是山上关帝庙的周仓显灵，将她捆绑的。隔了数天，张老汉在晚间突然听到儿子房内发出呼救声，他立即破门而入，见儿媳翠花又被绑在椅子上，儿子张平已被人杀死，而且死得凄惨，不仅开膛破肚，而且心肝也被取走。

据翠花说，又是周仓显灵，意欲强奸翠花，张平上前阻拦，遂被杀死。验看血迹，果然直通关帝庙，见那旗杆上，挂着儿子的心肝，张老汉说到此处，泣不成声。

贺排长问道："你儿媳翠花现在何处？"

"张平死后不久，她就改嫁给她的老乡邻路通了。"

贺排长知是凶杀案，而且这个儿媳翠花大有嫌疑，但她本身被反绑在闩上门闩的房内，如何作案呢？他思索了一会儿便对侦察员张利、陆灵说："我这里有两封信，需要连夜投送，务必交给本人，倘若不完成任务，要受重罚！"

两名侦察员跑了一天也无法投送信件，只好回来受罚，贺排长就将他们绑在椅子上，说："你们要是能设法将门闩闩上，就可将功赎罪。"

张利、陆灵被捆绑得结结实实，哪能去闩上门闩，但他们毕竟是久经磨炼的侦察员，经过几度挣扎，觉得上身和大腿无法动弹，但小腿部尚有松动余地，于是两人就背着椅子一点点地挪动小腿，来到门前，再用鼻子顶着木闩慢慢移动，终于将门闩闩上。

他们的行动被贺排长在窗外看得一清二楚，他明白了凶杀案的作案方法，于是在第二天就请张老汉将翠花诱来屋里，贺排长让两个侦察员当场表演了"捆绑闩门法"。

原来翠花在未出嫁时就与乡邻路通有奸情，出嫁后仍往来不断，为保持长久关系，就设计害死了张平。那次,路通守在屋内,将张平杀死后,又将翠花捆绑起来,并把张平的心肝挂到关帝庙的旗杆上。路通走后,翠花就将门闩上,并假说周仓显灵杀夫奸妻。相信迷信的张老汉果然受骗。

现在翠花看到侦察员的表演,知是案情败露,便交代了犯罪事实。

贺排长离开山村时,顺路将路通和翠花这一对杀人犯带到了县公安局。

孙科长悬崖查秘

某市博物馆的国家一级重点文物——殷商青铜鼎被盗。公安机关经过周密排查,认为曾参加过文物的挖掘与装运工作的博物馆的临时工赵福和邱四的嫌疑最大。但据馆长说,他们已先后请假回家去了。

公安人员一调查,发现此两人一个也没有真的回乡。那么,他们究竟去哪儿了呢?会不会携带文物出逃了?市公安局立刻向邻市公安机关通报了案情,让他们密切注意境内可能出现的一胖一瘦的两个可疑分子。

不久,滨海市公安局拍来电报:在该城发现两个可疑分子,相貌特征与通报里的嫌疑犯一样,也是一个瘦高个,一个矮胖子。根据情况推断,那个瘦高个便是赵福,矮胖子是邱四。滨海某市经常有走私犯进进出出,赵福与邱四窜到那里,肯定是想把窃得的文物通过海道尽快出手。

市公安局当即派刑侦科孙科长带小分队直驱滨海某市,不久便盯上了目标。与此同时,罪犯也发现有人在身后跟踪。他们惊恐地朝海边一座山上匆匆逃去。

由于刚下过一场透雨,他们走过的山间小路上留下一串清晰的足迹。可是,那足迹延伸到一个陡坡边的乱草丛中消失了。接着在山坡上又重新出现,足迹直延伸到悬崖边上又消失了,而没有返回的足迹。悬崖边上绝无藏身之处,崖下是白浪滔滔的大海。

孙科长带着刑警队员仔细搜索悬崖旁的草丛。突然,队员小周发现草丛中有一个白色的东西一闪,他立即撩开乱草:"科长,这里发现一个笔记本。"

孙科长打开笔记本一看,只见本子的最后一页上写着:"一切都将逝去,一切皆可抛弃……"

"科长,看来两个家伙是畏罪自尽了。"小周一看完笔记本上的话,便说。孙科长没有吱声,弯下身子又对地上的脚印研究起来。"科长,你还看个啥,罪犯的绝命书都写了。戏还不是到此收场了?"急性子的小周不耐烦起来。

"不,戏还不能收场,罪犯就在山坡附近,分头搜索!"孙科长信心十足地下达了命令。果然,一会儿,刑警队员便在坡下百来米外的一个旧茅棚里,揪出了罪犯赵福与邱四。从他们的身上果然搜出了失窃文物。

在返回驻地的路上,小周不解地问:"科长,你怎么从脚印上能判断出罪犯不但没死,而且藏身在附近呢?"

"这是因为我发现了脚印里的秘密。坡上大个子的步距比小个子的短;大个子的脚印是前掌使劲,而且,大脚印有几次重在小脚印上,小脚印从来没压过大脚印。"

小周听着,听着,心里豁然开朗了:"你是说,这两个家伙走到坡下时,矮胖子提着瘦高个的鞋上坡,走到崖边,把笔记本扔进草丛,然后换上高个子的大鞋,倒退着下山坡来。这样,造成了两人跳崖的假象?"

"对,事实就是这样!"

察挂钟识假盗案

郑岭急得在屋子里团团乱转。两个月前,别人给他介绍了一个对象,两人一见钟情,订下终身。最近,女方听说郑岭要到南方出差,便缠着一定要他带套高级家具回来,否则,不同意结婚,那口气不容商量。眼前出差日期将到,他不禁心急火燎。

"钱,钱在哪里?"

他双手下意识地插进口袋,突然,他眼前一亮,想起来了,那信封里厚厚一叠,是3000元人民币。"可这是刘师傅托我买彩色电视机的啊!"

一个月后,郑岭果然带回了成套高级家具,女友喜不自禁,郑岭却有苦难言。他把刘师傅的那3000元先挪用了。

"怎么向老刘交代呢?"出差回来后,郑岭紧张得大门不敢出,躲在家里苦苦冥思了两天。终于,一个解脱的办法在他脑中形成了。

他先将箱子、衣柜、书柜、写字台翻得乱七八糟,再将衣柜底层大抽屉夹板撬得天翻地覆,最后,又把门锁砸坏,将锁头抛在地上。做完这一切,他急冲冲来到派出所"报案"。

民警金叔璇很快跟随他来到现场。

案发现场果然和郑岭讲述得一模一样，而且屋子里到处都是灰尘。金叔璇仔细地勘察现场，没有发现任何可疑的指纹和脚印。他陷入沉思。

"当当当……"墙上的挂钟敲打了12下。

金叔璇眉头一振，像新发现了什么，问："这屋子就你一个人住吗？"

"是的。我还没有结婚。"

"你出差后，家里没来过别人吗？"

"没有。我发现家里被盗，马上就来报案的。"

"那好，请你把真实情况说出来吧！"

"什么？"

"为什么要报假案？"

"什么假案？"

"墙上的挂钟半个月就要上一次发条，你说出差已一个多月，可屋里的钟还在走，这说明什么？"

"这……"郑岭愣住了。

刑警智识假证人

某大楼306号房间的一位独身男人被杀害了，死者的许多贵重物品也被盗窃一空。这起谋财害命案是在一个大雪纷飞的冬夜发生的。

第二天清早，接到报警的公安人员迅速赶到现场。当推开房门时，里面一股热浪扑面而来，室内温度很高。煤炉也快熄灭了，炉上的水壶早已烧干，发出"吱吱吱"的声响和一股煳味。灯还亮着，在弥漫的蒸气中散发着微弱的光。

又是一个无头案。刑侦队萧队长心想。他一方面组织对死者社会关系的调查，另一方面向附近居民了解与案件有关的情况。由于死者生前性格比较孤僻，所以邻居对他的情况大多不很了解。

住在距该楼20米开外的另一所楼房里有一位中年男人，却自告奋勇地赶来向萧队长报告说："昨晚9点多钟，我看见死者屋里有一个男人。这人大约30岁，尽管把帽沿拉得很低，我仍然清楚地看到他戴了一副黑框眼镜。"

"哦，你看清楚了吗？"萧队长饶有兴趣地问。

"我看得一清二楚。"那人还补充了一句，"我估计，此人便是凶手！"

"在我们掌握的与死者交往的人中，倒确有一位中年人像你讲的那样。"萧队长转过话题，"你有每天都往楼这边看的习惯吗？"

"没有。"

"那么你是无意中发现的喽？"

"是的。"这目击者十分平静地说，"因为我的后窗正对着他的前窗。昨晚他的窗帘只拉了一半，所以我看到了一切。"

"嘿嘿，够了。来人，把这个'目击者'给我看起来！"萧队长突然下达了命令。

"你、你们这是什么意思，我要控告！"目击者咆哮起来。

"别控告啦！只怪你编故事的本领还不到家。"萧队长悠然自得地抽起烟来，"昨晚室外下着大雪，死者室内生着炉子，内外温度相差很大，窗玻璃上有着很重的雾气，别说你在20米以外，便是在20米以内也丝毫看不清人。即使能看见，也不会看到什么黑框眼镜。我说得对吗？"

那位"目击者"经萧队长这么一说，立刻蔫了。经审讯，此人便是凶手。而他陷害的一位戴黑框眼镜的中年人，则是他的仇人。

老法医鲤鱼作证

一天中午，某市工人新村旁边的一间旧屋突然失火，房屋的主人李师傅被烧死在里面。他50多岁，身子硬朗，失火后，完全有可能从屋内奔出，为何会被烧死？市公安局的侦察员带着年轻的法医小郭赶往现场，检验发现，死者鼻口中无烟灰，颈脖上有勒的痕迹。很明显，李师傅是被人卡死后才被焚烧的。由于左邻右舍协助救火，现场已被严重破坏。

据群众反映，这个月李师傅有奖储蓄中了头奖，得了5000元奖金。侦察员初步断定，罪犯是为了得到这5000元奖金才作案的。

第二天，群众扭送了一个扒手来到城区派出所，从他的身上搜出一个塑料钱包，内有一叠崭新的人民币，正好5000元。扒手一口咬定，钱包是他在公共汽车上扒窃来的，被窃者是个留长发的青年。城区派出所把扒手押送到市公安局，经过多方查证，这个扒手的确不是杀人犯。

当天下午，侦察员查到三个可疑的对象。让扒手暗中辨认，扒手当即指出其中那个蓄长发的青年即是公共汽车上的被窃者。于是，公安人员就传讯了这个名叫诸向洋的青年。

"昨天中午，你在什么地方？"

"昨天中午？哦，对了，昨天是厂休，我一早就去新畈水库钓鱼了。我钓到两条4斤重的大鲤鱼，我家吃不了，送了一条给隔壁的张大妈，不信可以去问张大妈。"

侦察员在鲤鱼身上揭了两片鱼鳞回到公安局。法医小郭把两片鱼鳞放在低倍显微镜下观察，只见鳞片上清晰地显现着两个环纹，说明是条两龄鱼。新畈水库是去年新建的，一蓄水就投放鱼苗，到现在，那些鱼苗正成长为二龄鱼，从鱼鳞来判断，这条鱼是从新畈水库来的。看来诸向洋并没有说假话。

检验报告送到公安局长面前，公安局长摇摇头说："不对！张大妈不是说，那条鲤鱼有4斤多重吗？我从来没有听说过，放养两年不到的鱼苗长成4斤多重的大鱼！"

晚上，老法医风尘仆仆地从外地回来，听完介绍，说："这种检查可能不准。不易看清年轮，当然从鱼鳞上的环纹判断鱼龄，一般来说，是正确的，但不绝对，还得检验一下鱼的鳍条，两者互相对照，会更加正确。不过，要取胸鳍第一根鳍条。"

鳍条取来后，老法医用细锯从基部锯下约2毫米的一段，放在砂轮上带水碾磨成0.2毫米左右的横断面薄片，擦净后放在低倍显微镜下观察，只见一圈一圈地有四个同心圆环纹。

"这是四龄鱼，不是二龄鱼！"老法医说，"这肯定是自由市场上买的。"

在科学面前，罪犯无法再诡辩，只得交代了犯罪事实。原来他谋财害命后点着了被害者的房子，妄图毁尸灭迹。接着逃离了现场，谁知在公共汽车上钱被扒了。他怕引起别人怀疑，特地到自由市场买了一条大鱼，送给张大妈，诓她说是从水库钓来的，想利用她证明自己昨天不在杀人现场。但老法医利用生物学知识，使他落入了法网。

察烟头锁定凶手

在南方某城，有位年过花甲的老人，子女在外地工作。老人因略有积蓄，于深夜被盗贼扼死，钱财被抢。

第二天上午，公安局郝队长在现场找到两个烟头。据了解，老人从不抽烟，因此，这烟头极可能是作案者留下的。郝队长推想，一定是作案者以某种借口敲开老人的门，进屋后一边抽烟，一边与老人聊天，然后伺机作案。另外，还找到一个重要线索：老人手中捏着几根头发，显然，这是老人反抗，用手抓罪犯的头发后留下的。

经鉴定，死者的血型为A型。那几根头发是血型B型的人掉落的。这进一步证明，老人手中的头发是作案者的。除此以外，在现场未找到其他线索。

郝队长的注意力，集中在那两只烟头上。烟头是作案者自己用纸包着烟丝卷成的，烟头很短，浸透了唾液。通过鉴定，唾液中的血型物质也呈B型，唾液中的上皮细胞含有X、Y两个染色体，属男性。郝队长心里有了一个谱。

郝队长思索起来：烟头是作案者用纸卷上烟丝做成的，说明作案者的经济能力有限，买不起现成的烟卷；作案者在作案前连抽了两根烟，说明他烟瘾颇重；最为重要的是，烟头很短，浸透了唾液，说明作案者习惯于长时间把烟头衔在嘴里，直到烟头快烧到嘴唇，这才扔掉。一般来说，木匠、泥水匠常常有这样的抽烟习惯，因为他们的双手不停地干活，无暇用手指夹着香烟，于是就把香烟长时间衔在嘴里。

就这样，从小小的烟头中，勾画出作案者的形象。

郝队长着重从木匠、泥水匠中侦查，果然，很快就查到一个可疑的木匠。这个木匠一边叼着烟头，一边干活。在木匠离开后，郝队长取到他扔在地上的烟头。经鉴定，与作案现场遗留的两个烟头的特征完全一致。

经过进一步查核，终于侦破此案，逮捕了这个木匠，并从他家中搜出了赃款。

周队长血泊释疑

工厂下班之后，钳工师傅张三虎对青工印代山说："走，今天领了奖金，我让你嫂子做几样好菜犒劳犒劳你！"

印代山推辞不过，就跟张三虎来到他的家中，这是一座自建的二层楼房。他俩到楼上，在客厅里坐定，张三虎拿出在街上买的熟菜和瓶酒，两人先吃喝起来，他还对着楼下的厨房大声问道："姚云，菜炒得怎么样了？"

厨房里传来了火暴的炒菜声和一个女人的声音："你们先吃吧，我就来了！"印代山听得出是张大嫂姚云的声音。

两人正喝在兴头上，突然楼下传来骇人的惨叫声。两人应声跑下楼去，厨房里一副惨状，姚云仰卧在血泊中，胸口正插着一把尖刀。

张三虎见妻子惨死，悲痛万分，他对印代山说："你在此保护现场，我立即去报案。"

市公安局刑警队长周勇闯带着侦察员小金很快来到了现场，小金忙着拍照、勘察，周队长则向张三虎和印代山询问情况。

"姚云什么时间被害的？"

印代山回答说："不超过10分钟，没多久我还听到大嫂在厨房里的声音。可是在这短短的时间里，凶手已不见踪影。"

"被害人当时就死了吗？"

张三虎回答说："我们来时，我妻子已倒在血泊中气绝身亡。"

果然在姚云的尸体旁边，血流满地。周勇闯对血泊注视了一会儿，若有所思地自语道："噢，血泊！"他心中已经生疑，但未露声色，吩咐道："小金，你同他们上楼去，我再勘察一下现场。"

可是过了一会儿，周勇闯和小金将张三虎用手铐铐住。

印代山莫名其妙，正想为张三虎开脱，这时，周勇闯从厨房里取出了一台录音机，正放着姚云的声音："你们先吃吧，我就来！"这下子他似乎明白了真相。

原来，周勇闯是从血泊上发现疑点的，从姚云发出惨叫声到当事人赶赴现场，至多也只几分钟，在这么短的时间里，绝不会血流成泊的，由此可推测，现场是伪装的。后来，他在现场发现了录音机，更证实了判断。所以一举擒获了凶手。

张三虎在事实面前，交代了自己喜新厌旧谋害妻子的罪行。

印代山感慨地说："真可怕，我险些做了凶手的帮手。"

周勇闯说："张三虎请你喝酒也是预谋的，他就是要你作个他不在现场的证明。"

火眼金睛识劫匪

子夜时分，北风呼啸着，南方某车站一派宁静。值班民警陈小舟机警地观察着四周动静。

"有人抢劫啦！"一声惊叫划破宁静的冬夜。小陈闻声追去，歹徒见了转身就溜。追了好长一段路，歹徒一闪身，溜进了火车站候车室。陈小舟尾随而入，歹徒早已混入候车的人群之中。哪儿去追觅人影子呢？小陈一边喘气，一边对所有候车者静静地打量着，在脑海里回忆着歹徒的体貌特征。车站内有5个人成为最重要的嫌疑犯。

第一个是位高大的青年，正大声嚷嚷、舞手舞脚地跟别人吵架，面目狰狞；第二个正裹着大衣居然对着灌耳北风呼呼大睡，醒来时却连连摇手说不知道；第三个或许为了御寒，正在起劲地做俯卧撑，做得嘴巴中大口大口呼出白气；第四个人像得了病，正在浑身打哆嗦；第五个坐立不安，四处张望，似乎在焦急等待着要乘的班车。

小陈一时吃不准，只好将他们统统带进警卫室。

小陈一一询问，半个小时过去了，仍一无所获。小陈心里可着急呢！照这样，要找不出抢劫犯，这帮不讲理的家伙准会起哄。外面的夜间巡逻怎么办？

这时，车站保卫科王科长来了。他向小陈问清事情的来龙去脉后，独个儿又细细地观察了一遍现场，重新返回车站警卫室。

走进警卫室，王科长突然问那做俯卧撑的人："你一共做了几个俯卧撑？"

那人木然地抬起眼皮："谁吃饱了没事数这个！"

那个有病打哆嗦的和那个急着等车的人却不约而同地说："5个，他一共才做了5个！"

王科长冲那做俯卧撑的笑笑："别赖了！你这么个身强体壮的人，做了5个俯卧撑就大口大口喘息不止，鬼才相信呢！我们小陈追了好长一段路，你也逃了好长一段路。你妄想以锻炼来作烟幕弹！"

小陈和其他4个人全向王科长投去敬佩的目光。那家伙一下子脸如死灰，低头交代了一切。

科技卷

鲁班智扶斜宝塔

相传，鲁班是我国古代最聪明、最能干的工匠。他原名公输般，因为是春秋末期的鲁国人，鲁班就成了后人对他的称谓。

一次，他来到吴国姑苏城，人间天堂，果然名不虚传。古城楼塔，次第排列，茶馆酒肆，热闹非凡。鲁班游兴倍增，揣摸着苏州建筑的特点，沉醉其间。忽然一阵嘈杂的吵闹声传来。鲁班循声望去，只见前面一块绿草如茵的空场地上，高高耸立着一座新建的宝塔。塔前围着一群人，吵吵嚷嚷，不知干什么。他慢慢走过去，拨开围观者，看见一个身穿绸缎、头戴高冠、腰系香袋的老人正在发怒，青筋暴绽，瞪目竖眉，大有气冲斗牛之势。老人对面蹲着的一个中年人，双手抱头一副垂头丧气的样子。鲁班好生奇怪，一询问才知道事情的究竟。

那位老人是当地有名的富翁，为行善积德，准备修建一座宝塔，流传千古。这项工程由那位工匠承接。运木起造，精心筹划，经过近三年的辛苦劳动，宝塔终于建成。可是不知怎么搞的，宝塔虽然建成，可不管横着看，还是竖着看，总是倾斜的。经过测量，宝塔的确倾斜近10°。人们对此摇头相视，指点议论。富翁认为造塔反招非议，很是生气，也有损他的功德圆满，因此，亲自找工匠算账。要么推倒重建，要么把宝塔扶正，否则，要送官府严办。

这可难住了工匠，如果要推倒重建，自己就是卖儿卖女、倾家荡产也无法承受经济压力；如果把塔扶正，这也办不到，因为宝塔尽管是木质的，可依然有约百万斤，只能望塔兴叹！

鲁班绕着宝塔仔细瞧了瞧，又看了看一筹莫展的工匠，走过去安慰道："你不要着急，只要你给我找点木料来，我一个人用不着一个月就可以把它扶正！"

工匠一听，半信半疑，可也没有别的办法。于是他扛着木料，带着一丝希望等待着。而鲁班呢，他也不让人插手帮忙，将扛来的木料砍成许多斜面小木楔，一块一块地从塔顶倾斜的一面往里敲，使倾斜的一方慢慢抬高。这样乒乒乓乓，起早摸黑干了一个月，宝塔果然直立起来了。

工匠感激地问鲁班："恩公，你这样补救为啥能使宝塔直立？"

鲁班答道："由于斜塔是木质的，各部件之间的拉扯比较结实，能形成一个有机整体，所以可以用打木楔的办法加以扶正。而木楔又是斜面的，既比较容易往里打，具有'四两拨千斤'的作用，打进去后又可抬高塔的倾斜面的高度，使塔不再倾斜。"

鲁班仿草造锯子

有一次，鲁国的国君要鲁班负责修建一座大宫殿，并且必须限期完成，否则，就要给予严厉的处罚。

接受任务后，鲁班抓紧时间准备一切用料，其中需要大量的木材。他就召集起他的徒弟上山去采伐。当时，采伐木头用的是斧头。砍呀，砍呀，徒弟们砍了许多天，直累得腰酸背疼，还是没砍下多少棵树。

鲁班的心里非常着急。如果木料供应不上，就不能按期完工，这样，不仅自己要受到处罚，还要连累徒弟们。

"能不能想个什么办法加快伐木的进度呢？"鲁班为此绞尽了脑汁，还是想不出好办法。

这天上午，他又心事重重地到山上去察看。为了抄近路上山，他决定沿着陡坡的羊肠小道上去。山路陡峭，草木茂盛。他用手攀着树枝、杂草，使劲地往上爬。爬着爬着，他脚下一滑，差点儿摔下去。由于太使劲，手被握着的茅草划破了，鲜血从手心流了出来。鲁班伸手一看，只见手上有几道细细的口子，感到很惊奇："几根柔软的小草竟也这么厉害，我倒要看个究竟！"于是，他又抓住小草，用力一抽，只见手掌又被划了几道口子。鲁班顾不得疼痛，也顾不得擦去手上的血，拿起小草看左看右，琢磨着草上有什么名堂。终于，他发现了茅草的秘密。原来茅草叶子的边缘上，有许许多多排列得很整齐的小齿儿。正是这些锋利的细齿割破了鲁班满是茧皮的手！

"哈哈！有了！"鲁班心里一亮，心想，"如果仿造茅草的样子，在铁片上打出细齿来，不就能把树弄断了吗？"

鲁班找来了铁匠，让铁匠打了一批带有细齿的铁片。用这种"铁草"去锯树，果然又快又省力气。

张衡发明地动仪

公元138年春天的某日，汉顺帝在洛阳温德殿接受文武百官朝拜。只见有位名叫张衡的大臣上前跪奏，说他今早得悉洛阳正西处发生地震，灾情严重，请皇上派员前往抚慰。

众臣闻言皆惊，认为京城风和日丽，并无地震之感，张衡何来依据？

顺帝问张衡："你说京都正西地震，消息从何而来？"

张衡说："臣在家亲测，三天之内必有人来报。若无此事，甘伏欺君之罪。"

散朝回家，张衡的一班亲朋好友均为他担心，前来询问。张衡胸有成竹地领他们来到后院一间侧厢，只见当中放着一件铜铸的东西，模样像个大酒坛，圆径八尺，顶上有突出的盖子，表面有浮雕。上面铸有八条龙，龙头分别对准东、南、西、北、东南、西南、西北、东北八个方向，龙嘴是活动的，都含有一颗铜球，每个龙头下对着一只张开大嘴巴的铜蛤蟆。

众人见了不解其为何物。张衡指着八条龙中向西那条龙嘴，大家一瞧，这条龙嘴紧闭，所含铜球已掉在下面蹲着的那只蛤蟆嘴里了。

一位朋友忍不住问："你这是什么把戏？"

张衡笑道："地动仪。只要这处大地一有震动，必有一条龙吐球报讯。因为坛子内立有一根很重的铜柱，上粗下尖，极容易歪斜，铜柱周围的八个方向有八根曲杆，和八个龙头相接，只要一个方向的地震波过来，铜柱便会倒向这个方向，压住曲杆，举动龙头，张口吐球。现在西面这条龙已吐球，就是说明西面肯定地震了。"

众人听后，恍然大悟。但对此是否灵验却表示怀疑。

第二天，并无有人上京报告震情，第三天仍无动静，众友均为张衡急得团团转，可他倒若无其事，安安稳稳地躲在书房读书。眼看日落西山，第三天将过去，如再无人来报告，张衡便将被皇上责罚。朋友们为他捏了一把汗。忽然，皇上来旨召张衡速进宫，大家认为此去凶多吉少。但张衡却神态如常换上朝服，不慌不忙前往温德殿，只见文武百官均已肃立两旁，一派紧张神色。顺帝摆摆手，召张衡上前。

张衡忙跪伏于地。顺帝说："刚才驿马来报告，陇西发生了大地震，正是你测定的那一天。我已派员前往准备抚慰之事。你学识丰富，现在特赐你五匹黄绫。"

张衡连忙谢恩，但他知道如此一来，必将受到奸臣妒嫉，为防以后受打击排挤，就借机向皇上请求说自己已年老，该辞官归田著书了。顺帝思忖再三，觉得张衡才思过人，应该让他著书立说，对后世亦有益，便恩准。

可惜的是，张衡辞官的第二年便在家乡病逝。但他发明的地动仪成了世界文明史的一大创举。

华佗的特殊药方

东汉末年的名医华佗，不仅擅长内科、外科和妇科、儿科，而且发明了中药麻醉剂，能给病人动剖腹的大手术，难怪丞相曹操也要召他看病。

一次，有个郡太守病了，日不思饭，夜不成眠，整日忧心忡忡，焦躁不安。病人的家属忙去请华佗诊治。

华佗给太守按过脉，看过舌苔，断定太守的病是由于胸中积了淤血引起的，但要清除淤血，不是一般吃药、针灸所能解决的。华佗自有诊治办法，不过他只字不提。

为防不测，太守要华佗住在府上。每天，太守家美酒佳肴盛情款待华佗，华佗照吃不误，而且吃罢就睡，享足了清福。过了一天又一天，却不给太守开药方。每每太守夫人询问疗法，华佗总是推说："病情古怪，让我考虑考虑。"

数日后，华佗竟不辞而别了。太守恼怒万分，连声骂道："什么名医、神医，简直是骗酒骗肉的大骗子！"太守气势汹汹地在屋里来回走着，不时发怒大骂，家人吓得不敢吭声。正在这时，管家送来华佗留在住房里的一封信，信中骂太守比狗屎还臭、比烂蛋还坏，世上所有糟糕透顶的字眼都用上了。气得太守暴跳如雷，声嘶力竭地大吼："给我快派人追，杀掉那骗子！"喊罢，大口大口地喷出了污血。

说来也奇怪，过了一会儿，那太守竟觉得目明神爽，接着觉得腹中饥饿，竟能有滋有味地吃下好多东西。晚上，一上床便合眼，进入了梦境。

后来，太守面谢华佗，问起留信之事，华佗捋须一笑："那封信，乃是我专为大人开的一剂特殊的'药方'。你见了气得口吐淤血，不就好了吗？"

曹操寒夜筑土城

东汉末年，曹操与马超在潼关交战。交战开始，曹操自恃兵强马壮，一马当先，想一举击溃马超。不料，马超骁勇异常，他所率领的西凉兵个个骁勇善斗，随着马超一起冲杀过来。潼关一战，曹军损失惨重，元气大伤，曹操只得收拾残军，渡过渭河，到达北岸。马超乘胜追击，驻扎于渭河边，截断了曹操的交通运输，使曹军一时难以安营。曹操知道，如不赶快安营扎寨，马超随时有可能发起攻击，无营寨的军队将不堪一击。可是，北岸的附近没有现成的城池可供安营扎寨。为此，曹操焦虑万分。

这时曹操手下有一个幕僚向他建议说："丞相，我们可以取渭河的土来筑个土城。"曹操觉得有理，就调了三万兵马，让他们挑土筑城。可是，渭河的土尽是泥沙。俗语说，沙子筑塔，不过三尺。这渭河的沙土松散得怎么也垒不起墙来。加上马超的兵马常来骚扰，急得曹操日愁夜叹。

当时已是初冬时节，一连几天，乌云密布，有时还间或下点雨。这一切告诉人们，严寒即将来临。这一天，曹操正在犯愁，忽听有个隐士求见，对曹操说："丞相一直要筑城安营，为何迟迟不动？"

曹操叹了一口气说："这里都是沙土，土城随筑随塌，如何筑得，请问隐士有何高见？"

隐士笑笑说："丞相素来用兵如神，难道不知道天气变化吗？这几天阴云密布，今晚定起北风，北风一刮，天气必将暴冷，用渭河泥筑城，必定随筑随冻。"曹操顿时愁眉舒展，当即传令兵士做好一切准备。

当天夜里，果然北风凛冽，气温骤降，曹操大喜，冒着严寒指挥全体将士挑土筑城，一边堆土，一边浇水，冻一层筑一层，等到天亮，土城已经筑好。

马超的暗探看到曹营土城屹立，立即去报告马超。马超亲自去察看，不禁吃了一惊，心想，曹军怎么一夜之间变出一座土城来，莫非是有神仙在帮忙吗？

曹绍夔捉妖治病

唐朝时，洛阳有座寺庙。一个老和尚屋里的铜磬，常常自己会发出低沉的声音。半夜，寺中的钟声悠扬地响起来，铜磬也跟着幽幽地响，似鬼魂在啜泣，如幽灵在飘荡，老和尚神情悸动，恍惚不宁，以为妖怪作祟。时间一长，老和尚给吓病了，卧床不起。既然是妖怪作祟，和尚们不敢去搬那口铜磬，以免招灾上身。

老和尚的朋友曹绍夔前来看望。谈起铜磬作怪的事，曹绍夔觉得很奇怪，仔细察看铜磬，与别的铜磬并无两样。这时，寺庙里开饭，饭堂里响起钟声，那磬也跟着发出"嗡嗡"声响。

老和尚又惊惶不安起来。旋即，钟停了，那声音也停止了。曹绍夔见老和尚如此害怕，不由好笑。他故弄玄虚地对老和尚说："明天你请我喝酒，我帮你捉妖。"

老和尚不相信地摇摇头，说："你若能捉妖，别说一顿酒，就是你天天来，我也请你！"

曹绍夔诡谲地笑道："捉妖只是举手之劳，你不用太客气。"

第二天，老和尚备了丰盛的酒菜，曹公毫不客气，把好酒好菜吃个净光。酒足饭饱之后，从袖中抽出一把锉刀，在老和尚眼前晃了晃，然后"刺啦、刺啦"地把光溜溜的铜磬挫了好几道口子。老和尚被弄糊涂了："你这是……"

曹绍夔说："哪里有什么妖怪呢？是因为磬和寺里的钟标准音相同，钟一响，它也就随着响起来。现在挫了几道口子后，和钟的标准音不同了，磬就不会自己响起来了。"

老和尚终于明白了，拍着自己光亮的脑袋说："怪不得，每次钟一响，铜磬也响，原来鬼怪是它。"这时，钟又响了，可是磬真的不再和鸣了，老和尚的病也就好了。

喻皓设计斜宝塔

五代末的吴越王钱镠，在杭州梵天寺建造了一座木塔。刚造了两三层，钱镠登塔观赏，却发现塔在晃动，问建筑师是什么原因。

建筑师说："这是因为还没造好，顶上没上瓦，塔身轻，所以晃动。"钱镠命人铺上了瓦，可是木塔照旧晃动。那位建筑师急得没法，只得去向著名巧匠喻皓请教。

喻皓说："这塔是很容易稳定的，只要逐层用木板钉结实，就行了。因为钉板上下都钉牢了，六面互相牵连住像箱子的板壁那样。人踩在上面，上下与四壁相互支撑牵引着，当然就不能晃动啦。"照喻皓的主意去办，果然使木塔稳定了。喻皓的名声于是大振。

北宋初年，宋太宗于公元978年灭掉了钱镠在两浙一带建立的割据政权。为了乞求神灵保佑自己的统治，公元981年，宋太宗决定在东京汴梁（现在的河南开封）建造一座大型木塔。喻皓被征召到京都，奉命负责木塔的设计和施工建造。

公元989年，一座八角形宝塔巍然耸立在开宝寺内。当时，东京的达官贵人和黎民百姓从四面八方赶去一睹宝塔雄姿。嘀！宝塔飞檐凌空，装饰华丽，高达120尺，有13层，是京都中最高、最美观的宝塔。可是美中不足的是，宝塔竟微微有点向西北方向倾斜。

一位大官把喻皓找了去，责问他为什么把宝塔设计成这样？喻皓笑道："我是有意设计成这样的。因为这京城一带地形平坦，四面无山，又经常刮西北风。如果塔身是正的，在西北风的压力下，就会慢慢向东南方向倾斜，到了一定程度，就倒了。现在我把塔造得稍微有点向西北倾斜，是为了抵抗风力，不到100年时间，塔自然会被西北风吹正了。"

那大官想：是呀，风力也是高层木结构建筑设计中一项不容忽视的水平活载荷呀！一旁人们也都夸喻皓考虑得十分周密。可惜的是，宋仁宗庆历四年（公元1044年），开宝寺宝塔被一场大火烧毁了。

高超新法合龙门

宋朝庆历年间，黄河水急浪涌，在商胡（现在河南省濮阳县东北一带）决了口，淹没了好多良田，百姓也伤亡了不少。附近军民拼力堵塞却无济于事。眼见缺口愈来愈大，朝廷急派管理财政的要员郭申锡亲自前去督察堵口工作。

当时堵塞江河决口采用的办法，是在决口接近合龙的地方，放置一种特殊的大型的堵塞物，叫作合龙门，通常是用木、苇、竹、草等物并杂以碎石、土块捆缚做成，大约有60步长，好像一个巨大的人工堤坝，它被人称呼为"埽"。郭申锡到任后，即刻命令河工将"埽"的两头扎上大缆绳，把它置入决口之中。谁知搞了几次，不是缆绳绷断，就是"埽"被急流冲走，否则，就是压不住水的浮力，"埽"不能落到河底。一次次努力都失败了，决口愈来愈大。

这时，河工中有个叫高超的年轻人，说自己有办法。郭申锡听说他识字不多，冷笑道："高超肚里没几滴墨水，怎有合龙的高超法？"

高超也不管那双关的挖苦话，献计道："60步的'埽'太长了，所以人力不易将它压下河底，固定它的缆绳再粗也易绷断，所以水流也就难以截断。我建议将'埽'分为三节，每一节有20步长，三节之中用绳索联结。合龙时，先放下第一节，等它压到水底，再依次放下第二、第三节。"

高超说完，郭申锡正在思考，一些经验丰富的老河工纷纷叫道："不妥，不妥。20步的小埽怎么挡得住河水的冲击、渗透？连用三节也断不了水，反而劳民伤财！"

高超申辩道："第一节埽压下去，河水当然断不了，但水势必定减杀一半。将第二节埽压下去，只要动用一半的人力，这时河水自然还不能完全截断，但水流明显减缓了。到压下第三节时就等于是在地上施工，便当多了。这时，前两节埽都被浊泥淤塞了缝隙，再也不必花费人力去加工了。"

郭申锡听了双方的争论，觉得还是沿用老经验比较可靠，没有风险，于是，断然否决了高超的新建议。堵塞决口的合龙工程在艰难地进行着：努力，失败，再努力，再失败……

当时，河北安抚使贾昌朝，认为高超的新法是可行的，便悄悄派了数千人，到黄河下流去打捞郭申锡指挥堵口工程时被流水冲下的"埽"。拿到了证据，贾昌朝便向朝廷奏了一本。郭申锡被罢了官。新任的官员采纳了高超的新法，很快把决口堵塞住了。

丁谓一举而三得

火海满天横流，吞噬了雄伟巍峨的宫室楼台，吞噬了金碧辉煌的殿阁亭榭……几天几夜之后，那里变成了一片断垣残壁。这是公元1015年发生在北宋皇宫里的一场罕见的大火。

在废墟上，宋真宗皇帝叹息道："没有皇宫，如何上朝，如何议政，如何安居呢？"他叫来宰相丁谓，令他负责皇宫的修建工作。

丁谓接受任务后，在废墟上走来走去。他为遇到的三件难办的事而感到苦恼：一是盖皇宫要很多泥土，可是京城中空地很少，取土要到郊外去挖，路很远，得花很多的劳力；第二是修建皇宫还需要大批建筑材料，都需要从外地运来，而汴河在郊外，离皇宫很远，从码头运到皇宫还得找很多人搬运；第三是清理废墟后，很多碎砖破瓦等垃圾运出京城同样很费事。

路过临时搭的一个小木棚，丁谓见有个小姑娘在煮饭，趁饭还没煮熟，她又缝补起被火烧坏的衣服。丁谓想：她倒真会利用时间呀！忽然他灵机一动：办事情要达到高效率，就要时时处处统筹兼顾，巧妙安排好财力、物力、人力和时间。经过周密思考，他提出了一个科学的方案：先叫工人们在皇宫前的大街上挖深沟，挖出来的泥土即作施工用的土，这样就不必再到郊外去挖了。过了一些时候，施工用土充足了，而大街上出现了宽阔的深沟。

"哗哗哗"，忽然一股汹涌的河水，从汴河河堤的缺口中奔将出来，涌向深沟之中，等汴河的水和深沟中的水一样齐后，一只只竹排、木筏及装运建筑材料的小船缓缓地撑到皇宫前。丁谓站在深沟前捋着胡子笑了。是的，没费多大力气，就一举解决了两道难题。

一年后，宏伟的宫殿和玲珑的亭台楼阁修建一新。这一天，汴河河堤的缺口堵住了，深沟里的水排回汴河之中。待深沟干涸时，一车车、一担担瓦砾灰土等垃圾填到了深沟之中，一条平展宽坦的大路重又静静地躺在皇宫前……

毕昇的活字印刷

火药、指南针、造纸和印刷术是我国的四大发明。印刷术中的活字印刷是宋代人毕昇发明的，而欧洲的活字印刷要晚很多年才出现。

毕昇是杭州一家印书作坊的工人。起初，他在作坊里学刻字，把一个个汉字雕在木板上，这就是雕版印刷。毕昇刻的字又整齐又漂亮，作坊里的人都很尊重他。但毕昇对现存的雕版印刷方法感到不满，总想把它改进一番。事情是这样开始的：有一次，作坊里要赶印一本书，但由于一位刻字工人在一整版上只刻错了一个字，这一个整版就报废了。这不但浪费了人力和物力，还耽误了工期。毕昇想：如果整版子上的每个字都是活的，刻错了能随时换一个该多好啊！毕昇的创造性想法并没有到此结束，他进一步想道：整版的版子，书一印完，版子就没用了，要是用一个个单个的字来排版，印完一本书，拆了版就可以排别的书，不是又省时又省力吗？于是，毕昇开始试着刻木头的活字，但效果并不很理想。

有一次，毕昇到一个窑厂去看一位朋友，工匠们正在制坯烧窑，制作陶器，这又启发了他。

他学着窑厂工匠制作陶坯的样子，先用泥土做成一个个小型长方体，把顶端切平后像刻图章一样刻上一个个单字，然后放到窑中去烧，使每一个字都像小巧玲珑的小瓷砖一样。烧好后，他又把每个字按韵排列好，以便查用。每到印书时，他就将需要的字一个个查出来，按书稿的要求一行一行排在铁板上，周围用铁框压紧。这样，一个活字版就做好了。

可是，最初的活版毛病竟出在"活"字上。印书的时候，印多了，字就"活"了起来摆不平整，有的字印出来了，有的字模模糊糊的看不清，甚至印不出来。他又进一步研究起来，改进了组版的方法。为了使每一块活字版形成平整的坚固的整体，版子周围除了用铁框外，预先还在铁框上放一些松脂、蜡等黏合材料。他将铁框放在火上烘烤，黏合材料就熔化了，这时，他趁热用平板把那些活字冷却后，平整的活字就牢牢地固定在铁框里了。

印完后，毕昇再将铁板烤热，松香和蜡熔化了，他就可以将活字一个个拆下来，保存好，以后可以再用。

可惜的是，在当时，毕昇这项具有世界意义的重大发明并没有引起人们的重视，也没有得到推广。毕昇死后，他制作的活字被宋代科学家沈括的祖上人收藏了。后来，沈括在他著的《梦溪笔谈》里记录了这项发明，才使活字印刷术流传下来。

怀丙和尚捞铁牛

宋朝年间，黄河发洪水，冲垮了河中府（今山西省永济县）城外的一座浮桥，这浮桥原是用许多条空木船一艘紧靠一艘排起来的，从这岸连到那岸，上面再铺许多木板架起来的。为了不让浮桥移动，人们铸了八只大铁牛，每只大铁牛有成千上万斤重，放在两岸，用来拴住浮桥。这座浮桥既可以走人，也可以通过牲口和车辆，是河中府的交通要道。这年洪水泛滥，不但把浮桥冲得一干二净，而且连八只大铁牛也冲到了河里。

洪水退去以后，交通要道需要马上开通，河中府准备重建浮桥。联结两岸的船只准备就绪，就缺拴牢木船的大铁牛了。如果再铸，既费时又费料。最好的办法是把河中的铁牛打捞上来。可是上万斤的大铁牛不要说在河底，就是在岸上，要移动它半步，也非易事。况且，铁牛沉入河底后，已经陷进泥沙之中，谁有办法把它打捞上来呢？

为了尽快重建浮桥，河中府在城墙上贴了一张《招贤榜》，写的是广请能人贤士，打捞铁牛，重建浮桥，造福百姓等。路过此地的行人，看了《招贤榜》，无不摇头而走。

这一天，来了一个和尚，法号怀丙，是个很有学问的人。他在榜前看了一会儿，上前把《招贤榜》揭了下来。有人好心地劝他说："师父，揭《招贤榜》不是闹着玩的，一只铁牛上万斤重，你能把它们都捞上来吗？难道你有神仙帮助？"

和尚笑了笑说："我哪有神仙帮助，铁牛是被水冲走的，我就叫水把铁牛送回来。"

怀丙和尚揭了榜后，先请熟悉水性的人潜到水底，摸清了八只大铁牛的位置。河中府的老百姓听说有个和尚揭榜，都跑到河岸上去看他怎么打捞大铁牛。

这一天，河边上观看的人挤得水泄不通，只见怀丙和尚指挥着一班船工，用两只大木船装满了泥沙，并排拴在一起，两只木船之间用木头搭了个架子，怀丙指挥着把船划到铁牛沉没的地方，叫人带着拴在木架上的绳索潜到水底下，缚绑牢铁牛，再在木架上收紧绳索，然后叫船工把船上的泥沙铲到河里去，随着船中的泥沙的减少，船身一点一点地向上浮，待到两船的浮力超过船身和大铁牛的重量时，陷在沙中的大铁牛就一点一点向上拔，直到船身浮到大铁牛悬在水中时，怀丙就叫船工们把船划到岸边。这样来回反复八次，终于把八只铁牛全部打捞上来。

河中府百姓无不称赞怀丙和尚智慧过人。

侯叔献巧堵河堤

宋神宗熙宁年间，担任权都水监丞（掌管水利方面的官）的侯叔献征发民工，在濉阳（今河南商丘）县境内掘开汴河河堤，引用汴河中的大量泥沙淤灌田地。

谁料这一年，洪汛特大，汴河水突然暴涨，洪水从掘开的河堤缺口汹涌而出，顿时堤防崩溃了……呵！那狂吼的大水，雄威响若雷奔走，猛涌波如雪卷颠！发狂的人们围住侯叔献，无数的火把照得汴河边一片通红。

侯叔献望着脸色严峻的民工们，大声说："现在硬堵已是没用了，只有把缺口开得更大些……"

民工们怒吼了："你这昏官，这不是要我们大家的命吗？"

"不！"侯叔献声若洪钟，盖过了黄色巨流的吼叫声，"只有想法泄洪，减缓凶湍急的水势，才有可能修复堤防，堵住决口！"

接着侯叔献向大家解释：在离濉阳几十里的上游，在汴河河边，有一座废弃的古城，里面虽无人居住，房屋也都早已毁坏，但那几尺厚、几丈高的城墙却还是基本完好，用它来临时泄洪储水正合适。

侯叔献一声令下，带领民工们火速奔向上游那座古城边，连夜掘开了汴河河堤，把水引到古城里。

第二天，下游的水量大大减少，侯叔献马上带领民工堵塞住了汴河河堤上的缺口。当古城里的水储满，又往汴河里流的时候，原来塌陷的堤已修复了。百姓的生命财产保住了，农田也免遭淹没。人们为侯叔献在大水汹涌的紧急关头随机应变的智慧折服。

锡工巧镀玻璃瓶

宋徽宗平日酷好工艺器皿。一次，他得到10只玲珑剔透的胆形玻璃瓶，觉得不算精致，为了增加其观赏价值，便将它们交付一个太监，要他督促工匠把瓶子里面镀上金粉。

工匠们见了，都束手无策，对太监说："要想在瓶里镀上金，必须用烧红的铁篦熨烙，才能妥帖。可是瓶子口小腹大，铁篦难以进入，而且这种玻璃瓶又薄又脆，即使铁篦能伸进也难以作业，硬要敲击，瓶儿必破无疑。"太监只好把10只瓶子暂时放在箱子里。

过了几天，他到街市的店铺溜达，忽然看见一位锡工在店里扣陶器，那手艺十分精巧，太监想："何不拿一只瓶子让他试试？"一会儿，太监回宫拿了瓶子给锡工道："请用金子把这瓶里镀贴好。"锡工看也不看，让他明天来取。第二天，太监去取货，那只瓶子果然成了金光闪闪的了。太监大喜望外，说："看来，你的手艺可称一绝，水平远远超过宫里的工匠。"

太监高高兴兴地带着锡工进宫，并将此事奏明宋徽宗。徽宗见一只胆形瓶已按要求镀了金，正赞不绝口地玩赏着，听说是宫外一个高明的锡匠干的活，便亲自来到后苑，还传令宫内所有工匠都到庭列队观摩。

那个锡工见皇帝亲临观赏，不敢马虎，独自用特别的榔头敲击小金块，直至锻成像纸那样又薄又匀的金纸，把它紧紧地裹包在瓶外。那些内心不服的宫内工匠，顿时哄笑道："像这样的敲击，锻制金纸，谁人不会啊？"那个锡工也不答话，将裹在瓶上的金纸轻轻地剥下，小心地夹在银筷上，再将它插入瓶中，又适当放进一些水银，把瓶口盖住，持着瓶儿上下左右晃动。过了半个时辰，锡工将瓶儿传示给众人，嘿，那金纸竟妥妥帖帖地附粘于瓶里内壁，完全没有什么缝隙。他用小指甲把瓶颈内壁的金纸捻压匀称平伏，这样就大功告成了。这时候，工匠们才惊愕地睁大了眼睛，看呆了。

徽宗惊奇地问道："你怎么晓得用这种办法镀金啊？"

锡工恭恭敬敬地回答道："玻璃器皿都是十分娇脆易碎的，怎能让坚硬的东西在它上面锤击作业呢？唯独水银性子柔和又可沉重，进入瓶内晃动不会损伤玻璃，虽然它会稍稍销蚀金纸的表面，但这种损伤肉眼是绝对看不出来的。"

宋徽宗命令锡工将其余八只胆形瓶都如法炮制镀金。事后，传令对锡工给予重奖。

船工河底捞石兽

沧州之南有座濒河的古庙，因为很久失修，一场暴风雨后倒塌了，庙前两只石兽也倒在河底里。很多年过去了，庙里的和尚们四出云游，化缘筹款，准备重造大庙。

大庙终于建成了，可是庙门的石兽一时却请不到高明的石匠重新打制，和尚们便悬赏，请人到河里去打捞原先的两只石兽。可是船工们打捞了好几天，连个石影儿也没捞到。人们摇摇头，都说道："这两只石兽一定是给河水冲到下游去了。"

于是，几个身强力壮的青年小伙子一路捞下去十几里，花费了十数天，仍然没捞着。大伙儿都有点儿灰心了，但又总觉得事情太奇怪：石兽又沉又重又大，明明是落在河底里了，总不见得会插上翅膀越出水面飞走吧？

正当大家惊疑不止的时候，当地一位德高望重的学者说道："唉，你们也算蠢到家啦！这么又高又大的石兽，有多沉重！怎会在河底里被河水冲到下游去呢？石头是坚硬沉重的，而河底的土沙是松浮不实的，石兽只会沉陷在河沙里，一定越陷越深，埋在河底深处啦！"

"对啊！"众人恍然大悟，于是又下船到大庙旧址附近的河里去捞。有人还在长竹竿上绑上探物的尖铁棒，直往河底深处戳呀，捣呀……可是忙了半个月，还是一无所获。

这时，有个老船工路过此地，听说这件事，便笑着说："你们怎么不全面研究一下河底土沙运动的规律呢？河底的石兽不应该到下游去找，也不应该在落下的地方找，而应该到上游去找。为什么呢？因为石头是坚实沉重的，河沙是松浮不实的，石兽沉到河底，微流是冲不动它的，可是不断冲击的急流能把拦着它的石头下面的泥沙渐渐掏空，激流越冲，那空穴越大，等到空穴大得使得石兽失去重心时，石头必然会翻跟斗似的倒在空穴里。激流又不断地冲出空穴，石兽又倒翻在空穴里，这样周而复始地运动，石兽不就是慢慢地溯流而上了吗？你们不到上游去找它们，反而到下游去找它们，岂非南辕北辙了吗？"

大家按照老船工的指点，摇着船儿到几里外的上游去找，果然把那两只石兽捞到了。

尹县令河中除树

某县有条大河，河中有棵百年老树，河流湍急，行船驶过屡屡撞坏。

一日，尹县令路过河边，见不远处走来一群送殡队伍，一个年轻妇女身穿孝服，抚着棺材失声痛哭，十分可怜。上前一问，方知年轻妇女的丈夫行船撞上这棵老树，落水身亡。尹县令看着曲折盘旋、隐隐高出水面的老树，决心除掉此树，搬掉祸根。

可是，决心归决心，难题还真不少，派出除树的民工望树兴叹，回来摇着头对尹县令说："树干在水中，十分牢固，无法挖出。"

尹县令也没了办法。不除树，就像一根桩横在他心里，使他坐立不安。恰巧尹县令的远房堂兄阿贵前来看望他。阿贵是修水利的巧匠，知道尹县令的苦衷后，略一沉思，爽快地说："这有何难，我来帮你解决。"尹县令就把除树的事交给阿贵主办。

阿贵先潜到水底，丈量出树干长度，然后搬来杉木，敲敲打打做了个巨桶，两头没有盖。又把巨桶载上船，驶到树旁，请几个彪形大汉把巨桶从树梢穿下，深深地打入水中，上口露出水面，再用大瓢舀干桶里的河水，放心地在桶中锯了大半天，终于把老树锯掉了。

政治卷

荀息叠蛋谏晋王

春秋时代，晋灵公为了个人的享乐，强迫大批百姓，耗用大量钱财，建造极其豪华的9层高台。他怕臣子们劝说阻止，就下令说："谁敢劝阻，格杀勿论！"

有个叫荀息的大臣，很为此担忧，他求见晋灵公。晋灵公认为荀息是来劝阻的，就举起箭，拉开弓，等着他来，只要他一开口规劝，就射死他。

荀息拜见晋灵公后，装作轻松愉快的样子说："大王，我是来表演一个小技艺，让您开开心的。"

晋灵公问："什么小技艺？"

荀息说："我能把12个棋子堆起来，上面再加几个鸡蛋。""哎，这玩艺儿有趣！"晋灵公一下来了劲，忙摔下弓箭，命侍从拿出棋子和鸡蛋。

荀息认真地先把10个棋子堆起来，然后又把鸡蛋一个一个地加上去。旁边观看的人，担心鸡蛋会掉下来，都紧张得屏住呼吸，瞪圆眼睛，晋灵公也惊慌急促地叫道："危险！危险！"

荀息却慢条斯理地说："这没有什么了不起，还有比这更危险的呢！"

晋灵公说："好，我也愿意见识见识。"

荀息见时机已经成熟，就不再做别的表演，立起身子，无限沉痛地说："启禀大王，请让我进几句话，臣即使死了也不后悔！为了建成9层的高台，3年没有成功，国内已经没有男人耕地、女人织布了；国家的库存已经空虚，邻近的国家将要侵犯我们，这样下去，国家总有一天要灭亡的。建造高台，就像这叠鸡蛋一样危险，请尊敬的大王三思而后行！"说着泪滴衣襟。

晋灵公见荀息说得合情合理，态度婉转诚恳，这才明白建造高台对国家有这么大的危害，叹了口气说："我的过失竟然严重到这种程度了！"于是就下令停止建造高台。

荀息借道取虞虢

晋国的南面有两个国家，一个叫虞（在今山西省平陆县东北），一个叫虢（在今山西省平陆县东南）。这两个近邻国家的祖先都姓姬，所以相处得很好。可是，虢国的君主常派兵到晋国边界闹事，晋献公因此想发兵讨伐虢国。

公元前655年的一天，晋献公问大夫荀息："现在能讨伐虢国吗？"

荀息说："不能。因为虞虢两国的关系很好，再说虢国戒备森严。我看这样，先给喜欢玩乐的虢公送些美女去，让他尽情享乐，消磨他的意志。"

虢公得了晋国的很多美女，果然只顾玩乐，不理政事了。荀息这时对晋献公说："现在可以攻打虢国了。不过，我们最好不要让虞国去援救它。我们可以给虞公送一份厚礼，向他借条路去讨伐虢国。这样一来，虢国就会恨虞国，虞国也就不会帮助虢国了。"

晋献公就派荀息出使虞国。

荀息到了虞国，向虞公献上一匹千里马和一对最名贵的玉璧，说："虢国总侵犯我们晋国，我们打算跟他们干一仗。今向贵国借一条道儿，让我们过去。如果打赢了，所有战利品都送给您。"

贪财的虞公玩着玉璧，又瞧瞧千里马，说："行呀，行呀。"

虞国大夫宫之奇走到虞公面前劝阻道："大王，不行呀！虢国跟我国山水相连，唇齿相依。俗话说：'唇亡齿寒'，如果没了嘴唇，牙齿就会挨冻。虢国灭亡了，咱们虞国就一定保不住。"

虞公嘴唇贴着玉璧吹了一口气，瞪了宫之奇一眼，说："人家晋国送来这么多好的宝贝，咱们连条道也舍不得借给他们，这说得过去吗？再说，交结一个强国，总比交结弱国合算。"

宫之奇见虞公听不进自己的忠言，料定虞国必然要被晋国灭亡，就带着一家人离开了虞国。

同年冬天，当晋军路过虞国时，虞公见晋军十分强大，就向荀息讨好说愿意助战。

荀息说："我听说虢公正和犬戎打仗，您假装上去助战，虢国一定放您进城。您的兵车都装上晋兵，只要他们一开城门，我们就可以轻而易举地拿下他们的下阳关。"

荀息利用虞公拿下了虢国，回过头来很快收拾了虞国。虞公糊里糊涂地做了俘虏，那对名贵的玉璧和那匹千里马，又回到了晋国。

郑武公笑里藏刀

郑武公图谋灭掉胡国，决定采取先亲善胡国以取得信任，后伺机消灭的计策。

他首先与胡国进行友好往来，然后郑重其

事地将自己的女儿许配给胡国国王。为了进一步取得信任，郑武公又故意把群臣召集起来，同他们商量该攻打哪个国家。胡国小，又离郑国不远，是理所当然的攻击目标，可郑武公又为什么要这样问呢？因为他断定群臣中肯定有人建议攻打胡国的。

果然，大臣关其恩当即说："攻打胡国比较容易。"

郑武公一听，大怒，不容关其恩分辩，便下令将他推出去斩首，并说："胡国，是我们亲如兄弟一样的国家，你却建议兴兵讨伐，是什么心肠？"

关其恩建议攻打胡国被郑武公怒斩的消息很快传到胡国，胡国国王很受感动，认为郑国将与自己永远友好下去，于是对郑国便不加戒备。

郑武公见一切时机成熟后，就率军对胡国发动突然袭击，一举灭掉胡国。

州鸠力谏周景公

周景王要铸造一口极大的钟，单穆公竭力劝阻，说："大钟的声音不一定好听，而且劳民伤财。无论从政治经济和音乐艺术等哪一方面来说，都是无益而有害的。"

周景王不听，他把司乐官州鸠找来，以为司乐官一定会赞成造大钟的。不料，州鸠也不赞成，反倒同意单穆公的意见。他认为铸造一口那么大的钟，确实没有必要。

周景王还是不听，立即下令，动工造钟。

第二年，大钟铸成了。那些惯会献媚的乐人们，纷纷向景王祝贺，说大钟的声音很和谐，非常好听。周景王很高兴，得意地对州鸠说："据报，钟声很和谐呀！"

州鸠说："不见得吧。造大钟，要老百姓都拥护、欢迎，才算得和谐。现在劳民伤财，老百姓都反对、怨恨，我不知道这算什么和谐。办任何事情，凡是人民群众赞成的，就一定能成功。人民群众不赞成的，就一定要失败。这叫作众志成城、众口铄金哪！"

公子小白诈死计

春秋时，齐襄公举止无常，齐国大夫鲍叔牙预见到齐国将来会发生暴乱，便保护着襄公的弟弟公子小白离开齐国，逃到了南边的莒国。后来，齐国的几个大夫杀死了襄公，拥立公孙无知为君，齐国因此大乱，大夫管仲赶忙保护着襄公的另一位弟弟公子纠逃往西南边的鲁国。

第二年，齐国人又除掉了公孙无知，齐国便没有了国君。公子小白和公子纠都知道了这个消息，便分别从莒国和鲁国赶往齐国，都想回国即位为君。

冤家路窄，在齐国的边境上，双方都赶到了一个路口，见对方也赶来，便都想抢先一步，保护公子纠的管仲马上拈弓搭箭，朝着公子小白"嗖"地就是一箭，那支箭不偏不斜，"当"的一声正好射中了公子小白的衣带钩，并未伤着身体。可公子小白却反应机敏，马上就僵倒在车中不动了。

管仲一见，以为公子小白被自己射死，便对公子纠说："公子尽可放心了！公子小白已经死了！"

为公子小白驾车的鲍叔牙趁势抢先进入齐境，而公子纠呢，以为反正小白已经死了，也就不着急了。

公子小白假装死亡，终于抢先赶到了齐都，被拥立为齐国的国君，这便是齐桓公。

秦穆公羊皮换贤

公元前655年，秦穆公派公子絷到晋国代自己去求婚。晋献公把大女儿许配给秦穆公，还送了一些奴仆作为陪嫁，其中有一个奴仆叫百里奚，他是虞国的亡国大夫，很有才能。晋献公本想重用他，但百里奚却宁死不从。这次，有个大臣对晋献公说："百里奚不愿做官，就让他做个陪嫁的奴仆吧。"

公子絷带着百里奚等回国时，半道上百里奚却偷偷逃走了。

秦穆公和晋献公的大女儿结婚后，在陪嫁奴仆的名单中发现少了百里奚。就追问公子絷。公子絷说："一个奴仆逃走了，没什么了不起。"

朝中有个从晋国投奔过来的武士叫公孙枝，把百里奚介绍了一番，认为他是个了不起的贤才。于是秦穆公一心想找到百里奚。

再说百里奚慌乱中逃到了楚国的边境线上，被楚兵当作奸细抓了起来。百里奚说："我是虞国人，是有钱人家看牛的，国家灭亡了，只好出来逃难。"楚兵见这个六七十岁的老头子一副老实相，不像是个奸细，就把他留下来看牛。他还是有一套牧牛的本领，把牛养得很肥壮，大家给他送了个雅号——"放牛大王"。楚国的君主楚成王知道后，就叫他到南海去放马。

后来秦穆公总算打听到百里奚的下落，就备了一份厚礼，想派人去请求楚成王把百里奚送到秦国来。

公孙枝说："这可万万使不得。楚国让百里奚看马，是因为不知他是个贤能之士。如果您用这么贵重的礼物去换他回来，不就等于告诉楚王，你想重用百里奚吗？那楚王还肯放他走吗？"

秦穆公问："那你说说怎样弄他回来？"

公孙枝答道："应该按照现在一般奴仆的价钱，花五张羊皮把他赎回来。"

一位使者奉命去见楚王，说："我们有个奴隶叫百里奚，他犯了法，躲到贵国来了，请让我们把他赎回去办罪。"说着献上五张黑色的上等羊皮。

楚成王想都没想，就命令把百里奚装上囚车，让秦国使者带回去。

百里奚拜见秦穆公后，秦穆公想请他当相国。百里奚推荐了自己的朋友蹇叔和蹇叔的儿子西乞术、白乙丙。秦穆公拜蹇叔为右相，拜百里奚为左相。没多久，百里奚的儿子也投奔到秦国来，被秦穆公拜为将军。

五张羊皮换来五位贤人的事，成为千古佳话。

申叔时救陈保楚

楚庄王高高地坐在宝座上，接受一批又一批文武大臣的朝贺。甜蜜的音乐、欢快的舞蹈一齐向他奉献。楚庄王陶醉了。

前些天，他的盟国陈国发生了内乱，陈灵公被大臣夏征舒杀了。陈国的几个大臣逃到楚国，请楚庄王替陈国平定内乱。楚庄王就打着主持正义的旗子，率大军灭了陈国，把它改为楚国的一个县。嘿，楚国，强大的楚国的版图又扩大了。楚庄王得意地想着，忽然有一丝不愉快的念头升上脑际：南方属国的君主和许多小部族的首领都来道喜了，国内的大臣也都来祝贺了，怎么独独不见大夫申叔时？

正想着申叔时，申叔时就来了。原来，他出使齐国刚回来。

申叔时向楚庄王报告了去齐国后的见闻，楚庄王想，接下来，你该说些道喜的话了吧？谁知申叔时竟一句也没提到。楚庄王火了，责问道："陈国的夏征舒杀了陈灵公，犯了滔天大罪，中原的诸侯哪个也没敢去过问，只有我主持正义，杀了夏征舒，而且又使我国增加了很多的土地。哪个大臣，哪个属国不来祝贺？可你却吭都没吭一声，难道我做得不对吗？"

申叔时诚惶诚恐地行了个礼，说："不是，不是，我的心里正想着一件解决不了的案子呢，所以还顾不上说别的。"

楚庄王好奇地问："什么案子？"

申叔时说："是这样的：有个人牵着一头牛，从别人的田里走过。谁知那牛踩坏了人家的庄稼。田主火冒三丈，不由分说，把那头牛抢去了，凭牛主好说歹说就是不肯还。请问大王，要是您遇上这个案子该怎么审理呀？"

楚庄王说："我说应该把牛还给人家。"

"为什么？"

"牵着牛踩了人家的庄稼，这当然不好。可是，就为这个抢了人家的牛，不是太过分了吗？"楚庄王说到这里，忽然领悟出一个道理，他盯着申叔时看了好一会儿，又说："唔，原来你是转着弯子说我呢。好好好，我把'那头牛'退回给人家就是了。"

楚庄王于是恢复了陈国，陈国的新国君陈成公从晋国回到陈国，他很感激楚庄王，就归附了楚国。中原的诸侯也都很敬佩楚庄王的道义精神。

史疾论名实治国

韩国派史疾出使楚国，楚王问："你所重视的是什么呢？"

史疾回答说："我所重视的是正名。"

楚王又问："正名也可以治国吗？"

史疾答："可以治国。"

楚王再问："我们楚国的盗贼很多，你所说的正名可以制止盗贼吗？"

史疾回答说："可以。"

楚王问："怎样用正名来抵制盗贼呢？"

说话间，有喜鹊停在屋顶上。史疾指着喜鹊问楚王："你们楚国人叫它什么？"

楚王说："叫喜鹊。"

史疾说："叫它乌鸦可以吗？"

楚王说："不可以。"

史疾说："现在你统治下的楚国有令尹、司马、典令这些官名，设置这些官名，就是为了让做官的能够廉洁称职，而现在你们楚国的盗贼竟公然活动不能禁止，这说明有些人并不称职，乌鸦不是乌鸦，喜鹊不是喜鹊，名实不相符呀！"

楚王听了感触很深。

石碏假手救国计

春秋时候，卫国公子州吁杀了他的异母兄——卫庄公，夺了君位。他怕朝臣百姓不服，就请教党羽石厚向其父讨办法。

石厚的父亲石碏，是卫国德高望重的老臣，此时已告老辞朝。他正为卫国内乱担忧，见儿子来问计，便眉头一皱，向石厚说："要定人心不难，只要州吁亲自朝见周天子，取得周天子同意，百姓朝臣自然就服从了。"

石厚问："周天子会同意吗？"

石碏说："周天子最宠信陈国国君陈桓公。只要先见陈桓公，让他去打通关节，不愁周天子不同意。"

州吁和石厚便去拜访陈桓公。

石碏派人星夜奔往陈国，给陈桓公送了一封密信。信中列举了州吁和石厚的杀君之罪，并说自己力不从心，请桓公杀掉叛贼。不久，州吁、石厚也到了陈国，陈桓公列举了他们的罪状，便把他们逮捕了。卫国便派人杀死了州吁，石碏派管家处死了石厚。

年迈力衰的石碏，用假手计为卫国除了大害。同时，他大义灭亲的精神，也历来为人们所推崇。

邴成子智算国运

春秋时，鲁国大夫邴成子被聘到晋地做官，路过卫国，卫国右宰谷臣请他一同进酒。席间陈列着丝竹管乐，却不请人演奏。酒喝到微醉时，谷臣便送给邴成子一块璧玉。

过了不久，邴成子归国路过卫国，这回却没有去辞谢右宰谷臣。他的仆人问："从前右宰谷臣以美酒招待您，宴席间你们十分欢洽。今天您路过此地却不辞而别，这未免显得失礼了吧？"

邴成子说："他留我饮酒是想与我共同欢乐，陈列着乐器，却不请人演奏，显示出了他的忧愁；酒微醉时送我璧玉，是暂寄我处。由此看来，卫国恐怕要出叛乱了吧！"

果不其然，不久，卫国祸起萧墙，右宰谷臣被杀。

邴成子立即再去卫国，当时的卫国由于发生了叛乱，人民生活很不安定。在混乱中，邴成子来到右宰谷臣家，把他的家属带到了鲁国去，同自己家隔墙而居，把自己的俸禄分一份给他们。等右宰谷臣的儿子长大后，邴成子把那块璧玉还给了他。

国君以城换罪犯

卫国有个正在服劳役的罪犯越狱逃跑了，经过调查，知道他逃到了魏国，刚继承王位的卫国国君决定重新把这个罪犯抓回来，以明法纪。

刚开始，卫国国君派使者到魏国，提出用50两黄金把这个罪犯换回来，魏国不答应。于是，又提出用左氏（地名）这块地方去换这个罪犯，魏国终于同意了。

国君手下的人都不理解，问国君："用一个城邑去换一个服劳役的罪犯，是不是把事情看得太大了？这样做值得吗？"

国君对他们解释说："在国家治与乱的问题上，事情是不分大小的，法律要是不确立，该处罚的不处罚，即使有10个左氏这样的地区又有什么好处呢？法律要是能确立，该处罚的一定处罚，即使失去10个左氏又有什么害处呢？"

手下的人都佩服国君的深思远虑。

士会死谏救统帅

荀林父打了败仗。晋景公怒气冲冲，喝令刀斧手把跪在地上的荀林父推出斩首。

荀林父微微抬起头，沉痛地说："我身为晋国的三军统帅，这次兵败楚国，我是罪责难逃。皇上要杀我，我没什么怨恨的。只是我死后，请汲取这次失败的教训，让晋国再强大起来……"

大臣们都低下了头。他们都觉得荀林父以前有功于晋国，打了一次败仗就处死刑，这是不合情理的。不过大家惧怕暴怒中的晋景公，都不敢为荀林父说几句公正和求情的话。

"皇上不该杀他！"静寂的宫殿里突然响起一个声音，大臣们一看，原来是大夫士会站出来为荀林父说话了。

"败军之帅，罪大当诛。"晋景公没有一点商量的余地。

"荀林父是我们晋国的栋梁之材，屡建奇功，进则尽忠，退则思过，这样的人杀了，只有我们的敌人才会高兴。"士会激昂慷慨地说，"皇上一定记得我们晋国打败楚国的城濮之战吧？我军抓到许许多多的俘虏，缴到难以计数的武器和粮食。可是，先君晋文公还不敢高枕无忧，常对臣子们说：'楚国的宰相得臣是一位了不起的人物，只要他还活着，楚国仍然是很有力量的，我们万万不可掉以轻心啊！'以后楚国的国君杀了得臣，晋文公高兴得载歌载舞，说：'楚国就没有能人来进攻晋国了，我真可以睡个安稳觉了。'果然，楚国两代都一蹶不振。从这件事我们不难看出，一个有治国能力的大臣对一个国家有着多么重要的作用啊！"

晋景公静静地听着，脸上的怒气渐渐消退。

"现在国君要杀的荀林父，就是一个不可多得的能臣。我们的敌人日夜想把他杀死，以削弱晋国的力量。"士会继续陈述着，"如果国君杀死了荀林父，那不是帮助了敌人，而让晋国受到了无法挽回的损失吗？如果说到他这次打了败仗，那只是一个偶然的失误，这同他以前为晋国建立的功劳相比，好比太阳出现日食、月亮出现月食一样，怎么能损害他的光芒呢？"

"爱卿说得很对，我险些枉杀了一位晋国的功臣。"晋景公走下座位，扶起了跪着的荀林父，当场赦免他的过失，恢复其上卿的职位。

子产不拆毁乡校

郑国首都有一所乡校，人们喜欢到那里聚会和游玩，每天热热闹闹的。

一天，有位叫然明的朝廷大夫路过这里，看见有几个人围在一起争论得面红耳赤，留神一听，原来他们正在议论朝政的得失、评价官员的优劣，因为出现了不同意见，所以声音越说越大，围观的人也越来越多。

然明虎着脸转身就走，找到了当时担任执政卿的子产，愤愤不平地说："老百姓到乡校去，并不是为了学点有益的东西，倒是兴致勃勃地说长道短，虽然也有人对朝廷说一些好话的，可是抨击政事、指责国君、批评大臣的为数不少，如果流传开去，对国家有什么好处呢？干脆把乡校拆了，看老百姓还到哪里去嚼舌根？"

子产摆摆手说："既然老百姓喜欢到乡校去，为什么要把乡校拆掉呢？"

然明连忙说："你自己去听听吧，老百姓的这些话，对朝廷不利，对你我也决没有好处呀！"

"我们先不谈乡校的事，"子产依然平静地说，"我有一事请教你，当河水暴涨，即将崩堤的时候，是因势利导放掉一些水呢，还是加高堤岸把水堵起来呢？"

"应该放掉一些水好。"然明想了想说。

"还有，当一个人有了难言之病，是痛痛快快告诉医生让他医治呢，还是遮遮瞒瞒不让医生知道呢？"子产又问道。

"当然应该把病情告诉医生。"然明这次回答得很干脆。

"这就对了，"子产朗声大笑起来，"朝廷在治理国家大事过程中，官员在处理大大小小的政务时，都免不了要出些差错，或者干出不利于老百姓的事来，老百姓对朝廷、对官员有意见，说出来了，我们可以及时予以纠正。现在首都的那所乡校，正是老百姓说话的地方。如果我们拆了它，老百姓自然也就不再聚集起来批评政事了，把他们的不满情绪全部憋到肚子里去。可是，就像暴涨的河水一样，堵塞得越厉害，冲决堤岸时的力量就越大，造成的危害也就更加严重。这同向医生隐瞒病情造成贻误也是一样的道理。"

然明听到这里，心服口服，赞同地说："你说得对，这乡校不拆了，留在那里，对国君有利，对朝廷有利，对你我都有利！"

胥臣苦谏荐良才

公元前600年的一天，在晋国宫殿上，大夫胥臣正在为推荐郤缺向晋襄公苦谏。

"这万万不可！"廷尉出班反驳道，"郤缺是罪臣郤芮的儿子，怎么可以录用呢？"

胥臣见殿上殿下一片摇头唏嘘，就正色说："父亲有罪，儿子就不能起用吗？大禹的父亲鲧有罪，天帝惩罚了他，但是舜帝还是起用了他的儿子，治水不是获得了成功吗？岂能因为父亲获罪的缘故而埋没了人才，贻误了国家大业呢？"

晋襄公说："郤芮有罪，国家惩治了他。他的儿子一定耿耿于怀，怎么能赤胆忠心为晋国效力呢？"

胥臣说："士为知己者死。郤芮有罪伏法，是郤芮罪有应得。君王你现在重用郤缺，正表明君王选贤授能，不拘一格。连罪臣的儿子都能重用，天下贤士怎能不策马扬鞭，踊跃前来投奔您呢？再说君王认为郤缺会因家仇废公，这也没有根据。管仲曾经用箭射击齐桓公，按理说齐桓公抓住了他，应将他碎尸万段，然而，齐桓公却不记前嫌，重用他做相国，终于使齐国称霸诸侯。"

晋襄公说："管仲是天下奇才，郤缺能够和管仲相提并论吗？"

胥臣说："一斑可窥全豹，一叶可知秋至，察其貌而观其行，即可知其为人。今天我从鲁国归来，见一对夫妇在田里锄草，那女子将饭罐高高举过头顶，十分恭敬地请丈夫进餐。而那丈夫也以同样的礼节回敬妻子。我后来得知此人便是郤缺。夫妻相敬如宾，显示了郤缺的德行。以模范的德行治理百姓，百姓就会讲仁义、尊君王、听命令。一呼而百诺，令必行，行必果，国家何愁不强大呢？"

胥臣的一番话说得大家都动了心。晋襄公羞愧地说："一叶障目，不见泰山。我险些因为世俗的偏见损失了贤才。"于是召见了郤缺，任命他为下军大夫。郤缺果然很有才能，为晋国的强盛起了很大的作用。

为了奖励胥臣荐才有功，晋襄公把"先茅"之地赏给了胥臣。

晏婴讽滥施酷刑

晏子虽地位显要，功劳赫赫，但仍住在祖先留下的旧房子里。齐景公想替他建造一所新的住宅，于是对晏子说："您的房子离闹市太近，雨天道路泥泞，晴天灰尘飞扬，而且整天乱哄哄的，住着实在不方便。我给您换一座环境幽静、干净明亮的房子吧！"

晏子摇摇头说："我的祖先一直居住在这里，如果嫌条件不好而更换住房，这对我来说未免太奢侈了。再说，这里离市场很近，每天早晚去买东西也很方便。"

"你离市场近，知道什么东西贵、什么东西贱吗？"齐景公笑问道。

"当然知道了。"

"那么您说说，什么贵、什么贱？"

当时，齐景公滥施残酷的刑罚，很多人因为犯了很轻的罪，也往往被砍下脚来，因此市场上有不少靠专门卖假脚而发财的。想到这里，晏子随口说道："假脚贵而鞋子便宜。"

齐景公听后，羞得满脸通红，后悔自己处理犯人太轻率了。

晏婴一日三谏君

有一天，齐景公和群臣来公阜这个地方游玩。早上，宽阔的大地一片生机，绿的庄稼，红的鲜花，相映生辉。鸟儿唱着歌，蜂蝶跳着舞，把景公陶醉了，感叹地说："如果我能长生不老，天天荡漾在这山水之中，那该多好啊！"

齐景公身边的晏子听到这话，觉得国君如果去追求长生之术，必然疏于治国之道而不求进取，于是接过景公的话头说："生和死是不能改变的自然规律。再说人人都长生的话，那也未必是好事。"

"为什么呢？"景公不解地追问。

"道理很简单，如果齐国的开国君主太公和丁公活到现在，他们一定还是一国之主。那么，桓公、文公、武公就只能当他们的助手，而你也只能头戴竹笠，手拿锄头终日在田里劳动，怎么还能率领群臣到处玩乐呢？"

晏子的话扫了景公的游兴，别过脸去不理睬他。

到了中午，远处出现了一辆6匹马拉的大车，烟尘滚滚而来。景公得意地对晏子说："这是梁丘据接我来了，你看他驾驶的马车奔得多快！朝中文武只有他最了解我的脾气了。"

晏子却不满地说："梁丘据称不上好的臣子。古人说过，作为一个忠实的臣子，不应该事事附和国君，因为国君认为是对的，并不一定都对。国君认为不对的，也不一定都不对。这个梁丘据对国君最会察颜观色，拍马奉承，不论是非，一味迎合，你听了也许心顺气平，可是对国家长远利益，又有什么好处呢？"

景公听了很不高兴，转身拂袖而去。

夜色降临，星光灿烂。这时一颗流星在头顶疾驰而过。景公面如土色，以为这是不祥之兆，忙请主管祭祀的官员设香案祷告，保佑齐国君臣的平安。

晏子赶去劝阻，对景公说："流星有什么可怕呢？它只扫除邪恶的事情，国君如果没有做这种丑事，何必提心吊胆的呢？要是做了这类事，让流星扫掉，不是很好吗？"

景公气得脸色铁青说不出一句话来。

可是晏子言犹未尽，批评的分量也越来越重："现在我担忧的倒不是流星的出现，而是国君贪恋酒色，亲近小人，喜听谗言，疏远贤臣，长期下去，灾难必然降临到我们齐国。国君的这些过失，靠祈祷是帮不了忙的。"

齐景公再也没有游览的兴致了，立即下令驾车回宫。这天夜里，这位齐国至高无上的人，翻来覆去睡不着觉，准备寻找机会整治这位相国。然而当他细细品味晏子三次批评自己的话时，觉得每句话都有道理，终于感悟到这位相国对自己的忠心。

晏子去世后，景公在吊唁时痛哭流涕地说："那天相国在公阜三次给我指出过错，这样忠心耿耿的贤臣我现在到哪里去找啊？"

卫士巧言谏吴王

春秋时期，吴王想出兵攻打楚国。有的大臣劝阻说："楚国正处于强盛时期，现在还不能去和它交战。望大王三思而行。"

吴王一心想称霸，此时哪里听得进劝谏之言，拔出寒光闪闪的宝剑厉声说："我已经决心进攻楚国，谁再敢劝阻，我就把他碎尸万段！"吓得大臣们再不敢开口了。

王宫里有个年轻的卫士，认为这次出兵不是正义之战，肯定会失败的，但又不敢面对吴王讲。他想了好几天，终于想出了一个办法。这天，他一清早就走进王宫的后花园。手里拿着一把弹弓，转到东，转到西，连衣服被露水打湿了也毫不在乎。就这样，他在那里转了三天。

吴王见了，觉得很奇怪，就把卫士叫到跟前，问："你为什么老在花园里走来走去，把衣服都弄湿了呢？"

卫士恭恭敬敬地说："报告国王，我是在观察一件挺有趣的事呢——花园里有一棵树，树上有只蝉，它在树的高处喝着露水并且得意地鸣叫，却一点儿也不知道有只螳螂藏在它的后边，弯着身子，举起前爪，准备扑上去捉它呢；可是那只螳螂，也完全没有料到，在它的身后有一只黄雀，正悄悄地伸长脖子想去啄；那黄雀却根本不知道我正拿着弹弓，对着它瞄准呢！"

吴王笑道："确实很有趣。"

卫士继续说："尊敬的国王，蝉、螳螂、黄雀只想到它们眼前的利益，却没有考虑到隐藏在身后的危险啊！"

吴王沉默了一会儿，恍然大悟。原来卫士在用寓言来巧谏，想让他停止进攻楚国。他笑笑说："你讲得很有道理。"于是取消了攻打楚国的计划。

专诸刺杀吴王僚

吴王僚不从祖典，抢夺了王位，且又大肆屠杀弟兄。公子光非常气愤，欲杀僚自立为王。但因吴王僚戒备森严，无法下手。

这时，伍子胥投奔他，并给他推荐了勇士专诸，使其刺杀吴王僚。

那么，如何接近吴王僚，并能取得他的信任呢？经多方打听，知道吴王僚特爱吃烧鱼。专诸为了投其所好，就找名师刻苦学习烹鱼技术。

三个月之后，专诸已学得一手烹饪绝技，特别是烧鱼做得味甘形美，名声也渐渐传开了。

吴王僚也得知此事，一天，公子光便请吴王僚到家中赴宴，说是专诸掌勺。吴王僚很是高兴，如约而来。但他警戒十分严密，连厨师上菜也要经过检查。酒过一巡，公子光假托自己的腿脚不好，借故躲到安稳之所，而专诸把匕首藏入鱼腹，躲过了侍卫的搜查。

当专诸端着鱼走到吴王僚面前时，他突然从鱼肚中拔出匕首，向吴王僚刺去。由于用力太猛，连吴王僚的脊背都扎透了。专诸也被众侍卫乱刀砍死。公子光得了王位，他就是吴王阖闾。

薛公献礼荐王妃

战国时，齐国的相国薛公这些天来总是闭目沉思。

原来不久前王妃亡故，最近要立新王妃了。薛公一心想方设法刺探国王意中的人，于是久久苦思。

必须尽早察明这个人是谁，在齐王说出来之前主动进行推荐。如果自己推荐的女子正合齐王之意，那么今后自己的意见就更容易被采纳了，晋爵封赏不在话下，同时也自然会受到新王妃的感谢，可谓获益无穷。但是，假如作了与齐王预想不同的推荐，那就糟糕了。推荐不仅会被驳回，今后自己的意见也不会受到重视，而且新的王妃当然也会表示冷淡，自己的地位就会岌岌可危。

齐王的爱姬中，究竟谁是他最宠爱的呢？

现在后宫有10名爱姬，其中谁会升格而成为王妃？贤明之主，是不在臣下面前暴露自己的私好的，否则臣下就会伺机投其所好，曲意逢迎。因此，齐王在众人面前对10名爱姬是一视同仁、平等对待的，让那些阿谀奉承之辈无机可乘。

突然，薛公睁开眼睛，传来侍臣，吩咐道：

"快！准备10组玉珥，但其中一组要特别漂亮。"

所谓玉珥就是用宝玉制成的耳饰。待手下准备就绪后，他立即将10组玉珥献给齐王。

翌日，入宫晋见的薛公看见了最美的玉珥戴在一位爱姬的耳朵上，不用说，这位爱姬就是齐王最宠爱的人了。他明察了这点之后，就郑重向齐王推荐这位爱姬继承王妃，说她如何品德齐备，才貌双全，是母仪天下的最好人选，他的推荐正中齐王的心意，他的目的达到了。

最宝贵的东西总是送给最心爱的人，这是一种很普遍的现象，薛公正是看准了这一点，暗施小计，从而轻易地了解到齐王的心意。而这种小事又是当事人最容易忽略的，所以，尽管齐王不露声色，还是露出了迹象。

吴起的赏罚信誉

一个优秀的地方官吏首先要做的事，就是取信于民。战国时期的知名人物吴起在魏国做西河（今陕西大荔）地方长官时明白这个道理，想取信于民。他让士兵在城门外立了一个标志杆，并在城中广泛宣传："如果谁把这个标志杆推倒，就任命他做长大夫的官。"

老百姓听后只是议论纷纷，有的说："哪有这样的好事？这不过是长官和老百姓开个玩笑罢了。"

有的说："推倒一个杆子，太轻而易举了，长大夫的官，绝不会这样好当。"

还有的说："这杆子一定埋得很结实，是推不倒的。"

总之，大家满腹狐疑。

这时有一位年轻人说："管它呢！不管是真是假，我先把那标志杆推倒再说，反正也不用费大力气，最多是得不到赏赐而已。"

说完，他径直来到城门外，把那标志杆推倒了。之后，他来到吴起的官衙，禀告自己已把标志杆推倒了。吴起在验证后，马上就提升他做了长大夫的官。从此以后，这里的军民都对吴起的赏罚信誉十分信服。

吴起伏尸复仇计

战国时有一位著名的军事家吴起，楚悼王知道他才干出众，便拜他为相国。

吴起实行了许多法令和措施，惩治了不少贪官污吏，取消了许多贵族世袭祖先功勋的俸禄，将钱财全部投入到富国强兵的事业上。这样，楚国的军队威势大震，收复了百越，战胜了强秦，使中原诸侯谁也不敢小看楚国。可同时，那些利益受到侵害的贵族和大臣却对吴起恨之入骨，都想寻机谋害他。

不久，楚悼王病死了，他的尸体还停放在宫中没有入殓，那些贵族、大臣们便一起造反，前来攻杀吴起。吴起一看势头不好，便逃到宫中。那些叛乱分子拿着刀剑也跟着追了进来，吴起被他们攻击得走投无路，眼看就要被杀掉的时候，突然一头扑在楚悼王的尸体上，那些人乱箭射来，吴起终于被杀掉了，可楚悼王的尸体却也挨了箭。

楚悼王的儿子不久即位，这便是楚肃王。肃王对父亲的尸体受刀剑之苦绝不放过，立即严密追查，派兵惩办他们箭射先王尸体的大罪，那些当初攻杀吴起的人，有70余家全部被夷灭宗族，吴起就此报了仇。

邹忌论美谏齐王

公元前378年，齐威王即位，据说他九年不理朝政。一天，他把一个叫邹忌的人召去弹琴消遣。邹忌只是大谈特谈乐理，就是不奏曲。齐威王不高兴地说："您的乐理说到我的心坎里了，但光知道这些不够，还需审知琴音才行，请先生试弹一曲吧。"

邹忌说："臣以弹琴为生计，当然要尽心研究弹琴的技法；大王以治国为要务，怎么可以不好好研究治国大计呢？我抚琴不弹，就没法使您乐意，怪不得齐人瞧见大王拿着齐国的大琴，九年来没弹过一回，都不乐意呢！"

齐威王十分惊愕，和他大谈治国的道理，邹忌竟说得头头是道。于是齐威王拜他为相国，加紧整顿朝政。

这天早晨，身材修长、形貌漂亮的邹忌穿好衣服，戴上帽子，照了照镜子后问妻子说："我和城北的徐公比，谁更美呢？"

妻子说："徐公哪有您美呢？"

邹忌想：徐公是齐国有名的美男子，自己哪里比得上他呢？

他又问妾说："我和城北的徐公比，谁更美呢？"

妾说："徐公不如您美！"

白天来了位客人，邹忌又把对妻、妾说的话再说了一遍。

那客人恭恭敬敬地说："徐公确实不如您美。"

第二日，恰好徐公来访，邹忌对他横看竖看，觉得自己哪里有他美呢？晚上，他想了又想，最后明白了："妻子说我比徐公美，是偏护我；妾说我比徐公美，是怕我；客人说我比徐公美，是想得到我的好处。"

于是，邹忌上朝对齐王说："臣确实自知不如城北的徐公美，但臣的妻子偏护我，臣的小妾怕我，臣的客人对我有所求，所以都说我比徐公美，由于这件事，我联想到：我们齐国，地有千里方圆，城有一百二十。宫女左右，没有不怕大王您的；朝里的大臣，没有不偏护大王您的；齐国四境之内的人，没有不对大王有所求的。这样看来，大王所受的蒙蔽是多么厉害呀！"

齐威王听了邹忌巧妙的劝谏，觉得很对，就下令说："以后，不管是谁，凡是能当面指责我过失的，可以得最上等的赏赐；能用书面文字批评我的过失的，可以得中等的赏赐；能在大庭广众中非议我的，只要让我知道，就可得下等的赏赐。"

这道命令颁布后不久，文武百官纷纷上朝来向齐威王提出很多意见，齐威王吸收合理的部分，不断改正自己的错误。一年之后，大家都提不出什么意见了。齐国因此渐渐强盛起来。

季梁劝魏王息战

季梁日夜兼程，向魏国的都城赶去。无论刮风下雨，还是烈日高照，他都不敢停步。他必须赶在魏王发兵攻打赵国都城邯郸之前回到魏国，劝阻魏王不要做这种蠢事。

当他回到魏国都城，一打听情况，许多大臣都反对攻赵这件事，只是无法劝阻魏王，都在摇头叹气。他们提醒季梁说："这么多大臣都没有办法改变魏王的主意，你何必去自讨苦吃呢？"

季梁早把个人得失甚至生命都置之脑后，直向王宫奔去。魏王看见季梁大汗淋漓地走进宫中，以为外面发生了什么重大的事情，就要他静下心来慢慢地说。

"我这次外出遇见一个很奇怪的人。"季梁告诉魏王说。

"这个人怪在什么地方呢？"魏王这几天被大臣们反对发兵攻打赵国的事弄得昏头转向，听见说遇到怪人，感到很新鲜，催着季梁说下去。

"事情是这样的，"季梁接着说，"我在路上碰到一个坐在马车上的人，正往北方赶路，我问他到哪里去，他回答说要到楚国去。我告诉他楚国在南方，怎么往北走呢？他不以为然地说：'你不用担心，我的马跑得快极了。'我又劝告他说：'马跑得快又有什么用呢？你把方向搞反了！'他依然十分自信，说：'你瞎嚷嚷什么呀？我有很充足的路费，我的车夫有很娴熟的驾驭技术，何愁走不到楚国呢？'我知道再劝也没用，叹了口气说：'可惜你把好车好马用歪了，你这样走下去，离楚国不是越来越远了吗？'那个人不再答话，驾着车还是向北方飞驰而去。"

"真是一个怪人！"魏王感慨地说。

"这个人能不能走到楚国，这不用我们担心。"季梁不失时机地转换了话题，"可是如今大王要发兵攻打赵国，却直接关系到我们魏国的成败得失。大王倚仗地域辽阔，兵精粮足，就无缘无故地去攻打赵国，借以扩张魏国的领土，成就霸主之业。可是，这样不明智的行动必然遭到赵国和天下人民的强烈反对，那么，大王要做天下霸主又怎能实现到呢？这种举动越多，离大王的目的地就越远，这同驾车向北要到楚国去的那个人又有什么两样呢？"

魏王听了季梁的话，没有像以前那样大发雷霆，而是夸奖季梁说得很有道理，当即取消了攻打赵国的计划。

甘茂巧谏秦武王

秦武王雄心勃勃要完成统一天下的大业。有一天，他召集左丞相甘茂、右丞相樗里疾商讨攻打韩国的事，问哪一个丞相愿意带兵出征。右丞相不同意。左丞相说："要打韩国，必须联合魏国才有力量。魏王那里，我可以去做工作。"秦武王同意了甘茂的建议。

甘茂很有口才，很快说服魏王一起发兵攻韩。可是，他担心樗里疾在秦武王面前做小动作，到时攻韩不成还会丢了性命。于是派人向秦武王汇报说："魏王方面的工作已经做通了，我们是不是改变主意不要出兵为好。"

秦武王得不到要领，亲自赶到息壤这个地方，找到甘茂，问他为什么改变了主意。

甘茂说："要战胜韩国，并不是一件轻而易举的事，我国要消耗很多财力，也不是几个月就能结束战争的。如果中途发生了什么变故，不是要前功尽弃吗？"

"有你主持带兵打仗的一切事务，还担心什么变故呢？"秦武王不以为然地说。

"有些事情的发展是现在难以预料的。历史上曾经有过这样一件事：一个跟孔子的门生曾参同名同姓的人闯祸杀了人，有人去报告曾参的母亲说：'曾参杀人啦！'曾参的母亲正在织布，听了头也不抬地说：'我的儿子不会杀人的'。过了一会儿，又有人来报告说：'你的儿子曾参杀人啦！'曾母仍旧不相信儿子会杀人。第二个人刚走，第三人又来报告说：'曾参杀人犯了大罪，官府来捕人啦！'这次曾母相信了这个谣言，吓得扔下梭子躲了起来。"

"左丞相对寡人讲这个故事，这同出兵夺取韩国又有什么关系呢？"秦武王不明白甘茂葫芦里卖的什么药。

"道理很简单"，甘茂解释说，"如果我率领千军万马离开大王身边去攻打韩国，说我坏话的人一定大有人在，万一大王也像曾参母亲那样听信谗言，那么，我的后果之可悲且不去说，夺取韩国的大业一定也会付之东流了。"

秦武王想了想说："为了让你一心带兵作战，没有后顾之忧，我一定不听别人的闲言碎语，如若不信，可以给你写个凭证。"

接着，秦武王和甘茂订了一个盟约，就藏在息壤。甘茂被拜为大将，领兵五万，先打宜阳城。没有想到五个月都没把城攻下来，右丞相趁机对秦武王说："甘茂拖延这么长时间，莫非要搞兵变或投降敌人？"秦武王经不住右丞相的挑唆，下令甘茂撤兵。甘茂派人向秦武王送去一封信，上面只写着"息壤"两个字。秦武王拆开一看，知道自己轻信谗言动摇了攻韩的决心，觉得很对不起甘茂。于是增兵5万开赴前线，终于攻下了宜阳城。

范雎远交近攻计

公元前270年，秦国穰侯魏冉正要发兵攻打齐国的时候，秦昭襄王接到一封信，上书人说有紧急事要亲见秦王。

秦昭襄王即位后，因为大权都被太后和魏冉操纵了，很不得志而郁郁寡欢，很想得到有识之士的帮助，来摆脱太后和魏冉的控制，所以立即答应在离宫召见这位上书的人。

当秦昭襄王如约乘车到离宫去的时候，半路上有一个大汉挡着不肯避让。

"大王来了！"秦王的侍从大声吆喝着。

"什么，秦国还有大王吗？我只听说秦国有太后、穰侯，从没听说有什么大王呀！"挡道的大汉高声叫嚷着。

这几句话被车内的秦昭襄王听见了，知道这位大汉不是等闲之辈，赶忙下车，扶起大汉，好言好语一问，才知道此人就是上书的范雎。

秦昭襄王把范雎请到离宫，让左右退下，诚恳地请教治国之策，不论太后、穰侯，还是自己的失误，都可以直说。

范雎刚才不肯让道，是用来试探秦王诚意的，现在看见大王确实至诚至恳，就一针见血地说："秦国的军事力量足以征服诸侯，可是15年来并没有什么进展，这不能不说是掌握秦国大权的太后和穰侯不愿真心为秦国出力，而大王在策略上也有失偏颇呀！"

秦昭襄王点点头，谦虚地问道："先生说的都是实话，请你详细地分析给我听听好吗？"

范雎说："太后和穰侯专权的事，我们以后再细谈，这次单说大王失策的事。眼下穰侯不是正要出兵攻打齐国吗？可是齐国离秦国很远，中间隔着韩、魏两国。大王即使把齐国打败了，也没法把齐国和秦国连接起来，齐国还有得而复失的危险。最好的策略是远交近攻，对齐国暂时团结和好，先把临近的韩国、魏国拿到手，再发兵攻齐，齐国就容易攻下了。"

秦昭襄王十分赞赏范雎制定的远交近攻的策略，就拜他为客卿。几年后，又撤了穰侯的职，剥夺了太后参政的权力，于是正式任命范雎为丞相。从此，秦昭襄王如鱼得水，倾力推行范雎的远交近攻的方针，击破了其余六国的合纵势力，扩大了疆域，为后来秦始皇统一中国在政治、军事、经济诸方面都做好了准备。

苏秦义激张仪计

战国时，苏秦、张仪同为鬼谷子的学生。苏秦以合纵抗秦之说赢得了诸侯，还当上了赵国的相国。可苏秦担心万一秦国逐个瓦解诸侯，破解合纵之约。于是他便想在秦国有个能利用的人，这时他想到了张仪。他便派人隐瞒了身份去说动张仪，劝他去拜同学苏秦以求显达。

张仪被说动了心，便到了赵国，求见苏秦。苏秦告诫门下之人不为张仪通报，同时又吊着张仪的胃口，让他也舍不得离去。过了几天，张仪才见着苏秦，苏秦让张仪坐在堂下，让他吃的也是粗劣的饭食，还数落张仪说："以你的才华，怎么竟落到了这步田地？我并非不能让你得到富贵，只是怕你到时会给我丢脸！"随后便把张仪给赶了出来。

张仪本指望投奔老同学能谋个一官半职，不想竟然受这等耻辱，气得要命。后来一想，诸侯们谁也奈何不了赵国，只有秦国能和赵国抗衡，给赵国点儿颜色瞧瞧，便前往秦国。

苏秦赶走张仪后，便禀明了赵王，派自己的舍人隐瞒了身份暗中跟随张仪，并逐渐与张仪套上了关系,然后又资助给张仪盘缠和车马,张仪因而到了秦国,见着秦惠文王,秦惠文王便拜张仪为客卿,让他帮着自己去攻打诸侯。

这时,那位舍人便向张仪告辞,张仪说:"我靠了先生之力才有今天,我正要报答您的恩德,您怎么这么快就要离去呀?"

舍人说:"您可谢错了!您的恩人和知己不是我,而是苏秦!苏先生担心将来秦国去攻打赵国,破坏了合纵之约。他认为除了您再没有谁能执掌秦国的大权了,因此设计激怒您,并让我暗中资助给您钱财。现在您已在秦国得到重用,我也该回去向苏秦先生交差了。"

张仪一听,感叹了半天,说:"唉,我一直被蒙在鼓里却未能察觉,这明摆着我比不上苏君呀!请你回去替我感谢苏君,只要苏君在一天,我决不让秦国攻赵。况且有苏君在赵,我又哪儿能打得胜赵国呀!"

从此以后,一直到苏秦去世,张仪始终也没有打过赵国的主意。

蔺相如渑池挫秦

秦国没有得到赵国的"和氏璧",一直怀恨在心。不久,秦国去侵略赵国,夺走了石城。第二年,又去打赵国,杀死了两万人。公元前279年,秦昭襄王请赵惠文王到西河之南的渑池会盟。赵王不敢去。大将军廉颇和上大夫蔺相如都认为,如果不去,只会显得赵国势弱,国君胆怯,反倒让秦国看不起。赵王只好硬着头皮,叫蔺相如陪他前往。

廉颇带着大队兵马送赵王来到国境线上。拜别时,廉颇对赵王说:"国君,这回您上秦国去,来回路程加上会期,至多不会超过30天。如果过了30天,您还不回来,请答应把太子立为国王,好让秦国死了心,不能要挟大王。"

赵王点头说:"好,太子和国事就托付给大将军了。"

到了约会的那天,秦王和赵王在渑池相见。在宴会上,秦王喝了几杯后,乘着酒兴说:"听说赵王喜好音乐,请用瑟弹一曲吧。"

赵王不敢推辞,红着脸弹了一曲。秦王斜着眼睛对旁边的史官微微一点头,史官会意,就上前把这事记了下来,还念了一遍:"某年某月某日,秦王和赵王在渑池会盟,赵王为秦王弹瑟。"

蔺相如知道这是秦王有意侮辱赵王,把他当作臣子看待,还要把这种耻辱记在史册上,让赵国丢尽了脸。他想了想,拿了一个瓦盆,上前跪在秦王跟前,说:"赵王也听说秦王挺能演奏贵国的音乐,现在我为大王捧上一只瓦盆,请大王演奏一段吧。"

秦王一听,可生气啦!高昂着头,理也不理蔺相如。蔺相如站起来,厉声说:"秦国虽然强大,但是,在这不到五步的地方,我可以把我的血溅到大王的身上去!"

秦王见蔺相如高举着瓦盆,如果真的砸下来,自己的脑袋可能不会完整了。两边的侍卫这时一个个吓得目瞪口呆,不知如何是好。秦王不想吃眼前亏,只好用筷子轻轻地敲了一下瓦盆。蔺相如这时回头叫赵国的史官也把这事记下来:"某年某月,赵王和秦王在渑池会盟,秦王为赵王敲瓦盆。"

秦国的群臣挺不服气,叫道:"请赵国用十五座城,作为对秦王的献礼!"

蔺相如毫不示弱,也叫道:"请秦国割让都城咸阳,表示对赵王的敬意!"

这时,秦王得到密报,说赵国的大军驻扎在临近的地方,于是不敢轻举妄动。就喝住手下,又请蔺相如坐下。气氛缓和下来后,双方签订了互不侵犯条约。

苏代巧言得高都

楚韩雍氏之战时,韩国向周国征集兵器和粮食,周国国君十分为难。苏代知道后,面见国君说:"我能让韩国不但不向您征集兵器和粮食,而且还把高都送给您。"

国君很是高兴,于是派苏代出使韩国。

苏代见了韩国大臣公仲,说:"你没有得知楚国的计谋吗?楚臣昭应对楚王献计,知道韩国粮食都空了,要用饥饿的办法攻击韩国,如今围困雍氏5个月而攻不下,是楚王并不相信昭应的计算啊!你如果向周国征集粮食、兵器,岂不将粮食缺乏的消息公开告诉了楚国吗?"

公仲说:"你说得对。"

苏代接着说:"你为什么不把高都送给周国呢?"

公仲愤怒地说:"我不向周国征集兵器和粮食,已经够照顾他们的了,为什么还要送给他们高都?"

苏代说:"给了他们高都,周国一定会归顺韩国,秦国听说后,必会焚烧周国的符节,不与周国通使往来。这样,你就以一个贫弱的高都,换来了一个完整的周国。"

公仲说:"好啊!"于是,韩国不再向周国征集兵器和粮食,而且将高都给了周国。

毛遂自荐说楚王

公元前257年,秦军包围了赵都邯郸。赵国的平原君赵胜受命去楚国讨救兵。他挑选了19个文武双全的门下食客,正准备出发。这时有个叫毛遂的食客向平原君自我推荐,要求同去楚国。

平原君问:"您在我门下有多久了?"

毛遂答:"已有3年了。"

平原君冷冷地说:"一个贤能的人活在世界上,好比一把锥子藏在口袋里,锥子的尖儿立刻就能看见。可是您在我这里都三年了,我从没听说您有什么突出的地方。您既然没什么才能,带您去有什么用?"

毛遂说:"要是我毛遂被放在袋子里,早就脱颖而出,哪里只仅仅是锥子的尖儿穿露出来呢?"

平原君见他善于言辞,态度又诚恳,就带他同行。

到了楚国,平原君和楚考烈王在朝堂上商量着联合抗秦的事,毛遂和其余19个人在台阶下等着。两人谈了半天也没个结果。

这时,毛遂忍不住径自走到平原君身边,说:"该不该联合抗秦,几句话就行了,怎么老半天了还没说完呢?"

楚王冒火了:"我跟你主人商量天下大事,怎么要你来多嘴?还不快给我下去!"

毛遂拿着宝剑,快步靠近楚王说:"天下大事,天下人都有说话的份儿,这怎么叫多嘴?"

楚王见他按着宝剑,心里很害怕,嘴上软了下来:"那么,我倒要听听你有什么高见。"

毛遂说:"楚国有5000里土地,100万兵甲,称得上威势赫赫。但是,秦国的白起,这个微不足道的小子,只带了几万兵马,就占了你的好几座城,把你们国都拿去改成了秦国的南郡,你们的祖先也遭到了他们的蹂躏。这样的耻辱,这样的仇恨,每个楚国人永生永世也忘不了,难道大王就不想雪耻报仇吗?今天跟您商议抗秦的事,还不是为了楚国,怎么单单是为了赵国呢?"

这几句话就像锥子似的扎在楚王的要害之处,楚王无法辩驳,只得温和地说:"对,对,我同意与贵国联合抗秦。"

毛遂于是吩咐楚王身边的侍从拿来鸡血、狗血和马血,捧着盛血的铜盘子,跪到楚王面前说:"您应先歃血来表示联合抗秦的诚意,其次是我的主人,再其次是我。"

毛遂三言两语,就使楚王和平原君歃血为盟。堂下的19个人,都佩服毛遂的胆量和辩才,纷纷说:"这把锥子,今天算是脱颖而出啦!"

平原君回到赵国,拜毛遂为上客。

魏加以惊鸟喻将

赵、楚、燕、齐、魏、韩六国联合对抗秦国时,一次,赵国派魏加到楚国去会见春申君黄歇,商谈有关军事联盟的问题。

魏加问:"您有领兵的将军吗?"

春申君答道:"我准备叫临武君担任主将。"

魏加想:临武君是跟秦国交战时吃过大败仗的,对秦国心存畏惧,怎能当主将呢?他想直言相告,但话到嘴边又咽了回去。想了想,笑着岔到别处去:"我年轻时爱射箭,我来讲个关于射箭的故事——"

春申君兴致勃勃地说:"好啊,你讲吧。"

于是,魏加讲了起来:

从前魏国有个著名射手叫更嬴,他的箭术,真是百发百中。

一天,他和魏王在京台下散步闲眺。忽见一只大雁从东方飞过来。

更嬴对魏王说:"大王,我只要空拉一下弓,不用射箭,就能使那只大雁跌落下来。"

魏王说:"开玩笑!射箭技术再怎么高超,不搭箭空拉弓弦还不是白搭?"

更嬴说:"怎敢跟大王戏言?大王您看——"

正说着,那只雁飞到头顶上。更嬴马上拉开弓,却并不搭箭,只听得一声弦响,那只大雁果然应声落地。魏王一阵惊叹。

更嬴捡起大雁说:"其实,这雁曾受过伤。"

"先生怎么知道呢?"

"这只雁飞得很慢,叫声很凄惨。飞得很慢,说明它受过伤;叫得凄惨,说明它和雁群失散很久。创伤还没有痊愈,惊心还没有平息,所以,这只惊弓之鸟一听弓弦响,就吓得往高空飞。结果伤口破裂,支持不住,当然就掉下来了。"

魏加讲完故事,又说:"临武君也是惊弓之鸟,他是被秦国的弓所伤。请他做抗秦主将的问题,请您重新考虑。"

春申君听了魏加的巧妙劝告,觉得很有道理,点头说:"先生说得很对,我一定好好考虑考虑。"

刘邦的约法三章

秦朝末年，陈胜起义之后，项梁、项羽以及刘邦等人相继起兵，后来，项梁拥立楚怀王。怀王与诸将约定，谁先入定关中一带，谁便可以称王关中，并派沛公刘邦西进关中。

经过一路战斗，刘邦率兵先于诸侯到达咸阳（今属陕西）、长安（今陕西西安）附近的军事重地灞上（在今陕西西安东），秦王子婴亲捧皇帝玺印出降，刘邦手下众将中有人建议刘邦杀掉子婴，刘邦却以宽大为怀，接受投降，只将子婴交给人看管了起来。刘邦随后便挥兵而西，进入咸阳，占据皇宫，见宫室、财帛、妇女数不胜数，便想在此定居。

手下樊哙劝谏刘邦，不要蹈秦亡之覆辙，贪恋于此，而应以天下为重，还军灞上，刘邦不听。谋士张良又谏，刘邦方才采纳了两人的谏议，还军灞上。

刘邦召来各地的父老豪杰，对他们说："天下百姓被暴秦的苛法压迫得太久了，动辄得咎，不是被夷灭九族，便是被处以极刑。我曾和诸侯们相约，谁先进入关中谁就可以称王，所以我该是关中之王。我现在与父老们相约，只约法三条：杀了人的人以身偿命，处他以死刑，但绝不殃及全家和邻人；伤人及盗窃两罪，按其犯罪情节之轻重，判以相应的罪刑。将所有秦朝的酷刑苛法全部废止。原有官吏诸人各就各位，一切照常。"

之后，刘邦又施行了一系列安民保民的措施，使关中一带百姓如获甘霖，对刘邦感恩戴德。刘邦因此大得民心，为日后夺取天下打下了基础。

伙夫出使救武臣

陈胜的部下武臣得了邯郸后，在左右校尉张耳、陈馀的怂恿下自立为赵王。陈胜闻讯大为震怒，想要把武臣等的家眷全部杀头，然后发兵攻赵。

他的令箭刚刚拔出来时，相国房君劝道："暴秦还没有消灭，难道还要树立一个强敌吗？我看不如派人去贺喜，并叫他们发兵西袭秦国。"

张耳、陈馀见楚王陈胜派人来道喜，就提醒赵王说："您自立为赵王，楚王不会高兴，派使臣来道喜不过是将计就计罢了。灭了秦朝后，就会来灭我们了。我们不如北取燕代南攻河内，得手后，楚王就拿我们没办法了。"

赵王觉得这话有理，就派韩广率军攻燕。谁想韩广到了燕地，竟自立为燕王。赵王和张耳、陈馀领兵北上，驻扎在燕国边境，准备攻燕。

一次，赵王随便出去走走，却遇到了燕军而被俘虏了。燕军的主将把他扣留作为人质，开出条件，要分得一半土地，才放赵王回去。赵国派去的好几个使臣都被杀掉了，弄得张耳、陈馀没有办法。

这时，赵军中有个伙夫说："我去跟燕军谈判好了，我有办法让赵王和我一起回来。"

他去了燕军的大营，对燕军主将说："你知道张耳、陈馀是什么样的人吗？"

燕将说："他们是贤人。"

伙夫说："你知道他们想要怎么样？"

燕将说："想要回他们的赵王罢了。"

伙夫却笑道："你还不知道他们要想干什么吗？赵王武臣和张耳、陈馀他们驱策军队，不用兵革就能占领赵地几十座城池，他们都有野心想南面为王，难道只是甘心做别人的卿相呵！臣与君的地位怎么能比？现在大势刚定，所以不敢三分各立为王。以年纪的大小为序，先立武臣，安定赵地的民心。现在赵地已经安定下来了，他们两人也想在赵地自立为王，只是还没有机会。现在你把他杀掉，那么他们就可分赵地而自立为王了。以原来赵国的实力，攻燕那是轻而易举的事，何况以两贤王联合起来，以申讨杀王之罪为名，燕就会很快地被灭掉了。"

燕军觉得他说的话很有道理，就把赵王释放了，那伙夫驾车送赵王回营。

刘邦为义帝发丧

汉王刘邦率兵占据了洛阳（今属河南）一带，当地的一位士绅董公拦住刘邦的马，向他进言道："如果出师无名，那大事往往办不成。所以说：只有明确敌人的罪名，才能最后制伏他。当初，天下的老百姓共同推举楚怀王为义帝，可项羽却放逐并杀死了义帝。请大王让您的部队，为义帝戴孝，并通告各路诸侯，联合起来，以讨伐叛逆的罪名征讨项羽。"

刘邦采纳了董公的建议，为义帝发丧，所率部队全部穿上丧服，并通告各路诸侯："寡人率军南下，愿同各路诸侯豪杰讨伐杀害君上的西楚霸王！"

于是，刘邦攻伐项羽的军事行动便成了名正言顺的正义之举。

萧何月下追韩信

韩信连夜逃离汉营的消息让萧何知道了，他跨上马背就去追赶韩信。

韩信是私自离开军营的，按军法应当斩首。但是萧何去追韩信，决不是要抓他归案，而是要向刘邦推荐重用这个人。

确实，萧何没有看错人。韩信原先在项羽军中当个郎中的小官，由于无所事事，便逃到刘邦营中做了个连敖，以后被夏侯婴推荐提升为治粟都尉，从此与萧何常有了接触的机会。萧何慧眼识英杰，对韩信的政治、军事才能十分钦佩，多次向刘邦推荐要重用韩信，刘邦未肯明确表态，韩信耐不住寂寞，才偷偷逃离汉军的。

萧何一边想着韩信的往事，一边策马奔驰，追了两天两夜，才追上韩信，好言好语地把韩信劝回军营。

刘邦听人说萧何逃走了，几乎急出了眼泪。正在自叹自怨时，萧何来见刘邦。刘邦责怪说："我什么地方亏待了你，也跟着人家逃跑呀？"

"臣没有逃跑，而是去追逃跑的韩信了。"萧何解释说。

刘邦气得大骂起来："一个韩信，小小的治粟都尉，值得你去追回来吗？"

"大王怎么能这样看待韩信呢？"萧何趁机向刘邦说起韩信的好处来，"要说人才，眼下天下没有第二个能超过韩信的。大王如果要与项羽争夺天下，韩信是帮大王成就帝王之业最合适的人才了。大王到底有没有重用韩信的打算呢？"

刘邦听着萧何这么一说，才动了心，高兴地说："我就封他个将军，怎么样？"

萧何严肃地说："这还不够。"

刘邦为了自己的事业，下了最大的决心，说："我拜韩信为大将，你把他叫来，当场就拜。"

萧何提醒刘邦说："拜大将是件大事，不可马虎草率。大王应该挑选吉日良辰，斋戒沐浴，搭设像样的拜将台，举行隆重的拜将仪式，韩信才能行使大将的职权，为大王的帝王之业出力效命！"

刘邦都照着萧何说的去办了。

韩信拜将以后，果然不出萧何之所望，在刘邦与项羽争夺天下的楚汉战争中屡战屡胜，为建立西汉政权立了卓越的功勋。

张良陈平安韩信

汉大将韩信击败齐楚联军，杀死楚将龙且，平定了齐国。随后，韩信便派人去告诉刘邦说："齐地之人诡诈多变，反复无常，齐地又靠近楚境，如果大王不派人在此镇守，恐怕难以保证安定，我愿为大王在此代理齐王之职。"

此时，刘邦正被项羽围困在荥阳（今河南），情况不妙。听说韩信派来使者，连忙召见，等到看了韩信的书信，听了使者的话，刘邦勃然大怒，骂道："我被楚兵围困于此，整天盼望着你能助我一臂之力，可你竟想自立为王！"

站在刘邦旁边的谋士张良、陈平一听，连忙用脚踩刘邦的脚，意思是让刘邦先别骂了，然后两人又附在刘邦耳边说道："大王现在正处于不利之时，难道您能去制止住韩信称王吗？倒不如顺水推舟，立他为王，让他自去守卫。否则，韩信必然会生出变乱！"刘邦一听顿时省悟，于是又接着骂道："身为大丈夫，平定了诸侯，就当个正式的王，为何要去做什么代理呀？"

当下便派张良前往齐地，立韩信为齐王，并征调韩信的部队前去攻楚。

韩信给仇人赐官

秦朝时的一天，在淮阴（今江苏淮阴市）的一条大街上，忽然围了一大群人在观看什么把戏——圈中有个宰猪的屠夫，叉着腰，对一个佩着剑的青年人说："韩信，你虽然长得又高又大，喜欢带刀佩剑，其实你肚子里却胆小得很！"

韩信生气地说："谁说我是胆小如鼠？我可要走南闯北呢！"

那个屠夫鼻子里"哼"了一声，又说："韩信，你要是不怕死，就用你的佩剑来刺我；要是怕死不敢呢，就从我的裤裆里钻过去！"他说着，双手抱在胸前，双脚叉开，对着韩信冷笑起来。

韩信盯着那屠夫看了好一会儿，按剑忍住气，低下头从他的裤裆里钻了过去。屠夫得意地狂笑起来。满街的人也跟着嘲笑起来。"看哪，韩信像小狗一样钻狗洞！哪像个男子汉大丈夫！"韩信低着头，一声不响地从人群中走了出去……

几年以后的一天，淮阴城的某条街上"嗒嗒嗒"地驰来几辆豪华的马车，其中一辆车子

111

里坐着一位大将军，他就是韩信，现在是汉高祖刘邦手下的楚王。此时，他的眼前突然一亮，那个曾使他蒙受"胯下之辱"的屠夫忽然在马车前路过。韩信命令车夫停下。马车停下后，韩信从车里走了下来，来到那个屠夫的面前。

屠夫见那位将军走近，仔细一看，吃惊不小，真是冤家路窄，那不是几年前从他裤裆里钻过去的韩信吗？听说，他曾被汉高祖刘邦拜为大将军，身经百战，立过赫赫战功，后被封为齐王，现在虽说刘邦不再重用他，可还是个楚王，在淮阴这地方自然有主宰一切的权力。眼看今天要大祸临头，不由得脸色变得惨白。

韩信看了那人一会儿，却笑笑说："你是个很勇敢的人，我封你当巡城捕盗的武官吧。"那个屠夫愣了半天，直到有人给他送来了官服，他才回过神来。

后来，有人问韩信：为什么反而要赏那个让他受辱的屠夫呢？韩信解释道："几年前，那屠夫侮辱我，我开始时真想拔剑杀死他！但杀人要偿命，我满腹的文韬武略便不能施展，日后更谈不上当大将军、封王。忍受一下暂时的胯下之辱又有什么关系呢？至于现在为什么要封他为官，这是为了让天下人看见，对如此侮辱过我的人都这样宽大为怀，既往不咎，那些过去与我有矛盾的人就会放下心来，从而减少同我的摩擦。"大家都认为韩信确实具有大将风度。

陈平献计擒韩信

项羽兵败自杀后，他的大将钟离昧却逃了出来，而且居然逃到楚王韩信那里。原来韩信曾投军于项羽部下，有一次项羽要杀他，是钟离昧救了韩信。韩信素来讲义气，这次见恩人来避难，只得收留了他。

世上哪有不透风的墙。韩信收留钟离昧的事后来传到汉高祖刘邦的耳里，这时又有人上书告韩信要造反，刘邦大吃一惊，忙召陈平商议。

刘邦说："韩信觉得自己功劳大，早就盘踞着齐地，逼我封他为齐王。后来你把他改封为楚王，他很不服气。现在，他窝藏着钟离昧想造反，我打算去征伐这小子，您看怎么样？"

陈平问："陛下的精兵和楚王的比起来谁的强？"

刘邦答："不及他强。"

陈平说："既然陛下的兵士不如楚王的精锐，陛下的将领用兵不如韩信，如果发兵攻打他，就是逼他造反，那么新的汉楚相争又要造成巨大的动乱。我私下里为陛下感到忧惧呢。"

刘邦问："那这事怎么办呢？"

陈平献计道："古时的天子有巡行天下、会合诸侯的事。南方有云梦泽，陛下假装出游云梦泽，在陈州会合诸侯。而陈州在楚地的西界，韩信听说陛下很愉快地出游，一定不会戒备，会按礼节出郊欢迎。当他进谒陛下时，只要派几个卫兵就可以把他拘捕起来，又何必一定要发动战争呢？"

汉高祖刘邦用了此计，在陈州活捉了前来进谒的韩信。

韩信被装上囚车时长叹道："古人说得对：'飞鸟尽，良弓藏；狡兔死，走狗烹；敌国破，谋臣亡。'现在天下已经定了，我就该死了。"

刘邦一听，心里软了，想：韩信究竟还没造反，再说这次他又交出了钟离昧的人头，如果把他拿来办罪，大家会不服，就把他降了一级，封他为淮阴侯。

冯唐妙语救魏尚

云中太守魏尚镇守边疆，屡建奇功，在朝内外享有很高的声誉。可是在一次向汉文帝报请战功时，因为误差六颗敌军的头颅，被汉文帝捉拿下狱。不久，南北边塞频频出事，军情紧急。

当时有个老郎官叫冯唐的，对魏尚遭到如此不公正的处罚心中不服，一心想救魏尚，苦于没有机会接近汉文帝。

有一天，汉文帝乘着漂亮的宫车在京城里漫游，路过郎署的时候，看见有个老人在迎接他，一问知道他是冯唐，两人热乎地说起话来。

汉文帝在闲聊中知道冯唐的祖先是赵国人，就夸奖起历史上的赵将李齐如何勇敢。冯唐认为，李齐的骁勇还比不上廉颇、李牧。文帝叹了一口气，说："现在匈奴逞强，屡犯边塞，如果廉颇、李牧尚在，我以他俩为将，还怕匈奴吗？"

冯唐见来了机会，赶快要为魏尚说几句公正话，于是大声说道："陛下就是得了廉颇、李牧，也不一定就会重用他们……"

魏尚的名字未提到，汉文帝就气呼呼地起身回宫。冯唐感到很沮丧，魏尚救不出来，自己的厄运却要降临了。

不一会儿，宫中派来一个侍臣，把冯唐带进宫去了。汉文帝和颜悦色地说："刚才听了你说的话,我一时生气回了宫,这是我的不对。不过,你也得说我为什么就一定不能重用廉颇和李牧呢?"

冯唐刚被带进宫殿的时候,是准备受汉文帝处罚的,现在见皇上那副诚心诚意的样子,一颗悬着的心才放了下来,他回答说:"我听说古时候贤明的君王派遣将帅出征,都要举行隆重的仪式,亲自为将帅推车,并授权给将帅,在行军作战中,对军功的奖励和处罚,都由将帅们去决定,再向君王报告。就是以前赵国的李牧,在镇守边塞的时候,赵王命令规定:边关的租税,都由李将军用来奖励战士们,不用向朝廷缴纳。可是陛下现在能不能也像当年的赵王那样信任和器重一个镇守边疆的大将呢?举个例说,云中太守魏尚在守卫边疆的时候,他的忠心和才能并不比李牧差,全军上下都愿意为他效力,可是,陛下却为他报功相差六个敌首而将他下狱。魏尚的这些过失,同他的功劳相比,算得了什么呢?所以,我认为陛下即使得了廉颇、李牧,也不一定能重用他们。"

汉文帝听到这里,恳切地说:"我以前这样对待魏尚是错了,你赶快拿了我的命令,到狱中释放魏尚,让他官复原职,立即出镇边疆。"

匈奴畏惧魏尚,不敢冒犯,边陲又安定起来。

刘发怪舞获封地

中国古代帝王若有众多儿子,会将其中一个儿子立为太子继承帝位,其余分封为王,给予适当的封地。汉景帝的庶子刘发也按例被封为长沙王,但由于他母亲原是汉景帝妃子的奴婢,地位低下,使刘发得不到景帝宠爱,给他的封国不仅偏僻狭小,而且都是些贫瘠的不毛之地。为此,他深感不满,但又无可奈何。

公元前142年,宗室藩王齐集长安为景帝祝寿,刘发当然也来了。景帝大摆宴席,酒过三巡,皇子们奉召前来为景帝歌舞助兴,但见众人衣着华丽,光彩耀人。这时,宫中钟鼓齐鸣,皇子们或引吭高歌,或舒袖曼舞,好不热闹。

轮到刘发祝寿了,只见他肥胖的身躯上罩了件小小的衫儿,窄窄的袖口,两只肥手却在袖里。刘发应乐起舞,胳膊拢在袖子里一扭一摆,活像鸭子走路,他那舞蹈的怪模怪样惹得众人笑弯了腰。

景帝见了刘发的怪舞也笑眯了眼,又很奇怪,就喝问道:"刘发!为朕上寿为何如此不敬?"

刘发叩道:"父皇息怒,儿非愿如此,因封国地陋狭小,实无回旋余地,不得不这样舞蹈啊。"景帝听罢,似有所悟,便下诏书道:"增封长沙王刘发武陵、零陵、桂阳三郡。"

言不在多,而在于精,在于妙。刘发虽穷,但不至于穷到穿不起衣服的地步,他这种类似滑稽之举,却把一个很难三言两语说通的事非常形象地表明出来,结果,他获得了成功。

刘秀焚信安人心

王莽新朝末年,一个给人算卦的叫王郎的人,冒称自己是汉成帝的儿子刘子舆,因而被汉朝的宗室刘林等人立为汉帝,建都邯郸(今属河北),一时间,各郡国群起响应,声势浩大。

后来汉朝的皇族刘秀(后来的东汉光武皇帝)率军讨伐王郎,在巨鹿(今河北平乡)大破王郎的军队。紧接着,刘秀又进军围攻邯郸,连战连胜,终于攻破邯郸,杀掉了王郎。

在接收王郎政权的文书档案中,从中查获了几千封刘秀势力范围内的许多官吏、豪强私通王郎、谤毁刘秀的书信。刘秀连看也不看,召集众将当场烧掉了这些书信,说:"让那些三心二意的人放下心来吧。"

刘秀便以如此的宽宏大度,争取到了众多的力量,终于战胜了对手,恢复了汉室。

郑均劝兄拒贿赂

郑均是东汉任城(今山东省济宁)的一个读书人,生活俭朴,清正廉洁。虽然生活过得贫困些,倒也充实自在、无忧无虑。

这几天,他心事重重,寝食不安,人也消瘦了许多。这到底为的哪一件事呢?

原来,他有个哥哥叫郑怀,不久前在县里当了一个管理全县仓库和监狱的官,不少人就主动去巴结他,有送银子的,有送丝绸的,也有甜言蜜语讨他欢心的,真是应有尽有。哥哥以前苦日子过怕了,现在有了机会,就特别贪婪,不管人家送什么东西来,他全部收下。郑均见哥哥变成这种样子,十分痛心,经常规劝哥哥为官要廉洁,不要让人在背后指着脊梁骨斥骂。可是哥哥根本听不进弟弟的话,再这样硬劝下去,兄弟两人会闹翻的。为此郑均很是烦恼。

有一天,郑均终于想出了一个办法。他待郑怀到县衙去以后,就收拾衣服,背着干粮离开了家门。晚上,郑怀回家不见了弟弟,到处寻找,也未见踪影。几天后,才收到一封弟弟从外地寄来的信,告诉哥哥他在外面做工,郑怀才放下心来。

郑均当了一家财主的雇工,每天日出而作,日落而息,重活脏活都抢着干,很讨财主的欢心。一年以后,郑均从财主那里领回工钱,兴冲冲地回到家里。兄弟俩久别重逢,十分高兴,开怀痛饮。

"哥哥,这是我在外地当雇工赚的钱,你留着用吧。"酒至半酣,郑均从怀中取出银子,如数交给郑怀。

"弟弟在外辛苦一年,才挣得这些钱,真是难为你了。这钱还是你自己留着吧。"郑怀似乎不在乎这些钱,"你哥哥在县衙做些小事,一个月中得到的礼物,比你这个数字大得多呢!"

郑均把银子塞进郑怀的手里,神色庄重地说:"哥哥,这些钱虽然不是很多,可它是弟弟用劳动换来的,得到它光明正大,用这钱也心里踏实。不像哥哥倚仗手中的一点权力,接受别人的东西,得来是容易得多,数量也大得多,可是,这种钱财得来烫手,用着心虚,放着不安,而且一旦败露,身败名裂,坐牢杀头,灾祸接踵而至,不仅毁了哥哥的一生,连祖宗的清白名誉都玷污了。这种钱多了又有什么意义呢?"

郑怀听弟弟这一说,如梦初醒,当场承认了错误。自此以后,郑怀秉公办事,不再接受当事人送来的财物,成了一名受人尊重的名副其实的父母官。

太史慈智毁奏章

太史慈昼夜兼程赶到洛阳城,夜色越来越浓越来越黑,他的心情越来越焦急。

自己还年轻,在郡中没做了几天奏曹史,好了,偏碰上个麻烦事:郡太守跟州刺史发生了矛盾,都要向朝廷上书告状。当时东汉末年,朝廷内官僚处理此类地方争端,常以文书到达的先后判别是非。太史慈环顾四周暮色,长长地叹了口气。

"那州刺史先把文书发走了,郡太守急得像热锅上的蚂蚁,让我拼命追赶。咦,那送信的人怎么还不来?"太史慈来到城东,四下观察着。

一辆马车迎面驰来,驾车的正是那个州刺史的送信人。太史慈灵机一动:"何不如此这般!"

太史慈马上抢步上前:"这位客官,您这么行程匆匆,是想向朝里送奏章吗?"

那人并不认识太史慈,忙点头道:"是!"

太史慈又关心地问:"奏章在哪里?"

那人揩了揩满头大汗回答:"藏在车上啊!"

太史慈环顾四周,显出一副神秘之色:"客官,您有所不知啊!"

那人打量一下太史慈,见他一副京官派头,暗暗高兴:"本来到京师办事,怕没熟人引荐,耽误了时间。这人准是宫里的官人,准有门路,何不趁此良机给他一看!"

太史慈刚将奏章取到手中,"嗖"的一声,从怀里掏出小刀,飞速把它割坏。那人忙大声叫喊:"有人割坏我的奏章啦!"

暮色沉沉,四野无人,有谁听得见这声音?

太史慈将头一摆:"如果你不把文书给我,我也不会弄坏它。传出去,你我都吃罪不起。我看,咱俩一块儿逃吧。"

那人走投无路,只得跟太史慈一同消失在洛阳城外。借夜色作掩护,太史慈出城后又偷偷甩下那人,绕道返回城里,送上随身藏着的郡守的奏章。

靠着太史慈的机智聪明,郡守终于打赢了这场官司。

曹操许昌迎献帝

公元195年,原董卓的部将李傕和郭汜在长安发生火并,东汉献帝刘协在一批大臣的簇拥下,逃出长安,抵达洛阳。

洛阳宫殿早被董卓烧光,汉献帝只得暂住在一个官员的破房里。文武大臣无房可住,只好搭草棚于断垣残壁,以遮避风雨,不少官员饿死在破墙边。

此时,曹操在山东聚谋士们商议。荀彧献计道:"昔日,晋文公纳周襄公,而诸侯服从;汉高祖为义帝发丧,而天下归心。如今天子身困洛阳,如果迎来许昌,那么天下就会顺从。"曹操立刻派曹洪率兵前往洛阳迎接汉献帝,说许昌储粮丰富,但运输不便,最好请皇上和大臣们暂往食宿,以免挨饿受冻。

公元196年,曹操将汉献帝迎到许昌,并建立了宫殿拥戴献帝正式上朝亲政,献帝封曹操领司隶校尉、假节钺、录尚书事等职,曹操获得了军政大权,然后挟主行令,节制各地州郡豪强,连势力可与之抗衡的袁绍也因他王牌在手而畏他三分。曹操为稳住袁绍,又将大将军的头衔封给了袁绍,满足了袁绍的虚荣心,但在政治上曹操更为主动,制服了强悍的对手。

为储粮扩军,曹操以献帝名义在许昌下令

屯田，一时军民共同屯田，粮食大丰收。曹操还以献帝名义唯才是举，吸收了一批有才能的谋士，一时贤达之士云涌于其麾下，使曹操的实力日益强大起来，为后来统一北方奠定了坚实的基础。这就是历史上有名的"挟天子以令诸侯"的谋略。

刘备借雷掩失态

东汉末年，刘备和曹操共同诛杀了吕布，刘备受到了汉献帝的接见，汉献帝排了辈分，尊刘备为皇叔。由于曹操的推荐，刘备被拜为左将军。可刘备怕曹操对自己有所猜忌，便想隐藏自己的才能和志向，以躲避曹操对自己的注意。从此他闭口不谈国家大事，还在自己家的后园种起菜来，而且干得还挺带劲，关羽、张飞虽然对此十分不满，可劝了半天，刘备就是不听。

这一天，曹操手下的许褚和张辽领着几十个人来到刘备家的后园，对刘备说："丞相有命，请使君前去。"

刘备吃了一惊，忙问有什么事，许褚等人回说不知，刘备只得跟随前去。

刘备来到丞相府拜见曹操，曹操笑着冲刘备说："您在家做的好事！"

刘备顿时吓得面如土色，一时间不知如何回答。

曹操一把拉住刘备的手说："您种菜也不容易呀！"

刘备这才放了心，只说自己是无事消遣。

曹操说："我见后园的梅子熟了，便想起'望梅止渴'的事来，因此见了此梅，不能不赏。今天备了酒请使君前来一聚。"

随后对刘备讲了"望梅止渴"的缘由，两人便一同来至后园小亭，赏梅饮酒。

酒至半酣，天上忽然起了乌云，两人继续有说有笑地喝着。聊着聊着，便聊到了天下豪杰上了，曹操问刘备说："使君何不说说天下谁是英雄。"

刘备谦让了一番便说起袁术、袁绍、刘表、孙策、刘璋，以及张绣、张鲁等人，曹操都一一予以批评，认为他们都是无能之辈，然后说："如今天下的英雄，只有使君和我啊！"

刘备一听，吃了一惊，手中拿的筷子不觉掉到了地上。正巧这时天上雷声大作，刘备借机从容拾起地上的筷子，说："雷声震动之威，真是了不起呀。"将自己闻听曹操道破自己心志因而表现出的失态，轻易地掩饰过去。

刘晔谏明帝保密

魏明帝与侍中刘晔议论伐蜀这件事，刘晔表示极力赞成。

这事传到了朝外，有人问刘晔："听说天子与你计议伐蜀，有这件事吗？"

刘晔却回答："没这件事。蜀国有山川险阻，易守难攻，伐蜀是空劳军马，对于国家没有什么益处。"

杨暨听说了这件事，马上去告诉魏明帝说："昨天刘晔力劝陛下伐蜀，今天又说不可，这不是有意欺瞒陛下吗？为什么不召刘晔来问一问呢？"

明帝不明就里，于是把刘晔传到朝里，问他为何昨日劝伐蜀，今天说不能伐蜀。

刘晔解释道："臣细想了一下，蜀不可伐。"

过了一会儿，杨暨走出去，刘晔才说："伐蜀这等国之大事，怎能轻易让外人知道呢？兵行诡道，事情还没有筹划停当，更应当保密。"

魏明帝顿时醒悟。

古弼忠心献弱马

北魏太武帝狩猎的骑士团威风凛凛地出发了，古弼心中很不是滋味："大敌当前，皇帝还有如此的闲情逸致。让百姓看见，会多么的痛心啊！"

这当口，魏太武帝偏偏下令给古弼：预备好最健壮的马匹，配给狩猎的骑士！古弼心中不服，故意给他们准备了一些瘦弱的马。

太武帝获悉后大发雷霆："这奴才狗胆包天，敢对我的话打折扣。回到京城，先斩了他。"

消息一传开，古弼手下的人都惶惶不可终日。

古弼反倒镇定自若地劝慰他们："侍候君王的人，使君王在游玩时不愉快，这是小罪一桩；不做好抗击外来侵略者的准备，那他是对国家不负责。当今天下，北边和南边的劲敌，都虎视眈眈想侵犯我疆土，我常常为之担心。我挑选肥壮的马来充实军队，只是为了更有利于朝廷，又有啥可怕的？只要君主贤明，自然会想到这层道理。如果真有杀头之罪，好汉做事好汉当，你们没啥罪的！"

有人将这番话报告了太武帝，太武帝细细把古弼这番话回味了一番，心里很是惭愧，觉得错怪了古弼这位忠臣。他马上令人牵来两匹引吭长啸的千里马赐给古弼，另外还加赠一套官袍、10头鹿。

高颎妙计灭陈国

隋文帝开皇初年，文帝杨坚准备攻取陈国，问计于尚书左仆射、大元帅高颎。

高颎献计道："江南江北因天气寒热和水旱田的缘故而在粮食收获时间上略有差距。我方可在敌方粮食收获季节调动一些兵马，扬言要渡江袭击，敌方听到风声后，必然会屯兵防守，这样收获的农时便会因此而荒废。等到敌方聚集起兵马严阵以待时，我方则解甲散兵，不去攻袭。这样反复再三，敌方习以为常，当我方再调集兵马时，敌方肯定拿不准我军的真实动向。就在敌方犹豫不定之时，我军大兵压境，出其不意，必定会大破敌军。另外，敌方所处江南，很多房屋是由竹子和茅草建成的，粮食也囤积其中，不像我们北方放在地窖。陛下可派人去敌方趁风放火，烧毁敌方的房舍，等他们刚刚修复后，再去烧毁。这样下去，不出几年，就可使敌方财力匮乏，内外交困。"

文帝非常赞赏高颎的妙计，依计而行，最终用此计灭掉了陈国，统一了中国。

梁毗哭金息战乱

隋朝文帝时，西宁州少数民族的酋长都把拥有金子的多少看作是否富有的象征。谁家金子多，别的酋长们便会兴师动众去夺。一会儿你打我，一会儿我打你，闹得一年到头不得安宁，民怨沸腾。

新上任的州刺史梁毗贴了文告禁止，酋长们竟置之不理，我行我素。这些酋长们为了巴结梁刺史，一个个偷偷赠送金子给他，且一个比一个多。

梁毗心里真不是滋味：退回去吧，这批家伙会恼羞成怒；不退回去吧，这些酋长更会为非作歹。思忖片刻，他大声吩咐家人："马上给我备好大红请帖，请各位酋长明天上我这儿赴宴！"

第二天晚上，梁府张灯结彩。前来赴宴的酋长们个个乐滋滋的："哪个官不贪？这梁毗收了金子软了嘴，反请我们喝酒啦。"

喝酒到了高潮，梁毗一摆手，家人把所有送给他的金子端出来，堆放在红木桌上。梁毗望着金子，突然放声大哭起来。各位酋长们如坠五里云雾，诚惶诚恐地瞪圆了眼："这，这究竟是怎么回事？"

有一位终于大着胆子小心翼翼开口："梁大人，是不是嫌我们送得太少了？"

梁毗拼命地摇摇头，哭得更响了："你们为了争它，互相残杀，天天不停，月月不停，年年不停。现在，你们又把这害人精送给了我，故意让我'肥'起来，是不是也想杀我呢？"

酋长们听完，纷纷站起身来，一律拱手施礼："刺史大人，我们一片好心，全无半丝歹意。"

梁毗哽咽着嗓子，继续哭问："那么，你们之间为啥为这害人精争来夺去呢？"

酋长们再次互相打量着，谁也答不出。

这时候，梁毗停止了哭泣，取过各人赠送的金子，一一亲自放到各人面前，慢慢地说："这个，我不要。吃完了酒，你们还是各自带回去吧！"

酋长们这才明白梁刺史哭金的目的，都惭愧地低下头。

从此，这些酋长不再为金子互相攻杀。这消息传到隋文帝耳中，龙颜大悦，马上发出一道圣旨，钦命梁毗升任大理卿，掌管全国司法。

令狐楚智稳米价

唐朝某年一场旱灾刚过，兖州一带民不聊生。奸商趁火打劫，乱涨米价。新任兖州太守令狐楚心里很不是滋味。所以，当迎接他上任的代表来拜见时，令狐楚边心不在焉地应付着，边在大脑中飞速闪过一个个念头。

兖州城内前来迎接的官员很多，他们轮流跟这位新上任的太守寒暄着。

突然，笑眯眯的令狐楚一本正经地发话："兖州城内，现在的米价是多少呢？州里有几个仓库？每个仓里还存多少粮食？"

迎接的众官员不知新太守是何用意，相互偷偷打量着，暗暗使眼色。最后，一个较大胆的官员双手一拱，抖着嗓子回答："禀告大人，现有大粮仓8个，每个仓存有10万担。"

令狐楚斜睨了那人一眼，说："我说诸位，如果把这8个仓库打开来，拿出这80万担米，我们统统定个低价钱卖给灾民，不是可以救灾并缓和现在这样的紧张局势吗？"

许多官员听了，都连连机械地点头。

左右侍官偷听到后，可着急啦，他们跟那些囤粮的奸商狼狈为奸呢！这话马上像长了脚，很快传到城中，传进富家大户的耳朵里。

富家大户们慌了手脚：新太守这么做，自家存的粮卖不出，不是大蚀血本了吗？他们怕吃亏，于是争先恐后组织人力从仓库里挑出粮食按平价出售。兖州的米价顿时平稳了下来。

富户们中了令狐楚的稳价计，当地百姓个个拍手称快。

唐太宗的赏功计

唐立国初期，太宗李世民论功行赏，奖励众将，并对诸大臣说："我所做的，如有不妥之处，希望你们能提出来。"

唐太宗的叔叔淮安王李神通当即说道："我从关西起兵，率先响应高祖的义举，而房玄龄、杜如晦之辈只会舞文弄墨，却官居我上，我很不服气。"

李世民说："叔父您虽然首先倡导义兵，但那是为了逃避灾难。窦建德吞掉山东时，您全军覆没；刘黑闼组织余部反攻时，您却望风而逃。而房玄龄等人运筹于帷幄之中，决胜于千里之外，赖有他们的计谋，我们才能取胜，国家才能安定，如若论功行赏，他们当然在您之上了。您虽然是我的至亲，但我不能因为您是我亲戚，就将您和开国元勋同功论赏。"

众臣听了这番话，很为感动，对李世民道："陛下如此大公无私，对于淮安王这样的至亲尚且没有一点偏爱，我们又怎敢有非分之想呢？"

当时秦王府的众将，有的也因没有封官怨气很大。李世民听说后，劝说道："一国之主，就要大公无私，选择有用之才来治理国家。这样才能使大卜人心服，这才是治理国家的根本人计。"

众人听了，尽皆心悦诚服。

唐太宗不登泰山

贞观五年（631年），经过隋末大乱折腾的初唐逐渐强盛起来，突厥已经被征服，周围小国都向大唐进贡朝拜。大臣们被昌盛的形势所陶醉，都劝唐太宗李世民效法秦始皇、汉武帝去泰山祭祀天地的做法，搞一次声势浩大的封禅活动。

李世民经不住群臣的轮番劝说，心里活动起来，要求大臣们对封禅一事再议论议论，是不是有什么困难。

魏徵坚决反对去泰山封禅。李世民不高兴地问道："你不同意我去封禅，是我的功不高呢，还是我的德不厚呢？"

"陛下的功已经很高了，德也很厚了。"魏徵回答说。

"那么，是中国没有大安呢，还是四面小国没有臣服呢？"

"中国已经大安了，四面的小国也都臣服了。"

"是粮食没有充实呢？还是预示大吉大利的迹象没出现呢？"

"粮食已经充实了，预示大吉大利的迹象也出现了。"

李世民见魏徵对他的功德都充分肯定了，脸上露出了一丝满意的笑容。过了一会儿，李世民又问道："既然这样，你为什么还反对我去封禅呢？"

魏徵很坦率地回答说："自隋末大乱以来，时间还不算很长，国家还说不上很强大，老百姓还没有好好地休养生息，算不上很富裕。陛下要去泰山封禅，千乘万骑，浩浩荡荡，沿途的老百姓必然要承受很重的负担，他们能不怨陛下吗？"

李世民示意魏徵继续说下去。

"臣听到一个故事，"魏徵的语气缓和了许多，"有一个人患了10年重病，虽然慢慢好了起来，但是人还很瘦弱，力气没有完全恢复过来。这个人却好逞能，想挑200斤大米一天走上100里路，结果不是要他的命吗？隋末之乱，远远不止10年。陛下就像一个神医，经过这几年的精心治疗，病是好了，但元气还没有全部恢复。现在要去泰山封禅，就像那个刚刚病愈的人挑着200斤重担日行100里一样是很困难的。再说封禅一类活动，只是图个虚名罢了，对国家的长治久安并没有实际的意义。陛下为什么非去不可呢？"

李世民听了魏徵的话，就取消了封禅的计划。这时凑巧河南和河北等地发生了水灾，受到了很重的损失，群臣也不便再提封禅的事了。

直到逝世，李世民都未去过泰山。

段秀实闯营平乱

唐代宗广德二年（764年）十一月，郭晞跟随他的父亲郭子仪元帅领兵抗击吐蕃，大军驻在邠州。

郭晞以前立过许多战功，担任左散骑常侍，常常居功自傲，父亲郭子仪在身边的时候，他还不敢胡来。这一天，郭子仪进京办事，郭暖就纵容士兵骚扰当地百姓。节度使白孝德是一个胆小怕事的人，又碍着郭子仪的面子，睁一眼闭一眼只当不知道。

泾州刺史段秀实，知道了郭暖纵兵危害地方的事，向白孝德自荐当了个都虞侯。刚任职不久，郭暖部下有17个士兵冲到一家酒坊抢酒，打伤酿酒师傅，砸坏酿酒工具，气焰很是嚣张。

正当抢酒士兵在酒坊内喝得东倒西歪的时候，段秀实闻讯，派来的部队包围了这家酒坊，像抓瘟鸡一样轻松地抓住了他们。按照段秀实的命令，把抓来的人押到郊外一块荒地上砍了头，首级挂在市中心示众。

骄奢成性的郭暖部下听到兄弟们被杀，像受伤的狼一样嗷嗷直叫，全副武装起来，要找段秀实算账。

白孝德知道段秀实闯了大祸，吓得两股战栗，不知如何是好。

段秀实对他说："白节度使不用担心，这事是我所为，应该由我去解决。"

白孝德为他挑选了几十个身强力壮的士兵，护送他到郭暖的营部去。段秀实不要多带兵卒，另选了一名上了年纪的跛足人做伴，向前面走去。

走不多远，从郭暖的营门那里传来了一阵阵的喊杀声，那个随行的老人吓得不能动弹，段秀实只得扶着他走。

到了营门外边，那些全身披甲的士兵闻讯都冲了出来，手里举着亮闪闪的大刀，要为他们死去的17个弟兄报仇。

"要杀我和我带来的这个老兵，用得着这样的阵势吗？"段秀实一边走一边说，"我自个儿带着脑袋自己来啦！"

士兵们原以为段秀实带着兵将前来厮杀，现在看见他只带着一个跛足的老人，手中的刀一时举不起来。

就在这时，郭暖走出军营。

"郭子仪元帅是当今朝野闻名的功臣，全国人民都像尊敬自己的父亲一样尊重他。"段秀实态度非常诚恳，"你是郭子仪元帅的儿子，更应当爱惜父亲的荣誉。可是，你却持功放纵士兵出来闯祸，这样的行为，违反军纪要受到上级的处罚自不必说，你这是往父亲的脸上抹黑呀！老百姓知道了会怎么想？你父亲知道了会怎么想？皇上知道了又会怎么想？郭元帅的英名，不是要糟蹋在你的手里了吗？"

郭暖听到这里，倒头便拜，说："你这样爱惜我父帅的荣誉，又这样当面指出我的错误，就是我郭家的大恩人了，我怎敢不听从你的话呢？"

接着，郭暖责令士兵们各自回到自己营帐中，还热情挽留段秀实住在营中。第二天，郭暖护送段秀实来到白孝德的官邸，检讨了自己带兵无能的过错。邠州自此安宁了。

寇准献计废太子

重阳节又到了。宋太宗钦命遍请诸王，大摆酒宴。

楚王元佐刚巧发病，太宗因此没请这位长子参加。这暴戾的家伙半夜醒来，竟恶向胆边生，把宫中姬妾们统统关起来，放火烧宫。太子东宫内外，惨叫之声震天。大火烧了三天三夜才熄灭。

听到太监传报，太宗气极了。这太子自从得了精神病后，像野兽一般残忍。左右侍从稍有过错，就被他弯弓射死。太宗多次教诲，至今却未悔改。想到这儿，他气不打一处来，猛拍御书案："废了他，废了他！我要另立太子！"

这时，寇准恰恰放任郓州通判，被太宗召见。太宗屏退左右侍卫，悄声问道："爱卿帮朕解个难题如何？"

寇准微笑道："陛下尽管说来。"

太宗忙说："东宫太子破坏王法，早晚会像桀纣那样凶恶，我想废了他。但东宫有不少兵将，万一不慎，我怕引起宫内大乱。"

寇准献上一计道："三天之后上午，请陛下令东宫太子去祖庙举行祃节仪式，让他带左右侍从一同前往。如此这般……"说着，他轻松地一笑："废除太子，尽管只用一个太监之力，马到成功。"

三天后，元佐心花怒放，带着大群侍卫，耀威扬武地奔向祖庙。东宫内一片空虚，太宗派去的人细细搜查起来。一番忙碌，搜出很多凶残的刑具，如割肉、挑筋、摘舌等刑具。

元佐乘兴而归，太宗派来的太监和侍卫早在门口迎接他。面对一大堆被搜出的违法罪证，元佐只好低头认罪。

当晚太宗降下圣旨，废了元佐的太子之位。朝野一片欢腾。

唐代宗不纵皇女

有一出《打金枝》的戏，许多剧种都作为

保留节目，其剧情是描述身为驸马的丈夫打公主妻子的故事。这在历史上是有迹可查的。

唐代宗的女儿升平公主嫁给了郭子仪的儿子郭暧为妻。但小夫妻俩经常吵嘴。

一天，小两口又发生了口角，郭暧生气地说："你别以为你父亲是天子，我就得听你的，这种女婿我还不愿意当呢！"公主一听火气更大了，她认为这简直是对父王的极大冒犯，于是，一摔门怒气冲冲地赶回皇宫向父亲告状诉怨了，郭暧不把父皇放在眼里，这如何得了啊！

唐代宗听清事情的原委后，责备公主说："如果郭暧想做天子，凭他父亲郭子仪的丰功伟绩有何不可呢？到时我们李家怎能独占天下？这其中的道理，不是你能明白的。"于是安慰了几句，叮嘱她回去好好过日子。

其实，代宗皇帝所说的合乎情理，唐玄宗在位时，发生了"安史之乱"。唐王朝摇摇欲坠，幸亏郭子仪发兵平叛，才挽回了残局。郭子仪如果心怀叵测，凭实力、凭威望要取而代之，实非难事。但郭子仪是个深明大义之人，他听说这事，认为儿子简直是大逆不道，于是把郭暧五花大绑亲自带他上殿请罪。代宗看到这种情况，便说道："人们常说：不痴不聋，不做家翁。"他劝慰郭子仪不要过分计较儿子闺房之事。

于是，郭子仪将郭暧又带回家中，杖打了几十板。此时，火气已消的公主见自己丈夫被打，心疼不已，哭泣着为他求情。

从此以后，小夫妻和和美美、恩爱异常。

唐代宗的英明、郭子仪的律己，使这场非同寻常的"打金枝"事件平静地和解了。

这个"儿女闺房"小事，如处理不好，将会酿成极大的政治事件，将会对遭受战争创伤的国家和人民，带来更大的危难。

顾少连画雕巧谏

唐德宗时，有个奸臣叫裴延龄，靠了献媚拍马的一套功夫，取得皇帝的宠爱和信任，以致执掌权柄，势倾朝野。除了德宗皇帝一人以外，什么人都不在他眼里。朝廷百官见他如此猖狂，都怕触犯他而遭到杀身灭家之祸。唯独翰林学士顾少连，天生傲骨，且具智慧的头脑，决心运用计谋将他揪翻。

一天，唐德宗摆下盛筵，欢宴文武百官。席上，裴延龄照例以"一人之下万人之上"的气概，评品时事，旁若无人。群臣都缩着脖子埋头喝酒，也没有谁敢同他分庭抗礼。

酒过数巡，顾少连满脸通红，装出醉醺醺的样子，唱起了歌曲，跳起了舞蹈。裴延龄见状，嘲笑道："听说顾学士向来海量，而今不过吃了几杯，就醉成这般模样。看来，盛名之下其实难副啊！"

顾少连也不搭话，依然摇摇晃晃地唱呀，跳呀，快到达裴的座位时，突然，从怀里掏出朝笏猛地朝裴延龄脑袋打去，高声笑骂道："哈哈，段秀实抢夺朝笏敲打奸臣朱泚，我就拿出朝笏敲打你这个奸臣裴延龄！哈哈，哈哈！"

裴延龄羞恼异常，一时又不好发作。因为，如若同醉鬼论理，岂非太降低了自己的身份？他只好自认晦气，摸摸脑袋，解嘲似的说："嘿嘿，顾学士发酒疯啦。"

唐德宗见此情景，笑得前仰后合，传呼下人将顾少连扶回家里休息。

可是，裴延龄遭此奇辱却不以为耻，照样我行我素，骄横跋扈之状日甚一日。顾少连不由怒火中烧，便画了一幅图画，在上朝时把它作为奏章，呈送给德宗。

皇帝打开"奏章"一看，不见文字，只见上面画的是一只老雕，昂着头颅，伸着利喙，翘着尾巴，耀武扬威地站在当中；周围是一大群鸟儿，有的低头缩颈，有的相互偎依，有的却是直着脖子朝老雕聒噪……

唐德宗抬起头，朝阶沿下侍立两旁的群臣瞥了一眼，只见裴延龄昂头挺胸，志得意满地站着，顾少连直挺挺地立在那里乜斜着前者。百官呢，或是缩颈，或是低头，或是面含怒气地望着裴延龄的后背……皇帝轻轻地"啊"了一声，恍然明白：大家都很憎恨裴延龄啊！这才觉悟众怒难犯，从此再也不敢重用他了。

赵匡胤智释兵权

宋太祖赵匡胤统一北宋以后，见天下大业已定，他听取宰相赵普的建议，吸取历史上的韩信、彭越反叛刘邦的教训，决定及早剥夺功勋显赫、至今重权在握的石守信、王审琦等人的军权。再说，五代的梁、唐、晋、汉、周都是由大将篡权夺取帝位建立的，他自己也是北周大将，靠"陈桥兵变""黄袍加身"当上了皇帝，所以他对此深以为戒。

有一次，借晚朝的机会，宋太祖请石守信等大将留下饮酒，酒酣耳热、意兴正浓之际，赵匡胤借着酒意屏退左右说："我若没有诸位的鼎力相助,不会有今天的地位;但身为天子,日子并不好过呀!还不如做一个节度使舒心。"他又诉说自己没有一个晚上睡过踏实的觉。

石守信等听到这里,不知道赵匡胤葫芦里卖的什么药。

赵匡胤的酒意更浓了,说:"我这皇帝宝座人人都盯着呢!"

石守信等人一听此言,几乎吓出一身冷汗,一个个急忙表态说他们绝无二心。

赵匡胤说:"我当然相信诸位,然而谁能保证你们的部下不会为了富贵把黄袍加在你们身上呢?"

听到这里,石守信等人早已诚惶诚恐,泪流满面地请求宋太祖能给他们指一条路。

赵匡胤顺势说道:"其实人生一世,能享受时就尽情享受。诸位何不交出兵权,出外镇守边境,选些好田产,为子孙后代创下家业,再多置些美貌的歌舞女子,尽情欢愉,颐养天年。"赵匡胤这一席话,石守信等人早已心领神会,于是纷纷拜谢皇恩浩荡。

第二天,石守信等人称病,交出各自的兵权。宋太祖派任他们为各路节度使,出守边境去了。

这就是历史有名的"杯酒释兵权"的故事。

文彦博稳定市场

宋朝至和年中,京城里都传说铁钱快作废了。

文彦博接到底下人的通报,心里还不信:怎么会有这回事?我一定要去查个水落石出。

第二天早晨,文彦博换上一身便装,信步在店铺、商行私访。京城里集市买卖的一举一动尽收眼底,一处越来越高的争吵声吸引着他走上前去看个仔细。

一个青年商人买了一匹丝绸,付出几吊铁钱后刚欲转身离去,那卖丝绸的中年商人一把拉住他:"喂,你留下这几串废铁钱,让我一家老小喝西北风去?告诉你,朝廷要废除陕西铁钱啦,快,回家拿铜钱来!"

那青年商人当然不甘示弱,两个人一下子争吵起来。一会儿,店内外观者如云。

文彦博一听中年商人的话,佯作啥事不懂,连忙问他:"这位老板,你这消息怎么来的?让朝廷知道,可要杀头的呀!"

那中年商人没好气地转过头,白了文彦博一眼:"你这位先生是外地人吧?告诉你,京城里都在传,有人上书皇上,请求废除陕西铁钱。皇上一时没答应,但那一天快了!"

文彦博心中一惊:这朝廷内部的消息,怎么会传成这样子!追查谁是造谣者已没有必要,要用事实使它不攻自破。如果禁止,人们更会疑惑,市场更会骚乱。好!就这么办。他马上打道回衙。

一会儿,京城内丝绸行业的商人全给召来了。文彦博坐在大堂上,笑着吩咐:"你们把各家的丝绸拿出几百匹卖掉,凡是来买丝绸的,一定要让他们交铁钱,不要收铜钱。"

众商人一听,心中略略安稳:原来铁钱不会作废,家里的铁钱不会变成一堆破铁!他们纷纷乐滋滋地回家,张罗买卖去了。谣言不攻自破,京城市场又恢复了稳定。

陈太守智收地图

宋神宗熙宁年间,高丽人向宋朝进贡,因当时北方被辽占据,便由海路到浙江,然后再北上到宋都开封(今属河南)。

有一年,高丽人进贡时,沿途向各郡县送了不少礼,请他们给上一份辖境的地图。各郡县都很痛快地送给了高丽人。

不久,高丽人到了扬州(今属江苏),便也送去礼物,向陈太守索要地图。陈太守心想,如果把地图给了他们,岂不是让他们了解清楚我方的情况?将来难免后患。可已经有许多地方给了他们地图,该怎样全部收回呢?

陈太守心生一计,便骗那位负责进贡的使者说:"本官想参考一下以前各郡县所送出的地图,按照他们的样子画图。"

使者不知是计,便把前面收到的地图给了陈太守。陈太守马上将这些地图付之一炬,并将此事上报朝廷。

阿鲁浑萨里谏帝

元世祖忽必烈二十年(1283年),正是元朝灭南宋统一中国的第5年。

有一天,有人直接向宫廷告发,原南宋宗室中某人图谋不轨,要在江南造反!

元世祖大怒,马上派人飞速去抓被告发之人。

事情迫在眉睫,执行逮捕命令的使者已经出发。

守卫宫廷的官吏阿鲁浑萨里闻讯,匆忙赶到元世祖身边劝阻:"那个告密者言不可信,必有讹诈,陛下千万不能随便去抓人哪!"

元世祖发问道:"你怎么会知道是诬告呢?"

阿鲁浑萨里不紧不慢分析道:"如果真有谋反之举,下面郡县官吏怎么会不知道呢?告发者不通过郡县报上来,而直接来宫廷密告,这大有陷害他的仇人、诬告报仇的嫌疑。"稍顿一下,抬头向元世祖凝望,神色愈加凝重,语调愈加深沉:"现在江南刚刚平定,民心尚未完全归附,如果只听信这一个人的告密而随便抓人,必然会使民心浮动,人人自危,正中了小人之计!"

听完阿鲁浑萨里这番语重心长的话,元世祖立刻豁然开朗:唉!孤家可没想得这么透啊!他马上下令:急召那位使者回来!

同时,元世祖派人把告密者移交郡里官吏审讯。才经一审,已真相大白,果然是诬告。原来告密者曾经向被告者借钱,因未借成,他便诬告其谋反,企图陷害!

案结上报后,元世祖信任地对阿鲁浑萨里说:"差一点误了大事。咳!只怪我没有早发现你,早任用你啊!"

打这以后,元世祖就让阿鲁浑萨里每天在自己身边,出谋划策,帮助处理军机大事。

朱元璋智释人质

元朝末年,天下大乱,群雄四起,江南有方国珍、张士诚、陈友谅等割据称雄,互相攻战不已。适值朱元璋率领大军南下,攻占金陵(现南京)。方国珍便与他的谋士们商量:"当今天下,以朱元璋声势最大,莫如暂且投靠他,静观形势变化,也免受陈友谅、张士诚的攻击。"于是,他便派使者带上金银珠宝和他的次子方关,愿以方关为人质,投靠朱元璋,并献上温、台、庆远等三郡之地。

朱元璋知道此事后,便说:"古人为了取得信任,才以儿子为人质,互相牵制对方。如今我们以诚相待,何必如此呢?"于是,他重赏方关,遣送回去。

方国珍很受感动,就多备了金玉器物,前来敬献。

朱元璋说:"这些金玉有什么用?我所需要的是文能治国,武能安邦的人才,和救民于水火之中的谷物粟粮!"便将这些东西全部退回。

朱元璋释放人质、归还贡物的举动,受到人们的广泛传扬。于是,一时之间,归附者趋之若鹜。

朱元璋限制宦官

明太祖朱元璋鉴于前代宦官干政之弊,从建国开始,命令宦官不得干预政治。即使是那些极受宠信的宦官,他也绝不容许他们干涉政事。

有一次,一名服侍了他多年的老宦官,偶然谈到政事,朱元璋一听大怒,立即下令将他放回老家,终身不得入宫。

有人问朱元璋为何这样做?他说:"这些宦官,由于他们日夜服侍在皇帝的周围,谨小慎微,言听计从,最容易讨到皇帝的欢心。如果让他们干政的话,时间一长,未免要狐假虎威,与一帮趋炎附势之臣互相勾结,蒙蔽皇帝的视听,作威作福,危害国政。所以,我立下规矩,宦官不许参与政事。今天我放他出宫,只不过是为了惩戒后人而已。"于是,他便严令宦官不得读书识字,只要他们做个老实的奴才。所以,在明太祖一朝,宦官始终没有参政。

然而,朱元璋死后,明成祖夺取皇位,依靠宦官,清除异己,宦官开始干政。终于,在明朝,形成了历史上最大的宦官之祸。

朱标巧示负子图

明太祖朱元璋抓住开国功臣李善长的一些过失,决定要杀死他。

太子朱标听到这个消息,很为李善长抱不平,对父亲滥杀功臣很有些看法,要去劝说父亲不要这样做。然而他又有顾虑,如果父亲为此要责罚他该怎么办呢?他想到母亲生前对自己的教诲,遇事应该要有主见,不要躲躲闪闪的,就坚定了前去父亲那里劝阻的决心。猛然间,他看到挂在墙上的一幅《负子图》。那是朱元璋为纪念马皇后背着儿子朱标行军而请人精心绘制的。现在母亲逝世了,父亲看见这幅图,就像看见母亲一样,一旦为劝阻的事发生不愉快,那么,这幅图可以帮一点儿自己的忙。于是,朱标把《负子图》悄悄地藏在贴身衣袋内。

"听说父皇要处罚李善长,有这回事吗?"朱标见到朱元璋,小心谨慎地问道。

"我是要杀掉李善长,才放得下心来。"朱元璋在儿子面前,说话很坦率,用不着绕弯子。

"父皇这样滥杀功臣,有伤国家元气,也不利于民心的安定。再说李善长并没有很严重的错误啊!"朱标的话虽然不多,可是理由却很充分。

朱元璋觉得这位已经被确立为太子的朱标在政治上还很幼稚，应该用更明白易懂的比喻来教育他。第二天，朱元璋带来一根长满尖刺的棘条拐杖，随手丢在地上，说："你把长条拐杖给我拾起来。"

朱标弯腰去拾，尖锐的刺戳破了手上白嫩的皮，渗出了一滴滴殷红的血，丢下拐杖吧，又违背了父亲的意愿。正在左右为难之际，朱元璋仰头哈哈大笑起来，说："拐杖上有刺，你要拿住它，就会刺破手上的皮，最后还会丢掉它。如果我把上面的刺都削光了，你还会这样为难吗？你现在应该明白了，我之所以要杀李善长等功臣，就是为你除刺，我是完全为你以后的治国大业着想呀！"

朱标这时才明白了父亲的意图，可他觉得父亲靠杀大臣来扫除自己日后做皇帝时的障碍，是不足取的，他连连叩头说："我听说上有像尧舜那样贤明的君主，下就有尧舜那样的臣民。如果做帝王的在治理国家时正大光明，那么，臣民们也就会规规矩矩的，用不着担心他们会长出什么刺来。"

朱元璋勃然大怒，举起身边的椅子向朱标身上打去。朱标知道自己的话触怒了父亲，急忙躲避一边，同时把藏在怀中的那幅《负子图》掏出来，扔在父亲的面前。

朱元璋拾起一看，已故皇后跟随自己转战南北的一幕幕情景立时出现在眼前，他的心一酸，沉浸在悲痛之中，就没有再重责自己的儿子。

解缙题诗劝成祖

朱元璋的第四个儿子朱棣被封为燕王，镇守北平（今北京），以后起兵发难，夺了帝位，即明成祖。

明成祖想到确立太子的事必须尽快办好。他有三个儿子，按理应该是长子高炽继承皇位。可是老二高煦居功自负，很想夺取太子的地位，明成祖也认为高煦像自己，有心偏袒他。

兵部尚书金忠却不赞成废嫡立庶，经常在成祖面前劝说应该确定嫡长子的地位。金忠在担任兵部尚书前是随军占卜的，成祖非常相信他。到底确立谁为太子呢？明成祖犹豫不决。

金忠就和大臣解缙等人商量如何调解，凑巧成祖就立太子的事向解缙征询意见，解缙趁机说道："皇长子忠孝仁义，在天下百姓中有着很高的威望，立他为太子上合天意，下合民心，是顺理成章的事，陛下不可再三心二意的了。"

成祖只是认真地听着，并不表态。

解缙突然想起一件事：皇长子10年前得子，他的妻子张氏分娩前，成祖在梦中见到太祖赠给他一个大印，上面刻有"传之子孙永世其昌"八个大字，因此成祖十分喜爱这个长孙。现在长孙已经十岁了，长得活泼可爱，聪明绝顶，很讨成祖的欢心。如果现在趁机提起这个长孙，成祖一定在确立太子的问题上倾向于皇长子。于是又向成祖进言道："如果把皇长子撇下一边不提，陛下也应该为长孙的前途着想啊！这个孩子，谁看见了都喜欢的。"

明成祖听解缙说到长孙的事，果然十分喜悦，有了几分松动。过了几天，成祖拿出一幅虎彪图，要大臣们题诗作词，借此听听在立太子一事上的意见。

解缙凝视着面前的这幅画，只见一只雄虎身边依偎着几只幼虎，神态亲昵可爱。他立即想到何不趁机作诗讽谏一番呢？于是挥笔写道：

虎为百兽尊，谁敢触其怒？
唯有父子情，一步一回顾。

成祖看完诗，暗暗佩服解缙的含蓄和忠诚。其他大臣也都主张立嫡长子。成祖这才定下决心，当即宣布立嫡长子高炽为皇太子。

周新上任先坐牢

周新出任浙江按察使了，很多亲朋好友前来祝贺。说罢吉利话，有位好友跟周新开玩笑："此去重担在肩，怎样去摸清民情？如今的县太爷可喜欢瞒上欺下啊。"

周新听完，连连点头："对，对。不过，我自有药方治这官场通病。"

巡视所属的第一个县到了，县官们做梦也没想到新任按察使会如此这般⋯⋯

周新换了一身旧衣服，故意撞上了县太爷的轿子。

县太爷顿时横眉瞪眼："你这穷书生，敢撞本官大轿。老子要去接任浙江按察使大人来临。来人，将这不知趣的穷书生打入大牢！"

周新心中一喜：好了，进了大牢，可了解这个县的民间情况了。

当夜周新被投进监狱。

囚徒们问他犯了什么罪。周新笑了："喝了口酒，撞上了县太爷去接大官的轿子。他令人打了我几板子，就把我送到这笼子里来了。"

一位年老的囚徒忙惊呼："穷书生，你还

算命好。你敢撞上他的轿子,要是平日不打你100下杀威棒才怪,幸亏他要急着去接大官呢!"

周新故作惊讶:"这县太爷,平时也这么草草办案的?"

"何止这样呢!"囚徒们顿时嚷嚷开了,跟眼前这书生模样的"新犯人"讲了差不多一个晚上……

第二天,县太爷坐在大堂上急得如热锅上的蚂蚁:昨天没接到按察使大人,可上面明明通告那大人已来境内,他去哪里了呢?

周新却从狱中走出,板着脸踱上大堂。

县太爷又怕又羞,只得交出了官印怏怏离职而去。

浙江境内各郡县官闻风皆惊,惮于周新此举,都兢兢业业,忠于职守。

杨暄御前巧揭奸

明朝天顺年间,一份奏疏搁在明英宗的御书案上。明英宗慢慢摊开展读,越读眉头皱得越紧:锦衣指挥官门达胁逼巡逻兵揭发袁彬隐私,自己却犯有20多件违法乱纪之事。明英宗心中"咯噔"一沉:门达掌权,另一个锦衣指挥官袁彬曾随英宗到北边狩猎,有护驾之功。两人究竟怎么搞的?

明英宗仔细一瞧,告状人的签名是京城民间艺人杨暄。他马上发令,让门达找杨暄问个水落石出。

杨暄应召入门,门达一脸凶神恶煞样。杨暄神色坦然,似乎啥都不在乎。门达沉下脸,逐条追问:"大胆杨暄,那奏文内的事,可是你造谣中伤本官的?"

杨暄马上显出一副挺委屈的样子:"我杨某人一个下贱艺工,既不识文断字,又同您大人无怨无仇,怎么会干这缺德事?不过,我可以告诉您这件事的真相。"

门达会意,马上屏退左右。

杨暄见四下无人,就神秘地眨巴着眼睛告诉门达:"告诉您门大人吧,这都是内阁李贤教我干的!他让我奏疏投进,我实在不知道上面写了些啥。您如果当着文武百官,敢在朝廷上质问我,我就敢讲个彻底图个痛快。这么做了,那李贤还能再说什么呢?"

门达听后,马上得意地笑了:"来人!摆酒设宴好好款待杨暄!"

第二天早朝时分,门达忙将此事上奏明英宗。明英宗当即发话:"诸位大臣都集中午门外。今天,朕要当着你们的面,把门达和袁彬的事弄个清楚。"

杨暄刚被领到午门,门达右手直指李贤:"这是非全由你搬弄出的,杨暄已彻底交代。"

李贤一下子丈二和尚摸不着头脑,惊讶得发起呆来。杨暄突然大声喊叫:"我该死,我该死!我怎敢谋害他人?我是个市井小人,怎么有缘见得着内阁李贤大人?这实在是门达叫我死咬住李贤大人的。"

门达正诧异间,杨暄利索地数落着门达干的20多件违法乱纪之事。门达听得无地自容。明英宗听罢,一声长叹。

从此,门达失宠,袁彬开始分掌南部,一年后,被召回京城升任要职。奸官门达因另一案件受牵连,被明英宗贬往广西。

况钟严惩六恶吏

明朝况钟刚刚出任苏州知州,狡猾的下吏抱着一大摞公事案卷呈上,悄悄试探他。况钟斜着眼,不问事情的曲直是非,统统糊里糊涂地签上个"可以"。

这下,那些为非作歹的下吏们打心里藐视况钟:"还说厉害呢,草包一个,没一点本领!"衙门内的漏洞立即越来越多。

这所有的一切,况钟都视而不见。谁都没想到,况大人赴任苏州前,皇帝悄悄召他进入朝堂,赐给他亲笔签署的诏书……

一个月后的某天,况钟命令:"所属官员统统聚集州府大堂,本官要宣读皇帝的诏书。"

州府大堂上,黑压压站满官员。况钟宣读诏书:"所属官员如做不法之事,况钟有权自己直接捉拿审问。"诏书中这句话像锥子般直扎进官员们的耳朵中,他们全惊呆了。

宣读诏书才罢,况钟马上升堂,众官员全部提心吊胆、忐忑不安。

况钟朗声传令:召州府中掌管文书的六个小吏统统上堂!况钟突然沉下了脸:"半个月前,你们瞒了我一件事,侵吞3000两白银,是吗?10天前,你们又骗了我,侵吞2000两白银,对吗?"

六位掌管文书的小吏大惊失色:这,这,他怎么这样了如指掌!马上叩头如捣蒜,求饶不已。

况钟长叹一声:"你们已经晚了,我不能忍受太多的烦琐审判手续。你,先自己脱光衣服。"话音才落,那个被手指点到的小吏乖乖脱下衣服。四个粗壮的衙役受令，把他凌空架起高高地扔到空中。这小吏落地，马上就摔死。很快，这六个小吏统统这样一命呜呼，又马上给悬尸集市示众。堂上贪官个个吓得浑身似筛糠般抖个不停，唯恐遭受同样的命运。

这事威震姑苏百官，地方恶习马上改观，面目焕然一新。况钟被百姓称为"况青天"。

梅国桢拒绝献玺

明朝时，兵部右侍郎梅国桢总督山西一带军务。

有一次，北方鞑靼部落的首领来见梅国桢，说是在沙漠中找到了当初秦始皇所制的传国玉玺（此玺自汉以后历代相传，至元朝灭亡，被元顺帝携带逃入大漠），现在将玺印在黄绢上以为凭证，特来献上，请梅国桢上报朝廷。

梅国桢说："玉玺的真假难以断定，等你们把玺送来，我看过之后，若是真的，到时我会犒劳你。"

那首领说："此玺是历朝历代承受天命而主宰中国的符征，如今因圣朝而出，此乃非同寻常的吉祥征兆。如果您能奏明朝廷献给皇上，一定会有封赏，我们想要的可不是犒劳。"

梅国桢笑笑说道："朝廷那里自有国宝，你那块玉玺即便是真的也没处用它，我也不敢轻易地将此事奏告皇上。念你一片好意，这里有块金子，就作为对你的犒劳，连同你拿来的黄绢一块给你吧。"

那位首领大失所望，哭叫着回去了。

有人问梅国桢："您为什么不将此事奏告皇上呢？"

梅国桢说："古人云：王者据有天下，只在其是否有德，而不在其是否拥有九鼎。何况敌人将它视为奇货，如果我不加考虑，随随便便地就告知皇上，那敌人就更会以此作为要挟了。万一皇上下旨征玺，到时玉玺又拿不出来，难道还真的用封赏去跟敌人交换吗？"

大家一听，都觉得梅国桢有远见卓识。

于成龙为民诓驾

康熙皇帝很喜欢旅游。一天，在上早朝时问群臣道："我很想离开京城到外边走走，你们给我介绍介绍，哪些地方值得去看看呀？"

直隶巡抚于成龙站出来说道："固安值得陛下一游。"

康熙又问："固安有哪些名胜古迹呢？"

于成龙回答说："固安的奇观美景太多了，既有西湖二景（前西湖、后西湖），又有太子三公（太子务、北公田、中公田、南公田），更有玉带两条（浑河、大清河），牛头马面（牛驼、马庄）。"

康熙心中大喜，就跟着于成龙来到固安。

"陛下先看'两条玉带'怎么样？"于成龙请求康熙定出旅游路线。

"好哇，爱卿在前面带路。"康熙兴致高极了。

他们踏着浑河的堤岸往东慢慢地走着，出现在眼帘的哪里有"玉带"的美景？河中滚动着浑浊的河水，汹涌咆哮，随时都会冲破堤岸，淹没两岸的田地村庄。河堤年久失修，高低不平，泥土疏松，还有不少缺口。两岸的田地比浑河的水位低得多，到处是一片荒凉的景象。

"爱卿，这就是你要让我看的固安胜景吗？"康熙噘着嘴，很不高兴地责怪于成龙。

于成龙看见皇上生气，连忙跪在河堤上说："古人说：闻景不见景，见景更稀松。我们今天看到的，不正是这样吗？陛下是聪明人，难道想不出更深一层的意思吗？"

康熙低头一想，顿时悟出于成龙的用意，禁不住哈哈大笑起来："于爱卿把我骗到这里，用心良苦，我不怪罪于你。现在，我命令你负责治理这条浑河，不把它变成永定河，不要进京见我！"

于成龙不惜犯欺君之罪把康熙骗到固安，不就是为了得到皇上的这一句话吗？他高兴极了，连连答应道："我一定遵从陛下的命令，把浑河治理好，感谢陛下对固安人民的浩荡恩典！"

康熙也就不再在固安一带游览了，提前回到了北京。于成龙专心致志地领导当地乡民向浑河开战，填平故漕，开挖新道，高筑堤岸，从此减轻了水患。浑河也因为康熙的一句话，改名永定河，一直沿用至今。

林则徐设计筹款

林则徐去广州查禁鸦片之前，曾在湖广总督任上大力查禁鸦片，取得很好的效果。可是1838年遇到罕见的大旱，田地里收成大减，米价高昂，老百姓一个个饿得皮包骨头。林则徐忧心如焚，除了拿出自己的薪俸周济饥民外，还动员下属们尽力捐助。然而，两湖的官员们口头上说不尽同情百姓的好话，待到真要出钱了，又一个个说自家经济的困难，有的干脆说有了上顿没下顿，家无隔宿之粮，结果没有人捐出一文钱来。

林则徐见状，也不言语。第二天，他让人在官府衙门前张贴告示，说明某日他要率领众官设坛求雨，在这两天内大家必须沐浴戒荤，表示对苍天的真诚之心。

到了求雨那天，沐浴清心的林则徐，徒步来到广场，走上高坛，俯伏在地，念念有词地祷告起上苍来。大小官员们也鱼贯走上高坛，俯伏在地祭祷。

求雨仪式完毕，林则徐叫侍卫在高坛下铺设了大片芦席，自己带着官员们依次坐在芦席上休息。

当时烈日当空，炎热异常。一贯娇生惯养的官老爷们坐了没多久，就一个个口渴头晕，面色灰白起来。

林则徐这才说道："平时我们一直高高在上，过着饭来张口、衣来伸手的富贵生活。在这大旱之年，我们怎知道'农夫心内如汤煮'的情景？今天，我愿意跟大家都来尝尝贫苦百姓在烈日下挥汗锄禾的苦滋味。"

过了大约三炷香工夫，林则徐才说："看来我们喉咙里都冒火了，茶水可不能不喝啊。"

说完，他即刻传唤差役将凉茶桶扛了过来。他自己拿了葫芦瓢先舀了一瓢"咕咚咕咚"地喝了个饱，官员们当然也迫不及待地依次喝了。

不一会儿，由于冷热交攻，林则徐首先呕吐起来，接着大家都呕吐了，弄得芦席上狼藉不堪。

林则徐笑道："这样倒可以测量测量各人的心肠和家庭经济状况了。"

于是，他亲自检验各人的呕吐物，叫侍卫把所含的成分一一记录在案。检查结果，林则徐自己吐出的是粗劣的杂粮野菜，而大小官员们吐出的不是山珍海味就是鱼肉荤腥。

林则徐严肃地望着众官员低下的脑瓜，沉痛地说："今天我真心诚意地向天求雨，为的是解除旱情，让百姓活下去。可你们是不是素食素汤，真心诚意呢？再说，前几天我号召大家慷慨解囊，捐助灾民，你们一个个哭穷，有的还说什么揭不开锅啦，今天看看你们吃的都是些什么呀？我说啊，天公所以如此发怒，制造旱灾，完全是因为你们做官当老爷的从不体恤民情的缘故啊！"

官员们自知理亏，又羞愧又恐惧，生怕林总督要处罚他们，结果纷纷报上捐款济民的数额……

蔡锷智斗袁世凯

蔡锷，湖南邵阳人，中国近代杰出的革命家和军事家。辛亥革命时期，领导云南起义，被举为都督，是中华民国的开国元勋之一。

后来，袁世凯夺取政权，孙中山进行"二次革命"，正当蔡锷伺机而动时，"二次革命"迅速失败，革命党人纷纷入云南避难。蔡锷一律加以宽待收容，这使得袁世凯又喜又忌。喜的是蔡锷并未参加讨袁斗争，忌的是云南成了革命者的集结之地，倘若起兵，自己则鞭长莫及，无能为力，势必形成大患。于是他以调任湖南都督之名，让蔡锷到北京述职。待等蔡锷携带妻儿老小来到北京之后，袁世凯借口"爱才"，要蔡锷在身边任职，以备随时咨询求教，授以"昭威将军"等高官，采取明升实降的办法，剥夺了蔡锷的军权，中断了他与云南故旧部属的联系。

面对这种情况，蔡锷将计就计地迷惑袁世凯。他深知袁世凯处心积虑想当皇帝，就发表演说，极力赞同中国实行君主立宪政体。一些反动政客将领发起了赞同帝制、拥戴袁世凯做皇帝的签名运动，他也积极响应，使得社会人士对他的行为迷惑不解。

更有甚者，这个往昔严肃的军人，到京后寻花问柳，与北京的名妓小凤仙打得火热，沉溺于声色犬马之中，表现出一副胸无大志、乐不思蜀的庸人姿态，但对袁世凯交办的差事又唯唯诺诺、百依百顺。可是袁世凯对蔡锷还是放心不下，更加紧了对他的监视。

蔡锷则故作狂态，每日与小凤仙厮混在一起。小凤仙是个有爱国之心的艺妓，她聪明伶俐、善解人意，觉察到了蔡锷这位年轻将军、社会名流寻欢作乐外表掩饰下的忧国忧民之心，决定助他一臂之力，为革命作出贡献。所以她装出千娇百媚的"放荡"模样，公开与蔡锷双宿双飞，结为生死之交，一时间闹得满城风雨，"风流将军"蔡锷与京城名妓小凤仙的韵事充斥酒馆茶肆。

蔡锷亦步亦趋，特意请袁世凯的一位亲信谋士，不惜以重金为他购买别墅，并大事装修，置大批名人字画、古玩金石，放出"金屋藏娇"长期逗留北京的风声。袁世凯此时正忙于改制称帝，事多心烦，认为已把蔡锷绊在身边，他有三头六臂也无能为力。

其实，蔡锷一直没有停止过反袁的准备工作。他频频与云南等地的故旧部属取得联系，偕同小凤仙到天津游玩时，与当年教过他的老师梁启超会面，商讨反袁大计。他们计议袁世凯一旦称帝，云南便立即宣布独立，广西、贵州继而响应，然后以云贵的军队攻四川，以广西的力量取广东，先把南方联成一片，形成气候，再夺取全国其他省份。

为了革命大计，也为了自身安全，蔡锷觉得再也不能在北京久等下去了。这时候他患了喉疾，向袁世凯请假去天津治疗。袁世凯见他确实有病，就准假7天。有人向袁世凯进言道："蔡锷此番离京，怕是放虎归山，我辈将不得安宁了。"其实，袁世凯老于世故，他一边准许蔡锷请假看病，一边派密探去天津侦察，探得蔡锷在天津依然故我，别无他图，不是在医院看病，就是偕同小凤仙出入交际场所寻欢作乐。

不仅如此，蔡锷准时回北京来销假，使袁世凯觉得他到天津确实是治病的，也断绝了一些人的猜疑和谗言。其实蔡锷无时不在想着尽快离开北京，回到云南与兄弟们同举义旗。

由于蔡母及蔡夫人同子女身在北京，如果蔡锷离京，她们势必要被袁世凯扣为人质，所以应先期让她婆媳带领子女安全脱离。

为此，蔡锷与夫人商议，同她介绍了小凤仙的忠肝侠胆，并剖白自己的志向，说明与小凤仙搞得如此"火热"是为了制造烟幕，迷惑袁世凯。

蔡夫人深明大义，完全支持蔡锷的事业。于是他们夫妻搭档演出了一出"离婚戏"。一方面蔡锷更加与小凤仙形影不离，一方面蔡夫人时常口出怨言，以至于夫妻不和，大吵三六九，小吵天天有。有一天，蔡锷当着众宾客的面竟然打了夫人的耳光，而夫人也大发醋劲，摔首饰，砸家具，小凤仙在其间穿针引线，火上浇油，吵得不可开交，两人都搞得血迹斑斑。蔡锷一怒之下，决定给夫人10万元赡养费将夫人"休掉"，夫人也不退让，毫不听人相劝，两人就办了离婚手续。

蔡母于是声称"宁肯跟着贤惠的媳妇受穷苦，不跟不肖的儿子享清福"，连夜带着蔡夫人和孙辈回归湖南老家邵阳去了。

这出"离婚戏"演得如此自然、如此逼真，竟然无人怀疑。连袁世凯也认为：蔡锷家事都管不了，何暇问及国事？便安心地去做他的皇帝梦了。自此，蔡锷因深受家庭变乱的"打击"，身体更加"虚弱"，请假治病的次数更加频繁，与广西、云南方面的联络更加紧密。蔡锷在考虑下一步行动时，觉得云南地处南疆，行程万里，袁世凯在各地亲信、密探甚多，稍有不慎就会前功尽弃。为谨慎起见，他计划取道日本再转途香港，由香港回归华南，再进入云南。

当蔡锷再次请假到天津治病时，他就开始了周密安排的出走计划了。

蔡锷再赴天津养病时，他已不准备再返回北京了。他在寄给袁世凯"疾病诊断书"的同时，依依惜别了小凤仙，化装登上了开往日本的"山东丸"轮船。

等蔡锷踏上了日本的土地，袁世凯又接到了他的一封信，蔡在信上说明他身患痼疾，一时难以治愈，北京天气寒冷，不宜养病，日本天气温和、山明水秀，况有专科医院治疗肺病和胃病，所以听从医嘱，来日就医，一旦身体恢复健康，就及早回国任职。

袁世凯看了这封信哭笑不得，本想发作，但既然蔡锷已经先斩后奏，去了日本，自己鞭长莫及，不如顺水推舟，以为笼络之计，便复信让蔡锷安心在日养病。

蔡锷抵达日本后，深居简出，闭门谢客，不让记者采访也不到交际场所，装出一副不问政治、专心养病的模样。为了提防袁世凯在日本的特务爪牙，不久他在朋友的陪同下，秘密地化装离开东京，来到横滨。

不久，就设法离开日本，转道香港、河内，进入云南了。当袁世凯得知蔡锷已不在日本的情报后，捶胸顿足，立即指示在香港、云南的爪牙，责令他们拘捕、杀害蔡锷。但这一切都晚了。蔡锷回到云南就如蛟龙入海，组织起一场规模宏大的"护国"运动……

军事卷

曹刿长勺论战术

公元前684年，齐国发兵攻打鲁国。齐将鲍叔牙率军一直打到鲁国长勺。

鲁国有个精通兵法的人叫曹刿，听说鲁庄公准备抵抗齐军，就主动去求战。

他的亲友劝说道："国家大事，自有那些天天吃肉的大官们管着，我们小民百姓瞎操什么心呢？"

曹刿说："不，那些大官们目光很短浅，他们不会有深谋远见的。"

鲁庄公召见曹刿后，觉得他很有智谋，就同他带着大军上长勺去迎敌。

在长勺，齐鲁两军相遇。

齐将鲍叔牙轻视鲁军，下令击鼓进兵。

鲁庄公听对方鼓声震地，也准备击鼓对敌。

曹刿阻止道："等一等！"又传令军中："谁要喧哗，斩！"光叫弓箭手守住阵脚，不许乱动。

齐军来冲鲁阵，但阵如铁桶一般坚固，不能冲动，只得退后。一会儿，齐军又擂了一通战鼓，但鲁军像扎根似的，一动也不动，齐军又退。

齐军擂罢三通鼓时，曹刿才对鲁庄公说："现在可以进兵了。"

这时，鲁军战鼓一响，同时下令冲杀，鲁军将士"哗"地一下，以迅雷不及掩耳之势，冲了出来，杀得齐军全线崩溃，落荒而逃。

鲁庄公正想下令追击，曹刿却又阻止道："慢，让我瞧瞧再说。"他站在兵车上，手搭凉棚往前望，望了一阵，下车仔细察看齐军兵车碾过的轮迹，才跳上车，说："现在可以追击了。"

庄公下令追击，把齐军全部赶出了国境，还得了好多敌人的兵器和车马。

打了胜仗后，鲁庄公问曹刿为什么这样指挥。

曹刿说："打仗，主要是靠勇气。打第一通鼓时，士兵们的勇气最足，如果这时候不交锋，到再擂一次鼓时，勇气就有些衰落了，到第三回，就是响得再怎么厉害，也鼓不起劲来了。他们的勇气消失了，我们则一鼓作气，斗志昂扬，怎么会打不赢他们呢？"

"有道理，有道理。"鲁庄公接着又问，"齐军既然被我们打败，你为什么不立即让士兵追击呢？"

曹刿说："齐国是大国，鲍叔牙又是名将，不可低估，说不定他们逃跑是假的，前面有埋伏。我下车看他们兵车的轮迹混乱，旗帜也倒下，断定他们是真败，这才放心追击。"

鲁庄公赞扬道："你真可说是精通军事啊！"

楚国樵夫诱敌计

公元前700年。绞国都城（今湖北郧县西北）南门外。

城下战旗猎猎，戈戟闪闪，滚滚盔明，层层甲亮。楚国大军前来攻伐绞国，大有黑云压城城欲摧之势。

但是，城墙巍峨、坚固，城头上守卫森严，一时无法攻入。楚武王一筹莫展，召集文官武将商议攻城谋略。

有个叫屈瑕的官员对楚王说："听说绞国国王一向草率从事，缺少谋略，又不能够听从忠谏。我看，此番争斗，只能智取，切忌硬攻。"屈瑕把他的计谋如此这般一说，楚王大喜，即令将士照计去办。

第二天，天刚亮，楚军中一些士兵脱下军装，去北门外的山上砍柴。城头上的守军看得真切，忙向国王报告。

绞国国王发令道："赶快派人前去捉拿楚国的樵夫。"

一支轻骑从北门风驰电掣般冲出，来到山下，生擒了30个楚人。

第三天，楚王派出更多的樵夫上山砍柴。

绞国国王得讯后，说："这次要派出更多的兵士给我前去捉拿！"

一位谋士跪谏道："大王，臣以为不可轻举妄动。"

国王喝问道："这是为何？"

谋士说："昨天我们轻而易举地捉了30个楚人，今日他们又派出樵夫，竟然不派军队保护，这些樵夫会不会是敌人的诱饵呢？"

国王生气地说："什么诱饵不诱饵！人总要吃饭，做饭总要柴火，他们不上山砍柴，难道砍自己的脚当柴烧？至于他们不派军队保护，这是他们的失策。敌人的重兵在南门，我们要装出仍重兵把守南门的样子，而把兵力调出北门，一个突然袭击，捉尽山上的樵夫，让他看看我们的厉害！"

谋士还想说什么，国王却挥手让他退下，发出令旗，调兵遣将。

绞军冲出北门，驰于山下，忽听金鼓大振，杀声四起，山林中伪装得难以识辨的伏兵蜂拥而至,一场恶战直杀得空中鸟雀惊,山上豺狼奔。绞军在重重包围之中难以冲出,在一片呐喊格杀声中,一个个倒于血泊之中。

楚兵大败绞军后,又兵临城下,两头夹攻,绞国国王只得签订了投降条约。

管仲智过鬼泣谷

管仲任齐国相国后,推行了一系列有效措施,使齐国日益强大起来。齐国君主齐桓公被各诸侯推举为盟主。齐国北面的山戎民族却出兵攻打与齐国结盟的燕国,企图削弱齐国的势力。燕国君主亲率2万将士出战,却在一个叫鬼泣谷的地方中了山戎部落令支国首领密卢的埋伏,只逃出千余人。接着,山戎连拔三城,燕国急派使者向齐国求援。于是,齐桓公统率5万大军开向燕国。

无终国的国君也派遣大将虎儿斑率2000士兵助战。被管仲封为先锋将军的虎儿斑,一连收复了燕国失去的那三座城。但杀到一个叫里岗的地方时,却不敢前进了。他对齐桓公和管仲说:"前面是鬼泣谷。如果山戎布下埋伏,我们就是插翅也休想过去。燕国两万大军就是葬身在那里的!"

管仲在路上早就想出过鬼泣谷的计谋,这时对虎儿斑说:"将军既然有所顾虑,那你就跟在大军的最后吧。"管仲说着,拿出令牌:"王子成父、赵川二将!你俩去前军按令牌所指行事,做好准备,明日清晨过鬼泣谷!"王子成父和赵川接令牌驾车而去。

第二天天刚亮,一辆辆战车向鬼泣谷驶去。只见马的嘴是被网笼住的;战车的轮子上绑有麻皮,发出的声音很小;战车上站着的将士则披甲执戈,显得格外高大;齐国的战旗在谷风的吹动下发出"哗啦哗啦"的响声。

这时,山戎令支国首领密卢举着"令"字小黄旗,出现在鬼泣谷的山头上,见齐军进入了他的伏击圈,就一挥小黄旗,喊声:"打!"猛然间,箭、石、木齐下,有的击中齐军将士,有的把战车砸得稀巴烂,有的把"齐"字大旗打断了。

密卢挥动狼牙棒,率兵从山上冲将下来。密卢冲到一个身中数箭仍立于战车上岿然不动的齐将身前,举起狼牙棒对这齐将的头部狠击一棒。"咚"一声,把齐将的头打断了。定眼一看,原来被打掉头盔的却是披着衣甲的树桩。密卢知道中计,大惊失色。

此刻,鼓声大作。密卢闻声回头,只见齐国骁将王子成父和赵川率兵直扑过来。密卢大喝一声,挥舞着狼牙棒迎上去。他见远处有一个身材高大的人站在战车上,在观看两军作战,断定是齐国相国管仲,就径直朝那人扑去。所扑之处,齐兵无人抵挡得住。片刻,密卢已杀到管仲面前。说时迟,那时快,战车后数十枚箭齐发,密卢惨叫倒地。他手下一员大将冲进重围,把负伤的密卢抢了回去,往山戎的另一部落孤竹国逃去。

就这样,管仲智过鬼泣谷,解了燕国之围。

管仲楚国购鹿计

管仲把齐国治理得很好,征服了许多割据一方的诸侯国,辅助齐桓公称霸中原。可楚国不听齐国的号令,齐若不征服楚,华夏就仍不能统一。那么,如何征服楚国呢?

当时,齐国有好几位大将军纷纷向齐桓公请战,要求率重兵去打楚国,以兵威震慑楚国称臣,担任相国的管仲却连连摇头,说:"齐楚交战,旗鼓相当,够一阵拼杀的。一则我们得把辛辛苦苦积蓄下来的粮草用光;再有齐楚两国数万人的生灵将成为尸骨。"

一番话把大将军们说得哑口无言。

管仲说完,便带大将军们看炼铜去了。他们都不知道管仲有何妙计征服楚国。

一天,管仲派100多名商人到楚国去购鹿。当时的鹿是较稀少的动物,仅楚国才有。但人们只把鹿作为一般的可食动物,2枚铜币就可买一头。管仲派去的商人在楚国到处扬言:"齐桓公好鹿,不惜重金。"

楚国商人见有利可图,纷纷加紧购鹿,起初三枚铜币一头,过了十几天,加价为5枚铜币一头。

楚成王和楚国大臣闻知后,颇为兴奋。他们认为繁荣昌盛的齐国即将遭殃,因为10年前卫懿公好鹤而把国亡了,齐桓公好鹿是蹈其覆辙。他们在宫殿里大吃大喝,等待齐国大伤元气,他们好坐得天下。

管仲却把鹿价又提高到40枚铜币一头。

楚人见一头鹿的价钱与数千斤粮食相同,于是纷纷放下农具,制作猎具奔往深山去捕鹿;连楚国官兵也停止训练,陆续将兵器换成猎具,偷偷上山了。

一年,楚地大荒,铜币却堆积成山。

楚人欲用铜币去买粮食,却无处买。管仲

已发出号令，禁止各诸侯国与楚通商售粮。

这样一来，楚军人黄马瘦，大丧战斗力。管仲见时机已到，即集合八路诸侯之军，浩浩荡荡，开往楚境，大有席卷之势。楚成王内外交困，无可奈何，忙派大臣求和，同意不再割据一方，欺凌小国，保证接受齐国的号令。

管仲不动一刀，不杀一个，就治服了本来很强大的楚国。

栾枝尘土惑楚军

公元前632年4月，晋楚两国在城濮（今山东鄄城南临濮集）交战。

"这帮废物，被晋军的几张老虎皮就吓破了胆，这么轻而易举地就断送了我右路进攻线。我早就知道陈、蔡两国的军队多是窝囊废。偏偏国君就轻信了他们。"楚军主帅对楚陈蔡联军在右路进攻中的失利大为不满，因为承担右路攻晋任务的陈、蔡两国军队人多马众，在兵力上远远超过晋军。可是，由于晋军将领胥臣在抵抗战中使用了迷敌之计，他让晋兵用一张张假虎皮蒙在马身上向敌军发动反击。陈、蔡军战马以为遇到了真老虎，尚未交战，一匹匹吓得扭头便跑。联军当即阵脚大乱。胥臣乘势指挥晋军勇猛追杀，陈、蔡联军被杀得大败而归。

"从右路军的进攻失利的教训中，我们可以看到，敌人并没有什么强大的军事力量，因而只得搞些花马枪。我们决不能临阵退却，畏敌如虎，一定要严明军纪。凡是作战中奋勇争先者，有重赏；哪个敢不战而逃，折我楚军威风的，立斩不赦！"

主帅声色俱厉的训话，吓得楚军将领们一个个胆战心惊。他们原封不动地把命令传达给了自己的下属。

第二天，楚军大部队在城濮左面与晋军对阵。楚军主帅一看，晋军果然兵力不济。

"靠这么几支小队人马要想与我大楚国交战，真是太不自量力了。我就料定你晋国要左右路分兵。传我的令，全线进攻。"

楚军主帅命令一下，楚军士兵便凶猛地向晋军冲杀过去。那些晋兵看来也真不经打，不几个回合，便开始向后败退。

晋军官兵夺路逃命，身后显然是一片因慌不择路而扬起的烟雾尘土。

"嘿嘿嘿，我早就知道这些晋军不堪一击的，看看他们那种败退的狼狈相。命令部队，全速追击！"看到晋军亡命的样子，楚军主帅觉得已是胜券在握的了。

楚军官兵拼命追赶，可是，当追到一处低洼地时，前方目标突然消失了。

"不好，主帅，此地似有埋伏。"楚军一位偏将对主帅说。

"来不及后退，有埋伏也得朝前冲……"

"咚咚咚！"楚军主帅的"冲"字还没有说完，一阵鼓响，洼地四周已同时杀出了几路晋军。

左面是晋国大将原轸，右面是狐毛。前面刚才败走的晋军也在主将栾枝率领下杀了回来。楚军退路也被堵塞了，一下子成了瓮中之鳖，被杀得大败。

原来，左路晋军将领栾枝运用了一个迷敌之计。他让士兵在战车的尾部绑上柴草，让马拉着往后跑，假装败逃。柴草刮在地上，烟尘四起，受到迷惑的楚军将帅还以为晋军真的败退了，于是劲头十足地带领楚军进入了晋军的伏击圈。

孙膑围魏救赵计

公元前353年，魏国出兵攻打赵国。精通兵法的魏国大将军庞涓率领军队一直打到赵国的都城邯郸（今河北邯郸）城下。赵国将有亡国危险，连连向齐国求救。

这一天，齐威王召来军师孙膑，准备拜他为将。

孙膑辞谢说："我受过酷刑，是个身体残废不全的人，不适宜担任主帅。"原来，孙膑曾和庞涓一起学兵法。后来庞涓当了魏惠王的将军，自知才能不如孙膑，就把他骗到魏国，在魏惠王面前诬陷他，削去了他的膝盖骨，还在他脸上刺字，好叫他永远不能出来做官。不久他被救到齐国，齐威王拜他为军师。

现在，齐威王见孙膑这样谦让，就改派田忌为将，仍让孙膑作为军师。

大队人马开到齐国国境线上时，田忌准备挥师直往赵国，以解邯郸之围。孙膑劝阻道："且慢，将军先听我打两个比方：凡是要解开杂乱打结的绳索的，切不可心急地使劲去扯，而要冷静地找出它的结头，然后慢慢地解；假如去排解互相凶狠斗殴的人，千万不可卷进去打成一团，而要避开双方的拳脚，只消找个空当猛击其中一方空虚无备的腹部，待挨揍的那个双手捧着肚子跪了下来，那么原来互相殴斗的局面，也就会改变了。"

田忌问:"您的意思是说我们现在先不去赵国,是吗?"

孙膑慢条斯理地说:"是的。现在魏国主力正在猛攻赵都邯郸,国内相当空虚。我们只要直捣魏都大梁,占据他们的交通要道,袭击他们守备空虚的地方,那么魏军主力必然会从赵国撤兵,赶回去抢救。这样,我们既可解邯郸之围,又能狠狠打击魏军,不是要比赶到邯郸去厮杀要便利得多吗?"

田忌采纳了孙膑"围魏救赵"的计策,率军直奔大梁。魏军主帅庞涓得到这个消息,只得丢下邯郸,慌忙回国解大梁之围。可是,当魏军赶到桂陵(今河南长垣县西北),田忌、孙膑却在这里置下了伏兵。疲惫不堪的魏军刚一交手,就被打得溃不成军。这一仗,庞涓损失了2万人马,自己也险些当了孙膑的俘虏。

"胆小鬼"打大胜仗

公元前244年的某日清晨,赵国北疆雁门关外,尘土滚滚,旌旗飘扬,鼓角激荡。善征好战的单于统率的15万匈奴骑兵,发起了对中原赵国的掳掠战争。

"嘿嘿,李牧这个懦夫,今天再想把脑袋缩在窝里高悬免战牌可不成了。"

"对,今天我们一定要踏平李牧的老巢,省得每次用兵总让我们感到碍手碍脚的。"

"赵军该不会设下埋伏吧。"

"你也太多虑了,李牧有胆量埋下伏兵,也不可能在前日被我数百骑兵打个大败了。"

"这倒是的。"

……

单于和部将们骑着战马,一路谈笑着向前进发。前天,他们已派小股部队前往赵营里骚扰,李牧的军队不战自败。匈奴兵不费吹灰之力便抢得百十头牛羊,还劫持了几十名赵兵。

一连数年,李牧在雁门关安营扎寨,从不出战。单于认定李牧胆怯畏战。他那几十万驻边守军根本无须放在眼中。因此今天单于调动精骑15万,从正面发起了对赵军的进攻。

匈奴前锋部队已攻入李牧大本营了。

"启禀君主,赵军营中竟无一人。"先锋官赶来向单于报告。

"嗯,李牧这小子大概早已逃跑了。"单于不无得意地说,"命令部队全速开进。"

正当匈奴主力部队全部进入赵军阵地之时,忽听军营四周号角齐鸣,喊杀声四起。只见四面八方无数的赵军步骑兵似乎从天而降。

"啊!我们陷入包围了。快撤!"单于急忙下令撤军。

可哪里还来得及,过去一向畏敌如虎的李牧军兵,似乎个个变成了雄狮,呐喊着,举着刀剑枪械,像潮水般向匈奴兵冲杀过来。

一场激烈的厮杀后,单于扔下10多万具尸首,带着数千人马,丢盔弃甲地逃了回去。

从此10多年里,匈奴兵再也不敢进犯赵国边境了。

原来赵将李牧熟知匈奴兵骄横跋扈的习性,因此,便对匈奴兵采取了欲擒故纵的策略。他命令部队坚守不战,甚至在军中规定:一旦匈奴入侵,全体将士务必回营自保,不得迎战,有敢捉拿匈奴人的处死!久而久之,不用说匈奴人说他胆小如鼠,士兵们也开始埋怨他是畏敌之将,赵王更责怪他无能。但李牧依旧只守不攻,终于引得单于上了钩。"胆小鬼"就这样打了大胜仗。

孙膑减灶诱魏军

孙膑围魏救赵的事发生后,一晃13年过去了。魏国这次伙同赵国去攻打韩国,韩国频频向齐国告急求援。齐威王又派田忌为将,孙膑为军师,令他们前去救韩。

田忌有了"围魏救赵"的经验,胸有成竹,准备把计策再用一次,上千辆兵车驰出齐国国境时,田忌要指挥齐军急速直指魏都大梁。孙膑却让田忌叫大军早早安营扎寨。

田忌问:"军师,兵贵神速,怎么可以早早休息?"

孙膑说:"现在魏国刚刚同韩国发动进攻,如果我们急忙出兵相助,实际上就是我们代替韩国承受魏军最初的打击,不是我们指挥调度韩军,反而是听任韩军的指挥调度,所以说马上去奔袭魏都大梁是不合适的。只有当魏韩这两虎争斗一番以后,我们再发兵袭击大梁,攻击疲惫不堪的魏军,挽救危难之中的韩国,这样对我们才更有利。"于是齐军在路上泡了一个多月,才向大梁发起攻击。

魏王见齐军打来,急忙命令庞涓从韩国回兵救魏,又派太子申为上将军,与庞涓合兵10万,抵抗齐军。孙膑知道庞涓的部队将到,向田忌献上"减灶诱敌"的妙计。

当魏齐两军刚刚遭遇,还没交锋,孙膑就下令部队撤退。庞涓追到齐军驻地,只见地上满是挖掘煮饭用的灶头,连忙叫士兵去清点,根据灶头的个数,庞涓估计齐军有10万之众。齐军一连三天争相退却,庞涓仍派人去数灶,第二天发现齐军留下的灶头数目,只够5万人煮饭了;第三天,减少到只够3万人煮饭了。庞涓得意地说:"我早就知道齐军胆小怕死,进入我国境内才三天,兵士就逃走了大半。"于是他抛下步兵辎重,只带轻装健儿,昼夜兼程,紧紧追赶齐军。

这一天,齐军退到马陵道(今山东莘县境内)。孙膑见这里路狭道窄,两旁又多险阻,很适宜设兵埋伏。再计算庞涓的行程,估计他将在黄昏时可以赶到这里,就命令士兵砍下一些树木堵塞去路,又选了一棵大树,将那大树面对路的树干,砍去一大块皮,让它露出一大片光滑洁白的树身,然后在上面写上一行黑字。接着,孙膑命令1万名弓箭手夹道埋伏,对他们说:"等到魏军来到,大树底下有人点火,就万箭齐发。"

天刚黑,庞涓真的领兵追到马陵道。在士兵们搬走拦路的树木时,有人发现路旁大树上的字,忙向庞涓报告。庞涓叫士兵点燃火把一看,上面写着"庞涓死于此树下"几个大字,不由得大惊。此时,齐军伏兵对准火光处万弩齐发,箭如雨下,魏军死伤无数,庞涓也身中几箭,倒在血泊之中。他自知中计,绝难脱身,只得拔剑自杀。齐军乘胜追击,俘虏了魏太子申,彻底打败了魏军。

王翦以逸待劳计

秦王嬴政把大将王翦送到灞上后,还要再送爱将一程。王翦赶忙再次拦住君主的马头。

"大王,您不要再送了。千里送行终有一别,何况,宫中大臣们都在等着您。"

"好,老爱卿呵,这次重振我大秦威仪的希望,就寄托在您身上了。上次我没有听您的话,让李信他们出战,吃了败仗,丢了咱秦国的脸。王老爱卿能识大体,顾大局,体谅朕的难处,朕很高兴、很感激。"

"陛下,您说到哪里去了,为大王开疆拓土,荡平天下,是咱大将的本分。陛下,请回吧。"

"老爱卿,那我们就此作别,预祝爱卿马到成功。"

"多谢大王。"

王翦与秦王在灞上长揖而别,督率着60万大军直入楚地。

"将军,我们是否要即刻组织进攻。"

"不,传我的令,全军进入阵地后的首要任务是构筑营垒,然后好好休养。"

一到达楚国境内,王翦便向部将下达了命令。大军于是就地扎营,高筑营垒,精修工事。

不久,楚国调集了所有的军队前来对阵,一日数次地派兵到秦军营前叫阵挑战。可是,秦军免战牌高悬数月,就是不予理睬。

在秦军营内,士兵们除了例行的操练外,就是吃喝玩睡。王翦还特地让军需部门从后方调运了大批牛羊到军中,宰杀给官兵们享用。不久,秦军士兵便被养得像一头头健壮的公牛了。

王翦闭门不战的消息终于传到京城,于是有人到秦王面前去告王翦胆怯畏敌。

"不要瞎猜想,王老将军自有破敌良策。"秦王对王翦充满了信心。

果然,不久,前线的捷报传来了。秦军与楚军交战大获全胜,秦军还杀死了楚国名将项燕。

原来,秦将王翦使用的是以逸待劳之计。秦军闭门休战,养兵休整,始终士气十分旺盛。而楚军长时间暴露在秦军营垒之外,日子一久,一个个精疲力竭、疲惫不堪,不用说交战,就是不交战也已坚持不下去了。楚军将领被拖得无可奈何,只得率军撤退,而这又正是王翦所期待的。一见楚军后撤,王翦即令秦军全线进攻。健壮骁勇的秦兵锐不可当,顷刻间便把楚军打得大败。

陈胜鱼狐兴兵计

公元前209年7月,有两名秦朝军官押着900名壮丁到渔阳(今北京市的密云县)去驻防。这时正是夏天,常常下雨。队伍来到蕲县大泽乡(今安徽省宿县西南),因为此地靠近淮河的支流浍河,地势低洼,暴雨连续下了几天,把大道都淹没了。队伍只好扎下营来,等天晴了再走。

这900人的队伍中有两个强壮的大汉,被推为屯长。一个叫陈胜,是阳城(今河南省登封县东南)人;一个叫吴广,是阳夏(今河南省太康县)人。这天夜里,他们在帐篷里嘀嘀咕咕地商量着怎么死里逃生。原来,按照秦朝的法律,误了日期,就要杀头。而现在再怎么赶路,也不能按期到达渔阳了。

陈胜说:"既然误了期,到那儿是死,现

在逃走被捉住了也是死,还不如干脆拼死造反呢!"

吴广说:"朝廷那么强大,我们怎么造反呢?"

陈胜说:"天下人受秦皇暴政的苦已经很久了。听说二世皇帝是秦始皇的小儿子,按理不该由他来继承皇位,应当作皇帝的是他的大哥公子扶苏。因为扶苏常常劝他父皇不要多杀人,就被秦始皇派去守长城了。如今听说二世为了篡位,害死了公子扶苏。老百姓只听说扶苏很英明,但还不知道他的死讯。楚国的大将项燕,曾经立下赫赫战功,对部下又十分爱护,很得人心。有人说他死了,有人说他在楚国灭亡时逃走了,楚国人很怀念他。要是我们现在假借公子扶苏和楚将项燕的名义,号召天下百姓反对秦二世,响应起义的人一定会很多的。"

吴广觉得很有道理,就同意和陈胜一起干。当时的人都很迷信鬼神,两人就决定利用这一点,先要取得900个壮丁的信任。他们上街买了块绸子,上面用朱砂写着"陈胜王"三个大字,然后把这块绸子暗暗塞进一条鱼肚里。一个壮丁从街上买回了这条鱼,剖开肚发现了这个字条,这事一下子在壮丁中传开了。

那天晚上,陈胜又叫吴广到营地附近的一座破庙里去,在一个竹笼里点上烛火,然后把它放在草木丛中,远远望去,就像忽明忽暗的"鬼火"一般在闪耀着。吴广还躲在那里模仿着狐狸的声音,叫着:"大楚兴,陈胜王。"大家越发奇怪,认定陈胜是个"真命天子"。

吴广一向爱护他人,壮丁们大多和他很合得来。一天,他趁两个军官喝醉时,故意要军官放他们回家,想用这些话来刺激他们,使他们发火,来当众侮辱自己,以激起大家的不平。两个军官哪知是计,果然扬起鞭子,狠狠揍了吴广几下。吴广大骂起来,军官就拔剑要刺。吴广、陈胜见火候已到,就冲上去夺过两个军官的剑,将他们刺死了。接着,陈胜、吴广号召大家起来造反,900个壮丁一齐响应,揭竿而起。于是发生了中国历史上第一次伟大的农民大起义。

郦食其智取陈留

公元前207年,刘邦率领军队浩浩荡荡西进,路过陈留(今河南开封东南)。陈留高阳乡的郦食其,满腹经纶,早想帮着刘邦打天下。

几经周折,郦食其得以进入军营。

正在洗脚的刘邦听说有谋士前来献计,光着脚,来不及穿鞋,忙请郦食其坐下:"郦先生,以您之见,如何才能得到天下呢?"

郦生朗声开口:"先要占领陈留。陈留是天下重镇,历代为兵家必争之地。这里贮存着几千万石粮食,城池坚固易守。我平时和陈留令相处很好,愿意为您去劝降。如果他不愿意投降,我将设计取他首级,夺取陈留。到那时候,您就可以统领陈留军民,占领陈留的城池,食用陈留的粮食。然后,扩大军队,横行天下,没有哪个人能与您匹敌!"

刘邦高兴得击掌大笑:"好,好,我听您的!"

当夜,郦食其潜入陈留城,找到陈留令,劝降道:"秦朝滥杀人民,天下人都背叛它。你如果跟天下人一起造反,一定能干一番大事业。如今,刘邦军队兵临城下,你却为快灭亡的秦朝守城,我认为您这么干太危险啦!"

陈留令板起脸说:"秦朝法令严酷,乱说会招来杀身之祸。我不会听你的书生之见,你也别再胡说八道啦!"

"好样的!"郦食其猝然大笑着竖起大拇指。笑罢,他突然哀声凄切地诉说,"告诉您吧,我刚才是试试您是否忠于朝廷。实不相瞒,我族中亲人,有7人被刘邦宰杀。我郦生与刘邦不共戴天,不报此仇枉活此生,誓与县令同守陈留城!"

陈留令被感动了:"我想您怎么会变了?天色已晚,您就在这里住下。明天,你我同商守城大计!别伤心,我替您报仇!"

半夜时分寂静无声,陈留令进了梦乡。郦食其蹑手蹑脚地爬起,把他一刀宰了,然后手拎人头,越过城墙去见刘邦。

刘邦大喜,连夜率军强攻陈留城。守城士兵正探头向下望,灯光闪烁处,墙底下冉冉升起一根长竹竿,陈留令的头血淋淋地挂着。士兵们吓得魂飞魄散,郦食其在城下大声吆喝:"识时务者为俊杰,快下城投降。谁不肯下来,陈留令就是榜样!"

群龙无首,几万陈留守兵顿时失去了战斗力,纷纷下城,打开城门,向刘邦军队举手投降。刘邦的力量于是得到大大充实。

韩信暗度陈仓计

秦朝被推翻后,企图独霸天下的项羽,知道最难对付的敌手是刘邦,便故意把巴、蜀(都在四川）和汉中（在今陕西西南山区）三个郡分给刘邦，封其为汉王，以汉中的南郑为都城，想把刘邦关进偏僻的山里去。而把关中（今陕西一带）划作三部分，分给秦朝的降将章邯、司马欣和董翳，以便阻塞刘邦向东发展的出路。项羽自封为西楚霸王，封地九郡，占领长江中、下游和淮河流域一带广大肥沃的地方，以彭城（今江苏徐州）为都城。

刘邦慑于项羽的威势，不得不暂时领兵西上，开往南郑，并且接受张良的计策，把一路走过的几百里栈道（在险峻的悬崖上用木材架设的通道）全部烧毁。一是为了便于防御，二是为了迷惑项羽，使他以为刘邦真的不打算出来了，以松懈对刘邦的戒备。

刘邦到了南郑，拜萧何推荐的韩信为大将，请他策划向东发展、夺取天下的军事部署。

韩信拟定了东征的计划后，命令樊哙、周勃等带领大队人马去修栈道，限三个月完工。可是烧毁的栈道接连有300多里，高低不平，地势险要。修了没几天，就摔死了几十人。修栈道兴师动众，闹得鸡飞狗跳，一下就把兴兵东征的警报传到了关中。

守在关中西部地区的雍王章邯，一面派探子去打听修道的情况，一面调兵遣将去挡住东边的栈道口。他听说汉王拜的大将原来是曾经钻过人家裤裆的懦夫韩信，汉王的将士们都不服气，修栈道的士兵和民工天天有逃走的，一年也别想修好，就放松了警惕。

忽然有一天，传来急报说："汉军已经攻入关中，陈仓（在今陕西宝鸡县东）被占。"咦！栈道还没修好，汉军难道是插翅飞过来的吗！其实，韩信表面上派兵修复栈道，装作要从栈道出击的姿态，实际上却和刘邦率领主力部队，暗中抄小路袭击陈仓。这叫作"明修栈道，暗度陈仓"。汉军随即攻占了雍地、咸阳，章邯兵败，只得自杀。

没多久，翟王董翳、塞王司马欣先后投降。不到三个月时间，关中就变成了汉王刘邦的地盘。

韩信木罂渡军计

汉高祖二年（公元前205年）的一天，刘邦在荥阳宫大发脾气，原来，已经归从他的魏王豹，看到刘邦在彭城之战中被项羽打败，就找借口回故地探望母亲。他一回到封地，项羽就派人去游说，魏王豹于是决定叛汉联楚，点起10万人马，把守平阳关，截断河口，抗拒汉军，准备跟楚、汉三分天下。

刘邦要发兵去攻打。谋士郦食其谏道："我跟魏王平时有点交情，让我先去劝他一劝，如果他仍然不服，大王再发兵也不迟。"刘邦同意。

郦食其火速赶到平阳（今山西临汾市），见到魏王豹，反复说明利害，要他归附汉王。

魏王豹说："汉王把诸侯和臣下看作奴仆一样，今天骂，明天骂，我可受不了！请先生别来游说了！"

刘邦见郦食其碰了钉子回来，气得七窍生烟，即命韩信为左丞相，和灌婴、曹参统帅10万大军渡河击魏，开辟北方战场。魏王豹闻讯，把重兵调集到蒲坂（今山西永济西蒲州镇），封锁了黄河渡口临晋关。韩信来到临晋关，派人一侦察，对岸全是魏兵，只有上游夏阳（在陕西韩城南）地方魏兵不多，于是决定在夏阳渡河。渡河需要木船，但他们只有100多只，不够用。韩信就派人砍伐木材，并去收买小口大肚子的瓶子（古时候叫罂）。

灌婴和曹参为了明白韩信买罂的用意，请他解释。韩信说："把几十只口小肚大的瓶子封住口，排成长方形，口朝下，底朝上，用绳子绑在一起，再用木头夹住，叫作'木罂'，用它做成筏子可以比一般筏子多载人啊。"灌婴和曹参好不佩服，就各自去忙着伐木购瓶了。几天工夫，一一准备齐全。

这一天，韩信命令灌婴带领1万兵马和100多只船，在临晋关黄河的对岸排开阵势，假装要渡河的样子。魏王豹率领重兵虎视眈眈，严阵以待。谁料想，韩信和曹参却偷偷地带领大军连夜把木罂运到了夏阳。

魏王豹等了几天，并不见临晋关对岸发兵，以为汉军一时不敢渡河。正在这时，安邑守军来报，韩信已攻下安邑，向平阳方向杀将过来。魏王大惊：上游的夏阳向来没有船只，难道汉军是飞过河的？仓促之间领兵去阻挡，但是以木罂渡河的汉军在安邑得手后，士气更旺，一路势如破竹，魏军哪里抵抗得住？魏王豹正想往临晋关退去，灌婴的兵马却趁临晋关空虚之机，挥师渡过河来攻占了关口，也向平阳冲来。两路夹击，腹背受敌的魏王豹只得下马投降。韩信很快平定了魏地。

韩信背水一战计

公元前204年，平定了魏地的韩信和张耳

率领几万大军,想通过太行山区的井陉(今河北西部,邻接山西)。赵王歇和成安君陈馀,就把20万兵力聚集在井陉关的隘口。

赵将广武君李左车对成安君陈馀说:"韩信正攻下魏地,其锋锐不可当。但是,我们的井陉关道路非常狭隘,不能使两辆兵车并行,不能使骑兵排成行列。汉军从几百里外而来,他们的粮车一定落在部队的后面,请您拨给我3万奇兵,抄小路去拦截粮车,您深掘战壕,高筑营垒,坚守阵地,不出兵交战。这样,他们往前不能进,向后不能退,我再用奇兵切断他们的后路,叫他们没有一点吃的、用的,不出10天,我们就可得到韩信和张耳的头颅。不然,我们就会成为他们的俘虏。"

陈馀却说:"韩信现在的兵力,口头上号称有几万,其实不过几千人罢了!像这样兵力薄弱跋涉千里的疲惫不堪的军队,我们反而避开不打,以后遇到强大的敌人怎么办呢?那么其他的诸侯就会笑话我们怯懦,就会轻易地来攻打我们了。"

且说韩信派人刺探赵军情况,听说陈馀没有按照李左车的计策行事,这才大胆地向那狭长的隘路挺进。在不到井陉口30里的地方,安营扎寨。半夜里发出突击的命令,挑选二千轻骑,让他们每人携带一面红色汉旗,从近道沿着山路隐蔽行进到赵军军营附近。临行前,韩信对他们说:"赵军看到我军败退,一定会倾巢出动追击我军,到那时你们迅速冲入赵营,把他们的旗帜拔了,换上我军的旗帜。"

接着,韩信派1万人做先头部队,开出营寨,面向赵军,背向河水,排开了阵势。赵军见后,都嘲笑汉军愚蠢。天亮后,韩信率领部分军队开出井陉口隘道,赵军果然全部拉出军队迎击。双方交战了很久,汉军假装败退,赵军全力追击,远离了军营。韩信事先派出的那两千轻骑,早已埋伏在赵营的附近,这时趁机冲入赵营,把赵国的旗帜都拔了,换上了2000面汉军的旗帜。

再说韩信、张耳率军退入背水的军阵之中,因为那里没有退路了,个个拼死作战,赵军一下子不能取胜。打了一阵拉锯战,赵军想收兵回营,可是回头一看,营帐上全是汉军的红色旗帜,大为惊恐,以为汉军已经俘虏了赵王及他们的将领们了。汉军见赵军阵势大乱,趁机两路夹击,大破赵军,杀了陈馀,活捉了赵王歇和李左车。

战斗结束后,有人问韩信:"兵法上说,作战时要背山临水,可是将军却背水为阵,反其道而行,这是什么战术呀?"

韩信说:"兵书上说,'必须把军队置于险境,士兵才能奋勇作战,然后可以绝处逢生,获得胜利。'如果把这些平素并没有受我训练的将士安置在可以逃生的地方,他们就都逃走了,怎么还能任用他们作战制敌呢?"

诸将都非常佩服地说:"这真是我们想不到的啊!"

韩信巧借洪水计

公元前203年10月,韩信攻下齐国历下,并一举占领了齐都临淄。

齐王田广慌忙赶到楚国向楚王项羽求救:"霸王,您是各国盟主,现在敝国情况万分危急,您总不能见死不救吧!"

"你别把韩信吹得那样神乎,那位钻裤裆将军竟把你吓成了这般样子,真是活见鬼。"

楚王虽然看不起韩信,但他还是委派了大将龙且率2万兵卒,前往与齐国联合抵抗韩信。

楚将龙且也是有勇无谋的人,用兵往往只求狠冲猛打,而不讲究计谋韬略。

11月,齐楚联军与韩信的汉军在潍水两岸濒水对阵。好战惯斗的龙且几次要向汉军发起猛攻,都被齐王田广劝阻住了。

"将军,我们真的是再经不起大的失败了,没有必胜的把握,过河去与汉军拼消耗,我们实在是拼不起呵!"

齐王苦口婆心地劝说龙且应伺机而动,不可鲁莽行事。可是,齐王的良言相劝,终究没能阻止龙且给齐楚联军带来失败的厄运。

这天,韩信突然指挥大军渡河进击龙且军。可是,部队渡过一半时,汉军便有秩序地向回撤军了。

"龙将军,汉军不战自败,而且退得并不慌乱,可能其中有诈。"田广对龙且说。

"哈哈,我早就知道韩信这人是个胆小鬼,齐王呵,您可不要一朝被蛇咬,10年怕井绳呀!"龙且根本听不进齐王田广的意见,一意孤行地指挥部队"乘胜追击"了。

当龙且的将士渡过近一半时,潍水上游发起了洪水,激流滚滚,倾泻而下,一下子把龙且的部队冲散了。而对岸的汉军也趁机回身反击。在急流之中疲于奔命的龙且兵卒成了汉军的活靶子了。而阻在潍水东岸的楚兵更是溃不成军,四散逃亡。汉军在韩信的指挥下过河乘胜追击,杀死了龙且。齐王田广也被韩信活捉了。

原来，韩信设置了诱敌之计。早在齐楚联军赶到潍水两岸布阵之前，他在夜里让士兵做了1万多个布袋子，里面装满了细沙，堆在潍水上游，这样潍水上游便形成了一个人工堤坝。于是，他再用佯装败退的战略，把联军引入河中。让士兵突然在上游把沙堤打开，汉军借助洪水之势，轻而易举地打败了齐楚联军。

纪信舍身救汉王

公元前204年，楚汉战争已进入胶着状态。汉王刘邦及其部众被楚军长期围困在荥阳城里，已弹尽粮绝，内外交困。企望依靠城中军民固守孤城，与项羽继续抗衡，已经不可能了。

那么，如何杀出重围，保卫汉王摆脱绝境，保存汉军主力，不致全军覆没呢？汉王的谋士们煞费苦心，终于想出了一个偷梁换柱的计策。

这一天，楚军官兵见被围困在荥阳城内的汉军突然打开了东城门，大声叫喊着，立刻缩紧了包围圈。

在朦胧的夜色中，只见2000多汉军官兵簇拥着一辆黄色伞盖的马车，朝城外冲杀出来。很快，他们便陷入了数万楚军的刀枪阵中。

"务必生擒汉王。"项羽向部将下达了死命令，楚军官兵只得放下弓弩，拎起刀剑，与汉军近身作战了。

写着斗大的"汉"字的旗帜，在夜风中猎猎作声。汉军士兵十分勇猛，虽然有的人十分矮小，有的人看上去行动不便，但都具有一种殊死拼搏的精神。

可是，等到真正开始战斗，楚军才发现，2000多汉军几乎都是妇女和儿童组成的。

自然这支部队如何经得起剽悍的楚军的围攻？很快，汉王刘邦的马车完全暴露在楚军面前，车前挂起了表示愿意投降的白布条。

"且慢，待大王到后亲自举行受降仪式。"一位楚军将领一把拖住正要冲上前的一名小校。

一忽儿，项羽骑着战马赶到了。楚军官兵都闪在了一旁。

"哈哈哈，汉王，你终究也有今天。"项羽一剑挑开了汉王马车上的垂帘。

"哈哈哈——霸王，你高兴得太早了。我要告诉你，汉王早已与诸将从西门走了。"随着一阵开怀大笑，从马车上走下一位气宇轩昂的汉军将领来。

"啊——"楚王与楚军官兵大惊失色，从汉军车里走下的是汉军将领纪信。

就是这位纪信将军，当他看到荥阳城中已无险可守时，赶到汉王处谈了自己替主假降的设想。因为情势太紧迫了，大将陈平与其他几位谋士一起苦谏汉王，采取了纪信的突围之策。

最后，大将纪信被项羽用烈火焚烧而死。

刘邦辱骂激曹咎

公元前203年，楚王项羽离开成皋率军东进。哪知，这正中汉王刘邦下怀："夺取成皋，巩固正面战场，正好牵制楚军西进呀！"

这年10月，秋风瑟瑟。刘邦率领数万大军铁桶似的围住成皋。成皋城下，战马嘶鸣，矛戈闪光耀眼，汉军将士傲指城上，大声挑战。

镇守成皋的楚将曹咎久久不派兵迎战。城外沸腾，城上寂静，双方僵持了好几天。

刘邦急得一时无法可想，马上召来谋士商量。一会儿，有个谋士献计道："派人辱骂曹咎，激怒他，让他暴跳如雷丧失理智。"

当夜，汉营内一片繁忙。原来，众将官、谋士正在紧锣密鼓地逐层挑选能说会道的士兵。

第二天刚破晓，曹咎上城观察汉营动静。

突然，城下空旷的战场上，出现了5个骑马的汉军士兵。曹咎他们正疑惑间，那5个骑兵几乎同时破口大骂："曹咎小子，敢出来打仗吗？我看你是吓破了胆！"曹咎皱起了眉头，那5个骑兵接下来的话骂得更难听了："曹咎小子，孬种！你为啥做缩头乌龟，怕是小娘养的吧！"

曹咎气得哇哇乱叫："给我打开城门，迎战汉军！"

手下谋士忙上前劝谏："大司马（曹咎在楚军中的官职），楚王（项羽）带兵攻打彭越前，曾重托您要严守成皋。再三嘱咐您，无论汉军怎样挑战，您都万万不能应战。大王还说，您的任务就是拖住汉军，不让它东进援助彭越。等大王攻下梁地，回来再和您会师。"曹咎恍如醍醐灌顶，慢慢按捺下心头的怒火。

一天，两天，三天……汉军竟连续派兵辱骂了五六天。而且，参与辱骂的汉军士兵越来越多，骂的话也越来越下流得不堪入耳。终于激怒了曹咎：老子偏要出兵，吐出这口恶气！

曹咎带领士兵冲出城门，渡过汜水，高声呼喊着冲向汉营。殊不知，这正中了汉军的计谋。曹咎的士兵刚渡过一半，汉军强兵压境，迎头痛击，在水上把曹咎打得溃不成军。

曹咎和长史司马欣被逼在汜水上拔剑自杀。成皋顿成一座空城，被刘邦大军所破。

陈平离间逐亚父

楚汉战争中，汉军使用的反间计，曾使项羽于不知不觉中损失了许多深有谋略的大将。其中亚父范增就是最有名的一位。

这一日，正是刘邦与项羽楚汉成皋之战进行到白热化的时候。项羽派了使者到被围困在荥阳城里的刘邦军中探察军情。汉王刘邦的部将陈平接待了他。

"请，请请。您是……"

"哦，我是大楚派来的使节。"

陈平陪同客人在上等客房坐下，桌上摆满了上等的美味佳肴。当陈平一听那人说是项羽的使者，眉头明显地皱了起来，脸上的满面春风不见了。

"我还以为你是亚父派来的呢。"陈平说完此话，便示意仆人，把桌上的好菜端了回去。一会儿，侍者换上了下等的素菜。

"就这么吃吧。"陈平显得不屑一顾的样子，坐在一旁。

饭后，那个使者匆匆地赶回楚军营中，如实地把当天在汉营中受到的待遇，向项羽作了报告。

"这个老家伙，我尊他为亚父，时时处处对他言听计从，想不到他竟暗中与汉军勾结来算计我。好，咱们看着办吧。"项羽一听报告便怒发冲冠，命令几个亲信暗中监视范增的行动。

一日，对项羽赤胆忠心的亚父范增分析战局后认为，楚军已到了急攻荥阳、荡灭汉军的最佳时机了。于是匆匆赶去向项王建议发兵进攻荥阳。

"你急什么？还有准备工作没有做好呢。"项羽一反常态，对亚父一副爱理不理的样子。

"大王，战机一失，追悔不及也。"范增忧心如焚。

"你唠叨什么，我还有事。"项羽居然开门逐客了。

亚父看到项羽在怀疑自己，联想到近日里常有人暗中监视自己的行止，气得跺脚长叹："好！好！项王，你也不信任我了，也不需要我这个老朽了。天下大局已定（指刘邦得胜），项王你自个干吧，我要带着这身老骨头回家乡去了。"

亚父在还乡途中因背上毒疮发作而死去。消息传到荥阳汉营中，汉军上下一片欢腾。刘邦特地设了庆功宴。席间，刘邦端着酒杯亲自来到陈平跟前，说："先生，您可是立了大功了，为汉剪除了最难对付的劲敌。我敬您一杯！"

亚父死后，项羽没有了得力谋士，屡屡战败。

陈平白登解围计

公元前200年（汉高祖七年），匈奴冒顿单于带领40万人马，一直打到了太原围住了晋阳。汉高祖刘邦亲自率领大军抗击来犯之敌。打进晋阳后，刘邦听说前队兵马节节胜利，就想大举进攻。

派去侦察的人回来后，都这样说："匈奴的冒顿部下，大多是老弱残兵，他们的马也挺瘦，陛下请下令追击吧！"

刘邦仍不放心，派奉春君刘敬去匈奴那儿谈判，其实是再去摸一下底。刘敬回来后说："我看到匈奴的人马确实是不堪一击。但是，我想这里却大有文章。陛下您想，如果匈奴的军事力量十分薄弱的话，怎敢大举进犯我中原呢？我认为这一定是匈奴人施的'示弱之计'，引诱我们去追击，好把我们装在他们的包围圈里。请陛下三思而行。"刘邦想，既然大家看到的都是老弱残兵，还怕他们什么？就把刘敬关进监狱。

刘邦恐怕慢了会放跑冒顿单于，就急急地带了一队骑兵，先追上去。谁知刚到平城（今山西大同），匈奴的40万人马就围了上去。他们个个兵强马壮，精神抖擞。刘邦这才想起刘敬的忠告，捶胸顿足起来。在这危急关头，刘邦率军杀开一条血路，退到平城东面的白登山去。此地山势险要，匈奴人虽然一时没有攻上山去，但他们只派几万人围住白登，其余的三十几万兵马分头在要路口上拦截后面的汉军。这样，白登山上的汉军就成了一支内无粮草、外无救兵的孤军了。

到了第四天早上，刘邦、陈平正在山上瞭望。忽见山下有女骑兵在奔驰，一打听，原来冒顿单于打仗时，把王后也带来了。陈平猛然想出一条妙计。

第二天，陈平派了一个使者去见匈奴王后。一路上，使者用黄金买通了匈奴将士，所以很快见到了匈奴王后。使者献上一大堆金碧辉煌的珠宝后，又呈上一幅美人图，说："中原皇帝恐怕匈奴大王不肯退兵，就准备中原最最漂亮的女子献给匈奴大王。这是她的像，先给大王看个样子。"

匈奴王后展开一看，好个美女子，眉似初春柳叶，脸如三月桃花；玉纤纤葱枝手，一捻捻杨柳腰；满头珠翠，引得蜂狂蝶乱；双目多情，令人魂飞魄舞。连匈奴王后也看痴了。忽然心里顿时一惊：要是单于得了这天下第一号美女，从此我不要被冷落了吗？忙对使者说："这个就不用了，我请单于退兵就是了。"当晚，王后劝说冒顿单于退兵，冒顿单于叫汉军送了很多礼物，才撤开一只角，放刘邦他们出去。

刘邦回到家，首先把刘敬放出监狱，还加封他为关内侯。接着，把那些劝他立即追击的使者全部砍了脑袋。

李广阵前空城计

汉景帝在位时，匈奴大举入侵上郡（今陕西省北部及内蒙古自治区部分地区），皇帝派了一个宦官随"飞将军"李广训练军队。一天，这个宦官带领几十名骑兵，纵马奔向前方，遇到三个匈奴人，就和他们打了起来。这三个人转身射箭，射伤了宦官，并把他带去的骑兵几乎都射死。那宦官急忙逃回李广那里。

李广说："这三人一定是匈奴的射雕能手！"就带领100多名骑兵，飞也似的去追赶那三个匈奴人。走了几十里，追上那三个徒步而行的匈奴人。

李广命令部下左右散开，从两边包抄过去。李广拉开弓，只两箭就射死两人，剩下的一个被活捉了。一审问，果然是匈奴的射雕人。李广喝令把俘虏绑在马上，正准备回营，远远望见几千个匈奴骑兵飞奔过来，扬起的尘土遮天蔽日。但是，那匈奴将领见了李广他们百来人，以为是汉人的诱敌疑兵，恐怕中了埋伏，立刻上山列下了阵势。

且说李广的骑兵见了对方，也大吃一惊，都想掉转马头往回撤退。李广阻止道："匈奴人不敢攻击，反而防御，这说明他们不知我们的虚实。现在我们离开大军有好几十里路，如果慌张逃跑，他们追上来一顿乱箭，我们马上就会被杀光。如果我们留下来不走，敌人一定会认为我们在施诱兵之计，那就绝对不敢来攻击我们。"李广接着命令部下向前进发。直到离开匈奴阵地约2里远的地方停了下来。

李广又命令说："大家都下马，把马鞍也卸下来！"

有个骑兵问："敌人是我们的数十倍，又离我们这么近，一个冲锋便到我们眼前，这太危险了。"

李广说："敌人以为我们会退走，谁想我们偏偏都卸下马鞍，他们就更相信我们确是诱敌的骑兵了。"

部下都提心吊胆地卸下马鞍，躺在地上休息。匈奴果然不敢攻击他们。这时，有个骑白马的匈奴将领，出阵来检查他的部下。李广飞身上马，率领十几个骑兵，向那个匈奴将领冲去。李广一箭射死了他，又重回队伍，卸下马鞍休息。一会儿，天色渐渐暗了下去，匈奴人心里十分疑惑，始终不敢发起攻击。到了半夜，匈奴人生怕汉军会发动偷袭，就悄悄撤走了。

第二天天刚亮，李广见匈奴军已不见影踪，才率队返回军营。

李广装死脱险境

西汉武帝元光六年（公元前129年），汉骁骑将军李广居然成了匈奴的阶下囚。

李广心急如焚：这次匈奴大举进犯上谷（今河北怀来一带），来势凶猛。我们汉营准备不足，吃了败仗，自己被俘不说，看着一个个情同手足的士兵倒在血泊之中，心中真不是滋味啊。

匈奴骑兵们却得意扬扬地瞥着他。他们知道，匈奴主单于早闻李广是员猛将，在双方大动干戈前就下过命令："捉到李广，要活着给我送来。"

李广在战斗中身负重伤了，左右肩被各砍了一刀，左臂还被深深地射了一箭，伤口血流如注，脸色惨白。匈奴骑兵撇着嘴讥笑他："李广，你可是大名远扬的飞将军啊。我们大王要请你喝酒，不吃敬酒就吃罚酒！"李广紧咬牙关，闭上双眼，不接话茬不出声。

匈奴骑兵拖来了一个绳子编织的大网兜，把受伤的李广放进兜里，架在两匹马中间，边拖边走。

这拨匈奴骑兵耀武扬威地走了10多里路。一路之上，唠唠叨叨地嘲笑着李广。这位一代名将不言不语，一直紧闭着双眼装死，各种念头却在脑中飞速转动：找准机会，快速逃脱！

匈奴骑兵斜睨着李广，发现他早已眼皮合上，便渐渐麻痹了。

又行进了一段路，李广偷眼斜视，见路旁有一名匈奴骑兵胯下坐一匹好马，马上心生一计：何不施个夺马脱身之计！

李广突然趁颠簸的劲儿直直跳起身子,飞身扑到旁边那敌兵身上。说时迟,那时快,李广顺手夺过马背上那个匈奴兵手中的弓箭。电闪雷鸣般的一刹那间,匈奴兵尚未反应过来,已被李广重拳击落下马。

匈奴士兵一片骚动。

李广一夹马背,那马腾地蹿出很远,笔直地向南逃跑,一口气跑出好几十里。

几百匈奴骑兵醒过神来,紧追不舍。李广一边猛夹马背狂奔,一边抽出那骑兵留下的弓箭,弓似满月,箭似流星,弯弓射出,打头的匈奴兵被击中眉心,当场倒毙于马下。

匈奴兵迟迟疑疑,放慢了速度:李广有了弓箭,他可是有名的神箭飞将军啊。小心点,别送掉了命!

就这样,李广慢慢甩掉了他们,死里逃生。

赤眉军豆子诱敌

西汉末年,王莽篡权,施行暴政,广大农民陷于水深火热之中。绿林军、赤眉军相继起义,西汉皇族刘秀伺机混入农民起义军队伍。公元25年,刘秀称帝,建立东汉。不久,他开始对付农民起义军。

公元27年正月,东汉梁侯邓禹带领车骑将军邓弘包围了湖县(今河南灵宝西),袭击赤眉军,企图一举围剿干净。

日近黄昏,双方人马在旷野厮杀。东汉派来的精兵强将实在太多了,赤眉军寡不敌众,再硬拼下去,势必全军覆没。

三声收兵锣响过,赤眉军人马迅速撤退回城。

烛光摇曳。赤眉军的首领们在挑灯研究对策。一会儿,巡逻军官上气不接下气冲进,喜形于色急急汇报:"官军邓弘部下的好多粮草,被我们截获,他们快成了一群'饿死鬼'啦!"

听到这话,大伙乐了。一位谋士马上拍掌大笑:"咦,何不来个豆子诱饥兵妙计!"他如此这般把妙计细细道来……

第二天,曙色刚露,赤眉军忽然大开城门,纷纷败退。他们丢下好多车辆,像是因人心慌乱无暇顾及的样子。所有的车上都装满了土,仅在表面蒙上了一层豆子,只等"鱼儿"上钩。

邓弘的士兵饿着肚子追上来,见到一车车豆子排列在眼前,腹内都被诱惑得咕咕直叫。这批饥兵再没心思追赶赤眉军,纷纷围上车子,你争我夺,顿时叫骂声、扭打声四起,阵容大乱。

赤眉军见敌人中计,立即高声呼喊,回军反击,打败了邓弘军。

耿弇佯攻巨里城

公元29年,耿弇受光武帝刘秀的命令,去征讨东部割据势力张步。耿弇首先要消灭的敌人是张步的部将费邑。

费邑老谋深算,用兵一向谨慎。他屯兵历下拒敌,而历下城池坚固,守备强实,易守难攻。如果要想强攻取胜的话,肯定是行不通的。耿弇召集部将商议作战谋略。

"将军,对费邑我们只有引蛇出洞,然后加以围歼。"一部将说。

"我们如何才能做到引蛇出洞呢?"

"可以用围魏救赵的战法。我军首先……"那位部将侃侃而谈。他的观点和计策,受到大多数将领的赞同。这一战术恰也与耿弇心里盘算的不谋而合,因此很快便付诸实施了。

在费邑这边呢,他的策略是兵屯历下,待机而发。他知道耿弇是位不可小觑的劲敌,所以一切须得谨慎从事。费邑命令部队日夜修筑工事,加固营垒,要全体将士做好长期坚守的准备。

一日,费邑正在军中巡视。忽然,一位偏将赶来禀报说:从耿弇那边逃回了一批俘虏。

"将军,听那些俘虏回来说,耿弇将攻打巨里。"巨里是费邑的弟弟费敢据守的地方,而费邑兄弟俩自幼感情甚笃。

"这定是耿弇的迷军之计,妄图把我们调虎离山,不要轻信这些俘虏的话。关照下属,不得随意散布流言。"

费邑下达了命令。

可是,几天后,费邑派出去的密探来报:耿弇兵云集巨里城外。他们看到耿弇每天命令士兵砍伐准备填塞巨里城外堑壕的树木,积极做着攻城的准备工作。诸如云梯之类的攻城器械,耿弇军兵也准备得差不多了。

"这些都是耿弇制造的假象,我们不要去理它,我军的主要任务还是加修工事,囤积粮草。"

费邑虽然仍然给下属下达着这样的命令,可心里也确已起疑。难道耿弇真有先攻巨里之意?

"报——报告!"一位隐藏在耿弇军中的密探赶回来向费邑报告,"将军,巨里城费敢将军已情势危急,今天上午我在耿弇军中亲耳听到了命令耿弇三天后攻下巨里的圣旨。"

"哦，真有此事？"费邑问。

"小的亲耳所闻，千真万确，如有差错，愿受极刑。"密探急忙回答。

"再等等看。"费邑已经在改变自己的看法了。

可是，不到三天，费邑又接到了弟弟费敢十万火急求援信。信中说："巨里若亡，历下岂能独存？请兄火速领兵驰援。"

至此，费邑才确信巨里确实危在旦夕了。于是，亲率3万大军赶去救援。

然而，部队还没有接近巨里，便陷入了耿弇的重围之中了。

等到费邑幡然省悟时，为时已晚。费邑慨然长叹："我到底还是上了耿弇的当，我不如他呀！"

事实上，耿弇攻打巨里是假，把费邑引出来是真。费邑最终还是断送了3万兵卒，也断送了自己。

廉范无中生有计

公元73年的一天晚上，疏星淡月，万籁俱寂。云中太守廉范在军营帐篷内一会儿踱步苦苦思索，一会儿翻阅着已经熟烂的兵书。最近北方匈奴又大举进攻，云中太守廉范奉命抵抗。当时手下部队只有匈奴的一半，形势很是危急。

"廉大人，依小人之见，还是向四周友邻求救，才是上策。"一位部将建议。

廉范摇摇头，说："请求增援当然可以一试，但匈奴这次是大举进攻，万一友邻只顾自己不肯增援，或者确实分不开兵力呢？我们应该立足于自己的力量抗击强敌才是啊！"

那个部将说："可眼下我们的兵力实在是太少了。"

"兵不厌诈！"廉范突然说，"我们用假象欺骗敌人，对！可用无中生有之计……"

"无中生有？"部将疑惑地问，"怎么个无中生有？"

廉范这时两眼闪闪生辉，对那部将如此这般一番布置。部将点点头，马上照廉太守的计谋去办。

门口，几个哨兵举着火炬在来回巡逻，火炬的一头是火，另一头握在手中。一会儿，军营中所有的兵士都出来了，每人手里拿一个十字形火炬，用手握住一头，其余三头都点着火，然后在军营里分散站开。这样，好像一个人"变"成了三个人。

这时，和汉兵相峙的匈奴人的军营里，主帅闻报说：廉范的军营里到处是举着火炬的士兵。主帅以为汉朝的增援部队已经来到，即将要发动攻击，因此很是害怕。天色微明，群星消失，大地一片苍茫，匈奴部队急急收起帐篷，向北撤退。廉范命令士兵们紧擂战鼓，喊杀声惊天动地，一个冲锋，杀敌数百。匈奴兵慌忙中自相践踏，又抛下1000多具尸体，让他们做"异乡鬼"了。

耿恭请神灵相助

公元74年，东汉与匈奴都为了征服西域的车师国，拓宽各自的疆域，在车师国的金蒲城展开了一场激烈的战争。东汉明帝派耿恭与匈奴左鹿蠡王对阵。当时，左鹿蠡王统率匈奴精骑2万，已攻破车师国后王内宫，杀死后王安得。而且已举兵包围金蒲城，形势对汉军十分不利，激战一触即发。

如何来扭转危局，反败为胜呢？几天之中，汉军主将耿恭坐卧不安，辗转反侧。他召来了几位幕僚到将军府中商议对策。可是商讨了整整一上午，耿恭没有听到一个可行的退敌方案。众人一走，他又独自在书房中踱来踱去，苦思良策。不觉腹饥难忍，喊道："拿酒饭来！"

"来了！将军。"一名侍卫应声端上食盘朝书房而来。当走到书房门外时，突然一个趔趄，"哎呀！"盘中的饭食泼了一地。这个年轻人吓呆了。"将，将军，您的爱犬死了。我差点被它绊了一跤。"

真的，耿恭的爱犬口吐白沫，躺在书房门口。旁边还有它衔来的尚未吃完的食物。"将军，这狗好像是被毒死的。"侍卫说。

"毒死的，毒死的。"耿恭喃喃自语，两眼发直，"来人呀！快去把这狗吃的毒物找来，越多越好！"部下们惊诧于将军的怪举，又不敢多问，便纷纷执行命令去了。

第二天，匈奴军看到了从金蒲城头上汉军士兵用箭射过来的纸条。纸条上说："我汉家弓箭有神灵相助，谁中箭了，谁就没有救了。"

左鹿蠡王一看，大笑着对士兵说："别听汉人的鬼话，你们只管朝前冲就是了。"

可是，这天冲锋在前面中了汉军箭镞的匈奴兵，伤口像开水一样沸腾，惨不忍睹。匈奴兵惊叫着："汉兵有神灵相助，太可怕了！太可怕了！"纷纷败下阵去。左鹿蠡王不得不就此撤兵。

原来，耿恭从狗被毒死之事中受到启发。他想：我何不也在箭头上抹上毒呢？于是他让士兵把毒物搜集来，并在作战中谎称有神灵相助，居然一举击退了匈奴兵。

虞诩示强惑羌军

汉安帝元初二年（公元115年），西北的羌族起兵进攻东汉的武都（今甘肃成县西）。朝廷委任虞诩为武都太守，叫他领兵征讨羌军。

虞诩率领3000兵马来到陈仓（今陕西省宝鸡东）境内的崤谷附近，见这里地势险要，易守难攻，生怕中埋伏，忙派出探子前往侦察，果然发现崤谷埋伏了大批羌军。虞诩觉得不宜硬攻，决定先用假象分散敌兵，然后再乘机突破崤谷天险，进占赤亭，直逼武都。于是，虞诩命令部队扎营待命，并四处声言说："我已派人报告朝廷，请求援兵。援兵一到，我们就开始进攻。"羌军头目得到这样的消息后，想：虞诩凭3000人马，怎敢进攻险要的崤谷？待汉朝的援兵赶到这里，还有好多天的路程呢。就留下少数羌军守崤谷，其余的分散到各地抢掠去了。

虞诩乘机命令部队立即出发，突破崤谷，日夜兼程，以每天100多里的速度向赤亭疾进。途中休息，他让官兵每人垒两个人的锅灶，饭后也不毁掉；第二天，又命令每人垒四个人的锅灶。羌军见虞诩突破了崤谷，慌忙追赶上来。但发现虞部的锅灶逐日增多，以为他们有了援军，吓得不敢再追了。

部下奇怪地问虞诩："当年孙膑斗庞涓是逐日减灶，你怎么逐日增灶？兵法上说，军人日行不能超过30里，以防意外。而你却督军每日行军将近200里，这是什么道理？"

虞诩说："敌军势众我们人少，行军速度慢了容易被敌人追上，急行军能使敌人摸不清我们的情况。敌人见我们的锅灶日益增多，必定认为我们有了援军，我军人多而行进速度又快，敌人就肯定不敢轻易追赶了。当年孙膑示弱，今天我虞诩示强，这是因为形势不同的缘故啊。"大家连连称是。

虞诩率领不到3000人马到达武都，却被1万多羌兵包围住了。为了迷惑羌军，虞诩命令汉军不准发射强弓，只用小弓箭射击攻城的羌军。于是，羌军以为汉军弓力弱，射不到他们，便一窝蜂似的急攻而上。这时虞诩命令20把强弓手集中射击一个羌军，每发必中，羌军大惊，仓皇败退下去。虞诩见羌兵败退，率部掩杀过去。

第二天，虞诩决定再给羌军一种假象。他让所有官兵列成长队，雄赳赳地从东边城门出去转个圈，再从北边城门进来。进城后更换衣服，又从这个城门出去，那个城门进来，一天反复好几次。这样，羌军以为汉朝又派了几万援军，吓得赶快撤退。

杨璇石灰火马阵

"太守大人，您画这稀奇古怪的车辕干什么？"一位部将不解地问零陵郡太守杨璇。

"嗯，我要布一奇阵。现在叛军兵力三倍于我军，我们如果按常规打法，就无法取胜。"年近花甲、颇有儒将风范的杨璇，手持画笔，笑眯眯地说，"快去把军中工匠叫来。"

一会儿，那位部将领来了军中的工匠。

"请诸位来此，是要给你们一个紧急任务。你们必须在10日之内，给我制造出50辆特大马车。具体规格要求都在这张图纸上了。"

工匠们领命去营造马车。一晃10日过去了。

"离皇上限定我们剿平叛贼的时间已没有几天了，大人到底有什么破敌策略？"零陵城几位副将一起跑到太守府，火燎火急地问杨璇。

"诸位将军莫急嘛。那50辆马车造好了没有？"太守杨璇慢条斯理地问。

"马车已经全部完工。"一位部将回答。

"好！准备明天发起进攻。"

第二天凌晨，零陵城全体军兵整装待发。突然，太守府传出命令，将新做的马车上都装满石灰粉末，将所有的军马马尾上都系上布条。

天色微明的时候，战场上刮起了大风。杨璇命令拉着石灰粉的马车走在部队前，让士兵顺风朝着敌阵拼命撒石灰。石灰粉在大风中飞扬，一时间，阵地上遮天蔽日，飞沙走石，处在下风阵地的叛军被飘撒的石灰粉吹得一个个眼睛不开，气透不过，更不用说能看清对方阵地上的阵形。

与此同时，杨璇命令士兵们点燃马尾上的布条，尾部燃烧的"火马"惊恐万状，拼命向敌阵中飞奔，一下子冲散了叛军的队形。汉军接着组织有弓箭装置的兵车快速攻入了敌阵，向叛军万箭齐发。叛军还没有来得及组织抵抗，便已溃不成军了。

这时，杨璇又命令士兵击鼓奏钲，一边呐喊，大造声势。叛军实在吃不准汉军究竟有多少人马，在一片灰雾之中，四散逃窜，被杀得尸陈遍野。其首领也在逃亡中被乱箭射死。

此事发生在公元180年。

太史慈练箭迷敌

公元184年深秋的一天夜晚，寒风萧瑟，星疏月淡，都昌城笼罩在一片凌厉的杀气之中，守城的东汉官军已被农民起义军黄巾军管亥部围困了近两个月。旷日持久的两军对垒，城中所剩粮草仅能维持守城官兵不到三天的时间了。在城头巡逻的兵士也日益显露出疲惫的神情。

夜，已经很深了。守军主帅——北海相孔融，仍站立在窗口，眉头紧皱，凝视夜色，苦思着破敌之策。孔融心里明白，继续这样长期孤守，终不是办法，何况军中粮草将尽，客观条件不允许。如若强行突围，黄巾军兵力数倍于己，弄不好会招致全军覆没。现在唯一可行的办法是，派人向素与我军友善的平原相刘备求援。

"谁能出城去向平原相求救呢？"孔融正想着，军中太史慈求见。"恩公，此次出城求援的任务，请交给我吧！"太史慈向曾在患难之际给予他帮助的孔融请战。如此这般地一通耳语，说得孔融不时点头。

天刚放亮，被围困以来一直紧闭着的都昌城门，突然打开，吊桥放了下来，随即从城内冲出三骑射手来，每个人都带着箭和箭靶，为首的就是那位太史慈。这一举动立刻引起围城黄巾军的注意。他们一边飞马报告主帅管亥，一边调动人马即刻进入紧急战斗状态。可是，只见三骑射手出城跑不多远便跳下坐骑，来到城下一处堑壕里，领头的招呼着另外二人，各自插好箭靶，练起射箭来。练完后又照直回城。自始至终只有他们三个人。

第二天早晨，都昌城门一大早又大开。太史慈又带那两人骑马出城来练箭，黄巾军官兵见了，有些人稍微起起身，立在远处指指点点议论起他们的箭术来；有些人懒得动，躺在地上闭目养神。太史慈他们练完箭，一如昨天，回到城内去了。两军阵前，相安无事。

第三天清晨，太史慈他们又骑马出城了，黄巾军兵士见他们带着弓箭，又如前两日的样子，眼皮稍微抬一抬就不愿多看了，全都躺在那儿打瞌睡，再也没一人愿站起来注意这三名官军的动向。而这时，太史慈他们却快马扬鞭，直朝黄巾军阵地冲了过来。

"哎呀，我们上当了。"等黄巾军官兵醒悟已经晚了，太史慈他们从城侧飞驰过去。

太史慈突出重围，来到平原相刘备处，立即搬来3000救兵。

孙坚笑退几万兵

公元190年冬天，吴郡富春人孙坚（孙权的父亲）准备出兵攻打专权的董卓，替天行道。

兵马未动，粮草先行。孙坚筹划让长史（官职名）公仇称先源源不断运送军粮。

时值隆冬季节，天寒地冻，外出押运粮草真是太辛苦了。为此，孙坚特意在鲁阳（今河南鲁山）城东门外拉起帐幕，摆下酒席，欢送公仇称。箫管齐奏，斗酒不停。众官员全聚会在台上，众士兵威严地排列在台下。

谁知，董卓的步兵骑兵几万人突然开到鲁阳城前，围得密密匝匝，摆出一副马上要攻打孙坚志在必胜的模样，军情十万火急。

大敌当前，众官员呆若木鸡，惶惑地看着孙坚；重兵压境，士兵们惊慌失措，迷茫地翘望孙坚。

孙坚似乎没看到大家的焦急之色，照常跟将领们对饮说笑。他还特意走到公仇称面前，举起酒杯微笑祝贺："长史，如今冰冻三尺天，此行多有辛苦。现在敬你三杯，就算我敬的暖肚酒，祝君一路平安！"若无其事谈笑自如。他一边作乐，一边暗暗盼咐将领："整好队伍，不要乱动！"

董卓的人马越聚越多，孙坚才搁下酒杯，停止饮酒作乐。他缓缓站直身子，挥手示意部队有秩序地列队返回城内。

董卓的官兵看到这一幕情景，心中没底，都怕了：大敌压城，这孙坚还说说笑笑，队伍军心不乱，天下哪有这号事？准有埋伏。他们再不敢攻打城池，迅速潮水般沿原路退回去了。

事后，一起跟孙坚饮酒作乐的将领们问："孙将军，您真胸藏百万雄兵！我们快吓破胆了！"

孙坚笑了："刚才，我没急着站起来跑回城里，全为了稳定士兵情绪。这关键时刻，士兵的眼睛全盯着将帅。我一怕，士兵肯定要大乱，会互相践踏、堵塞道路。这样的话，你们各位也没法进入城里，哪能再有机会喝酒呢？来，再摆酒宴。我们大家还得为长史敬杯酒呢？大家说对吗？"说完，他冲公仇称笑笑。

"对！对！再敬一杯送行酒！"众将官齐声高喊。

孙坚开怀大笑："刚才被董卓手下不知趣

的兵将扫了我们的酒兴！现在补上！"

祖茂头巾包树桩

公元191年，孙坚跟董卓部将徐荣在梁县（今河南临汝）东不期而遇。徐荣那边人多势众，孙坚手下兵败如山倒。孙坚忙带着几十人骑马东冲西杀，突围西走。

董卓兵将当然不会放弃邀功请赏的良机，呼叫着拼命追赶。看样子，孙坚快要被追上活捉。

孙坚往日总爱在头上包着红色的头巾，特别惹人注目，这天恰巧包在头上。他边策马奔跑，边在心中算计："这红头巾惹人显眼，别给董卓的贼兵认出呀。"他马上利索地解下红头巾，扔给并排驱马奔跑的将领祖茂，吩咐他："包在头上。你的任务是给敌人造成错觉，我脱身后你再扔掉。"

祖茂刚系好红头巾，董卓的大队人马就直向他扑来。孙坚觑个空当，乘机抄近路，一溜烟逃走了。

追敌渐渐地形成包围网，远远地围住了祖茂。祖茂见势不妙，忙跳下马来，解下头上的红色头巾。他转过身子，猛跑几步，迅速将它包在坟地里一个被火烧断的树桩上，自己飞速隐藏在一片浓密的草丛中。

董卓的大队追兵蜂拥赶到，看清红色头巾，怕孙坚再乘机逃走，忙排成一列一列，里里外外包围了好几层。

过了一会儿，他们憋不住了，忙走上前仔细察看。结果发现红头巾下包着个树桩，怎么也找不到孙坚的影子。他们气极了，举起宝剑，将那红色的头巾剁得稀巴烂，一阵发泄过后，他们只得悻悻离去。

在草丛里的祖茂这才脱身，踏上追赶孙坚的小路。

张辽处变而不惊

公元208年夏天，中原大地热成了一个大蒸笼。都亭侯（官职名）张辽接到曹操一纸军令：火速领兵出发，移防长社（今河南长葛东部）！

张辽肚中思量：丞相该又有啥神机妙算啦！他马上传令：召集众将官，半个时辰内做好一切准备，待命出发！

黑压压的军士站成一队队，矛戈耀眼；高头大马摆成一列列，嘶叫撒欢。

张辽督促着队伍有条不紊地行进，但他没想到，军中居然有人叛乱。

这批人借着夜色掩护，点燃起大火，肆意制造着声势。夜被涂抹上紧张、恐怖的色彩与气氛，这一小撮人严重地惊忧着张辽全军。转眼间，张辽军营内一片大乱，嚷嚷不止。

有人急步冲到张辽马前，气喘吁吁地报告："张将军，有人作乱，军心不稳！"

张辽镇静异常，微笑着冲身边的官员说："不要乱！这肯定不是整个军营的将士全反了，一定是少数歹人在闹事，他们正要扰乱军心。"

张辽沉思了片刻，传下一道命令："没造反的全坐在那里不动！"

四个传令兵遵命而去，骑上快马，轮流穿过各个营盘，传令之声此起彼伏："张将军有令，没造反的全坐在那里不动！"

一刹那整座军营鸦雀无声，大家争先恐后坐下。

刚刚坐定，只见几十位壮士慢慢走来。打头的是张辽，他扫视大家后，站在了队伍正中央，一言不发。这一招，把造反的人给镇住了。

没多久，军心稳定。张辽迅速逮捕了带头闹事者，马上将他们推出斩首。

军队正常如初，众将官不得不佩服张辽临危不乱的大将风度。

丁斐放牛马脱险

公元211年夏天，曹操率领军队从潼关（今陕西潼关北）偷渡过黄河，欲打垮割据势力马超。

曹操一向讲究攻心战，为了稳定军心，他先让大军陆续渡河，自己则亲自带着100多位壮士留在南岸断后。

哪知，这情况被马超才派出的游动哨发现了。那探子猛地挥鞭策马，风驰电掣般直奔马超军营……

马超听完探马汇报，欣喜若狂："追上去活捉曹操！"他马上召集1万多步兵、骑兵，飞速直扑那渡河地点。

曹操大军正一批批下船，一批批渡河，哪料后面马超率军追杀而来。

曹操见背后烟尘滚滚，杀声震天，心中一惊："完啦！我方大军已渡过河，剩下100多壮士难以抵挡马超的强悍之师！"心惊未定，马超士兵操弓搭箭，"嗖嗖嗖"，箭如雨点，密密地落在曹操四周。曹操打起精神，仍有条不紊地指挥大军按顺序渡河。

马超的人马越奔越近，飞箭越来越密，曹

操部将许褚一顿足，心里急死啦："丞相再不走，就来不及啦！"他忙三步并作两步，大步流星赶到曹操身边，用力拉着曹操上船："丞相，快渡河吧，对岸大军等您指挥！"

这时，后面飞箭如蝗往这儿射得更密更凶。

"哎哟！"船工惨叫一声，一头栽入黄河，一支箭恰巧射中他喉咙间。箭雨更密。

许褚见状，双眼都急得发红圆，牙关咬得"咯咯"响，嘴中"哇呀呀"乱叫。他左手高举起马鞍作盾牌挡在曹操面前遮住箭雨，右手奋臂撑船拼命向前行进。

说时迟，那时快。马超士兵已经越追越近。

在这千钧一发之际，突然蹿出一群牛马直奔马超兵将面前。原来，这是曹操的校尉丁斐故意放出诱惑、扰乱敌人的。肥牛哞哞，健马嘶嘶。马超兵将见到这些良马壮牛，个个心花怒放，马上忘了打仗，争着去抢，阵容大乱。

马超气得哇哇大叫，仍无济于事，只好眼睁睁看着曹操乘机渡过黄河，脱离险境。

贾诩设陷巧败敌

建安三年（公元198年）夏，曹操假借天子之命，第二次兴兵讨伐南阳军阀张绣。张绣抵挡不住，便退兵于南阳城内固守。曹操久攻不下，心情焦躁，便亲自骑马围着南阳城转悠了三天，终于发现张绣守城的破绽：东南角城墙的砖石，新旧不一，而且鹿角多遭毁坏。曹操心生一计，传令在城西北堆积柴薪，召集诸将，摆出了集中攻西北方向的架势。实际上他却秘密命令军队准备攻城器具，从东南角突袭入城。

且说张绣见曹操骑马绕城观察三天，又见西北角曹军堆积许多柴薪，甚为奇怪。谋士贾诩笑道："曹操看了三天，我也看了他三天。他的意思我早已明白了，我们可以将计就计行事，他必败无疑。"

张绣惊异地问道："此话怎讲？"

贾诩说道："我在城墙上见曹操对东南城角砖石的新旧颜色察看得十分仔细，他一定认为此处是薄弱环节，打算从这里进攻。可他明里却在城西北堆积柴草，虚张声势，想骗我军将主力放在西北方向守卫，他就好乘黑夜偷偷爬上东南角突进城内。这是他运用声东击西的策略啊。"

张绣惊问："那我们怎么办？"

贾诩笑道："这个很容易对付。我们可命令精锐士兵，饱食轻装，匿藏于东南房屋内，让百姓假扮士兵，摆出尽力防守西北的样子。到了晚上，让曹军在东南角爬城。等他们进入城里，一声炮响，伏兵齐起，他们猝不及防，就可以活捉曹操了。"

张绣采纳了贾诩的计谋。

早有探子报告曹操，说张绣集中兵力到西北角上呐喊鼓噪，拼力守城，而城东南防卫却十分空虚。曹操大笑道："姓张的中了我的计了！"便命令军队秘密准备好爬城工具。白天，他只是命令部队佯攻西北角。到晚上二更时分，却让精锐主力爬上城墙，砍开鹿角，只见城中一无动静，他们便一拥而入。忽听得"咚"的一声炮响，张绣的伏兵四面冲杀出来。曹操突遇意外，慌忙退兵，张绣率领精兵勇猛掩杀。曹军败退出城，溃散数十里。张绣直杀到天明方回师入城。此役使曹操损兵折将5万余人，失去辎重无数。

袁绍计取冀州城

袁绍率军屯驻河内，缺粮少草。冀州牧韩馥知道后，便派人运送粮草接济袁绍。袁绍的谋士逢纪说道："大丈夫驰骋天下，怎么要等人家施舍粮食呢？冀州是个有钱有粮的富饶处所，将军您为什么不去把它夺过来？"

袁绍叹口气道："没有办法啊。"

逢纪说："这好办。我们可以暗地里派人送信给公孙瓒，叫他与我们共同进攻冀州，瓜分利益。公孙瓒必定答应兴兵。韩馥是个无谋无能之辈，见公孙瓒向他进攻，一定会请将军您前去帮助守卫，那不是很容易就拿下冀州了？这就是春秋时期晋献公'假途伐虢'的计谋啊！"袁绍大喜，便写了一封密信派使者送与公孙瓒。公孙瓒见了密信，认为大有好处，即日便筹划兴兵进攻冀州事宜。袁绍又派人密报韩馥，说公孙瓒要进攻冀州。韩馥得讯，慌忙召集荀谌、辛评两位谋士商议对策。荀谌说："公孙瓒率领燕、代两地的军队长驱而来，其势锐不可当。再加上他又有刘备、关羽、张飞几员大将助他一臂之力，我们怎是他的对手？现在唯一的办法只有请袁绍来帮忙了，袁将军有智有勇，手下名将如云，部队精锐，他来了一定会好好对待您，我们就不怕公孙瓒了。"

韩馥听了，即派人去请袁绍。长史耿武劝告道："袁绍是个穷光蛋，他的粮草还是仰赖我们接济的呢，怎么可以把守卫冀州的大事交给他呢？这叫作前门拒虎，后门入狼啊！"

韩馥说:"我本来是袁家的旧部下,才能又不如袁绍。古人还知道选择贤人而礼让他,你们为什么这么妒忌别人呀?"

耿武长叹一声道:"冀州完啦!"于是,弃职离去的官吏有30余人。

袁绍终于进入冀州,兵不血刃地掌握了冀州的大权。他封韩馥为奋威将军,命自己的部属田丰、沮授、许攸、逢纪等人分别掌管冀州的军、政、财、文等权。韩馥形同傀儡,悔恨不及,便抛弃家小,只身骑马投奔陈留太守张邈去了。

且说公孙瓒听说袁绍已占领了冀州,便派弟弟公孙越前去要求瓜分该地。不料袁绍派人假冒董卓家将于路上设伏射杀了公孙越。公孙瓒大怒,率部向冀州进攻,大骂袁绍背信弃义。袁绍干脆撕破脸与他兵戎相见,自己心安理得地独吞了冀州。

刘备撤围诱敌计

东汉末年爆发黄巾大起义,朝廷命将领朱俊率部前去弹压。当时黄巾军赵弘、韩忠扼守宛城。朱俊命军队攻城,韩忠出城迎战。朱俊派刘备、关羽、张飞攻击该城的西南部,韩忠率领精锐部队兼程赶往西南部阻击。这时,朱俊避实就虚,趁机带领200精锐骑兵向该城的东北部发起袭击。黄巾军探子飞报韩忠,韩忠生怕丢失城池,急忙率部返回。刘备等便从背后追杀过去。在前后受敌的情况下,韩忠只得败入宛城。朱俊当即以重兵团团包围了宛城。日子一久,城中渐渐箭尽粮竭,韩忠无奈,只得派人出城请求投降。朱俊严辞拒绝。

刘备劝告道:"过去我们高祖皇帝夺取天下,都是因为能够接收投降者,招怀顺从者,从而四海归心、一统神州。您为什么拒绝韩忠的投诚呢?"

朱俊笑道:"你有所不知,这叫此一时、彼一时啊!秦朝末年天下大乱,没有一个稳定的政治家来治理人民,所以要用招抚手段来凝聚民心。今天国家统一,只有黄巾造反,如果容许他们投降,就不能劝善惩恶。他们认为有机可乘便随心所欲地抢掠,失利时便投降,以保生命富贵。所以这是助长他们的气焰,不是好办法啊。"说完,挥手让刘备退下,传令三军拼力攻城。谁知使尽办法攻了几日,急切间竟不能得手。

一天,刘备又对朱俊献计道:"您不允许他们投降,我也赞成。只是今日我军四面将宛城包围得像铁桶一般,敌人请求投降又遭拒,必然死战到底。万众一心,尚且不可抵挡,何况城里还有数万亡命之徒呢?古代军事家孙子说,'围城必阙'。我看不如将包围城池东南方的军队撤去,我们全军专攻西北方。这样,敌人以为有生路,必定弃城逃跑,我军趁势追杀,敌酋即可手到擒来。"

朱俊沉思半晌,采纳了刘备的计谋。果然,韩忠率部向宛城东南方撤退,朱俊即与刘备、关羽、张飞等指挥全军追击,射死韩忠,其余部众死的死、伤的伤,四面溃散。

张飞用智擒刘岱

且说曹操战胜吕布后,即带刘备回到许都。刘备不甘心寄人篱下,运用韬晦之计迷惑曹操。后来,他借口截击袁术,逃离许都,打败袁术,杀了曹军将领车胄,夺回徐州,又策动袁绍起兵伐曹。曹操大怒,一面亲率20万大军迎战袁绍,一面派刘岱、王忠二将打着丞相旗号讨伐刘备。

正值初冬,雪花乱飘。两军冒雪布阵对峙。关云长跑马提刀同王忠首先交战,不几个回合,就将王忠活捉于马上,返回本军。张飞见二哥立了头功,心中焦灼,立刻对刘备叫道:"待我去活捉刘岱来。"

刘备说:"刘岱也是一镇诸侯,不可轻敌。"

张飞冷笑道:"此辈何足挂齿?我一定把他活生生捉来。"

刘备说:"只恐你鲁莽性子坏了他性命。"

张飞叫道:"如杀了他,我偿性命!"

刘备便交3000兵马给张飞。张飞即率军前进。

刘岱见王忠被活捉,坚守寨门不出。张飞每天在寨门前恶语叫骂,刘岱知是张飞,愈加不敢出战。张飞叫骂了几天,见刘岱不出,寨门攻打不下,焦躁之余忽生灵感。他传唤全军今夜二更去劫刘军营寨,白天,却在自家营帐里饮酒作乐,喝得酩酊大醉,故意寻一个帐前军士的错处,喝令左右将他痛打一顿,并将他捆缚在营里,骂道:"哼,待我今晚出兵凯旋时,拿你的脑袋祭拜军旗!"说完,却悄悄指使左右故意放他逃走。那军士跑出寨门,想想十分气愤,便径往刘岱营中密告张飞企图夜劫刘寨的情报。

刘岱见军士被打得皮开肉绽,便相信了他的情报。高兴地说:"好,今日叫张飞来尝尝我的伏兵味道。"传令空出营寨,部队全部埋伏在寨外，单等张飞闯入，来个瓮中捉鳖。

这天晚上，张飞果然兵分三路，长驱而进，其实他的中路只有30人，任务是闯入刘寨抢先放火，却教左右两路人马抄在刘寨后面，单等火起为号，然后夹击刘岱的伏兵。到了三更时分，张飞亲自率一支精兵，先断刘岱后路。中路30人，果然抢入刘寨放火。寨外刘岱伏兵大声喊叫，向寨内杀入，张飞两路兵马一齐出动，围杀刘岱伏兵。刘军顿时大乱，也不知张飞究竟有多少人马，四面溃散。刘岱自率一支余部夺路逃走，正撞见张飞拦住退路，急要回避，交战只一个回合，便被张飞活捉过去。余众纷纷缴械投降。

张飞派人跃马驰入徐州报捷，刘备大喜，对关云长说："三弟自来粗鲁、莽撞，今天也会用智作战了，我再也不必为他担忧了。"

张飞巧计擒严颜

却说庞统死后，刘备在西川已无军师为其谋划，孔明立即由荆州起兵，派赵云为先锋从水路直趋雒城，自统大军在后跟进，又派张飞率1万精兵从陆路入川，言明先到者为头功。

张飞即带领兵马杀奔西川，一路势如破竹，可是到达西川门户——巴郡，却在蜀中老将严颜的顽强抵抗下受阻。几次攻城，都被严颜乱箭射退。张飞派兵去日日叫骂挑战，又叫马军下马，步军都散坐在城外，严颜只是不肯出城迎战。眼看日子一天天拖下去，军粮愈吃愈少，张飞心中焦躁。他静下心来，乘马登山观察地形，顿时心生一计，叫军士四散砍柴草，寻找入川小路，不再挑战。

严颜在城中连日不见张飞动静，心中疑惑，便令十来个士兵扮作张飞手下军士，悄悄出城混入打柴探路的士兵中。傍晚，张飞坐在帐中叫骂："严颜老家伙气杀我了。"

打柴的士兵说："将军不必气恼，这几天我们找到一条秘密小路，可以绕过巴郡进川。"

张飞故意大叫道："既有这条小路，为什么不早来报告？"

士兵们说："今天才寻找到的。"

张飞传令："兵贵神速。今夜二更造饭，趁三更月光，全军衔枚勒马偷偷急速进军。我在前面开路，你们按队列鱼贯而行。"

严颜那些打听消息的士兵获得情报，满心欢喜，潜回城中报告严颜。严颜大喜，心想："我晓得张飞这家伙是个急性子，忍耐不住了。你抄小路过去，粮草辎重都在后面，我截夺它们，叫你活活饿死为我生擒！"即刻传令："今夜二更也造饭，三更出城，伏于树丛之中。只等张飞过了，粮草车辆来时，但听鼓响，一齐杀出。"

于是，严颜全军饱食后，悄悄出城，四散埋伏。严颜率领十几个裨将也下马埋伏于林中。约三更后，远远望见张飞在前头纵马持矛，悄悄率军前进。过了三四十里，背后粮草车辆陆续跟进。严颜看得真切，一齐擂鼓，四下伏兵全部杀出，抢夺粮车。忽然，背后一声鼓响，一支军队杀来，为首一员大将吼叫："老家伙不要跑！我等了你好久！"

严颜猛回头看，他却是豹头环眼，燕颔虎须，用丈八矛，骑深乌马。"啊，怎么又是一个张飞？"严颜手足无措，交锋没有十个回合，便让张飞卖个破绽略施小技活生生捉了过去。原来先看到的是个假张飞。顿时，川军大败，张飞很快占领了巴郡。

一群刀斧手将严颜推至张飞面前，严颜始终不肯下跪，骂道："但有断头将军，没有投降将军。"张飞下阶喝退左右，亲自解开绳索，拿衣给他穿，扶在正中高坐，低头跪拜道歉。严颜为人刚直，见张飞如此谦恭有礼，便归顺了蜀军。结果，张飞以严颜为前军，一路关隘四五十处，都是严颜所管，都唤出投降。张飞兵不血刃，在孔明、赵云之前就到达雒城城下，抢了头功。

曹操卸鞍诱敌计

曹操领兵救援东郡太守刘延，解除白马之围后，正在收兵后撤，忽报袁绍派河北名将文丑率大军来攻，扬言要报关羽斩杀颜良的大仇。文军已渡过黄河，前锋将与曹军后卫接触。曹操略一沉吟，立即传令：以后军为前军，以前军为后军；粮草先行，军兵在后。

部将吕虔惊问道："粮草在前，部队在后，这是为什么啊？"

曹操说："粮草放在后面，多被掠夺，放在前面比较安全。"

吕虔说："倘若碰到劲敌，让他们掠去，怎么办呢？"

曹操说："且等敌人到达时，再作道理。"吕虔疑虑重重，莫名其妙。

于是，曹军的粮食辎重沿河堑至延津一带一路逶迤行进。曹操的指挥位置处在后军，忽听得前军乱糟糟地叫喊，急忙派人前去查看。一会儿，有人报告说："河北文丑大军已到，我军纷纷抛弃粮草,四散奔逃。而后军距离尚远,救应不及。"部将们都显露出疑虑不安的神情,愣愣地望着曹操。

曹操也不多说,只擎起马鞭朝着南边一个土丘指了指:"此处可以暂时躲避一下。"曹军人马一齐奔上土丘。曹操又命令士兵全部解除甲衣,卸下马鞍,将战马放到土丘四周休息。文丑军队乘势追杀而至。

将领们说:"情势危急,我们还是急收马匹,退兵至白马吧。"

谋士荀攸忙说:"这正是诱惑敌军的时机,为什么要退兵?"

曹操连忙向荀攸频频丢眼色,并捋须微笑。荀攸领会了他的用意,不再说破。

文丑既抢到了粮草,见土丘下全是丢弃的战马,又令军队抢马,于是士兵争先恐后夺取,队形完全乱了套。曹操见机会来了,便令士兵一齐冲下土丘冲杀,文军顿时大乱。曹军四面包围文军,文丑挺身而出独自迎战,手下士兵自相践踏。文丑制遏不住乱军,只得拨马而逃,被关云长一刀斩于马下。曹操命令全军拼力追杀。文军大半落水,死伤惨重。先前所失粮草、马匹悉数夺回。

后来,在庆功宴上,曹操对吕虔说:"我之所以命令把粮草放在前面,之后又让卸了鞍子的战马休息,目的是卑而骄之,诱使敌人麻痹轻敌,自乱其军。这一计谋只有荀攸先生知道啊。"众将钦佩不已。

曹操乌巢劫粮草

曹操在官渡同袁绍交战,由于袁军势大,曹操只能坚守待机。无奈军粮告竭,渐渐支持不住,眼见有失败之虞。

就在这个节骨眼上,袁绍的谋士许攸由于得不到袁的信用,反而遭其辱骂,便借着曹操是少年时代朋友的关系投奔曹操。曹操喜出望外,竭诚欢迎,并向许攸虚心讨教破袁大计。

许攸说:"粮草是军队的命脉。与敌对垒,胜负未分,有粮则胜,无粮则败。现在袁绍的军粮辎重,都堆积在乌巢,他派淳于琼守卫,可那家伙是个酒鬼,疏于防备。您可以自选精兵假称袁军将领蒋奇率部到那儿去护粮,趁机烧毁他的粮草辎重,那么袁绍军队就会大乱。"

曹操满心欢喜,好生款待了许攸。

第二天,曹操自选马步军5000名,准备亲自前去乌巢劫粮。部将张辽劝道:"乌巢是袁绍屯粮之处,难道没有防备?丞相不可轻敌,而且,许攸新来,不一定可靠。"

曹操笑道:"不必多疑。许攸来投奔我,这是老天要让袁绍失败了。今天我军粮食快尽,难以坚持。如果不采用许攸的计策,那是坐以待毙。再说,如果许攸说的话有假,他还肯留在我们营寨里吗?你们不要阻挠了。"

张辽说:"也要防御袁绍乘虚来偷袭我军营寨。"

曹操笑道:"我已筹划一切了。"传令荀攸、贾诩、曹洪同许攸坚守大寨,夏侯惇、夏侯渊率一支军队埋伏于左边,曹仁、李典率一支军队埋伏于右边,以备不测。命张辽、许褚在前,徐晃、于禁在后,曹操自己带诸将居中,共5000名精兵,打着袁军旗号,士兵人人都带着柴草,衔枚勒马,乘着黄昏径向乌巢进发。

经过袁绍几处别寨,寨兵问是何部,曹操派人应对:"蒋奇奉命乌巢护粮。"袁军见是自家旗号,不再盘查,一路无阻。到乌巢时,四更已尽。曹操命士兵将柴草堆于粮屯周围放火。当时有一支袁军运粮返回乌巢,见粮屯失火,急来救应。

探子飞报曹操:"袁军在我军背后赶来。"

众将说:"请丞相分兵抵抗。"

曹操大喝道:"大家只顾向前进攻,务必将乌巢粮草烧毁。等敌人咬到我们屁股,再回转迎战不迟!"于是,官兵们拼力奋战,大破乌巢,火焰四起,烟迷太空,袁绍粮草全部烧毁。袁绍败局已定。

曹操传流言挫敌

乌巢劫粮成功之后,曹操乘胜向袁绍发起全面进攻。可是,"百足之虫,死而不僵",袁绍的力量还相当雄厚,而且军队集中,攻破还颇费时间。这时,谋士荀攸向曹操献计道:"我们必须分散袁军兵力,才能予以击破。"

曹操说:"怎么分散法?"

荀攸说:"我们可以扬言调兵遣将,一路攻取酸枣、邺郡;一路攻取黎阳,断绝袁兵归路。袁绍听到消息,一定惊惶不安,必定分兵抵抗。我们就可以乘他调兵之际,大破其军。"

曹操听了非常欣赏,便派出官兵,四下传播流言。

袁军探子听得消息,飞马报告袁绍:"曹操要分兵两路,一路取邺郡,一路攻黎阳去了。"袁绍大惊失色,心想:邺郡、黎阳是我退回河北的咽喉要地，如若有失，我不是死无葬身之地吗？曹操这个老贼果真厉害！我一定要吸取失去乌巢的沉痛教训。想罢，急派袁谭分精兵5万回救邺郡，派辛明分精兵5万回救黎阳，连夜开拔起行。

曹操探知袁绍分调兵马，便命令自家军队兵分八路，齐头并进，正面冲击袁军营寨。袁军遭此袭击，士气顿失，四散溃逃。袁绍来不及披挂甲袍头盔，穿着单衣包着头巾匆匆上马，曹军张辽、许褚、徐晃、于禁4名将领急追不舍。袁军急急渡过黄河，丢弃金帛车骑，只有800余骑随之逃回河北。曹操大获全胜，缴获战利品无数，杀死袁军8万余人。

从此，袁绍一蹶不振。

曹操十面埋伏计

曹操在官渡大败袁绍后，整顿军马，北渡黄河，直追袁绍。袁绍不甘心失败，为报仇雪耻，又纠集河北四州之兵，至仓亭扎寨，准备与曹操决一死战。袁、曹两军对峙，各布阵势。第一次交锋，曹军徐晃部将史涣就死于袁绍第三子袁尚的利箭之下。

曹操失去一将，心中烦闷，说："似这样对阵相互厮杀，何时是个了局？"

谋士程昱献计道："秦末楚汉相争，高祖皇帝运用十面埋伏之计，使项羽自刎身亡。我们何不效法？"

曹操说："请你详细讲一讲。"

程昱说："将我军退至黄河边上，背水为阵，伏兵十队，引诱袁绍逼赶我军。"

左右大惊道："如此，我军岂不太危险了？"

程昱笑道："兵法说，置之死地而后生。我军无退路，必须死战，即可稳胜袁绍。"

曹操采纳了程昱的计谋，将全军分列左右各五队。左列：一队夏侯惇，二队张辽，三队李典，四队乐进，五队夏侯渊；右列：一队曹洪，二队张郃，三队徐晃，四队于禁，五队高览。许褚为中军先锋。第二天，十队人马先行，埋伏在两侧。到了半夜，曹操同许褚率军前进，装着偷袭袁寨的样子。

袁绍见状，笑道："曹操这下要喂鱼了。"尽发五寨人马，迎战许褚。许褚拨马撤退，袁绍驱军赶来，喊杀之声不绝。等到天亮，袁绍将许褚逼到河边。曹军已无退路，曹操大喊："前有追兵，后是绝境，大家为什么不决一死战？"曹军听了，一齐奋力向前冲杀。许褚一马当先，挥刀斩杀袁军十多个将领。

袁军大乱，只好撤退。退了一段路，几声"咚咚"战鼓响，左边夏侯渊，右边高览两支兵马冲出，袁绍带领三个儿子一个外甥，死命冲出一条血路。又跑了十多里，左边乐进，右边于禁杀出，杀得袁军尸横遍野。又跑了数里，左边李典，右边徐晃两支人马截杀过来，袁绍父子胆战心惊，奔入寨门，令军队埋锅造饭，正要吃时，左边张辽，右边张郃部，径直前来冲寨。袁绍慌忙上马，率部奔向仓亭。人困马乏，正要休息，不料后面曹操率大军赶来，袁绍拼命逃离。正走间，右边曹洪，左边夏侯惇，挡住去路。袁绍大叫："如果不拼死一战，我们都要被活捉了！"奋力冲杀一阵，侥幸逃出重围。袁绍抱住儿子们大哭一场，长叹道："我经历战事数十次，从没有像今天这样狼狈！"说完，命令部将回各地整顿军务，自己带着袁尚到冀州养病去了。

曹操隔岸观火计

袁绍在仓亭被曹操大败后去冀州养病，因为心情抑郁，终于得病身亡。临死前，他立小儿子袁尚为继承人，委任为大司马将军。曹操这时斗志昂扬，亲自率领大军前去讨伐袁氏兄弟，意图一举平定河北。曹军势如破竹地攻克黎阳，很快便兵临冀州城下。袁尚、袁谭、袁熙、高干等带领四路人马合力坚守，曹军攻打多次不能奏效。

这时，曹操心中不快，谋士郭嘉说："袁绍废除长子继承权，立小儿子为头儿，兄弟及各死党之间的权力斗争是不可避免的。我们急攻，他们会团结相救；我们缓攻，他们就会相互火并。还不如撤回军队到南面去进攻荆州刘表，等候他们袁氏兄弟之间的内讧。他们内部发生事变，我们再一举而攻之，不费吹灰之力即可平定河北。这个办法叫作'隔岸观火'。"

曹操听了觉得很有道理，便留下贾诩守卫黎阳，曹洪守卫官渡，自率主力南征刘表去了。

果然，曹操撤军不久，长子袁谭不服袁绍的安排，同袁尚为争夺继承人位置动起刀枪，互相残杀。袁谭打不过袁尚，便派人向曹操求救。曹操再次出兵北进，杀死袁谭，打败袁熙、袁尚，很快占领河北。

袁熙、袁尚被打败，又逃往辽东投奔了公孙康。夏侯惇等人对曹操道："辽东太守公孙康，久不臣服。今两袁前去，如虎添翼，是个后患。

不如乘胜追击，占领辽东。"

曹操笑道："不必麻烦诸位将军了。几天后，公孙康自会送来两袁的头颅。"诸将都不相信。没过几天，公孙康果然献来了两袁的头颅。众人大惊，佩服曹操料事如神。曹操却说："果然不出郭嘉所料！"

原来，郭嘉前不久病死，死前曾写了封密信交给曹操，信中说："两袁投奔公孙康，您切不要去进攻。因为公孙康一直忌怕袁家吞并辽东，二袁去投奔，他是心有疑虑的。如果丞相去进攻，公孙康就会借助二袁之力拼力抵抗，急切间攻不下来。如果暂时缓兵不动，公孙康与二袁必相火并，您就可以一举平定了。"

大家见了郭嘉的亲笔信后，纷纷惊赞道："这是又一次'隔岸观火'！郭嘉真是天下奇才，可惜死得太早了。"曹操听了伤感不已。

诸葛亮初次用兵

诸葛亮受刘备"三顾茅庐"之恩，出山担任刘备军师。这时，他只有26岁。而且，刘备只有3000兵马，回旋于新野弹丸之地。可刘备得了诸葛亮却高兴不已，总说："我如鱼得水。"关公、张飞不服，诸葛亮装作不知，让刘备招募民兵3000，自己亲自教练，充实兵力。

不久，探子飞报说，曹操派大将夏侯惇、于禁领兵10万，杀奔新野来了。关公、张飞嘲讽说："让'水'去抵抗好了。"诸葛亮便向刘备要了尚方宝剑，升堂调度："博望左边有座山，叫豫山；右边有树林，叫安林。可以埋伏兵马。关羽可领1000人在豫山埋伏，敌军来就放过，他们的粮草辎重一定在后面，只等南面火起，就可驱兵出击，烧毁粮草。张飞可带1000人去安林背后埋伏，看南面火起，便可出击。关平带500人，预备引火之物，到博望坡后两边等候，到初更天敌人到来，便可放火。樊城赵云速回，让他作先锋，交战时只要败，不要胜。主公自带一支军队作赵云后援。你们各各按计划行事，不得有误。"

关公说："我们都出战，不知军师做什么？"

诸葛亮说："我坐守县城。"

张飞大笑道："我们去厮杀，你在家里好自在！"

诸葛亮喝道："剑印在此，违令者斩！"

关、张冷笑而去，诸将都心里疑惑不定。诸葛亮对刘备说道："主公今天便带兵到博望山下屯住。明日黄昏，敌军必到。主公便弃营撤退，见火起就回军掩杀。我在此准备庆功宴等你。"

刘备心下也疑惑不安。

且说夏侯惇、于禁率大军到达博望。忽见前面尘土飞扬。夏侯惇命军队摆开阵势，问向导："这是何处？"

向导说："博望坡。"

夏侯惇大笑道："亏得徐庶在丞相前夸口说诸葛孔明如何了得，我看他也是蠢物一个。他派出这等人马与我对阵，不等于是驱狗羊同虎豹决斗吗？"说完，赵云领兵来战，夏侯惇与之交战几个回合，赵云且战且退。

部将韩浩说："恐有埋伏。"

夏侯惇说："敌军兵力如此微弱，就是十面埋伏，我怕什么！"

直追至博望坡，忽的一声炮响，刘备领兵来战，夏侯惇对韩浩笑道："这就是所谓伏兵。今晚我不踏平新野，誓不收兵。"催促队伍前进，刘备、赵云一路撤退。

天色渐渐昏黑，夜风愈大。夏侯惇只顾催促部队赶路，行至两边都是芦苇的狭窄山路，护送粮草的于禁、李典领后卫赶到，见此状大叫："前面夏将军慢走。"于禁还赶到前面阻止，夏侯惇猛然省悟，正要退兵，却见背后喊杀声起，早有一派大火烧着，两边芦苇也着，一刹那，四面八方都是火，风大火猛。曹军顿时大乱，自相践踏，死者不计其数。赵云回军赶杀，夏侯惇冒烟突围而逃。李典见势不好，往博望坡奔回，却被关羽的军队拦住厮杀。于禁见粮草车辆烧了，便从小路逃命去了。夏侯兰、韩浩来救粮草，却被张飞伏兵拦住，张飞一枪刺落夏侯兰于马下。韩浩夺命逃脱。一直杀到天明，刘备才胜利收兵，直杀得曹军尸横遍野，血流成河。夏侯惇收拾残部，狼狈返回许昌。

关羽、张飞相互惊赞道："孔明真是英才啊！"一齐拜在坐于小车里前来犒军的孔明车前。

周瑜火烧赤壁计

曹操在官渡战胜了河北大军阀袁绍后，统一了北方，势力日益强大。接着占领了荆州，起用善于水战的荆州降将蔡瑁、张允操练水军，积极准备灭吴。

曹军中有个名叫蒋干的人，与东吴都督周瑜有些旧交，向曹操请求去东吴刺探军情。蒋干到吴营，周瑜察知他的来意，便假造了一封蔡瑁、张允的投降信，信中声言"不久将献上

149

曹操的脑袋"。蒋干当即偷了这封假信，不辞而去。曹操见信，一怒之下，竟不加查究，杀了蔡瑁、张允。

曹操后来察觉到是中了周瑜的反间计，非常后悔。因为，曹军大多是北方人，不惯乘船，渡江时战船摇荡不定，不少将士都得了病，熟知水战的蔡瑁、张允一死，更难训练水师。

周瑜派庞统假意暗投曹操，"献计"道："把战船每30只至50只用铁环连锁成排，如此一来，不惯乘船的北方士兵就不怕水上颠簸了。"

曹操认为，假如敌人用火攻，就无法躲避了。庞统说："用火攻需凭借风力，现在正是严冬腊月，一刮起风来，十之八九是西北风，咱们在北岸，东吴在南岸，他们用火攻，不是自己烧自己吗？"曹操中了庞统的连环计，将战船用铁锁联结起来。但由于没有内应，孙刘联军无法接近曹操的船只放火。

一天，周瑜召集将士们，叫他们准备三个月的粮草，一定要把曹军打回去。老将黄盖劝告周瑜还是归顺朝廷，两人争吵了起来。周瑜气得喝令推出去斩了！将士们苦苦央求，请从宽处罚，周瑜便吩咐左右把黄盖重打50军棍，打得他皮开肉绽，鲜血直流，当场昏死过去。全军上下都暗暗叹息。

第二天，黄盖就派心腹送信给曹操，说他受不了周瑜的气，准备投降曹操。曹操派人打探，听说黄盖确被周瑜打得死去活来，就眼巴巴等着他来投降。过了五六天，黄盖又去一信，说："周瑜防备严密，一时脱不了身。这几天当中将有运粮船到，江面由我巡查，到时候船上插着青龙旗的就是粮船，也就是投归朝廷的船。"曹操大喜，但他哪里知道，这是黄盖的"苦肉计"。

黄盖骗取曹操的信任后，准备了几十只大船，船上装满了干草、芦苇，灌饱了膏油，上面盖着油布，船头插着青龙旗。一切布置停当，请周瑜检查。那天正刮着大风，水花直打到岸上来。周瑜看着看着，突然头晕眼花，差点倒下。回到营里，就病倒了。

在东吴游说孙刘联盟的诸葛亮这时前来探视，说："我有药方，可以给您顺一顺气。"说完写了16个字："欲破曹公，宜用火攻；万事俱备，只欠东风。"

周瑜说："您既知我的病源，该怎么治，请赐教！"

诸葛亮说他有借风的法术，便叫人搭起法坛，故弄玄虚，祭天借风。其实诸葛亮懂得天文，旧说"冬至一阳生"，此时阳气初动，会刮东南风。

果然，到了冬至那天，刮起东南风来了。黄盖又去了一封信给曹操，约定当晚带几十只粮船到北营投降。晚上黄盖率一队快船直扑曹营。曹操正端坐帅船静候佳音，忽听一声锣响，水面上霎时间出现十几条火龙，"连环船"不能躲避，烧成一片火海。孙刘大军乘机全线出击，打垮了曹操的几十万大军。曹操带了一些残兵败将落荒而逃。

赤壁之战后，曹操势力削弱。于是，魏、蜀、吴三国鼎立的局面便形成了。

诸葛亮乘虚夺城

周瑜在赤壁大破曹操后，乘胜北进要攻取南郡。忽报刘备派人送上贺礼，听来人说刘备、孔明屯兵油江口，也有夺取南郡的动向，心中大惊，便以回礼为名，与鲁肃率3000名骑兵径投油江口而来。

周瑜到达油江口见刘备军容整齐，阵势雄壮，心中不安。刘备、孔明将周瑜接入帐中，设宴招待。谈到军情，刘备说："听说都督要攻取南郡，特来帮助。如果都督不要，我一定要占领。"

周瑜笑道："我东吴一直想吞并汉江，南郡已在我手心之中，为什么不要？"

刘备说："胜败可不一定。只怕周都督拿不下吧。"

周瑜说："我如果拿不下，那时由您去拿下。"

刘备说："鲁肃、孔明两位先生在此作证，都督不要懊悔。"

周瑜说："大丈夫一言既出，驷马难追。"

孔明笑道："都督这个话说得十分公正。先让你们东吴去取；如拿不下，主公去取，有什么不可以！"

周瑜、鲁肃告辞后，刘备埋怨孔明道："刚才先生教我这么说了，可转念一想，很是不对。目前我们没有立足之地，急切要得到南郡。如果叫周瑜取了，我们岂非一场空？"

孔明说："主公不必忧虑，尽管让周瑜去厮杀，早晚我叫主公在南郡城中高坐。"

刘备说："你有什么妙计？"

孔明附耳低语："只要如此如此。"

刘备大喜，只在油江口屯兵不动，以待时机。

原来孔明对攻守南郡的整个战局发展过程已了然于心：料定曹操败回许都前必定对南郡有所安排，求胜心切的周瑜必然中计吃亏；同时也料定，周瑜不是等闲之辈，吃了败仗一定会想办法报复。好，让他们双方拼杀吧，我们在旁边可以乘虚取利。

果然，战争按照孔明的预见进行着。周瑜先是吃了曹仁的大亏，以后采用诈死之计，引诱曹仁劫寨用伏兵将曹军杀得落花流水，得意扬扬地率部直取南郡。

不料，当他来到城下时，却见城上布满旌旗，刘备的大将赵云威风凛凛地站在南郡城头，说："周都督不要怪罪，我奉诸葛亮军师之命，已占领了此城。"

周瑜大怒，命部下攻城。城上乱箭射下，周瑜只得气咻咻暂回营寨。谁知探子又来报告："诸葛亮得了南郡，又拿住陈登矫用兵符，冒充曹仁专使调荆州曹军来救南郡，却教张飞乘虚袭取了荆州。"

一会儿，又一探子来报告："夏侯惇在襄阳，被诸葛亮派人拿了兵符，假称曹仁求救，引诱夏侯惇率军出城，却被关云长乘虚偷取了襄阳。"

诸葛亮乘周瑜和曹仁往来厮杀损兵折将之际，略施小计，兵不血刃地连夺了南郡、荆州和襄阳。周瑜直气得大叫一声，箭疮迸裂。

诸葛亮锦囊妙计

刘备利用周瑜、曹仁厮杀之际乘虚袭取了南郡、荆州、襄阳，以后又征服了湖南长沙等四郡。周瑜十分气恨，正愁无处报复夺还荆州。不久，刘备突然丧偶，周瑜计上心来，对孙权说："您的妹妹美丽、刚强，我们以联姻抗曹名义向刘备招亲，把他骗来南徐幽禁，逼他们拿荆州来换。"孙权大喜，即派人到荆州说亲。

刘备认为这是骗局，想要拒绝，诸葛亮笑道，"送个好妻子上门何不答应？您只管去东吴，我叫赵云陪您去，自有安排，包您得了夫人又不失荆州。"接着，诸葛亮暗暗关照赵云道："我这里有三个锦囊，内藏三条妙计。到南徐时打开第一个，到年底时打开第二个，危急无路时打开第三个。"

赵云贴身藏了，领了五百士兵护卫刘备前去东吴。到了南徐，赵云打开第一个锦囊，心中有数，即令士兵们去商店购买结婚用品，并大肆张扬："刘备要与孙权妹妹结亲了。"并劝刘备去拜见乔国老。

乔国老将此事告知吴国太。吴国太大怒，召见孙权骂道："男女婚嫁是大事，怎么我做母亲的不知道？"于是传令在甘露寺相亲，一见刘备仪表堂堂，完全同意将女儿嫁给刘备。

孝顺的孙权只得依了母亲，结果周瑜安排的假戏变成了真事。孙权让人把消息告诉柴桑的周瑜，周瑜心里叫苦不迭。

周瑜一计不成，又心生一计，写信给孙权，说："刘备出身很苦，从没享乐过。现在利用声色犬马迷住他，离间他们上下之间的关系，我们再出兵攻取荆州。"孙权依计而行。

果然，刘备迷恋新婚的甜蜜生活，暂时不想回荆州。赵云劝告也无用，非常焦急，想想到了年底，便打开第二个锦囊，立即心领神会，向刘备报告："曹操兴兵50万报赤壁之仇，荆州危急，主公要赶快回去。"刘备大惊，只得将实情告知夫人。夫人表示愿跟他回去。刘备说："你哥哥孙权阻止怎么办？"

孙夫人想了一会儿说："借口到江边祭祖离开此地。"夫妻商议停当，于次日就去江边祭祖，出了城沿江一路朝荆州方向飞奔而去。

等孙权知道真相，刘备他们已走远了。孙权大怒，先后派两起人马追赶。快到柴桑地界，又有周瑜派出的一支军队拦住去路。赵云见形势危急，忙打开第三个锦囊给刘备看。刘备依计向夫人哭诉孙权、周瑜用美人计诱杀自己的阴谋，夫人大怒，命推出坐车，对东吴追赶的几个将军严词斥骂。将军们如何敢得罪孙权的妹妹，便让开大路让刘备他们通行。

刘备一行快走到近荆州地界时，东吴追兵又至，诸葛亮把刘备接应上船。忽然，周瑜率战船追来，诸葛亮叫部下弃船上岸，周瑜也上岸会合陆路士兵一起追赶，却给诸葛亮安排的关云长、黄忠、魏延三支伏兵杀得大败。周瑜急急下船，岸上刘备的士兵齐声喊道："周郎妙计安天下，赔了夫人又折兵。"周瑜又羞又恼，大叫一声，伤疤迸裂，昏倒于地，部将将他救醒，开船逃走。

曹操离间孙刘计

刘备到东吴联姻，偕夫人平安回到荆州，孙权以"招亲"为名谋取荆州的计划失败，十分恼怒，想兴兵进攻刘备，以报仇雪耻，谋士张昭劝阻道："北面曹操日夜在想报赤壁之仇，只是怕我们同刘备同心合力，所以不敢轻率兴兵。今天主公如忍不住一时之忿，与刘备相互残杀，曹操一定乘虚进攻，东吴就危险了。"

孙权说："那么怎么办？"

谋士顾雍献计道："我看还是派人到许都去，推荐刘备为荆州牧。曹操知道后，认为我们两家十分团结，就不敢向我们东吴发动战争，而且刘备也不会怨恨主公。之后，再用反间计，唆使曹操、刘备相互吞并，我们就可以乘虚谋利，荆州就有可能为我所得。"

孙权即派华歆带着奏表前往许都。

曹操接见华歆后，手足无措，心情慌乱。谋士程昱说："丞相在矢石交攻的时候，也未曾害怕过，今天听说刘备得了荆州，为什么就如此惊慌？"

曹操说："刘备是人中之龙，生平未曾得水。今天占领荆州，是困龙跃入大海，谁是他的对手？我怎么不心惊胆战呢？"

程昱说："丞相知道华歆的来意吗？"

曹操说："不太清楚。"

程昱说："孙权一直是嫉恨刘备的，常常想发兵进攻他，只怕丞相乘虚袭击东吴，所以派华歆为大使，推荐刘备为荆州牧，这是安抚刘备，并断绝丞相'渔翁得利'企图的手段啊！"

曹操猛然醒悟："对，对！"

程昱说："我有一个计策，让孙、刘之间自相火并，丞相可以乘虚谋利，将他们两家各个击破。"

曹操大喜，急问："什么计谋？"

程昱说："东吴最倚重的将领是周瑜。丞相向皇帝推荐周瑜为南郡太守，程普为江夏太守，并留华歆于朝廷重用。这样，孙权、周瑜为得到南郡、江夏，一定会兴兵讨伐刘备。我们乘虚进攻，不是很好吗？"

曹操立即采纳程昱的建议，将孙权踢来的球又踢了回去。事情的发展果然不出程昱所料，周瑜既然接受了南郡太守的任命，便向孙权提出兴兵夺还荆州的要求。自此，孙、刘两家又开始了争战。结果周瑜斗不过诸葛亮而活活气死。

诸葛亮妙书解难

且说曹操谋杀了马腾之后，又要乘周瑜新死之机，去进兵东吴。此时，探子忽然报告说：刘备正在调练兵马，准备攻取西川。曹操大惊，心想：这时进攻孙吴，会让刘备轻易地夺取西川，如虎添翼，今后更难收拾他；如果去讨伐刘备，阻止他去攻西川，又失去了吞并东吴的大好时机。

正在曹操举棋不定时，谋士陈群献计道："周瑜死后，诸葛亮运用谋略让刘备与孙权结成唇齿邦交，相互支援。刘备果要攻取西川，这是我们千载难逢的良机，丞相就可命大将率兵，会合合肥守军，直攻江南，那么孙权必然向刘备求救；可是刘备心思只在西川，必然无意去救孙权；孙权得不到救援，江东之地必然为丞相所夺取。攻克江东后，荆州就可以一鼓作气平定，然后再谋攻西川，天下就可以统一了。"

曹操高兴地说："你的建议正符合我的意思。"即传令兴兵30万，直下江南，并命合肥张辽准备粮草，保证后勤供应。

孙权得到情报，急忙召集诸将商议。张昭说："可叫鲁肃发急信给荆州，请刘备与我们合力抗曹。再说，刘备又是东吴的女婿，救助我们义不容辞。刘备如来援助，江东就万无一失了。"

孙权即派人叫鲁肃发信，刘备收到求援信后，立即召南郡的诸葛亮商量。诸葛亮见信略一思索便说："不消动江东之兵，也不消动荆州之兵，我自有办法叫曹操不敢对江南用兵。"便写了一封信让东吴使者带回，说："你们尽管高枕无忧，如果曹操向江东进攻，我们自有退兵办法。"

刘备惊疑地问："曹操30万大军来势汹汹，军师有什么退兵妙计？"

诸葛亮说："曹操最担心的后顾之忧，就是西凉的地方军阀。最近曹操杀了马腾，他的儿子马超统帅着西凉军队，难道会善罢甘休吗？主公可写一封信去，同马超结交，让他兴兵攻入潼关，那么曹操还有心思进攻江南吗？"

刘备大喜，即刻写信，叫心腹使者，星夜驰去西凉。果然，马超得信后，与西凉太守韩遂兴兵20万，浩浩荡荡杀向关内，连克长安、潼关二城，曹操得信大惊，连忙回兵西向抵御马超去了。于是，既解除了孙权遭受侵吞的危险，又保证了刘备进取西川战略计划的实施。

陆逊欲退先攻敌

公元234年，吴王孙权率兵北征曹魏，派陆逊和诸葛瑾攻打襄阳（今湖北襄樊），魏明帝曹睿得知孙权大军来到，率主力奋力抗击。孙权慌了神，急急下令各路将领退军，他先领着人马迅速撤走。

陆逊在撤军之前派出的亲信韩扁给孙权送完情报回来，在途中被魏军逮住了。

诸葛瑾获悉大惊，马上"刷刷刷"修书一份，派精干心腹飞速送往陆逊帅帐。陆逊接过诸葛瑾的信，细细展读："大帝（孙权）已经撤军归去，敌人捉住了韩扁。我们这里的军情，曹魏方面一定了如指掌。何况，现在河水浅了，走水路晚了，船就不便行走，因此我们要赶快撤走！"

陆逊看完，笑了笑，慢慢发话："回报你们诸葛大人，我知道了。"说毕，便自顾走出中军帐。

那送信人好生奇怪，回眸一望，见陆逊正若无其事地催官兵种菜点豆。一会儿，陆逊又召来很多将领，跟他们下棋、游戏，边下边聊："一会儿，咱们上山打猎去。逮几头野兽，回来下酒，痛饮几杯！"

送信人真的迷惑不解，一回来便将所见所闻一五一十地告诉了诸葛瑾。诸葛瑾沉思片刻说："陆逊足智多谋，他这样做自有道理，不用我们操闲心。"

话虽这么说，诸葛瑾仍是放心不下。等了一会儿，他亲自带人策马赶来，会见陆逊。陆逊哈哈大笑："我猜您准会光临。敌人知道我们大王领兵撤回，就再无忧虑，一定会调动全部兵力专门对付我们。敌人又占据了要害，我方将士军心本来略有动摇。如果马上露出撤退的样子，敌人就会当我们害怕了，会派重兵进攻，那我们不是完了？我们要沉着镇静，安定军心。"诸葛瑾茅塞顿开，随即应陆逊之约，定下欲退先攻之计。

这一天，指挥船队的将领换成了诸葛瑾。陆逊则亲率全部人马直奔魏军占领的襄阳城，人嚷马嘶，团团包围襄阳城，装出一副马上攻城的样子。魏军平时最怕陆逊，见又是这个死对头举兵攻城，吓得忙龟缩在城内按兵不动。

这个节骨眼上，江面上百船迎面冲上，诸葛瑾仗剑指挥船队策应而来。陆逊将令旗一挥，大队人马不慌不忙整好队形声势非凡。

魏军眼瞅这水陆联攻之势，胆战心惊。陆逊部队却追赶船队去了。

魏军生怕中了陆逊的计策，迟迟不敢出城追击，陆逊大军顺利撤退。

关羽水淹七军计

关羽率军北进，攻打曹操的樊城，守将曹仁力不能敌，差人向许都求救。曹操派于禁、庞德率北方7支精壮劲旅前往救援，以解樊城之围。

关羽听得曹操援军来到，便派关平率军继续攻打樊城，自己亲领一军与曹军先锋庞德交战。争斗50个回合，庞德施放冷箭，关公左臂中箭受伤，两军形成相峙态势。这时秋雨连绵，于禁、庞德将七军移驻于襄城以北10里，依山下寨。关平将于禁军情向箭伤逐渐痊愈的关羽报告。关羽纵身上马，率几个骑兵登高观察，见樊城城上军旗不整，曹兵军心涣散；城北10里山谷驻扎军马，又见襄江水势很急。看了半晌，叫来向导询问："樊城北面10里山谷，叫什么地名？"

向导答道："罾口川。"

关羽大喜道："于禁要被我活捉了。"

部下惊疑地问道："将军为什么这么说？"

关羽说："鱼到了罾口，还能逃脱覆灭的命运吗？"

官兵们不大相信。接着，连下了几天暴雨。关羽命令部下准备船只，收拾橹、篙等划船用具。

关平惊问："陆地打仗，为什么要用船只？"

关羽说："你不看天时地利怎知其中利害？于禁七军不驻扎在高敞地方，却聚集在罾口川这个又险又狭的谷地。如今秋雨连绵，襄江水必然大涨。我已派人去上游堵住各个缺口了，只等河水大涨，我军登船，放水一淹，樊城、罾口川的魏兵不是都成了鱼鳖了吗？"关平信服。

却说魏军屯驻罾口川，督将成何向于禁劝阻道："听说荆州关羽军队屯驻于高处，又准备了船只，如果江水泛滥，我军就危急了，要想办法避难。"

于禁斥骂道："不要乱我军心！"

成何退出营寨说与庞德听，庞德认为成何的意见很对，便率领本部转移至别处。可是调动的当夜，风雨大作。庞德大惊，出帐观看，只见四面八方的洪水汹涌冲来，七军官兵四处乱窜，被水浪卷走的不计其数。关羽率军乘战船驰来，于禁手下只剩下五六十人，只能乞求投降。庞德誓不投降，移于高丘抵抗了一会终被活捉杀死。

关羽巧用天时地利水淹曹魏七军，威震中原，吓得曹操几乎要迁出许都。

陆逊火烧连营计

关羽由于骄傲轻敌，失去荆州，败走麦城，被孙权活捉斩首。消息传到成都，刘备挂孝痛哭。而后自立为蜀汉皇帝，为报二弟关羽之仇，不顾丞相诸葛亮等人劝阻，传令尽起蜀国精兵75万，亲自东征孙权。初战阶段，蜀国以势如破竹之势，直达彝陵等地区，深入吴境600里。东吴朝野震惊。危难之际，孙权采纳谋士阚泽的主张，力排众议，大胆起用年轻的陆逊为东吴大都督，率军赶往前线迎战。

陆逊到任后，深入分析了蜀、吴两军兵力、士气、地形各方情况，决定采取暂避蜀军锐气、坚守待机的策略，不与刘备交战。部将讥笑他怯懦，坚决请战，陆逊厉言疾色予以阻止。结果两军对峙，从春到夏，蜀军渐渐懈怠。加上夏日炎炎，蜀军士兵又热又渴。刘备传令全军将兵营移驻于山林茂密之处、溪河池塘之旁纳凉，在长江两岸树栅连营，纵横700余里，分作40余屯。

陆逊派人探听到蜀军已依山傍林而驻，心中大喜："果然他经不起旷日持久，士气渐渐疲软了。让军队铺开驻扎于地形复杂、草木丛生的地方是兵法之大忌，我可以乘虚袭击了。"心生一计，即刻升帐，与部将商议道："我受命统率三军以来，未曾出战。现在要袭取蜀军江南岸第四营，谁去？"大小将领纷纷请战。陆逊不选名将，单挑末将淳于丹咐道："你率5000兵马去。"随后又唤徐盛、丁奉道："如果他败了，你们领兵去接应他。"徐、丁领命去了。

淳于丹于夜晚攻击蜀寨，果然力敌不过，受伤大败而逃，亏得半路徐盛、丁奉救回。淳于丹向陆逊请罪，陆逊道："这是我故意试探敌人虚实的。"

徐盛、丁奉说："蜀兵势大，难以攻破，徒然损兵折将啊。"

陆逊笑道："就要成大功了，不必忧虑。"

却说刘备听得江南四营报捷，心里高兴，愈发不把陆逊放在眼里。而陆逊却调集兵马从水路进兵。他料定次日东南风大起，命令各船装载茅草引火物，韩当率军攻江北岸，周泰率军攻江南岸，每个手拿茅草，内藏硫磺硝药，带足火种，并执刀枪，见到蜀营顺风举火。蜀营40屯只烧20屯，间隔一屯烧一屯。部将奉令各自行动。

次日夜晚，刘备在御营忽见军旗无风自倒，便问部将："这是什么兆头？"

部将说："吴兵会不会来劫营？"

刘备冷笑道："昨天已杀败他们，还敢再来吗？"

初更时，东南风大起，探子报告御营左屯起火。刚要救火，御营右屯又起火。风紧火急，树木全都烧着，吴兵冲杀之声大起。蜀军顿时大乱，为逃火灾自相践踏，尸骸重叠，塞江而下。刘备率领残兵败将溃逃，幸而被诸葛亮预先派出的赵子龙半路接应到白帝城。陆逊也不乘胜追赶，聚集全军返回。部属问他什么道理，他说："我们要防止曹魏乘虚攻击我们后方啊！"

果然，曹丕派出三路兵马攻吴，但都被陆逊挫败了。

陆逊巧计袭荆州

关羽围攻樊城旷日持久，东吴守卫陆口的大将吕蒙到建业向孙权献计道："关云长兴兵围攻樊城，我们可以乘虚偷袭荆州。"孙权很是赞成，便命吕蒙回陆口准备兵马，自己随后起兵接应。

吕蒙回到陆口，早有探子报告说："关云长在沿江上下每隔二三十里设置了烽火台，荆州防备森严。"吕蒙大惊，便借口有病，深居不出。孙权听到消息，派陆逊前去探病。陆逊一到，便指出吕蒙是心病，根源是关云长在荆州有戒备。吕蒙佩服陆逊目光敏锐，便请教办法。陆逊说："必须麻痹关云长，关云长最怕的就是你。你假装生了重病，离开陆口，关云长就放心了。另外，还要对关云长尽量显示自己的谦卑和无能，让他轻视我们，好调出荆州主力去樊城。"

吕蒙说："这个计谋好极了。"于是吕蒙托辞生病向孙权提出辞职。孙权听了陆逊的计策，召回吕蒙养病。吕蒙提议陆口守将可由陆逊接任，理由是："陆逊虽然足智多谋，但知名度不高，而且没什么资历，必然为关云长所轻视。"孙权便派陆逊去守卫陆口。

远在樊城城下的关羽听得东吴陆口将领的调动，大笑道："孙权怎么不长眼睛，用了陆逊这个乳臭未干的孩子？"忽又听得报告："陆将军派使者送来名马、锦缎等礼物，还有公函一封。"关云长拆开公函一看，里面尽是卑躬屈膝企求蜀吴两家永结同心的话，不由得仰天大笑。等使者返回，关云长即调出荆州精兵，帮助攻取樊城。

陆逊探听到关公果然调出荆州主力，便派人通知孙权。孙权大喜，立即召见吕蒙，命他为大都督，节制江吴各路兵马，并率军3万前行。吕蒙挑选大船80余只，让水性好的士兵扮作白衣商人，在船上摇橹，却令精兵全部匿藏在船舱内，昼夜兼行，溯江而上，直抵北岸。

江边烽火台守军盘问，白衣商人答道："我们是客商，因江中遇风，到此暂避。"并将财物送与守台士兵。守军相信，便让他们泊船于岸边。到了晚上二更天，东吴商船内精兵齐出，将沿江烽火台守军尽行活捉，不叫一个逃脱。吕蒙驱兵直进，进抵荆州城下。又用重赏诱使被俘的烽火台守军叫开城门，城上守军见是自家人，便打开城门。守台军兵拥入，举火为号，吕蒙大军一拥而入，夺取了荆州。

诸葛亮烧藤甲兵

为了平定南方，以保障北伐曹魏无后顾之忧，诸葛亮采取攻心为上的方针，对南蛮首领孟获实行捉住就放的办法。果然，孟获不是诸葛亮的对手，六次交战六次被擒。诸葛亮又放了他一次。他回去后向乌戈国王求援，领了3万藤甲兵来桃花渡口与诸葛亮对阵。诸葛亮派大将魏延迎战，谁知藤甲厉害非常，刀剑不入，蜀军难以抵挡，只得败走。藤甲兵也不追赶，返回桃花渡口，因藤甲浸透了油，故而浮于水面，乌戈兵都轻易地渡河而去。魏延向诸葛亮报告此情，左右劝诸葛亮班师回朝。诸葛亮说："我好不容易到此，岂能轻易退兵。"

于是，诸葛亮亲自去踏勘、考察地形，忽到一山，望见一条形如盘蛇的山谷，两边都是悬崖峭壁，没有树木杂草，中间是一条大道，便问土人："这是什么地方？"

土人说："这是盘蛇谷。"

诸葛亮大喜道："上天给我成功的机会了。"打道回寨，命令马岱准备黑油柜车、竹竿等物置放盘蛇谷两头，命令赵云准备应用之物在路口守卫，命令魏延与藤甲兵交战，在半个月内要连输15仗，丢弃7个营寨，引诱藤甲兵进入盘蛇谷。各将纷纷领命而去。

却说孟获见了乌戈国王兀突骨说："恭贺贵军旗开得胜，蜀军怎是你们藤甲兵的对手？不过，诸葛亮惯会运用埋伏火攻之计。今后交战，只要见山谷中有树木草卉之处，切切不可进去。"

兀突骨说："您说得有道理，藤甲怕火不怕水，我们要防止诸葛亮火攻。"

不日，魏延与兀突骨交战，每战必败，半月连败15次，连丢七个营寨。藤甲兵大进追杀。兀突骨但见林木茂盛处便不叫前进，派人远望，果见树荫之中隐隐有军旗飘扬，对孟获笑道："果然诸葛亮想在树林处埋伏火攻，我不上当，他必败无疑。"

第16日，魏延又来挑战，兀突骨打败魏延。魏延过盘蛇谷而逃，兀突骨率兵追杀，见谷中并无树木。忽见谷口有黑油柜车，蛮兵说："这是他们的粮车。"兀突骨大喜，放心进谷。忽报谷口粮车起火，又被大批干柴拦断。兀突骨心慌，正要夺路，只见山两边乱丢火把，火把到处，地中火药爆炸，3万藤甲兵左冲右突，全被烧死，臭不可闻。作为兀突骨后援的孟获终于又被诸葛亮活捉，至此，他只能口服心服，归顺蜀国了。

战后，诸葛亮会集诸将说："我料定敌人一定要预防我在树林处伏兵火攻，我故意布置军旗，让他相信。我要魏延连输15次，让他知道我军敌不过他，使他骄傲轻敌，放心朝光秃秃的盘蛇谷追来，让我用火药、黑油等引火物来火攻。我早就听说：'利于水的东西一定怕火'，藤甲是油浸之物，见火必着……"

将官们全部拜服在地，赞道："丞相知己知彼，神机妙算，鬼神莫测！"

诸葛亮空城退敌

蜀国丞相诸葛亮错用马谡，失去街亭后，只有2500军士驻守在西城县。忽然，哨兵飞马来报："司马懿引大军15万，往西城蜂拥而来！"

这时，诸葛亮身边无一员大将，只有一班文官，众位官员听得这个消息，个个大惊失色。诸葛亮登上城头一看，果然尘土冲天，魏军分路往西城县杀来。诸葛亮立即传令道："将旌旗全部隐藏起来，军士们各自守卫在城上巡哨的岗棚，如有随便出入城门及高声讲话的，杀！大开四个城门，每个城门用20个军士，扮着百姓，打扫街道。如果魏兵到时，不可乱动，我自有计谋对付。"传令下去后，诸葛亮披鹤氅，戴纶巾，引两个少年携带一张琴，来到城头上，凭栏而坐，焚香操琴演奏。

魏兵的前哨急忙将这情况报告司马懿。司马懿立刻命令军队停止前进，自己飞马向前瞭望。果然见诸葛亮在城楼上，笑容可掬，焚香弹琴。左面一个少年，手捧宝剑，右面也有一个少年，手执塵尾。城门内外，仅有20余名百姓，低头打扫，旁若无人。司马懿看后怀疑城中有重兵，连忙指挥部队撤退。

他的儿子司马昭说："莫非诸葛亮没有多少兵力，故意这样的？父亲为什么要退兵呢？"

司马懿板着脸说："诸葛亮平时一向十分谨慎，从不冒险。今天大开城门，必定有重兵埋伏。我们若然冲进去，必定中计。你们懂得什么呢？还不快退！"

诸葛亮见魏军远去，哈哈大笑起来。众官

员问他说:"司马懿是魏国的名将,今统率15万精兵来到这里,见了丞相,慌忙撤退,这是什么原因呢?"

诸葛亮说:"他料定我平生谨慎,从不冒险,见我们这样镇定,怀疑有重兵埋伏,所以退去。我并非在冒险,只因为不得不这样啊!"

大家敬佩地说:"丞相的计谋,鬼神也不能预料啊。如果我们来指挥,必定会弃城而走了。"

诸葛亮说:"我们只有2500人,如果弃城而走,必定走不远,不是很快就会被敌人追上吗?"

木牛流马夺粮草

诸葛亮屡次讨伐中原,路途遥远,为了及时供应粮草,除用牛马外,还设计了人拉手推的车子,称为"木牛流马"。

这一天,诸葛亮命令部将引1000士兵驾着木牛流马,从剑阁直抵祁山大寨,往来搬运粮草,供应蜀兵。司马懿得到哨兵的报告:"蜀兵用木牛流马运粮草,人不大费力,而且那牛马也不用吃草。"

司马懿大惊,忙命令两个部将各引500军士,夜间伏在蜀兵运粮的必经之路,夺下数匹木牛流马。然后令巧匠100多人,当面拆开,依照它的尺寸长短厚薄,仿造木牛流马。不满半月,造成2000余只。接着命令几个部将带领1000军士驱驾木牛流马,去陇西搬运粮草,来来往往,没有断绝。

再说蜀兵回去报告诸葛亮说木牛流马被抢去几匹,诸葛亮却笑道:"我只费了几匹木牛流马,以后就得到魏军的许多粮草呢!"部下大惑不解。

几天后,部下向诸葛亮报告:司马懿派兵驱驾木牛流马往陇西搬运粮草。诸葛亮大喜,道:"果然不出我的意料啊!"便命令部将王平说:"你带领1000军士,装扮成魏兵,星夜偷越过北原,只说是巡粮军,直接到运粮的地方,将护粮的军士杀散,马上驱赶装满粮草的木牛流马回来。这时,魏兵必定追赶,你便将木牛流马口内舌头扭转,牛马就不能行动了。你们抛下它们就是。魏兵赶也赶不动,牵也牵不动,抬也抬不走。我再派兵前往,你们就再回身将木牛流马之舌扭转过来,长驱直进,那时魏兵必定疑神疑鬼了。

王平领兵走后,诸葛亮又吩咐部将张嶷道:"你带领500军士,装成鬼头兽身,用五彩涂面,一手执绣旗,一手举宝剑,身上挂着葫芦,里面藏些能引着烟火的东西,埋伏在山脚。待木牛流马到时,放起烟火,一齐拥出,驱赶木牛流马。魏兵见了,必定怀疑你们是鬼神,不敢来追赶。"

张嶷奉命走后,诸葛亮调兵遣将,准备去接应王平、张嶷,并布置一些部队去断绝司马懿的归路。于是按照诸葛亮的计谋,果然,夺来了魏军的大批粮草。

诸葛亮智收姜维

诸葛亮第一次北伐曹魏,在初期作战阶段,蜀军夺得南安、安定两城,俘虏了魏国驸马、都督夏侯楙,军威大振。可在进攻天水时,碰上了智勇双全的年轻骁将姜维,交手之后,诸葛亮竟失利两次。诸葛亮平时就留心普查贤才,以便培养自己在军事指挥上的继承人,而今见到魏国有如此能人,非常喜爱,决心收降姜维。然而,听人说姜维非常忠于曹魏,思考了好久也想不出办法。

后来,听得姜维是个孝子,他母亲在冀县闲居,诸葛亮心生一计,便令魏延率军佯攻冀县。姜维得到消息,只得哀求天水郡守马遵让他领兵前去冀县守卫。姜维快到冀县时,魏延假意与他交战,没有几个回合,又假意败走,放他入城。

于是诸葛亮派人到南安郡叫来夏侯楙,说:"你怕死吗?"夏侯楙慌忙跪地请求饶命。诸葛亮说:"现在姜维守卫冀县,派人告诉我,'只要夏侯驸马活着,我愿投降。'我饶你性命,你肯招安姜维吗?"

夏侯楙忙道:"情愿招安。"诸葛亮便给他马匹衣服,放他离去,也不叫人跟随。夏侯楙逃脱蜀寨,寻找道路时碰到几个逃难的百姓,便问:"你们到哪里去?"

百姓答道:"我们是冀县人,今姜维投降了诸葛亮,献出了城池,魏延驱马烧杀,我等只好逃出来投奔上悻去了。"

夏侯楙问明了道路,朝天水疾驰而去,路上又碰到了几起携老扶幼的逃难百姓,说法都是一样:"姜维献了冀县,投降了蜀汉。"夏侯楙到天水城下叫门,守兵认得他,慌忙开门接入,郡守马遵跪拜迎接,夏侯楙说起姜维之事,马遵叹息道:"想不到忠诚可靠的姜维会叛变啊!"

梁绪说："我认为他是想救都督，故意说此话假投降。"

夏侯懋斥责道："他已经投降了，怎么还是假的？"

正议论时，忽报蜀兵又来攻城。这时已近初更，火光中但见姜维在城下大叫道："我为夏侯都督投降，都督为什么违背诺言？"

夏侯懋斥骂道："你受魏国大恩，为什么要投降蜀汉？有什么诺言？"

姜维说："是你写信教我投降的。你要脱身，却将我陷在泥坑里。我已为蜀国封为上将，怎么能返归魏国？"说完，驱军攻城，快到天亮才退兵。原来夜间进攻天水的姜维是假的，是诸葛亮在部队里选择与姜维形貌相似的人装扮的，因为夜色火光朦胧，城上人难以分辨。

却说诸葛亮率军进攻冀州，城中军粮越来越少。诸葛亮故意叫蜀军搬运粮草，诱惑姜维出城抢劫，却叫魏延偷袭了冀城。姜维返归不得，只好另走别路，却遭到蜀国伏兵截杀，最后落得单骑匹马冲杀到天水城下叫门。马遵见是姜维，命人乱箭射下。姜维只得投奔上邽城，城上守将见是姜维，大骂："反叛之将，竟敢诱我大开城门！"又是乱箭射下。姜维分辩不得，仰天长叹，双泪直流，朝长安落荒而去，路上被诸葛亮伏兵团团围住，只得下马投降。接着，诸葛亮采用姜维"反间"之计，又兵不血刃夺取了天水、上邽两城，很快出兵祁山，到达渭水西岸。

死诸葛退活司马

诸葛亮第六次兵出祁山北伐中原，在渭水同魏军统帅司马懿相持许久，终于积劳成疾，病死于五丈原。弥留之际，诸葛亮预料他死后司马懿必定乘人之危，驱军追赶蜀军，为了保障蜀军撤退中不受任何损失，特意在病榻前嘱咐杨仪道："我死之后，不可挂孝发丧……我军可叫后面的营寨先撤，一营一营慢慢撤退。如果司马懿来追，你们可以布成阵势，擂鼓迎战。并将先时所雕的我的木偶像，置放在小车上，推出军前，让大小将士分列两旁。司马懿见了一定大为惊疑，慌忙撤兵。"

诸葛亮死后，蜀军遵照他的遗嘱有秩序地缓缓撤退。魏国将领夏侯霸到五丈原查看，不见一人，急忙回报司马懿："蜀兵已经撤退了。"

司马懿跺脚道："我们还将信将疑什么，真是笨蛋！孔明真的已经死了！快快追杀！"便率领儿子司马师、司马昭及大军杀奔五丈原来，摇旗呐喊冲入蜀寨时，果然没有人影。司马懿对儿子说："你们去后面催赶军队，我率部一马当先追杀。"司马懿追到山脚下，望见蜀兵不远，便奋力追赶。

忽然山后一声炮响，喊杀声大起，只见蜀兵杀出，树影中飘出军旗，上面写着一行大字："汉丞相武乡侯诸葛亮。"司马懿大惊失色。睁眼细看，只见蜀军几十个将领拥出一辆四轮车，车上端坐着戴着纶帽、摇着鹅毛扇的孔明。司马懿大惊，叫道："诸葛亮还没有死！我军中了他的埋伏了！"急令全军撤退。

背后姜维大叫："不要逃，你中了我们丞相的计策了！"魏军吓得魂飞魄散，弃甲丢盔，各自逃命，自相践踏，死伤无数。

司马懿奔走了50里，背后两员魏将赶上，扯住马嚼环安慰道："都督不要慌张。"

司马懿摸摸头颅："我的头还在吗？"

两个将领说："都督不要怕，蜀军去远了。"

司马懿喘息了半晌，神色才安静下来，率部慢慢退回本寨。

过了两天，乡民相互传告道："蜀兵退入山谷后，哀声震天，军中扬起了白旗。孔明果然死了，只留姜维率1000兵断后。前天车上的孔明是个木偶人啊。"

司马懿听了长叹一声道："我能测料诸葛亮生前的计谋，不能测料他死后的安排。他真是天下奇才，我不及啊。"于是"死诸葛吓退活司马"的谚语就此流传开了。

羊祜边境攻心战

西晋名将羊祜逝世不久，吴国被平定了。班师回朝，论功行赏，晋武帝双眼泪花盈盈、喃喃自语："说良心话，这都是羊公立下的功劳啊。要论功劳，他最大。"

原来，公元269年（西晋武帝泰始五年），羊祜奉晋武帝之命征讨吴国时，成功地运用了攻心战术。

晋吴两国大动干戈，常有吴国兵将前来投降。羊祜细细问过一遍后，总宽宏大量地说："想回去也行，你们来去自由。"每次外出活动，羊祜常穿一身轻便皮衣，不着铠甲。住所附近，保卫的侍卫总不超过20人。一有空闲，羊祜就跟将士们一块儿去打猎捕鱼。这一切，全被吴国士兵看在眼里。他们从来未见过这么平易近人的敌军将领，渐渐失去敌意，纷纷越过边界向羊祜投降。吴军的斗志，开始慢慢松懈。

羊祜这人很怪。两军交战，他不搞突然袭击。晋、吴将士云集战场，一时狼烟烽起，战鼓声不绝于耳，有位将领说要献诈兵之计，羊祜却呼唤左右侍从："来，把他捉住，用美酒灌醉他，让他开不了口。"那将领被扭着灌个酩酊大醉。两军交战正浓，有人捉来了两个吴国小孩子。两个小孩瞪圆了双眼，惊恐万状。羊祜冲他俩宽慰地笑了，忙招呼壮士："送他们回去，一定要找到他们的家，一定要保证他们平安无事。否则，唯你们是问！"两个小孩子破涕为笑了。不久以后，吴国将领夏详等前来投降，那两个小孩子的父亲因大受感动，也带着部将来投降。

有一次，吴国将领陈尚、潘景入侵晋地，羊祜派兵追击，截杀了他们。事后，羊祜却隆重地给他们举行葬礼，并高声宣扬他俩是宁死不屈、报效吴国的忠臣。陈尚、潘景的弟子闻讯后，悄悄赶来送葬，羊祜以礼相迎，以诚相送。吴国将领邓香举兵入侵晋地夏口，一败涂地，给羊祜活捉。邓香被晋兵捆绑押送到羊祜面前时，心中诚惶诚恐，羊祜却微笑着挥手吩咐松绑，饶恕了他。邓香感激涕零，连连叩头。返身入吴，马上带领大队人马投降了羊祜。

羊祜这边的人一旦进入吴国领土，却都有特殊的"规矩"。收割吴国的谷物当军粮了，都要统计好数目价值，送给吴国百姓丝织品偿还。羊祜和手下兵将驰骋在吴、晋边界打猎、游玩，总在晋地活动，从不踏上吴国土地。禽兽不识边境线，有时它们乱窜，一旦禽兽先被吴国人射伤逃到晋国这边来，羊祜总吩咐手下绑好后送还给吴国人。

没多久，吴国人对羊祜心悦诚服。吴国虽与晋国敌对，却尊称羊祜为"羊公"。跟羊祜对战的吴国将领陆抗也啧啧称赞："羊公胸怀宽广，连乐毅、诸葛亮都比不上他啊！"

吴国人的心逐渐偏向羊祜。这一切，都为晋国征服吴国奠定了思想基础。难怪，晋武帝会这么动情地追念这位作古的大臣。

马隆磁石收失地

公元279年的一天，西晋都城的中央大街上，一队3500人的兵士，带着充足的军粮和精良的武器，步伐严整，雄赳赳、气昂昂地向城外开拔，要去执行收复被鲜卑族首领树机能抢占的凉州的任务。部队渡过淄水，很快进入凉州地界。

凉州城内的树机能手中统有几万兵马，自探子来报说，晋武帝司马炎兵发凉州后，早就分派重兵占据了险要位置和有利地形，在晋军必经之路扎好口袋；并算好晋军可能撤退的路线，同时，埋设伏兵截断后路。在树机能看来，这一仗必胜无疑了。

这天下午，晋军主帅马隆率部到达一个山口，他让部队停下休息。这时前卫哨兵来报："主帅，前面山谷道路狭窄，两旁山上看似埋有伏兵。"

"知道了。"马隆立即命令后续部队把偏箱车推到前沿分给各营，兵士们推着偏箱车继续挺进。突然，树机能的伏兵在两旁山坡上使用弓箭和石块发起了进攻。可是，马隆军因为有偏箱车遮挡飞箭流石，不仅安然无恙，而且还能边还击边前进。第一次战斗，树机能不得不宣告失败。

马隆让部队稍事休息后，即刻传令士兵到附近的某处运石头。要他们把运来的石块垒在一条窄路的两侧。他算准树机能求胜心切，必定由此道来偷袭西晋军。马隆又让士兵们全部换上犀牛皮盔甲。

西晋军刚换上犀甲，树机能的部队就已赶到了。勇猛的鲜卑族士兵"哇哇"地冲了过来。可是当他们进入那条窄路后，一个个被两旁的石头吸住动弹不得。"汉人有妖术，汉人有妖术。"鲜卑兵大叫着。马隆士兵冲杀过去，却畅行无阻，一下子砍倒了几千鲜卑兵。在这场大战中，骄横跋扈的树机能也被杀死了。

原来，马隆曾对这里的地理环境进行了专门考察，了解到这里有一种吸铁磁石。马隆即刻联想到，战场上士兵的盔甲是铁铸的。若把这一特点使用到战场上制敌，会发挥出奇妙的效果。就这样，马隆一举收复了凉州。

石勒"献礼"夺蓟城

西晋愍帝建兴二年（公元314年）三月初的一天，西晋幽州治所蓟城守将王浚高兴地在读一封信。这信是羯族首领石勒派人送来的，信中说"……我素闻王将军天下无敌，钦佩之至，今函大人，意在表达敬服之心。为稍示鄙人投效诚意，我将于三天后亲赴蓟城给王将军献礼。"

接着，王浚召集部将，当众把石勒的那封信宣读了一番。然后得意扬扬地吹嘘道："这是不战而屈人之兵，信诚服人是为将之道至要所在……"

正当他吹得眉飞色舞的时候，一位部将站出来劝谏道："将军，石勒这人贪得无厌，从来不讲信义。他说敬服我们前来送礼，恐怕其中有诈。我看，我们还是调动部队，及早准备为是。"

王浚正讲得兴致勃勃，被他这么一打断，火就来了，他脸往下一沉，道："石勒这次是来拥戴我、投诚我的。谁敢再说调动部队，我先杀了他！"

两天后，石勒统率大军抵达易水，悄悄朝蓟城推进。第三天早晨，蓟城城门外黑压压的一片，原来是石勒的士兵赶来的几千头牛羊。"快开城门，我给王将军献礼来了。"石勒骑马来到城门口，对着守门卫兵喊道。

王浚得到报告后，连忙下令大开城门迎接。城门一开，牛羊像潮水般拥进城内，一下子把街道通路塞得严严实实。这正是石勒早就预谋的计策。他害怕王浚在城内埋设伏兵，就用这些牛羊把城中街道堵住，使王浚的士兵不能出来冲杀。

当得到第二次飞报时，王浚也开始意识到来者不善了。但刚要下令部队出动时，石勒的大军已冲入城里了。王浚吓得逃出庭院，被石勒的士兵生擒了。

"王将军，现在，您可接受我的献礼了。"石勒坐在王浚的大堂上，不无讥讽地对被捆绑着的王浚说道。此时，王浚后悔已经来不及了。

郭敬循环浴马计

公元330年，后赵荆州监军郭敬奉命攻打东晋襄阳。东晋军队驻守襄阳的都是精兵强将，驻守长官东晋南中郎将周抚更是骁勇异常，敌众我寡的形势极为明显。

这时，后赵主石勒一时派不出兵将支援郭敬，他想出了一条应急之计，连夜派人传令郭敬："如果周抚派人来观察樊城军情，你要想尽办法，让他知道：'我们后赵军队先不跟你周抚打，等过了七八天，我们的大队骑兵来了，再想办法揍你们。到那时候，你们就插翅难飞啦！'"

郭敬接到军令，心想："大王这话是不错，可要变成一种行动，这可是一大难题啊。"郭敬的脑海里随之跳跃过一串串重复的字眼："大队骑兵，战马；大队骑兵，战马……"

"对，有啦！"郭敬一拍桌子，不禁接着自言自语，"制造声势，让周抚觉得我们好像大队骑兵来了。来他个循环浴马计！"

第二天，很多负有特殊使命的士兵出动了。他们手执马鞭，吆喝着将成群战马赶到河边，让它们俯首吸水、涉水洗澡。他们让这些马循环出现，白天黑夜，都有马群在川流不息地洗澡。

这军情被周抚派出的便衣游动哨发现了，忙赶回襄阳，直奔周抚处，气喘吁吁报告："周大人，后赵战马正在河边洗澡。白天洗，晚上也洗，马儿多得数不清。"

周抚心中惴惴不安："莫非后赵援军到了？"心惊肉跳一阵之后，马上连夜逃奔武昌而去。

郭敬不费一兵一卒，当夜占领了襄阳城。

后赵主石勒喜闻战报，当场发下一令：郭敬升任荆州刺史。

祖逖真假军粮计

东晋名将豫州刺史祖逖为收复晋朝江山，曾数度率军北伐，收复了黄河以南大片土地。

有一年，他率军与北方羌族首领石勒的侄子石季龙交战。石季龙在败退途中，掳掠了豫州，留下战将桃豹守卫一座孤城。

祖逖乘胜前进，派出先锋韩潜进攻桃豹。韩、桃真是棋逢对手，经过反复、激烈的较量，谁也占不到谁的便宜，结果僵持在孤城里：韩潜占据东城，从东门出入；桃豹占守西城，从西门出入。双方拉锯式地打打停停，战斗了40多天，军粮都快吃完了。祖逖听到韩潜求援粮草的报告，心里非常焦急：总部的军饷也是不敷需要，到哪儿去筹备粮食呢？

祖逖谋划了许久，计上心来。一天，他命令官兵拿出上千只空米袋，将黄土灌入米袋，一袋又一袋地排列在地上。然后，组织千人的粮食运输队，另派精兵"护送"，将军粮运到韩潜驻守的东城去。另外，他又派出几名士兵挑着几袋货真价实的粮食，跟在运输大队后面，装作疲劳不堪而掉队的样子，停在路边休息。桃豹见状，立即发兵避实就虚，放过祖逖的运粮大队，抢劫"掉队"的粮食。那几名"掉队"的运粮兵见敌军蜂拥而至，即按祖逖的吩咐，弃粮逃走。桃军欢天喜地地抢走了那几袋粮食。

粮食上交给桃豹，打开口袋一看，全是白花花、饱绽绽的大米。桃军官兵因为连续多日没吃上饱饭了，一个个像饿狼似的盯着它们。桃豹挥了挥手，示意可以烧饭，部下一拥而上，将它们瓜分了，结果只有部分士兵吃上，大多数士兵都没吃上一粒米，纷纷骂娘，想到东城的韩军已获得大批接济的粮食，再也没有心思打仗了。桃豹又急又恨，不得不派人连连催请石勒运粮救援。

石勒闻报，立即筹措大批军粮，组建运粮驴马千头给桃豹送去。谁知祖逖早已料到对方有此一举，命令韩潜等派重兵在桃军必经的汴水一带予以拦截，全部俘获。

桃豹等了好多天，不见石勒的粮食运到，而韩军却粮丰饷足。桃豹料知自己不是韩潜对手，便趁着黑夜，率领败军悄悄地溜掉了。韩潜终于占领了全城。

傅永瓜瓢盛火把

浑黄幽咽的淮河水，日复一日，带着它理不清的愁绪，扑打着波浪向东流着。淮河北岸的北魏城市仓口，沉浸在一片苍黄的色调之中。一场激战的序幕，即将在这里拉开。

公元497年，南齐蓄意攻取北魏重镇太仓口，派出大将鲁康祚、赵公政统率1000大军进驻淮河南岸伺机而动。在强敌压境的情况下，北魏豫州刺史王肃命令长史傅永带领3000精兵抗敌。

这天，傅永安置好部队后，便率领几个亲兵，换了便装，来到了淮河岸边，邺望南岸敌军分布情况。傅永看着激荡的淮河水，皱眉思索着。他从敌我双方的兵力对比，想到齐军在以往的多次战斗中的作战特点。通过全面仔细的分析，他断定齐军这次必定还是夜间过河偷袭。一个成熟的作战方案在他脑中形成了。

午夜时分，南齐大将鲁康祚下达了出击的命令。淮河的浅水处，用木桩固定一个个盛着火把的瓢，南齐军就按照那些标记着浅水位置的火把，很快涉水渡过了淮河。到达北魏军营门前，只见营内静悄悄的。

"不好，敌人已有准备，快撤。"当鲁康祚刚命令部队后撤的时候，两侧已喊杀声大起，北魏伏兵四出。

南齐军受到突然袭击后，慌作一团，潮水般退到淮河岸边，争着涉水过河。可是，此时的淮河水面上到处是飘动的火光，原先导渡的火光混杂其间，难分真伪。惊慌之中，有几千人马掉进深水中淹死。

战斗仅一个多时辰就结束了。齐将赵公政的战马陷入污泥之中，被北魏兵活捉，鲁康祚连人带马掉进深水中被淹死了。

在第二天北魏军的庆功大会上，主帅傅永微笑着对部将们说："现在，你们该明白，我昨晚为何下令让你们用瓜瓢盛火后放到淮河上了吧！"

"将军神机妙算！"部将们在一片庆贺声中，开怀畅饮。

江卣用鸡播火种

公元353年，驻在苟陂（今安徽寿县南）的东晋守将殷浩的帅府内，殷浩正在召集诸将议事。

羌族首领姚襄自起兵反叛朝廷以来，仗着手中兵多人众，欺负殷浩军队少，不断对殷浩进行挑衅。今天，竟然敢违反军事常规，把营寨扎到离苟陂只有10里的地方，可见其骄横妄为的程度了。

"江卣听令，派你为荡灭羌贼的先锋！"中军将军殷浩下令。

"是。"江卣是殷浩手下最得力的将领。他以足智多谋、英勇善战著称，曾在许多重大战斗中屡建奇功。因此，要能抗击姚襄，殷浩知道此番非江卣作先锋不可。

叛军的寨栅十分紧密坚固，而且敌我之间的兵力太悬殊，破敌只能靠智取。可是，如何智取呢？江卣苦苦思索着破敌之策。晚上，他翻开《三国志》，研究起诸葛亮领兵以少胜多的故事来。他发现诸葛亮每到敌我双方力量悬殊之时，总善于借助自然的力量，而他用得最多的是火攻。如今，姚襄连营扎寨在那儿硬攻肯定不行，是否也来个火攻呢？他想：对！也来个火烧十里连营。可是这把火怎么烧法呢？他想了许许多多办法，最后都一一否决了。"喔喔喔"，雄鸡报晓，天要亮了。随着第一声鸡啼，远近响起了一片雄鸡鸣叫声。他听着听着，不禁眼前一亮。大清早，他就令士兵们去捉来了几百只活鸡，并吩咐在每只鸡的尾巴上系上火种，把它们连结在一起，听候安排。

入夜，江卣命令士兵把鸡悄悄地带到阵前，朝敌人的营寨放了出去。鸡尾巴上的火种点燃后，鸡便扑腾着翅膀拼命飞跑起来。因为鸡都连结在一起，哪只鸡也飞不远，只在营区内传播火种，不一会儿，姚襄的营寨全部点燃了。惊恐万状的羌族士兵从被窝中钻出来，乱作一团。这时，江卣趁势指挥精兵掩杀过去，一举歼灭了敌军。

宗悫假狮斗真象

南北朝时，宋文帝刘义隆封宗悫为"振武将军"，命他带领5000人马，前去征伐林邑国。这林邑国本是汉朝的日南郡象林县。东汉末年，天下大乱，林邑县的功曹杀了县令，自立为王。魏晋朝廷只顾内战，一直没有去征讨。到宗悫南征时，林邑国已有200年的历史，国力也较为强盛了。

宗悫辞别皇帝和文武百官，率领部队来到林邑国，刚指挥军队排成阵势，林邑国王就亲自擂鼓，众将士摇旗呐喊，杀声震天。忽见战旗招展处，1000多只经过训练的大象似发疯一般向宋军阵地猛冲过去。它们左撞右踏，势不可当，如入无人之境。大象皮厚力大，宋军将士的刀枪哪里抵挡得住？刹那间，宗悫部死伤无数，溃不成军。宗悫收集残兵败将回到大本营，只得挂出"免战牌"拒不出战。一边召集谋士商议对策。

一个谋士说："世界上的东西总是一物克一物，据我所知，只有狮子能克大象。可是到哪里去搞那么多狮子呢？"

另一个谋士说："就算有几百头狮子，但如果不经过训练，它们岂不把我们当点心？"

宗悫听到谋士的议论，忽然眼睛一亮，说："有办法了！"

几天后，林邑国王又派士兵前来挑战，宗悫派人送去应战书。于是双方在一个开阔地带又排开阵势。

林邑国王神气十足地命令驱赶出象群，排在阵前。一擂战鼓，大象又威风凛凛地撒腿向前冲锋。可是刚冲了一段，忽见对方阵地上竟扑过来数百头张牙舞爪的花皮大雄狮，大象见了，吓得顿时威风扫地，转身便逃，反向自己的主人们横冲直撞，乱踩乱踏起来，宗悫趁势发动全面出击，把林邑国的军队杀得屁滚尿流、落荒而逃。宋军乘胜追击，林邑国王只好投降，归顺宋朝。

宗悫从哪里得到那些训练有素的花皮大雄狮的呢？原来是他召画师、工匠在三日内画出500只狮像，做出500只狮子模型。造好假狮后，令士兵罩戴在胸前，用假狮战真象，一举成功。

李崇牛皮鼓报警

南北朝北魏孝文帝初年，兖州（今山东西南部）一带强盗出没。他们掳掠财产、杀人放火，无恶不作。当地人深受其害，恨之入骨，可这帮恶贼来无影、去无踪，很难擒获他们。

北魏兖州刺史李崇左思右想，觅出一道擒盗妙计。他先下了一道命令，晓谕全州：每个村子修一座鼓楼，楼内挂上一面大号牛皮鼓！没多久，兖州辖区内，村村备上了大号牛皮鼓。

李崇微服私访后，又令人将第二个命令晓谕全州：哪个村子发现了强盗抢东西，村民马上敲响大鼓。邻近四周的村子，开始听到鼓声的，敲一阵鼓作响应；再听到的村子，敲两阵响应；再听到的村子，敲三阵鼓响应；依次扩展，各敲几下。务必在很短的时间里，让村村知道有强盗来袭击。李崇还命令所有听到鼓声的村子，都必须派壮士守住交通要道，追查寻找强盗来去行踪！

没多少天，一股不知内情的强盗下山了。他们刚扑进一个村子，还没来得及动手，这个村的鼓楼内便响起咚咚咚的震耳鼓声。这伙强盗正惊诧间，四周鼓声大作，似有千军万马包围而来。他们失魂落魄，哪还顾得上打家劫舍，慌不择路，四下乱窜。

鼓点越来越密，鼓声越来越响，这伙歹徒恍觉自己置身在一片鼓声的海洋里。所有的险要地段、交叉路口，无数壮士持刀仗剑雄踞把守，整个儿布成一张天罗地网。这批强盗刚一露面，马上就被活捉。

兖州村村有了报警的鼓声，强盗们再也不敢轻举妄动，从此慢慢变少了。

刘亮树旗镇叛军

北魏大西大都督宇文泰忧心忡忡。此时是公元534年，朝廷内部乱成一团，丞相高欢一心想篡夺朝政。宇文泰苦心维护朝政，跟高欢一帮常有斗争发生。

天色渐黑，宇文泰在书房内来回踱步，心中焦急：泰州刺史侯莫陈悦（侯莫陈，姓）投靠高欢，已被我设计击败身亡，他的同党幽州刺史孙定儿拥有几万人马，大造声势，想顽抗到底。看来只有派智勇双全的都督刘亮去对付孙定儿，才能奏效。

都督刘亮得令，星夜兼程，神不知鬼不觉直扑幽州。孙定儿还蒙在鼓里呢，认为宇文泰的军队离自己这么远，绝对不会马上打来。

且说刘亮只带领20名骑兵奔驰到孙定儿城外，在近城一处高地上树起一面大旗。一切准备就绪，刘亮才再率那 20 人闯进城中。

华灯初上，孙定儿恰巧摆好酒宴，见刘亮迎面闯入，一时吓得目瞪口呆。

说时迟那时快，刘亮打马猛砍过去，孙定儿当即身首异处。刘亮在孙定儿的官兵面前，举着明晃晃的钢刀指着城外那面大旗，高声命令同来的两名骑兵："快去城外，到那里号令大军进城！"

孙定儿官兵抬头远望，一面鲜红的大旗迎风招展，不由得心惊肉跳，认为旗下准是屯聚了无数北魏大军，个个吓得不敢乱动，统统扔下武器。接着，刘亮命令孙定儿的传令官，叫孙定儿的部下全部缴械投降。

刘亮只树起一面大旗，一下子降服了几万敌军，在中国的战争史上留下了富有传奇色彩的一页。

陆腾歌舞藏杀机

公元 556 年，西魏恭帝登基三年时，陵州（今四川仁寿、井研一带）獠人（古时候对仡佬族的称谓）聚众山林，举兵反叛。恭帝左思右想，脑海中跳出一个最合适的平叛人选，决定派江州刺史陆腾去征讨獠贼。

陆腾行军途中，前哨探马源源不断传来情报："獠占山城，高筑堡垒，戒备森严，山势险要。"陆腾心想：看样子，强攻难以取胜。何况，獠人个个力大无穷。

陆腾信马由缰，问手下关于獠人的一些风俗习惯。有位将领漫不经心地插了句："这帮毛贼最爱看我们的大型歌舞表演了。"

陆腾机灵一动：何不如此这般，来他个歌舞藏杀机。昔日项羽鸿门宴功亏一篑，今天我定让陵州歌舞场奏响凯旋曲！

陆腾率军到达，按兵不动，反而忙忙碌碌地准备着一场大型娱乐活动。

几天后的一个傍晚，地势低的城东举行了歌舞会，城中军民载歌载舞、鼓乐同奏。大小戏台上，唱歌的、奏乐的、跳舞的、演杂技的纷纷登台献艺。歌声响遏行云，舞蹈惊如霹雳，一点一点撩乱了獠人官兵的心。他们丢下武器，还携妻带儿，成群结队来到对面的半山坡上观看。

乐声缭耳，歌儿醉人，彩服飘扬，杂耍逗乐，他们看得入迷，打仗的事早丢进爪哇国啦！

陆腾心中大喜：獠人的官兵看热闹看成了傻瓜蛋，攻山时机到啦！他忙暗暗调兵遣将，让大军从城的其余三面一起偷偷登上险路，呼啦一下子攻入獠人军营。

獠人的军营之内，不少人已去看热闹，剩下的将士哪经得起这批"天降神兵"的突然袭击。陆腾指挥军队左冲右杀，前前后后歼灭獠军 15000 多名。

韦孝宽伪造书信

公元 538 年，东魏、西魏边境烽烟四起，战争频繁。

西魏派南兖州刺史韦孝宽奔赴边境。在韦孝宽临去之前，东魏将领段琛、尧杰占据宜阳（今河南西部、洛河中游），已派阳州刺史牛道恒煽动西魏边境上的百姓闹事。

韦孝宽想："自己兵力不足，段琛、尧杰、牛道恒兵强马壮，气焰正嚣张。如果一接手就猛攻，肯定极难取胜。看来只有离间敌人，瓦解对方的力量，各个击破，才能彻底打败敌人！"

韦孝宽先派两名间谍，想办法偷来了牛道恒亲笔书写的公文。韦孝宽摊开公文，又连声吩咐："找营内最善模仿别人字体的邬先生来。"

邬先生进得中军帐，韦孝宽笑着吩咐："邬先生，请你模仿这份公文的笔迹，等练熟了，写封假信，大意是讲牛道恒心甘情愿马上归降我。"

信刚写完，墨迹未干。韦孝宽突然取过信，放在火上烧了一下，信纸的一角焦了。邬先生在烛光下迷惑不解地瞅着，韦孝宽笑着解释："这么做，更有真实感。段琛会认为牛道恒写完信后怕走露风声，曾想把信烧毁的。"邬先生恍然大悟。

一切准备就绪，韦孝宽让间谍把这封残信送到段琛军营。

段琛展开信件，在灯光下细细展读，双眉竖起，破口大骂："牛道恒竟敢变节投敌，还相信他个屁！"牛道恒派出使者，献上一切作战建议，段琛都冷笑置之一旁，不予理睬。

东魏内部发生了分裂，韦孝宽及时捕捉到了这一情报。当夜，他派出骑兵突然发动进攻。段琛、牛道恒互不援救，被韦孝宽一一击败。

段琛、牛道恒都被活捉，面面相觑。段琛心中不解：这牛道恒已投降了韦孝宽，怎么仍然成了阶下囚？唉，可见叛徒没个好下场。

牛道恒更不明白：段琛为啥不采纳我的建议，宁愿当俘虏？原先，我们可是好朋友啊！

杨玄感诈呼懈敌

公元613年，礼部尚书杨玄感举兵造反，攻打东都（今河南洛阳）。消息传开，震惊朝野，隋炀帝忙令刑部尚书卫玄率兵镇压。

卫玄统帅步兵、骑兵2万人日夜兼程，直扑洛阳，急救东都！

杨玄感军和卫玄军在洛阳附近相遇。卫玄军队人多势众，明显占了上风。

杨玄感判断了一下战场形势，火速召集部下，说："暴君隋炀帝派的军队锋芒正盛，我们只有智取。一场大决战将要开始。等会儿，你们假装混乱，再让士兵高喊：'不好啦，杨玄感已经给官军活捉了！'这样，一定能麻痹敌人。"

众将领连连点头，纷纷领命而归。

"嘭嘭嘭"，牛皮战鼓敲响，密如雷鸣。

两军人马开始厮杀。突然，杨玄感的士兵大声喊叫："不好啦，不好啦！官军把杨玄感捉去了！"那声音似惊弓之鸟哀鸣。

卫玄的官兵本来士气极其旺盛，听到这阵阵叫喊，个个心花怒放，斗志马上松懈下来。

杨玄感见对方中计，自知良机已到，挥剑长啸："杀！"几千铁甲骑兵应声扫向对方，一下子冲破了敌阵，把卫玄军队打得大败。

卫玄率领残兵败将落荒而逃，回头惊望，只剩下了8000名垂头丧气的部下。

贺若敦的粮饷计

公元560年，湖南湘州（今长沙）一带发大水，交通被阻，城中断粮。北周军司马（官职名）贺若敦心急如焚："陈太尉侯瑱反败为胜，占领了湘州外围，将我等团团围困。这断粮的消息一传开，那他岂不会乘机进攻？唯一的办法就是不能让敌人知道我们断粮的消息。看来只能如此……"

第二天，北周营区里冒出了一个个高高的粮堆，其实除了上面铺着一薄层大米外，下面全是土。士兵们集中到那里，每人手拿一个袋子，那样子像是领粮的。官府部署好的车马争先恐后赶往那里，车夫高声嚷嚷："送粮，去送粮喽！"

一切安排就绪，贺若敦发出一道军令："把附近村民传来询问有关事情。"一些村民们被传来了，目睹了这热热闹闹的一幕。贺若敦假装问了一阵，便让他们回家。

村民回家后，一个消息便像插了翅膀在侯瑱军中传开："贺若敦那儿米多得堆成山，地方官还一车车往那儿送呢。"

侯瑱听罢，长叹一声："围困这么长时间，贺若敦仍军粮充足。看样子，是天助他啊。算了，暂不进攻为宜！"

军情缓和了3~5天，一个消息又让贺若敦大吃一惊。原来，城外常有当地人摇着船沿江而下，给侯瑱补充粮饷。这下，贺若敦再度陷入深思：说实在话，自己城中断米，可侯瑱粮饷这么天天有补给，对自己的威胁逐日增大。贺若敦在帅府内转了几圈，咬咬牙想：切断侯瑱的补给之路，一定要切断！

当天，一部分北周士兵扮成当地老百姓下江操桨摇船，假装给侯瑱送东西。

船离侯瑱军营越来越近。侯瑱官兵抬头看见这些船只，都兴奋地涌来大声转告："喂，又有人来供应粮草啦！弟兄们，快快来迎接哪！"

船里突然跳出手持明晃晃刀剑的伏兵，风扫残云般把侯瑱的士兵一个个生擒活捉，押回军营。

从此以后，侯瑱士兵噤若寒蝉。当真有当地人船载粮饷送来，他们怕再次中计，不敢出营接受。侯瑱的补给之路就此被贺若敦截断。

不久，贺若敦的军中补足了粮饷。

尉迟运助火守门

公元574年，北周都城长安皇宫内。

"皇儿、长孙爱卿，朕此番出巡云阳宫，维持京师治安的重任，就全靠你们了。"武帝宇文邕在对儿子宇文贇和大臣长孙览，作临行前的交代。"你们要事事站在皇太子一边，处处维护太子的威信，维护京师的安全。"

"是是，请皇上放心。"两人跪伏在地上，唯唯诺诺。

可是，武帝一离开京城，长安城内就发生了一场蓄谋已久的政变。原来，皇子宇文直因为没被立为太子，一直心怀不满，早就有了篡权的野心。这次父亲出巡云阳宫，他见时机成熟，于是便发难了。

这天上午，宇文直带着军队，突然袭击长安肃章门，妄图从这里冲入宫内。长孙览一见到这种情景，大叫着："你们可不能向我射击，你们可不能向我射击。"抱着脑袋，惊恐地躲进了皇帝的住所，再也不敢现身了。

眼看宇文直的人马就要从肃章门冲进来了。突然，肃章门边出现了一个人，他是在此轮值的军官尉迟运。一看到宇文直等人带着武器直朝这里冲来，立刻明白这是在发动兵变了。不由分说，便动手去关闭城门。正当尉迟运欲关而尚未关上之时，宇文直的人赶到了。"快开城门，快开城门。"叛逆的军士们叫喊着硬往里面闯，与尉迟运发生了激烈的夺门战。尉迟运的手指也被他们用刀砍伤了。但他不顾伤痛，拼命把城门关上，将宇文直他们阻止在门外。

宇文直见硬冲不行，便下令放火烧门。尉迟运一见到外面用火烧门，突然心生一计：你们放火我也烧，今天，我就摆个火阵来阻挡你们！于是，他立刻从宫里搬来了许多木材、床板等可燃物，倒上油，堆积在门内。门被烧光后，里面的木材也被点燃了，火势更大，宇文直的人马受火阵所阻，无法冲进城去。大火一直烧了很长时间，宇文直见没法进城，只得怏怏地带着人马退走了。尉迟运趁势带领留守士兵奋勇追击，把宇文直打得大败。宇文直只好逃到荆州去了。

武帝出巡回京后，立即派人活捉了宇文直，治了他死罪，重赏了尉迟运。

窦建德诈降之计

隋朝末年，隋炀帝的暴虐终于导致大规模的农民起义大潮。高士达义军是其中的一支。

公元616年，刚刚投奔高士达的窦建德被授予行军司马之职。高士达对他说："建德贤弟，你才高八斗，远远超过高某，军队大权由你调遣。"窦建德知道山下涿郡通守郭绚正带领1000多人安营扎寨，准备镇压起义军。窦建德想：良机来了，我一定要露一手，初建奇功，给各路起义军看看！

几天后，窦建德唤来传令兵："对高士达大人说，请他留下看守武器粮草，我带7000名精兵前往迎战郭绚。请他放心，我自有锦囊妙计在！这封信请你交给高大人，让他按信行事！"

"是！"传令兵转身返营。窦建德率领7000名精兵埋伏于山林深处。

几天后的一个早晨，隋大将郭绚军营门口来了位使者，自称是窦建德派来的。郭绚派人唤进使者，那使者气喘吁吁相告："郭大人，高士达欺人太甚，我家窦将军受不了这口窝囊气，想投奔大人！"

郭绚没言语，送那使者走了。他正狐疑间，一个消息传来：高士达五花大绑了窦建德的妻子（其实是用一名女俘冒充的），押至军中，高声大骂窦建德忘恩负义背叛自己，当众斩了那女人。

当天下午，那位窦建德的使者又来到郭绚军营，呈上一封急信。郭绚拆开，见是窦建德的亲笔手书："郭大人，高贼杀妻之仇不报非大丈夫。如大人肯收降我，我愿当先锋回击高士达，取他狗头，报效大人。"

郭绚左右一思量，马上眉开眼笑对使者说："回告窦将军，欢迎他加入大隋朝军队行列！"

三天后，郭绚率领士兵跟着窦建德赶到长河（今山东德州东）界上，订下盟约，共誓：不灭高士达决不罢休！从此，郭绚手下兵将不再戒备窦建德部。窦建德见郭绚中计，几天后发布命令，起义军精兵悍将突然袭击，杀得郭绚军队七零八落。这次夜袭，窦建德兵将杀死隋兵几千人，缴获战马1000多匹。

郭绚带着几十人骑马逃命。窦建德派强将一鼓作气，直追到平原（今山东平原西南），杀死了郭绚。

从此，窦建德威名声震各路义军。

裴行俭粮车藏兵

公元679年的一天，唐朝的单于都护（官职名）萧嗣业的粮车正在道上缓缓行走，忽然，突厥（西北少数民族）首领阿史德温傅率领一支叛军呐喊着冲杀过来，杀死了这些押车的唐军，夺走了粮车。唐军的粮车数次被劫，萧嗣业的士兵大多饿死，不战而败。

第二年，唐高宗任命裴行俭为定襄（在今山西省大同市西南）道行军大总管（相当于元帅），率军前去讨伐突厥人。

裴行俭领兵来到朔州时，叫士兵拉来300辆大车，又挑选了1500名手持大刀强弩的精兵，对他们说："从前萧嗣业的军粮大多被突厥人抢劫以致兵败。现在，突厥还会来这一套的，我们要出其不意，方能打败敌人。"这些精兵领会大总管是将计就计，镇静地藏进粮车之中。裴行俭又让一支部队埋伏在粮车必定经过的险要之处，等待战机。

一支突厥的部队远远望见唐军的运粮车又到，喜出望外地说："唐军又送粮上门啦！"于是闪电般冲上前去。押车的都是老弱残兵，一见来势凶猛的突厥兵，故意惊慌地丢下"粮车"，抱头而逃。

突厥兵兴高采烈地驱赶着"粮车"凯旋而归。来到一个碧泉涓涓流动、绿草葱茏的地方，他们解开马鞍，让马去饮水吃草。

突厥兵说："现在让我们看看有多少粮食吧。"

于是，他们纷纷放下手中的刀枪，准备去打开粮车。

这时，粮车突然被打开，从车中跃出一个个骁勇无比的唐军，突厥军大惊失色，一时手足无措，当场就被砍下无数脑袋，剩下的赶忙夺路而逃。窜到险要之处，猛听得一阵鼓声，又闪出一支唐军，前后夹击，把这批抢粮的突厥兵杀死大半。后来突厥兵再见到运粮车，就不敢轻易接近了。于是，裴伷俭运粮畅行无阻，粮草充足，终于打败了突厥人。

史思明扮使立功

公元736年，有个叫崒干的人被奚族（分布在今内蒙古自治区西拉木伦河流域）巡逻兵抓住了。崒干想：自己欠了官府的债逃到这儿，给这帮浑蛋杀了岂不太冤枉啦！他突然脸呈庄重之色道："我是大唐朝廷派来跟奚王和亲的使者。你们杀了我会惹下弥天大祸的。我们皇帝若发怒，你们岂不完蛋？"

巡逻兵给吓坏了，忙将他客客气气送到奚王那里。崒干见到奚王，作揖过后，傲然肃立。奚王满脸春风："大唐使者是远方来的贵宾，先在我们最华贵的宾馆住下吧！"

第二天，奚王害怕唐王朝势力强盛，便派100名壮士跟着崒干去朝拜大唐皇帝。

崒干却冲奚王笑了："你派去的人全是无能之辈，见了大唐天子不怕失了你的面子？久闻你手下琐高（将领称号）大名，为啥不令他带队前往呢？"

奚王听后有理，忙唤来琐高带300名壮士，跟随崒干，星夜兼程，入朝拜见大唐皇帝。

这行人将临平卢（今辽宁朝阳）时，崒干先派刚收买的心腹进入平卢城，欺骗平卢守将裴休子道："奚王派琐高和精兵强将攻城来了。他们嘴上说入朝拜见大唐天子，其实想偷袭啊！"

裴休子闻言大怒，马上做好准备，全副武装，出关迎接奚人。

夜深人静，进入宾馆安歇的奚人沉沉睡着。裴休子派来的人突然闯进屋子，一阵砍杀，把奚人的300名随从给消灭得一干二净。

崒干心中暗喜：我的借刀杀人之计果然奏效，立功的良机到啦！他马上捆绑了琐高，押送到幽州节度使张守圭那儿。张守圭大吃一惊：琐高可是奚人中最有才能和声望的啊，怎么会给这崒干逮住啦！他对崒干赞不绝口，连夜奏请朝廷任命他为果毅（官职名），又提升为将军。

后来，崒干入朝禀报事情，唐玄宗跟他交谈一番，极为赏识，赐名史思明。

然而，就是这个史思明，后来在唐玄宗天宝十四年（公元755年）与安禄山一起发动"安史之乱"，使天下大乱。

哥舒翰失潼关镇

公元756年，"安史之乱"爆发的第二年，安禄山到处散布说，其党羽崔乾佑只有4000名老弱残兵，想引诱朝廷的军队上钩。唐肃宗不听大将郭子仪、李光弼劝谏，派镇守潼关（今陕西潼关北）的兵马副元帅哥舒翰出兵讨伐崔乾佑。

哥舒翰率20万大军进军灵宝（今河南灵宝）西原，而崔乾佑部南靠高山，北临黄河，在70里长的隘道、险要之处，布满精兵强将，虎视眈眈。

哥舒翰率领随从策马观察敌情，远远望见崔乾佑所带兵员甚少，便将手一挥：各路大军，齐头并进！

哥舒翰没想到，崔乾佑把重兵藏在后阵，暴露在外面的不过1万人。按照他的命令，这些士兵十个一群、五个一簇，零零星星，散在阵前游走。他们嘻嘻哈哈，有的疏散开，有的挤一块儿，有的向前冲，有的向后退，稀稀拉拉，散散漫漫。哥舒翰的部下见了，掩口讥笑：这帮饭桶能打仗？

锣鼓一响，双方交战。崔乾佑军队旗帜突然倒下，败退而去。唐军见状，马上高声呼喊紧追而去。不知不觉中，渐渐追进隘道。

一会儿，崔乾佑的伏兵突然杀出，喊声四起。高处扔下的许多木头、石头，砸得官军惨叫不止，死伤无数。隘道狭窄，官军手中的长枪长矛再也施展不开。

哥舒翰心急如焚，忙命将士用马拉着毡车在前面奔撞，想以此冲垮叛军。过了正午，老天突然刮起东风。崔乾佑冷笑一声，右手朝后一招，几十辆装满草的车辆风驰电掣般推出，堵塞住了毡车的去路。一把火点燃干草，火借风势，片刻间毡车着火。烟焰遍布隧道，官军睁不开眼，难分敌我，自相残杀。官军急了，纷纷乱嚷："敌人在烟雾里，朝烟里射箭！"天黑了，官军的箭统统射光，烟雾里却不见一个叛军踪影。

官军正诧异间，背后传来杀声。原来，崔乾佑早派将领带着精锐骑兵绕过南山，从后方偷袭官军。官军腹背受敌，首尾惊乱，人心惶惶，大败而去。刹那间，有的丢盔弃甲逃进山谷，有的互相拥挤跌进黄河淹死，惨叫声震撼天地。

崔乾佑率军乘胜追击。官军后援部队见到前面军队惨败，纷纷自行溃散。黄河北面的唐朝守军目睹此景，纷纷不战而逃、望风披靡。哥舒翰见大军节节败退，大势已去，仰天长叹："天负我也！"急忙率数百人，落荒而逃。

此役，唐朝20万大军被歼，军事重镇潼关失守，骁将哥舒翰也沦为叛军阶下囚。

李光弼母马引马

公元759年的一天，镇守河阳的唐朝大将李光弼，带领卫兵，出南城门，来到黄河岸边。这几天夜里，部属士兵多在纷纷谈论着，对岸叛将史思明的军队是如何兵强马壮，说他们有数不清的剽悍的战马，每天都赶到对岸河边的沙滩上洗澡。情况究竟如何？李光弼决定亲自出城观察敌情。

果然，在黄河南岸沙洲上，史思明的官兵们牵来了许多健壮高大的战马，有的在河边用刷子给马匹刷洗，有的在遛马，有的牵着马匹啃食沙洲上的嫩草……好不热闹。

李光弼一眼就看破了史思明的用心：哼！反贼想用几匹马来炫耀自己，动摇我军心，休想得逞！得想个办法把反贼的那些马匹弄过来才好。

"将军，我有一个办法夺取反贼的战马。"一个卫兵看出了李光弼的心思，凑近李光弼的耳边细谈了一番。

李光弼听了频频点头。依据这位士兵的计策，再经过自己的仔细周密部署，一个大胆的巧夺敌马的方案形成了。

第二天，李光弼下令征集500匹正在奶着驹的母马，要士兵们把它们全部赶到南城外黄河岸边。并特意关照，把它们的小驹务必都拴在城内，不准跟母马一起出城。

正在奶驹的母马，不愿意离开它们的小驹子，被强行牵到城外后，便一个劲地嘶叫。一头叫，引得其他的母马跟着叫唤。它们无法见到自己的亲生骨肉，便用这叫声来表示离别之情。

可是，河对岸史思明的战马都是公马，听到北岸母马们的叫唤，便一匹匹春情勃发，先是跟着对岸的母马叫唤，继而，胆子大的公马便涉水游到北岸去。南岸的那些健壮的公马一见有开了头的，便纷纷叫唤着游到北岸去。

史思明的士兵一看到这种情况，便纷纷出来阻挡。可是，几个士兵又如何阻挡得住春心大发而不顾一切的公马呢？不一会儿，南岸1000多匹马，全数跑到了北岸的母马群里。

李光弼大笑着命令士兵把这些战马全部赶回城里去了。

张巡射蒿识敌首

张巡杀退令狐潮叛军的第二年——公元757年，进驻睢阳城（今河南商丘南），援助睢阳太守许远。

城下是安禄山的另一员大将尹子奇，他率领13万大军兵临城下。睢阳太守许远召集张巡和将军南霁云等商议对策。他说："诸位，城中的粮草、弓箭已不多了，只有火速杀退叛军，才能解睢阳之围。可是，敌人的兵力是我们的几十倍，他们即使不战，困也能把我们困死啊！"

张巡说："太守大人，俗话说'擒贼先擒王'，我们只有杀死尹子奇，让他们群龙无首，才是最好的退兵之计。"

神箭手南霁云说："只要我们接近敌营，认出尹子奇，就能射中他！可是我们谁也不认识尹子奇，怎么办呢？"

张巡沉思片刻，说："我有一计……"

这天夜间，睢阳城里响起阵阵战鼓，城外的叛军以为张巡要出城突击，于是通宵达旦准备还击。可是到了凌晨，鼓声停止了，也没见一人出城。城外，尹子奇的哨兵在搭起的飞楼上察看城中动静，只见城楼上一个人影也没有。尹子奇听到汇报后，就命令部队脱下战服休息。

就在他们睡得正香时，张巡和南霁云等十几个将领，各带数十人，突然打开城门，以迅雷不及掩耳之势，一直冲到尹子奇的住所。叛军营中顿时大乱，数千士兵在混乱中被杀死。

张巡和南霁云等已经到了主帅营前，尹子奇和几个部将带领附近一些军营的士兵与他们展开了厮杀。谁是尹子奇呢？南霁云拉开弓箭，在搜索目标。旁边张巡已指挥其他将领们射出一支支"箭",这是用青蒿削尖后做成的,轻飘飘的,射不远,即使射到身上也伤不了人,只有射到人的脸部才有些作用。

尹子奇的部下见对方射来的箭没什么杀伤力,拾起箭一看,原来是"青蒿箭",忙跑到尹子奇跟前报告这一重要情况。尹子奇想:原来睢阳城里没箭了。正在狂喜之际,南霁云这时已判断出谁是尹子奇了,搭上真正的利箭,"嗖"地一声射将过去,正中尹子奇的左眼。尹子奇"啊呀"一声,跌下马来,立即昏死过去。趁叛军混乱不堪之时,张巡等一齐掩杀过去,直杀得叛军血流成河。

尹子奇受了重伤,无心再战,只得下令撤军。

李光弼地道之战

公元757年,朔风正劲,太原守将、唐朝河东节度使李光弼迎着凛冽寒风,心里急啊:自己刚派出主力支援朔方,叛将史思明、蔡希德偏偏带领10万大军攻城来了。城内兵力不满1万,如何抵挡呢?

史思明很会用兵,他命令手下在城外建起飞楼,蒙上木板作掩护,临城筑土山,想登上土山后攻入太原城。李光弼见对方筑土山,终于想出了一条妙计。他让手下将士从城内挖地道,将敌军筑的土山下面挖空。这一切,史思明都蒙在鼓里。

这天,史思明在城外设宴娱乐,边喝边观看歌舞。歌舞杂技轮番上场,如痴如醉。李光弼派来的人却走出地道,悄悄靠拢史思明的戏台,猛地捉走了台上的表演者。

史思明见状人吃一惊,急急离席,将军营搬到别的地方去了。自此,史思明官兵个个如惊弓之鸟,连走路都瞪圆眼睛盯住脚底下,唯恐自己跌入坑中。

李光弼却在悄悄行动。唐军围着史思明军营底下挖好地道,然后搬来木柱一一支撑,防止塌陷。一切准备就绪,死守多日的李光弼派心腹之人求见史思明:"太原城内一片空虚,我们已支撑不住,请求投降!"

史思明大喜过望:"对,识时务者为俊杰啊!"

约定的受降之日终于来临,史思明的将士忘了戒备,都涌出来观看。李光弼一面派将领带人出来假降,一面暗暗派人把敌营下面的地道里的撑木迅速抽掉。

史思明士兵正伸长颈脖看热闹,脚下突然轰地塌陷,一下子死了1000多人。片刻间,李光弼将士在太原城头击鼓呐喊,派出铁甲骑兵冲向敌营。

一场恶战,俘虏和歼灭叛军几万人。史思明带着残兵败将落荒而走。

张伾放风筝求援

公元781年的一天,被叛军杨朝光部围困着的临洺(今河北永年)城内,一队马队由东向西行来。今天,临洺守军主帅张伾亲自领兵到各营寨查哨来了。一路上,张伾看到,官兵们虽然还在各司其职:有的在构筑街垒,有的在瞭望敌阵,有的在擦拭武器……但无不显出疲惫不堪的神色。

张伾一边巡查,一边想:部队困守孤城已经一个多月了,城内物资消耗殆尽,官兵也因长期孤守而对前途产生怀疑,军心开始动摇。

"将军,眼下城内只剩下不到三天军粮。"一名军官报告。

"什么?粮草只剩下三天不到了?"

回到中军帐,张伾闭门不出,开始苦思突围之策。前几天朝廷派人冲入重围向张伾报告:朝廷已经派出河东将马燧率兵来援救临洺。可是,最近几天,杨朝光的叛军把城围得更严实了,内外已不能联系。如何才能把城内即将断粮的情况送出城去呢?

张伾迈着沉重的步子,在书房内来回踱着。突然,他被墙上悬挂着的一幅古画吸引住了。那是前朝的一位大画家画的一幅牧童风筝图。在空旷的田野上,牧童手牵蝴蝶风筝在奔跑,那风筝高入云霄,以致在画面上看来已很模糊。看着看着,张将军的心里突然一亮:对了,我也可以学学那牧童。

心计一定,张伾便匆匆跑出书房,命令亲信去做一只大风筝。

不一会儿,风筝做好了。这时,张伾也早已把紧急求援的情报写好,往风筝背后一贴。下午,在临洺城内突然升起一只风筝,它越飞越高,随着风势,爬到了叛军军营的上空。叛军一看到这只奇怪的风筝,立即报告了杨朝光。可是,当杨朝光下令弓弩手用箭射击时,那风筝已飞到100多丈高处,早已超出了弓箭的射程了。

一会儿,风筝飘落下去,正好落到马燧的营地中。马燧一看到风筝上写着"三天内不来解救,临洺将不攻自破",知道张伾粮草将尽,立即点兵出击，大战临洺城外的叛军。张伾在城内积极响应，里应外合，终于打败了叛军。

李愬让鹅鸭参战

公元817年，唐、随、邓三州节度使李愬决定采用突袭方式，雪夜攻打盘踞蔡州（今河南汝南）的叛将吴元济。

强劲北风刮地疾卷，鹅毛大雪当空乱舞。李部披风冒雪，半夜来到了蔡州城郊。李节度使正欲发令加把劲直扑蔡州城下，突然想到一个细节：自己带了9000多号人马，嘈杂声非同寻常。一旦给城里吴元济的人听到，岂不坏事？

过了好一会儿，李愬尚未想出啥锦囊妙计。不少将军的眼睛都焦急地盯住了他。

突然，李节度使在静静的夜空中捕捉到一句极平常的话："哎，这儿有一口好大好大的池塘，里面养了好多好多鹅鸭。"

李节度使当即连连击掌："真是天助我！我李某人今天要让鹅鸭参战，壮我大唐军威！"

他马上派出一群士兵，每人手操一根木棍子，伸进池塘，举棍乱打，正昏昏欲睡的鹅鸭给揍得生痛生痛的，大为不满，同时放声大叫，以示抗议。这声音震天响。李节度使欣然一笑，大手一挥，9000多人马开始向蔡州城进发。

人马嘈杂声混入了鹅鸭声。鹅鸭声一阵高过一阵淹没了人马声。

就这样，李愬大军在这极平常的鹅鸭叫声的掩护下，顺利地来到了蔡州城下。

一场激战开始，吴元济终于被打败。

幽州兵派假使者

公元821年，幽州兵反叛，这消息震惊朝廷内外。

第二年，幽州兵气势汹汹，直扑弓高城（今河北东光西）。哪知，弓高城上壁垒森严，弓箭如雨射下。幽州兵虽骁勇异常，也无法攻下这固若金汤的城池。

幽州兵强攻不下，只能勉强退后安营扎寨。说来也巧，唐朝朝廷派来的特使，星夜抵达城下。使者一行10人，勒马站在城下，高声呼喊："守城官兵，快快开门，我们是大唐使者！"

守城的唐朝官员心里绷紧了弦，硬是不信，直到天亮，才放他入城。使者进城后，气得暴跳如雷，刚踏进弓高城官衙，便破口大骂："弓高守将胆大妄为，竟敢如此对待朝廷命官！"满脸狰狞，一腔愤怒。

弓高守将这才真正感到问题的严重性，忙打拱作揖赶紧赔罪："大人，日后如有这类事端发生，本官定当只身赴朝廷，负荆请罪，手下有眼不识泰山者砍头！"

这事让潜伏在弓高城里的幽州兵谍报人员打听到。谍报人员马上向幽州叛军将领汇报。统兵将军一听，连连大笑："好，天助我也！再攻弓高，不费吹灰之力！"

这一天，幽州兵派出一个人装扮成了朝廷使者，夜色中，大地漆黑一片。这位假使者悄悄潜到弓高城下，大队人马无声无息尾随在他的后面。

假使者在城下高声吆喝："我是朝廷派来的使者，另有急令传告弓高城守将和前一位使者！"

一听"使者"两字，守城官员早惊吓得魂飞魄散：昨天没开门，使者发脾气，守将臭骂了我一场。这次再不开，守将不砍了我的头，剥了我的皮？他稍探出头向下观望一眼，马上高声答道："好，马上开城门！"

"呀呀！"城门大开。

"哗！"假使者和他身后的大队人马一下子拥进城内。顿时，杀声盈城。转眼间，毫无戒备的唐朝将士纷纷倒在血泊之中，弓高城在顷刻间被幽州兵攻克。

李神福画地退敌

公元884年，唐叛将陈儒攻打舒州（今安徽西南）。

陈儒大军浩浩荡荡，精兵强将猛攻。弓箭手张弓搭箭，箭密如蝗。舒州城头，传出阵阵惨叫声，时有兵将倒毙滚下。舒州守将一看战场形势，心急如焚，马上派出特使骑上快马，从后城溜出，直奔庐州求救。

庐州刺史杨行愍闻报，心中七上八下：陈儒气焰正盛，自己又派不出多少援兵，事情好棘手啊！他背剪双手，在刺史衙里左右思忖，突然想起一个人：对啊，叫部将李神福来，他可是个足智多谋的人啊。

李神福给唤进门来。听完杨行愍的叙述，他献上一计。

当天，李神福化妆一番，抄小路偷偷潜入舒州城。

李神福入城后，发出了一道道指令。城内的好多舒州兵打起了庐州兵的旗帜，排成整齐的队伍，整装待命。

李神福把这支假装援军的舒州兵领出了舒州城，在陈儒军队的腹部突然出现，杀声遍野。陈儒接到手下通报，心里咯噔一沉：自己用兵考虑不周，庐州援军果然到了。

为了摸清对方底细，陈儒亲率大军奔到阵前，观察动静，再作判断。

李神福镇定自若，似乎根本没看见叛军前来试探虚实。他当着叛军的面，举起一双空手，在地上胡乱地比画，像是在部署大阵、准备大决战。

陈儒看到这一切，越想越害怕，带着这批精兵强将，连夜撤退。

王处存扮羊破城

公元885年，卢龙节度使李可举派部将李全忠攻打河中节度使王处存。

王处存将驻地易州（今河北易县）固守得如铁桶一般。哪曾想到，李全忠手下的裨将刘仁恭更是棋高一筹。他避开正面进攻，带兵挖地道，通过地道偷偷钻入城中，一举占领了易州城。

王处存猝不及防，只好带领兵将忍痛抛下易州城，迅速败退而走。

王处存撤出易州城后，在默默地等待机会。他天天派探马外出，刺探易州城内军情。

李可举的官兵攻下易州城后，在城内飞扬跋扈。有士兵喝得烂醉如泥，在街上寻衅闹事。有官将留恋青楼，狎妓不归军营。更有不少将士，打家劫舍、掠人财物。易州城内，鸡飞狗叫，民怨沸腾。

接到情报，王处存再也按捺不住心中的喜悦：李可举纵兵贻患、治军不严，如此骄傲轻敌，岂不是我夺回易州的良机？此时不攻，更待何时！

他叫来心腹之人："马上给我弄来大批羊皮，大显身手！"

挑选出的3000名精壮士兵，每个人都蒙上了洁白的羊皮。转眼间，他们变成了一头头"羊"。夕阳西下，天渐转黑。王存处一声令下：出发！这些"羊"爬着前进，向易州城下慢慢靠近。

李可举的将士看到城外来了一群羊，个个欣喜若狂，争先恐后出城，奔向羊群。他们企图捉回城里，美餐一顿，哪里还想到戒备呢？

当他们快扑入"羊群"时，这些"羊"突然站直身子，操起随身携带的刀剑，奋臂砍杀。李可举的将士给这突变吓呆了，当即给对方揍得七零八落，屁滚尿流。

兵败如山倒，曾得意忘形的李可举将士逃之夭夭。王处存顺势挥师挺进，终于使自己的根据地——易州失而复得。

钱传瓘巧用灰豆

公元919年（五代后梁贞明时期），在狼山（今江苏南通南）以南的长江江面上，这天，旌旗飘扬，战鼓声急，1000多艘战船分成东西两大阵营，即将展开一场激烈的鏖战。

处在战阵以西的是后梁吴越王钱镠的儿子——大将军钱传瓘统率的500只战舰。他这次奉父王之命攻打吴国，今天正好与吴军彭彦章部会战在狼山江面。

参加这次会战的吴军统帅彭彦章一向以骁勇骄横著称。他根本就没有把钱传瓘这样的"小娃娃"放在眼里，何况在这场会战之前，他已先占了"天时""人和"两利。"天时"上，今天老天爷刮强劲的东南风，吴军战船占了顺风之利，其战斗力无形之中陡增10倍；"人和"上，彭彦章率领战船有1200多只，兵力超过了梁军近三倍。有了这两大优势，打这一仗，他彭彦章还有什么可怕的呢？吴军舰队乘风破浪，向敌船驰去。

"启禀主帅，我军战船开进途中未遇到任何阻拦，敌船见到先头部队望风而逃。"

"好！全速开进！"彭彦章高兴得眉飞色舞，可是，过不多久，他又听到士兵报告："主帅，敌船现在开始尾随我船了。"

彭彦章攀上瞭望楼一看，真的，刚才到江边躲避的梁军船队，待吴军驶过后，转到了吴军屁股后面，形势马上发生了转化。"不好，我们可能中了敌人的计策了。"彭彦章命令战船调头与梁军交战。

可是，等吴军刚刚调好阵势，只见江面上灰尘弥漫，顺风向吴船袭来，吴兵被灰土充斥双眼，战斗力大大削弱了。原来，这是梁军在上风故意施放的灰土阵。彭彦章急忙下令："命令各船，靠近敌船进攻。"可是等双方战船船舷接触后，只见梁军士兵一边与吴兵交战拼杀，一边从船舱里取出一袋袋东西，他们分为两批，一批人专门给自己船上撒沙子，一批人专门向吴船上撒豆子。只见吴兵在战船上踩上豆子，纷纷摔倒，战斗力大大减弱了；而梁军战船上撒上沙子后，梁兵即使踏在流淌的血浆上也稳

169

当不滑，战斗力倍增。

就在吴兵东倒西歪、站立不稳，战船拥挤在一起的时候，梁军士兵开始采用火攻了。火借风势，在长江江面上，吴军1000多艘战船片刻间形成了一片火海。吴军大败，彭彦章投水自尽。

冯瓒乱更驱盗匪

北宋初年，宋太祖赵匡胤刚刚统一天下。四川剑阁一带战乱平息不久，在战争中开小差的逃兵流亡散布各地，成为盗匪。他们或聚或散，到处打家劫舍，使得百姓不得安居乐业。朝廷便派冯瓒前往梓州担任知府（剑阁属于梓州管辖）。

冯瓒到梓州走马上任没几天，四川有个逃亡的军官名叫上官进的，率领3000名逃兵，胁迫几万百姓，趁着夜色，浩浩荡荡进攻梓州城。

冯瓒接到军情报告后，便登上城墙观察。只听得城下"哇哇啦啦"地叫成一片，他对部属说："你们不必担忧，这些盗匪不敢在白天出动，而是夜里偷偷摸摸来打劫，可见他们心虚胆怯，纯属乌合之众，我们如果组建精兵相迎，他们肯定会落荒而逃。只是现在城里只有300人马，加上又是夜晚，难以整理队伍和列成战阵。唯一可取的办法是保持镇静，决不惊慌，待到天亮，盗匪必定不战自溃。"说罢，便布置各项守城事宜。先是将200人马分派到东、南、西、北四个城门坚守，又派身强力壮、机动灵活的官兵组成巡逻队在城墙上严密监视敌情，一有动静即刻敲锣以便调集援兵救急，最后，他暗暗命令更夫半个时辰就作为一个时辰来敲。

于是，更夫频频敲更，在半夜三更时分，就敲响了将近天亮的五更鼓声——"梆、梆"的声音，以响亮的力度传到城外。围城的盗匪本来是为抢劫而来，既无斗志，又无队阵，而且也不晓得城里到底有多少官兵，如今听到更声，以为天就要亮了，也许官兵就会出城进攻，个个吓得胆战心惊。正在这时，不知谁叫了一声："天快要亮了，官军要冲出来啦！"话音刚落，几万盗匪乱了阵脚，"哗啦啦"退潮一般地向后逃奔。上官进也只得带领几个亲兵没命地逃跑。一时之间，你践我踏，溃不成军。冯瓒在城楼上看得真切，觉得时机已到，便命令官兵出城追击逃匪。很快俘获敌人1000多人，上官进也被活捉。

几天后，冯瓒下令将匪首上官进斩首示众，对1000多个俘虏则进行教育予以释放。从此，梓州全境治安大为好转，百姓安定，再也没有盗贼敢为非作歹了。

那个最先叫唤"官军要冲出来啦"的人并不是盗贼，而是冯瓒利用夜色掩护、悄悄用绳子将他放下城墙的探子。

曹玮应变除叛军

北宋真宗时，宋夏边境上经常发生战事。

却说这一年，在北宋与夏交界的渭州（今甘肃宁夏部分地区），北宋兵偷偷投敌的特别多，西夏将军们高兴极了。可是有一天，一个埋伏在北宋中军帐的夏军探子向主帅报告了这样一件事：

前天下午，宋军渭州守将曹玮正在和客人下象棋，有个部将向曹玮报告道："将军，今天又发现50多个士兵叛逃夏国。"

"知道了。"正在下棋下得兴致勃勃的曹玮，听完报告，镇定自若，一点也没有那种惊慌失措的样子。报告人的话音一落，他不假思索似的回答道："慌什么，那是我派过去的！"

曹玮这句话刚出口，好像马上发觉自己说溜了嘴，立即抬起头环顾左右，见在场的都是自己的亲兵，便没说什么。可是，他的亲兵无意中把这一重要情况泄露给夏在宋军中的那个密探。

"原来是这样，我本就在疑心这些宋兵是否是真心投诚过来的。"夏军主将恍然大悟，"来人哪，把所有投诚过来的宋兵全部都给我斩了！"一声令下，先后投向夏军的几百宋军降兵，全部被杀了，夏兵还把他们的脑袋一个个扔到边界上。

等到把这批降兵杀完之后，夏军主将细细一想：不好，我们中了曹玮的奸计了。正当他后悔得跺脚捶首的时候，渭州将军府内曹玮正在哈哈大笑。原来，曹玮随机应变，用一句假话来借刀杀人。从此，宋军士兵便不敢向夏军投降了。

宋大臣画像离间

公元972年（北宋太祖开宝年间），北宋朝廷平定各地叛乱后，定下大计，要灭掉定都金陵（今江苏南京）的南唐。但是，北宋朝野内外仍顾虑重重。原来，当时南唐出了位出类拔萃的将领，他就是南都留守兼侍中林仁肇。

林仁肇足智多谋，不除掉他，短期内是无法灭掉南唐的。

怎样除掉林仁肇呢？一位大臣向皇帝献计："咱们使用离间计，借南唐主的快刀把他杀死。我看，在林仁肇的画像上做篇'文章'"。

宋朝廷暗中派出最能干的宫廷画师，乔装改扮，潜入林仁肇府中，偷偷画下了他的像。然后，这画师溜回宋朝，将画献上。皇帝一声令下，林仁肇的画像悬挂在了都城的一个豪华的屋子里。

有一天，南唐使者来北宋朝廷办事。朝廷官员特意领着那使者来到那间房子里，细看画像后，官员突然发问："你看这是谁？"

使者心里咯噔一沉："是林仁肇啊！"

那宋朝官员神秘兮兮地压低嗓子说："林仁肇快要来投降大宋了，他先派人送来画像给我们作凭证。"言毕，他又指着附近一所漂亮的空房子告诉南唐使者："你瞧，房子都准备好了。我们将把这所馆舍赐给林仁肇居住。像你这样有才华的人来大宋谋事，我们大宋天子肯定也不会薄待。"

南唐使者信以为真，心里暗恨林仁肇：好个林贼，表面像个君子，原来藏着满肚子坏水。回去后，这使者马上报告了南唐主。南唐主哪曾想到这是宋朝的离间计，一听说林仁肇身在南唐心在宋，拍案大怒，赐一壶毒酒给林仁肇喝。

林仁肇一壶酒下肚，药力发作，七窍流血，命赴黄泉。

这消息传到北宋都城，君臣都拍手称快：攻克南唐的障碍，终于让南唐人自己扫除啦！

曹玮巧挫西夏军

一年，西夏的军队屡次骚扰北宋的西北边境，百姓不得安宁。皇帝召见大将曹玮，命他率部前往平定。

曹玮带兵直驱西北边疆。西夏的军队一见"曹"字旗帜，便知常胜将军曹玮军到，稍一交锋便溃逃了。

曹玮心想：我军一到，他们便逃。我军一走，他们又来骚扰，如此进进退退总不是办法。只有把他们引出来，彻底消灭方能解除后患。

第二天，曹军赶着西夏人撤下的牛羊，抬着缴获的战利品，散散漫漫地往回走。

西夏军统帅听探子飞报：曹军贪图战利品，部队毫无纪律，一片混乱。西夏军统帅觉得这是战胜敌方的机会，便率军回马撵上宋军交战。

曹玮部队拖拖拉拉地走到一个地势很有利的山口，即摆阵迎战。

过了半天，远处飞马骤驰，尘土遮天，西夏军队赶来了。曹玮笑笑，即派人到西夏军队那边传言说："贵军远道而来，将士十分疲乏，我们不想趁人之危而作战，先请你们休息一下，待会再决胜负。"西夏统帅一听认为对自己有利，便同意了。

过了一会儿，曹玮认为时机已到，又派人过去通知："休息好了，开始吧！"

当即，山谷中战鼓震天，双方人马好一番厮杀。没多久，西夏军队就被打得尸横山野，死伤大半。

曹玮的幕僚们觉得奇怪，堪称彪悍骁勇的西夏军怎么没经好好交战就落花流水了呢？便问将军。曹玮说："匹夫之勇在战场上是不行的，要动脑子。昨天我们双方一交战，他们就逃，其实这是为了保存实力，不与我主力硬拼。为了彻底解决他们，我便以贪图战利品的幌子迷惑他们，装作军纪涣散的样子引他们上钩。不出我所料，他们果真上了当，100多里路追来，肯定相当疲劳；而我们休整了半天，以逸待劳稳操胜券。但当时迎战，我方必定会伤亡较大，因为他们的士气还很盛，决战的精神很足。我便故意让他们休息，这下就挫伤了他们的士气，精神亦松弛下去。要知道，走远路的人、干重活的人，停下来会浑身散架。这时出击，我们就很轻松地取胜了！"

一番话，说得幕僚们心中佩服不已。

种世衡银子当靶

公元1040年（北宋仁宗年间）9月，党项羌族（北部少数民族羌族的一支）的西夏王李元昊统兵大举侵犯宋朝。北宋命州判官种世衡到边城宽州（今陕西延安东北）抵御西夏。

种世衡为了增加边防力量，激励当地百姓练习射箭，想出一个很怪的办法：用白花花的银子当箭靶！并规定：谁射中了，这银子就归谁。写有这项规定的公文，贴满了宽州城乡的大小街巷。

老百姓看完文书，议论纷纷："出了娘胎，也没听过这号新鲜事啊！"大伙都摩拳擦掌，跃跃欲试。

第一天试射，宽州军营大操场内，挟弓带箭前来参加者如潮如云，不少僧人、道人、妇女都踊跃前来射箭。一天下来，种世衡没有食言，将银靶奖给了射中者。

这样一开场，宽州百姓争相练习射箭。大家技艺越来越高，射中的人越来越多。

种世衡灵机一动，又把银靶的面积缩小、厚度加大，而总重量仍然不变。这么一个小小改动，射中的难度加大了，人们的射技也相应提高了。每次比赛射箭，都成了宽州最热闹的日子。

看着大伙儿练习射箭技艺的热情高涨，种世衡又作出了一项新规定：分派徭役时也要射箭，射中者可以减免徭役或分配轻活；人们犯了法也要射箭，射中者可以减轻处罚，有的甚至免罪释放。

自从种世衡这做法推广后，宽州百姓人人善射，边防力量大大增强。在以后抵御西夏入侵的日子里，这儿的男女老少大显神威，射得西夏人心惊胆战，鼠窜而去。

李元昊妙察行踪

1041年2月的一天清晨，北宋陕西安抚使韩琦手下的行营总管任福率领的一支军队，顶着凛冽的寒风，行军在好水川（今宁夏隆德西）的一条大道上。不久前，西夏国国王李元昊率领10万人马与宋军会战，要全歼宋军。任福哪里知道，这时西夏军已经获得情报，在好水川置下伏兵，准备先吃掉任福部。

北风刮得很紧，路边，偶然有几株光秃秃的树枝，像藤鞭似的飞舞着。天寒地冻，身上穿得厚厚的将士行军速度很慢。突然，走在前面的一位士兵发现路边放着几个银泥盒，封得严严实实，抱起来一摇动，听见里面有跳动的声音，可不知道到底是些什么玩意儿。那士兵不敢轻举妄动，忙向小头领报告。

一会儿，统领大军的任福被小头领迎到银泥盒面前。任福瞧了一会儿，觉得好奇，就命令小头领把它们打开。这些银泥盒一打开，里面却飞出好多白鸽，它们带着哨音在宋军头顶上盘旋飞翔，一会儿绕着大圆圈平稳地向上翻飞，一会儿又像雪球似的落下来……就在这当儿，四周的地平线上忽然冒出一条黑线，渐渐地，这黑线慢慢变宽，近了，原来是黑压压的一大片骑兵，向任福部包抄了过来。

原来，西夏军为了侦探任福部的行踪，特地设下了报警鸽，来统一调度分散的伏兵。伏兵缩小了包围圈，两军相遇，一场恶战！直杀得飞沙走石宇宙昏，扬尘播土乾坤黑。双方激战许久，宋军伤亡惨重，但仍在拼死突围。

这时，西夏军中"呼啦啦"突然树起一面两丈多高的鲍老旗（鲍老，宋代舞队中引人笑乐的人物）。宋军兵士见了那旗上的奇怪人物纷纷疑惑起来，不明白那怪旗怎么像有魔力似的：它往哪里一挥，哪里就拥出一支西夏军的预备队。鲍老旗下，西夏兵越聚越多，越来越猛，而宋军却疑三惑四，作战情绪渐渐低落，在西夏军的夹击下被打得落花流水，连统领任福也被斩于马下。

赵遹纵猿火攻计

泸州以南的晏州地方，崇山峻岭，地势险要，到处都是峭壁陡崖。公元1115年（北宋徽宗政和年间）的一天，在这里的山脚下，悄悄地开来了大队官兵，隐蔽驻扎了下来。他们是宋徽宗派来征讨在晏州起义的彝族首领卜漏的，领兵的是将军赵遹。

却说宋军来到晏州的山麓，面对陡峭的悬崖，无法攀登上去发动攻势，就连用最好的弓弩朝上射击，也射不到半山腰。所以，在山下一待数月，竟拿卜漏军没有办法。这日，赵遹将军身着便服，带着几个随从探察地形和敌情。不觉来到一个山岭拐弯处，仰面上眺，绝壁万丈，特别陡峭。

"主帅，这里绝壁险要，几乎无法攀登，看来，敌军不会在这里设防。"

"嗯，这里肯定是敌人防御的薄弱环节，可作为我军进攻的突破点。"

赵遹与随从边观察边分析着敌情。可是，怎样才能在尽可能减少自己损失的情况下，克服险阻，消灭敌人呢？赵将军又一次抬头瞭望悬崖，只见苍鹰在高空中盘旋，发出"呀呀"的嘶叫。崖壁上爬满了几十丈长的紫藤……

"主帅，请看，那里有两只嬉戏的小猿。"有个随从叫道。

赵遹也已经看到两只可爱的小猿在悬崖上跳荡追逐自由如飞。看着，看着，他的脑中不禁跳出一个大胆的设想。

不到两天时间，按照赵将军的命令捉来了近3000只活猿。赵将军于是把自己的计策告诉了部下。

入夜，几个身强力壮、善于攀登的勇士利用崖壁上的藤蔓，登上崖顶，然后从上悬下几十架用粗麻绳做的软梯。底下的士兵每人手牵一只猿，从软梯上攀登上去，只见每只猿的背上都绑着一个灌上油和蜡的火炬。活猿全数攀上崖顶后，士兵们按照预定方案逐个点燃了猿背上的火炬，然后把猿群朝卜漏的寨棚放了出去。带火的猿群到处乱窜，很快把卜漏茅草和竹子搭建的营寨点燃了。

"不好，着火了，着火了！快救火啊！"卜漏的士兵忙涌出营寨，驱猿救火，乱作一团。

赵遹命令士兵擂鼓猛攻，山下的士兵也开始驾设云梯向上冲锋。卜漏军听到四周一片战鼓呐喊声，更是惊慌失措。很快卜漏军的营寨便被攻破，卜漏等首领也被活捉了。

萧干用计退宋军

1122年（北宋徽宗），北宋都统制刘延庆率领10万大军直奔燕城，策划攻打辽，屯兵卢沟（今流经河北、北京境内的永定河）南边。

辽将萧干获讯，大吃一惊：此地辽军不满1万人，抵挡10万大军，岂不是以卵击石！苦思一番，他终于定下一计。

萧干派出的精兵绕过北宋大队人马，切断了宋军粮道，还活捉了宋军护粮将王渊和两名宋兵。

萧干令人将王渊押走，吩咐将两名宋兵用黑布蒙上眼睛，留在自己的营帐内。

时至半夜，萧干故意和身边的官员讲悄悄话："我听说宋朝军队有10万人，这有啥了不起，我们的兵力是它的三倍！我想，我们应当把大军分为左右两翼，用精锐兵力冲击宋军中坚，左右两翼进行配合。良机一到，举火为号。火堆燃起，中间冲杀，两翼夹击，一定能把宋朝军队消灭干净！"那两个宋朝士兵张开耳朵，听个一清二楚，哪里想得到这是一番假话。

说完这番话，萧干和那群官员假装外出巡夜去了。突然，一位辽兵走近一个宋兵身边："我也是给抓来的宋人，放你逃命去吧。一旦宋营攻破，萧将军发怒，岂不会将宋营将士统统砍头！"辽兵解松了那个宋兵身上绑的绳子，又慌忙出去："时间来不及，他们快来了，你赶紧逃走吧！"

这个宋兵忙连夜逃回宋营，把夜里听到的话一五一十报告了刘延庆。刘延庆信以为真。

第二天清晨，萧干点起了熊熊大火。刘延庆看到火光映天，染红了晨曦，真的以为辽军攻上来了，吓得急下命令："快快烧掉营垒逃走！"一时，宋营军心大乱，宋兵互相践踏而死，一百多里尸横遍野。萧干不费一兵一卒，仅讲了几句假话，放走了一位被俘的宋兵，点起一堆火，就吓退了北宋10万大军。

刘光世铸钱之计

南宋高宗建炎年间（1127~1131年），金将完颜昌屯兵承、楚（今江苏中部）。金兵来势凶猛，宋高宗命令宁武军节度使刘光世统兵抗击完颜昌。

刘光世率兵抵至前线，先做了大量的调查。他了解到一个情报：完颜昌手下士兵因长期在外作战疲劳不堪，思念故乡，归心似箭。刘光世眉头一皱计上心来：用离间之策，让金兵产生二心而自我分解！

刘光世铸造了一大批金、银、铜钱，所有钱币上，统统印上了"招纳信宝"字样。每次俘获了金兵，刘光世都不杀死，反而让他们拿一些这种钱："带回去，给你们同伴看看。你们有谁想开小差回家，到江边，见了把守渡口的宋兵，只要拿出这种钱作凭证，宋兵见了，就会通通放过！"

被俘的金兵端详着钱上的字样，边用手抚摸，心里边打鼓：天下会有这号大便宜买卖！听了刘光世这番话，大伙仍将信将疑。不过，为了一试真假，被俘的金兵都争着索要这种钱。

领到钱后，金兵拿着它逃回金营后，暗暗收拾好包裹，偷偷回家。临到滔滔江边，这群金兵踌躇再三，终于取出了从宋营领到的特制钱币，举起来晃了晃。

把守渡口的宋兵笑道："快快上船呀，我们送你们回家。"金兵欣喜若狂，互相扮着怪脸，纷纷跳上渡船，渡江回家。

这消息一传十、十传百，不胫而走。一时间，上宋营取钱后逃走的金兵络绎不绝。完颜昌手下两支最精锐的部队"奇兵"、"赤心"，军心涣散。完颜昌再也挺不住了，只好率部返回金国。

岳飞离间废刘豫

公元1137年（南宋高宗年间），宋军元帅岳飞奉命攻打金兵。出兵之前那天晚上，岳飞心里久久不能平静：汉奸刘豫投降金主，卖宋求荣，被金主立为大齐皇帝，这贼对宋朝威胁极大！他坐下来，在中军帐前翻阅着最新情报，一行文字吸引了他：金将粘罕喜欢刘豫，金将兀术讨厌刘豫！

岳飞心有所动："何不利用这种矛盾，破坏他们的关系，削弱敌人力量。"

几天后，军中有人俘虏了金兀术的间谍，忙送到岳飞这儿来。

岳飞想：咦，何不借他的一张嘴巴呢？

他屏退左右，突然瞋怪眼前这从未见过的间谍："你不是探马张斌吗？前几天，我派你到齐王刘豫那里去，约刘豫和我一起把四太子金兀术诱骗来杀死，你却一去不回来。"顿一顿，岳飞的嗓门提高了："我又派别人到刘豫那里去约定这事。刘豫已答应联合，今年冬天我们将以联合打过长江为名，把四太子引诱到清河消灭他。我问你一句，你带着我的书信竟敢不到刘豫那里去，你为何背叛我？如实答来！"

间谍被岳飞编造的这番"责问"弄得莫名其妙："我是金兵间谍，哪受过你岳飞指派？难道我长得像那个张斌吗？"刹那间，间谍猛然想到：自己在岳飞手里，不认这账，小命不就完啦？干脆认了吧！想到这儿，他扑通跪下："小的是张斌，望岳元帅饶罪！"

岳飞似乎很认真地审视了间谍一番，转身坐在书案前，笔走龙蛇，"刷刷刷"写好一封信，迅速装在蜡丸里。他站起身子，对间谍说："给你一次立功机会，把这信送给刘豫，千万不能泄露。为了不丢失泄密，只好委屈你受点皮肉之苦啦！"说完，他唤来亲信，在间谍大腿上割了个口子，将蜡信塞进去藏妥。

间谍拿到信，如获至宝。他哪顾得腿上伤痛，马上跑回去面呈金兀术。金兀术打开一看，牙齿咬得咯咯响："岳飞写信约刘豫一起诱杀我。啊，刘贼真是吃里扒外，竟敢暗中勾结岳飞谋害我！"金兀术马上赶到金朝皇帝那儿，一五一十作了汇报。后来，金主就把刘豫废掉了。

狄青变阵惑叛军

1053年（北宋仁宗年间）元宵节，北宋大将狄青暗取昆仑关后，乘胜追击，挥师直扑壮族首领侬智高盘据的邕州（今广西南宁南）。北宋劲旅首先抵达附近的归仁铺。

侬智高接报，牙齿咬得咯咯响："狄青啊狄青，你暗度陈仓，取了我昆仑关还不满意。好，我让你大宋将士见识见识厉害。来，全军集合，摆成三锐阵，吓退宋兵！"

一会儿，侬智高方面排好大阵。官兵们个个手持大盾、标枪，上面统统涂着血红色，个个身着深红色衣服。宋军远远望去，对方军营像一片熊熊燃烧的火海。

双方人喊马嘶。刚刚接战，宋军被眼前一片"火海"吓得怯阵，刹那间被击退，右将孙节在交战中身亡。侬智高官兵顿时怪叫连连，士气更盛。宋军士气瞬间低落。

在这节骨眼上，只见狄青策马出阵，镇定自若地手持一面白旗，指挥从当地少数民族中招募来的精壮骑兵张开左右两翼，绕到叛军背后交错进击。他环顾四周，手中白旗不停变换着指向。一会儿，左翼移向右边，右翼移向左边；一会儿，左翼又回到左边，右翼又回到右边。

就这样，这支骑兵的阵势不断变换着……

侬智高官兵如坠五里云雾，看不清宋兵想干什么。侬智高再想想昆仑关之败，心中越想越害怕，右手宝剑条件反射般地向左下方狠狠一劈。"啪！"军旗杆不偏不倚给砍断。"哗！"侬智高官兵军心大乱，吓得如潮般大败而逃。

侬智高无奈，率部直向邕州方向败退。狄青挥师追击50里，杀死、活捉敌兵2200人，杀死敌将57人。

岳飞大破铁塔兵

南宋初期，抗金英雄岳飞把金兵打得大败，金军统帅兀术想集中力量，一举歼灭岳家军。

一次，金兀术听说岳飞驻在郾城，手下只有数量很少的轻骑兵和步军，觉得是个好机会，就对手下几个大将说："我要把铁塔兵、拐子马全带上，杀了岳飞，碎尸万段，方消我心头之恨！"

那铁塔兵是金兀术的亲随卫队，都是从金军中百里挑一选出来的彪形大汉，骑的马也特别结实。他们头戴铁盔，脸罩铁网，身披铁甲，脚穿铁靴；坐骑也从头到屁股，全盖着铁马甲，只有四条腿要跑路，才不得不露出马脚。铁人骑在铁马上，真像一座座铁塔，因此叫铁塔兵。那拐子马是跟铁塔兵配合的左右两翼的轻骑兵。士兵勇猛，马步迅速，铁塔兵在正面厮杀时，它飞快地从两边出动：要是对方人少，就实行包围；人多，就冲击左右。铁塔兵加上拐子马，就好像一柄大铁锤，左右两根狼牙棒，实在厉害极了。

就在金兀术带领15000名精锐骑兵进逼郾城时，在郾城的岳飞把几千将士集中起来，讲述他的战术："铁塔兵身躯虽然高大，但是笨重；铁甲尽管坚固，那四脚却露在下面。这正好是咱们的盾牌军的用武之地；只要把四只马脚中的一只砍断,整座铁塔就坍啦!再说那个拐子马吧,凶就凶在两翼出击,气势汹汹,咱们干脆全部冲进敌人的中间去,叫拐子马扑个空。等它回过头来,已经丧失了锐气,就跟普通骑兵差不多啦!"

留驻在郾城的岳家军步兵,号称盾牌军,作战时一手持盾牌护着身子,一手握着麻札刀(一种极锋利的快刀)砍杀敌人。两军相遇时,盾牌军按照岳元帅教的战法,对准铁塔兵的马脚,"噼里啪啦"地砍将过去,马脚被砍掉后,铁塔兵一个个从马背上摔到地上,很快就被消灭了一大半。岳飞见盾牌兵得胜,立即率领全体精骑兵,像旋风一样冲进了金军阵列,那金兵的拐子马扑了一个空,等它回到自己的阵内,已没有什么威势了。就这样,岳家军大破了铁塔兵和拐子马。

刘锜投毒战兀术

公元1140年(南宋高宗时期),在顺昌城(今安徽阜阳),金兵几次与宋顺昌守将刘锜交战,都是丧师折兵。金军主帅兀术接到战报十分恼怒,来到顺昌城下大骂手下那些屡战屡败的将领。

"元帅明鉴,宋将刘锜刁钻奸滑,很难对付……"

"饭桶,宋将什么时候是我大金国神兵的对手?"金兀术瞪眼打断一位试图解释的将领,又是一顿臭骂。

"报告,宋将耿训求见。"一个卫兵在帐门口禀报。

"带他进来。"

一会儿,将军帐中跨入了一位宋军打扮的黑面大汉。

"你是来投诚的吗?"兀术眯着双眼不无戏弄地对耿训说。

"我是奉我们太尉刘锜的命令来向您挑战的!我们太尉说了,只要您前去应战,他愿意在颍河上献出五座浮桥,让您的兵马从桥上过去,双方决一雌雄。"

"好!一言为定!"一向骄横自大的兀术一拍桌子,答应了刘锜的邀战。他心想:"你刘锜真的吃了豹子胆了,我就偏不信一向庸弱的宋军,真会一下子变得能征善战起来?"

第二天上午,兀术率领大队金兵来到颍河边,果然见河上架设了五座浮桥,他得意地想:嘿,刘锜啊刘锜,你成不了诸葛亮,我也决不是司马懿,我可不会中你的空城计的。

金兀术的军队马不停蹄地从桥上开过去。可是,金兵大队人马劳师远征,赶到颍河边的时候已经是中午时分,烈日当空,部队人困马乏,人和牲畜都饥渴难挨,一到颍河边便纷纷跳入河中畅饮起来,战马一过河便啃食岸边的青草。不知怎么的,抢先饮食河中水与岸上青草的人畜,不一会儿便纷纷昏睡过去,在河边躺倒了一大片。

"不好,宋军在水中下过毒了。快,命令官兵不准饮用河中之水。"兀术慌忙下令,然而命令下得太晚了。

刘锜按兵不动,以逸待劳,直到下午三四点钟,金兵已被拖得筋疲力尽了。突然,顺昌西城门开了,冲出数千宋兵,杀向金军。中毒得病的金兵手无缚鸡之力,哪里抵挡得住?金兀术连忙移营北逃,被追兵杀死数万人。

杨政假招伏兵计

1141年,宋朝国力虚弱,金朝乘机兴兵,屡屡攻打宋朝城池。那年金秋十月,宋川陕宣抚司都统制(官职名)杨政主动出击,在宝鸡(今陕西宝鸡)迎战金的万户(官职名)通检。

当时,通检得知情报后,龟缩在渭河北面屯兵驻扎。整个营地防守严密得如铁桶样坚固。

这天黎明,杨政率领精兵强将扑向通检军营。通检接报,忙点齐1万名精兵,列队出战。

两方旗帜鲜艳,战鼓劲擂,战将在阵地上捉对儿厮杀。太阳冉冉升起,双方接战砍杀已50多个回合,尚难决雌雄。

"金兵气焰正盛,看样子硬拼不行!"杨政思忖了一会儿,唤来一旁的裨将悄悄吩咐了一番。

那位裨将得令,乘敌不备,单枪匹马冲出阵地,策马奔到阵后一座山上。

他站在山顶,双手突然高举红旗,左右摇着,俨然一副招引、指挥山后伏兵前来参战的样子。

眼尖的金兵看得清晰,以为山后真的藏有大批伏兵,急得扯直嗓子高呼:"不好啦,宋朝伏兵杀过来啦!"一时间军心大乱,惊慌失措地溃败而逃。

杨政见计谋成功,大呼:"冲啊!"宋军乘势追杀过去,金兵忙向城内龟缩。

通检慌不择路,气喘吁吁逃到城门。无奈,桥早被宋军拆毁,他长叹一声,被尾随追至的宋兵活捉。

成为阶下囚的通检做梦也没想到,那宋营裨将的挥旗是欺诈之计,哪儿有什么伏兵呀。

毕再遇撑伞借箭

1206年的一天,南宋将领毕再遇站在马鞍山(今安徽马鞍山)城头,遥望金兵营帐,密密麻麻一个接一个。他心里像沸水一般翻腾:自己领兵屯驻这儿,被金将赫舍里子仁包围五天了。金兵天天攻城,城里箭已用个一干二净。明日金兵攻城,就很难抵挡啦!

毕再遇在苦苦思索。他头顶上方的青色伞盖早已撑起,遮蔽着酷热的阳光。古代将帅出动,都有这种伞盖遮阳挡雨。双方的将士一看伞盖,就能识别将帅所在。

此时,毕再遇苦思冥想间,突然抬头瞥见了正微微移动的伞盖,他眼前豁然开朗:我何不别出心裁,来个撑伞借箭,让城外金兵'送'箭上门?

毕再遇微微一笑,命部将唤来50位身强力壮的勇士,吩咐道:"你们把我这青色伞盖高高举起,撑开后,在城上来回走。累了,轮流替换!"

当天下午,骄阳似火。马鞍山城上,那顶硕大的青色伞盖出现了,并且慢慢来回移动。城外金兵看得真切,互相狂叫转告:"宋军主将毕再遇出来巡城啦,射死他!抢个头功!"

金兵纷纷持弓操箭拥到城下,争先恐后,向城上的青色伞盖处乱射。

青色伞盖在左右来回移动,城下的金兵也跟着张弓乱射。

临到傍晚时分,城墙上给射上了许多箭支,酷似刺猬身上的针毛。

就这么一下子,毕再遇从金兵那里顺利地"借"得20多万支箭,而金兵还蒙在鼓里呢。

毕再遇山羊击鼓

1206年冬天,南宋将领毕再遇受命率军抗击大举进犯的金兵。

宋营离金营不远,互相虎视着。疯狂的金兵孤注一掷,每天都成倍地增兵,金兵越聚越多。毕再遇心里开始盘算:自己兵力相对薄弱,再跟金兵决一胜负,岂非以卵击石?只能撤退,暂避锋芒。

毕再遇招来军中谋士商议对策。一位谋士说:"毕将军,平时,我大宋军营里昼夜都鼓声不断,一来吓那金兵,二来也为鼓舞我军斗志。如果马上撤兵,军营里断了鼓声,一定会被金兵知道。那可要坏大事啊!"

毕再遇陷入沉思,过了一会儿,突然朗声大笑:"有了,让山羊帮我们击鼓。瞒过金兵,我大宋官兵安全撤军转移!"

众谋士疑惑不解,毕再遇微笑着解释。

遵照毕再遇的命令,一些士兵七手八脚地弄来了一些羊和鼓。

入夜了,大地一片漆黑。宋兵把羊捆绑好了倒吊起来,让羊的两只前蹄恰巧抵在鼓面上。羊被吊得极难受,绑着的绳又勒得浑身生疼,便开始拼命地挣扎,两只前蹄不停地胡乱踢腾。于是鼓被羊蹄敲响了:"咚咚咚……"毕再遇指挥将士在这鼓声中悄悄撤离军营。

金营巡逻兵仍旧听得毕再遇军营鼓声咚咚,一点也没有起疑心。

两天后,金兵仍然没有觉察。等到金兵发觉击鼓的是羊,懊悔不已,准备追击时,毕再遇部早已撤到很远的地方了。

刘国杰布铁钉阵

1301年(元成宗年间),贵州彝族土司之妻蛇节举兵反叛元朝。元朝统治者派湖广行省平章(官职名)刘国杰领兵前往平叛。

刘国杰大军浩浩荡荡奔赴那里,正是隆冬时节。

两军摆开阵势,刘国杰大吃一惊:蛇节之军大多是精锐骑兵呀!说时迟那时快,对方雄健的战马昂首长嘶,直扑过来,大有压倒一切之势。刘国杰部一下子给蛇节的骑兵击得溃不成军。

初战失利,刘国杰返回军营,心里不是滋味。这么多的好士兵给马践踏为泥,无脸对江东父老啊。沉思了一会儿,他突然感到眼前豁然一亮,敌军多马,不正好巧用盾牌吗?

很快一大群士兵川流不息地搬来一块块盾牌,一扎扎大铁钉。"砰砰砰!"这锤子声音响了半天后,5000块盾牌上面都钉满了大钉子。

刘国杰一声令下,5000名精壮士兵集合在他面前。刘国杰高声发布命令:"你们的任务是每人拿一块敲上大钉的盾牌,看我的令旗挥动,见机行事!"

第二次交战了,两军刚一接战,刘国杰突然举起红色令旗向后一挥,手下士兵如潮后退,那在最前面的5000名持盾牌的壮士,一下子成了断后之兵。他们怪叫着纷纷扔下盾牌，夺路而逃。那样子像是惊慌失措，可5000块盾牌都是钉尖冲上搁在地上的。

蛇节手下将士见对方溃败，欣喜若狂，忙纷纷策马追来。马如闪电冲出，一时哪收得住脚，便相继踏在盾牌钉子上，这下子，雄壮的马被扎得全都栽倒在地，连连惨叫。

刘国杰见时机已到，令手下勇士敲响战鼓。"咚咚咚！"鼓声震天，刘国杰军队乘机回攻，大败蛇节军队。

叶旺设冰墙陷阱

1375年（明太祖时期），辽东纳哈出率领1万精兵，耀武扬威，直扑明朝金州城（今辽宁金县）。金州守军派出快马使者，星夜直抵京城急报军情。明太祖朱元璋急命叶旺、马云一起出任都指挥使，率兵奔赴金州解围。

当叶旺率军浩浩荡荡赶到时，金州守将却已把纳哈出军队击退了。时值隆冬，北风疯狂地呼啸着。明朝派出的游动哨兵急冲冲走进门，气喘吁吁汇报军情："哈纳出贼军将要沿着盖城（今辽宁盖县）南十里柞河逃跑。"

叶旺一听，"忽"地站起身子："不能让这支部队逃走，这次不除掉，定会养虎成患！"在场所有将士的眼光都注视着他，等待着他的锦囊妙计吐出口。

叶旺果断地一挥手："今天晚上就动手。沿河岸从连云岛到窟驼寨十几里长地带，挖出冰块堆垒成墙，再在上面泼水。"

夜深了，柞河沿岸忙碌一片。叶旺军中将士，凿冰、堆垒，忙个不亦乐乎。天亮了，只见一道坚固的冰墙凝成，光滑晶莹。叶旺又派人在附近河滩沙中布设钉板，挖好深深的陷阱，设下伏兵。万事俱备，只等敌兵上门送死！

两天后，纳哈出果然带领败军打这儿经过。"咣！"锣声骤响。叶旺伏兵四起，两座山之间战旗遮天，箭如雨下。

纳哈出见情况不妙，忙领兵仓皇出逃，直奔连云岛。高大的冰墙挡住退路，墙面光溜溜，别说骑着马不能过，士兵徒手爬也爬不过去。纳哈出吓得惊慌失措，忙领兵从旁边绕道而行，一下子，士兵们都落进陷阱里，一片惨叫声，鬼哭狼嚎。

正在这时候，马云率兵从城里杀出，跟叶旺一起夹击敌人。瞧着自己手下被明朝将士斩杀、俘虏，纳哈出长叹一声："老子英雄一世，想不到败在这冰墙、陷阱手里！"言毕，高举马鞭猛抽坐骑，只身落荒而去。

王真布袋诱燕军

1402年（明惠帝时期），正是燕王朱棣起兵"造反"的第四个年头。燕军势如破竹，劲旅一直打到淝河（现在安徽西北部），大战朝廷将领平安。

朱棣知平安是员悍将，骁勇异常，决定智取。他召来部将王真、白义、刘江，这三位都是智勇双全的领兵俊才。朱棣面授计谋后，三员部将各带100名骑兵，当天把平安4万大军诱入了伏击圈里。

临出发前，王真跟士兵们布置了刚才与朱棣商定的"布袋引敌计"。士兵们忙碌着，找来了漂亮的布袋子，挑来了干草。干草扎成小捆，一一装进布袋。远远看去，这些布袋极像捆好的绸缎之类的丝织品。

士兵们把这些布袋带到战场，准备用这"道具"精心导演一场"戏"……

且说平安发现王真他们，就挥剑命令众将士疯狂追击，王真率领士兵假装败退。当退到伏击圈时，王真打个呼哨，士兵们纷纷将手一扬，"噗噗噗"，许多漂亮的布袋应声落在地上，然后转身逃走。

平安的将士见状，个个以为扔下的是华贵的丝帛之类，急着围上去，你争我夺，乱成一团。王真伏兵见良机已到，立即奋起杀进平安军中。一时，刀光闪闪，杀声阵阵，不知有多少平安的部下顿时身首相离。平安见中计，无法力挽狂澜，只得领着残兵败将拍马而走。

丛兰投毒歼敌军

明代正德年间，蒙古族经常侵扰明朝的宣府、怀安等地。边民怨苦难解，一封封告急文书不断送到朝廷。

1511年秋，蒙古族首领的小王子又一次向边境发起大举进攻，总制丛兰受朝廷委派，率军前往抗击。

这日，丛兰率领的明军赶到了平房城南。部队按计划准备在此稍事休息后继续前进。

"停止前进，埋锅做饭！"传令兵在队伍前前后后接口喊着。于是，部队在一大片刚刚经过劳作的农田的田埂边，准备架锅造饭。

丛兰也下了马，支起右手遮住阳光，打量

着眼前广袤的田野,长叹一声:"唉!百姓真是不堪兵灾之苦啊!"

现下又是耕耘和播种的时节了。可是,为了躲避兵灾,农民竟很少敢下田劳作,有的田里刚刚翻耕好,有的田里才播种了一半……丛兰把目光向右移。远处,居然也有一个不怕死的老农在耕作。一会儿,他又看到一个老妇人远远地走向那老头。老妇人的手里提着一个竹篮子,样子是给那老头儿送饭。丛兰看着看着,像在欣赏一幅杰作……

"大人,开饭了。"亲兵过来提醒丛兰。

"噢,不,不准开饭。"丛兰突然像悟出了什么,他急切地发布命令道,"把所有的菜都放上毒药,放在路边。"

"什么,将军您说什么?"传令兵听蒙了。

"照办!"丛兰重复了一遍命令,不容置疑地说。

明军官兵疑心重重地照办。

"队伍排成口袋状朝北散开,埋伏起来。准备战斗。"丛兰接着又发布了新的命令。

一会儿,只见北方尘土飞扬,远远地看到一队蒙古族兵骑马奔来。近前时,蒙古族士兵从地上发现了什么,纷纷跳下战马,带着疲惫的神情,争抢起田埂边的饭食来。他们以为这些饭菜都是在田里干活的农民仓促逃跑时遗留下来的,因此一个个狼吞虎咽。可是,不一会儿,就一个个抱着肚子在地上打滚了。

明军一看时机成熟,立刻围攻,很快歼灭了这帮入侵者。

武理堪挥帽吓敌

20人挥动20顶帽子,竟击败了2万多名精兵强将!这奇迹发生在1619年,即明神宗万历四十七年、后金太祖天命四年。

那一年,明朝将领杨镐统领四路大军,在萨尔浒(今辽宁抚顺东浑河南岸)大举进攻后金军队。后金太祖努尔哈赤一声令下,各路人马纷纷云集,一同抵抗。杨镐三路军被后金打得大败,只有总兵李如柏率领的南路军侥幸未与后金兵打遭遇战。杨镐见势不妙,为保存实力,忙急令李如柏撤退。

李如柏2万多大军撤退到虎拦山时,偏偏碰上了正在这儿巡逻的后金将领武理堪。

武理堪身边仅有20名骑兵,远远看见李如柏军队离山麓越来越近,心生一计。他让骑兵把战马拉到山顶一溜排开,同时举起随身带的

螺号,一齐鼓腮吹号。

"呜呜!"进军号声震荡山麓。

武理堪右手一挥,20名士兵都摘下帽子,拴在弓的一端,冒充人数众多的士兵。

他又一声令下:开始行动!

山麓上,武理堪手下士兵们一边拼命挥动帽子,一边齐声高喊:"冲啊,杀啊!"那样子,宛如一副在指挥山谷里伏兵赶快来参战的样子。

李如柏将士在山坡上看见这场面,心中发毛,根本弄不清对方有多少人马,不敢贸然进攻。

武理堪判断战场形势后,心中暗喜:敌人害怕了,真是好战机啊!他将宝剑一挥,手下士兵突然从山上如闪电般冲下来,直扑敌阵。一下子斩敌40人,缴获战马50匹。李如柏手下将士吓得晕头转向,连忙夺路逃跑。慌乱中,他们互相践踏,又自个儿踩死1000多人。

清军灯筏惑明军

1645年(清世祖时期)的一天晚上,与京口(今江苏镇江)明军隔江对峙的江北清军将军府内,决定最后破敌方案的会议已接近尾声了。"好!用刚才大家商定的迷敌之计渡江进攻,就这么定了。"清军将领戴上有花翎的武官帽,纷纷步出大将军府,去执行各自的任务。

与此同时,京口明军守将杨文骢的帅府内,杨文骢也在召集各路将领议事,他命令士兵加强对江北的观察瞭望,一旦发现敌情,立刻报告。

杨文骢用过晚餐后,伏在案桌地图上思考如何进一步加强京口守备。突然一个卫兵进来报告说江中发现大片灯火。"哦,清兵果然是夜间渡江。"杨文骢披上衣服,登上瞭望楼一看,江北果然有大片游动的火光向江中移来,一定是大队渡江的战船。"命令炮火射击!"一时间,大炮轰鸣。在南岸猛烈的炮火轰击下,那些在江中移动的灯火逐个被击沉熄灭了。

"哈哈,主帅,您看这些清军哪里经得起我大明神炮一击。"副将郑鸿达大笑着赶来向杨文骢报功了。

"哼,就要这么狠打猛攻,方能阻止清军渡江。"杨文骢满意地说。

明军官兵为庆祝刚才的胜利,都开始饮酒作乐,闹成一片。不一会儿,浓雾弥漫。明军的巡逻兵,在浓雾中再次来到江边巡逻时,隐约听到江中有桨橹咿呀的声音。"不好,江中好像有船过来。"巡逻兵定神细看江面,只见,大片的清军战船离岸只有几丈远了。"清军过

江来啦!"他们声嘶力竭大叫了起来。可是,等到杨文骢清醒过来,清军已经登岸了。仓皇列阵抵抗的明军在清兵的猛烈攻击下大败。

原来,清军为迷惑明军,用竹木编制了许多渡水大筏,置上灯火,放入江中流动,吸引其炮火,消耗其战斗力。随后他们又乘浓雾发动真正的进攻。

林则徐的黄蜂计

林则徐虎门销烟,大长了中国人的志气,大灭了英国贩毒者的威风,从而引发了英国侵略中国的鸦片战争。英国侵略者倚仗其新式兵舰的威力,陈兵于广州城外的海面上,虎视眈眈,气焰十分嚣张。

林则徐领导广州军民抗御侵略者,然而当时守卫的炮台已经陈旧,新炮台尚在修建中,如何给来犯的敌人以沉重打击呢?他想出了一条妙计。

一天,英舰游弋于海面上,向广州进发。行至半路,忽然发现海面上浮动着许许多多的红缨帽。他们知道,清兵是头戴红缨帽的,由此推测林则徐已力竭计穷,出于下策,使用"人海战术",想利用众多的士兵以泅渡来袭击兵舰。想到这里,英舰上的官兵都哄然大笑。

"中国人实在太愚昧了,居然敢用肉体和钢铁拼搏。"

"来得正好,我们正需要活靶子来练练枪法。"

顿时间,枪炮齐鸣,万弹俱向红缨帽射击,直打得红缨帽翻上落下,四分五散。正当英军欢呼胜利时,突然海面上泛起一阵黄雾,并持续地发出"嗡嗡"之声。不知从哪里飞出许多黄蜂,直扑英军,蛰得英国侵略者扑打不迭,慌忙回舵逃跑。好容易才甩掉蜂群的追赶,但个个都被叮得满身红肿、疼痛难熬,好几天都不敢再向广州城发起进攻。

原来,林则徐命士兵收集了大量的黄蜂,分别装在一只只尿罐里,再在尿罐上套上清兵戴的红缨帽。然后将尿罐放入海中,让其随波逐流,飘向英舰。林则徐依靠这"黄蜂突击队"赢得了宝贵的时间,修建好了炮台,组织将士,誓与英国侵略者血战到底。

起义军木头穿衣

一排排木头,一律给穿上了军装。夜色中灯光里,风一吹拂,它们宛如一个个高大威武的士兵,居然吓得敌人疑神疑鬼,风声鹤唳。这稀奇事发生在1784年(清高宗乾隆年间)。

这年,甘肃田五等发动起义。起义军很快攻下了安西州,清廷忙派出陕西固原提督刚塔去镇压。

刚塔指挥清兵大肆进攻起义军,田五阵亡。起义军退居马家堡,刚刚安营扎寨,刚塔兵将已怪叫着如潮涌来。

夜深了,起义军的新首领吩咐手下说:"与其死守,不如设计撤走。否则等到天亮,我们就没命了。大伙赶快行动,就照我说的去做!"

起义军们很快散开,按照新首领的命令分头准备。很快,起义军营垒四周并排立起了许多木杆,一件件起义军衣服、帽子悬挂在上面。夜色中,风一吹,那木杆儿活像一个个人。起义军们认认真真打量一会儿,暗暗笑了,然后借着夜色掩护,翻山撤走了。

刚塔将士只以为起义军在调兵遣将,且老远望见起义军营垒四周站着许多人,就更放心了:你们早已被包围了,还瞎折腾个屁!

过了好长一段时间,刚塔实在憋不住了,发动手下进攻。当他们逼近起义军营垒时,发现原来都是悬挂着的衣帽,起义军早已不见踪影。

刘秉恬山羊运粮

刘秉恬是清朝乾隆时的一位名臣,他以足智多谋,精于用兵而著称。

乾隆三十六年,清廷发动了征讨金川的战争。战争旷日持久地进行着,前线军队的给养越来越少了。可是,往金川运粮的路线,却多是崇山峻岭,地势险恶。面对跋山涉水、冒着巨大风险督运军粮的苦差使,朝廷众臣,谁也不肯出头。次年,朝廷正式任命刘秉恬为钦差大臣,总督军粮的调运。

这一日,刘秉恬督率的运粮大军正向小金川方向前进。部队穿山越岭,在高山峡谷里迂回前进。可是,前面的山路越走越险峻了。

"大人,前面的道路太陡,马车几乎无法通行。"刘秉恬的一位亲兵小跑着前来禀报。

"命令队伍停下,把马车上的军粮全部卸下。"刘秉恬从容地说。

"什么?大人,您说把军粮从马车上都卸下来?"旁边一位军官不解地问。

"别多问,马上你们自会明白。"

于是，运粮的军士遵照命令，动手卸粮。

就在军粮差不多卸完的时候，不知是谁叫了一声："哟！看哪，后面哪来那么多山羊呀！"

士兵们纷纷回头观看。只见后面山道上赶来了白茫茫一大片的羊群，约有上万头呢。

这时，从羊群中飞来一骑快马，一转眼，一名年轻威武的军官来到了将军刘秉恬的面前："报告大人，购买的一万头山羊全部赶到了。"

"好！命令军士把粮食分装在定制的小口袋里，然后全部放在山羊背上，弃掉车马，继续前进。"刘秉恬捻着山羊胡子笑眯眯地吩咐着。

"是！"

刚才疑惑不解的官兵，一下子明白了卸粮的原因，高兴地把粮食分袋装到羊背上。只见那些山羊驮着粮食，在原先车马无法通行的地方行走得轻松自如。一个看起来似乎十分棘手的困难，就这样被刘秉恬轻而易举地解决了。

原来，刘秉恬在督运军粮之前，到小金川一带进行了实地考察，知道这儿马车无法通行。即便马匹能勉强通过，马匹的草料也无法上送。经过仔细观察，他发现，在这险峻的山路上，山羊倒是行走自如。而且，它们不需要太多的草料，随地可吃，边吃边走。刘秉恬还专门对几头山羊做了试验，发现六只羊便可驮起一石粮了。有了此番调查研究，所以，他就胸有成竹、稳操胜券了。

杨秀清淤田歼敌

金田起义爆发后，桂平、武定、象州一带很快响应。清廷大为震惊，他们不敢轻敌大意，也不相信广西、贵州的汉人地方军，而委派了都统大员、满族大将乌兰泰为统帅，还特地给他配备了一支300多人的索伦铁骑。

所谓索伦铁骑是一支从满州索伦族中精选出来的骑兵队伍。这队伍从小过着逐水草迁徙的游牧生活，人人练就一身骑马弯弓的娴熟本领，临阵作战时，骑兵和战马都裹着铁甲，装备好、速度快。而且，这些索伦人吃苦耐劳，对清廷忠心耿耿，作战时锐不可当，所向披靡，是清廷的一支精锐部队。这支队伍总共才1000人，这次清政府拨给了乌兰泰300人，真可谓是投入了血本的。

起义军统帅杨秀清对这支兵利甲坚的部队也深感忧虑，他觉得起义军能否打出广西，关键是能否消灭索伦铁骑。为此，他思索着破敌之计。

他首先命令部属各将都坚守营盘，不轻易出击，以此来消磨乌兰泰求胜心切的斗志。接着，杨秀清又命起义军将领林凤祥率兵与清军巧周旋，一打就跑，跑了再打，进进退退，缠住索伦铁骑不放，使铁骑疲于奔命，被牵着鼻子走。这样，林凤祥把乌兰泰统带的铁骑牵到了灵湖的淤田。杨秀清早已在这里伏下了重兵，布置了口袋阵。

索伦铁骑连日来在崎岖山路上追赶林凤祥的部队，浑身有劲就是使不出来。他们惯于在北方大平原上作战，驰骋纵横，横行霸道。但在南方山地就显得很不习惯，眼看面前有块肥肉，就是吞不下去。他们来到淤田，见地面开阔，一望无际，正好大显身手，于是纵马追赶，心想起义军再也难以逃脱。

谁知那淤田表面干燥硬结，下面却是深不可测的泥潭。铁甲装备的骑兵分量极重，一入淤地，就往下陷，于是马陷泥潭，人落泥坑，狼狈不堪，毫无战斗能力。

乌兰泰见状不妙，忙挥兵后撤，但哪里还来得及？杨秀清指挥起义军一齐出击，这时出身于南方水乡的起义军将士大展雄风，他们赤着双脚，光着脊梁，手持刀枪蜂拥而上，喊杀声连天，只一会儿工夫，就将乌兰泰的王牌部队索伦铁骑消灭得一干二净，只有乌兰泰侥幸逃出重围。

罗大纲惊心战术

太平军消灭了索伦铁骑，兵临广西永安城下。

永安是个小城，但城墙坚固，戒备森严，东西两边又连接崇山峻岭，易守难攻，太平军虽然人多势众，但急切之间也无法将城攻破。攻城主将罗大纲占领了城外的制高点，营盘中灯光通明，喊声连天，烟火缭绕，日夜不断，造成一种先声夺人、大军压境的气势，吓得永安知州吴江龟缩在城内，不敢出城与起义军作战，也不敢突围逃跑，只想凭借有利的地势和坚固的城墙死守待援。

这时清廷又派大军前来清剿太平军，所以起义军不能在永安城下被拖住，必须迅速破城，使部队得以休整，再战顽敌。但强攻不行，罗大纲又继续使用惊敌战术，他拨出几十匹快马，马尾上拴着铁铊、石块和枝条，让马队绕城奔跑，所经之处，叮冬作响，尘埃蔽天，马嘶震耳，几乎随时将要进行强攻，使守城清军不敢有丝毫懈怠，整日整夜守备在城墙上，直搞得心惊肉跳，疲劳不堪。

突然间，太平军又偃旗息鼓声息全无，营地一片沉寂。这种死一般的沉寂又使清军惊疑不已，心慌意乱，摸不透太平军的真正意图，更增加了恐惧感。由于连日来疲惫劳困，守城清军个个昏昏欲睡。此时，太平军突然铺天盖地杀向永安城东门，清知州吴江不敢怠慢，急将西门及城内守军都调至东门来加强防守。谁知东门虽然守住了，西门却被太平军攻破了，这就是罗大纲的惊心战术和声东击西之策。空虚的西门被太平军一举攻破后，接着东门也被攻破，太平军进得城内，很快消灭了清军的残部。这是太平军自金田起义后攻占的第一座州城。

杨秀清永安突围

永安城内，太平军驻军统帅杨秀清正在帅府中读着西汉史学家司马迁的《史记》。《史记》中记载的西汉初年陈平智解白登之围的故事，使杨秀清深受启发。

当年，汉高祖被匈奴重兵所围，现在自己是被清兵重围。半年前，清朝的永安城被自己的部下罗大纲用"惊心战"和声东击西之策智取。清廷派出钦差大臣赛尚阿和广西提督向荣统兵围困偏于一隅的这座小城，如果太平军得不到兵源和粮草的补充，难免要被困死在孤城。所以杨秀清决定放弃永安，突围北上。

要突围北上谈何容易？向荣大兵像铁箍似的围困着，一味硬拼蛮干，弄不好就要损伤起义军元气，甚至全军覆没，弄好了，也是网破鱼死，两败俱伤。所以要想出个万全之策。他分析了清兵官僚之间的矛盾和"文官爱钱，武将怕死"的本质，决定借鉴陈平智解白登之围的计谋，就派了一个小头目，携带白银潜入清营，依计行事。

那太平军小头目来到清营径直找到了向荣的亲信幕僚，向他献上白银，并陈说利害，说："两军交战，玉石俱焚，纵然我军蒙受损失，但清兵也必定损兵折将，到时刀枪无眼，说不定向荣自身难保，就是师爷也难逃灾祸。"

那个老奸巨猾的幕僚当然明白此话的意思，再看到那白花花的银两，不由怦然心动，就去对向荣献上一策道："兵书上说：'以兵围城，当缺一隅'，因为困兽犹斗，其力无穷，当今之计，莫如空出一隙，令其远赴他处，以便保存我部的实力。"

向荣像所有清朝的将领一样，向来以保存实力、拥兵自重为宗旨。听了幕僚的话，觉得颇有道理，于是，在城北留出了一条通道。

1852年4月5日，太平军从永安突出重围。

太平军假使破敌

1853年2月，鄂东武六镇（今湖北广济县）南面的下巢湖边的清军营内，负责这里防务的清将陆建瀛正在营内筹划着一场大战。他手下虽有6000名绿营兵，但都是些乌合之众。而太平天国农民军从广西一路攻长沙、占武昌，已进入到他的防区，眼看一场恶战即将在下巢湖、老鼠峡地区展开。陆建瀛一面操练军队，一面派出信使到追击太平军的湖广总督向荣那儿传送密信求援。正当陆建瀛焦急地等待向荣的回信时，他的信使却在半途中被太平天国农民军抓住了。

农民起义军将领通过审讯陆建瀛的信使，摸清了陆建瀛的情况，接着商量对策。

一位起义军的将领说："陆建瀛是个无能之辈，他想和向荣联系合击我军，立功心切，我们只有投其所好，将计就计，才能出其不意，全歼陆部！"

起义军将领们认为此计最佳，但需派一名智勇双全的人才能假冒向荣的信使。那位献计的将领说："我愿担当此重任，'单刀赴会'，建立奇功！"

且说这位假信使换上清兵军服，径直来到陆建瀛军营，向陆建瀛呈上向荣的"回信"。

陆建瀛阅信，见上面盖有向荣的官印（其实是起义军伪造的），又见上面写有"约期速进，上下夹击"，大为欣喜，竟然不辨真伪。

陆建瀛的幕僚却提醒陆说："为何我送信的卫士不见回来，其中可能有诈。"

陆建瀛转问假信使。

假信使从容答道："你的卫士一路劳累，向大人留他营内休息。同时向他详细了解贵地地形及贵部详情，以便密切配合。"

又问了假信使几个问题，假信使均对答如流，毫无破绽。最后，假信使厉声说："向帅立盼进攻时间，进退左右，一切听从于大帅，请陆将军立即回复。耽误军机，陆将军担当得起吗？"

陆建瀛顿消疑虑，当即写好了进攻时间和方案让太平军卫士带回向荣处复命。当然，那卫士径直回到了自己的营地。

到了约定时间，陆建瀛率全军向老鼠峡进攻。太平军早有准备，设伏在四周的起义军一齐阻击，把清军打得晕头转向，前进不能，后退不得，只得占住一处险要负隅顽抗。陆建瀛一心盼望向荣如期赶来，使他反败为胜。可是围上来的是越来越多的起义军，清兵几乎全军覆没。陆建瀛大骂"向荣害我"，和一群清兵东奔西突，好不容易才突出重围，逃到了南京。

1853年3月19日，南京被太平天国军攻破，陆建瀛终究还是死在农民起义军手里。

石达开以少胜多

浩瀚的鄱阳湖处在军事重镇九江的东南面。鄱阳湖入长江口的东岸有一座叫作湖口的小城。湖口依石钟山，傍鄱阳湖，风景秀丽。1854年冬，石钟山山顶来了一群全副武装的太平天国将领，为首的一个英姿勃发，他就是翼王石达开，才24岁，已经是战功赫赫，深受天王洪秀全的器重，被任命为西征军总指挥，将在这一带与曾国藩的湘军决一死战。

这天，石达开与部下当然不是来游览观光的，而是来勘察地形，制定作战方案的。

石达开当然很清楚，敌我双方的力量悬殊很大，太平天国军新建水军仅有百余只小船，而曾国藩的水师大船艨艟、快艇舢板布满江中，大船坚固火力猛，小船灵活速度快，相依相随，进退有序。在湖口之外，布成一个坚固的水上城堡。

面临如此强敌，石达开审时度势，定下了破敌之计。他在山顶上对部下说："湘军在前一阶段连连获胜，我军连连失利，敌人一定求战心切，想一举歼灭我们。因此，我们只有以主要兵力坚守阵地，以小股兵力骚扰敌人，使敌人疲惫，从而松懈他们的斗志。这是计策之一；计策之二是：你们瞧，敌军大船艨艟犹如躯体，快艇舢板巧似手足，连成一个庞然大物，只有先断其手足，才能使笨重的大船无所适从，被我们分而攻破。"

石达开手下的将领都觉得翼王的计谋十分周全，分头依计而行。

每当半夜，西征军的几十股小船队，满载硫磺、火药、柴草，火速靠近湘军水师大营放火骚扰，历经一个月，使得湘军烦躁不安，疲劳不堪。

将近阴历年关的一天，石达开又派十几艘船只正面开往湖口攻击湘军。

湘军水师见起义军船队来攻，求之不得。由营官萧提山等率领快船100余艘，士兵2000余人，入湖追击起义军。待进得鄱阳湖内，石达开指挥舢板在入口处垒起两座船桥，将湘军水师快船封锁在鄱阳湖中，来个瓮中捉鳖。

曾国藩站在湖外江面的艨艟大船上，见自己的舢板快艇进入湖中有去无回，知道中计，欲指挥大船入湖强攻，刹那间，起义军船组成浮桥的小船向他的大船合围过来。湘军大船虽然甲坚炮猛，但船大难掉头，行动不便，平时全靠快艇联络保护，现在"手足"已断，"躯体"再难转动，起义军小船很快靠近湘军大船，采用火攻，将大船引起熊熊烈火。

这时候，曾国藩无心恋战，连忙乘坐大船逃跑，但已被起义军发现，数十名起义军跃上曾国藩的座船，曾国藩一面命人抵挡，一面在亲信的护卫下，趁混乱之机换船溜掉了。

湖口大捷，扭转了西征军被动的局面，确保了天京的安全，是我国军事史上一次以少胜多的成功范例。

洪秀全智诛祸首

1856年11月，太平天国天王府被叛乱者包围。天王洪秀全登上宫墙，面对策划叛乱的北王韦昌辉怒目圆睁。

两个月前，韦昌辉利用天王洪秀全和东王杨秀清之间的矛盾，使阴谋，搞诡计，发动突然袭击，杀害了杨秀清及其部属多人。在两个月中，共杀了万余人。接着又变本加厉地将矛头指向天王洪秀全。这就是著名的"天京变乱"。

当时翼王石达开正率军在武昌前线与清军恶战，南王冯云山和西王萧朝贵早在攻打全州和长沙时牺牲，韦昌辉成了天京城中最大的实权派，他自以为大权在握，肆无忌惮，竟率领3000多名追随者，丧心病狂地攻打天王府。

洪秀全从这场叛乱中充分认清了韦昌辉的野心，决心诛灭这个祸首。但天王府中守军很少，无法抵挡韦昌辉的进攻。在这紧急关头，他跳下宫墙，传令将宫中的宫女全部集中起来，让她们换上战士男装，梳上太平军发式，拿起刀枪，集队出宫迎敌。

太平军中本有一支由洪宣娇率领的女兵队伍，在起义到立国过程中，建立了不少战功，所以妇女作战是太平军的一个特点。宫女们不少是太平军将领的眷属，她们惯于征战，面临严峻的局面，加之她们对天王的忠诚和对韦昌辉的憎恨，更加同仇敌忾地一起奋战。

韦昌辉突然见到宫中杀出一支队伍，还以为是洪秀全原先预备好的精锐部队，猝不及防，顿时乱了阵脚。洪秀全抓住时机，又登上墙楼号召叛军放下武器。言明只严惩叛首韦昌辉一人，其余随从一概不究。

跟随韦昌辉的部队多数是受蒙蔽的，现见洪秀全亲自出面宣布韦昌辉的罪恶，纷纷倒戈。韦昌辉见大势已去只得慌忙逃窜。

太平军又围攻北王府，找遍所有地方都不见韦昌辉这个叛首，于是洪秀全命令全城戒严，四处搜寻。终于在三天后生擒了韦昌辉，立即当众将他处决。

洪秀全在天京军民的支持下，特别是在宫女的密切配合下，略施小计，就制伏了韦昌辉和他的追随者，很快平息了为时两个月的"天京变乱"。这时翼王石达开已率军进入天京，重新控制了局面。

陈玉成摆陷马阵

1858年夏，太平天国各部将领会集安徽枞阳，商讨集中力量攻破清军江北大营以保卫天京的方针大计。会后，陈玉成率部东征，迅速来到离浦口不远的乌衣镇。驻守乌衣镇的是清朝蒙古族都统胜保的马队。他已抢先占领了乌义镇以南的险要地带，以图阻击陈玉成的部队。

陈玉成召集诸将商讨破敌之策，诸将纷纷献计献策，认为要破胜保的马队，一是设置索绊勒马脚，二是赶筑木寨阻马队，三是挖掘深坑陷马身，这些方法都有利有弊。陈玉成归纳了大家的意见，又结合着自己的实战经验，提出了一个完整的作战方案。

胜保的马队骠悍勇健，来去如风。虽然许多清军将领都吃过陈玉成的苦头，惧怕他三分，可是胜保却有恃无恐，并口出狂言："我倒要看看，是陈玉成的步军高明，还是我的马军厉害。"这从未与陈玉成交过手的清将准备与陈玉成决一死战。

这一天凌晨，是胜保发动进攻的时刻，可太平军阵地显得异常平静，胜保自以为得计，在马上高喊："发匪惧我，已不打自逃，快全力追击，看是他人走得快，还是我马跑得快。"

顿时，烟尘蔽天，胜保的马队全速追击。追不多久，只见前面横着一条不宽的壕沟，胜保又放声大笑："谅这小小的浅沟，就能奈何我大军了吗？"他仍旧挥兵前进，当即，前队骑兵纵马跃沟。

这下可正中了陈玉成的计策，他事先安排好了三支队伍，这时埋伏在壕沟中的第一支队伍，一手持盾牌，一手拿快刀，专砍马脚，马队的先锋战马均被砍伤，将骑手掀在地上，阻挡了后面马队的通路，也纷纷人仰马翻，于是陈玉成的第二支队伍，从两旁的土岗山蜂拥而下，刀劈枪刺，杀得清军鬼哭狼嚎，只恨爹娘少生了两条腿，拼命向后逃。这时陈玉成的第三支队伍，这是一支精悍的骑兵队伍，从阵后突然冲杀过来，截住了清兵的退路，就在原地将胜保的军队歼灭殆尽。

宋景诗疑兵之计

山东堂邑县在清朝咸丰年间出了个农民英雄叫宋景诗。他领导的农民起义队伍叫黑旗军，战斗在山东、河北一带，累累重创清朝官兵。

宋景诗的起义是由抗粮开始的。那时候，鲁西一带连年灾荒，土豪劣绅却变本加厉盘剥农民，于是激起了饥民的强烈反抗。他们自发组织起来抗捐抗粮。冠县县官朱瑞果为维护地主的利益，逮捕了部分农民。

为救出难友，宋景诗聚集了18个亲朋好友，计划劫狱。他先来到县城找到衙役孙八，喻以利害，晓以大义，叫他通知狱中难友，做好越狱准备。自己则探测地形，准备用具，组织队伍，约定日期，以备届时里应外合劫狱。

这一天，靠近县城的白塔集的庙会上，人头攒动，热闹非凡，在南来北往的商贩中有几个肩挑柴担的樵夫混杂其中。他们不是漫天要价，使人不敢问津，就是态度蛮横使人无法接近，直至傍晚，集散人去，他们的柴草一担也没卖掉，只好住进旅馆里，等到明天再沽价出售。

这几个樵夫原是宋景诗的农民兄弟。不一会儿，集会上补锅的、卖菜的、卖艺的、小炉匠等也来到了旅馆住宿，他们也是宋景诗的伙伴。宋景诗清点人员，18条好汉均已聚集。他们个个武艺高强，人人胆略过人。此时从柴担里取出暗藏的兵器，头裹白布，手持刀枪，飞奔县衙。

衙役孙八也如约赶到，带领他们前往狱中，很快将更夫和狱卒生擒活捉，迅速打开牢门，近百名身陷狱中的难友早已做好准备，顿时像江堤决口似的冲出了监狱。

破狱之后，宋景诗等18条好汉又带领难友冲进县衙，那个平时作威作福的县太爷朱瑞果早已吓得魂飞魄散，逃之夭夭了。

宋景诗就纵火烧了县衙大堂，还把县衙内的账册、文书付之一炬，然后又冲进仓库，开仓济赈，分金散银，四乡农民闻讯都赶来县城，参加宋景诗的队伍，顿时声势大振，吓得城内的清兵不敢与他们对阵，眼睁睁地看着宋景诗率大众转移到城外。

宋景诗走后，城内清军会合了邻县驻防的官兵，凑齐了足够的队伍，这才出城追剿。但是他们刚到城外，发现漫山遍野灯火闪闪，马嘶声声，似有千军万马一般，追剿清军见农民队伍人多势众，又只好缩回城内。

其实这时宋景诗已率众回到了他的家乡小刘贯庄，城外的"千军万马"是他设下的疑兵之计。他让部分农友，马挂铃铛，人执火把，漫山遍野地奔跑叫喊，草木皆兵的清军果然中了他的计。

这次劫狱的成功，增强了农民反抗官府的斗争信心。不久，宋景诗领导的黑旗军正式宣布起义了。

刘永福摆地雷阵

中法战争初期，战火起于越南境内，刘永福的黑旗军有一次将部分侵越法军围困在红河上游的宣光城中。被困法军无法抵抗，派人向河内的大本营求援。

当时，法军被围城中，四面消息不通，几次派人求援，都被黑旗军截获，无法向指挥部联系。后来他们只得将求援信分别装在上千个竹筒和玻璃瓶内，抛入红河内，让其顺流而下。河内法军只要取得其中一个，就会前来解救。但是那些竹筒水瓶先要经过刘永福的防地，他当然知道法军统帅部必然会派出重兵来支援，这将使宣光城下的战斗形势发生急剧的变化。难道围困计划就此结束，让到手的熟鸭子飞了不成！

刘永福采取"困点打围"的战术。一方面要将宣光城中的法军紧紧困住，一方面又要把从河内来增援的法军消灭，这种两面作战的方法是带有很大风险的，因为这就需要分散兵力两头迎战，弄不好，就会使黑旗军处于两面夹击的绝境。这也正是法军所希望的。

但刘永福早有计谋，制订了置敌于死地的计划。刘永福命部下日夜不停地赶造了500只大木箱，每箱内装入了40斤炸药。在援敌来宣光城解围的沿路大道和清江两岸，布置了一个庞大的地雷阵，严阵以待。同时对宣光城中的法军加紧攻打。驻河内的法军统帅部也捡到了告急水瓶，见告急书上写着："本部被华军围困，势如垒卵，危急异常，宣光城行即陷落，特向统帅部告急，切盼援军速至。"法军统帅部不敢怠慢，急派大军前往宣光城救援。

1884年3月2日，法国援军的先头部队5000多人，沿红河逆流而上，其步兵在大炮及机关枪的掩护下，浩浩荡荡地杀向宣光城来，欲将刘永福的黑旗军一口吞掉。

在距离宣光城10里左右的左旭一带，刘永福在这里设有一支伏兵，及至法增援大军临近，伏兵便出击骚扰，他们边打边退，将法军诱入了设雷区，2万余斤炸药，先后在敌人的脚下炸响，数百名侵略者顷刻被送上天空。黑旗军的伏兵又掩杀过来，又使几千名法军送命，余者狼狈逃窜，黑旗军大获全胜。

聂士成夺连山关

甲午战争中，日本侵略者攻朝鲜、侵辽东，占据了战略要地凤凰城，并马不停蹄向奉天（今沈阳）进发。清军名将聂士成曾在朝鲜成欢等地与日军交战过，名声显赫，是日军侵华的死对头。此时他奉命率军坚守日军从凤凰城到奉天的必经之路摩天岭。摩天岭东侧有个险要关隘名叫连山关。

中日双方在摩天岭展开多次激战，聂士成屡屡打退进犯的侵略军。然而，在鏖战之后，日军突然销声匿迹，战场出奇地平静下来了。这一反常现象引起了聂士成的警惕，他立即派人进行侦察。原来日军已登上连山关的山巅，正在修建从山顶到山下的系列工事，一旦工事竣工，就能居高临下，一举攻占摩天岭。

形势严峻，当务之急必须即刻消灭占据连山关的日军，确保整个摩天岭的安全。日军在连山关的系列工事虽未完工，但已大体就绪，要拿下连山关，谈何容易。

再加这时天气骤变，阵地上下起了鹅毛大雪，冰冻地寒，雪深地滑，更增加了攻击的困难。然而，一个利用气候变化克敌制胜的作战计划在聂士成的脑子中形成了。

他从部属中精选出300名敢死之士，发给他们每人一套羊皮衣裤，让他们反穿身上，一个个成了白衣白人，进入原野，顿时融进白皑皑的雪地之中，成了一支"白雪"部队。

"白雪"部队分散行动，匍匐前进，接近

了连山关的日军阵地，复又集结起来。这次行动利用了白雪掩护，使日军丝毫没有察觉。这时，敢死队分成两组，一组面向山脚，一组朝着山顶，按照聂士成部署的计划不断地打着枪。

在寒风呼啸的深夜，日军不知虚实，不敢贸然出击，他们只得躲在坚固的工事里向外乱放枪炮。其实，此时敢死队已潜伏在安全地带，丝毫没有损伤。

一阵枪炮过后，敢死队又乘虚潜入日军不设防的山腰地带急骤地射击、喊杀。这时日军完全被搞糊涂了。山头的日军以为山脚已被攻破，清军正从山腰往上猛攻，于是就朝山下发炮；山脚的日军以为山头已被攻占，清军正从山腰往下猛攻，于是就朝山头放枪。事实上，敢死队正在山腰休息，观看着山上山下日军自相残杀的"好戏"。

当日军互相攻击一阵后，搞了个两败俱伤，炮火渐渐平息下来之时，养精蓄锐的300名勇士，此时精神大振，突然一跃而起，冲上山顶，这时聂士成准时地亲率大军消灭了山下的日军。清军一举收复了被日军抢占的险隘连山关，遏止了日军从陆上进攻的势头。

黄兴机智运枪弹

辛亥革命之前，孙中山领导的同盟会曾进行过多次武装起义，其中最有名的就是广州"黄花岗之役"。

当时，同盟会的策略是先在城市取得起义成功，然后号召全国，推翻清政府。清王朝对各大城市的防卫十分严密，双方形成了针锋相对、剑拔弩张的形势。

1910年春节过后，革命党人已从各地潜入到广州城，成立了以黄兴为首的起义统筹指挥部，孙中山也在海外集资购置到大批武器，集中在香港，打算运到广州。可是清军在海关戒备森严，香港的武器如何运进广州，成了能否按计划起义的焦点，黄兴为此冥思苦想，终于想出了一个好办法。

初春的广州，是男婚女嫁的黄金季节。这一年，广州城内迎娶新娘的队伍特别多，那一顶顶花轿、一箱箱嫁妆，却装着革命党人从香港转移来的枪支弹药，黄兴就是用这个巧妙的办法把大批武器从清军的鼻子底下运进了广州城，分运到起义联络点。

4月27日上午，广州城小东营五号的大门前，披红挂绿，车水马龙，这户人家正要举行新婚典礼。时近中午，赴宴的宾客云集而至，门口的鼓乐手高奏迎宾曲。厅上，主客满脸生辉，寒暄祝贺，真是喜气洋洋，热闹非凡。中午时分，年近花甲的长者，血气方刚的青年，装扮入时的女郎，新人和宾客们纷纷就座，觥筹交错，划拳猜令，一顿婚宴直吃到下午4时还没结束，原来这里就是黄兴领导起义的指挥部。这些宾客都是来自各地的革命志士，新郎新娘以及他们的亲属，也全是革命党人，他们无心品尝席上的美味佳肴，只等待着那庄严的时刻来到。

4点过后，黄兴即席起立当众发表演说，他慷慨陈词："我辈以革命为己任，以驱逐鞑虏、恢复中华、平均地权、建立民国为宗旨，今日之义举，正是为着明天的自由和幸福，诸位志士仁人，自当奋勇向前，义无反顾，但愿事成之后，我等再同庆胜利！"

大厅内外，群情激昂，革命党人立誓与清廷决一死战，甘为未来的民主共和国献身。

下午5时30分，黄兴等人乘坐轿子，离开总部机关，其他扮作宾客、侍者、仆役的革命党人紧跟其后，按计行事。于是，就在当晚广州城里发生了震惊中外事后为孙中山誉为"浩气长存"的黄花岗之役。此役虽没成功，有72名烈士壮烈牺牲，但清政府受到了极大的震撼。

李沛基屋悬炸弹

武昌起义的烈火迅速蔓延到全国各地，清朝在广东的统治也摇摇欲坠，当地的军警已无法控制局势。为此，清朝特派凤山为广州将军，命其急赴广东挽救残局。

凤山是个老奸巨猾、诡计多端的保皇派，他怕沿途遭到革命党人的阻击，故秘密地乘坐军舰从香港转道来到广州。革命党人探知了这个消息，决心设计剪除这个魔头，不让他在广州站住脚跟，以打乱清政府的部署。

此时负责广东革命活动的同盟会负责人是黄兴，他亲自勘察地形，了解到从香港来广州的凤山必经之道。他在那条路上开设了一家"成记洋货店"作为伏击点，又在附近地段新设了一些理发铺、成衣铺作为掩护。

按照计划，革命党人李应生、李沛基兄弟负责制作炸弹。他们制成了3只可以装进30磅炸药的铁弹壳，还在炸药中混入毒药以增强杀伤力。可是李应生被毒药和炸药散发的气体所熏倒，李沛基接替哥哥，继续完成任务，制成了3个大炸弹。

然而，问题来了，这么大的炸弹需要事先安放，如何掩人耳目呢？明摆在店堂里固然不行，挖掘地坑埋藏也会引人注目。后来，李沛基终于想出了一个巧妙的办法：以装饰店面的名义，悄悄地将炸弹悬挂在屋檐下面，外面用木板掩护，下设绳索牵引。万事俱备，只等凤山到来。

凤山的行踪非常诡密，到达广州那天，连去迎接的两广总督及司道大员都在码头扑了个空，原来他已先期在海面换乘小艇登岸赴任了。

然而，天算不如人算，他到达将军衙门必须经过"成记洋货店"的街道，他戒备森严地一路清道前进，驱逐街上的一切闲杂人等。但不出所料，渐渐靠近了"成记洋货店"。

这天，正值"成记洋货店"开张之喜，但由于清兵的清街戒严，生意萧条，门可罗雀，当凤山在随从和亲兵的簇拥下到达洋货店前，躲在阁楼上的李沛基牵动绳索，3颗炸弹顿时从屋檐下坠了下来，不偏不倚地滚到凤山一行人的中间，轰然巨响，落地开花，弹片飞迸，凤山的官轿被抛到空中，一时间，硝烟弥漫，血肉横飞，不仅凤山死于非命，其随从亲兵也被炸死炸伤，连洋货店的阁楼也被气浪震塌，将李沛基压在断墙残壁之中，幸而并未受伤。

李沛基见大功告成，便爬出废墟离开了现场。

经营卷

"虎"吃"人头"广告战

19世纪末,日本"仁丹"大量倾入我国市场。随着"仁丹"进入我国,继之而来的"胡子人头"的仁丹广告也大量出现在中国城乡。

商人黄楚九见状,就按中国之古方"诸葛行军散"自拟处方,并于1910年筹建"龙虎公司"生产国产人丹。于是,龙虎人丹与日本仁丹之间展开了一场龙争虎斗的广告战。凡是有"胡子人头"之处,龙虎人丹必去和它唱对台戏,形成了老虎吃人头之势,国人大快。在推销方式上,日本人使出赊销新招,黄楚九立刻采用"春天发货"、"冬天结账"的办法,生意兴隆。日商东亚公司见"胡子人头"的仁丹销售日见衰下,就与黄楚九打起官司,一直打到北京大理院,拖延达10年之久。北伐开始后,日方败诉,日商见明的斗不胜,又暗中托人疏通,愿以巨款收买"人丹"商标和制造权,被黄楚九严词拒绝。

简氏揭外商奸计

1903年,英美两国烟商合办的英美烟草公司,在上海设立卷烟厂。生产出的"大英"、"老刀"、"三炮台"等洋烟源源倾销中国市场。别说上海,大江南北,各个商行、店铺,都陈设专柜,销售此类洋烟。

英美烟商正踌躇满志时,不料爱国华侨简照南、简五阶兄弟创办的南洋烟草公司异军突起,南洋烟草以它的物美价廉开始一步步击败"大英"、"老刀"、"三炮台"。

英美烟商恼羞成怒,酝酿出一条毒计:把水搅浑,让南洋兄弟烟草公司产品乖乖地退出市场!

他们派人四处活动,暗暗地从市场整箱整箱地套购南洋兄弟烟草公司生产的香烟。然后将这大批香烟堆在仓库的阴暗角落并淋上水。几天后,这批香烟发霉了,散发出阵阵怪味。接着,英美烟商将这一箱箱霉烟抛向市场,他们操纵的爪牙抢购后纷纷上报馆反映。一时,国内舆论哗然,大有淹没南洋兄弟烟草公司之势。

简氏兄弟针对英美烟商"浑水摸鱼"之计,毅然决定查出"霉烟",澄清"浑水"。行动在秘密地进行,一些经销霉烟的商人也终于向简氏兄弟暗暗传递消息。

几天后,几家报纸在显著的地位刊出《南洋"霉烟"究竟是哪里来的?》一文,详细地揭露了英美烟商的奸计。

差不多在同时,在新生产出投放市场的南洋兄弟烟草公司香烟盒上,他们一律印上"振兴国货"的醒目字样,并飞速送往北京国货展览会陈列。南洋烟草质量上乘,使展览会上传出一片赞扬声。英美烟商则气得吹胡子瞪眼,他们企图垄断中国市场的阴谋被粉碎了。

妙销小囡牌香烟

香烟进入中国只有100多年历史,但已逐渐取代旱烟管、水烟管,成为大宗消费品。

最初的香烟广告宣传是通过烟盒和香烟牌子(一种夹在香烟盒内的硬纸画片)来进行的。后来各香烟公司不惜工本登报纸、贴告示、散传单,还有什么马路广告、墙壁广告、火车站广告、日历广告,名目繁多,不胜枚举。后来又发展为赠送带有广告的香烟、皮夹子、饭碗等小商品以招徕顾客。最引人注目的是霓虹灯大广告,竖立于闹市,彻夜通明,吸引人们购买香烟。

20世纪30年代,上海的主要交通工具是黄包车。一天,上海每条马路上许多黄包车夫都忽然穿上了一件马甲。马甲背后,各有个很大的"烤"字。人们都觉得非常稀奇,相互询问探听,原来英美烟草公司新出品一种"翠鸟牌"香烟,这种香烟的烟丝是烤制而成的。于是"翠鸟"香烟不胫而走。人们为了尝新鲜、赶时髦,都要去买包尝尝。虽然这种香烟味道也并无特色,质量绝非上乘,但销路甚好,这应归功于这一奇特的广告宣传效果。

由上海大亨黄楚九经营的福昌烟草公司忽然在报纸上印上了个大红蛋,推出了该公司新产品"小囡牌"香烟。因为红蛋是生小囡的象征,所以立即引起人们的兴趣。况且当时报纸从未套过红,这是上海第一个套红广告,更具有轰动效应。

更为奇特的是,福昌公司的各经销店,都随同"小囡牌"香烟赠送红蛋,红蛋并不昂贵,却是个喜庆物,切合了人们求吉利"早生贵子"的心理状态,所以人们乐意购买小囡牌香烟。

加之"小囡牌人人爱"的宣传口号又琅琅上口,既响亮又吉祥,还能使一些"瘾君子"以爱小囡之名,大吸香烟,使反对吸烟的人,为了避免"不爱小囡"的名声,不去劝阻亲友们"爱小囡"了。

福昌公司再接再厉,进一步发展到凡来"大世界"的游客,每购买一张门票,就"奉送"小囡牌香烟一包(其实成本已打在票价之中)。"大世界"是上海最大的娱乐场所,从早到晚人流不断,仅此一项推销的香烟就十分可观。

英美烟草公司觉得黄楚九此举比自己在黄包车夫的马甲上印上"烤"字还要高明,而且"小囡牌"香烟,质量确实不错,又是红纸包装,直接危及了在上海行销多年的"红锡包"香烟的地位。

于是英美烟草公司下决心出高价将"小囡牌"的生产权买了下来,实际上就是让福昌公司不要再生产"小囡牌"香烟了。

黄楚九得了重金,见好就收,另谋他业了。

烟商的有奖销售

从前每包香烟内都夹有一张小画片,俗称"香烟牌子"。画片上有栩栩如生的人物,有似烟如雾的山水,也有生动活泼的动物,稀奇古怪,花样翻新。大人吸烟,每次都能欣赏到一张新的画片,小孩子不吸,比大人还要喜欢香烟牌子。当吸烟者拆开封,第一根烟还没有点着,那香烟牌子已到了孩子们的手里,成为他们的"珍藏品"或玩具。

香烟牌子如此盛行,说起来还有一段故事哩。

那是在20世纪30年代,国内各大城市香烟市场的竞争非常的激烈,英、美厂商出品的"三炮台"、"海盗"牌香烟,充斥市场,国产香烟几乎无人问津。

为了挽救危局,生产"美丽"香烟的上海华成烟草公司老板想出了一条妙计,就是在香烟盒子内,暗藏人们熟知的《水浒传》中一百零八将的小画像一张。并声明,凡积累全套"梁山好汉"者,即可到华成公司各代理商店换取黄金二两。广告一出,各地市民争相购买"美丽牌"香烟。他们都抱着某种侥幸心理,希望能得到二两黄金,一时间,"美丽牌"香烟的销量直线上升。

于是在街头巷尾,人们都能听到这样的谈话:

"啊,我得到了'呼保义宋江'!"
"哟,又增加了'豹子头林冲'!"
"这一张是'花和尚鲁智深'!"
"那一张是'青面兽杨志'!"

有的集齐了三十六个"天罡星",却怎么也集不满七十二个"地煞星",还有的人有了一百零七条好汉的画片,但偏偏还缺一张,而且巧的是所缺的都是"百胜将军韩韬"这一张。于是人们整条整条地购买"美丽牌"香烟,更有甚者,那些代理商把整箱的香烟逐包拆开寻找,然后再巧妙地封好出售,也总找不到韩韬的肖像,于是,"吸烟找韩韬"成了句口头禅,流传很广,"美丽牌"香烟就靠这个噱头,在市场上稳牢了脚跟。

后来,人们也知道,在香烟盒内根本不存在"百胜将军韩韬"的肖像,但他们还是愿意购买"美丽牌"香烟,因为这种国产香烟烟味本不比外烟差,而且价格便宜,人们当然愿意购买。

华成公司的高额悬赏当然只是暂时的,但香烟牌子却盛行不衰,它是吸烟者的欣赏品,又是孩子们的玩具,并且人们一看到香烟牌子就会联想起"吸烟找韩韬"的趣闻,并由此而产生种种联想。

吴蕴初发明味精

味精是我国家庭必备的调料,因为它的鲜美程度确实能够使"白水变鸡汤"。上海的佛手牌味精历来都是同类产品中的名牌货,问世至今已有90个年头了。关于它的生产和发展,还留下一连串动人的故事哩!

1921年春天,上海聚丰园饭店来了一个顾客,他是个清苦的读书人,吃着一份便宜的客饭。菜肴虽然简陋,但他吃得津津有味,只见他在菜里加上一些自备的粉末,还热情地将这种粉末加在邻座的一位顾客碗里,说:"你吃了后立即会觉得鲜美绝伦。"

谁知邻座却是个不识货者,不但不吃,反而同这个读书人争吵起来。这就惊动了在店里用膳的另一个有心人。他吃了一口加了粉末的菜肴,觉得果然很是鲜美,就说:"你这份菜就算我的。"而将自己所订的一份价格昂贵的饭菜让给了读书人。

这个读书人就是后来成为我国现代化学奠基者之一的吴蕴初。原来他参照日本的"味之素"研究出了一种新的化学品,就是我们现在日常使用的味精。他到饭店来的这个举动就是为了寻找这种产品的生产单位。那个品尝者名叫王东园,是张崇新酱园的主要业务员。

在王东园的介绍下,读书人吴蕴初出技术,

张崇新出资金生产味精。他在经营方法上吸收了日本"味之素"的优点。别小看这个"素"字,它具有极大的吸引力,一般人喜素怕荤,而素食者多数信佛,天堂是佛的世界,为此,生产味精的厂家取名为"天厨",意思是"天堂的厨房";生产的味精取名为"佛手",比喻佛法无比,能够点石成金,"变白水为鸡汤"。再加上广泛宣传"纯粹国货"、"价廉物美",于是其销售量一举压过了日本的"味之素"。

日商当然不甘败落,就在原料上卡天厨味精厂。味精的原料主要是面筋和盐酸,面筋可以就地取材,酱园本身就有。但当时盐酸是从日本进口的,价格昂贵。吴蕴初已能从食盐中电解成盐酸,但缺少设备,他们探听得外国有一家盐酸厂濒于破产,就投资购进了该厂的设备,成立一家新的化工厂,取名"天源",意思是天厨的原料。盐酸是易蚀品,其盛装的容器是从法国进口的,代价太大。他们就在宜兴的优质陶土里加上吴蕴初研制成功的防酸材料,制成了防腐蚀的陶罐,这个做陶罐的工厂取名为"天盛",意思是天厨的盛器。

吴蕴初与张崇新的合作是读书人和生意人合作成功的典型,在今天的社会里,他们合作的经验,仍是值得我们借鉴的。

宣传梅兰芳之计

几十年前,京剧大师梅兰芳初次到上海演戏,担心上海人能否接受京派唱腔。但戏院老板却胸有成竹地订了合同,他把上海一家最有名的报纸第一版买下来,大做广告。

第一天,整版上只印出三个大字——梅兰芳。读者弄不明白是什么意思,马上引起了兴趣和猜测。

第二天,报上还是这三个字。好奇者纷纷打电话询问报馆,这是花名、地名,还是人名?报馆回答:明日见分晓。于是神秘感越来越浓,关心的人越来越多。

直到最后,整版广告在梅兰芳三字下面,刊出了一行小字:梅兰芳,京派名旦,×日在××戏院演出京剧《宇宙锋》、《贵妃醉酒》、《霸王别姬》。

戏院老板之所以如此做广告,是因为他摸透了上海人的心理。梅兰芳初到上海,人们对他一无所知,上海人又听惯了海派,京派很难一下子打开局面。加上上海人傲气足、好奇心强。根据这些心理分析,他设计了这样一个不吹不描的广告(越吹,上海人越不买账),只是让"梅兰芳"三个字留下几天悬念,吸引人们注意。结果争奇好胜的人蜂拥而至,必欲看个究竟。

结果,梅兰芳的头台戏就得了个满堂彩。

祥生妙用电话号

旧上海,几乎人人都知道有个祥生汽车出租公司,因为每辆汽车都标有公司的电话号码"40000"。在一个"4"字后面,紧排着4个"0"给人留下的印象太深刻了,所以家喻户晓。

这家公司的业主周祥生由一个从浙江乡下来"学生意"的,一跃而为上海闻名的大企业家,祥生汽车公司由赊购而来的一辆汽车起家,而成为独霸上海汽车出租业的巨头,其契机及经营之道是多种多样的,但妙用电话号码是该公司成功的重要途径。

周祥生深知电话号码有无特色,对公司在竞争中的地位和业务发展有着举足轻重的关系。他通过各种关系和手段,终于取得了"40000"这个不同凡响的电话号码使用权。接着他在报纸、电台和在街头竖起耀眼的霓虹灯下做广告,一下子使这个号码深入人心。

不仅如此,他对使用汽车的乘客免费赠送刻有"40000"字样的饭碗,礼品虽小,用途却大,人们拿了这种碗很愿意使用,除了碗的本身实用外,还因其特有的标志,反映出使用者能常坐出租汽车的身价,于是,这种碗广为流传,又使得祥生汽车出租公司的业务大为发展。

更有甚者,当时的旧式电话,多数是挂在墙上的,打起来,电话筒无处搁放,如果要去叫人时,更觉不便,祥生汽车公司制作了大批的金属架,免费送到用户单位和住宅,将它安装在电话机旁,这种金属架上当然也刻有赫然醒目的"40000"字样。

"40000"这个电话号码对祥生汽车出租公司能够产生如此好的效应,除了显眼、易记的一般因素外,还因为出租汽车公司的业务同电话密切有关,人们总是通过打电话来招呼出租汽车的,在这种情况下,电话号码就显得至关重要了,到时不用翻电话号码簿或记事册,拿起话筒就可拨号,而祥生汽车公司信誉卓著,接到电话,从不回答说"没有车",也从不误时,一般在顾客打过电话后10分钟内车子就已到达了指定地点。

更重要的一点是,"40000"这个数字和那时中国的4万万人口正好相配,于是公司打出了"4万万同胞乘坐40000车"的响亮口号，正遇那时国内抵制日货、洋货的风气很盛，这个口号，使乘坐者增加了爱国的自豪感，使不乘坐者，也会对深绿色的祥生汽车产生某种敬意。这一点是别的电话号码无法比拟的。

冠生园巧销月饼

1932年，胡蝶被评选为"电影皇后"，上海冠生园经理冼冠生立即见缝插针，设宴为胡蝶祝贺，宴毕摄影留念，抬来一只特大月饼，请胡蝶手扶月饼拍下一张照片。接着，这照片变成一张张精印彩色宣传画，遍贴大街小巷，上有两行醒目大字："唯中国有此明星，唯冠生园有此月饼"。此事引起轰动，这年冠生园月饼生意特别兴隆。

巧借政事做广告

解放前，被称为"万金油大王"的胡文虎，非常注意广告宣传。他从1929年办《星州日报》起，前后共办了13家中、英文报纸，形成了一个星系报业。

他聘请了许多有名的作家和记者在他的星系报业界担任过编辑和主笔，其中有郁达夫、胡愈之、金仲华等。从经济角度来看，胡文虎办报是为了给自己的产品做广告宣传。

较为突出的例子是1932年淞沪抗战期间，由于胡文虎的捐赠，第十九路军军长蔡廷锴将军题词："本军在沪抗日，胡君援助最力，急难同仇，令人感奋。"对此题词，胡文虎告诉星系报纸大书特书，并附加上"全国同胞敬仰之民族英雄蔡廷锴将军对虎标药之赞美"的大字标题，为"万金油"大做广告宣传。

范旭东的碱之战

第一次世界大战时，列强忙于战争，这给了中国民族工业一个发展的机会，由化学家范旭东创办的中国第一个制碱企业——永利制碱公司于1918年宣告成立。

不久，大战结束，一直控制着中国碱市场的英国卜内门公司卷土重来，欲把中国永利公司这个制碱业的"新生婴儿"扼杀在摇篮之中。卜内门公司迅速从英国调来大批纯碱，以原价40%的低价倾销中国市场。

永利和卜内门相比，力量悬殊太大了。永利如果与卜内门进行"降价战"，不久就会财源枯竭，如不降价就无法与卜内门竞争，真是进退两难。

范旭东为此焦急万分，他不仅是个优秀的科学家，也是个善于经营的企业家，更是个博学多才的学问家。他忽然想起战国时"围魏救赵"的故事。他觉得这条计策也可应用到他与卜内门的纯碱之战中。

他审时度势，觉得日本是他使用这条计策的理想之地。当时日本的三菱和三井两大财团竞争非常激烈。三菱有自己的碱厂，三井却没有，使用的碱要依赖进口，这不正是很好的突破口吗？

范旭东便迅速东渡与三井协商，委托三井以低于卜内门的价格代销永利生产的红三角牌纯碱，此举正中三井的下怀，于是很快由三井在日本的销售网点，推销红三角牌纯碱，销量虽只有卜内门在日本销量的10%，但价格却低于卜内门的纯碱，大有蔓延之势。

卜内门虽是个世界性的大公司，但它的手伸得很长，销售面宽，运到远东销售的纯碱毕竟有限，而其中大部分已运进中国，无力再顾及日本，在这种情势下，他权衡利弊，觉得保持中国市场固然重要，然而失去日本市场将得不偿失。他急将计划运调中国的纯碱投放日本市场，以缓解在那里节节失利的局面。

于是卜内门主动向永利制碱公司倡议：愿意停止在中国市场上削价倾销，希望永利公司在日本也采取相应的行动。范旭东掌握了主动权，便进一步提出，要求卜内门今后在中国市场上碱价如有变动，必须事先征得永利公司的同意。这种要求虽然对不可一世的卜内门公司来说是难以忍受的，但卜内门还是被迫接受了。这样，不仅永利公司没有像卜内门公司所事先声称的那样，向他们"俯首称臣"，反而处于居高临下的地位，牢牢控制了国内纯碱市场的价格，使永利公司从"新生婴儿"成长为"强壮的成人"。

酒厂的巧妙广告

20世纪30年代初的某天，上海新世界游乐场和山东烟台啤酒厂联名在报上做广告，说某天到某天，在游乐场举行喝啤酒比赛，优胜者有奖。

上海人喜欢凑热闹，看见这个广告，不少"酒民"都跃跃欲试，"一饱口福"。当然更多的是"一到了比赛那几天，新世界游乐场人山人海，仅参加比赛的就有数千人，整整喝掉了24000瓶。记者把这件事作为新闻发表在报纸上，着实轰动了一阵子。

时隔一个月，山东烟台啤酒厂又出新招，在报纸上发布消息说：将在某月某日，该厂在上海半淞园隐藏一瓶带有特殊标记的烟台啤酒，谁能找到，奖赏烟台啤酒20箱（96瓶）。

这条消息其实又是一则巧妙的广告。

有趣的寻找啤酒的活动，让上海人玩得很开心呢。

这样，鲜为人知的烟台啤酒，通过前后两次的趣味性活动，仅仅抛出这2万余瓶啤酒，就使上海的"酒民"们留下了很深的印象。

不惜血本仍赢利

许多厂商打着"不惜血本"的旗号，一股劲地降低价格，以增强竞争能力。所谓"不惜血本"并非不赚钱，而是薄利多销，或是降低成本来保持利润，这是与工厂的管理水平截然不能分割的。

于1900年成立于天津的大来木行是我国木材行业中首屈一指的厂家，以出售木材、价低质优、使用方便而赢得市场。1940年其营业额达到20亿美元，纯利达7亿多元。该木行为何能价低而质优呢？就是在于管理得法，经营有道。

木材的种类很多，不但质地有别，而且长短粗细不一，仅花旗松一项就有500多种尺码。大来木行以水泥的坐垫，对所进木材，按尺码进行分类堆放，这样不仅使顾客感到方便，而且进销对路，减少消耗，降低成本。

当时，各地建筑楼房，使用地板很多，若用规格不同的树木来锯成地板料，势必耗工耗料，成本昂贵，别的厂商就是这么做的，其售价之高，使用户"望物兴叹"，而大来木行依仗其雄厚的经济实力，从美国进口杉木的内层下脚料，将其加工成地板，使进价低廉的落脚货摇身一变成为上等地板板材。进销价之差额简直不成比例。

而且使用一般木材做地板，其售价是按板材计算，实际使用时则要经过锯刨等加工顺序，又需花去工钱，大来则将板材直接按地板尺寸制成，只需稍加磨光就可使用，但尺寸仍按板材使用，用户则可省去工钱，厂商则可节省材料，仅此一项又使大来木行降低近50%的成本，批量大、成本低，大大提高了大来木行的竞争能力。别的厂商为了维持业务，以降低价格来同大来木行竞争，而大来木行价格降得更低，这样别的厂商在竞争中纷纷倒闭，而大来木行虽然标榜"不惜血本"，实际上还是有利可图。

再加上大来木行采取灵活的经济手段，以"优惠价"和高回扣打入使用木材量多的矿井和铁路等市场，使他们的生意越做越兴旺，不仅资本薄弱、经营不善的华商木行被挤出市场，就是洋商也无法与之匹敌。

经过一阵激烈的价格竞争后，其他木材商行的"血"几乎出光了，而大来木行的"血"越来越旺。于是有人提出建议，成立木商联合会，统一价格。这一招更中大来木行的心怀，他们以最大的木材商行的地位，当之无愧地成了联合会的主席。由此，这家商行就垄断了木材市场，控制了木材价格，别的厂商就只能吃他们的剩汤残羹了。

中国市长杀手锏

1984年10月的某天，中国、突尼斯STAP和科威特石油化学工业公司的三方代表，就合资建立化肥厂事宜进行谈判。

早在3个月前，中国和突尼斯经过几次会议，把合资办厂的地点设在条件优越的秦皇岛港。仅是编制可行性研究报告，中突双方就动员了10多名专家费时3个月，耗资20多万美元才定下来。可是，后来加入合资项目的科威特的石油化学工业公司的董事长却不同意这个报告。

这位董事长在科威特的地位仅次于石油大臣，威望很高。他还是国际化肥工业组织的主席，以他为代表的公司在突尼斯许多企业里拥有大量股票。为了显示他的权威，他断然表示："你们前面所做的工作都是没有用的，要从头开始！"

"说得倒轻巧，20多万美元就这样扔到东洋大海里去了吗？"中方的当地的市长心里很是痛心，但面对这位拥有巨大权威的董事长，他的一切解释全是多余的。退让是没有出路的，那么唯一的办法只有……

他沉思了一刻，突然激动地站起来说："现在我代表地方政府声明：为了建立这个化肥厂，我们特地安排了一处靠近港口、地理位置优越的厂址。也为了尊重我们的友谊，在许多合资企业表示要得到这块土地的使用权时,我们都断然拒绝了。即使这样,这些合资企业还在等待机会。现在如果按照董事长的提议,重新编制可行性研究报告,使事情无限期地拖延下去的话,那我们地方政府只好把这块地方让出去!而且明天就可以出手。现在我还要去处理别的事务,十分抱歉,我只能宣布退出谈判。下午,我等待你们的最后决定!"

市长严肃地发布完声明后,立即走出会议室。中方的一位化工厅长不知是计,喊着追出去,叫他不要把事情闹僵。

在走廊里,那位市长朝化工厅长嘻嘻一笑说:"不来这个杀手锏是毫无办法了。我想,下面准会有好戏看的,我为什么要走呢?我是回我的房间去,就等这场好戏的结局了。"

过了半小时,有人敲开了市长的房间,告诉他说,他的杀手锏果然厉害,那位董事长强烈要求迅速征用秦皇岛的厂地。半天后,会议纪要出来了,里面有"科威特的石油化学工业公司董事长强烈要求迅速征用秦皇岛的厂地"等语。

三方代表在"干杯"声中,为这份可行性研究报告最终画上了一个句号。

奇设医药股之计

1943年宋裴卿创建东亚化学厂时,他想出了一条在股金中保留一部分医药股的妙计。办法是把原资本1000万元再增加一倍,但只许原有股东增投60%,其余40%的权利让出来留给大夫、护士、医药界投资。

这样一来,不但各地大夫、护士和医药界的大批资金涌进了东亚公司,而且各城市有许多大夫、护士、药剂师和药房经理,都成为东亚公司的义务"售货员"了。

世界书局的薄利

在旧上海的书市中,商务、中华、世界三家书局鼎足而立,彼此间的竞争颇为激烈。三家书店曾有过竞相影印《康熙字典》之争。

首先是商务印书馆在报上刊出征求影印《康熙字典》订户的广告,每本定价大洋2.50元。

世界书局根据掌握的信息,对此算了笔账:商务印该书1万本,每本成本1.50元,可获利1万元。世界书局认为销路还有潜力,就迅速抛出了世界版的影印《康熙字典》,印数比商务多5倍,每本成本降为1元,他们把销售价定为2元,以低价与商务印书馆竞争。低价多销,获得反多。

熊猫玩具换包装

我国一家玩具厂选择了受人喜爱的中国的国宝——熊猫,作为主要的出口玩具。起初,生产的熊猫玩具是采用塑料包装,一袋一只,用绳子系着,产品出口后,每只只卖六七十美分,还是没人买。

厂家通过调查了解,才知道外国的销售特点是"一流的产品,二等的包装,只能卖三等价钱"。于是他们及时改进了包装,给每只"熊猫"修造一座小巧玲珑、豪华漂亮的竹房子,上面刻上美丽的花纹图案,外面再蒙上一层薄膜,使人一眼就可以看到其"尊容"。

于是,同样一只熊猫玩具,身价一下竟提高好几倍,而且成为世界市场的一种畅销货。

钟华生空手筹款

钟华生来到珠海西区的时候,肩头顶着脑袋,两手拎着铺盖,其他再没别的。但3年后,他靠着"空手道"本领,5亿多元的资金源源滚进了西区。

搞经济开发,需要资金。钟华生不靠不等,自己找出路,他决定利用特区的优惠政策,去影响人民群众,吸引7000多万的储蓄资金。很快,一个围海造地、向社会民间招股的集资方案出台了。他们规定每股人民币10000元,入股者可享有100平方米建房用地和从外地迁入户口参加西区建设的权益。

消息一发布,西区立即门庭若市,短短的时间便吸纳了万余股。西区把这笔资金的一部分"扔"进海里,换来了4平方公里的土地。1平方公里给入股者建房,其余的用来招标兴建城市配套设施,按现时地价计算,围海造地投入的几千万元,已产生出十几个亿的价值。

于是,钟华生被人们称为"中国最大的空手道大师"。

何阳购房送车计

中国的第一家策划公司或点子公司,论起知名度,当推何阳创办的"北京市和洋民用新技术研究所"。

何阳原本一介书生，因不甘心于工薪族的清贫，辞职下海，成为北京市海淀区化工系统第一个自砸"铁饭碗"的人。"钱"途坎坷，商海浩瀚，壮士一去不复还。何阳下海并获得的成功，着实为中国的一帮不甘认命的穷知识分子争了一口硬气。

何阳以向企业卖点子赚钱而声扬神州。此种行业看似容易，可别人就是难学。下面介绍何阳的一个点子，可称一绝。

在北京申办奥运紧锣密鼓之时，一家大型文化馆将要搬迁扩建，市政府已下批文，并就此拨下1400万元搬迁款。但是，搬迁地点有近100户居民需要迁走。按现有的市内商品房售价，每套均在16～18万元之间。如果加上其他费用，搬一户要20万元。这连小学生也会算，100户就需要2000万元，尚有缺口600万元，文化馆搬迁筹委会急得团团转，找上级部门要求追加，但国家困难，拿不出。不知谁说了句："你们去找何阳出点子吧！"整个筹委会人员全部来了，何阳的办公室人满为患。

他们希望找个立即赚钱的好项目，用1400万元当资本，马上获得600万元。何阳说：不必先用这钱做个什么项目，等攒了钱再搬迁，倒不是项目不好找，而是你们文化馆本身不可能在短期内组织一批专业技术人才。如果没有人才，再好的项目也不可能在短期内赢利。这样吧，我给你们出个主意，你们在北京郊区买100套房，然后，再买下100辆微型汽车，要同时送给搬迁户。就造房成本而言，城里城外差不多。价格差主要在地理位置上，买一套房北京市内需要十七八万元，而在郊区仅需三四万元。我们在郊区也搞了些小区，但为什么不大受欢迎，主要是交通问题。我的家离工作地点近30公里，但是我并没有感到远，为什么？因为我有车。现在一辆"大发"车仅要四五万元，但对普通老百姓来说还是梦想。如果按这个方案实施，岂不是梦想成真！

普通老百姓有了车也难"养"。那好办，由文化馆办一个出租汽车公司，搬迁户自愿加入，如果每天需要接送上下班，司机则向房主交纳1000元，不接送的交纳2000元。其他各种费用、税收，均由承包者自付。这样对国家也有好处。好了，买商品房三四万元，汽车四五万元，100户共需800万元，文化馆还净剩600万元！房地产公司卖出了100套房，汽车工业公司卖了100辆车，筹建处净赚了600万元！而老百姓有了住房还圆了汽车的梦，来

了一个家家乐！

向导公司的妙计

向导公司是继何阳之后的又一家点子公司。1992年，他们给北京游乐园出了个点子，使游乐园效益大增。他们替游乐园设计了一种印有北京游乐园图案的手提纸袋，成千上万地向社会散发。一时间，游乐园的手提纸袋满街都是，大大提高了游乐园的知名度。

一个纸袋成本才1元钱，一部分还在游乐园作为纪念品出售，等于没花什么钱就做了广告。因此，游乐园的游客由上一年的93万人次一下子增加到173万人次，效益大增。而向导公司由此也得到一大笔收入。

商行返款销售计

天津市红桥区政府和区民政局，为安排残疾人就业，创办了我国首家"不花钱"商店——先取商行。

这家商行的具体做法是：有限期向顾客返还全部货款的形式，出售顾客所需商品。商品从价值2分钱的衣扣儿，到数千元的高档家用电器，全部实行返款销售。

凡在该店购买的货物，个人或集团一次累计购足百元商品者，可得返款单1张。首期发放5万张返款单。返款期限号码由市公证处监督摇出，受法律保护。返款率为100%。总返款期分两期进行，前10年返还50%，后10年全部还清。

这样顾客可以得到实惠，商店也可以得到大量流动资金。

巧借总统扬名计

1989年初，天津手表厂从《人民日报》上得知一则消息：

美国新任总统乔治·布什应邀在中国驻美大使馆邸做客时，指着腕上的手表说，这是中国制造的海欧表，是一位中国友人送给我的，已经戴了3年，走时准确。他曾戴这块手表去迈阿密海滩钓鱼，海水把他浑身打湿了，但这块表的走时丝毫没有受到影响。

闻讯后，厂长王亚舟立即通过美国驻华大使馆转赠布什夫妇一对新型"海鸥"双历石英电子表，并向这对忠实用户致意。各报纷纷报

道或转登这则消息,"海鸥"名扬四海。

古玩店开业贵卖

1987年,深圳仿真古玩店策划了一次奇特的宣传,仅这一次宣传,足以使该店在国内、国际上名声大噪。

深圳仿真古玩店开张那天,商店里赫然挂出一条横幅:"开业大吉,贵卖三天。"这一"贵卖"可把顾客搞糊涂了。一般商店开业,往往是降低价格以招引顾客,而这家古玩店却为何要"贵卖"呢?或许有什么讲究?人们带着各种各样的疑问和好奇纷至沓来。

原来,该店销售的仿真古玩都是独一无二的赝品。他们向国家有关部门买下了仿真权。为了增加仿真古玩的价格,他们对每件古玩只做一件,由于真品不卖,这独一无二的仿真古玩的价值便相当可观了。

一个"贵卖"引来了八方宾客,客人们还从中了解了该店的经营特点、价格及办店宗旨。记者们也前来助兴,一篇以《奇特的商店,奇特的开张方式》为题的新闻报道很快上了报纸,一时间,仿真古玩店便名声大噪,生意兴隆起来了。

大酒家海鲜特价

1987年,徐峰从香港到广州,投资200多万港币在花园酒店附近兴建了第一家南海鲜酒家,但生意平平。徐先生的南海渔村开张也很不顺利,头三个月就亏了50多万。一天,他在西濠二马路看到两家时装店,一家生意兴旺,另一家却相当平淡。他走进那旺店探个究竟,原来里面除了高档货外,还有几款特价服装。他受到了启发。于是就创出了"海鲜美食周"的点子:每天有一款海鲜是特价的,售价远远低于同行的价格。当时基围虾的市场价格为250克38元,他们降到18元。不出所料,这一招一举成功,很多食客就冲着那一款特价海鲜走进了南海渔村大门。

降低价格,他们原来是准备亏本的,但由于吃的人多,每月销出4吨基围虾。结果他们不但没亏,反而还赚了钱。

老店员推销赝品

某文物商店,一位外宾在一幅古画前留恋驻足。一位老店员见外宾很喜欢这幅画,便上前用流利的外语和他交谈,并把作品中的诗情画意介绍得引人入胜。外宾兴味盎然,为之录音。

不料,老店员坦然地说:"不过,这不是真品,而是仿制品。"

外宾听了大吃一惊,很失望。

老店员又话锋一转:"真品只有一幅,为国家所珍藏。仿制者为原作者的得意门生,他的仿制品不但假可乱真,还仿中有创新。用中国一句名言,叫作"青出于蓝而胜于蓝"。何况仿制者本人是高手,他的作品也是艺术珍品。"

然后,老店员介绍了仿制者的生平和轶闻,外宾连连称赞"诚实",欣然花数千元把画购去。

开发亚运旗之计

北京有一个街道小厂,职工只有十几个,且大多为老弱病残者,原来只是专门为火柴厂糊火柴盒的。亚运会前,他们突然从困难户一下子变成全市有名的暴发户。

原来,他们想出了一个好点子,就是设计一种印有亚运会会徽和字样的纸糊小旗,可放在办公桌上。

这种"台式"小旗,由于成本低,设计新颖,更重要的是它符合亚运会组委会力图大张旗鼓宣传亚运的意愿,因而得到有关方面的赞赏,并决定从他们这里定做大批这种"台式"亚运小旗,拟分发到全市各单位。仅此一举就使这个小厂赚了一大笔钱,从困难户一下子变成全市有名的暴发户。

为明星免费服务

1988年3月,广州中国大酒店闻听日本著名歌星西城秀树将赴广州义演,就火速向西城秀树发出盛情邀请,让其下榻中国大酒店,免费为他提供40个房间,住宿3天。

有人也许会大惑不解,中国大酒店为什么要做这种赔本生意呢?其实不然,原来西城秀树是个大名人,他在港澳和东南亚的歌迷很多,尾随他到广州的歌迷就有500多人,中国大酒店请来了西城秀树,也就请来了500多名歌迷的大部分,而且500名歌迷中有不少是记者,他们纷纷向港、澳和东南亚的报纸、电视台发回报道。

中国大酒店以40个房间的代价,一是换取了较好的经济效益,二是换取了义务宣传。

五元钱的火柴盒

某市生产菜刀的工厂，积压了几万把优质菜刀无人问津，连职工的工资都快发不下来了。怎样才能扩大本厂菜刀的影响呢？登广告吧，一把菜刀才赚几块钱，连广告费都付不起。厂长动员全厂职工出谋划策，争取少花钱或不花钱把积压的菜刀卖出去。

经过群策群力，职工们从每天都要用的火柴盒上找到了灵感。他们同火柴厂合作，改印了一批新的火柴盒，每个盒上印了这样一句话："这个火柴盒值5元钱，用它到××厂去换一把菜刀，优惠5元。"

这批新的火柴盒投放市场后，很多人争着抢购这种火柴，然后到菜刀厂去换菜刀。很快，几万把菜刀销售一空，产品积压的问题被一枚小小的火柴盒解决了。

周宏义的贩狗计

1991年6月，江西临川县红桥镇园艺场的手扶拖拉机手周宏义，帮一位好友运狗去广东时，发现一只狗从江西60多元购进，到广东100多元抛出，一车能载470只，除去开支，一趟纯赚2000多元，一周一个来回，一月就跑出一个"万元户"，比贩运生猪合算多了。于是他回到家里，马上拿出10万元将拖拉机换成"东风"。带着刚领到驾驶执照的儿子，跑起了贩狗的"单帮"。

他的"狗"生意越做越红火，在江西、湖南、湖北，设立了10多个活狗收购点，集中装运。销售点从广东的开平、台山等地逐渐扩大到广州、汕头，贩狗大王的名声在特区传开了。

他在1992年一年内驱车跑了350个来回，贩销活狗23500多只，营销成交额高达240万元，获纯利润10万元。他还准备组建一支股份制的贩狗运销集团，让他的"狗"进入国内外大市场。

厂长的点火奇计

1993年，北京牌212吉普准备改型，其中篷布将用单面涂塑布取代双面涂塑布。信息一传出，全国有头脑的厂长纷纷行动，共100多家生产单位送样品上门。

这天，江都装饰塑料厂厂长也带着样品来到生产吉普车的厂家。在现场他打燃气体打火机，一寸多高的火苗舔着该厂生产的单面涂塑布条。当布条慢慢卷缩，燃烧起火之时，他关掉打火机，布条上的火苗也随之渐渐熄灭。大家都被这突然的举动惊呆了，于是他趁机宣传本产品的优点。好奇的人们争相拿起样品点火（这正中了他的下怀）。试验结果都是如此。

吉普车厂家当即决定改型车篷布选用江都装饰塑料厂的产品，一下子就购了100多万平方米！

其实篷布不光需耐火，还要耐水、耐压、耐晒，其他厂长没有立即考虑出别的与之相比的方法来，让江都装饰厂抢了先。

茅台酒化整为零

在社会上早就流行有："喝得起茅台的不用花钱，不喝茅台的反而花钱。"贵州茅台酒厂得知这种说法后，派人到市场上作调查，北京每瓶茅台售价高达300元，上海竟标价500元，令真正想消费的顾客吃惊。人们买茅台也不喝，只是把它当礼品送人。

茅台酒厂根据这种调查结果，把精酿的39度茅台酒，分装成250克、100克、50克等9种新规格投放市场，融一次性、纪念性、经济性于一体，备受广大消费者欢迎。过去花300元买一瓶，舍不得自己喝，如今花30元买50克品尝品尝也不冤。仅此一招，就使茅台酒厂收入大增。

歌舞场和生意经

浙江省黄岩县路桥镇有家购销服务公司。公司货源充足，品种齐全，价格适宜。但由于地处偏僻，联系面窄，业务难以开拓，生意清淡。

这一天，公司的承包经理林振聪，正在苦心思索如何搞活经营、疏通购销渠道。突然进来一位身材颀长的漂亮姑娘。

姑娘递过介绍信："我是浙江省歌舞团的。这次我们团来路桥镇演出，想请林经理认购一些戏票。"

啊！省歌舞团可是个著名剧团呀，阵容整齐，节目上乘，名气响亮，林振聪记得自己在杭州曾看过一回这个团的演出。好不容易才买到一张楼座票，难道如此有名的剧团还要推销票子吗？

省歌舞团的姑娘解释说："路桥镇太偏僻了，没有办法，全体演员只得分头到各单位去联系票务。"

林振聪心想，有货没人要，好戏没人看。剧团的情况不正和公司的情况一样吗？他灵机一动，闪过一个念头："我包一场歌舞演出可以吗？"

姑娘眼里闪烁着光芒："怎么不可以，简直太好了！"

林振聪接着说："不过我有个要求！"

"什么要求？"

"我想登台！"

姑娘看看30岁刚出头、气宇轩昂的林振聪经理，笑着问："想不到经理是个文艺爱好者，你想客串一个节目？"

林振聪摇摇头说："我不会唱歌跳舞，只想讲几句话。"

"那当然可以。"姑娘当即把首场票交给了林振聪。

林振聪送走姑娘后，来到乡政府招待所，给住宿在那里的旅客每人一张票，又回到办公室，写了一大叠请柬，邀请县里和附近乡镇的有关公司的经理和经销人员来路桥镇观看省歌舞团的精彩演出。

首场演出开始了。帷幕拉开，林振聪西装革履，风度翩翩地登上舞台，他脸带笑容，满面生辉："欢迎大家来观看演出！也欢迎大家惠顾路桥购销服务公司！"他向大家详细介绍了公司的经营方式、经营范围及经营商品的特色和价格。"生意不成人情在，即使谈不成业务，也欢迎来公司做客！多提宝贵意见！"

林振聪这一办法果然灵验，晚会后的几天内，上门采购糖酒和糕点、南北货的客商不绝，连很远的外地客商也闻讯赶来，一下子做了上千笔生意。

竺成汉善于掉头

竺成汉是浙江嵊县的一个普通农民，他脑筋灵活，勤学苦练，学得了一手箍桶的好手艺，收入当然要高出一般农户。但是，当现代化的用具不断地拥入市场后，人们用木桶木盆的渐渐改用方便美观的金属桶或塑料桶，竺成汉的箍桶生意越来越难做了。

一天，他在城里兜了大半天，一笔生意也没做成，鞋底却几乎磨穿。他就到一家饭店去吃饭。可是那饭店顾客盈门，简直没有他的立足之地，好在隔壁还有一家饮食店，可是那饮食店里也是座无虚席。接连跑了几家，情况都差不多。于是他想，以前饮食店很少，可是箍桶匠很多，现在情况正相反，由此，他悟出了行当的兴衰必须顺应群众的需求。他联想到家乡雄鹅村现在也富起来了，可是还没有一家饮食店，自己何不改行来经营饮食店呢？

他回到家中，和老婆一合计，老婆欣然同意。他俩就添置家什，改建房屋，开起了村里的第一家饮食店。

小饭店一开张，立即吸引了南来北往的行人和乡办企业的工人，他们图个方便，乐意到小饭店里歇歇脚，喝口水，吃点饭，饭店的生意很兴旺，一年就赚了3000多元，比他当箍桶匠时收入丰裕多了。

隔了一年，情况又有了变化，别的村民学他的样子也在邻近办起了饮食店，装潢比他考究，菜肴比他多样，有的甚至不惜重金，从外地请来名厨掌勺。竺成汉审时度势，觉得自己的实力无法与人匹敌，于是当机立断，见好就收，又将自己"驾驶"的"小船"迅速掉头了。

改行做什么呢？竺成汉看到小村富起来，盖新房的人家越来越多。他觉得跑运输、运送建筑材料是个好行当。说干就干，他将饮食店歇业，利用积存的资金，购买了一台拖拉机专门给造房户运石块、装泥沙、拉砖瓦……他这样的行当正符合人们的需要，登门者络绎不绝，收入相当可观，成了全村著名的运输专业户。

"船小掉头快"，由于竺成汉善于掉头，他驾驶的生活小船越跑越快了。

道听途说的价值

某鞋厂由于品种陈旧，销路不畅，工厂面临倒闭的危机，急需开发出新品种来，以使鞋厂起死回生。有一次，该厂的技术科吴科长去北京给孩子看病，无意中听到路人议论说，市场上有一种仿皮塑料凉鞋价廉物美，经济实惠，就是不易买到。吴科长回厂后，把这条"马路新闻"告诉了厂长刘洪明，刘厂长非常重视这条信息。但这种仿皮塑料鞋究竟如何呢？他就四处打听，了解到这是江西一家鞋厂生产的，他还购来了实样，一看果然不错。这种鞋子看上去像皮，摸上去像草，实际上是塑料制成的，他将这种鞋子进行改进后推向市场，取得了明显的经济效果。

还有一次，刘洪明到街上闲逛，看见有几个军人迎面走来，他们脚穿胶底布鞋，显得轻捷、舒适，精神抖擞，路旁不少行人都注视着这种新型的布鞋，露出羡慕的目光。有的人还低声议论："这种鞋子真好，可惜市场上没有卖的。"

刘洪明马上联想到自己的鞋厂可以生产这种布鞋。正巧他的鞋厂有个职工是从部队鞋厂转调过来的，刘洪明就通过他，派人去部队学习粘胶底的技术，开始生产这种布鞋。由于产品适销对路，1982年，工厂就转亏为盈。

由于部队的鞋子是规范化、统一化的，这对整齐军容固然很有必要，但对市民就缺少广泛的适应性。刘洪明于是进行产品跟踪，甚至派人到街头广泛听取道听途说，了解人们对这种布鞋的反映。他将从部队学来的注塑布鞋做成各种不同的式样，不仅繁荣了本地区的鞋子市场，而且打进北京、天津这样的大城市和山西、河南广阔的农村地区。

销售越多，反馈的信息也就越多，人们的"评头品足"的意见也随之增长。刘洪明认真地对各项意见进行分析，他的结论是，这种注塑布鞋在市场上销售不断呈上升的趋势，于是他下决心增设了一条专门的流水线，仅用了一个月时间就建成投产了，抢了速度，赢得了时间，当相邻地区的鞋厂开始生产注塑布鞋时，该鞋厂已经能生产30多个花色品种的注塑布鞋，推销到4省10市180多家商店，这一年该厂获纯利12.8万多元。

经营邮票获巨利

1984年，卢俊雄利用寒假组织了大陆第一个中学生集邮夏令营。由于各种无法预料的原因失败了，他十分难受。后来把他的心情写成一篇文章，寄给香港《邮票世界》杂志，居然刊登出来了。更为奇妙的是，一些海外邮票商竟纷纷来函寄钱，托他购买邮票。他马上看到了这个巨大的市场。

200枚邮票夹在信封里邮寄无须纳税。他就这样意想不到地打入了"国际市场"。当时只要买到100元人民币的"错体票"（漏色、印倒、变体的邮票），寄出去就可以获得100英镑的收益。他还从国外买进许多邮票，高价卖给国内的集邮迷。

1986年底，他发现从广州往深圳转卖贺卡可以获利。为了搞到最廉价的货源，他运用了一个聪明的方法。他去个体摊那儿，一开口就说要1万元人民币的货，人家的货量不够，就告诉他得找谁去。到第二个那里他说要5万的货，人家的货量又不够，又介绍他到更大的卖主那里去。这样一个个找下去，他找到了广州规模最大而且价格最低的批发商。他对那人说："我要去年的积压品。"对方一听当然高兴，并且价格十分便宜。这些根本不值钱的旧货却在一年之后的深圳以高价钱卖出去了。这次行动使他赚了一笔巨额利润。

半双特效药鞋垫

刘某见人家每天能推销一、二十双特效药鞋垫，自己也想试试。

他将本市划分为若干个片区，聘请了一些主要负责人或主要代理店。刘某要求他们在推销时，都运用一个高明的"左右成双"原理。

卖给消费者时不是一双全卖给他，而是先送一只给他穿，并告诉顾客一双售价是3元，你如果不相信这双鞋垫的科学配方和神奇效力的话，可以先拿一只去试穿。如果那只脚有效果了，你可以再买另一只，到时再付齐3元。

许多消费者见他们这么推销，都很信任他们，放心地当场买下一双。有的顾客感到难得遇见这样真心而大胆的厂家，当场为家人、朋友带上几双。

也有许多人不相信就先拿走了一只，只交一元钱。销售人员会向他们说明：明后天你感觉有效果了，可以回来再买另一只，或留下你的地址，我们为你送货上门。你要记住买的是左脚还是右脚的。同时对每一个顾客都发给一张传单，如果他介绍同事、朋友来买的话，凭此单可以便宜10%，数量大还可以便宜更多。

刘某这一套销售方法很快就产生了一种快速连锁效果。有人提出疑问：假如有的人拿走了左脚的，以后他不来了呢？别担心，左脚垫一元已经赚钱了。

假如人们都买左脚的，剩下的都是右脚的，又卖不出去怎么办？实际上销售人员对甲顾客卖左脚，对乙顾客就卖右脚的，这样，他也相当于卖掉了一双。

假如有人第二次来，他说要右脚的试穿，而他以前已经要了一次左脚的试穿了而不告诉销售人员呢？这也没有关系。因为他给销售人员的价格是每双2元。

他还派人到各家各户推销。如果人们不信这鞋垫的神奇效力，也先卖一只给他试穿，过几天再依次上门去卖另一只。

冷风机下的美酒

被誉为"酒中美人"的贵州鸭溪窖酒在保加利亚普罗夫迪夫市兴办的国际博览会上力挫群芳，夺得唯一一块金牌。

在博览会上，鸭溪窖酒厂的代表不仅拆开瓶让人们亲自品尝，而且还倒出一大碗放在冷风机下，使美酒的芳香弥漫整个展览大厅。闻者无不上前探视，刹那间，前来围观、品尝、询问的人群，令工作人员应接不暇。

莫斯科一位客商品尝后，当即要求购买200吨。意大利客商品尝后，提出用现金购买100万美元的酒，并希望与酒厂建立长期供销关系，愿充当鸭溪酒在欧洲的总代理。

买书赠报推销计

一位年轻书贩在湘、颚、赣交会的繁华小镇上摆书摊。开始时，他照搬大城市的一些做法，进了一些大城市畅销的书，可恼人的是，这些书如《旅游快读丛书》、《抗暴防身绝招》等，在这个3省交会、流动人口多的小镇并不畅销。

经过了解，原来并不是人们不喜欢这些书，而是嫌书贵了一点。他再进一步分析，发现来往的人做生意的很多，他们对各类信息都感兴趣。

于是，他有意多进了一些质量高的信息报，并进一些娱乐性、消遣性强的小报。然后声明，谁买一本书，就赠一张报纸。这样，别人想看报纸，就必须买书了，而且在"白捡便宜"的心理下，也淡化了出钱吃了亏的感觉。而这位年轻书贩，表面上在报纸方面亏了，但由于畅销，薄利多销，也取得了好的收益。

勤织信息网的人

某县青年农民姜元陈于1985年承包了一家村办小服装厂，不仅使这个厂转亏为盈，而且将产品打入北京、上海等大城市，声名显赫，引人注目。

姜元陈在接手这家村办厂时，业务员和熟练工因本厂处境不妙，已纷纷另攀高枝，远走高飞，只剩下6个学徒工和几十台旧机器。怎么办？搞时装竞争不过广州、上海等大城市；搞加工因村办厂地处偏僻揽不到活；生产大路货，更要担卖不出去的风险！

但是姜元陈精通服装裁剪业务，完全可以将学徒工培养成为熟练工，设备不足可以添置，关键是业务。他相信服装是关系到人们衣食住行的头项大事，尽管市场上服装很多，但总有自己图生存谋发展的机会的。

于是，他就到市场上去探听服装行情。他在北京王府井大街听到一个青年妇女抱怨道："买件小孩衣服这么难，各个商店都没合适的！"他就把这个信息输进脑子里。

接着他又跑了不少地方，获得了不少信息。终于摸到了服装市场四多四少的现象：成人服装多，童装少；女装多，男装少；上衣多，裤子少；传统服装多，新颖服装少。他回到了厂里，根据这"四多四少"的现象，有针对性地进行设计，并迅速安排生产，很快就打开了局面。

他们的厂虽处偏僻地区，但现代化的通信使他随时能感到服装市场脉搏的跳动。他不仅广泛使用电话、电报，经常乘车外出，东奔西跑，捕捉新的信息，还在各地建立信息网络，使他能了解越来越多的行情。

有一次，上海的信息点给他寄来了一份即将推出的一种"将军服"的样品和设计图纸，他看了觉得式样果然不错，上市后定能畅销，但他又想到上海的生产厂家规模很大，他们批量生产投入市场，农村小厂是无法望其项背的。小厂跟大厂，亦步亦趋，总要吃苦头的，只有超越大厂，超在前头，才能领先一步，争取主动。他经过反复思索和设计，搞出了一种比"将军服"更新颖的"元帅服"。当他们的"元帅服"进入上海市场后，"将军服"的畅销势头已过，"元帅服"便取而代之，一下子成了热门货。

9元多的收音机

某厂生产的"咏梅"牌袖珍收音机，一度在市场上很畅销。随着收录机和电视机的普及，"咏梅"牌袖珍收音机销售量下降，从每台20多元降价为10.5元，仍不见起色，工厂面临着亏损和倒闭的危机。

王厂长和符书记为此心急如焚，他们觉得现在的销售价已快降到最低点了，难道质量优异、性能良好的"咏梅"牌收音机注定要被市场所淘汰吗？

他们就召开各地用户的座谈会广泛征求意见。人们对咏梅袖珍收音机的反映还是良好的，认为有它的优势，不应该退出市场。那么为什么销路不畅呢？有宣传问题，有竞争问题，归根结底，还是价格问题。

王厂长还专程冒着严寒到北京去实际了解咏梅袖珍收音机的销售情况。他转了各大商场，发现打听询问者很多，但实际购买者却很少，其原因确实是价格问题。因为这种收音机毕竟不像它刚问世时那么引人注目了，人们收听音乐和广播的渠道越来越多，如果价格合适，人们不妨就购买一个，如果不合适，不买也无关紧要。而且购买对象也变成以学生为主，他们不可能出大价钱购买一件并非必不可少的物件。

王厂长问商场的售货员："这种机子以什么价格销售比较合适？"

售货员说："倘能每台跌到10元以内，虽然仅差几角钱，人们的购买心理就会发生变化，销量就会上升。"

王厂长回去后，算了一笔细账，若按现在的销量，价格已无法降低，倘若销量扩大，成本降低，再适当压低销价仍是可能的。于是再次召集各位经销单位业务员会议，提出了一个大胆的方案："只要你们进我们的货，如果商场亏了本，亏多少由我们厂家来赔偿。"

这一大胆的举措消除了各经销单位的顾虑，因为市场上收音机的价格一直在降，商店吃亏，既然工厂作出了这样的保证，他们就敢于大胆进货、大胆销售了。

咏梅牌袖珍机每台由10.5元降为9.8元，这削价7角钱，竟使该厂生产蒸蒸日上，"82年系列"这一种产品供应市场后，厂方获益30万元，真正做到了"薄利多销"。

信息经营和财富

吉林省长春市有一名退休老工人带领5名青年办起了一家白山图片社。所谓图片社实际上是一个简易的照相馆。经营拍照和销售照相材料等业务。但小企业也能创出大事业，这个毫不起眼的白山图片社，办成了许多大企业都没有办成的事业。

那还是20世纪80年代初，图片社开办时，市场上黑白胶卷奇缺，白山图片社抓住了这个"缺货"的苗头，作了深入的研究。他们认为爱好摄影的人越来越多，发展黑白胶卷生产，是一个好机会，虽然自己不具备开厂生产的条件，但他们协助有关厂家生产还是可能的。他们当机立断，就同一个胶卷厂挂钩搞联营，很快就生产出了黑白胶卷，适应了群众的消费需要，一年就获利22万余元。

市场的需求千变万化，黑白胶卷热销一时后，就开始走下坡路。但是，黑白电视机热销起来了，如果在黑白电视机前面加上一张滤色片，就能显示出某种"彩色电视"的效果，所以群众很乐意购买，又成了市场的紧俏货。长春当地并无生产，外地厂家生产的产品在附近地区还供不应求，哪能运销外地呢？白山图片社抓住了这个"苗头"，又考虑到黑白胶卷的生产与电视机的滤色片的制造比较雷同，改产比较方便，他们又马上转产电视机滤色片。新产品生产出来后，订单似雪片般地飞来，那一年，他们又获利30多万元。

随着社会经济的发展，人们对消费品的要求越来越趋于高档化，彩色电视机逐渐取代了黑白电视机。在这种情况下，使用于黑白电视机的滤色片又显得过时了，这时彩色胶卷又时兴行销了。白山图片社又抓住这个"苗头"，立即从日本引进了先进设备，搞起了彩色照片的扩印业务，成了东北三省第一家彩扩业务单位。日夜开工还应接不暇。当年纯收入达到67万元。第二年，进一步添置设备，提高了经营能力，全年获利又猛涨到180万元。

白山图片社抓住市场的"苗头"，不断开拓业务，项目不断更新，业务日益兴旺，他们的成功经验，可归纳成这么一个公式：信息＋经营＝财富。

喝不到啤酒以后

一列旅客列车风驰电掣，行驶在胶济线上。工业局长刘希凡和白云山农药厂技术员刘铭智也挤在这列车上。挤挤车子，吃点辛苦对他俩而言，根本算不了什么。想当初，他们办白云山农药厂，没日没夜地搞基建，进设备，跑原料，做试验，制成品，找销路，可谓是吃尽了苦头，总算把一个厂子办了起来。而且办得堂堂皇皇，像模像样。然而，好景不长，农药厂从开办之初就存在着的"三废"问题一直难以解决，前不久，市政府断然下令关闭了白云山农药厂。工厂关闭后，全厂400多名职工的出路何在呢？于是他俩费尽心机要使工厂转产，要为工人寻找门路。为此，他们已辗转各地，几乎天天和火车、汽车打交道，结果还是一筹莫展。

在拥挤的列车上，两人还在反复地商议着。刘智铭提出了转产问题，他说："生产胶底鞋，本低利厚，是个好行当。"

刘希凡摇摇头："生产胶鞋的厂越来越多了，

市场已呈饱和状态。"

来到青岛，市场繁荣，商业兴隆，但却没有老刘和小刘的门路可走。

他们垂头丧气地来到一家饭店。老刘随口喊道："来两瓶青岛啤酒！"

服务员抱歉地说："对不起，青岛啤酒十分紧缺，本店没有供应。"

奇怪，身在青岛，居然喝不到青岛啤酒，岂非咄咄怪事？但这个"怪事"使老刘和小刘同时转到了一个念头：转业生产啤酒不是很好的门路吗？随着人们生活水平的提高，对啤酒的需求量越来越大，前途十分广阔！

老刘、小刘回到济南后，就投入了转产啤酒的紧张工作。经过8个月的艰苦创业，终于生产出自己的啤酒。投产不到一年，就在全国啤酒评比会上夺标争胜，创了名牌。1984年，生产量达到1800吨，成为顾客欢迎的畅销饮料。

狮子山上的宝贝

鄂西北山区有座狮子山，年代久远，山石是砂积岩，由于没有土层，无法种植，质地松软，也不能修路造屋。尽管山上石头成型奇特，呈现千姿百态，存在着一定的观赏价值，但在人们心中也只是个中看不中用的荒山。

改革开放之后，居然有人对狮子山的石头有了兴趣。当地村民偶尔带些山上的石头到城里探亲访友，作为家乡的"小玩意儿"给人留作纪念，竟使一部分城里人感到稀罕。

后来，村民们就将山石开采下来，送到城里去卖，可卖到6元钱一吨。

6元钱一吨石头，应该说是个很好的价钱，而且购买者越来越多。城里人要这种石头干什么呢？村民们后来发现这种石头是被用来堆假山的。他们仔细一琢磨，不错，狮子山采下来的石头，形状奇特、质地松软，正是堆假山的好材料。以前人们的生活水平都很低，居住空间那么小，哪想得着堆什么假山？现在形势不同了，堆假山的园林工程时兴起来，对假山石的需求越来越迫切了。据说有些人还不惜重金到苏南去购买太湖石来堆砌假山哩！这么一算，6元钱一吨又太便宜了。

于是，他们把价格从一吨6元提高到80元，但购买者仍旧络绎不绝。

村民们觉得其中必有奥妙，他们就到北京去考察。发现像狮子山上的砂积石，在北京一公斤要卖到几元钱。他们是用来做山石盆景的，这真使他们眼界大开！原来狮子山上的石头是个这么值钱的宝贝！

他们回到家乡后，更加重视狮子山的石头了。在有关专家的帮助下，村里办起了山石盆景工艺品厂，做出了一盆盆精美绝伦的盆景工艺品。用料不多，价钱特高。接着，他们又研制出了电子超声喷雾盆景，每盆卖260元。

村民们在利用狮子山的石头上实行了四个飞跃，从不用到用，从低价到高价，从出售原材料到出售成品，从生产一般性产品到研制高档新产品，这几个飞跃使他们既保护了自然资源，又赚得了大钱。

在鸭少的季节里

海南岛有个养殖专业户孙会昭，从1982年开始养鸭，由于精心饲养，鸭子只只个大肉肥，可长到7斤以上。可是投放到农贸市场后，并不受顾客欢迎。孙会昭心里很是纳闷，就同顾客闲扯起来："是不是我的鸭品种不好？"

顾客说："这种鸭品种优良。"

"是不是我的鸭养得不大不肥？"

顾客说："养得很大很肥。"

后来，孙会昭终于悟出了一个道理：问题就是他把鸭养得太大太肥了。后来孙会昭把鸭养至2～4斤时就出售。他本来就善于养鸭，改变了经营方向，他的鸭比起别人的质量好，大小又合适，价钱又公道，所以销路一直很好。

在农贸市场上，孙会昭又发现一种现象：当某种蔬菜刚上市时，尽管价格高，人们出于尝鲜的愿望，踊跃购买，后来这种蔬菜大量上市，价格就大降，这时顾客反而稀少了，他们又把目标注视到另一种刚上市的时鲜蔬菜上面去了。这种现象更使孙会昭体会到"物以稀为贵"的道理。

孙会昭把这个道理运用到养鸭的专业上去。每年鸭子上市，大都集中在夏秋两个季节，这时鸭多价低，过了这个季节，鸭少而价高。他便改变养鸭的方法，使自己养的鸭在冬天和春天上市，这时他几乎变成了独家经营，在销售和价格上掌握了主动权，从而获取了更大的利润。

这是一种运用产品竞争的逆向策略。通过反弹的方法，为经营制造良好的时机。孙会昭虽然没学过经营学，但在实践中体会到了并且很好地实施了这种逆向策略。反弹的方法还有很多，如冬天销电扇，夏天卖皮衣，这就是"时间反弹"；在人们赶新潮求时髦的时候，推出某种仿古新产品，这就是"回归反弹"；一般人都喜欢坚固耐久的消费品，这时生产大量价格低廉的一次性用品也将备受欢迎，这就是"功能反弹"。

这种经营上的反弹方法要用得恰当、巧妙，才能取得良好的效果，孙会昭的养鸭和卖鸭就是成功的事例。

弱者打败众强者

1982年冬天，湖南省平江县召开电炊具订货会。有24家来自各地的生产厂家参加。这些厂家实力雄厚、货源充足，都准备在订货会上拼搏一番。其中，湛江家用电器公司实力稍逊。和其他23个强者相比，它是弱者。

然而，这家公司作了种种应变的打算。带队的厂长说："我们先别展示样品，先看看别厂的新产品再说。"

不看不知道，一看吓一跳。那23家大厂的新产品布置得琳琅满目，丰富多彩，确实各具所长。湛江厂的新产品，难以与之匹敌，怎么办？

厂长说："他们的新产品都很好，但能否在本地区销售很难说，我们抓紧时间，调查一下。"

湛江厂的技术人员离开会场，下乡去调查。发现这里农村的小水力发电很普及，农民不仅需要一般的电饭锅，更需要能做饭、能炒菜、能做猪食的电饭锅，这种新产品别的厂家没有，自己厂里也没有生产，这又该怎么办？

厂长说："赶紧设计，赶紧做成样品，拿到订货会上来。"

关键就是要抢时间，争速度。订货会已经开了。要在会上搞出新产品的样品来，必须要有超常规的速度，超常规的干劲，超常规的功效。湛江厂就是这样超常规地在几天时间里搞出了多功能电饭锅的样品，当他们拿着样品返回订货会现场时，厂长已在同用户介绍了。

厂长说："除了其他新产品外，本厂还设计一种适合本地农村需要的多功能电饭锅，集做饭、炒菜、烧猪食等功能于一身，使用方便，价廉物美。"说着，他从长途奔波的技术员手中接过样品，高高举起："这就是新产品，竭诚欢迎各位来宾批评指教。"

厂长的话，惊动了整个订货会的会场。接着订货单如雪片般地飘来，湛江厂的代表，果然不负全厂职工的期望，满载而归。

那23个强者，面对着湛江厂这个弱者在短短的订货会期间，居然搞出了一个适销新产品来，真是惊奇万分，感慨不已。

市场变我也要变

自来水笔是人们日常使用的工具。新中国成立前我国国产自来水笔市场，一直为"金星"、"关勒铭"、"新民"三种牌号所垄断。尤以"金星"笔最为畅销，至今有些上了年纪的人还保存着那种黑色胶木笔杆、14K金笔尖的老式金星笔。

新中国成立以后，"关勒铭"和"新民"笔的生产厂家转产别的项目，"金星"笔更是"一枝独秀"。虽有"英雄"笔和"永生"笔相继问世，由于国家商业部门对自来水笔采取包销政策，所以"金星"笔仍畅销不衰。

改革开放之后，市场经营机制发生了变化，商品生产不断增多，花式繁多的新型自来水笔纷纷涌上柜台，金星笔厂数十年一贯制的自来水笔，已逐渐失去了竞争能力，销路越来越窄，工厂面临着重重危机。

原来不重视销售工作的金星笔厂的职工们产生了强烈的紧迫感。他们不甘落伍，不愿"在一棵树上吊死"，积极开拓新产品，寻找新市场，使工厂图生存求发展。

金星笔厂从寻找信息着手，从调查起步。他们发现在国际墨水笔市场上有一种彩色墨水笔用途宽广，销势看涨。于是就开始研制和生产12种彩色墨水笔。

这个厂家经过试制和技术设备的改造，很快生产出彩色墨水笔。它具有书写流利、色泽鲜艳、笔芯可以更换等优点，具有书写、绘画等多种功能，满足机关工作者、学生、专业人员和儿童多层次顾客的需要，投放市场后，立即受到了广大用户的欢迎。

金星笔厂由于掌握信息准确，转产及时，又发挥了老厂的技术优势和利用名牌的声誉，彩色墨水笔很快打开了局面，订单不断涌来。1983年，该厂仅生产彩色墨水笔一项就获利110万元。还出现了前所未有的供不应求的现象。

为了满足市场需要，金星笔厂将部分订货转给北京圆珠笔厂生产。北京圆珠笔厂也因此获利20多万元。

由此可见，在市场激烈竞争的当今社会，决不能抱着老本本，凭老资格，靠老牌号享用一辈子，必须市场变我也变，在变化中求生存，在变化中图发展。

大出风头的火柴

白天鹅宾馆是广州的一家豪华大饭店。无论是外部装潢或是内部陈设，在全国都堪称一流。

这一天，宾馆的宴会厅里记者云集、宾客如潮。这里正在进行首届烹饪大赛的新闻发布会。发布会搞得富有成效，宾馆的高级厨师一个个当众献艺。不仅被视为上八珍的猴头、龙肝、凤胆制作得精彩纷呈，即使普通的鱼肉鸡蛋、家常蔬菜也烹饪得色香味俱全，非同一般，博得与会者的一致好评。

接着就是盛大的招待宴会，当一道道美味佳肴端上餐桌时，宾客们更是赞不绝口。

"饭后一支烟，赛过活神仙。"当记者们酒足饭饱之后，拿起烟卷互相敬奉时，站立在一旁的服务员小姐立即拿出火柴，"嚓"地一声，顿时一团火光，暖融融地呈现在各人面前。

这支火柴真特别，又粗又长，点遍一桌几位宾客的香烟后，竟然余火未尽，正好点着了一位刚从洗手间回来的"老外"记者的一根古巴雪茄。宾客们都兴趣盎然地来观看服务员手中火柴的残存木棒。

这时，宴会的主人不失时机地向大家介绍："这是本宾馆特别的火柴，奉送每位来宾2盒作为纪念。"

果然，在每人的桌位上都有2盒火柴，大家随手拿起玩赏起来。

这种火柴不仅又粗又长，而且装饰精美，盒上印有漂亮的白天鹅图案，其美观精致的模样，哪像是件家常日用品，简直是一件艺术品，于是人们爱不释手。

更出人意料的是，来自全国各地的记者当他返回本地后，往往会情不自禁地将"白天鹅"火柴拿出来炫耀一番，并当众表演一次，然后大讲其烹饪大赛的种种精彩节目和他们品尝过的各式各样的美味佳肴。于是，大赛的成就随着火柴的点燃到处传播。

这正是火柴设计者和赠送者要想达到的预期效果。

日本的杜康酒热

杜康酒是中国的历史名酒。它以杜康善酿著称于世，也因曹操的名诗《短歌行》而世代相传。曹操的诗句是这样的：

慨当以慷，忧思难忘，

何以解忧，唯有杜康。

相传，酒仙杜康是在河南酿成其著名的杜康酒的，所以在河南有许多杜康酒厂。但是他们酿造的只是一般的高粱酒和米酒，所以只有其名而无其实。1971年，河南伊川杜康酒厂经过反复研制，开发了新一代的杜康酒。经过专家鉴定，认为这种酒味醇正，香气扑鼻，酒度适宜，并且具有独特的芝麻香味。其品位与古书上描述的杜康酒比较接近，于是脱颖而出，成为杜康酒中的佼佼者，被视为正宗的杜康酒。

1976年，中国冶金部代表团访日，将杜康酒送给了日本前首相田中角荣，并赠诗一首。诗云：

田中原首相，和好利家邦。

献上杜康酒，周公古义长。

众所周知，中日恢复邦交是田中任首相时完成的一件大事，是他和周总理在协议上签的字。从此中日两国的交往更加频繁，更加密切，两国人民也更加友好了。把赠酒同这件具有历史意义的大事，同促成这件大事的两国领导人联系在一起，不仅触动了受礼人的心弦，更唤起了公众加深中日友好的热情。

当时，杜康酒这份礼品是通过代表团一个成员的弟弟转送的，此人是日籍华人。他也赋诗一首：

美酒自古唯杜康，河南一饮三年长。

诺言生死无更改，七载做成献寿长。

这首诗主要是称颂杜康美酒的，并以此阐述中国客人赠酒的美意。有趣的是这位转送者将诗用甲骨文刻在龟板上面。这样一来，使得古酒仙和今名人、古雅意和今新情交融一体，诗颂酒义，酒使诗雅，琅琅上口，浑然一体。所以在中国冶金代表团访日过后，这首诗和杜康酒很快传遍日本，在日本形成了一股杜康酒热。

周口味精攻心战

河南省项城县于1984年将原来的药厂和液糖厂合并为周口地区味精厂，他们艰苦奋斗，经历了攻克生产关、提高质量关、降低成本关三个过程，尤其是在法国食品博览会上获得了金奖之后，使周口味精具备了相当的竞争能力，但在销售关上却被卡住了。

当时市场上的味精种类很多，多数商店的

味精货源已有了"老关系户"供应，周口味精被拒之门外。

形势十分严峻，但周口味精厂用了一种称之为"攻心战"的经营谋略，迅速打开了产品的销路。

有个城市为了保护当地产品，一直不让商店进周口味精。周口味精厂就在那个城市租用了两间房当仓库，每天在仓库外设摊卖货，摆出了他们的产品和当地的产品，并标明价格和质量指标。于是，群众纷纷到他们的摊上来购买这种价廉质优的味精，个体户和商店见有利可图，也来向他们进货。这些商户还广为宣传，一传十、十传百，周口味精的销势更旺，很快就占领了这个城市的市场。

还有一个城市的味精市场一直是某种名牌产品的天下，根本无周口味精的立足之地。副食品公司还张贴广告：本公司所属商店负责经销某名牌味精，其他牌号味精，一概不予经销。在这种情况下，周口味精的销售员只好转移到郊区，采取"农村包围城市"的策略。先在城郊建立了良好的产品信誉。不久，周口味精在农村畅销的消息传到了城区，不少人争相到各副食商店询问能否买到周口味精，强烈地表达了想购买这种在农村已经畅销的商品的意愿，居然还出现了"欢迎周口味精进城"的标语。各商店纷纷向副食品公司反映情况，要求进货，以满足顾客的需要。

副食品公司见大势所趋、人心所向，就改变了态度，不仅进了周口味精，而且还为之搞宣传、做广告。因为公司也愿意从销售周口味精的过程中获取利润。在这种条件下，公司和厂方的目标是一致的。

推销手段是争取人心的艺术，周口味精厂就是其中的一例。还有更多的事例有待人们去发现，更多的手法有待人们去创造。

新奇别致的宴会

我国自改革开放之后，经济极大地搞活了。许多企业也懂得以新奇别致的方法来显示自己的经营特色，推销产品，获取利润。

1987年9月，河北省唐山市粉豆制品厂为参观者举办了一次别开生面的欢迎宴会。席上摆了18道菜，非常丰盛，有红烧鲤鱼、熘大肠、炒肉丝、鸡肉饼、肉糜卷等，使入席的来宾垂涎欲滴、胃口大开。

但也有人说："我这么胖，吃了这么多肉食，裤带又不够长了！"

还有人说："我的血压偏高，可不敢领教这些高脂肪、高胆固醇的美味佳肴！"

这时粉豆制品厂的厂长笑嘻嘻地对众人说："各位尽管放心，这些菜肴都是素食，完全是用本厂的产品豆花和面筋制作的，请大家品尝之后，提出宝贵意见！"

人们不由啧啧称奇，品味之后，果然是齿颊留香。这些菜肴具有荤菜的味美，又有素食的纯正，食之绝不会有提高血脂、增高血压、扩张腰围之虞，于是参观者欲罢不能、大饱口福，这家粉豆制品厂名声大震，生意更加兴旺了。

联手制造新闻计

1993年1月25日，农历正月初三。清晨，一市民在街头上买了份当天的《文汇报》，顿时傻了眼：《文汇报》头版一整版刊着一则西冷电器的大广告！他困惑不解地在电话中问道：贵报今天怎么没有新闻？报纸负责人回答道：这不就是最大的新闻吗？这天的《文汇报》发出后，在国内外激起轩然大波，这则由《文汇报》、西冷集团、奥美广告公司联手制造的广告成了轰动海内外的爆炸性新闻。

杭州西冷电器集团用美国、日本进口的名牌压缩机，在一流的生产线上制造了具有先进性能的西冷分体挂壁式空调器。然而，产品面临严峻的市场局势。市场上外国空调走俏，国内的春兰、爱特、上菱、东宝等也已成了名牌，各自占领着相当大的市场，国内大中城市的电器经销商们对新牌空调的选择必然十分苛刻。西冷集团的老总们提出各种销售方案，最后决定先从广告入手，先从上海入手。他们分析，上海是最重要的经济、技术中心之一，只有在大上海站稳脚跟，才能南征北战横扫千军。他们决定把上海作为桥头堡，首先在上海造成轰动。

总经理张平亲自到上海最享盛名的广告公司——奥美广告有限公司上海分公司，请求他们策划。雀巢咖啡的"味道好极了"、雷达灭蚊器的"蚊子蟑螂死光光"的广告就是这家公司策划的。

两个月后，奥美公司亮出他们的广告方案：在《文汇报》头版登一整版广告。西冷的老总们拍案叫绝，后来《文汇报》领导及上海市委也都同意了这种方案。于是就制造了上述"1.25"爆炸性新闻，引起社会的广泛关注。

《文汇报》"1.25"广告，使西冷空调的预订量超过了1.5亿元人民币，远远超出了西冷空调当年的生产总量，从而获得了巨大经济效益。

钻石王借蛋孵鸡

钻石是珠宝之王，若想经营好珠宝生意，就必须经营好钻石。可是，钻石的主要来源是南非，那里有一个垄断性经营钻石的戴比尔公司控制了全球八成的钻石，香港进口的钻石大都是从那里批来的。那里的钻石对世界各地是采取分配的形式，全世界大概有500张戴比尔的牌照，也就是分配的许可证，没有这种特殊牌照便不能批购钻石。

其实，南非的钻石矿是国家所有的，外人岂能染指？但香港钻石王郑裕彤了解到钻石加工厂却是民间私营的，而且这些加工工厂往往都拥有多个戴比尔牌照。买！买它一家钻石加工厂。郑裕彤前往南非，真的就买下了一家钻石加工厂。从而不仅解决了从南非进口钻石的大难题，同时也有了自己的钻石加工厂。他的这种"借蛋孵鸡"谋略，使他一举成为香港钻石大王。

霍英东先人一步

列入世界超级富豪榜中的华人大亨霍英东迈进生意场是在香港鹅颈桥市开一间杂货店，第二次世界大战结束之后，他卖掉杂货店的股权，做煤炭驳运生意。后来，同他人去东岛采集海人草（药用）。

20世纪50年代初期，房地产在香港刚刚兴起，霍英东认定时机到来了。他办了立信置业公司。同业的先行者用怀疑的目光，看着这个默默无闻的新手。没料到他出手不凡，一改以往香港地产商出售"整幢楼宇"的老章法，而是试行房地产工业化，推行住宅与高楼商场综合式大厦并且"分层"出售、预售楼宇以及分期付款买楼的新办法。同行业者都觉得这新办法好而竞相效仿。不过几年，霍英东已成为香港知名的地产商了。

当一些商家全力投入"地产战"的时候，霍英东心生一计。建造大厦缺不了沙，他出重金向外国订购大型挖沙船，每20分钟可挖取海沙2000吨，沙进船，卸在地，利润到手。许多人才发觉，霍英东真的发财了，于是急起直追。而霍英东这时已取得香港海沙供应的专利权了。

当追兵跟进甚紧的时候，他又生一计：港岛太小，需填海造地。这一招要下快棋！于是，他一举购进美国、荷兰的工具设备，放开手脚承造当时香港最大规模的国际工程——海底水库淡水湖的第一期工程，打破了外资垄断香港产业的旧局面。

银行拆借现金计

有一年，香港某银行业务红火之际，忽然传来此银行行将倒闭的消息，传闻不胫而走，市民们都去挤兑，门里门外，水泄不通，形势严峻。由于银行方面的预备金是有限的，倘若大家都兑现金，银行一定会很麻烦，因此，这种挤兑势头必须及时得到遏止。

该银行经理面对此种危机，态度依然镇静如常。他令下属把库存现金全部搬出来，堆在兑换处。一面延长兑换时间，一面向同业拆借现金，钞票堆得与天花板相接，而一箱又一箱的现钞还不断抬入库内。

挤兑的人见此情景，知道银行实力充足，不稳之说纯为谣传；同时又苦于排队兑现，花时间花精力，便及早回去，次日再来。再来时，但见挤兑的人锐减，而银行的现金仍堆在兑换处，于是便不再兑换。

经过这场风波，该银行信誉反而提高了。

李嘉诚巧借水管

李嘉诚年轻时曾在一家塑胶厂当过推销员。他不仅能到处推销产品，而且还能根据不同对象采取灵活方法。

有一次，他推销一种塑料洒水器，走了几家都无人问津。他灵机一动，说是洒水器可能出了问题，想借水管试一下。

于是李嘉诚便在办公室里表演起来，结果一下子卖掉了十几个。

点心卡的得与失

香港有两个势均力敌一直处于竞争状态的经营西式点心的集团公司。一个叫"超群"，一个叫"美心"。这两家公司为了称霸市场，几乎想尽了一切办法，使用了一切手段。但双方尽可能避免正面冲突，免得落得个"两败俱伤"

为了赢得更多的顾客，两大集团公司几乎同时采取了一个相同的措施，即发售折价优惠卡。买优惠卡比直接买点心便宜，但是批量大，顾客凭优惠卡随时可到各点心铺兑换点心。特别对长期使用点心的用户，当然是便宜的；对公司来说，可以利用整批收入的资金投入于扩大再生产。实际上是一种低价批发出售的经营策略。

然而，西式点心是以质美、品味高取胜的，特别要求新鲜和奇特，顾客一般不十分在乎价格的高低，两大集团公司的这一销售策略，无疑是自掉身价，告诉人们：他们已不得不靠削价来维持生存和发展了。

于是，就有人利用了两强的这一失误，崛起了一家新的"圣安娜"西式点心公司，它立足于高质量、新品质，坚持原价销售，不搞优惠点心卡一套削价销售的办法。价格虽高，但顾客却越来越多。社会舆论与群众的口碑都很好，业务迅速发展。虽然还不能将基础厚实、历史悠久的"美心"和"超群"两强取而代之，甚至暂时还没有资格与两强"三足鼎立"，但从发展趋势来看，"圣安娜"已严重地威胁到"美心"和"超群"的发展，不断从他们那里把顾客抢夺过来。

所以说，一个经营策略的推行，必须全面权衡其得失，必须将近期利益与长远利益结合起来。有得必有失，这是不可避免的现象，但应该避免的是"得不偿失"现象的出现。

有轨电车新用途

有轨电车作为城市的主要交通工具已是过时的"明日黄花"了，以至于现在有些年轻人还不知道世界上曾经有过这么一种交通工具呢。

但在香港，还保存着163部有轨电车，在继续使用，不过它的用途已发生了异化，不是作为交通工具，而是另有新用途。

首先是作为活动广告。电车上画满了各家企业的广告，电车叮叮当当驶过，神气非凡地向人们展示车身上的画面，非常引人注目，因此效果非常好。163部有轨电车的广告位置总能全部租出，而且还预约满下一年的计划。电车的广告位是以一年为期的，以月计费，一年可使电车公司收入1000万元。

同时，有轨电车一面做广告，一面可以出租给旅游部门，让他们运载来香港游览的外国游客。旅游者也乐意乘坐这种老式运输工具，行进时，"叮当"声响不绝于耳，本是喧闹的噪音，这时却成了"气度不凡"的象征。

车速慢是它被淘汰的主要原因，此时却正符合游览时"一饱眼福"的需要。要在规定的线路行走，使得有轨电车失去了其他交通工具的随意性和方便性，但游览正是有规定线路的，它的短处变成了长处。总之，游客们乘坐有轨电车别有一番风味。

并且，有轨电车还可以披红戴绿租给人们办喜事，当它满载宾客簇拥着新郎新娘叮叮当当地驶过闹市时，是何等风光、何等气派，比起小轿车做喜事要热闹得多，所以青年人都很喜欢用这种形式来庆贺新婚。

登上船王的宝座

经营目标有短期的，有长期的，即人们所称的"短期行为"和"长期行为"。现在，有作为的企业家越来越重视长期的利润，而不为暂时的高额利润所动。这样能使企业稳步前进，不断壮大。香港航运集团主席包玉刚就是运用这种经营谋略，登上世界船王的宝座的。

1955年，包玉刚成立了环球航运公司，花377万美元购买了一条已使用27年之久的旧货航船进行出租货船的业务。

当时，世界经济处于兴旺时期，货运频繁，生意不断，而且价格昂贵。按通行的市场标准，他只需要将船出租给人家，到中东运油跑一个来回，就可将买船的本钱全部收回，甚至还有盈余。但他并没有这样做，而是采取了"低租金长合同"的办法，出租价比别的公司低得多，订的合同期却比别家公司长得多。

这种做法引起了同行们的议论，他们认为包玉刚降低租价是怕冒风险的胆怯行为，是有大钱不赚的"傻瓜"。

然而，包玉刚仍旧坚持自己的做法。他认为，经营企业就是为了赚大钱，但赚钱的方法各有不同。就以航运业而言，提高租价固然可以获得巨利，但这只是租一次赚一笔，利润虽高，只是暂时的短期行为。要赚大钱就必须把目标放得长远些，这就需要扩大船队，哪怕利润再高，也难以积累资金扩大船队。要扩大船队主要的手段是要争取银行贷款。

银行家们当然不会将款贷给冒有风险的高利额的租船户，而愿意与有长期业务、稳当可靠的船主建立信贷关系。包玉刚的做法，使银行家觉得可靠，而予以信赖。于是，他取得了银行一笔又一笔的贷款，从而迅速扩大了他的船队，以多取胜，以薄利竞争。

包玉刚的这种办法在20世纪70年代中期发生中东石油危机时，进一步证明了其正确性。当时，那些靠去中东运油获取高利的"短期行为"经营者，由于断绝了生财之道，纷纷从租船业中败下阵来。但是包玉刚的环球航运公司，倚仗其庞大船队的实力和可靠的信誉依然业务不断。在中东危机带来的租船业的危机中，它不仅巍然不动，而且兼并了那些将倒闭的小公司，进一步扩大了它的经营业务。

刮起魔方的旋风

20世纪70年代末，西欧人创造了一种智力玩具"魔方"。这是一种可旋式的彩色塑料品，变化多端，兴味无穷。其中还包含着若干数学原理，能检验和开发人们的智力，一经问世，就风靡世界。于是生产魔方成为一时热门的生财之道。香港的塑料制品厂商都想效仿生产这种本薄利厚、销路畅通的商品。他们为了抓住生产魔方来填补东方市场空白的机遇，不惜人力物力，想派人去西欧考察、学习和收购制作魔方的技术资料。

当时香港民生化学有限公司正处于生意萧条时期。该公司的老板也觉得生产魔方能使公司转亏为盈，东山再起。他还有一个有利条件，就是他的哥哥在西欧工作，能够捷足先登地获取制造魔方的有关技术资料。

据此，这家公司的老板进一步设想：与其生产魔方，不如领先一步将资料搞到手，再将资料转让给有关厂商，从中获利。

主意一定，他就立即打电话给他的哥哥，要他将有关制造魔方的资料电传给他。当一些想往西欧考察的人还没来得及动身，或是一些人已经到了西欧尚未找到门路时，他已把资料搞到手了。

资料到手后，他就大量复制，立即在香港的4家电视台播出广告："你想生产魔方吗？民生化学有限公司将为你提供全套技术资料。"

这则广告迎合了塑料厂商生产魔方又苦于找不到资料的心意，产生了很大的效果，刮起了一阵魔方旋风。塑料厂商都想争先投入生产，不想舍近就远，费资耗力地到西欧去找门路想办法，于是都纷纷向民生化学有限公司求购资料，使民生化学有限公司一夜之间赚了笔大钱。

中国内地有的厂商也进行魔方生产时，魔方市场已经饱和，其轰动效应已经过去，结果吃力不讨好，有些想办的办不起来，办起来的也纷纷歇业倒闭，其教训是错过了时机。

商店拍卖经营法

在香港柴湾区，有一家百货商店，店主莫港洪的经营方法颇有与众不同之处。

柴湾区在港岛的东段，居民多系普通市民，消费力不高，在这种地区开设百货店，远没有繁华地区的大商场具有竞争能力。但莫港洪适应这种情况，把他的规模不大的百货店办得很是兴旺，有声有色。

他除了在店里出售价廉的适销物品外，主要的经营手段是"拍卖"。

这种拍卖近乎游戏性质，不管是价值无几的小商品，或是数千元的高档家电都以1元至5元的底价进行拍卖，吸引人们竞争。

顾客多数是贪便宜的，看到数千元价格的物品竟以几元钱进行拍卖，都乐意参与竞争，于是相互提价，各不相让，弄到后来，往往意气用事，将价格抬得接近市价，甚至高于市价，在这种情况下，莫港洪商店里的商品便一件件"拍卖"出去了。

来商店的顾客有来碰运气的，有来看热闹的，有的甚至是被激烈的拍卖声吸引进来的，一些报刊的记者为了捕捉新闻，也经常出入这家百货商店。所以，小小的商场总是挤满了人。

"拍卖"使莫港洪赢得了顾客，卖出了商品，出售的商品名为"低价拍卖"，但真正的出售价却接近于市场价或相等于市价，有时也会碰到无人竞争的状况，以相当低的价格售出商品，莫港洪也并不介意，甚至他欢迎这种场面少量地出现。这样可使他的"拍卖"给外界以"真实"的印象，造成一种宣传效果，将能吸引更多的顾客来商店参加"拍卖"活动。

现场的时装表演

近年来，我国各大中城市，时装表演也时兴起来了，但它往往只局限于在舞台上的表演，需要配备大量的灯光、音响，要有大的演出场地，要投放相当大的人力、物力，因此机会难得，不易普及，尤其是不能与服装生意直接挂钩，起到促销作用。

虽然也有一些大型的订货会举行时装表演，

将表演和促销结合起来，但毕竟为数极少，在商店里一般还是采用塑料或蜡制的"模特儿"，穿上时令服装来做广告，有些商店也让一些漂亮的服务员穿上时髦的衣服来促销，但毕竟不属于时装表演的范围。

但在台湾，各大服装商店和百货公司都设有舞台，进行时装表演。其表演水准相当高，但都极其家常化，与现实生活非常接近。

有的商场如有附设餐厅的，就在餐厅里进行时装表演。表演者所穿的服装，商场里应有尽有，看中了立即就可以去买，非常方便。

有些规模较小的商店，不可能设立专门的表演区域，但他们利用走廊这不大的空间，让表演者在那里走上几步，展示一下新款服装的风采，同样也收到了良好的促销效果。

台湾服装行业这种把艺术表演和营业熔于一炉的做法，受到了消费者的广泛欢迎，他们到商场来，可以免费享受艺术表演，又可以借鉴表演者的风姿来为自己选购服装，超出了一般逛商店的意义。而对商店来说，只要顾客进得门来，总是有钱可赚的，何况新潮时装的利润十分丰厚，在时装表演上花费一些是完全值得的。而且设立时装表演，可以提高商店的身价，即使商品价格贵一些，也是理所当然的。

从发展的趋势来看，现场的时装表演也将会在大陆时兴起来。

受欢迎的台湾伞

有一种台湾伞以质量低劣闻名，虽然价格便宜，但使用不了几回，不是折骨，就是断线，消费者给它起了个名副其实的诨名——"短命伞"。这伞远不如大陆的产品经久耐用，所以在大陆经销没多久就被淘汰出市场。

与在大陆的遭遇截然相反，这种"短命伞"在美国却大行其市，台湾的一个厂商在纽约一下子就获得数万把雨伞的大额订单。而且，潜在的市场还大得很哩！

近年来，美国交通堵塞情况愈加严重，市民上下班或是上街购物，乘地铁和巴士的多起来了，这样对雨伞的需求渐趋增加，因为美国人坐惯了小轿车，风刮不到，雨淋不着，因此他们很少生产雨伞，雨伞的需用主要是依靠进口，各国制造雨伞的厂商因此都想乘虚而入，却不料被"短命伞"拔了头筹。

"短命伞"畅销的原因就是因为其质量不佳。由于质量不佳，它没有考究的面料和色彩缤纷的花色，总是灰色、黑色、咖啡色几种，谁知这种普普通通的色彩，反而能将美国人华丽的服装衬托出来，使持伞者更加热情奔放，因而大受顾客欢迎。

由于质量不佳，它的使用寿命不长。但美国人没有持伞的习惯，坐车时间长，步行时间短，在短途中，只要有样东西挡挡雨就行了，哪管它能使用多少时间？而且寿命长了也无用，他们出门不带伞，遇雨就在商场里买一把，用过后就往垃圾箱里一扔。用一两回的伞和能用一两年的伞对他们来说都是一样的。

由于质量不佳，成本就低。美国是个高收入的社会，其法定最低工资是每小时5美元，而"短命伞"只要2美元一把，这个数额对他们来说，自然是微不足道。

由此可见，"顾客至上，质量第一"这个口号应改为"顾客至上，需求第一"。

大陆居民由于有持伞的习惯，且消费水平较低，衣着朴素，所以比较重视伞的花色和质量。但美国情况则不同，他们喜用"一次性"的物品，"短命伞"正适合了他们的需求，所以它占到美国进口伞总额的60%，年销售额达2000万美元。

这对台湾的"短命伞"来说，真正应了"东方不亮西方亮"这句古老的俗语。

说辩卷

召公劝谏周武王

周武王建立周朝以后，四面八方的小国，都来朝拜他，并且带来许多地方的特产和珍贵礼品。当时有个西戎国也派使臣专程前来祝贺，并且送给周武王一条大狗。这西戎狗模样怪异，身高4尺，尾大毛丰，很是珍奇，周武王高兴地收下了。

当时在朝中，担任太保的召公，唯恐周武王玩物丧志，忘记了创业的艰辛。一天，他面见周武王，对他说："现在四方都归附于你，无论远近国家都把自己的好东西贡献给你，这固然是你的圣德。但是，玩赏之物是不分贵贱的，关键是人的德行。没有德，物也不值钱；有德，物才显得珍贵。一个贤明的君主不应该沉湎于声色之中。俗话说'玩人丧德，玩物丧志'。犬马之类的畜生不是本地所产，养它无益；珍禽异兽对人的衣食住行没什么用途，也不必饲养它；别国的珍宝没有什么实用价值，也不要稀罕它。四方贡奉的东西，最好是分封赏赐给同姓的国家，用来表示信诚之意……"

周武王认真地听着，召公继续说："一个圣明的君主应当为群臣做出表率，要随时随地注意自己的一言一行，看其是否合乎规范，千万不要忽视一些细小的行为。因为良好的道德是一点一点积累起来的，当堆得差不多的时候，只要再加一筐土，就大功告成了；可是这最后一筐土若没有堆上去，这座百尺高的土山也就没有完成，这岂不是太令人惋惜了吗？你是一位圣明的君主，是不能不想到这些事的呀！千万不能功亏一篑，否则的话，就要追悔莫及……"

周武王听了召公的一番劝谏后，就不再喜欢进贡的物品了，从此更加专心地治理国家。满朝文武百官也都尽心尽职效忠国家。

做任何一件事情，如果没有坚持到底的决心，即使眼看就要成功了，因为放弃了最后一点努力，结果也是要失败的，甚至连前面的努力都等于白费了。所以，凡事开头难，但善始善终更难，周武王听了召公的话，使周朝成了我国历史上第一个最强盛的国家。

鸱夷子皮反为主

春秋时，有个仆人叫鸱夷子皮的，跟着齐国大臣田常到燕国去，鸱夷子皮背着符信——出入关防的凭证，在后跟随。

到了望邑，子皮说："您难道没有听说过干水沟里蛇的故事吗？干水沟里的蛇准备迁移到新地方，有条小蛇对大蛇说：'你在前边走，我在后边跟随，人们认为我们是游动的蛇，必定会杀了你，不如我们互相纠缠，你背着我，人们必定以为我是神君。'现在您的外表好看而我却丑陋，您要是作为我的主人，人们会以为您最多不过是一个有1000辆兵车小国的君主。您要是作为我的使者，人们一定会认为您是一个有万辆兵车大国的国卿。您不如当我的舍人。"

田常觉得有理，便背着符信跟在鸱夷子皮后面。到了客舍，客舍主人果然很恭敬地招待他们，献给他们酒肉。

邓析与死尸买卖

故事发生在春秋时代的一个夏天，郑国一带连日暴雨，河水涨溢，上游的河水湍急而下，淹没了大片村庄、田野，也把许多财物卷到下游地带。下游两岸的人们都到河边去打捞漂流在水中的物件。

话说有个富翁，家有万贯，却吝啬异常，喜欢捞小便宜。某天一大早抢占了一块临河突出的石头，想发"大水财"。见河水中漂来一块门板，喜不自胜，忙弯腰去捞，一不小心竟掉进河中，还没来得及和家人打声招呼，便淹死了。

富翁的尸体却被河边一个无赖给捞上来了。认得这是富翁，觉得发财有门，便把尸体拖回家，想借机向富翁家属敲诈一笔钱。

第二天，富翁家的人找上门来领尸，无赖跷着二郎腿说："要想领回尸体容易，不过需拿1000两银子来。"富翁家属想讨价还价，无赖恼怒地喊道："不给1000两，休想把尸体拖回。"富翁家属受过富翁的熏陶，不忍心花这么多钱，只得扫兴而归。无赖怕富翁家属夜里来偷尸体，索性将尸体绑起来，把绳子一头系在自己脚上。

再说，富翁家属怕时间拖长后尸体腐烂，就去找一个叫邓析的人，请他出主意。邓析是个聪明人，觉得双方都不是好惹的，就安慰来人说："你不用着急，那个得到尸体的人是必然要卖掉它的。"富翁家属一听言之有理，便放心而归。

无赖听到这个消息，怕事有变卦，心里十

分着急,也来求助于邓析。邓析也安慰他说:"你不用着急,这个富翁的家属是一定要来买这具尸体的。"无赖听他说得不错,也放心而归。

结果,富翁家属等无赖低价卖尸体,无赖等富翁家属原价买尸体。拖了几天,富翁的尸体腐烂了,无赖一分钱也没捞到。于是双方都去告邓析巧言骗人。邓析说出给两方出主意的原话,办案的官员听完,觉得邓析说得合情合理,无可挑剔,于是大声喝道:"原告无理取闹,搅乱公堂,把他们拖下去各打30大板!"

如果邓析不是巧言善辩,恐怕最后要吃亏呢。

颍考叔妙解黄泉

春秋时代,郑国国君郑武公死后,由他的长子寤生继位,就是郑庄公。庄公的亲生母亲武姜和亲生弟弟共叔段密谋叛乱,企图让共叔段执政。

庄公平定了这场叛乱,将武姜囚禁起来,说:"今后不到黄泉之下,我们母子二人永远不要相见了。"

粉碎了叛乱,朝野自然欢喜,可是对于庄公囚禁生母一事,人们却议论纷纷,说庄公无情无义、心狠手毒。听了这些议论,庄公心烦意乱,拿不定主意。

一个叫颍考叔的小官借给庄公进贡之际,劝庄公以人伦天理为重,接回母亲。

庄公摇头叹气,苦笑着说:"真是一言难尽啊!当初我送母亲去颍地时说过:'不到黄泉之下,我们母子就不要见面啦。'"

颍考叔思忖良久,然后对庄公说出一个主意:"是这样,虽说君主起过誓,可是人不一定死了才能见到黄泉。黄泉就是地下。我们可以派人在颍地挖一个地沟,挖深一点,直挖到能看见地下的泉,这不就是人们所说的黄泉吗?"

听了这一番曲解黄泉,庄公脸上露出了笑容,说:"你的意思是叫我同母亲在地沟里相见,既能见到母亲,又不违背从前的诺言吗?真是个好主意,两全其美啊!"

后来,庄公依计而行,果然母子相认。为此,他重赏了巧谏有功的颍考叔。

孔子绵里藏针计

春秋时,陈侯建造凌阳台,工程还没完毕,就有好几个人因犯法被处死了。陈侯又拘禁了3名监督工程的官吏,大臣们谁也不敢出来劝阻。

孔子这时正好来到陈国,陈侯就召见孔子,和他一起登上凌阳台观光。

孔子上前来祝贺他说:"这座台真是太美了!大王真是太贤明了!自古以来,就是圣人修建高台,哪里有不杀一人而能完成这样的工程的!"

陈侯沉默了很久,就派人把拘禁的官吏们释放了。

田叔的巧妙劝导

田叔在做鲁国宰相的时候,曾有上百个老百姓告状,说鲁王攫取他们的财物。田叔便把率众告状的20来人抓来,各打20大板,其余人罚以款额,并恨恨地对他们说:"鲁王不是你们的君主吗?怎么胆敢这样告他呢?"

鲁王听了以后,大感惭愧。就从国库中拿出钱来,让田叔去还给老百姓。

田叔却对鲁王说:"还是让你手下的人去把钱偿还给百姓吧,不然,百姓还以为鲁王是坏人,而宰相是好人。"

鲁王还喜欢打猎,田叔每当鲁王休息时,便走出馆舍,在苑外的太阳下坐着等待鲁王。

鲁王几次让田叔回屋休息,他总是不肯,对鲁王说:"我们的王都不怕太阳晒,我怎么自己到馆里休息呢?"

为此,鲁王就不常外出打猎了。

长生不死的秘法

燕王听人说远方有一个人通晓长生不死的秘法,喜出望外,立即派了一个臣子远道赶去向那人学习,想等他学成回来教给自己,岂不就能长生不死了吗?

这臣子日夜兼程,赶了好几天才到,那个"通晓长生不死秘法"的人,却在前一天死了。徒劳往返,只得空着手来见燕王,燕王听了这种情况非常生气,责怪这个臣子慢了行程,误了大事,要将他处以死罪。

这时殿上一个大臣对燕王道:"人最忧患的无过于死,最看重的无过于生,远方那个人自称有长生不死的秘法,而他自己却死了。既然他不能使自己不死,又怎能使大王长生呢?这个奉命前往学'长生不死秘法'的臣子,无论行程快慢，拿到'秘法'与否，都一样。大王要治他的罪，难道到现在您还认为那'长生不死的秘法'是真的吗？"

燕王只得赦免了这个臣子的死罪。

老子孔子论刚柔

据说有一次孔子去请教老子，老子张嘴问："你看我的牙齿怎样？"

孔子说："老师的牙齿都脱落了。"

老子又问："你看我的舌头怎样？"

孔子说："老师的舌头还是好好的。"

孔子问完就退了出来，其随员莫名其妙。

孔子说："老师已经明白告诉我了，柔弱的东西比如舌头是长存的，刚强的东西比如牙齿是不能长存的。老师的意思是柔弱胜刚强。"

子贡妙喻孔夫子

一天，鲁国大夫叔孙武叔在朝廷中对其他官员说："大家都说孔子了不起，我看子贡比他的老师强。"

子服景伯听说此话后，转达给子贡听。

子贡不以为然地笑笑说："这就不对啦，我怎么及得上老师呢？拿房屋的围墙来作比喻吧，我家的围墙只有齐肩高，谁都可以看见里面房屋的美好。而我的老师的围墙却有几丈高，人们又找不着大门进去，那就看不见他那宗庙的壮美、他那房舍的多种多样啦。能够找着大门进去的人或许不多吧？因此，叔孙武叔老先生那么说，不也是很自然的吗？"

子服景伯觉得子贡的比喻既新鲜又贴切。

后来，子贡听见大夫叔孙武叔毁谤自己的尊师孔子，心里很是气愤，他找到叔孙武叔说："先生您不要这样做！仲尼老师是毁谤不了的。别人的贤能好比小山丘，还可以超过；仲尼老师却好比太阳和月亮一样，是没办法超过的。有人纵然想自绝于太阳、月亮，可那对于太阳、月亮又有什么损害呢？只是看出他太不自量力罢了！"

又有一次，有人对子贡说："您对仲尼那么恭敬，难道他真比您强吗？"

子贡说："君子聪明不聪明都表现在语言上，由此可见，说话是不能不谨慎的。我的老师的确不可赶上，如同上天不能用梯子一级一级地爬上去一样。我的老师如果当上国家的君主或得到采邑成为卿大夫，他要百姓在社会上站住脚跟，百姓便都自然地站住脚跟；若引导百姓前进，百姓自然都跟着前进；若安抚百姓，百姓自然都会前来投奔；若动员百姓，百姓自然会同心协力。他老人家生得光荣、死得可惜，别人怎么能赶得上呢？"

宋玉反嘲登徒子

宋玉天资聪明，相貌漂亮。大夫登徒子曾在襄王面前说他"好色"。

襄王召宋玉问话。

宋玉说："好色的不是我，恰恰是登徒子自己！"

襄王问："根据何在？"

宋玉说："天下的佳人没有比得过楚国的；楚国的姣娘要算我的家乡最好；我家乡的美女之中最最拔尖的，就是东邻的一位姑娘。她身材适中，增之一分则太长，减之一分则太矮。脸色也天生丽质，不用擦粉抹胭脂。眉毛如翠羽一样，皮肤如白雪一样，腰身如束素一样，牙齿如含贝一样。微笑时，让阳诚、下蔡的花花公子见了，不着迷才怪哩！可是，她常常攀着墙头来偷看我，已经整整三年了，我至今还没有接受她的爱情呢。至于登徒子大夫，就和我截然不同了。他的妻子，头发乱、耳朵斜、嘴巴裂、牙齿缺、双腿瘸，而且满身癞疥，还患着严重的痔疮。但登徒子大夫却很喜欢她，同她生了五个孩子。您看，究竟谁好色，不是再明白不过了吗？"

楚襄王觉得似乎也有道理，也就算了。

宰人认罪得免祸

春秋时期，晋文公命宰人制炙肉。进餐时，发现有一根长长的头发缠绕在炙肉上。于是，晋文公怒召宰人要杀他。

宰人看了看鼎里的炙肉，说："臣之罪，罪该死，犯罪有三：厨下切肉的刀快得像锋利的宝剑，能割下肉却割不断一丝头发，这是罪之一；炙肉前用锥子在肉块四面反复穿刺，上调料，却没有发现这么长的头发，这是罪之二；炉火熊熊，旺得发红，炙肉熟了，头发竟没有烧焦，这是罪之三。有此三罪，诛戮难辩。"

晋文公一听，明白过来，下令把侍候进膳的侍从找来审问，才查明情况。原来是有人企图陷害宰人，在炙好的肉上缠了长长的头发。

这样，宰人通过机智而巧妙的认罪方式，

为自己辩解开脱,终于免除了杀身之祸。

吴使善辩免死罪

春秋末期,诸侯之间相互并吞,战火连绵。楚国拥有精兵强将,沃野千里,楚王借此称霸,决心攻打吴国。当时吴国势单力薄,哪是楚国的对手。于是吴王急忙派使臣率人前去慰劳楚军,想阻止战争的爆发。

楚将收下吴国送来的金银玉帛和佳酿美粟后,傲慢地瞟了吴国使臣一眼,喝道:"捆起来杀掉,用这个使臣的血涂抹战鼓。"

使臣争辩道:"将军,我们诚心慰劳,可不能斩来使呀。"

楚将捋了捋油黑的络腮胡须,哈哈大笑:"慰劳?这叫朝贡!你们区区小国,只要楚兵每人吐一口唾液,便可淹死你们的臣民。难道还要礼遇你这种弱国贱民吗?"

使臣眼看就要被五花大绑,坐而待毙,决心自我拯救,不辱使命。忽然放声大笑起来:"这次到楚国,果然吉利!这是吴王的恩德呀。"

楚将被使臣的朗声大笑弄糊涂了,问道:"你来时占卜了?"

使臣微笑地点点头,说:"很吉利呀。"

楚将冷冷地讥笑道:"可现在我就要把你杀了,吉在哪里呀?"

吴国使臣挺前几步,坦然地答道:"你若把我杀了,这正是吉利之所在。因为吴国派我来,本来就是要试探将军的态度。如果将军发火了,那么吴国就将深挖护城河,高筑壁垒,全民皆兵,与楚军决一死战;如果将军态度和缓,那么吴国就不相信楚国会去进攻,防守就会松懈。现在将军要杀我,吴国获悉后,定会加强警戒,死我一人而保全了国家,这不是吉利又是什么?"

楚将听了,猛然间对卫士挥挥手说:"放了他吧。"

于是,使臣完成使命,平安回到了吴国。楚国也知吴国已有准备,便打消了进攻的念头。

马夫巧言劝农夫

一天,孔子带着子贡和几位弟子,骑马郊游。孔子下了马,一行人坐在草地上欣赏着优美的景色。谁知他们的马跑到田里践踏起庄稼来了。农夫在地里大声责骂起来。

孔子赶紧叫子贡赔个不是,把马牵回来。

子贡走到农夫跟前,又作揖,又致歉,措词有礼,态度诚恳,满以为这样一来农夫就会转怒为笑,把马还给他。可是,农夫依然满脸怒气地说:"我不知道你在说些什么,你这只马践踏了我的庄稼,你得赔我!"

子贡只好哭丧着脸回来向孔子复命。孔子忽有所悟把马夫叫来,说:"马踩了人家的庄稼了,你跟人家说说,把它带回来。"

马夫没等走到农夫身边,就大声赞叹说:"多好的庄稼地啊,这真是一片少见的田地。这位大伯,您家的土地太广阔了,像这么好的地我还从未见过呢!嗨,我那匹可怜的马,一路跑来,大概快饿扁了,这不,我一不留神,竟跑到您老人家的地里来了,真是不懂事的畜牲,这么好的庄稼,怎么忍心糟蹋,我回去非得狠狠揍它一通不可!"

马夫的这一席话,说得农夫脸上露出了笑,态度大变:"其实这地也不算大,庄稼长得还行。这是您的马啊,快拉走吧,以后得看紧点。"

马夫乐哈哈地把马给牵回来了。

孔子感慨地教训弟子们说:"对什么人就说什么话,这是很重要的处世经验啊!"

屈谷嘲隐士田仲

齐国有个颇有名气的隐士,叫田仲。

一天,宋国人屈谷去见他,有意嘲弄他说:"我久闻先生气节高尚,远离尘世,不仰仗别人生活。我这个人,没有什么本事,却会种葫芦。现在,我有一只很大的葫芦,坚硬如石,皮厚无脸,想送给您,聊表敬意。"

田仲说:"葫芦所以宝贵,是因为可以盛放东西,而现在您这个葫芦,皮厚无脸,不能剖开盛饭;而且又坚硬如石,不能用来装酒,送给我有什么用处啊!"

屈谷说:"有道理,我马上把这个无用的东西扔掉!可现在先生隐居深山,是不依赖别人为生,但对于国家也毫无用处,这和那个坚硬的大葫芦是一样的废物啊!"

晏婴不信鲁昭公

春秋时,鲁昭公被逐出国,逃到了齐国。

齐景公见昭公年轻又有才干,很关心地问昭公说:"你正是年轻有为的时候,为什么丢了王位,离开自己的国家呢?"

鲁昭公说:"我缺乏治理国家的经验,特

别是不懂得如何用人。以前，大家对我都很好，常常鼓励我、劝诫我，可我没听信他们的话。渐渐地，他们都远离了我。而那些愿意靠近我的人，又都是些曲意奉承、居心险恶之流，真正爱护我的人一个也没有……"

齐景公安慰他说："你可以重新开始嘛！"

鲁昭公说："我已经处在孤立无依的境地了，就好比秋天的蓬草一样，虽然表面看，枝叶还茂盛，其实根茎都已枯萎了，经不起任何风吹雨打。"

齐景公听了，心里同情他，私下里对晏婴说："要是现在有可能让昭公回鲁国去，大概他可以成为一个贤明的国君了吧？"

晏婴说："不会。涉水过河而溺水的人，多半因为事先不探明河水的情况，迷路的人也多半因为事先没问清路径。等到他溺水以后才去探水，迷路以后才后悔事先没打听清楚，这不是已经晚了吗？这好比敌人入侵，大难临头了，才想着去铸造兵器；吃东西噎在喉咙里想喝水的时候，才急着去挖井一样，虽然非常急切，怎么来得及解决问题呢？"

齐景公听了晏婴的话，觉得很有道理。

晏婴下棋妙谏君

春秋时期，齐国有个政治家，名叫晏婴，人们尊称他为晏子。

有一天，晏子听说齐庄公在花园里与妃子们下棋，就去求见庄公。庄公见来了一位棋坛高手，就撇下妃子请晏子与他对弈，两人你来我往地下得不亦乐乎。

晏子身任齐国相国，这次来见庄公，是带着任务来的。国君急于要他下棋，他只得按下话头不提，在棋盘上猛打猛冲起来，不一会儿工夫，就吃了庄公不少棋子。庄公沉着应战，慢慢地转败为胜，赢了晏子一局。

庄公一向知道晏子棋艺高超，今天为什么失败得如此之快呢？就问晏子道："相国文韬武略，满腹才学，帮助寡人治理国家都驾轻就熟，为什么这局棋下得如此糟糕呢？"

"臣有勇无谋，输给国君是情理中的事。"晏子用手指着棋盘说，"下棋是这样，管理国家大事也是这样，臣已经很难胜任相国的重任了。"

庄公吃了一惊，晏子自担任相国以来，协助自己把齐国管理得井然有序，是一个很有名望的重臣，今天为什么说出这样泄气的话来呢？

猛然间，庄公觉得这是晏子在委婉地批评自己偏爱勇力而不重视仁义的做法，脸上微微泛红。

应该说这位国君还有一些自知之明。这些年来，由于庄公偏护那些勇武有力的人，使武夫们滋长骄傲情绪，傲视百官，欺压百姓，闹得京城鸡飞狗叫，人仰马翻。一些有见识有作为的文臣得不到重用，官风民风越来越坏。不少大臣劝谏庄公，他怎么也听不进去。今天晏子的一句话倒使庄公警觉起来，很想听听晏子对重用武夫的看法，于是坦率地问道："请相国实话告诉我，古时候有没有哪一个国君单单依靠勇力能够安邦治国的呢？"

晏子回答说："夏朝末年有大力士推侈、大戏，殷朝末年有勇士弗仲、恶束，这些人都能日行千里、力擒虎豹，可是他们却无力挽回夏桀、殷纣的灭亡。夏、商的覆灭告诉我们一个真理：光靠勇力而不讲仁义，没有一个不失败的。"

庄公仔细体会晏子说的话，认为他说得很对，就恭恭敬敬地站起来，感谢晏子的中肯批评，表示以后一定要重视仁义。

两人又重新下起棋来。这次晏子不再是猛打硬冲，而是精心布局，进退有致，庄公很快就抵挡不住而节节后退。同样一个晏子，为什么两局棋的下法完全不一样呢？庄公心里思忖着，猛然间，他终于悟出了其中的道理：这是晏子用下棋来教育自己改正错误，今天在棋盘上的收获真多呀！

晏婴解相和相同

齐景公身边常有一帮阿谀拍马的大臣围着转，他感到很"相和"。

晏子为了劝景公疏远他们，便说："那些人只是和你'相同'，怎么能是'相和'呢？"

景公奇怪地问："相和与相同作何解呢？"

晏子解释说："'相和'，好像做羹汤一样，用水、火、醋、肉酱、咸盐、酸梅等，来烹饪鱼肉，用柴去烧，厨师去调和，用五味去调剂，补充味道不够之处，或冲淡滋味过浓之处。而后吃它，才能可心。君臣之间的关系也应这样。君王认为适宜的政事，其中也会有不适当之处，为臣的提出这不适当之处，就可以改正不正之处。而那班阿谀拍马的人不过是君以为可，他也说可；君认为不可，他也说不可。好像用水去调剂水，谁会爱喝这种淡而无味的羹汤呢？"

晏子以做羹喻"相和"，以兑水喻"相同"，别致新颖,以之类推君臣之道,针对性也极强,景公听了,连声夸赞讲得好。

晏婴巧语论格言

春秋战国时期,群雄四起,战争频繁,你攻我战,最后一些国家强大了、一些国家灭亡了,这些国家的胜败存亡都是有其主观和客观原因的。

齐国是当时的一个强大的国家。有一次国君齐景公和大臣晏子游览已经被齐国灭亡的纪国的旧地。纪国因经过战乱,市面萧条,一派肃杀景象,到处都是战争中留下的废墟。

齐景公在游览时,在一处废墟中发现一个金壶。打开一看,里面刻着朱红色的铭文,铭文写的是"吃鱼不要吃背面,骑马不要骑劣马"14字格言。

齐景公一边看,一边由衷地称赞道:"这个格言多么形象深刻呀。'吃鱼不要吃背面'是说鱼的背面有腥味,不好吃;'骑马不要骑劣马'是说劣马任性,不听使唤,不能骑着它到远方去。"

晏子听了凑过来看金壶上的格言也连连称赞:"这个格言含义多么深刻,"但马上话头一转说,"不过大王你理解错了。'吃鱼不要吃背面'是告诫国君不要把百姓的收获全拿走,'骑马不要骑劣马'是告诫国君不要在身旁安排无能的人。"

齐景公不解地问道:"你是怎样得出这种解释的呢?"

晏子说:"一个人吃了鱼的正面,还要吃鱼的背面,岂不是贪得无厌吗?马不离人,就像臣不离君一样,劣马就好比国君身旁的无能之人。"

很明显,齐景公只看到格言的外表,而晏子则看到了格言的内涵,所以齐景公很同意晏子的看法。但他接着又问道:"既然纪国有这么英明的告诫刻在金壶上,为什么还会灭亡呢?"

晏子回答说:"国君有好的治国纲领,应该张贴在城门上,让全国老百姓都来遵守,纪国有这样好的格言,却藏在金壶里面,又有什么用处呢?"

齐景公若有所思地点点头。

晏子继续说道:"况且,这条格言主要是告诫国君的,国君不去实行,却把它藏在金壶中,国家怎能不灭亡呢?"

晏子对格言的论说是以"他山之石"来"攻玉"的,有借古喻今的意思,主要是针对齐国应怎样治理来发表议论的。齐景公也很明智,比较能听从晏子的意见,所以齐国能够强盛兴旺。

墨子妙言劝楚王

鲁班是我国古代的能工巧匠,相传为木匠的祖师爷。那时的楚国聘请鲁班制造云梯,准备利用这种新式工具来攻打宋国。

春秋时的哲学家墨子是个非战争论者,他听到这件事就去找鲁班,问他为什么要这么做。鲁班很自然地回答:"我是个做手艺的工匠,既然有人聘我做工,我就应该着力地去做,这有什么不对呢?"

墨子就说:"那我用重金聘请你去杀一个人,愿意干吗?"

鲁班说:"杀人是不忠不孝、不仁不义的事,哪怕给我一座金山,我也不能干的。"

墨子就向鲁班说明:"楚国攻打宋国是以强压弱的不义战争,为楚国制造云梯是助纣为虐,支持不义的行为,战祸一起,死伤的何止一人两人,千万人民将丧生,无数家庭将毁灭。金山放在你面前,杀一人却不肯,楚王的聘用,你却要去帮助杀害宋国无辜的百姓,你是个忠孝之辈、仁义之人吗?"

鲁班被说动了心,答应不再为楚国制造云梯了,但他又拗不过楚王的旨意,就带了墨子去面见楚王。

墨子对楚王说:"现在有这么一个人,不坐自己华丽的马车,而想要邻居的老牛破车,不穿自己的锦绣衣裳,而想着剥去邻居的破衣烂衫,不吃自己的佳肴美食,而想吃邻居的糟糠粗饼,这是一种什么行为呢?"

楚王说:"此人的行为无异于盗贼。"

墨子接着说:"楚国有5000里土地,宋国只有五百里土地,这就如同华丽的车子和破车一样;楚国森林面积广大,名贵木材遍地皆是,而宋国树林很少,连烧炭的木材都很少,这就像锦绣衣裳和破衣烂衫一样;楚国城市繁华,宋国地多荒瘠,这就如同佳肴美食和糟糠粗饼一样,大王如要攻打宋国,这是什么举动呢?"

楚王一时语塞,支吾着道:"并非我要攻打宋国,而是臣下建议要那么干。"

"我知道大王是仁义的,决不会同那般无知的臣下一般见识,他们的行为无异于盗贼。"

楚王自知理亏，就打消了进攻宋国的念头了。

墨子解说"兼爱"论

春秋战国时期，哲学思想非常活跃，各派学说及其代表人物纷起，他们都为自己的学说奔走宣传。墨子主张"非攻""兼爱"，而巫马子却主张"不爱"，两人的学说明显对立，但也并不影响他们互相探讨，申述自己的主张。

一次，他们两人又碰在一起，争辩起来。

巫马子为自己的学说受到了多方攻击，特别是受到墨子"兼爱"论的影响感到非常委屈，便辩解说："你主张天下人都要互相亲爱，并没有人从你的主张中受益，我完全主张我不爱任何人，也没有人因此受害，主张虽然不同，结果却是一样，因为我们的主张都没有得到实际的效果。既然这样，人们为何偏偏要认为你的主张好，而我的主张坏，并进而认为你是好人，我就是坏人呢？这不是太不公平了吗？"

事实也确实如此，难怪巫马子忿忿不平。墨子听了他的话，打了一个譬喻说："假如这里发生一场大火，有一个人端来一盆水灭火，另一个拿着一根烧火棍准备加大火势，由于大火很快熄灭了，两个人都没有得到结果。在这两个人中，你看重哪个人呢？"

巫马子回答说："我当然看重前一个人，因为他的心意是好的，而后一个人的心意是坏的。"

墨子接口说："你说得对，由此及彼，因此我认为我的主张是好的，而你的主张是坏的。这就是人们为什么愿意接受我的主张，反对你的主张。"

巫马子想不到救火的譬喻会联系到两人的主张，一时无言可对。

墨子继续说："倘若大火没有很快熄灭，你说两个人会起到什么作用，得出怎样的不同结果呢？"

墨子的话充满了辩证法，把动机和效果有机地联系在一起，他的一番话，不仅驳倒了巫马子，而且也宣传了自己的"兼爱"主张。

虎会巧谏赵简子

春秋末年，晋国的赵简子有一次乘车上山游猎。

车子艰难地爬行在崎岖的羊肠小道上，同行的众臣都费劲儿地为他推车，一个个汗流浃背，有的甚至脱掉一只衣袖，半裸身子。独有一个名叫虎会的大臣，并不推车，悠闲地把戟扛在肩上，边走路边哼着歌。

赵简子坐在车上，瞥他一眼，很不高兴，粗声粗气地对他说："我上羊肠山道，群臣都来推车，唯独你虎会扛着支戟边走边唱不出力，这是你做臣子的欺侮君主啊。臣欺君，该当何罪？"

虎会说："臣欺君，罪该死而又死。"

赵简子问："什么叫'死而又死'？"

"自己身死，妻子又死，这就叫死而又死。"虎会说到这里，把话锋一转，紧跟着对赵简子说，"现在你已经知道了为人臣欺主的应得之罪，那么，你是不是也想知道一下做君的轻慢臣下的应得之罪呢？"

赵简子不耐烦地说："君主轻慢臣下，又该怎么样呢？"

虎会说："做君主的轻慢欺侮他的臣下，久而久之，必然会出这样的局面：有智慧的不肯出谋划策，而没有远虑，必有近忧，国家自然就会危亡；能言善辩的不肯做使臣，咫尺天涯，难通有无，就不能与邻国通好；能征惯战的不肯破阵杀敌，将颓兵衰，弱肉强食，边界就会遭到侵犯。君主轻慢了群臣，内政、外交、国防都无人出力，败亡的局面就会随之而来，那时，便会国将不国了呢！"

赵简子大惊，急忙下令叫群臣停止推车上山，然后又摆酒设宴，与群臣共同欢饮。他懂得了爱臣的意义，虎会更是理所当然地被推为上宾。

伍子胥智过昭关

伍子胥是楚国贤臣伍奢的儿子。伍奢被楚平王所杀，伍子胥悲愤万分，与宋国太子建密谋事，哪知事不机密，太子建又被杀害，伍子胥只好仓皇出逃。于是就有种种伍子胥过昭关的故事。其中一个传说是：

伍子胥被关吏捉住了，他却吓唬官吏说："你知道楚王为什么追捕我吗？是因为我有一颗价值连城的宝珠啊！老实告诉你，现在这颗宝珠已被我弄丢了，你抓我抓得正好，我就可以把宝珠赖在你身上，一口咬定是你夺取了我的宝珠并且把它吞到肚子里了，看你怎么去对大王分辩？那时大王一定会杀死你，剖开你的肚子寻找他的宝珠，我即使也会被杀，你的肠子可早已断成一寸一寸的了。"

关吏听了他这番厉害的话头，早已吓傻了眼，只得乖乖地把伍子胥放走了。

苏代妙论鹬蚌斗

一次，苏代听说赵惠王要攻打燕国，觉得对赵、燕两国都没有好处，于是决定劝阻赵惠王改变这个主意。

见到赵惠王后，苏代先不提这件事，却对赵惠王说，他在易水河边看到一件新鲜事：

有一只很大的河蚌张着壳在河边晒太阳，柔和的阳光照在它白嫩的肉上，真是舒服极了。可是，从河蚌的后面偷偷地走过来一只精瘦的鹬鸟，它饿极了，抬起尖利的长嘴巴，向河蚌露出壳外的鲜嫩的肉一口啄去。

河蚌受到突然袭击，急忙夹紧坚硬的外壳，把鹬鸟的长嘴巴牢牢地夹住了。

鹬鸟作了一番挣扎，没用，河蚌的硬壳越夹越紧，于是恨恨地说："河蚌呀河蚌，你不要这样凶狠，如果今天不下雨，明天不下雨，你不是要干死渴死吗？我就等着吃你的死蚌肉了！"

河蚌的那一块嫩肉依然在鹬鸟的长嘴里，十分疼痛，可是它也不甘服输，嘲笑鹬鸟说："你要吃我的肉，我就要你的命！今天不放你，明天不放你，你也非干死饿死不可！"

它们两个吵个不停，谁也不肯让步。

这时，有个渔夫远远看见这边的动静，就疾步跑了过来，伸手把它们逮住了，放进了鱼篓。鹬鸟和河蚌成了渔夫的美餐，后悔也来不及了。

赵王听了很有兴趣。苏代趁机转入正题说："我听说大王要出兵攻打燕，燕赵两国国力相当，赵国在几年内不可能把燕国打败，势必长期相峙下去。强大的秦国看见燕、赵都疲惫不堪，一定会像易水边的渔夫那样趁机从中渔利。这对赵国又有什么好处呢？所以，发兵攻燕的事还得三思而行啊！"

赵惠王终于恍然大悟，恳切地说："我们不能做鹬和蚌那样的傻事，而让秦国得利。出兵燕国的事以后就别提了！"

公孙龙反诘妙计

秦国怕六国联合起来对付自己，便先与赵国订立了同盟和约："从此以后，秦国所要做的，赵国要帮助；赵国要做的，秦国要帮助。"

不久以后，秦国便发动军队攻打魏国，赵王怕秦王灭魏以后转而攻打自己，便想去救援魏国，秦国听了以后很不高兴，派人责问赵王说："我们两国既然已经约定，秦国所要做的，赵国要帮助，赵国要做的，秦国也要帮助。现在秦要进攻魏国，赵国不但不帮助秦国，反而又要去援救魏国，这不是违背条约吗？"

赵王把这件事告诉平原君，平原君也不知该怎么回答秦王，便请教于公孙龙，公孙龙说："这没有什么难办的，赵国也可以派人去秦国，以同样的方法责问秦王，说赵国要去援救魏，而秦国竟不帮助赵国，这也是违背合约的啊！"

许绾阻造中天台

战国时，魏王要修建中天台，同时发布命令：有敢劝阻的，就要杀他的头。

一天，许绾担着畚箕拿了铁锨进宫，对魏王道："听说大王要建造一座中天台，我愿意添一把力。"

魏王问："你有什么力添呢？"

许绾说："我虽然没什么力气，但是能够商量筑台的事。"

魏王说："你说吧。"

许绾说："为了显示大王的威望，要修建中天台，就应该筑得高一些。"

魏王说："对啊！"

许绾说："那么至少要半天高吧。"

魏王说："半天高好啊。"

许绾说："我听说天和地之间相距15000里，今天大王要筑一个半天高的台，就应当有7500里高。像这样的高台，台基就得方圆8000里，拿出大王的全部土地，还不够做台基。大王如果一定要造这个台，首先就要出兵征伐各诸侯国，占领他们的全部土地；这还不够，再去攻打四面边远国家，得到方圆8000里的土地，才有了做台基的地方。积聚的筑台材料，众多的筑台苦役，仓库中储备的粮食，数目都要以亿为单位来计算。同时，估计方圆8000里之外，还应当规定种植庄稼的面积，以供应造台的人食用。具备了这些条件，才能够动土造台。"

魏王听后，放弃了造台的打算。

翟璜的顺耳忠言

战国时期，魏文侯派大将乐羊攻伐中山，取得胜利。魏文侯当即把中山分封给自己的儿子。魏文侯问群臣："我是怎样的君主？"

群臣几乎异口同声地说："您是仁义的君主。"

魏文侯听了，心中喜滋滋的。

不料大臣任座站出来说："您得了中山，不把它分封给您的弟弟，而把它分封给儿子，这怎能算是仁君呢？"

任座竟敢否定魏文侯是仁君，大家惊呆了，魏文侯怒得涨红了脸说不出话来，任座急忙退了出去。

殿堂里鸦雀无声，局面一下子僵了。过了好久魏文侯才松了口气，问大臣翟璜："你也说说，我到底是怎样的君主？"

翟璜不假思索地说："您是仁君。"

魏文侯的脸上又浮现出笑容，群臣也终于松了口气。

魏文侯接着又问："那你说说，为什么说我是个仁君呢？"

翟璜不慌不忙地讲道："我听说：'君仁则臣直。'刚才任座的话说得那么直率，他敢当着您的面批评您，这不正说明您是个仁义的君主吗？"

魏文侯又笑了，笑得更加开怀。于是，他立即命令翟璜去把任座请回来，并亲自走向殿堂去迎接，把任座当作上宾。

庄子的处世之道

山林里，一群伐木工人正在砍伐树木。地上已经倒下了一大批树木了，却有一棵树叶繁茂的大树还屹立在那儿没人去砍它。

庄子和学生途经山中，见此情景，庄子问工人不砍伐这棵树的原因，伐木工人答道："这棵树砍下来也没有用处。"

庄子下山后，拜访一位朋友。老朋友很热心地叫儿子去杀一只鹅招待。

儿子问道："一只鹅会叫，一只鹅不会叫，到底杀哪一只？"

父亲说："杀那只不会叫的！"

第二天，学生们问庄子："昨天我们在山中看见那棵大树因为没有用处，所以没有被砍伐；而今主人家的鹅却又由于没有用处而被宰杀。请问老师，您是以什么样的态度作为处世之道呢？"

庄子意味深长地说："这样看来，我只有将自己处于有用和无用之处，看似有用，又似无用；看似无用，又似有用。不过，这也许仍难免其害。如果能心怀道德以待人处世，那就决计无害啦！"

燕昭王从善如流

公元前318年，燕国发生内乱，齐国乘机攻打燕国，杀死了燕王哙。不久，燕昭王即位。为了收复失地，他亲自登门向燕国贤者郭槐请教寻求贤能人才的计策。

郭槐说："成帝业的国君，把贤人作为老师看待；成王业的国君，把贤人作为朋友看待；成霸业的人，把贤人作为大臣看待；而国家也保不住的国君，则把贤人作为奴役看待。大王如果虚心听取贤人的教导，恭恭敬敬地拜他为师，那么，天下的贤人就会归附到燕国来。"

燕昭王说："我倒真想向所有的贤人学习，只是不知道先去召见谁最合适？"

郭槐没有直接回答，而是讲了这么一个故事：

从前有个国王想用千金去买一匹千里马，但三年过去了也没有买到。

有个大臣对国王说："让我来为大王效劳吧！"

过了三个月，那个大臣找到了一匹千里马，可已经死了，就花了五百两黄金，把马骨买了回来。

国王大怒道："谁让你用重金去买马骨的！"

大臣说："一匹千里马的骨头尚且花了五百两黄金，更何况活的千里马呢？天下的人必然认为大王是诚心买千里马的人，肯定会把千里马送上门来的。"

果然不到一年时间，就得到三匹千里马。

郭槐讲完故事，又说："现在大王如果真想寻求贤人做老师，那就请从我开始吧。连我郭槐都能受到重用，何况比我更有才能的人呢？他们一定会从千里之外赶来的。"

燕昭王觉得很有道理，就为郭槐修建了宫室，并把他作为老师看待。这件事传开以后，很多贤能的人从各国前来投奔燕昭王。燕国依靠了这些人才，最后终于打败了齐国。

雍门周引人悲伤

战国时代著名乐师雍门周去见孟尝君。孟尝君问："先生弹琴能使我悲伤吗？"

雍答道："我能叫他悲伤的是这样的人：先前富贵荣华而今贫困潦倒；品性高雅而不能

见信于人；至亲好友被迫分离；孤儿寡母无依无靠……像这种人，听见鸟叫凤鸣都会伤心；听我弹琴，没有不落泪的。至于你，养尊处优，无忧无虑，再会弹琴也不会感动你。"

孟尝君听了觉得很有道理。

但雍门周接着又说："不过依我看，你也有你的悲哀。你抗秦伐楚，得罪了两个大国，而今天下大势非秦必楚，你只拥有一个区区薛地（今山东滕县），别人要收拾你如同拿斧头砍蘑菇一样容易，等你一死，祖宗无人祭祀，你的坟头长满荆棘，狐兔出没，牧童在坟上嬉戏，人们见了就会说：'孟尝君曾经那样尊贵显赫，到头来不过如此啊！'"

孟尝君听了这番话不禁热泪盈眶。此时，雍门周一弹琴，他就止不住地哭起来，说："我一听先生弹琴，就感到自己好像是亡国之人了。"

齐人智谏靖郭君

战国时，靖郭君准备在自己的封邑薛筑城，他的门客都劝他不要这样做。靖郭君不听，还吩咐负责传达的官员，不要替这些人通报了。

门客中有个齐国人，求见靖郭君，说："我只要求让我讲三个字就行了。如果多说一个字，就把我处以烹刑。"

靖郭君便接见了他。齐人快步向前，说了一声："海大鱼！"转身就跑。

靖郭君说："等一等，你的话还没有说完！"

齐人说："我可不敢拿性命开玩笑啊。"

靖郭君道："没关系，你再说下去。"

齐人说道："你不曾听说过大鱼吧，网儿兜不住，钩儿钩不上，如果不小心到了没水的地方，即使连小小的蚂蚁也可以任意欺侮它了。现在，齐国就是你的'水'啊。你只要一直保有齐国的庇护，又何必在薛筑城呢？如果失去了齐国，你就是把薛城筑得天一般高，也没有用处啊。"

靖郭君听了觉得有理，便停止在薛筑城。

淳于髡巧言善辩

齐威王时，齐国有个辞令家叫淳于髡，满脑子是巧妙的比喻。

当齐国开始振兴时，楚国却来侵犯了，齐威王想派使者去赵国搬兵。可派谁去呢？他扫了一眼朝中文武百官，一眼望见了个头矮矮的淳于髡，不由得想起了一件事。

几年前，齐威王整天享乐，不理朝政，但无人敢劝谏他。一天，淳于髡来见齐威王，对他说："听说咱们齐国有一只奇怪的大鸟，知道国王爱玩鸟，就凌空飞来，一眨眼工夫就飞到了王宫，它在王宫里已三年了，却从不飞一下、叫一声，您说这鸟怪不怪？"

齐威王说："别看这鸟三年不飞，一飞就能冲天；别瞧这鸟三年不鸣，一鸣就能惊人！"说完，齐威王心有所动，终于明白淳于髡是借隐语讽喻他。于是召见齐国72个县令，奖励其中一个好的，杀了其中一个坏的，接着又派兵去平息作乱的诸侯。

想到这里，齐威王决定派能言善辩的淳于髡去赵国搬兵。他让淳于髡驾上车马10辆，装上黄金100两。淳于髡见了放声大笑，连系帽子的带子也笑断了。

齐威王说："先生嫌这些东西少吗？"

淳于髡说："怎么敢嫌少呢？"

齐威王说："那么刚才笑什么呀？"

淳于髡说："今天我从东面来时，看见有个农民在田边拜求田神赐个丰收年，他拿着一只猪蹄和一杯酒，祝祷说：'田神啊田神，请你保佑我五谷成熟，米粮满仓吧！'他的祭品那么少，而想得到的却是那么多，所以禁不住要笑他。"

齐威王领悟了他的隐语，马上给他黄金1000两，车马100辆，白璧10对。淳于髡于是出使赵国，搬来了10万赵兵。楚国闻讯，立即撤兵。

楚军撤走后，齐威王宴请出使归来的淳于髡，问他说："先生能喝多少酒才醉？"

因为齐威王常常彻夜饮酒，淳于髡想让他改掉这个习惯，所以搜肠刮肚找了些妙辞。他说："臣喝一海碗也醉，喝一坛子也醉。"

齐威王问："这是什么缘故呢？"

淳于髡答："当着大王之面赏酒给我喝，法官、史官站在一旁，我非常害怕地伏地喝酒，喝不了一海碗就醉了。如果父亲有贵客来家，我在席间侍奉，客人时常把喝剩的酒赏给我，我能喝它两海碗。如果和不常见面的老朋友一边叙叙老交情，一边喝酒，那么我就能喝五六海碗；如果是乡间里聚会，男女杂坐，巡行酌酒劝饮，拉拉手不受罚，眉目传情不禁止，这样酒喝到八海碗，我也只有二三分醉意。天色晚了，酒喝够了，杯子合用一只，男呀女的同坐一条席子，鞋儿零乱地放着，酒杯菜盘横七竖八，厅堂上蜡烛点亮，主人打发走了别的客

219

人,却留我下来,这个当口,我的心情顶顶欢乐,就能够喝得下一坛子酒。所以俗话说:'酒喝过头就会胡来,乐享过头就要伤心。'千桩万件总是一个样。"

齐威王赞赏道:"是啊,酒极生乱,乐极生悲啊!"于是不再彻夜饮酒了。

江乙巧妙答楚王

这一段时间楚宣王心事重重很不高兴,到了坐卧不安的地步。这是为的哪一件事呢?原来楚国有一个叫昭奚恤的名将,权势和威望越来越高,北方诸侯都很敬畏他。主将有威信,士卒肯效命,边塞就安宁,这本来是楚国的福音。可是这位楚宣王疑心病太重,害怕昭奚恤有朝一日夺了他的王位,就日夜盘算着如何对付这位主将。

楚宣王想先听听群臣的意见再作打算。有一天,他向群臣问道:"我听说北方的诸侯怕昭奚恤,就像森林中的百兽看见老虎一样,有没有这回事呀?"

这叫大臣们如何回答?北方诸侯敬重昭奚恤,他们都听说过,有的还亲眼看见过这种令楚国人自豪的场面。但是,今天楚宣王脸色很不好看,唐突地问起这样的问题,大家都诚惶诚恐地不敢回答。

这下子楚宣王更犯了疑,是不是群臣也怕昭奚恤而不敢说话呢?

这样的僵持场面继续下去,楚宣王难以收场会更加迁怒于昭奚恤,而这位主将一旦蒙冤,对楚国会有好处吗?

在楚国做官的魏国人江乙站了出来,可是却不说昭奚恤的事,而给楚宣王和大臣们讲起一个故事:

"有一次,一只老虎抓到一只狐狸,正想撕开它的皮肉美美地饱餐一顿,想不到狐狸不但不害怕,反而十分傲慢地对老虎说:'你有什么资格可以吃我?我是天老爷派下来做百兽首领的,你今天吃了我,就违抗了天老爷的命令而要得到处罚。你也许不相信,那好,我们一起到树林里去走走,百兽看到我会不会争先恐后地逃跑?'老虎真的跟着狐狸在林子里转了一圈,野兽见了都四散逃命去了。老虎不知道百兽害怕的是他自己,误以为真的是怕狐狸,因此就让狐狸大摇大摆地走了。"

楚宣王听到这里,若有所悟地点点头。

江乙又说:"今天,楚国有五千里江山,也够强大的了。又有几十万军队,大王都交给昭奚恤指挥,所以北方诸侯才害怕昭奚恤,不敢侵犯楚国的边疆。其实,他们是害怕大王你,这同百兽害怕老虎是一样的道理。"江乙言真词切的一番分析,终于打消了楚宣王心中的疑问,重新信任昭奚恤,楚国因此得到了较长时间的安定。

孟子谏王行王政

一次,有人建议齐宣王拆毁明堂,齐宣王去向孟子讨教:"先生,您说要不要拆毁明堂?"

孟子答道:"明堂是有道德而能统一天下的王者的殿堂。如果您要实行王政,就不要毁掉它。"

齐宣王说:"您可以说说怎样去实行王政吗?"

孟子答道:"从前周文王治理岐周,对农民的税率是九分抽一;对做官的人给以世代承袭的俸禄;在关口和市场上,只稽查不征税;不禁止任何人去江河湖泊捕鱼;只对罪犯施刑罚,而不株连他的妻室儿女;对鳏夫、寡妇和失去依靠的老人、孤儿,实行王政的周文王最先考虑他们。《诗经·小雅·正月》上说:'有钱财的人是可以过得去的,可怜那些无依无靠的孤单者吧。'"

齐宣王击掌称道:"这话说得太好啦!"

孟子问:"您既然认为这话好,那为什么不去实行呢?"

齐宣王说:"我有个毛病,我喜爱钱财,实行王政恐怕有困难吧。"

孟子说:"从前,公刘也喜爱钱财。《诗经·大雅·公刘》上写道:'粮食真多,外有囷,内满仓;还包裹着干粮,装满橐,装满囊。人民团结,国威发扬,箭上弦,弓开张,其他武器也上场,浩浩荡荡向前行。'因此留在家里的人有积谷,行军的人有干粮,这才能率领军队前进。如果大王您喜爱钱财,能跟百姓一道,那对于实行王政统一天下,有什么困难呢?"

齐宣王不好意思地说:"我还有个毛病,我喜爱女人,实行王政怕有困难吧。"

孟子答道:"从前太王也喜爱女人,十分疼爱他的妃子。《诗经·大雅》上写道:'古公亶父清早赶着马,沿着亶地西边漆水河岸来到岐山之下。还带领着他的妻子姜氏女,都来这里视察住处。'在这个时候,天下没有找不着丈夫的老处女,也没有找不着妻子的单身汉。大王如果喜爱女人，能跟百姓一道，那对于实行王政统一天下，有什么困难呢？"

齐宣王无话可说了。

孟子谏言不逆耳

战国时的齐宣王一心想称霸于天下。一天，他问孟子："像我这样的人能不能统一天下？"

孟子觉得眼下人民生活很是困苦，应该批评齐宣王一番。但齐宣王是个爱听奉承话的国君，如果说他不爱护老百姓，准会被他轰出王宫，因此孟子不动声色地说："在我回答大王的这个问题之前，我想先问大王一件事，行吗？"

"什么事呀？"齐宣王好奇地问。

"我听说，有一回新钟铸成，准备杀牛祭钟，您因为看见好好的一头牛，无罪而被杀，感到不忍，结果没杀那头牛，是有这么一回事吧？"

齐宣王想，这孟老夫子还记得他的这件善事呢，心里当然很高兴，忙回答说："是呀！是有这么一回事。"

孟子说："大王，这就是恻隐之心哪！凭您这副善心肠，便可以行王道，统一天下！"

齐宣王更乐了："对，您接着说下去。"

孟子又说："问题是您肯不肯干罢了。比如有人说：'我能举起千斤东西，但却举不起一根羽毛；眼睛能看得清一根毫毛，但却看不见满车的柴禾'。您相信这话是真的吗？"

齐宣王不禁哑然失笑："哈！我怎么能相信这种话呢？"

孟子也笑道："这就对啦！所以如果有人说，大王您能用好心对待牛，却不能用这种好心去爱护百姓，这也同样叫人不能相信。这就和不肯举一根羽毛看不见一车柴禾一个样。现在，老百姓所以流离失所不能安居乐业，这是您根本不去关心的缘故，而不是能不能干的问题。所以我说，您能行王道，能统一天下。问题是您不干，不是不能啊！"

孟子以奉承做批评的陪衬，使之相得益彰、浑然一体。在这样的气氛下，齐宣王就没有对孟子产生恶感，于是欣然接受了他的批评。

孟子谏齐王攻燕

一次，齐宣王出兵攻占了燕国。

齐宣王对孟子说："有些人劝我不要吞并燕国，有些人劝我吞并它。我想：以一个拥有兵车万辆的大国去攻打与之匹敌的大国，而且只花了50天时间便占领了，仅仅是凭人力吗？恐怕是天意吧？如果我们不去吞并它，上天会认为我们违背了他的意旨，因而会降罪于我们。您看我做得对吗？"

孟子答道："如果吞并它，燕国百姓很高兴，便吞并它；如果吞并它，燕国百姓不高兴，那就不要吞并它。以齐国这样拥有兵车万辆的大国，来攻打同样有兵车万辆的燕国，若燕国的百姓却用竹筐盛着干饭，用壶盛着酒浆来欢迎大王的军队，难道会有别的意思吗？那是他们想逃离那水深火热的苦难生活啊。如果他们的灾难更加深了，那只是统治者由燕转为齐罢了。"

过了一些日子，有几个国家在商议着救燕的事。齐宣王虚心向孟子讨教对策。

孟子答道："我听说过，有凭借着纵横各70里的国土来统一天下的，商汤便是，但还没有听说过拥有纵横各1000里的国土而害怕别国的。《尚书》上说过：'商汤征伐，从葛国开始。'天下人都相信他，人们盼望他，正好像久旱盼望乌云一样。商汤的征伐，一点也不惊扰百姓，做买卖的照常往来，种庄稼的照常下地。商汤只是诛杀那暴虐的国君，用以慰抚那些被残害的百姓。他们来到，正好像天上降下及时雨一样，老百姓非常高兴。正如《尚书》上说的那样：'等待我们的王，他到了，我们也就复活啦！'"

孟子说到这里，眉头忽然紧锁了起来："残暴的燕王虽然被您打败了，可您对热烈欢迎您的燕国人民又做了些什么呢？您杀掉他们的父兄，掳掠他们的子弟，毁坏他们的宗庙祠堂，搬走他们的宝器，这怎么可以呢？天下各国本来就害怕齐国强大，现在齐国的土地又扩大了一倍，而且还暴虐无道，这自然会招致各国联合起来讨伐您。我认为您应该赶快发布命令，遣回老老小小的俘虏，停止搬运燕国的宝器，再和燕国人协商立一位新燕王，然后您从燕国撤回齐国。如果这样，才能使各国停止联合兴兵对付您。"

孟子妙语问邑宰

孟子到了齐国边境的平陆，对当地的邑宰（相当于今日的县长）孔距心说："如果你的士兵一天三次失职，你开除他吗？"

邑宰答到："不必等到三次，我就开除他了。"

孟子说："那么你自己失职的地方也很多了。灾荒年成，你的百姓，年老体弱抛尸露骨于山沟中的、年轻力壮逃亡于四方的，已将近千人了。"

邑宰答道："这个事情，不是我的力量所能改变的。"

孟子说："譬如现在有一个人，接受别人的牛羊而替别人放牧，那一定要替牛羊寻找牧场和草料了。如果牧场和草料都找不到，那么是把它们退还原主呢，还是站在那里看着它们一个个死去呢？"

邑宰答道："这个就是我的罪过了。"

孟子智辩淳于髡

战国时代的一天，孟子与淳于髡展开了一场辩论。

淳于髡说："男女授受不亲，这是礼制所规定的吗？"

孟子答："当然是礼制规定的。"

淳于髡紧接又问："假使嫂子掉进水里，做小叔的看见了，能不能用手去拉她？"

孟子回答："嫂子掉在水里，不去拉她，那简直是变成了没有人性的豺狼了。男女之间不亲手递接东西，这是正常的礼制。在非正常的情况下，嫂子掉在水里，小叔用手去拉她，这是一时权宜变通的办法。"

淳于髡紧逼着问："现在天下人民的痛苦，已经如跌在水里一样了，您却不去援救他们，又是什么缘故呢？"

孟子十分敏感地透视出对方的用意，从容地回答道："天下人受到水淹般的痛苦，要用我经常讲的那个'道'去援救他们。刚才咱们谈到嫂子掉在水里小叔用手去拉她，你难道要我也用手一个一个地去援救天下之人吗？"孟子在这时讲清了权宜变通离不开仁义之道的关系，这明明白白地提醒淳于髡：济世须用正道。在这里，孟子的回答巧妙之处在于，并未正面说自己为什么不去援救他们，而是暗中回答了对手的诘疑之处。

邹忌妙答淳于髡

战国的时候，邹忌当了齐国的丞相。淳于髡心里很不服气，就带了几个学生来见邹忌。

淳于髡大模大样地坐在上位，他问邹忌："做儿子的不离开母亲，做妻子的不离开丈夫，对不对？"

邹忌说："对。我做君子的不敢离开君王。"

淳于髡说："车辖辘是圆的，水是向下流的，是不是？"

邹忌说："是。方的不能转动，河水不能倒流。我不敢不顺着民情，亲近万民。"

淳于髡说："貂皮破了，不能狗皮去补，对不对？"

邹忌说："对。我绝不能让小人占据高位。"

淳于髡说："造车必须算准尺寸，弹琴必须定准高低，对不对？"

邹忌说："对。我一定注意法令，整顿纪律。"

淳于髡听了这些回答，站起来恭恭敬敬地向邹忌行了个礼，告辞了。

学生问："老师刚来见丞相，是那么神气，怎么临走时倒行起礼了？"

淳于髡说："我是去叫他猜谜语的，想不到我才提了个头，他就顺口接了下去，他的才干确实不小，对这样的人我怎么能不行礼呢？"

景鲤妙语救自己

公元前287年，楚王派景鲤到秦国去。

有人企图陷害景鲤，就对秦王说："景鲤是楚王最喜爱的大臣，大王应把他拘禁起来，用他换取楚国的土地。如果楚王答应了，那么我们没用军队就得到了土地；如果楚王不答应，我们就杀掉景鲤，再与才能不如景鲤的人打交道，这可是一举两得的计谋。"

秦王于是拘禁景鲤。

景鲤让人传话给秦王说："我预见到大王的权势将被天下人所轻贱，并且土地也不可都得到。我刚要出使的时候，听说齐、魏两国都准备割让土地侍奉秦王。之所以能这样，就因为秦国与楚国是兄弟之邦。如今大王拘禁我，这却明明白白地向天下诸侯显示出秦国失去了楚国的邦交。这样齐、魏又怎能尊重孤立无援的国家呢？当楚国知道秦国处于孤立中，不但不会送来土地，而且还要在外边结交诸侯来图谋秦国，那么秦的天下就必然危险了，我看还是放我出来为妙。"

秦王这才把景鲤放了出来。

优旃三次谏始皇

优旃是秦国的宫廷演员，别看个儿矮矮的，长得挺丑，可是能说会道，令人发笑。

初冬的一天，秦始皇在宫中设宴犒劳文武大臣，不巧下起了雨。在宫外台阶下站岗的卫士们，衣服淋得湿漉漉的，一个个冷得嘴唇发紫，牙齿打战。优旃唱了一段戏，走出来看到这种情景，同情地对他们说："我来想办法让你们休息。不过，一会儿我呼唤你们，你们就得高声回答说'有！'"卫士们点头称是。

优旃回到宫中，高声呼道："卫士们！"

卫士们在外面齐声答道："有！"

优旃说："为什么你们虽然长得又高又大，却要在雨中站立着，而我虽然长得又矮又小，却很幸运地在宫中休息呢？"

秦始皇听出优旃在诉说卫士们的艰苦，就说："一半卫士回屋休息，到时再出去换岗。"

又有一次，秦始皇召集群臣商议，想修一个几百里长的大苑囿，养各种各样珍兽奇禽供他玩赏。优旃故意赞叹地说："陛下，这主意真是太妙啦！多养些兽在里面，待敌人打来，您只要命令它们用角去抵挡就是了。"秦始皇笑笑，放弃了修大苑囿的想法。

秦始皇死后，儿子胡亥为秦二世。为了使京城咸阳更加美观，竟下令把城墙油漆一遍，这下可要消耗很多很多钱财劳力呢。

优旃听了这命令，拍手吟唱道：

城墙漆得溜光光，敌寇来了不能上；

城墙漆得油荡荡，敌寇一爬准黏上！

优旃唱完，却又故作为难的样子说："只是油漆过的东西，不能曝晒，要阴干，漆才不会脱落。我看陛下还是先建一座能把整个城罩起来的大屋子，再油漆城墙吧。"

秦二世一听，只得摇摇手说："那就算了吧。"

李斯妙谏当宰相

秦国一直比较开放，他们连续几代注意招纳客卿，在用人上不排外。于是很多人才流向秦国，为秦国的日益强大起了很大的作用。秦始皇却一度讨厌起客卿来，因而上下排挤外国人，秦始皇还特意下了逐客令，要把他们赶走。

这时，有个叫作李斯的客卿，在被逐途中，向秦始皇上书说："泰山不拒杯勺之土，才能成其高；沧海不择涓细之流，才能成其广；王者不却黎庶之人，才能成其德。从前，秦穆公任用戎狄的由余，宛地的百里奚，宋国的蹇叔，晋国的公孙枝和丕豹，才成就了霸业。孝公用客卿商鞅变法，惠王用客卿张仪破坏六国合纵，昭王用客卿范雎获得远交近攻之策，这四位国君都是依靠客卿才取得成功，今大王要驱逐客卿，他们定会纷纷离开秦国而被别国所用，这样，再想求商鞅、百里奚那样的人就太难了。"

秦始皇看了李斯的上书，恍然大悟，立即下令找回被逐的客卿，废除了逐客令。后来，李斯当了宰相，为秦始皇统一中国立下了汗马功劳。

李斯进谏改诏书

丞相李斯对秦始皇说："上古时所创制的大篆，很是通行于世，可这是远古时期的产物，人们大多不能通晓它。现在删略繁的，取它复合字体中的一部分，参照变为小篆，您看怎样？"

秦始皇就让他把大篆改为小篆，以统一中国文字。李斯整理好后，秦始皇亲写诏书。但诏书中有些字不符合小篆体，李斯请他修改，秦始皇大怒。

李斯说："统一文字，有利于全国政治、经济、文化的发展，这是诏书中写得明明白白的，但诏书中本身就有字体不统一的毛病，天下人到底以哪种字体为标准呢？又怎么来统一文字呢？臣请皇上修改诏书中的个别有毛病的字，本身就是在执行诏书的命令啊！"

秦始皇觉得有理，就把诏书中不规范的字改过来，并重新誊写了一遍。

刘邦智免杀身祸

楚灭秦时，楚怀王将士兵分为东西两路进军。东路由项羽率领，西路由刘邦率领，两路兵马同时进发关中。楚怀王已有言在先：谁先打进关中谁就当关中王。结果是刘邦先打进了关中，项羽倚仗自己兵多势人，对刘邦很不服气，并且要加害于他。

这时范增就给项羽献计，说："等到刘邦上朝时，大王就问他：寡人封你到南郑去，你愿意去吗？如果他说愿意去，你就说：'我早就知道你愿意去。那里是养兵练将的好地方，又可聚草屯粮，你养足了精兵强将好跟我争天下，对不对？这证明你有反我之心。绑出去杀了！'如果刘邦说不愿意去，你就说：'我早就知道你不愿意去的，本来楚怀王有言在先，谁先入关谁为关中王。叫你去南郑，你怎么能愿意呢？你这是有意反我，绑出去杀了！'我想他刘邦是怎么也逃不出灭顶之灾的。"

这一天，刘邦参见了项羽。项羽就按范增所授套问刘邦，刘邦沉思片刻，对项羽提出的问题却没有明确地答复是"去"还是"不去"。他装着很虔诚的样子回答："大王啊！臣食君禄，命悬于君手，好比是君之坐骑，鞭之则行，收辔则止。臣唯命是听。"项羽一听，杀掉刘邦的借口看来不是那么"名正言顺"，无可奈何，只好对刘邦说："你要是听我的，南郑你就不要去了。"

刘邦之所以免遭杀身之祸，是由于他巧妙地动用了模糊语言"唯命是听"，避免陷入项羽预设的圈套，从而保全了自己的性命。

刘邦论取胜之道

秦朝末年发生了陈胜吴广的农民起义，全国群起响应，形成诸雄并存的局面，后来又演变成汉楚相争。垓下一战，刘邦终于取得了决定性的胜利，打败项羽，建立汉朝。

为了庆祝胜利，刘邦大摆筵席，宴请群臣，酒酣耳热之际，刘邦问众人："请教各位，我们如何能得天下，而项羽又如何失去天下？"

有的大臣恭维说："陛下获天时、占地利。有上苍保佑，有神佛扶持，显示了真命天子的本色。"

刘邦听了笑而不语。

又有大臣补充道："陛下更有人和，有功必赏，有过则罚，赏罚分明，故而众志成城，齐心协力，夺取天下。而项羽却嫉妒有才能的人，谁有本事就怀疑谁，打了胜仗也不记功，得到了土地也不给记功，因此，他才会失败。"

刘邦微微颔首，于是众人又你一言我一语发表各自的见解，无非是恭维刘邦雄才大略，智谋过人，用兵得当，等等。

刘邦听了众臣的议论，笑着说："你们的话也对也不对，所谓对者，只知其一，所谓不对则不知其二矣。"

席间一片寂静，众臣都侧耳细听刘邦的高论："朕一介草民，起事时仅区区一驿亭亭长，斩白蛇、举义旗、屡遭挫折，多次濒临于灭亡，但终究图大业，获取天下，立朝建国，正是由于我尚有自知之明，并不过分相信自己的才能和运气。要知道，论出谋划策、运筹帷幄，决胜于千里之外，我比不上张良；论治国安民，筹措粮草，我比不上萧何；论指挥军队、统兵作战、攻必克、战必胜，我比不上韩信。我之所以能统一天下，并不是我有什么超人的本领，更不是有什么神灵保佑，只不过我看到了自己的不足，借用了别人的长处来补偿自己的不足，处处礼待像张良、萧何、韩信这般能人，信任他们，充分发挥他们的才能，所以才得了天下。而项羽却相反，他认为自己了不起，看不见别人的才能，其实他手下也有许多有才能的人，由于他容不得人，有的跑到我这里来了，有的销声匿迹了，连范增这样有本事的人都不予使用，所以就失去了天下。"

众臣听了刘邦的话，都心悦诚服。

刘邦喻猎人猎犬

汉高祖刘邦给萧何、韩信等人封侯之后，下边有一些立过战功的人不服，说："我们立的功是在枪林箭雨中九死一生拼杀出来的，而萧何并没有直接到战场上冲过锋、陷过阵，反而当了一人之下、万人之上的丞相，他不就是仅仅凭着那一张嘴、一支笔吗？"

这些牢骚话传到汉高祖耳朵里，他把大家召集到一起，问道："诸位见过打猎吗？"

大家说："见过。"

汉高祖说："撒腿猛追，逮住野兽的是猎犬，而指挥猎犬的是猎人。说一句玩笑话，诸位只能逮住野兽，这不过是猎犬的功劳；萧丞相善于指挥你们去追逐野兽，这才是猎人的功劳呢！请大家想一想，猎犬的功劳怎么能和猎人的功劳相比呢？"

大家听了这番深入浅出的解释，都心服口服。

蒯通刀下救自己

秦末汉初的蒯通，曾向韩信献计：不投刘邦，自立为王，与楚汉成鼎足之势。但此计未被韩信采纳。公元前196年，吕后设计诱杀韩信。韩信临死叹道：我后悔没有听从蒯通的计谋，为一个女人所诈，这难道不是天意吗？"

汉高祖刘邦听到韩信临死的话，异常愤怒，立刻下令将蒯通捕获，并准备杀掉他。刘邦亲自审问这一教唆他人叛乱的要犯："是你教淮阴侯反叛的吗？"劈头便是一"反"字，那意思是，只要你承认了这件事，就可杀掉了。

对于这个已被韩信泄露的尽人皆知的秘密，蒯通似乎毫不在意，坦然回答："是的。"不仅如此，还因为韩信不听教诲而对韩信用极不恭的语调补充道："我确实教他造反了。但这小子不听我的计谋，这才使他遭到杀身大祸。如果那小子听从我的计谋，陛下您怎会捉到并杀掉他呢？"

听蒯通的口气，竟仿佛庆幸自己不幸而言中，好像在说：我早就知道，不听我的劝告，韩信迟早会被杀死的。刘邦顿时勃然大怒："烹了他！"

蒯通连呼："冤枉。"

汉高帝感到奇怪："你既然教唆韩信反叛，烹了你有何冤枉呢？"

蒯通回答："秦王朝失去了统治能力，群雄聚集到一起都来抗秦，而抗秦的人们之间，不能说谁反谁。韩信既不存在反叛之罪，那么我只是动动舌头，更不存在教唆反叛罪。秦王朝失掉了帝位，大家都来争夺帝位，当然是才高力大的、跑得快的人能得到权柄。既然大家都为自己获得帝位而拼命争夺，怎么会说谁反对谁呢？桀之犬吠尧，并不是尧帝不圣贤，是因桀犬只认自己的主人罢了。而当时我为韩信出谋划策，我并不知道还有您，不过是表现了对自己主人的忠诚而已。天下野心勃勃欲争王位的人很多，他们之所以没有能像您这样如愿以偿，不过是由于自己力量不足罢了。对于这些曾经和您一起争夺王位甚至和您厮杀过的英雄们，难道您能把他们都烹了吗？而我不过是动动舌头而已，却要烹了我，怎会不冤？"

刘邦听了蒯通一番辩白，感到很有道理，下令将蒯通无罪释放了。

东方朔上天归来

汉武帝迷信方士，想求长生不死之药。

东方朔求见说："陛下所取者，皆天下之药。独天上之药才能使人不死。"

武帝说："天怎么上得去呢？"

东方朔说："臣能上天。"

武帝虽不深信，但也希望是真的，于是立即派他上天取药。

东方朔辞去，刚走出门又回头说："臣说上天，陛下也许不信，可以派人作证。"

武帝就派了一名方士跟他同去，约好30天为期，重返人间。

岂知东方朔回家之后，天天饮酒赴宴，毫无上天之意。随行的方士多次催促，东方朔却满有把握地说："放心吧，不久会有神仙来迎接我的。"

一天，方士和东方朔在睡觉，东方朔醒来对方士说："我喊你多久了，你怎么不答应？我已经从天上回来了！"

方士不信，把情况回奏了武帝。武帝要办东方朔的欺君之罪。东方朔哭着说："我这是第二次要死了！"

武帝问他什么意思，东方朔说："我在天上的时候，天帝问我下方人穿什么衣服，我说用虫子制的衣服。天帝问是什么样的虫子，我说这虫子嘴像马，长着长长的毛，身上有虎皮似的花纹。天帝听了，大为震怒，以为我胡说，随即派人到下方查看，使者回报说一点不错，这虫子的名字叫'蚕'。这样天帝才转怒为喜，免我不死。现在陛下如果以为我是欺骗，那就派人上天去问。"

武帝听了哈哈大笑说："你们齐人就是狡诈，你这不过是叫我别信方士罢了。"从此武帝辞退了所有的方士。

徐福上书汉宣帝

汉宣帝的龙案上放着一封书信，拆开一看，原来是茂陵的徐福写来的，信上说："霍家掌权的时间太长了，他们的子孙人人封侯，连霍家的女婿都掌握了兵权，权势实在太盛了，连皇上都不放在他们的眼里。皇上如果不采取措施抑制他们的势力，说不定霍家要走上反叛灭族之路呀！"

汉宣帝虽然对霍家也有成见，可是皇后都是霍家的人哪，如何下得了手呢？再说，自己对霍家恩重如山，他们也不至于会心怀二心谋反篡权。于是把书信丢在一边不予理睬。

没有几天，徐福的书信又到了汉宣帝的案头，再次提醒皇上对霍家要提高警惕。汉宣帝仍然把信搁置一边不理。

几个月后，当汉宣帝第二次收到徐福上书的时候，开始讨厌这个人了。事隔不久，霍家果然阴谋政变，幸好被人告发，没有造成大害。汉宣帝大怒，咬牙切齿地严令将霍家消灭，重赏告发的人，唯独没有赏赐三次上书的徐福。

有人为徐福受到皇上的冷遇愤愤不平，上书汉宣帝说："我听过这样一件事，有个客人到人家去玩，看见这家的烟囱是笔直向上的，旁边还堆着不少柴草，就劝告他们说，这种状况很容易发生火灾，应该把烟囱砌成弯曲的，把柴草搬到较远的地方去。那家主人说烟囱已经砌了几年了，都是这个样子，从没有出过事。不久这家真的失火了，附近的人都赶去救火。火扑灭了，主人请救火的人到他家去吃酒，唯独没有请那个提醒注意火灾的客人赴宴。后来经人批评后，才把那位客人请到宴席上坐了上位。"

汉宣帝看到这里，觉得那家失火的人把提建议的客人忘了，这是不足取的。接着，他又读了下去："茂陵徐福三次上书陛下，指出霍家权势太重，应该防止他们走上谋反的邪路上去。如果皇上采纳了徐福的意见，限制了霍家的权力，那么，霍家就没有力量谋叛了，也不致遭到灭族之祸，国家也就没有必要拿出大量的土地和官爵去分封众人。可是，陛下却偏偏不赏徐福，这同遭到火灾的主人独独不请提建议的客人上酒宴一样，是不公平的。这样，以后谁还敢冒着危险上书陛下，去指出身边潜伏着的隐患呢？"

汉宣帝觉得这个上书人说得合情合理，就把徐福召进宫殿予以重赏，还让他当了个郎官。

宋弘巧谏光武帝

东汉初年，光武帝刘秀的大司空宋弘，向他推荐了当时的哲学家、经济学家桓谭，希望桓谭能用他的学问帮助光武帝治国。可是，光武帝却让桓谭为他弹琴，因为他爱听桓谭弹的动听的曲调。宋弘知道了很不高兴。

一天，光武帝大宴群臣，仍叫桓谭弹琴助兴。宋弘离开席位，脱掉官帽，对光武帝谢罪说："我推荐桓谭的目的，就是希望他能用忠正之道来辅助君主，而他呢，叫您爱上了凡俗的音乐，这是我的罪过。"

光武帝一听，脸上的表情由奇怪变为惭愧，向宋弘表示了歉意。从此再也不叫桓谭为自己弹琴了。

郭舍人巧言救人

汉武帝宫中除了东方朔能言善辩外，还有一个郭舍人也是极有辩才，因而他也受到汉武帝的宠爱。

一天，郭舍人正在家中看书，只见武帝的奶妈匆匆求见。原来，武帝奶妈家中有一个人犯了罪，按照当时"一人犯罪，株连九族"的规矩，主管官员奏请武帝要把奶妈一家迁到边疆去。武帝虽然有些不忍心，但不敢破了那规矩，只好批准。武帝奶妈知道郭舍人足智多谋，在向武帝辞行前，先去向郭舍人求援。

郭舍人觉得应该一人做事一人当，对受株连的武帝奶妈深表同情，但又无法正面向皇上进谏，想了一会儿，就向哭哭啼啼的皇帝奶妈献计道："你向皇上告别时，一见面马上就走，但要多回头看几次皇上。到时我会有办法挽救你一家的。"

奶妈就依照郭舍人的话，去见皇上。还没讲上两句话，奶妈就洒泪而别，但频频回首看皇上。

站在武帝一边的郭舍人立即对奶妈大发雷霆："呸！老太婆！为什么不快点离开宫中？陛下现在已长大了，难道还需要吃你的奶吗？为什么还不住地回头看？"

武帝回想奶妈对他的哺育之恩，不禁同情起十分悲戚的奶妈，就破例下令仍把奶妈一家留在京城。

诸葛亮舌战张昭

东汉末年，曹操统率雄兵百万，上将千员，挥戈南下，想一举吞并东吴。值此大兵压境之际，东吴以张昭为首的一批儒者主张投降。这时，诸葛亮来到吴国，提出蜀、吴联合抗曹的主张。

诸葛亮刚在帐中坐下，孙权手下的第一谋士张昭便首先发难："先生自比管、乐；管仲相桓公，霸诸侯，一匡天下；乐毅佑燕，下齐七十余城；此二人者，真济世之才也……先生自归豫州（刘备），曹兵一出，弃甲抛戈，望风而窜，上不能助刘表以安庶民，下不能擅孤子而据疆土；乃弃新野，走樊城、败当阳，奔夏口，无容身之地；是豫州既得先生之后，反不如初也。管仲、乐毅，果如是乎？"

诸葛亮听了哑然一笑，轻松地反驳说："鹏飞万里，其志岂群鸟能识哉？"一句话把在座的儒者镇住了。为了说明自己刚到刘备帐下所使用的舒缓之策的理由，诸葛亮先打了个比方："譬如人染沉疴，当先用糜粥先饮之，和药以服之；待其腑脏调和，形体渐安，然后用肉食以补之，猛药以治之，则病根尽去，人得全生也。若不待气脉和缓，便投以猛药原味，欲求保全，实为难矣。吾主刘豫州，向日军败于汝南，寄迹刘表，兵不满千，将止关、张、赵云而已；此正如病势尪羸已极之时也。新野山僻小县，人民稀少，粮食鲜薄，豫州不过暂以容身，岂真将坐守于此耶？夫以甲兵不完，城郭不固，军不经练，粮不继日，然而博望烧屯，白河用水，使夏侯惇、曹仁辈心惊胆裂。窃谓管仲、乐毅之用兵，未必过此。"

在这里，诸葛亮以一个人患了重病之后应

如何疗理为例，类比了以刘备"尪羸已极"的处境为什么不能与曹操军硬打的原因。同时，还用令曹军"心惊胆裂"的军事战绩作为论据，有力地反驳了张昭所谓"曹兵一出，弃甲抛戈，望风而窜"的不实说法，也表明了诸葛亮的军事才能，间接地证明了自己有"管、乐之才"。从而把张昭之流主张降曹的根据批驳了，一句道破，击中要害。使得在座的江东才俊们，或是默默无语，或是满面羞色，或是垂头丧气，或是无言以对。

李膺执宪不从君

东汉桓帝时，张让是皇帝最宠信的宦官头子，也是当时最有权势、炙手可热的人物。其弟张朔犯了贪污、杀人之罪，然而身为司隶校尉的李膺不畏权势，从张让的家里把张朔提出来，依法处死。张让仗势上奏皇帝告李膺杀其弟弟是冤枉。

于是皇帝诏李膺入殿，责问他为何不先请诉便加以诛辟？

李膺回答："有这样的先例：春秋时晋文公未事先奏请周天子，就将卫成公抓来，押解到京城，《春秋》认为此事做得对。《礼记》也这样说：'与国君同宗的贵族有罪，国君虽然再三让宽赦，执法的官吏还可以不听从。'昔日孔夫子当鲁国司寇，上任七天便把少正卯杀了。我上任已经十多天了，心里很害怕积压案务而犯错误，不料迅速处理的案子反而得罪人。"

显然，李膺列举历史上三个"执宪不从君命"的事例，目的是为了说明他"不先奏请批准"便惩治张朔是对的，是自然得体的。接着，他以退为进，以理陈情，充分表达自己"执法一心，不敢惜死"的壮志："我知道自己的罪责是严重的，就是把我杀了我也不推脱。但我请求再留任五天，把那些为首的恶人杀绝，然后就是用鼎镬把我烹了，我的最初的愿望也算实现了。"

皇帝听完李膺的话，觉得有道理，又为他大义凛然、宁死不屈的精神所感动，回头便对张让说："是你弟弟罪有应得，司隶有什么过错呢！"

于是，李膺免遭祸殃。

诸葛亮智激孙权

诸葛亮到了东吴，欲与孙权制定联盟抗曹大计。

鲁肃带他去见了孙权，一再嘱咐他，见了孙权千万不能说曹操兵多势众。

诸葛亮却认为孙权是刚强有为之人，对他绝不能靠劝说，只能用激将法。

诸葛亮见了孙权，开门见山大谈曹军的强大，说："曹军骑兵、步兵、水军加在一起，恐怕有100多万呐！"

孙权大吃一惊，追问："这里有诈吧？"

鲁肃急了，一个劲给诸葛亮使眼色，诸葛亮装着没看见，继续一笔一笔地计算，最后算出曹军有150万人。他说："我只讲100万，是怕吓倒了江东的人士呀！"

孙权问："现在曹操吞并了荆州，他还想占别的地方吗？"

诸葛亮反问道："曹操不回北方，反而沿江下寨，准备战船，不是为了吞并江东，又是为了什么呢？"

孙权又说："那么我是战，还是不战，请您帮我决定吧！"

诸葛亮说："您应该根据自己的力量作出决断：如果以东吴的人力、物力，能够和曹操抗衡，那就该及早和他断绝一切往来；如果您认为敌不过，不如赶快听从众谋士的意见，投降曹操。"

孙权反问："像你说的这样，刘备为什么不投降呢？"

诸葛亮等的就是这句话。他说："田横不过是齐国的一个壮士罢了，尚且能坚守气节，而不屈服受辱,何况刘备是皇室后代，盖世英才，怎么能甘心投降，任人摆布呢！"

诸葛亮夸赞刘备，显然是小看孙权，孙权立刻变了脸，恼怒地说。"刘备败军还不投降，我堂堂东吴之主，怎能让全部东吴的土地和10万部队去受别人控制呢！"

至此，孙权被诸葛亮"激"了起来，下了抵抗的决心。从而孙、刘联盟，共同抗曹的局面形成了。

简雍妙语谏刘备

三国时,蜀国遇到了一次十分严重的旱灾。国主刘备便下令全国禁止私人酿酒，以节约库存的粮食。禁令下达之后执行得非常严格，连那些家中被查出有酿酒器具的人也要受到惩罚，决不放过。

其实，家中有酿酒器具并不能证明他们违

禁酿了酒,再说禁止酿酒也是一时的救急之法,并不是说永远也不允许酿酒,所以大家都觉得这样过于苛求了,可谁也不敢反对。

一天,刘备出去游赏,大臣简雍陪同前往。路途中,正好遇见有一对男女结伴同行,简雍一见,忽生一计,对刘备说:"这两人正要勾搭成奸,您为什么不下令将他们逮起来?"

刘备问:"你根据什么说他们俩要勾搭成奸呀?"

简雍说:"因为他们俩都有干那事的器具呀!"

刘备一听,马上明白了简雍这是在影射自己惩罚家中存有酿酒器具的人的事,不禁大笑起来。于是,下令不再责罚那些家中存有酿酒器具的人了。

傅玄替友抱不平

魏末晋初时,中国出了个大发明家,叫马钧。他革新纺织机,研制成指南车和连弩机等,真是个心灵手巧的杰出人才。然而,马钧口拙嘴笨,不善辩论,得不到朝廷重用。连当时著名的地理学家、文学家裴秀,也嘲笑马钧,鄙薄他的发明创造,几次找马钧辩论,无奈马钧有口不善言,被裴秀辩得张口结舌。裴秀以为击中了马钧的要害,到处毫不顾忌地大讲马钧无才。

见到这情景,马钧的朋友傅玄愤愤不平。

他找到裴秀说:"你这样做不对。你所擅长的是讲话,但是你所短的是技巧。马钧的所长是技巧,所短的是不会说话。你用你所长,攻击马钧所短,当然马钧会负于你。但是反过来,你用你所短,与马钧所长较量,想必你也会负于他。"

傅玄略一停顿,又接着说:"技巧乃天下精深细微之事,马钧发明了器械,但是不能完全说出道理来,再加上口才不济,你却自以为善辩,对他诘难不止,使他难堪,这样做对吗?"

裴秀被驳得无言以对,羞愧得低下了头。

不料,安乡侯曹羲得知裴秀如何否定马钧的言行后,竟也赞同裴秀的看法,跟着说马钧不是个人才。

于是,傅玄找到曹羲跟他讲理。

傅玄说:"圣人选取人才,不限于一种尺度,有的以精神为尺度,有的以语言为尺度,有的以办事为尺度。比如孔子吧,他的学生就各有所长:颜渊等人德行好;宰我、子夏口才好;冉有、季路政治才能杰出;子游、子夏文学才能杰出。虽然圣人精通事理,但也都不是全能。如若问文学方面的事情,就去找子游、子夏。孔子是圣人,尚且如此,何况不如他的人呢?如今马氏创造的机械乃是天下的精器,很有用处。只须用几十尺长的木头,费两人之力,不用多长时间,立见成效。这本来是很显著的成果,但裴秀却以马钧的口拙加以嘲笑,抓住马钧一些话语上的漏洞而否定他,不用他。这样,杰出的人才怎能诞生呢!"

讲到这里,傅玄大动肝火了:"他裴秀身为一代英才,却率先否定马钧,这说明他是个心地狭窄的人。所以聪明的人,绝不能因为别人有了成就就生嫉妒之心,只能以科学的标准来衡量。废弃标准而轻信逸言,这就好比美玉被诬为石头,这就是过去楚国的卞和抱着璞玉痛哭的原因啊!"

傅玄据典引古,滔滔不绝,严密论证,说得曹羲大彻大悟、心服口服,并像傅玄一样,四处游说,说服朝廷上下重视马钧这个杰出的科技人才。

秦宓论天展辩才

三国时候,东吴的张温访问蜀国,返回时,蜀国百官会集一堂为张温饯行,只有郎中秦宓一个人后到。

张温便询问孔明:"他是谁?"

孔明说:"学士秦宓。"

于是张温就问秦宓:"你在学习吗?"

秦宓说:"蜀国中五尺童子都在学习,我怎么能例外呢?"

张温接着又问道:"天有头吗?"

秦宓答:"有头啊。"

张温问:"头在哪里?"

秦宓说:"在西方。《诗经》中不是说'乃眷西顾'?"

又问:"天有耳朵吗?"

答:"有啊,天居于高处而能听到低处的声音。《诗经》中说'鹤鸣九皋声闻于天'。"

再问:"天有脚吗?"

说:"有,《诗经》中写道:'天步艰难',没有脚,哪来的步呢?"

再问:"天有姓吗?"

秦宓回答:"有姓,姓刘。"

张温问:"你从哪里知道姓刘?"

秦宓说:"从天子姓刘而得知。"

张温又问:"太阳升起在东方吧?"

秦宓说:"虽说太阳在东方升起,但实际上降落在西方。"

当时在场的人无不惊奇,叹服秦宓对答如流。

杨晟的正话反说

隋炀帝在位时间虽不长,但经常外出游览和巡视。一次,他率领他的长孙杨晟巡视榆林地区,当时那个地区是一个蕃地,由突厥族的可汗梁干统管。

天子降临蕃地,是一件大事。梁干可汗诚惶诚恐地迎接隋炀帝和他的随行人员。

杨晟见梁干虽然礼貌周到,但都城中杂草丛生,非常肮脏,就想严肃地指出来,不过他想到,突厥归附不久,不能妄加指责,况且说出这种小事似乎不雅。但这个事情虽小却关系到属国对天子的态度问题,所以又不能不说。甚至他想借机让可汗亲自割草以显示天子的尊严。于是他采用了正话反说的办法。

杨晟故意指着帐前的草对可汗说:"这里草的根是不是特别香?"

梁干立即拔了一根草,放在鼻下闻了闻,说:"没有香味呀?"

杨晟露出奇异的神色:"我还以为这是香草呢!"

梁干直率地说:"草又不是花,哪来香味呢?"

杨晟继续说:"这就是我感到奇怪的原因。因为我随圣上到处巡视时,只看见香花,而没看到杂草,而在这里却看到杂草,没看到香花,所以我以为这些草是香的,用以代替香花。"

梁干听了恍然大悟,感到了自己的失误。向杨晟谢罪:"这都是奴才的罪过。"他赶紧拔下佩刀,弯腰割起草来。突厥族的贵人们见可汗割草,也纷纷跟随着一起割了起来。同时,他们的行动也影响了都城的百姓。大家都拿着工具,清除杂草,没多少工夫,就把都城的环境整治得焕然一新,还开阔了一条通往蓟县的道路。

范缜妙驳有神论

一位德高望重的得道高僧正襟危坐地在宣讲佛法:"人的言行是受神支配的,神支配着人的灵魂,灵魂又支配着形体,人死了,灵魂却永远不死,因为神还在,只不过依附到别的形体上去了……"

南北朝时期几乎各朝都崇尚佛法。这事发生在齐朝,齐武帝的儿子萧子良,是个虔诚的佛教徒,经常组织官宦和文人学士来听和尚讲佛学,当然他请的和尚都是当时有名的高僧。现在和尚滔滔不绝地演讲着,官宦和文人学士都津津有味地听着,尤其是萧子良,不仅自己相信和尚的每一句话,而且期望在座者都能接受佛法,所以他逐个地注视着每一位听讲者的脸色。当他把目光转到著名的学者范缜的脸上时,不由倒吸了一口冷气,因为范缜露出明显的不屑一顾的神色,显然是一种不信神的表现。

范缜是个著名的无神论者,见萧子良有意向他询问,便微微一笑,说:"我不懂这位高僧讲的话,我以为人的形体和精神是不可分割的,人死了,身子烂了,精神也就没有了,那还有什么灵魂。"

"那你不相信人死了还会投胎有来生吗?不相信因果报应之说吗?"萧子良紧盯着问道。

"那是荒谬的说法,我当然不信。"范缜还是那么泰然自若。

这时萧子良火了,逼问道:"倘若没有因果报应,这世上为何有人富贵,有人贫贱,有人享福,有人受苦呢?"

范缜却没有火,从容不迫地指着窗外的花枝说:"人生就如同这株上的花朵一样,大风一吹,有的被吹进暖房,有的却落进粪坑,这是自然的现象,并没有好恶之分,就像你出生于皇家,因而养尊处优,享尽荣华富贵,而我生长于平民家庭,历遭挫折,吃尽千辛万苦。这只能说明出生不同,遭遇两样,如果异位而处,则我享福,你吃苦,这与因果报应毫不相干。"

说罢,范缜拂袖离座而去。众人吓得目瞪口呆,不吱一声,萧子良也像被当头浇了一盆冷水,愣在那儿,无从反驳范缜的论点。

明君良臣一席谈

魏徵受到唐太宗李世民的重用,引起了一些人的妒忌。有人造谣说,魏徵包庇自己的亲戚。李世民便派温彦博调查,结果纯属捏造。

温彦博向李世民回报说:"魏徵为人臣子,处事待人不注意仪容礼貌,不远避嫌疑,结果遭到别人的诽谤。虽说这次没有查出什么问题,但也有可责备之处。"

李世民便派温彦博前往责备魏徵,并要魏徵一定要改掉不修边幅的毛病,注意仪容礼貌。

几天后，魏徵谒见李世民，说："臣听说群臣应该同心同德，如同一体，国家才能兴旺；如果干什么都苛求仪容礼貌，那就说明君臣间仍有隔阂，如此国家兴衰就未可知了。所以陛下责臣，臣不敢遵命。"

李世民连忙说："我知道对你批评错了。"

魏徵叩了一个头说："这样臣感到很高兴，臣有幸侍奉陛下，但愿陛下叫臣当一个良臣，不要当一个忠臣。"

"忠臣良臣有何区别？"

魏徵说："所谓良臣，就是能够给君主提出许多好的意见，并被君主采纳，因而身得美名，与君主同享荣华富贵。所谓忠臣虽然能向君主提出许多好的建议，忠心耿耿地规劝君主，但不被君主采纳，到头来，忠臣自身受诛灭，陷君主以极大的罪名中，家与国遭到损失，而他却享有忠臣之名。这就是忠臣和良臣的不同之处。"

魏徵对于忠臣与良臣的正名辨析，使李世民觉得耳目为之一新。他高兴地说："你讲得真好。那么什么是明君，什么是昏君呢？"

魏徵说："兼听则明，偏听则暗。"接着，魏徵举了秦二世、梁武帝和隋炀帝的例子，说明他们灭亡的一个重要原因就是偏听偏信，被奸臣欺骗蒙蔽，死到临头还蒙在鼓里。魏徵恳切地说："为君只有多听意见，广览博采，才能耳聪目明而不至于为奸佞之人所蒙骗。"

李世民说："明君能经常想到自己的短处，因而不断增加自己的智慧，而昏君总是护着自己的短处，因而一天比一天糊涂。我要经常接受你和其他大臣们的劝戒，努力做一个明君。你也要经常大胆提出意见，努力做一个良臣！"

百年之后，李世民和魏徵果然被人们当成历史上罕见的明君良臣而流芳千古。

令狐绹婉曲荐才

唐宣宗时，有一个不太出名的诗人叫李远。虽然他的诗成就不高，但为人很有才干。当时的宰相令狐绹十分赏识他，竭力向宣宗皇帝推荐，希望得以重用。

唐宣宗李忱用人重视写诗的才能。令狐绹向他推荐李远，他就命人把李远所写的诗选好拿给他看。看着看着，李忱忽然皱起眉头，很不高兴地对宰相令狐绹说："你看，这样的人怎么能治理州郡呢？"

令狐绹小心地把李远的诗稿接过来，只见上面有两句是宣宗皇帝用御笔打了圈的，那两句是：

青山不厌三杯酒，
长日惟消一局棋。

唐宣宗冷冷地说："他过的是'三杯酒'与'一局棋'的生活，如此沉迷于饮酒、下棋，岂不误事？"

令狐绹很了解李远的为人，为了不埋没人才，说服宣宗皇帝，令狐绹婉曲进言，指出李远诗中的"三杯酒"、"一局棋"并非是他沉迷于饮酒下棋，不堪任用，只是闲居无聊，借以消遣；要是一旦得到重用，他一定会发挥他的才能，尽力效忠朝廷。

宣宗听了他的话，觉得也有道理，就命李远为杭州刺史。李远到任后，果然政绩卓著，百姓安乐，显示了他政治上的才干。

萧宏引典故招安

南梁的陈伯之背叛梁武帝，投附北魏。梁武帝派萧宏北伐，和陈伯之对峙在洛口。萧宏写信给陈伯之，请他反正归来，中间有几句话：

"朱鲔涉血于友于，张绣刺刃于爱子，汉主不以为疑，魏君待之若旧。况将军无昔人之罪，而勋重于当世。"

他引用刘秀不计较朱鲔谋害他哥哥刘縯，曹操不寻究张绣杀死他儿子曹昂的典故，说明梁武帝决不追查陈伯之的过往，请他安心归来，陈伯之果然归来。

张咏婉言劝寇准

宋太宗的宰相寇准，同张咏是至交，寇准谙谋略，有治国兴邦之能；张咏善诗文，有倚马可待之才。两人的共同特点是为人耿直，不卑不亢。

张咏在天府之国做官，饱览西蜀风光。且不说沃野千里、膏腴泽民，也不说人杰地灵、物华天宝，单说那股子辣味风情，也足以使张咏诗兴豪发，咀嚼一辈子都不够。张咏喜欢和同僚登高临风，一览无余，切磋阴阳八卦，抒咏豪情壮怀。望天高云淡，数大雁南飞。一天，同僚们把话题扯到他和寇准身上："听说寇准要当宰相了。你和他可谓是当今双杰。"

张咏并没有压人抬己、嫉才妒贤之意，真诚地说："寇公奇才，可惜学术不足。"

后来，张咏从成都回来，拜访寇准。两个

老朋友一见面，不作揖打拱，只拍肩相悦、问长问短，说不完的知心话。寇准摆下百禽宴，盛情款待他。酒逢知己千杯少，他们你来我往，杯盏交错，喝得好不痛快。天下没有不散的酒席，人间没有不别的朋友。过了一些时候，张咏要回成都了。分手前，寇准诚恳地请张咏赠言指教。张咏是不会说"寇公多多高升"的话的，再高升，皇帝放哪儿；也不会说"听君一席话，胜读十年书"的恭维话，寇准学术不足嘛！张咏只说了句："《霍光传》不可不读。"

送走张咏，寇准回家后立即找出《汉书》，翻到《霍光传》，逐字逐句往下读，直读到快完了，"光不学亡术"一句进入眼帘，寇准才恍然大悟："这是张咏说出我的缺点了！"从此寇准刻苦研读，成了忠贤皆备、文略俱全的好宰相。

敬新磨打帝嘲帝

一天，爱好文艺的五代后唐庄宗皇帝李存勖在宫中看演员排戏。忽然，他大声喊道："李天下，李天下，你在哪里？"

这时，演员敬新磨朝他就是一个耳光，皇帝不知所措，文武官员和演员们都大惊失色，一齐扑上去责问敬新磨。敬新磨答道："管理天下的，只有一个人，干嘛还要呼唤别人，难道可以有两个人来治理天下呀？"皇帝转怒为喜，予以奖赏。

有一次，敬新磨去见庄宗，恶狗一下子将他围住。他靠在柱子边上大喊道："陛下，不要纵容你的儿女咬人哪！"因为庄宗是少数民族北狄人，说话时忌讳谈狗，所以敬新磨这样来嘲讽庄宗。庄宗大怒，拉弓引箭准备射击。

敬新磨急呼："陛下，不要杀臣！臣子与陛下是一体的，杀臣子是不吉祥的！"

庄宗惊问："为什么？"

敬新磨答："陛下开国时不是改国号为'同光'了吗？天下百姓都把陛下叫作'同光帝'。这'同'也就是铜铁的'铜'，这'铜'，是磨光。如果杀了敬新磨，这'同'（铜）也就无光了！"

庄宗大笑着放下了弓箭。

申渐高笑语免税

五代十国是中国历史上军阀割据、战祸不断的朝代，打来打去，打得千里无鸡鸣，万里堆白骨。最后总算安顿了下来，但统治者并没有让百姓休养生息，为使天下财富尽其一人之用，横征暴敛，百姓难以喘气。就拿南唐皇帝李升在位时说吧，人民因受到许多捐税的侵害，不胜其苦，干脆叫南唐皇帝"万万税"。苛政猛于虎，足见其害！

一年大旱，田地龟裂，禾苗半枯，河床朝天，深井汲干。老百姓都到龙王庙去求神拜佛，烧香念经，祈祷下雨。可折腾了好久，天上没有飘来一朵云，东方没有刮来一丝风，烈日当空，日日如此。

一天，皇帝正在花园里举行盛大宴会。饮醇酒佳酿，嚼山珍海味，侃天南地北，赏笙歌燕舞。这时不远处传来了轰隆隆的雷声，不一会儿，太监喜滋滋地禀报说："京都郊区突然下起雨来，雨量特大，庄稼得救了。"

皇帝龙颜大展，既而又疑惑地问："现在京郊下起雨来，唯独京城却不下雨，难道我们监狱中有冤枉的事违背了天意吗？"

教坊长申渐高笑道："这雨是怕抽税，所以不敢进京城呀！"

皇帝听出了弦外之音，不由羞愧满面，他懂得，老百姓逼急了将意味着什么。于是，下令免去一切不合理的额外税收。

岳飞论马谏惜才

南宋初年的一天，在都城建康（今江苏南京）的皇宫里，宋高宗刚想退朝，听说岳飞元帅从抗金前线回来求见，就召他进宫。

岳飞汇报了前线的一些情况后，故意谈起双方的战马。

宋高宗随意地问道："爱卿，你最近得到什么好马吗？"

岳飞说："臣以前倒是有两匹骏马，食量要比一般的马大好几倍。而且对食物很讲究，稍微不洁净就不吃。当然，本事也远远高于普通的马。我从早晨策马出发，那马跑得还不算怎么快，等到跑上百八十里，却如同风驰电掣般地飞跑。即使到了中午，那马仍有后劲，自中午到酉时（约下午6时），仍能跑200里。到达目的地后，我卸下鞍甲，见这两匹马不但不喘息，甚至连汗都没有。这样的良马是致远之材，真可托以重任啊！"

宋高宗赞许地点点头。

岳飞又说："可是很不幸，前不久，我的这两匹马先后都死了。而现在我乘的这匹马，虽然给什么草料都吃，脏水也能喝。跑起路来，开始时倒是逞能，可没跑上几百里就没劲了，又是大口喘气，又是浑身是汗。这种劣马，消耗是少，容易满足，但是爱逞能，没后劲，真是个驽钝之材啊！"

宋高宗明白，岳飞以马为题，讽劝自己要珍爱人才。虽然其中隐喻着忠告和批评，但只是暗喻，没有明说，没伤高宗的自尊心，所以他欣然接受连连夸赞说："你说得好极了，要得到好马，就要珍爱它们啊！"

周敦颐怒斥县官

宋代著名的大学问家周敦颐在年轻时，曾出任某县法官，并为一桩错案而与县太爷激辩公堂。

该案被告系一酒徒，因酒醉持刀要挟路人，县太爷枉判为"图财害命，斩首示众"。

而周敦颐直言指出："酒醉胡闹，并非真为图财害命，况且经人劝告，又未有伤人行为，如若判为死囚问斩，岂不太过分了。"

县太爷也明知此案有误，但被下属指将出来有损尊严，不觉勃然动怒，大骂其"放肆"！

周敦颐毫不客气："雨珠小，能救活庄稼！秤砣小，能压千斤！法官小，干系到一县的人命财产……"

"本官定案，决无更改之理！"

"世上无事不能改！您老爷说黄道白，岂非信口开河胡改乱动！"

"胡说！你敢违抗上官……来人，摘了他的乌纱帽！"

周敦颐摘下帽子朝前一扔，字字掷地有声："帽子不过几两纱，人命关天，千金难赎……"

"你还要不要前程？"

"前程就在脚下，如果抬不起脚，又何必要？"

"你眼中还有没有本官？"

"眼中没有主宰，脚怎么会登上您的门槛？"

县太爷不禁大呼："反了！反了！简直无法无天！"

周敦颐毫无畏惧："大人！您此话说的甚合官理，当官的无法无天，老百姓岂不鸣冤叫屈？自古以来，圣人怜念苍生众民，为官应怜悯蝼蚁之命，有此，才能施以仁政，晓以礼仪，使民众安分守己，各得其所……"

一番话，说得县太爷无驳回之力。尽管他仍觉得改案有失自己的尊严，然而理屈词穷。此时，周敦颐又以罢官辞职相逼，县太爷恐怕轰传到上面，于自己的前程不利，只得让周敦颐秉公处置此案。

刘伯温巧画巧谏

传说，朱元璋在南京登基，建立了明朝，就准备封赏功臣、亲戚和朋友。功臣有数，亲朋无数，沾亲带故的都算上，那是多如牛毛。朱元璋觉得这事不好办。

一天，刘伯温建议他外出散散心，把他带到最热闹的城隍庙。进了庙，朱元璋见大殿西侧的粉墙前围着一大批人，发现墙上有幅画，画的是一个人，头上长着一束一束挺起的头发，乱得像草鸡窝一样，每束头发上顶着一顶帽子。

朱元璋带着百思不得其解的心情回到宫里。刘伯温这才告诉他："陛下，我想这个画家真了不起，他是用画向陛下进谏，开国以后，要防止一桩事：冠（官）多发（法）乱！"其实这是刘伯温教画家这样画的。

朱元璋于是说："好，我立即采纳。传旨下去，今后只封功臣，不封亲朋。"

农民讥讽酸秀才

万历年间，几个酸秀才聚在一起讨论天地之间的距离，大家你一言我一语，各抒己见，却最终无法定论天地之间的距离到底有多远。

这时，有个农民从旁边经过，觉得谈论这没用的话题真是好笑，便走上前去对他们说："天地之间也不过三四百里的路程，如果想从地上去天上，走得慢一点四天时间，快一点三天时间便可到达，所以，往返一次也就七八天时间，这有什么好争论不休呢？"

秀才们一听，感到十分惊奇，便问："你有什么证据？"

农民说："你们难道没看见过人们送灶神上天的事情吗？送灶神上天的日子是腊月二十三日，而迎灶神回来是腊月三十日，不过七天时间，以每天走五十里计算，天地之间不是只有三四百里的路程吗？"

丘浚巧妙打和尚

丘浚一次到杭州寺庙里去拜访一个和尚。这和尚猜度他不像个有钱有势的人物，爱理不理的，对他很傲慢。就在这时，庙门前响起了一阵吆喝声，有个州将的子弟带了一班仆人，前呼后拥，前来拜佛。这和尚马上换了一副面孔，亲自走下台阶，躬身合掌，上前恭迎。

丘浚看了很不满，等到州将的子弟一走，就问和尚："你对我这样怠慢，对那些人却又为什么这般殷勤呢？"

和尚狡辩说："阿弥陀佛，施主，你误会了！你不知佛经上说'有就是无，无就是有，刚才我是'接是不接，不接是接'啊！"

丘浚听了火冒三丈，从和尚手里夺过禅杖，狠狠将他打了几下，说："和尚莫怪，如此说来，打是不打，不打是打。"

赵公奏本免捐税

明万历末年某年夏，高邑城北的泥河发大水，淹了十来个村庄，可捐税一点也不能少。得罪权奸被罢官在家的赵南星，向皇上奏本："泥河发大水，淹了五百村，漂走一万家，还望开皇恩。"

皇上下圣旨，免了高邑县全年捐税钱粮。

后来，有个奸臣向皇上告状："小小高邑县总共才一百多个村，哪来五百个村庄被淹、一万户被漂走呢？"

赵南星被捉拿到京里，问他欺君之罪。

赵南星说："高邑城北有个'五百村'，地势低洼，挨了水淹。'五百村'北头有个姓'万'的百姓，房屋被洪水漂走。可见'淹了五百村，漂走一万家'句句属实，为臣并无欺君之罪。"

皇上派人一查，果然不假，只好赦他无罪。

黄知县八字翻案

清朝时的某年元旦，京城里的文武百官都到金銮殿向皇帝行朝贺礼。一些在京的外官也上朝祝贺。

这些外官中，有浙江的将军李盛和巡抚张羚。那李将军与张巡抚平时有怨，老想找巡抚的岔子，好把他挤跑。这次他们都到京城办事，恰好朝廷要放一个姓黄的知县到浙江，便令巡抚带回去任职。巡抚是黄知县的顶头上司，黄知县自然对巡抚要比将军热乎得多。于是，心胸狭窄的李将军对张巡抚更是怀恨在心。

这日朝贺完毕，将军躺在床上，怎么也睡不着，心想，这次一定要寻些事让张羚倒倒霉，方解我心头之恨！他想了一夜，清早起来写了一个奏折，请有熟人关系的京官呈给皇帝。

皇帝打开奏折一看，很是生气。原来李将军告了那黄知县和巡抚一状，说黄知县朝贺时对皇上毫不恭敬，而巡抚竟然对下级的过失不闻不问，这是在包庇胆大妄为的黄知县啊！

皇帝当即派宦官去责问巡抚。巡抚有苦难言，垂头丧气地听训。

宦官临走时，黄知县先叫巡抚用山珍海味把那宦官好好招待一顿，然后对巡抚说："巡抚大人，卑职认为，要了结此事并不难。请想：在朝拜皇上时，你们职位高的跪在前，我们职位低的跪在后，不管是谁，都得恭恭敬敬，不能左顾右盼，前倾后仰。可现在，李将军既然看到身后的我对皇上不恭敬，这只能说明他自己的身子转了过来，是他对皇上不恭。于是卑职想代您写上八个字，只要请那宦官带去给皇上一看，包您无罪。而且，反而能叫李将军倒霉呢！"

张巡抚瞪大眼睛说："是哪八个字？快快写来！"

黄知县立即书写道：参列前班，岂敢后顾？意思是说：巡抚我在前面向皇上恭贺时，哪敢朝后面看呢？这八个字虽没直接指责李将军对皇上不恭，但其中的含意是多么明显呀！

巡抚捻须一想，明白这八个字的分量，马上自己抄了一遍，盖上官印，并备了一份厚礼一同交给那宦官。宦官得了好处，自然也要帮巡抚的忙，赶到宫中，转送上巡抚的奏折。皇帝见了那八个字，立即把李将军定上诬告之罪，削职为民，赶出京城。

纪昀妙解"老头子"

清代大才子纪昀有一次在皇宫翰林院率众编辑编校《四库全书》。当时，正值盛夏，体胖的纪昀脱衣光背，伏案阅稿。乾隆皇帝从外面走来，纪昀一猫腰，赶紧钻入案下躲起来。谁知，这一切都被乾隆皇帝看到了。他直奔纪昀案前，坐了下来，并示意周围惊慌失措的众编辑安静下来。

肥胖的纪昀此时在通风不良的案下热得实在受不了，又倾听屋内确无异常动静，以为乾隆皇帝走了，便掀起桌布露出脑袋问："老头子走了吗？"

这句话惹怒了一直坐在案旁的乾隆皇帝："纪昀，不得无礼！什么老头子，别的罪可恕，你凭什么叫我老头子，如果讲不出道理，立即赐死。"

谁知，纪昀却从容答道："老头子这三个字是大家公认的，非臣臆造，容臣详说：皇帝称万岁，岂不为老？皇帝乃国家之首，岂不为头？皇帝乃真龙天子，岂不为子？'老头子'三字乃简称缩写也。"

乾隆听了，哈哈大笑，说道："好个能言善辩的纪昀，虽苏秦张仪再生所不及也，朕赦你，起来吧。"

测字先生吓皇帝

明朝末年，闯王李自成兵临北京城下，大明江山岌岌可危，崇祯皇帝惶惶不可终日。

传说有一天，崇祯脱下龙袍，带着一个太监走出皇宫，到街上去散心。走了一段路，见有一个测字摊前一幅白布招展，上写："鬼谷为师，管辂为友。"崇祯知道，这鬼谷和管辂都是古代著名的神算，而他平日最喜欢招些江湖术士进宫相面、卜卦，今日见了这号称以神算为友的测字先生，又想测测大明的前途如何。

那测字先生见他们上前，忙笑问他们预测什么事。

"我家主人欲测国家事，"太监说，"就测那'管辂为友'的'友'字。"

测字先生想了一会儿，皱眉道："若要测国事，恐怕不大妙啊，你看这'友'字这一撇，遮去上部，则成'反'字，倘照字形去解释，恐怕是'反'要出头。"

太监见崇祯脸色骤变，忙改口道："不是这个'友'字，是有无的'有'字。"

测字先生摇摇头，说："若是这个'有'字，则更为不妙啦。你看这个'有'字上部是'大'字缺一捺，下部是'明'字少半边，分明是说：大明江山，已去一半。"

崇祯倒抽一口冷气，忙捉笔写了一个"酉"字，说："不是朋友的'友'和有无的'有'，是申酉戌亥的'酉'字。"

测字先生叹口气说："此字太恶，在下不便多言。"

崇祯催促道："测字之人，只求实言，先生不必隐讳。"

测字先生神秘地说："此话说与客官，切莫外传，看来大明江山，危在旦夕，万岁爷这位至尊已无所救也。你看这'酉'字，乃居'尊'字之中，上无头，下缺足，据字形而解，分明暗示，至尊者——大明皇帝将无头无足矣。"

相信天命的崇祯一听，魂飞魄散，他恐怕李闯王杀进京城后真的会将他身首异处，使他无头无足，第二天就在煤山上吊而死。不久，李闯王就攻进了北京城。

你猜那测字先生是谁？他是李闯王派进城的一位谋士。兵书上说："攻心为上，攻城为下。"谋士设下测字摊，专门在城中散布涣散军心的言论。测字先生利用文字三吓皇帝，不愧是随机应变的聪明人。

纪昀不投汨罗江

一次，纪昀和乾隆皇帝同游汨罗江，这里是战国时期楚国大夫屈原自尽之地。乾隆借机给纪昀出了个难题。

乾隆问："君要臣死，臣应当如何？"

"臣万死不辞！"纪昀爽快地说。

"你是我的忠臣。为了表露你的一片衷肠，我命你立即投江而死。"

"臣领旨！"

谁知纪昀听到皇帝命令后，走到船头，却并不投江，而是站在船头呆呆地自言自语一番，又返回跪在乾隆面前。

乾隆责问他："你既是忠臣为什么不遵旨？"

纪昀说："臣正要投水，屈原从江中跳出来骂我说：'纪昀你这浑小子，你要做千古罪人吗？当年我投江，是因为楚王昏庸。现在皇上英明，国家昌盛，你却要投江，你将当今英主比作何人？'皇上称臣为忠臣，忠臣岂能罔上诬主？所以不敢投水。"

乾隆一听，畅怀大笑，亲手将纪昀扶起。

幕客智激年羹尧

清朝的年羹尧是有名的杀人大将军。

雍正初年，年羹尧率军收复一个边城，部下逮捕三个吏员。年羹尧立即下令解到帐前，问他们，本帅准备杀你们呢，还是不准备杀你们。第一个是县令，他磕头说不会杀，结果被年羹尧怒而杀之。第二个是武官，他昂头不惧一死，结果被大将军笑而杀之。

杀了两个，年羹尧半垂着眼皮问："还有一个吧？你也猜一猜，本帅对你杀还是赦。"

"将军恕我直言，此事晚生无法忖断！"

"唷！"这回答使年羹尧感到很突然。他立即睁大了眼睛，向下面一看，只见此人三十上下年纪，读书人打扮，知道是个幕客。按照年羹尧的脾气，你越不把话说清楚，他越想要打破砂锅问到底，于是又问对方："你无法佥断，那么我再问你，如果本帅杀了你呢？"

"这当然是将军之威！"

"如果不杀——"

"那就不失将军之德！"

"唔……"

"用威或者用德，两者必取其一。生杀予夺之权，操在将军手里，请您自己定夺吧！"

一番话使年羹尧简直找不到半点可以驳斥的理由。年羹尧再一想，如果杀了他，还等于自己失德呢！他深深佩服这位年轻幕客的才干，于是挥手叫左右给那幕客松绑解缚，取酒压惊。

袁枚为妓女辩解

清人袁枚，号随园居士，是当时有名的风流才子。袁枚曾用前人的一句诗"钱塘苏小是乡亲"，刻了一枚印章。

有一次，一位尚书大人路过金陵，向袁枚索取诗册，袁枚遵命送给了他，并且不经意地盖上了那枚印章。苏小小是个妓女，引为乡亲，这还了得。于是那尚书便对袁枚大加叱责。

袁枚开始倒觉得过意不去，便向他道歉。谁知这位大人竟喋喋不休，弄得袁枚索性板起面孔说："你以为这印章不伦不类吗？在今天看来，自然您是一品官，苏小小是低贱的。只怕百年以后，人们还只知有她，却不知有您了。"

在座的客人被他说得眉开眼笑。

陈惟彦驱卢复生

光绪甲午年间，陈惟彦仕开州（今贵州省开阳县）知州，过了几天，某绅董来访，告诉他说："有个四川的天主教民叫卢复生来到这里已经两个月了，赁刘裕兴的店屋做药店，行动诡秘，唆讼扰民，民愤很大，恐怕会酿成事端。"陈惟彦查证确实，几经周折，终于将卢复生驱逐出境。

可事过不久，卢复生又来开州，商民们立刻喧闹起来。卢复生来到官署，自称无地住宿，陈惟彦问他说："以前我派人护送你出境，保全你自家性命，可以说仁至义尽了，现在你又到这里干什么呢？"

卢复生说："我欠潘万盛药债，特地前来还债。"

陈惟彦问："有多少药债？"

卢复生说："有18两。"

陈惟彦说："潘万盛不住州城，不过是赶集时才到这里，你住在札佐，为什么不在那里偿还呢？再说你是那种唯恐不能迅速还债的善良人吗？！"陈惟彦命令差役检查他的行李，结果只发现了2两银子和几百文铜钱。陈惟彦笑着说："这就是你偿还潘万盛的18两银子吗？"

卢复生说："洋人命令我来建教堂。"

陈惟彦说："你是个假托洋人胡作非为的中国商人，难道区区2两银子就可以建教堂吗？显然是假的。"

卢复生说："不是假的。"

陈惟彦说："无论真假都应重办。"

卢复生说："假的要惩办，难道真的也要惩办吗？"

陈惟彦说："假借洋人名义固然必须重办，就是洋人真的派你来也应重办，因为你应把你在开州犯案不能再来开州的情况事先向洋人讲明，你不声明，就是蒙蔽洋人，所以也应重办。"

陈惟彦命令差役重重地责打他，把他押回四川管束，并把上述情况报告了省署。

孙仙菊巧讽亲王

清代恭忠亲王一次叫戏班子演武打戏。他为了寻求刺激，忽发奇想，对演员大喊："你们到下边来打。"

台下就是丹墀（殿前石阶，以红色涂饰），铺满锦石，一翻筋斗，腰骨就会受伤。演员们个个瞻前顾后，不寒而栗。而恭忠亲王却一股劲地催促，还命令手下人取出银两作为赏钱。

此时，老资格演员孙仙菊正站在恭忠亲王身边，他笑嘻嘻地说："你们好好儿打吧，打完了，王爷非但赏你们一人一个小银锭，还要赏你们每人一贴膏药呢！"

恭忠亲王听了，干笑了几声作罢。

何家声移花接木

清代光绪年间，民众渴望变法，可是阻力横生。

在上海，有个京剧演员叫何家声，善于扮演孙悟空。一天，上演《清溪洞》。照例戏中的孙悟空在追逐妖魔时，要变幻百出，让人眼迷。可是何家声演到紧急关头，摇身三次，却安然不动。

旁边有人问道："人人都要看你变法，你

为什么变不出来?"

哪知何家声指着在座的观众说:"你看!诸位大人没有一个想变法的,为什么你单叫我这小小猴儿变起来?"

霎时间,喝彩声四起,经久不息。

苏报之案正邪辩

1903 年,上海发生一起清末轰动一时的政治大案,即《苏报》案。

《苏报》是中国人在上海租界内办的一张进步的华文报纸。1903 年,邹容的《革命书》出版,书中讴歌革命,号召推翻满清专制,创建共和。《苏报》载文介绍和推崇此书。同时,还刊载章太炎先生的《驳康有为论革命书》,反对改良,疾呼革命,甚至直指:"载湉小丑,未辨菽麦。"矛头直指光绪皇帝(即载湉)。

在清政府的多次要求下,帝国主义的租界当局经过一番讨价还价,终于查封《苏报》,拘捕了章太炎和邹容,并于同年 7 月 15 日在英租界内公审。

这一天,各国领事带着翻译涌到会审公堂。美国领事被公推做领袖。本案"原告"清政府由江苏候补道俞明震代表出庭,并雇请了洋律师古柏、哈华托为代理人,"被告"章太炎,邹容也延聘了博易、雷满等律师为辩护人。

上午 10 时,英国总领事署的翻译官迪里斯和清政府会审委员孙建臣主持开审。章太炎、邹容昂然自若地走上公堂。

堂上,先由洋律师古柏代表清政府向被告提出"控诉"。他摘引 6 月份《苏报》的某些言词为"罪证",指责"被告心怀叵测,谋为不轨,挑拨诋毁政府,欲使全国民众仇视皇上,痛恨政府,实属大逆不道"。然后,要求领事将人犯移交中国地方官按律治罪。

会审官讯问"被告"。邹容坦然说道:"因为愤恨清政府专制统治,所以我写了《革命书》一书,又听说公堂要抓我,我特到这里来报到。"

章太炎则义正辞严地痛斥清政府勾结帝国主义迫害革命志士的卑劣行径。并指出:"你们自称为中国政府,以中国政府的名义来控告罪人,却不在中国法院,而在别人所管辖的最小的新衙门,真乃千古笑柄!"

7 月 21 日下午 2 点 15 分,第二次审讯开始。古柏按照清政府的旨意,在发言中借口此案另有交涉,要求改期会讯,意欲将此案移交清政府处理。

被告辩护人博易律师当即反驳道:"此案发生在租界内,按照《公共租界章程》,理所当然应归租界公堂审理。"并转守为攻,向对方和会审官提出一连串的诘问:"按照法律,凡是诉讼必须原告被告两方齐全才行,倘若只有被告而无原告,则诉讼不具。现在有人控告被告有罪,那么,我们要问堂上各官:今日之原告究竟是何人?是北京政府呢,还是两江总督?是江苏巡抚呢,还是上海道台?请明白宣示。"

古柏犹豫了半天,含含糊糊地说:"这个,这个,当然是大清政府……"

博易立即驳诘道:"以堂堂中国政府,竟然向属下之低级法庭起诉某个个人,受其裁判,岂非笑话?"博易不容对方有喘息机会,又连连进攻:"这样看来,原告尚无定人,既无原告,如何审案?再者,章、邹等人不过在报上写了几篇文章,并无违反租界规则之举。你们指控被告,有何证据?另外,刚才你们就要交涉,交涉什么事,应向法庭公布。如果政府律师既不能指出章、邹等人犯的什么罪,有什么证据,又不能说明交涉何事,则此案应立即注销,方为公平妥当。"

在被告律师有力的驳诘下,第二次审讯又只得匆匆收场。

此时,《苏报》案轰传全国,清政府迫害革命党人的行径遭到全社会舆论的猛烈抨击。12 月 3 日至 5 日,连续三天审理此案。

这一回,古柏律师除了重复前两次的陈词滥调外,又出示了载有章太炎文字的《苏报》,说:"经我们调查,政府所控二犯之罪均有证据,此为《驳康有为论革命书》一文,请堂上披阅。"

被告律师斥道:"这种东西算不得什么证据!众所周知,凡是有教化的国家,办案都得有真凭实据,方可定罪判刑。若无凭据,何来罪名?又岂能判刑?否则,就算不得有教化之国!"

古柏气势汹汹地说:"你们印这些书报都是大逆不道的!如果说不是谋叛,那么为什么要写《驳康有为论革命书》这样的文章?用意何在?"

这时,章太炎慷慨陈词:"我在爱国学社教书,经常读到康有为编写的东西。一看都是些反革命、袒护满人的胡言乱语,实属害人子弟。所以起而作书,据理驳之。"

古柏以为抓住了把柄:"既然教书,为什么攻击圣上是'小丑'?难道你不知道圣上之讳应该回避吗?这不是大逆不道?"

章太炎大笑道:"什么圣上之讳,我不知道!我只知道在古汉语里,'小丑'一词本作'类'字讲,也可以作'小孩子'解,根本不含有毁谤之意。至于什么'今圣上'讳,我遍读欧西各国法律,并无此话。我只知道清帝叫载湉,不知所谓'圣讳'。写写名字有何不可?"

古柏又转而质问邹容:"《革命书》一书出版后,到处被人出售,为什么不出来禁止?"

邹容严词斥道:"我既不是巡捕房巡捕,又不是上海县县官,别人要售书,我有什么权力去禁止呢?"

几番辩论下来,弄得清廷代表及古柏等人张口结舌。

被告律师严正指出:"章太炎、邹容二人都是学子,写书撰文,均出于爱国之忧,并无谋叛之意。应立即释放,不应定罪判刑。"

就这样,章太炎、邹容及其代理律师在公堂上多次据理反驳,把"原告"驳得体无完肤,使清政府从"原告"变成了"被告"。

然而,帝国主义的公堂,最终仍对章太炎和邹容作了有罪的宣判。此事进一步激起中国人民的强烈抗议。

冯玉祥怒斥洋人

北洋政府时期,执政者如段祺瑞之流一味崇洋媚外、丧权辱国,列强把中国人民视为砧上之肉任意宰割,尤其是日本侵略者,在中国土地上张牙舞爪,为所欲为。他们将兵舰开入中国内河,并在所经城市张贴所谓"安境保民"的通告。那时冯玉祥是个旅长,担任湖南常德镇守使,见到这种赤裸裸的侵略行径,十分气愤,遂下令撕毁日军张贴的布告。一次部下士兵与日军发生了冲突,日本士兵先动手打人,中国士兵奋起还击,打伤了日军三人。

驻常德日侨会长高桥新二气势汹汹来找冯玉祥评理,要求立即处理"行凶"的中国士兵。

冯玉祥不露声色地问:"请问阁下,如何处置才能满意?"

"应先将行凶者监禁,然后再定罪。"

"请问,阁下这种处置,有何依据?"冯玉祥仍是那种不紧不慢的口气。

高桥早有准备,将随身携带的一本小册子交给冯玉祥:"依据222条,应将凶犯囚禁。"

冯玉祥不屑一顾地问:"请问阁下拿的是什么书?"

"这是日本的军法手册。"

冯玉祥听了勃然大怒:"什么?处置中国军人竟要按日本的军法?"

"那该怎么办?"高桥横眉冷对。

冯玉祥脱下鞋子,丢给随从:"给我狠狠掌嘴!"

高桥想不到冯玉祥刚烈如火,气焰顿时下降,忙不迭地说:"何必动手,有话好说。"

"既然要说,就说说清楚。中国军人应按中国的军法来处置。我们的军法是军人有责任维护地方治安,不遵守治安者当作匪徒处置。中国军人出于自卫,打伤匪徒,不仅无罪,而且有功,不应惩罚,而应嘉奖。"

高桥气急败坏地说:"冯旅长,你既然固执如此,我只好报告贵国段总理亲自处置了。"

冯玉祥朗声大笑:"我已通电全国,反对段祺瑞了,我冯某只知真理只知国法,不知什么段总理。你如再不识相,请你尝尝鞋子掌嘴的滋味!"

高桥无可奈何,只得卑躬屈膝,答应和解此事。

冯玉祥在陕西任督军时,一天,美国亚洲古物调查团的安德理和英国开矿工程师高士林私自在终南山猎获了两头珍贵的野牛,他们不知犯法,还以为自己枪法高明,扬扬自得地到西安督军府向冯玉祥吹嘘自己打猎的本领:"贵督军,我们此行收获颇丰,力大无比的野牛也难逃我们的枪口……"

冯玉祥不等两个洋人把话说完就责问道:"你们到终南山打猎,经过谁的同意?向谁打过招呼?"

"我们打的是无主野牛,不需要通知任何人,也不需要打什么招呼。"

冯督军一听更火了:"终南山是陕西辖地,野牛生长在我国领土上,怎说无主?你们私自猎取珍贵动物。侵犯了我国的利益,是犯法行为!"

两人不服,辩解道:"我们的护照上注明携带猎枪,贵国发的护照,应是表明政府的态度的,既允许携带猎枪就允许打猎,这是非常自然的事。"

冯玉祥反唇相讥:"我国发的护照还允许一些人携带手枪,照此推理,准许带手枪,就允许可以开枪杀人吗?"

两人尽管理屈词穷,仍要强词夺理:"我们来到中国已有多年,历来都是允许打猎的,从来没有人来过问,再说中国法律也没有规定不准外国人打猎的条文。"

冯玉祥进一步驳斥道:"我国的法律也没有准许外国人打猎的条文,如果说你们历来打猎没有人过问,这只能说明那些地方官吏睡着了。我可没有睡着,特别睁大着眼睛看着你们的所作所为,决不准许你们在我眼皮底下犯法做坏事。我们地方官吏负有安境保民、维护国家主权的责任,不管什么人,只要侵犯我国人民的利益,我就一定要管。你们不服管吗?"

两个洋人再也无言以对,只好低头认罪,请求宽恕,并保证以后不再犯。

孙中山趣谈道理

有一次,孙中山在广东大学(今中山大学)讲民族主义。礼堂不大,听的人很多,天气又热,听着听着有人就要入睡。这时,孙中山便穿插一个故事说:

"那年我在香港读书时,看见许多苦力工人聚在一起谈得很起劲,有人哈哈大笑。我觉得奇怪,便上前问一下。有一个苦力说:后生哥!读书好了,知道我们的事于你无益。又一个告诉我:我们当中一个行家,辛辛苦苦地积蓄了5块钱,买一张马票,牢牢记住那上面的号码,把它藏在日常用来挑东西的竹杠里。等到开奖,竟真的中了头奖,他喜欢万分,以为领奖后可以买洋房、做生意,这一生再也不用这根挑东西的竹杠子过生活了,就把竹杠狠狠地扔到大海里。不消说,连那张马票也一齐丢了。因为钱没到手先丢了竹杠,结果是空欢喜一场。"

说到这儿,大家听得入迷,不禁笑了起来。孙中山接着归到本题:"对于我们大家,民族主义就是这根竹杠,千万不能丢啊!"

孙中山就是运用这种生动风趣的谈吐宣传革命道理,唤起民众,深受群众的欢迎。

徐锡麟借镜教人

辛亥革命著名烈士徐锡麟,早年曾在绍兴府中学堂担任过副监督(副校长)。在此期间,他十分重视对学生道德品质的教育,而且很讲究方法。

一次,有位衣冠华丽的学生偷了同学的一些东西。徐锡麟知道后,把这个学生叫到自己的办公室,平静地问:"你知道我为什么叫你来吗?"

学生满不在乎地答道:"我不知道。"

徐锡麟盯着他,说:"现在我要告诉你一个好消息:我已抓到了一个小偷。"

话音刚落,学生的脸色顿时变了,但还是故作镇静地问:"小偷在哪里?"

徐锡麟递给他一面镜子,并且严肃地说:"你看,小偷就在镜子里,你仔细照照他吧,先照照外貌,再照照灵魂。"

这个学生接过镜子,不敢看一眼,羞愧万分地低下了头。

徐锡麟语重心长地说:"一个人固然需要讲究外表,但是更应具备纯洁的灵魂。只有灵魂纯洁,才能达到学问渊博。"

几句话说得这个学生流下了悔恨的泪水。

孙中山妙论女人

1897年,孙中山侨居日本时,与日本著名政治家犬养毅相识,有一天,犬养毅问孙中山:"我真敬佩您的机智——不过,我想问问您,孙先生,您喜欢的是什么?"

"革命!把清政府推翻。"

"您喜欢革命,这是谁都知道的。但除此之外,您最喜欢什么?"

孙中山停了片刻,答道:"女人。"

犬养毅忍不住拍手叫道:"很好,再其次呢?"

"书。"

犬养毅忍不住哈哈大笑。他叹道:"这是很老实的话。我以为您会最喜欢书,结果您却把女人排在书的前面。这是很有意思的。您这样忍耐着对女人的爱而拼命看书,实在了不起。"

"不是这样!我想,千百年来,女人总是男人的附属物或玩物,充其量做个贤内助。然而我认为,她和母亲应该是同义语,当妈妈把她身上最有营养的乳汁喂给孩子的时候,当妻子把她真诚的爱献给丈夫的时候,她们的牺牲是那样的无私和高尚,这难道不值得爱吗?可惜,我们好些人都不珍惜这种爱,践踏这种爱。"

孙中山的话,使犬养毅深感意外,更为敬佩。

智劝章太炎复食

1914年,章太炎被袁世凯幽禁在北京龙泉寺。章太炎非常气愤,宣布绝食。这下可震动四方。

第二天,章太炎的几个著名入门弟子钱玄同、马寅初、吴承仕等去看望他。从早到晚,弟子们劝他复食,刚正不阿的章太炎躺在床上,两眼翻白,一个劲地摇头。

这时,深知先生个性特点的吴承仕灵机一动,想起了三国故事,便说:"先生比祢衡如何?"

章太炎瞪了一眼说:"祢衡怎么比我?"

吴承仕连忙道:"刘表当年要杀祢衡,自己不愿戴杀士之名,就指使黄祖下手。现在,袁世凯比刘表高明多了,他不用劳驾黄祖这样的角色,叫先生自己杀自己!"

"什么话!"章太炎一听,一骨碌翻身跳下床来。

弟子们趁机拿出了先生爱吃的食品,让他吃下去。

顾维钧巴黎声明

1919年1月28日,美、英、法、日、意五国在巴黎讨论中国山东问题。战败国德国将退出山东,日本代表牧野伸显却要求无条件地继承德国在山东的利益。

中国代表顾维钧听了,站起身面对其他四国代表问道:"西方出了个圣人,他叫耶稣,而基督教相信耶稣被钉死在耶路撒冷,使耶路撒冷成为世界闻名的古城。而在东方也出了一个圣人,他叫孔子,连日本人也奉他为东方的圣人。牧野先生你说对吗?"

牧野不得不承认:"是的。"

顾维钧微笑道:"既然牧野先生也承认孔子是东方的圣人,那么东方的孔子就如同西方的耶稣,孔子的出生地山东也就如耶路撒冷是东方的圣地。因此,中国不能放弃山东正如西方不能失去耶路撒冷一样!"

美国总统威尔逊、英国首相劳合·乔治和法国总理克里孟梭——巴黎和会的三巨头听完顾维钧掷地有声的声明,一齐走上前去握住他的手,称他为中国的"青年外交家"。

施洋为工人辩护

施洋烈士是大革命时期的著名律师。中国青年艺术剧院演出的《红色风暴》中有一场施洋律师挺身为无辜工人辩护的场面,他的正义感、他的辩才给人留下了深刻的印象。

1922年5月初的一天下午,京汉铁路局警务处处长魏学清的老太爷进城看戏,雇湖北籍工人黄得发和江友才给开压道车。魏老太爷急于去看某个女演员的戏,一路上催促黄、江加紧摇车。这时,迎面开来了一辆军车,按照铁路的规章,压道车必须让火车,黄、江要扶魏老太爷下车,魏太爷不肯给火车让道,黄得发急跳下车,魏老太爷死死拖住江不放,一瞬间,两人都被碾死在车轮底下。

事故发生后,魏学清秉承上司旨意,企图借机挑起湖北籍和福建籍工人之间的矛盾,以达到破坏工会成立的可耻目的。他诬陷工人黄得发是杀人凶手,私设公堂,准备召开工人大会后枪毙黄得发。

在工人大会上,魏学清说:"我好心好意出了2块钱雇了他替我老太爷开压道车,没想到他故意将我老太爷推到火车轮下,使我的老太爷粉身碎骨,死于非命。同乡们,杀人偿命,天经地义,我相信你们会主持正义、主持公道的。"

黄得发大喊冤枉,表示不服,工人群众也为黄抱不平,可是魏学清依仗权势不让其和工人说话,并下令把黄得发拉出去枪毙。就在这时,施洋律师毫不犹豫地站出来,替无辜的工人辩护:

"今天下午6时左右,江汉铁路机厂的工头胡大头跑到工人黄得发、江友才家里,用威逼利诱的办法,叫黄、江二人去车站替魏处长的父亲开压道车。魏处长的父亲因急于去新市场看女伶风骚泼旦《夜明珠》的上场戏,一路迫令黄、江二人加紧摇车。这时迎面开来一辆军车,按照铁路行车规章的惯例,压道车必须让火车,所以黄、江二人准备下车让路,但是魏处长父亲急于看《夜明珠》的上场,迫令黄、江二人继续往前开车。黄、江二人向魏处长的父亲委曲陈辞,还扶他老人家下车,但这个老人蛮不讲理,破口大骂,说什么'我的儿子魏学清乃是京汉铁路总局的警务处长,手里提着好几团人,任何车辆见了我老太爷一律得让路……'他一面谩骂,一面用手杖猛击黄、江二人,这时眼看着火车已迫近压道车,黄得发不得不跳车逃命,江有才被魏处长的父亲拖住了,一齐辗死在火车轮下。这就是全案的经过。这难道还不明白吗?真正的杀人凶手是谁呢?难道是黄得发吗?当然不是!真正的杀人犯正是魏处长那位已经死去的父亲!工人兄弟们,哪个父亲不爱孩子?哪个儿子不爱父亲,父亲被谋杀了,做儿子的能俯首帖耳不表示抗议吗?不能!但江有才的儿子还未满周岁,他不会说话,他生在穷苦人家里,吃不饱、穿不暖,他现在病在母亲的怀抱里,除了干号之外,做不出任何表示。工人兄弟们！哪位妻子没有丈夫，哪一个丈夫没有妻子？她没有了丈夫，她的丈夫江有才被魏处长的父亲谋杀了，她难道甘心俯首帖耳地不表示反抗吗？不能！但是，她毕竟不敢有所表示，她从小受尽了有钱有势人的压迫，她从小过着牛马不如的生活；她体弱，她胆怯，她现在除了悲痛啼哭之外，做不出任何表示。难道这公道吗？我们难道不应该为死者伸冤吗？我们难道不应该要求魏处长的父亲的孩子魏处长负责赔偿死者家属的一切损失吗？还有，工人黄得发因为遭受魏处长父亲的纠缠，不得已跳车受伤，请看，他现在的左额的鲜血未干，右腿和左肘都有伤痕。这难道也是要他自己来负责？这难道不应由魏处长——你，负责赔偿工人黄得发的一切损失吗？"

施洋律师滔滔不绝，伸张正义，所有在场的工人高呼："应赔偿一切损失！"

魏学清自感理亏，只得狼狈而逃。

吉鸿昌法庭自辩

1933年5月成立了以冯玉祥、吉鸿昌、方振武将军为首的民众抗日同盟军（后改称"抗日讨蒋军"）。从此，吉鸿昌将军驰骋长城脚下，英勇抗战，屡建战功。可是，在当时政府看来，所有这些都是有罪的，罪名是"危害民国"。

1934年11月，吉鸿昌在天津租界遇刺受伤，14日被"引渡"给国民党政府。11月23日在"军事委员会北平分会""审理"吉鸿昌案。

审判长问："吉鸿昌，你为什么进行抗日活动？快快招出你的秘密来！"

吉鸿昌随即高声回答："抗日是为了救国，这是四万万人民的事情，是最光明磊落的事情，有什么秘密？抗日救国是人民人人应知、人人能知的事情，哪会有什么秘密？只有蒋介石和你们这班奴才，祸国殃民、残内媚外，和日本人暗中勾结，干些不明不白的勾当，这才有秘密，才见不得人。"

说着他解开上衣，指着胸脯上的伤疤说："看！这就是我仅有的一点'秘密'，是你们军队勾结日本鬼子留给我的'纪念'。"

审判长突然厉声问道："不要想用抗日来掩饰你的罪过。你抗日就抗日好了，为什么要反蒋？作为一个军人，难道你不知道'服从是军人的天职'吗？"

吉鸿昌讽刺道："我吉鸿昌要抗日，蒋介石要卖国，我吉鸿昌不得不为救国而讨蒋，我吉鸿昌要抗日，蒋介石迫害抗日，我不得不为抗日而讨蒋。所以我的军队就叫抗日讨蒋军，这不是名正言顺吗？难道说，你能指出来蒋介石有一点抗日的行动，或者有一点允许他人抗日的意思吗？就拿你来说吧，如果你还有点儿中国人的味道，扪心自问，也不能不反蒋吧？"

审判官无言以对，急忙改换话题："那么，你是不是加入了共产党呢？你抗日好了，为什么加入这个'危害民国'的共产党呢？看，我们这里有张慕陶证明你早已加入共产党的字据。"

吉鸿昌直言不讳道："我是中国共产党员。由于党的教育，我摆脱了旧军阀的生活，转到工农劳动大众的阵营里来。我能够毁家纾难舍身报国，拒绝利诱，见危受命，这样抗日救国，这也是党给我的感召，这正是党的意志。你们说我们共产党是'危害民国'，到底是谁'危害民国'？试问，你们蒋介石国民党干了些什么？你们当国七年来，掀起了无数次的内战，酿成了空前的水旱浩劫，断送了东北三省，断送了热河、察哈尔，又快要断送华北各地，你们的贪污枉法的政治，你们的残暴专横的措施，哪一样不曾'危害民国？'哪一样不是'危害民国'？我们共产党真心爱国家，为人民，在你们蒋介石国民党背叛革命的时候，举起革命的大旗，在中华民族解放运动中不避牺牲，不辞艰苦，正是要保护民国！"

这时，审判官茫然失措。审判官反而成了被审者。

萨本栋驳英教授

20世纪30年代后期，厦门大学从英国请来一位教授讲学，校长萨本栋以礼相待，以谢万里跋涉之劳。但在一次送别酒会上，该教授目视破旧的会议室和土藤扎制的椅子，联想参观时所见简陋的实验设备，一时大不列颠民族"自豪感"大炽，竟得意忘形地说："此之谓'东南最佳大学'？竟居此蕞尔小县！这等设备，真不抵我英伦三岛之中小学校！"

萨校长尽量克制怒意，礼貌地回答："抗战期间，因陋就简，但教学质量，厦大一向从严。"

英教授仍傲慢地说："欧美开风气之先导，执科学之牛耳。敝国有诗圣拜伦、雪莱，剧圣莎士比亚，现代生物学之父达尔文，力学之父牛顿，可叹泱泱中华，国运蹇促，岂可侈称'物华天宝、人杰地灵'之邦乎？"

萨校长愠怒地打断道:"教授先生,您别忘了,中国的李白、杜甫如慧星经天之日,英伦还是中世纪蒙昧蛮荒之时;中国李时珍写下《本草纲目》之际,达尔文之乃祖竟不知在何处!"

英教授极不文雅地咆哮道:"校长阁下,请记住,是美利坚合众国的伍斯特工学院和斯坦福大学造就了您的学识和才能!"

萨校长微笑道:"博士先生,我提醒您,中华文明曾经震惊世界,没有中国远古的三大发明,也绝不会有不列颠帝国的近代产业革命!"

英教授哑口无言了。

闻一多智鼓士气

1945年5月4日,云南大学操场上举行纪念大会,人山人海,情绪热烈,可大会正要开始时候,天下起毛毛雨来,许多人争着找地方避雨,人多地方小,人群拥挤起来,主持会议的同学连声要求大家安静,效果不大。眼看着场上秩序维持不下,大会主席团请闻一多出来鼓鼓士气。

闻一多站起来,向正在朝四面移动的人群说道:"同学们,我给你们大家讲一个故事。两千多年以前,周武王决定起义,去打倒暴君纣王,就在出兵那一天,像我们现在一样,忽然下起雨来。许多人都觉得这很不吉利,建议武王改期。这时候管占卜的——就算是当参谋的人吧——出来了,他说这不是坏事,这是'天洗兵',是老天爷帮我们的忙,把兵器上的灰尘,都洗得干干净净的,打击敌人就更加有力啦。我们今天也是碰上这样的机会,这是'天洗兵'!不怯懦的人回来,走近来,勇敢地站过来!"

听了闻一多的话,骚动不安的人群重又安静下来,四散的人群重又聚集起来。

"五·四"正是高高扬起了民主与科学大旗,彻底地反帝反封建。这是一场正义的和必胜的进军,而爱国学生们又正是这场伟大进军的前卫师,"天洗兵"的典故,用得多么切情、切景、切义啊!

夏明翰抨击敌人

1928年2月,由于叛徒的出卖,夏明翰被敌人逮捕了。敌人在审讯他时,他毫不屈服。把法庭当战场,无情地揭露了敌人的丑恶嘴脸。

敌人问:"你姓什么?"

夏明翰:"姓冬。"

敌人说:"胡说,你明明姓夏,为什么胡讲?"

夏明翰轻蔑地说:"我是按着你们的逻辑跟你们讲话的。你们就是这样把黑说成白,把天说成地,把杀人说成慈悲,把卖国说成爱国,我姓夏,当然要说成'冬'了!"

陆侃如妙解困境

陆侃如是我国一位负有盛名的学者,他与冯沅君合著的《中国诗史》给中国文学史增添了生机,这与陆侃如的学识是分不开的。

1935年,在巴黎大学的博士论文答辩会上,法国主考人向年轻的陆侃如提出了一个奇怪的问题:《孔雀东南飞》这首诗里,为什么不说"孔雀西北飞"呢?

陆侃如心想,这是诗,是写意,不是写实,东南与西北如何言之?他灵机一动,应声而答:"西北有高楼!"接着又补上出处说:"我国《古诗十九首》里有这样的诗句:'西北有高楼,上与浮云齐!'"陆侃如的意思是,西北方向有高耸入云的高楼阻挡,孔雀飞不过去,只好往东南方向飞去了。

对这个答有出处的妙语,包括主考人在内的全体人员都会心地笑了。

张大千敬梅兰芳

抗日战争胜利后,著名国画大师张大千要从上海返回四川老家。他的学生设宴为他饯行,邀请著名京剧艺术家梅兰芳等社会名流作陪。

宴会开始,张大千向梅兰芳敬酒说:"梅先生,你是君子,我是小人。我先敬你一杯。"

梅兰芳不解其意,众宾客也莫名其妙。张大千含笑解释道:"你是君子——唱戏动口,我是小人——画画动手。"

一句话引得满堂大笑不已。

郭沫若故作类比

1945年,我国著名漫画家廖冰兄在重庆展出漫画《猫国春秋》。当时在渝的许多文化名人如郭沫若、宋云彬、王崎等都应邀前往,参加首展剪彩仪式。席间,郭沫若问廖冰兄:"你的名字为什么这么古怪,自称为兄?"版画家王崎抢过话头代为解释说:"他妹妹名冰,所以他名叫冰兄。"郭沫若听后，哈哈大笑，说："噢，我明白了，郁达夫的妻子一定叫郁达，邵力子的父亲一定叫邵力。"一句话引得满堂宾客捧腹大笑。

章士钊妙论戴笠

1946年，军统特务头子戴笠坠机死后，蒋介石如失左右手，十分痛惜。他示意追悼会上一定要弄几副名人的挽联来装点门面。恰好其时正有一次名流宿彦的聚会。陈立夫便乘机向大家提出送挽联的事。众人心想：像戴笠这样的人，如果宣扬，必为识者所不取，反之，又恐惹祸。互相推诿一阵后，最后公推章士钊来写。章也不好再推，稍加构思，一挥而就。大家传观，上面写道：

生为国家，死为国家，功罪盖棺须论定；
名满天下，谤满天下，是非留待后人评。

挽联本当歌功颂德，此联却偏偏称"功罪盖棺须论定"；"是非留待后人评"，对要紧问题避而不谈，于当时各方都有交代。结果，满座叹服，欣然定稿。陈立夫也无话可说。

巧女卷

齐姜醉夫为大业

故事发生在春秋时期。

齐姜是晋国公子重耳的妻子。晋献公死后，国内发生叛乱，她跟着丈夫逃出晋国，辗转流浪，最后在齐国安下身来。她是一个很有抱负的女子，希望重耳日后能回到国内，重振国威，干一番伟大事业。想不到丈夫一过上安定的日子，便满足于儿女情长，把复国的大业丢置脑后。一天，齐姜摆出一桌丰盛的酒宴，准备趁着酒兴，再好好劝说一番。

"公子，为妾的有话说。"齐姜敬上一杯酒，神色庄重地说，"诸位老臣为什么不辞劳苦，跟随您辗转列国？就是因为他们盼望着有朝一日能重振国威，共享富贵。可是……"

"可是怎么样呀？"重耳催促妻子说下去。

"可是自从公子在齐国站下脚跟，就沉浸在卿卿我我的温情之中。妾能得到公子厚爱，万死不能报答您的恩情。不过，如果因为妾而耽误了您的复国大业，那妾可担当不起呀！"她停下话头，观察着丈夫的脸色，狠狠心又说了下去，"我看，晋国局势已发生了变化，我们现在回去，正是时机！"

重耳怒气冲冲，几欲发作，齐姜不便再劝，于是满脸堆笑地陪着公子饮酒，一杯接一杯地敬着，重耳一一喝干了。

齐姜实实在在是想把重耳灌醉。她看到好言劝说无效，就想到丈夫的舅父狐偃的主意。原来狐偃看到外甥沉湎于酒色之中，十分生气，决定把他劫掠回晋国。齐姜决定做好配合。

重耳不知是计，喝得酩酊大醉。齐姜就果断地用被子把丈夫包裹起来，交给狐偃。狐偃把重耳装上马车，日夜兼程向晋国进发。

后来，重耳在狐偃等大臣的协助下，经过一番艰苦的努力，登上了王位，就是晋文公。他想起齐姜的作用，派人到齐国隆重接回了妻子。齐姜看到当上国君的丈夫，想到当年颠沛流离的逃亡生活，涕泪交加地说："当年为妾这样做，正是为了今天的夫妻团聚啊！"

伯宗妻头脑清醒

春秋时，晋国的大夫伯宗上朝后，高兴地回到家。他的妻子问道："你面有喜色，是什么原因啊？"

他说："我在朝廷上谈话，大夫们都说我的才智像过去的阳处父大夫。"

妻子答道："阳处父华而不实，很会说话而没有智谋，所以灾难降临到他身上，你有什么可高兴的呢？"

伯宗说："那就请各位大夫来喝酒，我和他们谈话，你听听他们说什么吧。"

妻子说："好吧。"

第二天，伯宗妻说："大夫们都不如你，然而人们是不能长久容忍别人比他们强的。所以灾难必然要落到你头上。你还不赶快找个愿意保护儿子州犁的人？"

伯宗听妻子的话找到了毕阳。后来，大夫们果然陷害伯宗，毕阳就送伯宗的儿子州犁到楚国去了。

楚庄王爱姬荐才

楚庄王有个爱妃，名叫樊姬。她不仅长得美丽，而且还很有头脑，对国家大事常有卓越见解。因此，楚庄王把她视为明珠，十分珍爱。

一天，楚庄王从朝廷回到宫里，樊姬见他皱着眉头，便关心地问道："大王，今天有什么不开心的事？为什么下朝这么晚啊？"

楚庄王说："现在国家正是多事之秋，政务万端，我正同贤相两人细细商讨呢。"

樊姬又问："贤相是谁呀？"

楚庄王说："虞丘子。"

樊姬笑道："月亮好，还得星星们拱护。虞丘子虽然贤能，只是单枪匹马，而且年纪又大了。我看他不算大贤相呢！"

楚庄王惊问："依爱妃看，怎样才算大贤相呢？"

樊姬笑道："十步之内，必有芳草。楚国幅员如此广大，地跨两湖，是人杰地灵所在。难道虞丘子就不能向大王多多推荐一些人才来帮助理政吗？"

第二天上朝时，楚庄王将樊姬的话转告虞丘子。虞丘子听罢满脸羞红，立即向楚庄王推荐孙叔敖做宰辅，自己告老退职。

孙叔敖上任不久，就碰到一个棘手的案子：虞丘子家里有人犯了国法，按理要受到严厉惩处，可是办案的官员考虑到虞丘子是有功于国家的老臣，迟迟不敢判决。

孙叔敖听完下属的汇报，略一沉吟，便严正地说道："王子犯法与庶民同罪。如果因为虞老有功于国而不敢惩治他家犯法的人，这个王法还有啥用，偌大的国家如何能治理得好？"

说完，便下令将虞丘子的家人逮捕法办，还按例将那个失职的官员查办。

楚国民众听到这件事，无不肃然起敬。全国很快出现了赏罚分明、政治廉洁的局面。

楚庄王立刻召见虞丘子，对他感谢道："是你推荐了这个好人才，功劳簿要记上你的头功！"

虞丘子惶恐地跪谢道："大王，孙叔敖一直就是不徇私情、不畏权势、严格按法办事的干练人才。过去我没有及时推荐，这是我的不是啊！"

楚庄王连忙抚慰道："你就莫要自谦了。最后还不是你老贤相推荐了新贤相吗？"

虞丘子忙道："大王，真正推荐人才的不是我，而是樊姬夫人。"

楚庄王恍然大笑道："对！我怎么就忘了这个深谋远虑的贤夫人哩！"

陶妻远虑苦劝夫

周朝的时候，有一个叫陶答子的人，被派到陶这个地方做大官。三年下来，陶地还是老样子，没有一点儿改变，可他家里却暴富起来，财产超过了先前的三倍。这件事引起了他妻子深深的忧虑。

有一次，陶答子回到家里，神采飞扬地交给妻子几只金元宝和一颗珍贵的夜明珠。

妻子满脸愁容。

陶答子不快地说："别家的妻子愁缺吃少穿，愁白了头，你跟着我日有金，夜有银，还有什么不满足的呢？"

妻子启发地说："我听人家说，南山有一只豹，因为没有长成花纹，而在大雾中隐藏了七天七夜，没有出来觅食，这是为什么呀？"

"那是它胆子小，活该挨饿！"陶答子不屑一顾地说。

"圈里的猪贪馋而饥不择食，长得白白胖胖的，就挨了刀子，这又是为什么呀？"妻子耐心诱导。

"吃饱了挨刀，是个饱鬼，那也值得。"陶答子正在欣赏夜明珠发出的绿莹莹的光，心不在焉地回答。

妻子很生气，提高声音说道："古人说过，缺乏知识的人爬上高位做大官儿，祸害离他已经不远了。对国家对百姓没有建树和贡献，而家中却积金屯银，这不值得高兴，因为家难已经在向他招手了。夫君做大夫三年，并没有做出显著的政绩，却在钱财上下工夫，我怎么不为你担忧呢？"

陶答子听了这番话，像被当头泼了一盆冰水，暴怒地打了妻子一记耳光，不容分说，让家丁把她赶出了家门。

"夫君保重！"妻子抱着一个最小的孩子，边哭边走，不时地回过头来，希望陶答子回心转意。可是，陶答子早已返身进入内室了。

一年以后，陶答子家果然遭到大难，除老母亲外，一家人都成了刀下之鬼，家产洗劫一空。妻子听到这个消息，大哭了一场，带着最小的孩子回到家中，安葬了丈夫和其他被杀的人，好言安慰了婆婆，靠着自己的辛勤劳动，养活着一家三口人，再也用不着提心吊胆地过日子了。

孔子修车借东西

孔子周游列国，四处讲学。

一天，孔子来到楚国境边，刚走到河边，不想车子却坏了，车夫又没有准备工具和木料，很是着急。孔子见河边有个妇人在洗衣服，便连忙走过去说："大嫂，能否跟你借几样东西？"

妇人说："您稍等一下，我去去就来。"

说罢，起身走了。

不一会儿，妇人回来了。她将一把斧子和一段木头交给了孔子。

孔子奇怪地问她："我又没有向你说明，你怎么知道我需要木头和斧子呢？"

妇人回答说："您不是说要借东西吗？'东'为甲乙，属木；'西'为庚辛，属金。我见您的车坏了，所以知道您需要木头和斧子。"

孔子听了，连连点头称是。

车夫修好了车，斧子也还给了妇人，孔子却叫车夫往回赶车。车夫很奇怪，问："先生，为什么不过河？"

孔子感叹地说："楚国人才济济，连普通的洗衣妇都懂得这么多的学问，还要我到楚国干吗？我还是到别国去讲学好了。"

少妇帮夫改骄矜

这是春秋末期的故事。

一天，一辆马车从一个巷子里走过，车夫熟悉的吆喝声惊动了一个少妇，她急忙从内室走出来，一张白净的脸贴在门背后，透过狭窄的门缝，观看着慢慢走过来的马车。只见马车上端坐着一位个子矮小的人，她认识这是齐国当朝宰相晏子，只见他神态平静、温文尔雅，不时地与路边的行人热情地打着招呼。可是，替晏子驾车的人，虽然长得高高大大，却是一副没有教养的样子，高傲地扬起头，目中无人、恣意骄横，引起路人的鄙视和厌恶。少妇看到这个情景，对这个骄傲的马车夫很不满意。

原来，马车夫是她的丈夫。

晚上马车夫回到了家里，吃过晚饭，少妇对马车夫说："明天我就要回娘家去住了，你一个人好好地生活吧。"

马车夫吃了一惊，忙问其故，少妇一边准备着回家用的衣服物品，一边说："晏子长得并不高，做了齐国的宰相，哪一个人不知道他的名字？可说是名扬四海了。今天，我看见他却是那样谦虚谨慎，并没有为自己做了宰相而觉得有什么了不起。"

马车夫一声不吭地听着。

"可是，那一个为他驾车的人，身高八尺（相当于现在的五尺六寸），却没有一点儿远大志向，以做一个宰相的马车夫而满足，以能接近宰相而荣耀。我跟着这样的人生活一辈子，又有什么意义呢？因此，请你同意我离开你生活。"

马车夫满脸通红，说："我一定改正自己的过失，请你再住一段日子，就看我的行动吧。"

少妇答应了他的请求。

自此以后，马车夫不再骄傲自大，而是处处谦虚起来，晏子也发现了他的变化，询问起变化的原因，马车夫据实相告。晏子听了连连点头，夸奖他具有知错即改的勇气，提拔他当了官。

少妇和马车夫和好如初。

黄霸妻劝夫释怀

黄霸和同郡的令狐子伯是朋友。子伯当了楚国宰相，他的儿子当了郡里的功曹。

一次，子伯打发儿子送信给黄霸，客人走后，黄霸躺在床上久卧不起。他的妻子感到奇怪，就问他怎么了。

黄霸说："刚才见到令狐的儿子，容光焕发，举止很得体，而我们的儿子蓬头乱发，牙齿稀疏不齐，又不懂礼节规矩，见了客人脸色羞愧不大方。我们父子情义深厚，看见儿子不如别人，不由得感到是自己的过失啊！"

妻子说："你少年时代就学习修炼高洁的节操，不眷恋荣华利禄，现在以子伯的显贵和你相比，哪一个更高呢？你怎么能忘了平素的志向，反而为儿子感到羞愧了呢？"

黄霸听了，果断地从床上起来并笑道："对极了！"

从这天起他们一起终身隐居了。

鲁班妻子的发明

春秋末期，鲁班发明了刨子，同先前加工木料时刀削斧砍相比，既省了力气，又提高了质量，鲁班喜滋滋的，为自己的发明所陶醉。

可是，鲁班用刨子刨木料时，木料会移动，很不方便，就让他的妻子云氏在对面顶住木料。云氏常常被木料撞伤，手上青一块紫一块的。

云氏就对鲁班说："你既然发明了刨子，为什么不想想办法，不用人顶也能刨木料呢？"

鲁班摇摇头说："我搞出这个刨子，已经很不容易了，你还要我怎么样呢？"

云氏决定自己想想办法。

自此以后，她天天琢磨这件事，吃饭饭不香、喝茶茶无味。有一天，她在屋外低着头转来转去地苦苦思索，忽然听见鲁班在室内大声喊她去顶木料，她心中一急，脚下被什么东西绊了一下，一个踉跄，几乎跌倒。回过头来一看，原来是自己的顽皮儿子在场地上插了一根木橛子，正要发火，突然领悟：既然木橛子插在地上能绊人，那么，把它钉在长凳上不是可以挡住木料吗？

她急冲冲地跑进室内，把这个想法告诉丈夫。鲁班一听有道理，就照样子做了，果然很有效。

鲁班感慨地说："世界上的发明创造没有止境，我们永远也不应该自满自足呀！"

后来，木工们就把云氏发明的这个橛子称作"班妻"，以纪念这位聪明的女子。

鲁班妻和中国伞

一天，鲁班出门时天还是好好的，到了中午，突然下起了大雨，鲁班的妻子赶到丈夫干活的地方送饭，看到鲁班浑身上下都被雨淋湿了。在回家的路上，她迎着风雨，心里仍然想着怎样为丈夫遮挡风雨的办法。这时，雨越下越大了，身边什么挡雨的东西都没有，她灵机一动，把竹制的食盒倒过来顶在头上挡住风雨，倒过来的竹盒像只大盔，雨打在竹盒上，叭嗒叭嗒地响，雨越下越大，她不得不躲进路边一个小亭子里躲雨歇脚。外面的雨还是下个不停，她想要是丈夫能躲进亭子里干活,该多好啊!过了一会儿,她又觉得自己的想法太简单了,因为丈夫干活的地方经常要变动的,并不是所有的地方都有亭子供他躲雨,即使自己造了一个活动的亭子,丈夫总不能把整座亭子搬来搬去吧!外面的雨下得小了,她离开亭子,准备往回走。

微风吹着小雨迎面朝她撒来,她习惯地又将竹盒倒过来顶在头上。望着手中的食盒竹把,她突然想出了一个好办法:"这竹盒不就像一个很轻便的亭子吗?要是我照着亭子的样子做一个尖顶的竹盒,不就成了'活动的房子'吗?"

回到家以后,她找来一大堆编竹器用的竹筋竹篾,照着亭子的样子编起"活动的小房子"来,她又参考竹盒的样子,把竹盒的提把和亭子的柱子结合起来,做成"小房子"举握用的把手。

鲁班收工回到家里,很快就明白了妻子的创造意图,也顾不得疲劳和饥饿,蹲在地上摆弄和改造起妻子的发明物来。鲁班和妻子很快完成了竹制的"活动的小房子"。

这是一种使用时可以撑起来,不用时可以收起来的"小房子",撑起来时有点像只有一根柱子的小亭子,也像南方人用的笠帽,因为可以收起和"散"开,鲁班的妻子就把它取名为"伞"。

"伞"字写出来真像一根柱子的小亭子,也像人戴着笠帽;伞字还有另一个写法,古文字可以写作"繖",按结构来看,可以理解为"撑散开来的丝绸(麻布等)",从古文字发展来推算,竹骨布(绸)面、纸面的伞出现的年代要晚一些。伞的发明是我国古代劳动人民在长期的生活实践中逐步形成和完善的,鲁班妻子发明伞只是一个美丽的传说。

鲁班妻子的高招

一次,鲁班率领工匠们为一个有钱有势的富贵人家建造一座华贵的厅堂。在鲁班的口讲指画下,工匠们各司其职,分工协作,工程进展十分迅速。眼看就要到树立柱子、搭盖屋顶的时候,鲁班忽然大叫一声道:"糟糕,糟糕!"

工匠们莫名其妙,纷纷问道:"师傅,啥事呀?"

鲁班连喊数声"抱歉",指着堆在院内的名贵的香樟木头说:"我一时疏忽,让这些做厅柱的木头截短了,怎么办,怎么办?"

工匠们听罢个个面色灰白:这批香樟木价格极其昂贵,即使大伙倾家荡产也难以赔偿;就算赔得起,再去办一批货,势必延搁厅堂完工的日期。而主人正等着用新厅举办寿辰,招待朝廷那些达官贵人呢。耽误了此事,可不是闹着玩的,说不定要鲁班去吃官司呢……

鲁班急得食不甘味,睡不安稳。妻子发现丈夫终日愁眉苦脸,问明缘由,用纤纤手指往丈夫额头上轻轻一戳,笑道:"亏你还是工匠的权威呢!连这种简单的问题也解决不了。"

鲁班恳求道:"你就帮我一把吧!"

妻子白了他一眼,笑道:"你说我的身材高不高啊。"

鲁班说:"不高,不高,只到我的肩膀。"

妻子又问:"那我现在怎么同你差不多呢?"

鲁班恍然大悟道:"啊,你在靴底上垫着木拖鞋,头上插着玉簪、珠花。啊!有了,有了!"

在妻子的启发下,鲁班在每根厅柱脚下垫起圆形的白柱石,厅柱上端镶接着雕花篮和鸟首的柱头,这样便解决了难题。

富丽堂皇的厅堂如期建成了。

吴妃子撒盐得宠

相传春秋战国时吴王夫差征战回都时好不威风,他的妃嫔们都想抢先得到他的宠幸,为此各人绞尽脑汁,想出了许多高招。有一位聪明的妃子,在当时被视为珍品的盐上面做文章,由此得宠于夫差,传为美谈。

传说该妃子在自己的门前撒满了食盐,夫差骑马经过妃子门前时,马见有盐,便会停下来舔盐,不愿再走,吴王见自己宠爱的战马不愿走,自己也就停留下来,在该妃宫里安歇。

其他妃子争宠大都在夫差身上打主意,可这位妃子却能另辟蹊径,她成功了。

孟轲之母明大义

孟轲是战国时期的思想家、教育家,孔子的再传弟子。孟轲幼年的时候,他的父亲就过早地去世了。孟母带着幼小的儿子,和许多孤儿寡母一样,母子两人过着清贫的生活,一家的生计,全靠孟母纺线织布维持着。这样的家境,使孟轲懂事很早,常常怀着好奇心,观察成年人做事,在外面见了什么都感兴趣,回到家里就认真地模仿。他看见别人家埋葬死者,便在院子里堆起泥土,在土堆边插上柳树,用土块做祭品,再学着大人们的样子,念着悼词,一边哀哭,一边祭拜,表情既严肃又认真。孟母知道后,对孟轲说:"孩子,这可不是你该学的事。"于是把家搬到远离郊外的街市中。

孟轲看到街市旁有杀猪卖肉的,觉得很有趣儿,回家后将猫捆绑起来,照着杀猪人的样子,屠宰之后,高声叫卖。邻居们对孟母夸奖说:"您的儿子多么聪明啊,什么事他都一学就会。"孟母郑重地说:"我把一切希望都寄托在他的身上,不能让他这辈子只做个生意人。"于是又把家搬到一所学校旁边。

孟轲经常去观看儒士们演习礼仪,每天都照样练习,布置上宾主座席,将家中的杯盘摆在案子上,学着作揖、行礼,一进一退,做得规规矩矩。孟母这回才面露笑容,高兴地说:"我们早就该在这里呀!"

孟轲长大以后,孟母就把他送进学校,勉励他认真读书,要做一个像孔子那样品德高尚、博学多才的人。

孟母在学业上督促孟轲,在品德的修养上,还经常对孟轲循循善诱。孟轲所从事的儒学,是很注重为人处世的礼仪的。他成年娶妻后,就用礼仪严格要求自己的妻子。

有一次,孟轲的妻子独自在卧室里坐着,为了舒适一些,便将两腿伸直、叉开。这种将腿伸直、叉开的坐姿,古时候称为"踞",又称"箕踞"。在古代严肃的礼仪中,是不允许有这种姿势的,因为它本身带有放任随便不拘礼之嫌,在公众的场合,是最轻慢不过的。孟轲从外面回来,看见妻子坐着的姿势,顿时大怒,气冲冲地来到母亲面前,说道:"媳妇无礼,我要把她休掉。"

"到底发生了什么事?"孟母吃惊地问。

"她叉腿坐着,这事还小吗?"孟轲理直气壮地说。

"你怎么知道的?"孟母知道媳妇一向孝顺守礼,今天的事必有缘故。

"我亲眼见到的,还会冤枉她不成?"孟轲怒犹未消。

孟母听到这里,才放下心来,平静地说:"我明白了,这是你失礼,媳妇并没有做违礼的事。《礼记》上不是说过吗,'将入门,问孰存。将上堂,声必扬。将入户,视必下'。进门之前,先问谁在家里;进入客厅之前,要高声说话;要进内室,一定要低下头。这是为了让人事先有所警觉,免得仓猝之间来不及准备。现在你却直接闯入人家的私房,进门也没支吾一声,让人家叉着腿对着你,这不是你无礼吗?媳妇有什么过错?"

孟轲这才意识到自己的过失,再也不敢说休掉媳妇的话了。

赵母上书揭儿短

齐将赵括的母亲得到赵王要任用赵括为大将的消息,日夜坐卧不安。她知道儿子不是大将的料子,这样的重任他担不起呀!特别让赵母不放心的是,眼下赵国的军队正在长平与秦军对峙,赵王中了秦国的反间计,撤换了原先的大将廉颇。没有实战经验的儿子若走马上任,打了败仗,丢城失地,这不仅害了国家,也害了儿子。她决定写封信给赵王,陈述利害得失。

赵母在信上写道:"我的儿子赵括没有能力担任大将。大王不要以为他是大将赵奢的儿子,他一定也有大将的才能。其实他们父子之间差距很大。他父亲在世时做大将,每次得到大王的赏赐,从不留给自己和家里的人,全部分赏给作战勇敢的将士们。受命之日,整个身心都在带兵打仗上,从不过问家里的事。可是,我的儿子全然不像他的父亲,大王奖赏给他的金银财物,都藏在家里,还时时准备着购置房屋田产。他的志向这样短浅,心胸这样狭窄,怎么能当好大将呢?我是从赵国的安危出发,请求大王不要委任我的儿子为大将。"

赵王接到赵母的信,摇摇头说:"天下哪有做母亲的不为自己儿子升官而高兴的呢?赵括的母亲不赞成儿子做大将,真是个怪人,我不能听她的话。"

赵母知道赵王不听自己的劝告,一定要任用赵括为将,生气地又给赵王写了一封信,说道:"我了解自己的儿子,可是大王不听我的话,日后赵括若打了败仗,请不要连累我!"赵王只得同意了。

果然不出赵母所料,赵括担任大将后,把廉颇原来制定的军纪都废除了,加上指挥失误,结果兵败身死。赵王因为赵括母亲有言在先,因而没有株连她。

齐后巧解玉连环

秦王派使者拿着一套玉连环,专程送给齐国王后。使者说道:"我们国王听说齐国的老百姓都很聪明,你是一国之后,就更聪明了。聪明的王后,您一定有办法解开这套玉连环喽!"

齐国王后接过玉连环，左看右看，不能解开。秦国的使者站在一边窃笑。

王后突然明白过来，玉连环是玉匠制环时从一块完整的玉石上雕凿出来的，再聪明的人都不能解开。秦王出这样的鬼主意，完全是在凌辱齐国，我必须维护齐国的国威和齐王的尊严，她想。一个好主意在脑子里跳了出来，她轻蔑地对秦国的使者说道："这样简单的事，我们齐国的小孩子都能办，亏着你千里迢迢赶到齐国来请教！"

齐国王后说罢，叫侍从取来一把铁锤，向玉连环狠狠砸去，破碎的玉石飞散了一地。"这不是解开了吗？"她幽默地笑着，神态自若。

秦国使者怒气冲冲地说："哪有这样解玉连环的？你是蔑视秦王，秦王不会饶恕你们齐国的。"

齐后也正色说道："玉连环是秦王送来请我解的，我出于对秦王的尊敬，才帮了这个忙。秦王是个知书达理的人，怎么会对帮助过他的人过不去呢？"

使者无言以对，怏怏地退出了齐宫。

杨夫人当机立断

西汉一度立昌邑王刘贺为皇帝，因他行为淫乱，王室重臣、大将军霍光和张安世商量，要废掉刘贺，另立刘询，商量定了之后，他们派九卿之一的大司农田延年去告诉杨敞。

杨敞一听事关重大，吓得不知该说什么好，汗流浃背。当田延年起身上厕所去时，杨敞的夫人急忙从东厢房跑过来对杨敞说："这是国家大事，现在大将军已经议定了，才让九卿来告知你。你还不马上响应，和大将军同心同德去实行！再犹豫不决的话，到时候先得把你杀掉了！"

一会儿，田延年回来了，杨敞、夫人跟田延年三人一起谈话，杨敞答应支持他们的决定，终于免除了一场灾祸。

贤德母亲的预言

汉朝有个严延年，当过河南太守，他为人残酷粗暴，嗜杀成性，外号叫屠夫。

有一次，他的母亲从东海来看他，刚好碰见判决罪人，她大为惊讶，便停留在都亭，不肯进儿子的府第，并责备儿子说："老天爷有眼，人不能只是会杀人，我不想在我年老时看见壮年的儿子被判刑或处死。我要走了，离开你回东海去，打扫祖宗的坟地。"说完就走了。

回到郡后一年多，严延年果然获罪被杀了。东海的人们没有不称道严延年母亲的贤德和智慧的。

马伦辩才胜丈夫

东汉时，袁隗娶了曾在南郡（今湖北江陵）任过太守的马融的女儿马伦。马伦很有才华，能言善辩。因为家庭是名门望族，十分富有。因此，她的嫁妆十分华丽。

刚行完婚礼，袁隗向马伦说："做媳妇就是侍弄簸箕扫帚之类而已，何必要这么珍贵华丽的嫁妆呢？"

马伦答道："因为父母爱我，我不敢违背他们的意志。你如果仰慕鲍宣和梁鸿那样道德高、学问深的人，那也让我学他们的妻子桓少君和孟光的样子来服侍你吧。"

袁隗又说："弟弟如果比哥哥先办婚事，人们会把这当作笑谈，留着你姐姐不出阁，你却先出嫁，这说得过去吗？"

马伦答道："我的姐姐品行高尚、相貌出众，哪能像一般浅薄的女子随便嫁个人就算了呢？她只是至今还没有遇到相般配的伴侣罢了。"

袁隗又问她："您的太守父亲学问渊博，思想深奥，在文学方面又是大师，然而为什么时常能听到他受贿的传闻呢？"

马伦答道："孔子这样的大圣人也曾受武叔的诋毁；子路这样的大贤人，也被伯寮所诽谤。所以，我父亲受到这样的诬谄，本来就是很自然的了。"

在马伦的辩才面前，袁隗没话可说了。

吕母杀县令复仇

王莽新朝时，琅琊郡海曲县（今山东日照东南）里有个吕母，家中十分富有。吕母的儿子在县里担任小吏，因为一件小小的过错，竟被县令冤杀了。吕母悲痛欲绝，愤愤不平，发誓要为儿子报仇。

吕母拿出家财大酿美酒售卖，同时还购置下刀剑和衣服，见有青年来买酒，便总是有意多给些酒，如果来者衣着破烂，吕母便拿出自己购置的衣服送给他。几年后，吕母的家财因此消散尽，那些得到吕母照顾的青年便准备集资还给吕母钱财，以报答她的恩义，吕母却不肯，她向大家哭诉道："我之所以肯结交诸君，并非为了钱财，只因县令枉杀我的儿子，想请大家为我做主，不知大家肯不肯？"

年轻人一听，都十分敬佩吕母的豪壮，都答应替她报仇。吕母于是召集起几千人众，自称将军，率兵攻破了海曲县城，将那位县令逮了起来，吕母当众数说县令的罪责，随即将他斩首，以偿血债，为儿子报了仇。

王章贤德的妻女

汉朝的王章当年还是儒生时，在长安学习，单独和妻子住在一起。一次王章生病，没有被子，只好睡在牛御寒的蓑衣里面。他觉得自己活不成了，哭着和妻子诀别。他的妻子气得呵斥他说："你在京师受尊重，哪个显贵人物能超过你？现在生病了，在艰难困苦中，自己不振作精神，反而痛哭流涕，多么浅薄，令人看不起啊！"

后来，王章越级当了京兆尹。一次，王章要上奏密封的奏章，妻子又阻止他说："人应当知足了，难道你忘记了躺在牛蓑衣下面流眼泪的时候了吗？"

王章说："这不是女流之辈所懂得的。"奏章还是递上去了，果然，王章为此而获罪，被关进监狱，妻子儿女也都被关了起来。

王章的小女儿12岁，有天半夜忽然起来放声大哭，她说："平时狱卒呼叫囚犯，常常是叫到九个，今天叫到八个就停了。我父亲素来刚直，先死的必定是我父亲了。"

第二天问起这事，王章果然已经被处死了。

丑女新婚辩夫德

《世说新语·贤媛第十九》中记载了这么一个有趣的故事：

卫尉卿阮伯彦的女儿长得十分丑陋，但聪明善辩，并不因丑而自卑。

成年后，她嫁给书生许允。新婚夜，许允和丑女行完交拜礼后，自恃有头有面的许允留在客厅没有入洞房的心思。丑女独守空房，平静地等待着，而家里人则为此忧虑万分。

正巧许允的家人来到，丑女对家里人说："别忧虑了，许允肯定会听客人相劝进来的。"

果然，不一会儿许允进入洞房，掀开妻子的红盖头转身要走。

许允妻明知丈夫嫌自己相貌丑陋，料定这次出去就不会再有进洞房的可能。她有意要阻止丈夫，便毫不畏缩地问："夫君，您究竟为什么要走？"

许允头也不回地说："妇女应该具备四种德行：妇德，要求贞顺；妇言，能够善于辞令；妇容，要求有美好的容貌；妇功，必须能织丝麻。你具备了哪几条呢？"

许允妻应声回答："新妇所缺少的只是美好的容貌罢了。"紧接着，她又反问："但是，读书人应该有许多良好的品德，您具备了哪几条呢？"

许允显然有点恼怒地说："我全都具备了！"

妻子平静地说："各种品行中，德行排在首位。您喜欢女色不喜欢德行，怎么能说全都具备了呢？"

许允顿时无言以对，惭愧得脸红一阵白一阵。

从此，许允和妻子恩恩爱爱、互敬互重，过上了幸福的生活。

赵夫人巧做幔帐

传说，三国时，东吴君主孙权，一次天热时在昭阳宫用紫纱帐罩着休息，对赵夫人夸说这纱帐的名贵处。

赵夫人说："这不算名贵。我能做一种幔帐，放下来帐内有清风，往外看又没有一点遮挡的感觉，站在帐边也能感到清风习习，十分凉快。"

孙权听了，很感兴趣。

赵夫人就用头发剖成极细极细的丝，拿一种神胶一根根地连接起来，织成极薄的绉纱。再裁制成一顶幔帐，无论从里往外还是从外往里看，都只觉得是一层轻烟在飘动，房里也变得凉快了。孙权常常带着它行军，打开竟有一丈宽，卷起来却可以塞在枕头里。当时的人就称它为"丝绝"。

阮氏的先见之明

许允主持魏国吏部时，选拔的郡守多是他的同乡人。魏明帝派武士去逮捕他，他的妻子阮氏赤着脚就从里屋跑出来，叮嘱他说："英明的君主只可以用道理去争取，难以用情感去乞求。"

许允被押到朝廷后，明帝向他核实情况，许允回答道："全是陛下所知道的这些。臣的同乡，是臣所了解的，陛下可以考查他们称职与否。如果不称职，臣甘愿受罚。"

经过考查之后，那些官员都是称职的，于是就把许允释放了。

到许允出任镇北将军的时候，他喜滋滋地对他妻子说："我算是摆脱危险了！"

妻子说："祸事就从这儿出现了，哪里是摆脱它？"

原来许允和夏侯玄、李丰关系很好，李丰等人反对大将军司马懿，想杀他。这事还没有暴露，许允倒因为别的事被逮捕了，居然正像他妻子所预言的。

许允被逮捕后，他的门生急忙跑去告诉他妻子，他妻子安坐在织布机旁，神色安宁，说道："我早就知道会这样了。"门生想把他们的孩子藏起来，他妻子说："不要干涉孩子们的事！"于是她带着两个儿子移到祖坟那里居住。

大将军派钟会去审察他们，并交代说："他们一提到他们父亲的事，就抓起来。"

当儿子告诉母亲钟会来了时，母亲说："你们虽然是好孩子，但才能不够。你们跟钟会谈话时要显得随意轻松些，这样就不会有麻烦事。一定不要表现出非常伤心的样子，不能多打听朝廷里的事情。"

儿子们就按母亲的告诫去做了。大将军是最爱猜忌的，但这次见面没有引起他的疑心。因此，许允的两个儿子最后得以避免株连，应归功于他们母亲的智谋。

辛宪英多思善断

羊耽的妻子辛宪英，是三国时魏文帝曹丕的侍中（相当于宰相）辛毗的女儿，人很聪明有才学。

当初曹丕被立为太子时，曾搂着辛毗的脖子问道："你知道我高兴不高兴？"

辛毗回家后对女儿说起这事，辛宪英叹道："太子是代君王掌管国家的人，代替君王的人不能不知道担心。该忧愁的忧愁，该担心的担心，这样反而会有喜事，魏国哪能不昌盛呢？"

齐王曹芳在位时，辛宪英的弟弟辛敞是曹爽手下的参军。太傅司马懿策划杀曹爽，这时有人来叫辛敞一起前往曹爽处，辛敞因已听到风声感到为难。

辛宪英对弟弟说："曹爽和太傅一起在先帝临终时受命辅佐齐王，但他独断专行，毫无节制，对王室不忠。这次举动我估计不过就是把曹爽杀了而已。"

辛敞问："那么如果我不去呢？"

辛宪英说："为别人持鞭驾车而丢下自己的事情不管，是不好的。跟这道理一样，你怎么能不去呢？至于说到可能会死于国难，那也是君王极亲近的人应尽的责任呀，再说你也是跟众人一起干罢了。"

辛敞听了，就去参与行动。司马懿果真把曹爽杀掉了，辛敞感慨地说："如果事前没去和姐姐商量，我几乎成了不义之人。"

钟会（字士季）当了镇西将军后，宪英曾问羊耽的侄子羊祜："士季为什么出发到西边去？"

羊祜说："将要讨伐蜀国了。"

辛宪英说："钟会做事总是放纵无拘束，这不是长久处在别人手下的人的行径，我怕他有别的志向。"

到钟会出发时，他请宪英的儿子羊琇当参军，宪英担心地说："别的时候我为国事担忧，现在灾难降临到我自己家了。"羊琇坚持推辞不上任，但文帝曹丕不听。宪英只好对羊琇说："那就去吧，但是要提防着他！军旅之间，唯有仁爱宽恕可以帮助你。"

钟会到达蜀国之后，果然反叛了。羊琇遵守母亲的告诫，最后保全了名节回到魏国。

太守妻子的见解

三国时期，吴国的丹阳太守李衡，曾多次为一些事冒犯琅琊王，妻子的劝告，他也不听。到琅琊王即位时，李衡又担心又害怕，不知所措。

他妻子说："吴王一向爱行善，向往好声名，现在他正想向天下显示一下自己的美德，因此很明显，他总不会因为私人的怨恨杀了你的。你最好自己打扮成罪犯的样子主动到监狱去，同时向吴王上奏章，一一列出自己以前的过失，公开请求给予惩罚。这么一来，可能会得到饶恕，也许还不止活命而已。"

李衡按妻子的话去做了。后来，吴王果然下诏说："丹阳太守李衡因为过去犯过一些过失而自责入狱，事情已经过去就算了，还是派李衡回丹阳郡做太守吧。"

陶侃母截发留宾

晋代大将军陶侃的母亲湛氏，是豫章（今江西南昌）新淦人。早先，陶侃的父亲陶丹聘她为妾，生下了陶侃。陶家很贫穷，湛氏总是用纺纱绩麻换来的钱资助陶侃，让他去和有声望的人交往。

陶侃年轻时当过浔阳县吏，在当监管捕鱼的鱼梁吏时，曾送给母亲一瓦罐腌鱼。湛氏把腌鱼退还陶侃，并写信责备他说："你身为官吏，拿官家的东西送我，不但没有好处，反而增加我的精神负担了。"

鄱阳有名的范逵，被选为孝廉。有一次，范逵到陶侃家投宿，那时正是冰天雪地的冬日，陶侃家简直是家徒四壁，非常穷困，而范逵的随从仆人和马匹又很多。

陶侃的母亲对儿子说："你只管到前面留客吧，我自有办法。"湛氏舍弃了自己的头发，剪下来做成两副假发，换得几斛米。她又把屋里各柱子劈下一半当柴烧，铡碎了睡觉用的草席给马匹当草料。她终于备办出很像样的酒饭待客，范逵的随从和仆人也都得到招待。

范逵听说这些情况后感叹道："不是这样的母亲是生不出陶侃这样出色的儿子的！"

范逵到洛阳后，广泛传播了陶侃母子的声名，陶侃因而得以身居高官，知名于世。

乡下船婆有见识

晋朝官员刘道真，在一次战乱中，为了避祸，搭船到乡下去躲藏。船主伸手向他要钱，他身上分文全无。船主可怜他，就叫他在逆风时上岸帮着拉纤；顺风时，再上船乘坐。

船儿碰上逆风，刘道真只得下船拉纤。拉呀，拉呀，一会儿就气喘吁吁了。他回转头看看，见船上摇橹的是个老妇人，很不服气，便讥笑她道："你们这些妇道人家，为啥不好好蹲在家里纺纱织布，偏偏到船上来摇橹丢丑！"

老妇人听了，朝刘道真也斜了一眼，撇起嘴唇冷笑道："你身为男子汉大丈夫，为啥不在官道上跃马扬鞭，飞奔前程，反而落到在河边拉纤的可怜地步呢？"

刘道真被老妇人反唇相讥了一下，一时羞恼得面皮发紫，却再也找不出尖刻的话来出气。只得低着头，弯着腰，继续拉纤。

船儿终于在一个乡镇靠了岸。

刘道真到镇上找到了一位故友，就借宿在他家。

第二天上午，朋友邀他到一家小酒店里去吃饭。

正当吃得津津有味的时候，刘道真忽然瞥见一个穿着青布衫的老妇人，正低着头牵着两个小孩走过来。只听得孩子叫道："奶奶，这边坐，这边坐。"

"好！"老妇人答应着，抬起头，一脸笑容。

"啊！"刘道真吃了一惊，想：这老太婆不就是昨天摇橹的女人吗？

刘道真灵机一动，想出了一个报复的妙计，便脱口吟道："青羊引双羔！"

他也斜着眼，将筷儿伸到盆子里，夹起一粒花生米往嘴里送，脸上的得意神色分明含有如下的潜台词：谅你这个乡下船婆也不会懂得什么联句吧！

谁知他还没想完，那老妇人回敬的下联就响了起来：两猪共一槽！

顿时，刘道真的脸又臊红了。

庾友妻为夫求情

东晋庾友的妻子，是大将军桓温的弟弟桓豁的女儿。

桓温杀了庾希之后，牵连到庾友，庾友的妻子光着脚跑到桓府上求见，但门卫不让进。她就厉声斥责道："你是什么小人，我伯父的门还不让我进！"说着就冲进去了。

来到桓温跟前，她大哭着为丈夫求情说："玉台（庾友的小名）的脚短了三寸，平时都要依靠别人，他这个样子还能去危害别的人吗？"

桓温听了笑道："侄婿本来就是自己瞎紧张嘛！"于是他饶恕了庾友一家。

前秦皇后劝息战

前秦皇帝苻坚刚愎自用，于公元383年8月亲率87万大军从长安出发去进攻东晋，群臣苦劝无效。

临发兵前，皇后张氏对丈夫说道："这一段时间你忙着出兵打仗，可听到一些反常的迹象吗？"

苻坚摇摇头。

张氏说："秋冬以来，每天夜里犬吠鸡鸣。这是第一件反常的迹象。"

苻坚不知妻子葫芦里卖什么药，侧着头听着并不做声。

"马厩有马受惊而逃，这是第二件反常的迹象。"张氏继续数说着，"武库的兵器无故作响，这是第三件反常的迹象。那些有学问的人说，鸡在半夜鸣叫，不利于出师；群犬乱叫，必有灾情；兵器无故而动，马无因而惊，军队就要打败仗，将领死无葬身之地。现在，这三样反常的迹象都出现了,大王却要出兵攻打晋国,会有什么好结果呢?就是这些说法靠不住,大王可以不听不信,但是,满朝文臣武将的话,却不能不听呀!"

苻坚面露不悦之色,似乎不想再听妻子说下去了。

张氏话既出口,非欲一吐为快。她继续说道:"我听人说过,圣明的君王统治天下,重大的举动都应该顺历史的潮流,否则就会遭到失败。汤武灭夏商,是因为这样做符合天下百姓的要求,因此才能获得成功。现在,朝廷上下都说不可去进攻晋国,你为什么还非要出师不可呢?"

苻坚听了妻子的话,不以为然地说:"文臣反对我出师攻晋,那是为了贪图安逸;武将阻止我举兵打仗,那是因为他们怕死;我怎么能被这些言论影响而削弱我出师的决心呢?你一个妇道人家,管管宫里的日常琐事还行,兴兵打仗的事,能懂得什么呢?"

张氏见丈夫不听劝告,知道本国灭亡就在眼前,要求随军而行,苻坚答应了她的请求。结果苻坚大败,张氏耻于为俘,当即自杀身亡。

刘三娘与兄猜谜

南朝梁代文学家刘孝绰有个三妹叫令娴,很会吟诗作文,其文笔清丽,意境深远,世称刘三娘。刘孝绰官场失意被贬在家,心情抑郁,闭门不出,在门上题诗两句道:"闭门罢庆吊,高卧谢公卿。"

刘令娴看了哥哥的诗句,大有意志消沉之意,又不便指责哥哥,于是灵机一动,续上两句:"落花扫仍合,聚兰摘复生。"

哥哥被妹妹的诗句激励得精神振作起来,特邀大姐夫王叔英、二姐夫张嵊前来刘家喝酒聚乐。

酒至半酣,二姐夫张嵊为增添酒桌上的乐趣,对令娴道:"令娴妹续写大哥的诗句,初露才华,令人惊诧不已。今有一谜,若能猜出,更助酒席一乐。"

"二姐夫有谜只管说出。"刘令娴给大哥和两位姐夫敬了满满的一杯酒,"不过,我猜你的谜,你要猜我的诗,来而不往非礼也!"

"自然,自然。你听着——"二姐夫吟道,
"竹做栏杆木做墙,只关猪来不关羊,
三个小子来捉猪,吓得猪儿乱撞撞。"

二姐夫说完,端起酒杯,只看不喝,他要等刘令娴猜出谜底,才肯饮她敬的酒。

刘令娴答道:"二姐夫诗谜中的'猪'是指珠也,谜底就是算盘。"

"真是才女也!"二姐夫伸出大拇指,夸奖一声,一口喝下去半杯酒。

"二姐夫且慢夸我,小妹也有一首诗谜,要请你费心找出谜底,以助诸位酒兴:
砍去左边是树,砍去右边是树,
砍去中间是树,只有不砍不是树。"

二姐夫苦苦思索,不得要领,可是又不肯认输。

大哥刘孝绰替他解围道:"蛾眉不让须眉,自古有之,何况这个才女是你的姨子,传出去你也有光彩呀!"

刘令娴听大哥这么一说,不好过分难为了二姐夫,自己亮出谜底道:"这是一个'彬'字,难怪人们说,聪明一世,糊涂一时,二姐夫不就是这样的聪明人吗?"

说罢,四人哈哈大笑,席间充满了快乐、和谐的气氛。

弱女子巧言擒盗

南朝梁代末年,襄州都军务周景温迁官于徐州,仍任都军务之职。他有个仆人,勇力过人,武艺超众,常常单独带着妻子骑驴而行。

有一次,夫妻俩骑着驴子走到芒砀的大泽间,这里长着半人多高的茅草,看不见一座村庄,乃是强盗出没的地方。

妻子劝丈夫赶快离开这里,想不到丈夫却说:"今天,我是专门挑着这个地方而来,怎么能刚刚到就走开呢?这一带近年来常有英雄豪杰藏匿于此,可惜没有一个人有胆量出来与我们决个胜负啊!"

说罢,丈夫朗声大笑,笑声在旷野里传得很远很远。

突然,"哗啦"一声响,四周草丛里窜出五六个强盗,其中一人从后面双手抱住仆人,两人扭打起来,仆人终因寡不敌众,被强盗摔倒在地。强盗抽出利刃割断了仆人的喉管,搜出仆人身上的钱物,又向仆人的妻子围了过来。

仆人的妻子不但毫无惧色,而且高兴得手舞足蹈,大声呼喊道:"好汉们杀得痛快啊!你们帮助我洗雪了耻辱。我是个良家女子,被此人强占,因而到了这里。谁说没有神明呢?"

强盗们以为她说的是真话,就没有再杀死她,把行李和两头驴收拾好,带着她向南走去。

走着走着，他们到了亳地的北界，在一个村子的外面坐下歇息。

仆人之妻就向村中走去，强盗以为她要去寻找吃的东西而没有加以阻拦。谁知这个村上有一支部队，长官就在村中的大堂里。这个女子就一直走到大堂，一头哭倒在地，向总首诉说了丈夫被害的全部经过。

长官听了这个女子的话，就用计把村外的几个强盗请到堂中，一声令下，军士们把强盗绑了。

接着，长官把强盗押送到亳城，斩首于市，陈尸街头。

长孙皇后巧引典

有一天，唐太宗李世民满脸怒气，要杀为他养马的人，旁人没有一个敢替养马人说话的。这时，长孙皇后走过来，看见丈夫的脸色不好，知道又有了不愉快的事，于是柔声问道："皇上为什么事在生气呢？"

李世民告诉她说："我的那匹最心爱的马好端端的突然死去，一定是养马人不负责任，让马吃了什么东西。你知道这匹马跟着我南征北伐，立下赫赫战功。现在无病而死，叫我怎么不伤心呢？因此，我一定要杀死这个养马人，看谁以后还敢不负责任！"

长孙皇后很不满意李世民的做法，想说几句好话救下养马人，可是握有至高无上权力的丈夫正在气头上，恐怕帮不了这个忙了。她突然想起历史上发生过类似的事，不妨讲给丈夫听听，也许能让他回心转意。

"陛下，你听说过齐景公杀养马人的故事吗？"长孙皇后的第一句话就把李世民的注意力拉过来了。

他饶有兴趣地听着皇后说下去，"齐景公的一匹马死了，要杀养马人。有个叫晏婴的臣子站出来说，养马人有三条罪状。齐景公高兴地催着晏婴快说哪三条，晏婴说：'第一条罪，养马人失职，没有养好马而被杀；第二条罪，养马人使国王因马死而杀人，全国的老百姓知道了，必然会埋怨国王把马看得比人还重要，这会损害国王的声誉；第三条罪，诸侯知道了这个消息，必然会看不起齐国，降低齐国的威信。'齐景公一听，杀一个养马人会带来那么多的麻烦事，那不杀就是了。"

李世民听到这里，知道皇后是在借说故事批评自己，想想也确有道理，于是改变了主意，释放了那个养马人，仍信任他为自己养马。

自此以后，养马人更尽心尽职喂马，再没有发生过差错。

杨玉环剪发赠君

杨玉环本是寿王的妃子，只因容貌姣美，进而为唐玄宗宠爱，封为贵妃。

有一次，贵妃得罪了玄宗，玄宗一怒之下，将她逐出宫去。可真的将她赶走以后，玄宗又于心不忍，朝思暮想，食不甘味，夜难成寐。他受人进言的启发，下令派人给贵妃送去御膳。

深谙此举含意的贵妃向来者哭诉说："金玉器玩都是陛下所赐，无以表达臣妾之心、之情、之意。只有这满头的青丝是父母所给，我愿以此向陛下表白我对他的一片真情。"

说完，随手剪下一缕乌黑的发丝让使者赠交玄宗。

果然，玄宗一见到这缕缕青丝，激动不已，马上又把贵妃召至身边，对她更加宠爱不舍。

杨贵妃不愧为一个聪明的女人，她深知人间的相思之苦。她更明白人去楼空、睹物思情是一种感情的折磨，于是一缕乌发便足以诱发玄宗的全部情感，足以弥补人间感情上脆弱的裂痕。

武则天死里逃生

武则天原来是唐太宗宫里的才人，太宗对她倍加宠幸。

公元694年，唐太宗为了长生不老，误服金石丹药，一病不起，他自己明白将不久于人世，但又舍不得才貌过人的武媚娘，于是便有让武媚娘殉葬的意思。

一天，武媚娘和太宗的儿子李治侍候太宗吃药。

太宗突然哭了，他对武媚娘说："爱卿！你知道寡人为什么哭吗？爱卿侍候寡人多年，寡人也最宠爱你。寡人哭的原因是舍不得你呀！寡人想效法古代帝王的葬礼……"话没说完，太宗又咳嗽起来。

武媚娘立刻说："万岁，安心养神吧！臣妾明白万岁的心情。只是万岁您思虑太多，万岁是英明君主，恩德好比太阳的光芒普照人间大地。古人云：大德之人，必得长寿。万岁的龙体目前虽有小恙，很快就会康复的，我根本没想到万岁会舍下臣妾。我生与万岁共享人间富贵，死与万岁同坟共穴。臣妾现已下定决心，立即去感业寺削发为尼，念经拜佛，为万岁祈祷长生不老。"

在旁的李治也说："儿臣启奏父皇，武媚娘自愿削发为尼，愿父皇成全她的心愿。"太宗只得应允。

武媚娘凭自己的聪明才智，阻止了从太宗口中说出的"殉葬"二字。金口玉言那是天命，被武媚娘当机立断、伶牙俐齿地巧妙转移了话题。终于，武媚娘得以死里逃生，后来成了历史上有名的女皇帝武则天。

武则天巧用奏章

唐代武则天时，宰相狄仁杰和将军娄师德同在朝廷中管理朝政，但狄仁杰认为娄师德不过是个武将，不大瞧得起他，常推举他出外任职，因此，娄师德在讨伐契丹凯旋回来后，又被外调为陇右诸军大师，管领屯田军，后又调任荆州长史兼天兵道大总管。

武则天对狄仁杰的心术有所觉察。有一天，她故意问狄仁杰："你看娄师德这人怎么样？"

狄仁杰说："娄师德做个将军，小心谨慎守卫边疆，还不错，至于有什么才能，我就不知道了。"

武则天又问："你看娄师德能不能识别人才？"

狄仁杰说："我同他一起共事，没有听说过他能发现人才。"

武则天这才笑着说："你就是娄师德推荐给我的啊。"说完，拿出了娄师德当初推荐狄仁杰的奏章给狄仁杰看。

狄仁杰感到很惭愧，认为娄师德为人厚道，自己不如他，从此，文武两大臣相敬如宾。

武则天教育大臣

唐中宗时，武则天总揽朝政。有一年，江淮一带发生严重旱灾，朝中有人认为灾异的发生与人们对天不敬有关，武则天于是下令禁止国内宰杀牲畜、捕鱼和采集，以求天赐急雨。淮河沿岸本是水乡泽国，百姓一直靠捕捞鱼虾为生，这一来，饿死的人就更多了。

大臣张德的家里降生了一个男孩，于是张德就偷偷杀了一只羊，宴请同僚。虽然当时禁止杀生的法令极严，但私下里作弊的大有人在。赴宴的众人都没有把张德杀羊违令当回事，倒乐得沾光，一享口福。应邀赴宴的人中，有一个补阙官吏，名叫杜肃，这人以怨报德，也许是想借机弄个正式的官职，他竟趁众人不注意的时候，自己吃饱喝足不算，又私下将一块羊肉揣进衣袖里，拿到朝中，告发张德违犯禁令。

第二天，武则天召张德、杜肃到殿前对证，对张德说："听说你得了一个儿子，恭喜你啊。"张德还不知道有人告状，听武后一说，受宠若惊，连连拜谢。武则天接着便问："庆宴上的肉是哪里弄来的？"张德连忙叩头伏罪。武则天说："朕下令禁止宰杀，对喜事和丧事并没有禁止。从今以后，你请人吃饭也要有所选择。"说着拿出杜肃的奏表，让张德认看。站在一旁的杜肃惭愧得恨不能钻到地缝里去，满朝文武都想往他脸上吐唾沫。

武则天利用一件事，教育了两种人：像张德这样交往不慎的人，懂得了怎样小心识别人；像杜肃这类既吃人家、又陷害人家，妄想脚踩别人往上爬的人，再想使坏，恐怕在武则天面前，必须三思而行了。

谢小娥智斩强盗

唐代有个谢小娥，是豫章（今江西南昌市）一个贩货行商的女儿。8岁那年她母亲去世，她被许给了历阳（今安徽和县境内）的段家。过去这两家就经常乘一条船在江湖上进行贸易。小娥14岁时，刚成婚，父亲和丈夫遭到强盗抢劫并被杀害，两家的亲族同时都被杀尽。小娥的头和脚也受了伤，掉到江水中漂流，后来被别的船打捞上来，经过一夜才算活过来了。因为家破人亡，小娥就到处流浪要饭，来到上投县后，投靠了妙果寺的尼姑净悟。

后来，谢小娥得知她的仇人名叫申兰、申春，就发誓要找到两个强盗以报仇雪恨。

小娥换上了男装，在江湖间为人帮工。年底时，她到了浔阳郡（今江西九江市），看见招贴上写着有人要雇工，小娥就去应召。她问主人是谁，结果竟是申兰！小娥心中愤恨而表面却显得和顺，就这样在申兰左右干了两年多。申兰对小娥很喜欢，进出的钱财，没有不交小娥经手的。小娥每次看到申兰抢来的他父亲的衣物器具，总是伤心得偷偷哭泣。

申兰和申春，是同一祖父的兄弟。申春家就在大江北岸的独树浦，两人往来密切，关系融洽。一天，申春带了条大鲤鱼和酒来看申兰，傍晚时强盗们全来了，一起尽兴地喝酒。等到强盗们都离开后，申春烂醉如泥躺在里屋，申兰也趴着睡在厅堂上。小娥偷偷地把申春锁在里屋，然后抽出佩刀先砍下申兰的头，就大声呼喊起来。邻居们都跑来了，一看，小娥已经把申春抓起来锁在屋里，又把申兰杀死在外面的厅堂上了。

这次查获申兰、申春的赃物有几千万。当初，申兰、申春有同伙几十人，小娥暗中记下他们的姓名，这次他们全都被捉到并处死了。当时，浔阳的太守张公，赞许小娥的孝节，免除了她的死罪。小娥最后剪了发，当尼姑终了一生。

卖药女巧对王维

唐朝诗人、画家王维在居士山隐读时，一天偶患小病，去一个药店买药材，见柜台里是一位衣着素雅的美貌少女，于是想趁买药的机会，试试这少女的才气。王维开口说："我要买宴罢客何为？"

少女微微一笑说："宴罢酒酣客'当归'，请问您抓几钱？"

王维说："且慢，我二买黑夜不迷途。"

少女说："'熟地'不怕天黑夜，此药本店有的是。"

话音刚落，王维说："三买艳阳牡丹妹。"

少女笑道："牡丹花妹是'芍药'，芍药红今天方到。"

王维听后心中暗喜，佩服这少女才思敏捷，对答如流，便继续问："四买出征万里。"

少女说："万里戍边疆是'远志'。"

王维说："五买百年美貂裘。"

少女说："百年貂裘是'陈皮'。"

王维："六买八月花吐蕊。"

少女说："秋花朵朵点'桂枝'。"

王维："七买蝴蝶穿花飞。"

少女说："蝴蝶双双归'香附'。"

对少女这一连串的回答，王维连声称赞："妙！妙！实在妙！"

侯敏妻子的主见

唐代武则天当政时，太仆卿来俊臣的势力很大，朝廷的官员们都十分怨怒，而上林令侯敏特别侍奉他。

他的妻子董氏劝他说："来俊臣是个国贼，得意不了多久，一旦坏了事，他的奸党先得遭殃。你应该敬而远之。"

侯敏听了，就逐渐离开来俊臣。来俊臣动了气，打发他去涪州（今四川涪陵县）当武隆县令。侯敏不愿就任，想弃官回家，董氏说："只管上任，不要乞求留下。"于是侯敏就上路了。

到了涪州，他到州府递名帖想求见州将，但有张纸上书写出了一点错处，州将打开一看，大发脾气说："这种文字都写不了，有什么本事当县令？"就不让他上任。

侯敏心情非常忧郁烦闷，董氏说："只管留下，不要乞求上任。"

他们在州里停留了50天，这期间，贼人攻破武隆，杀了旧县令，把县令的家也抢光杀尽了。侯敏因为州将不准上任而得到保全。后来，来俊臣获罪被杀，他的党羽也被流放到岭南，侯敏又得以幸免。

智劝父皇的公主

唐肃宗李亨在宫中宴饮时，由女戏子们演跳加官助兴。其中有一个穿绿衣的戏子拿着手板扮演参军的角色，这人是前朝唐玄宗末年藩将阿布恩的妻子。阿布恩被处死刑后，他的妻子被分配到宫中妃嫔住的地方，因为她善于演戏，而归属于乐工的班子，于是就让她演参军戏了。

为这事，公主向肃宗进谏说："宫中歌舞的女艺人不少，为什么一定要用这个人呢？假使阿布恩真的是个叛逆，他的妻子也和受刑的罪人一样，是不应该接近皇上的宝座的；如果阿布恩是受了冤枉，父皇又怎么忍心让他的妻子和戏子们杂处，成为给人逗笑戏谑的工具呢？我虽然很愚笨，但也深感这样做不合适。"

皇上听了，也很怜悯同情那个女戏子，于是就停了戏，而且不再让阿布恩的妻子演戏了。从此，宫中的人们都很敬重公主。这位公主就是后来唐德宗的亲信大臣柳晟的母亲。

刘晏女儿的见识

礼部侍郎潘炎，在唐德宗时任翰林学士，皇帝对他恩惠深厚，而他的妻子是大臣刘晏的女儿。

一次，有个京兆尹因为想拜见潘炎而不得，就贿赂看门人300匹细绢。夫人知道这件事后，对潘炎说："你作为一个臣下，而京兆尹想见你一次就得给你的奴仆送300匹绢，由此可见是多么危险啊！"为此她还劝潘炎辞去官职。

潘炎的儿子孟阳刚当上户部侍郎时，夫人也十分担心害怕。她对儿子说："以你的才能而担任侍郎的职务，我担心必然招来灾祸的。"

儿子再三向母亲分析说明了情况，于是母亲说："你是否请你的同事们来聚会，让我看看他们怎么样。"为此孟阳把所有同事都请来做客，母亲就在帘子后面观察他们。聚会结束后，母亲高兴地对儿子说："他们的水平都跟你相同，不必为你担忧了！"

母亲又问："坐在最边上的、穿浅绿色衣服的青年是什么人？"

孟阳回答说："是补阙杜黄裳。"

母亲说："这个人和其他人完全不同，将来一定是有名的卿相。"后来的事实果然如此。

李母鞭儿息事端

唐朝李景让在浙西担任观察使期间，有一次军队内部群情激愤，气氛紧张，眼看就要发生事变。

李景让一筹莫展地叹着气，坐等事态的发展。

这件事被他的母亲郑氏知道了，走出内室一看，士兵们一个个瞪着眼睛，说话粗声粗气的，憋着一肚子的怨恨。她把一个士兵找到身边，友善地和他说话。士兵看着李母十分诚恳的样子，就告诉她士兵的情绪都是对着她儿子来的。

原来，李景让性格暴戾，不懂得爱护士兵，军中都有怨言。有一位牙将当面顶撞了他，李景让竟然命令卫士用刑杖将牙将活活打死。此事激起公愤，还不知怎样收场呢。

郑氏在军中生活多年，知道一旦发生兵变，不仅儿子的生命和前程丢了，而且对国家还会带来祸害。这可怎么办呢？"事情都是自己的儿子乱打乱杀引起的，这账首先要算到李景让身上。"她拿定主意，命人将儿子叫到庭前，当着诸位将士的面大声斥责道："皇上把浙西托付给你，你理应把这块地方治理好。可是，你却滥杀无辜，激怒将士，万一由此发生动乱，你如何对得起朝廷和浙西的老百姓呢？"

李母越说越来火，禁不住声泪俱下："你在任上发生了如此不光彩的事，叫我如何还有脸面活下去呢？你不是想活活气死我吗？这样不忠孝的人，留着又有何用呢？"说毕，命人剥掉景让的上衣，狠抽其背，直打得鲜血淋漓，伤痕累累。将士们看到李母这样责罚儿子，气消了大半，纷纷上前求情。

最后，李母饶了儿子，军中的不满情绪也由此平息。

母亲荐儿任大将

五代十国时期，南唐的龙武都虞候柴克宏，是吴国名将柴再用的儿子。他性格沉默，好施舍，不管理自己的家产。虽然他掌管宫中的值班警卫，但每天和宾客下棋饮酒，不曾谈论过兵法，所以当时人们都以为他不是将帅之才。

到吴越国兵围常州时，柴克宏请求到阵前军队中效力，不惜一死。他的母亲也称赞克宏有父亲的风度，可以做大将。她表示如果克宏不胜任而要株连子孙的话，愿和他一起分担他的罪过。

元宗授克宏为左武卫将军，让他去救常州之围。柴克宏果然大破敌兵。

杜太后拒贺教子

《宋史·后妃传》中，记载了宋太祖赵匡胤的母亲杜太后，见机行事，警诫儿子小心守成的故事。

杜太后出身名门，是历史上颇有远见的妇女。她治家严谨，处理家事很有办法。陈桥兵变，赵匡胤被拥立为皇帝时，她对左右人说："我的儿子向来有大志，今天果然实现了他的抱负。"儿子做了皇帝，母亲脸上也有光彩，这自然是一件值得庆幸的事。等他被尊为皇太后，宋太祖赵匡胤率群臣在殿上朝拜祝贺时，她却面露愁容，一脸不高兴的样子。

身旁有的人过来劝慰她说："臣等听说，母以子为贵，现在太后的儿子做了皇帝，您老人家还有什么不满意的呢？"

杜太后说："我听说做君主是很难的，天子居于万人之上，如果治国有方，才可以受到尊崇。一旦驾驭失当，就算再回头做一个普通百姓平平安安地过一生都办不到了。我正是为此深感忧虑。"

赵匡胤听了母亲的这番话，叩头拜谢说："我一定谨慎遵从母亲的教诲。"

杜太后不仅有非凡的见识，而且对教育儿子以及朝中大臣的时机，把握得十分巧妙。在举国庆贺的时候，她的一番话无疑是一瓢冷水，足以使忘形的君臣从内心发出一阵战栗。

苏小妹吟限字诗

一天，苏洵老先生忽然心血来潮，把儿子苏东坡和女儿苏小妹叫来，提议要在月下花前限字吟诗，想检验一下他们的才华。说着他随意拈出"冷"、"香"二字，要求把这二字放在这句诗的末尾，看谁作得最好。

因为父亲在眼前，苏东坡与苏小妹不敢放肆，有意让父亲先吟，苏洵想了想，便先说了两句：

水向石边流出冷，风从花间过来香。

听了这两句诗，兄妹俩都以为好则好矣，但嫌过俗，嘴上赞赏，心中自然有些不服。这时，东坡清了清嗓子，好像是说：看我的。随即吟道：

拂石坐来衣带冷，踏花归去马蹄香。

苏东坡是诗才横溢，不假思索的这两句，确比父亲的高出一筹，因此心中很满意。但苏小妹却认为，哥哥的诗句也不算好，有些做作，只是在父兄面前不好直说罢了。

这时苏东坡正在得意之时，笑着对苏小妹言道："平时妹妹诗思敏捷，今天缘何思路闭塞，落在我的后面了？"

不是苏小妹作不出诗来，一是父兄在上，理应谦让，更主要的还是有意要压倒他们。其实小妹早已想好了自己的两句，只是等他们的道出，再一鸣惊人，使父兄不得小瞧自己。这时恰好远处传来了三两声杜鹃的啼鸣，眼中又瞧见院子中蝴蝶在花丛中相互追逐飞舞，她触景生情，顿感与自己心中原来所想暗合，稍加窜动，便信口吟道：

叫月杜鹃喉舌冷，宿花蝴蝶梦魂香。

父兄听了，都觉得生动自然，既好又快，不同于他二人的生拉硬扯。论才思，论机敏，论准确，这次还是苏小妹占了鳌头。

苏小妹考当世才

一天，江西诗派的开山之祖、"苏门学士"之一的黄山谷来拜访苏东坡，苏小妹便道："你来得正好，我有两句未写完的诗，要向你请教。"

黄山谷忙摇摇手说："不敢，不敢！向你请教才是——不知是哪两句呀？"

苏小妹笑道："'轻风细柳，淡月梅花'，每句中需加一字，不知加什么字更好些？"

在一旁的苏东坡不假思索地说："这倒容易，加'摇'、'映'二字即可。"

黄山谷忙道："轻风细柳摇，淡月梅花映。好！不错，就加此二字。"

苏小妹摇摇头说："不好。"

苏东坡此时方认识到小妹的用心，不可简单应付了事。不多时，又轻声地补了两字道："'舞'与'隐'怎么样？"

黄山谷仍是一味称赞："这两字恰到好处！'轻风舞细柳，淡月隐梅花'，有静有动，有声有色呀！"

苏小妹沉吟片刻，还是认为不好。苏东坡抢答了两次，都不合小妹之意，这回得看黄山谷了。可黄山谷看师兄的"佳句"连连被否定，自己就更不好贸然插嘴了。

苏小妹说："我刚才偷闲想了两句，说出来你们可别见笑。"接着她说出各加一个"扶"和"失"字，改成"轻风扶细柳，淡月失梅花。"

东坡和山谷听了齐声叫好！一"扶"一"失"，把轻风、细柳、淡月、梅花都写活了，生动自然，确实高于东坡两句之上，山谷心中不得不暗暗敬佩。

刘知远夫人犒军

后汉高祖刘知远率领大军进驻晋阳，想到军士劳苦，犒赏的事应该提到日程上来了。由于连年作战，军中空虚，他正为拿不出一大笔经费发愁呢。

一天，他把群臣和夫人李氏都找来商议犒赏之事。刘知远说："我们的军队为老百姓打仗，转战南北，够辛苦的了。现在天下初定，应该好好地犒赏三军。现在军资不足，怎样才能得到这笔充足的财富来感谢军中将士们呢？"

群臣们知道刘知远已有打算，不便多说，恭顺地听着。夫人李氏也以为丈夫另有高策，笑着等待着他的下文。

"我想，我们可以从晋阳地区的老百姓手中征收财物，慰劳将士。各位以为怎么样呢？"

在座的大臣有的说好，有的说不好，一时无法统一。刘知远把目光移到夫人李氏清秀的脸上，用无声的语言在征求她的意见。

李氏站起来，表示对这位做皇帝的丈夫的尊重。她直爽地说道："我是不主张从老百姓手中征收钱财来犒劳军士的。陛下想过没有，您在河东创立千古大业，老百姓为了我们，颠沛流离，吃了多少苦啊！现在，对他们还没有施行一点恩泽，却要从他们手中夺取赖以生存的资本，这同天子拯救万民的宗旨总难以说到一块儿去吧？"

群臣面面相觑，都在为这位皇后担忧，如果刘知远翻脸不认人，这不是大有性命之忧吗！

想不到刘知远竟认真地听着夫人的发言，频频点头，现在看见她停下话头，忍不住问道："那么，将士们就不用犒赏了？"

"我不是这个意思，"皇后答道，"请陛下下令，把军中所有的军资都拿出来犒劳将士们，虽然赏赐不太丰厚，只要把困难说清了，谁会有怨言呢？"

刘知远听了夫人的劝告，打消了在老百姓中征收财物的念头，搞了一次简单的赏赐活动，军内外都十分喜悦。

苏小妹词牌妙对

一次，苏小妹到京城看望哥哥苏东坡。是夜，兄妹在后院饮酒叙怀。苏东坡想起苏小妹才华过人，便对苏小妹说："欣闻吾妹才学猛进，现我有一联，请你答对。"说罢吟道：

水仙子持碧玉簪，风前吹出声声慢。

苏小妹听了，暗暗叫好。这时，月光下，一丫鬟端来酒菜。苏小妹灵机一动，对出了下联：

虞美人穿红绣鞋，月下引来步步娇。

苏东坡一听，喜得赞不绝口："妙、妙！我上联含三个词牌，你下联也含三个词牌，真是对得绝妙。"

皇帝姐姐坚其志

赵匡胤在建立北宋王朝之前，曾任后周的殿前都点检，在将要率军北伐契丹时，京师里纷纷传言军队想立赵匡胤为天子。赵匡胤把这件事告诉了家里人，说："外面这样议论纷纷，我该怎么办？"

他的姐姐正在厨房里，听了这话，就拿根擀面杖来打赵匡胤，一边赶他走，一边说："大丈夫面对这种大事，行还是不行，应当自己心里决定，而你竟然跑到家里来吓唬妇女，这是干什么！"

赵匡胤不再说话，就出去了。后来当上了北宋开国皇帝，这就是宋太祖。

识大体的练夫人

宋朝郇国公章得象，是建州人，他的高祖章仔钧在五代十国时期曾在闽王王审知手下任高州刺史、检校太傅，号章太傅。太傅夫人练氏，智慧过人。

有一次，太傅准备出兵打仗，有两个将军迟到了，太傅要杀他们，练夫人为太傅置办了好酒和美女，太傅非常高兴，一直喝到深夜，喝得大醉。这时，夫人偷偷地放走两个将军，让他们逃跑了。

两个将军投奔了南唐，成为南唐的将领。后来，他们率领南唐的军队来攻打建州时，太傅已经死了，练夫人还住在建州。两个将军派人送给练夫人很多金帛，并给她一面白旗，告诉练夫人说："我们要屠杀全城的人，到那时夫人可挂白旗为标志，我告诫士卒不准去打扰你。"

练夫人退回金帛说："当初救两位将军的性命，是预知你们是有用之才而惋惜你们，如果有幸你们还思念过去的恩德，希望你们保全全城人的性命。假如你们必须杀掉全城百姓，那我家愿与大家一起死，不愿独自保全。"她的话使两个将军很感动，于是决定不屠城了。

太宰之母的妙语

宋钦宗时的太宰顾邦彦，其父曾经做过制作银器的工匠，有人为此而嘲笑他。邦彦感到羞愧，回家告诉了他母亲。

母亲说："宰相的家里出了做银器的工匠，才是可羞愧的事；银器工匠家里出了宰相，这是好事，有什么可羞愧的呢？"

苏小妹调侃佛印

佛印和尚是苏东坡的老朋友，有一天到苏家做客，径直走到苏东坡的书房里。看见帐子里隐隐约约坐着一个年轻女子，心想一定是苏小妹。只是隔着帐子看不甚明，心生一计，说出一副上联：

碧纱帐里坐佳人，烟笼芍药。

苏小妹何以要坐到帐子里去？原来她这天正与哥哥论诗说文，看到佛印和尚大大咧咧地走进书房，要回避已经来不及了，情急中钻进了哥哥的帐子里。正等着和尚赶快离开书房，她可以再钻出来。想不到这个佛印还要来寻自己开心，心中很是不快，于是干脆从帐子里出来，大大方方地对出一个下联：

清水池边洗和尚，水浸葫芦。

佛印见苏小妹离开蚊帐，终于一饱眼福，

心中甚是欢悦。只是她的对联太尖刻伤人，竟敢当面骂他！略一思索，又出一联，作为对小妹的报复：

女卑为婢，女又可称奴。

苏小妹一听，这秃和尚鄙视妇女，把我也骂进去了，心中愤愤不平，也不管他是哥哥的朋友，一定要让他当场难堪，并知道我苏小妹不是好惹的。她轻咳一声，当即对出下联，给这个看不起妇女的佛印当头一棒：

人曾是僧，人弗能成佛！

佛印面红耳赤，不敢再和苏小妹较量了。

巧女绝妙的提示

宋仁宗时，陈执中主持国事，他曾将担任起居注的曾鲁任命为待制。陈执中的六弟媳妇，是王冀的孙女，她母亲是曾鲁的姐妹。

新年的早上，她去拜见陈执中，陈执中起身迎接，并对她说："六弟妇，你三舅曾鲁当了待制后，高兴不高兴？"

他弟媳妇本来未曾回娘家，却立即回答说："三舅很感激丞相的录用，但太夫人不乐意，她责备三舅说：'你们三个人科举考试中选后，一定是全荒废了学业，丞相亲家都知道你们的情况了，所以才让当待制呀。'"

陈执中听了这番话后，再没说话。不久以后，他就改让曾鲁担任了知制诰这一重要的职务。陈执中之所以起先对曾鲁任职不当，是因为他自己不是经由科举而做官的，所以对这类事情缺乏考察了解。他的弟媳妇巧妙地提示了他。这位女子是多么敏锐聪明啊！

巧女子智惩贼将

宋朝末年，元军长驱直下。扬州是兵家必争之地，当时局势很乱，百姓纷纷向四郊逃难。

有一个身强体健的妇女，当扬州沦陷时，嘱丈夫带儿女先出城逃避，自己将家产藏好，然后怀揣一把利剪，出城寻夫。途中，遇到一个单枪匹马的贼将。那贼将见她颇具风姿，骑马追来，喝令站住。那妇女并不害怕，站在路旁含笑相迎。贼将一下马即上前搂抱妇女，欲行非礼。

但妇女急中生智，笑着对鞑子说："将军，你的行动，全靠此马。若当我俩在一起时，此马逃跑了又咋办？"

贼将一听有理，想把马拴好再来，而附近又没有树木可拴。正在踌躇。妇女说："如果将马缰绑在你的脚上，岂不万无一失！"

贼将赞成，两人就合手把马缰绑好。妇女突然乘其不备，抽出利剪猛刺马腹，马受伤狂奔，那贼将终于被奔马活活拖死。妇女收拾起贼将的包裹，从容而去。

苏小妹以谜辩解

苏东坡和苏小妹乘船探亲。一天晚上，他们把船靠在一个码头上。这时月色如水，晚风习习，一阵清新柔和的琴声在水面上飘荡。

苏小妹不仅精通诗词文章，而且酷爱音乐，听到如此美妙的琴声，情不自禁地走出船舱，站在码头上侧耳倾听。这琴声是从旁边的一条船上传出来的，苏小妹透过船舱，只见一位长得十分潇洒英俊的小伙子在弹独弦琴。用心细听，这琴声很有韵味，不知不觉入了神，以至于她哥哥苏东坡走到她的身边，都没有觉察。

苏东坡看见妹妹如痴如醉的样子，心中十分不高兴，朗声批评道："夜深人静，一个年轻的姑娘在此偷听邻船少年弹琴，你不觉得难为情吗？"

正在全神贯注地欣赏独弦琴声的苏小妹，听了哥哥的话，心中感到十分委屈。心想：我听听人家弹琴，这有什么过错呀？你做哥哥的也管得太宽了。本想做些解释让哥哥消除误会，转而一想，有了，我读一首诗给你听听，你这个大文学家就知道我的心了。她随口吟道：

俺天黑出舱来，手扶木栏杆，
必定无邪念，弹罢就回来。

"这个倔丫头，读诗做什么？"苏东坡想，可细细咀嚼，却有道理。于是问道："这是一则谜语吧？"

"请哥哥说出谜底。"苏小妹说。

苏东坡在甲板上低着头走来走去，片刻工夫，对苏小妹说道："俺天黑出舱来，说的是拉出墨线；手扶木栏杆，说的是将墨线拉直放到木料上；必定无邪念，是说墨斗线总是直的；弹罢就回来，是说弹完墨线后便将其线缠起来。这个谜底有两个，第一个指的是墨斗。"

"那第二个呢？"苏小妹涨红着脸问哥哥。

"第二个，就是你苏小妹夜听独弦琴。"苏东坡狡黠地做了一个鬼脸，船头上发出一阵爽朗的笑声。

苏小妹谜试秦郎

苏小妹自小爱好读书，尤喜吟诗作对。到十六岁那年，已颇有名气，因此上门说亲的媒婆川流不息，苏小妹一概不予理睬。

过了中秋节，大哥苏东坡登上她的闺楼，笑呵呵地说道："我有一个好友，极富诗才，对你十分倾慕，未知小妹可有意见见面否？"

"哥哥你也来捉弄小妹不成？"苏小妹羞答答地轻声回答，脸上飞起一朵彩云，过了片刻，她问哥哥道，"此人是谁？何地人氏？哥哥何以说他才华横溢？"

苏东坡见妹妹来了兴趣，认真地说道："他叫秦观，高邮人氏，有他的求婚书作证。"

苏小妹莞尔一笑，羞涩地从哥哥手中接过秦观的求婚书，细细一读，果有才气，已是喜欢几分。转念一想，说不定这是哥哥设下的圈套，不当面试试他的才能，不能轻易答应婚姻大事。于是叫丫鬟把秦观请上楼来，旁边有哥哥陪着，两人寒暄一番，苏小妹说道："我有四句诗谜，想请这位高邮的才子解了，请不要推辞。"

"请小妹道来。"秦观很有礼貌地欠了欠身子。

"展翅翱翔。"苏小妹读了第一句。

秦观略一思索，答道："这是张开翅膀凌空飞翔的意思，谜底定是张飞。"

"飞鸟归巢。"苏小妹点点头，又读了第二句。

"鸟儿飞了一天，累了，收起翅膀要休息了，这是关羽。"秦观顺利地猜出了第二句字谜，心中得意，不由得举目打量起近在咫尺的人才女来，见其相貌不凡，眉目清秀，不由暗暗叹服。

"小人掌印，凿壁借光。"小妹见秦观打量自己，羞得满脸通红，一口气说出最后两句字谜。

秦观不紧不忙，告以"孙权、孔明"两个谜底。

坐在一旁的苏东坡见妹妹的诗谜全部抛出，秦观对答如流，心想这门亲事就可定下来了，谁知小妹并不到此为止，猜谜还要进行下去。不过，刚才四句是她略作准备，猜出并不困难。现在，她要临场发挥，编出诗谜，却并非那么容易了。苏东坡连忙以目示意，要妹妹适可而止，可是苏小妹只是装作不知。

"昔日为雄。"苏小妹随口编出一句。

"陈胜。"秦观不急不忙地回答。

"远境闲逛。"苏小妹毫不松动。

"陆游。"秦观镇定自若。

"娃娃献计。"

"孙策。"

"红热见藏。"

"朱温。"

这一对年轻诗人，各有才气，你来我往，干净利索。苏东坡知道妹妹已经看中秦观，松了一口气，借口下楼去了。

苏小妹对联姻缘

北宋年间，开封城里有一座庙宇，每日进香的人很多，一些和尚道人，常到庙里来向香客化缘要钱。

这一天，来了一个书生模样的游方道人，在庙里转悠悠、悠悠转，好像心中有事，不住地向庙外张望。

这时，从庙外抬进来一顶轿子，走出来一个妙龄玉女，亭亭玉立，婀娜多姿，惹得庙内进香的、化缘的都一齐转过头来，啧啧称美。这少女就是苏小妹，特地来进香的。她还未起步，那个书生模样的游方道人急步走到她的面前化缘，出口文绉绉的：

小姐有福有寿，愿发慈悲。

苏小妹一听，这个道人出口成联，必定有点才气，不妨让我回敬他一番。笑着答道："道人何德何能，敢求布施？"

道人巴不得苏小妹接口，好像特地要在她面前显露一下才气似的，竟又出一联：

愿小姐身如药树，百病不生。

苏小妹暗中称奇，只是不露声色，脱口对出下联：

随道人口吐莲花，半文无舍。

说罢进香去了。当她返身上轿之际，游方道人又趋近轿前，笑嘻嘻地说道："小娘子一天欢喜，如何撒手宝山？"

疯道人恁地贪痴，那得随身金穴！

小妹行云流水般地吟出下联。

吟完不由得向这道人细细打量一番，觉得好生面熟。我小妹如能嫁得这样多才多艺的郎君，也不枉此生。

过了一段时间，有个书生向苏家求婚。小妹一看，这不就是那次庙里向她化缘的游方道人吗？原来这个道人是扬州才子秦观化装，他素闻苏家小妹才貌双全，特地赶往开封一试，心中爱慕不已。两人终于结成伉俪。

晏氏号召抗盗贼

南宋的晏氏是宁化（属福建省）人，嫁给福州曾氏为妻。丈夫死后，她守着幼小的儿子不再嫁人。

宋理宗绍定年间，盗贼蜂起，晏氏为了防范，靠山修起了寨子。她把农民召集来，对他们说："你们的衣食都依靠我家，如果盗贼来了，你们可怜我，都应当出力效命，抗击盗贼。如果不能打胜，就把我杀了！"说着，又打开藏钱的袋子，把钱全部散发给大家，农民们都很感激振奋。

当盗贼来时，晏氏亲自捶鼓，又让婢女们敲锣，盗贼于是退散了。这样一来，乡人们拉家带口回到寨子来的很多，晏氏就以自家的粮食周济没饭吃的人。以后，晏氏又扩展了寨子，形成了一长列，各部分互相支援照应，盗贼不能攻破，数以万计的老幼乡民得以保全性命。

晏氏的事迹传扬开来，朝廷就封她为"恭人"，赏赐了凤冠霞帔，并委任她儿子以"承信郎"的官职。

元妹吟诗拒宰相

金宰相张平章穿上最华丽的服装，乘上装饰一新的马车，离开相府，兴冲冲地相亲去了。

这位金朝的宰相，看上了诗人元好问的妹妹。几天前，他让相府的人去征求元好问的意见，想不到这位颇负盛名的诗人爽快地说："妹妹的婚姻大事，应由妹妹做主。"

张平章仔细地体会这句话的含义，不禁仰脸大笑起来："做哥哥的没有推却，想那元妹怎么会为难我呢？何况，我是当朝宰相，权倾朝野，哪一个姑娘会不喜欢我呢？"

马车停在元妹的屋前，张平章威风凛凛地跳下车子，向元家走去，元妹听说宰相来访，笑嘻嘻地出来迎接。这把张平章乐得眉飞色舞，果然是个绝代佳人，西施再世。见她面露喜色，心想这位窈窕淑女就要属于自己了。

元妹正在家里裱糊天花板，客人来了，只得坐着作陪。她已猜知张平章的七八分来意，果真提及此事，叫她如何回答好呢？正为难之间，张平章大献殷勤地说："久闻元妹诗才超人，今天平章慕名而来，可有新作让我欣赏欣赏吗？"

"小女子无才，承蒙夸奖。"元妹依然不动声色，指着新裱糊的天花板，"就以此为题，草吟一首绝句，请宰相指教——"

　　补天手段暂施张，不许纤尘落画堂。
　　寄语新来双燕子，移巢别处觅雕梁。

刚才还是喜形于色的张平章一下子落进了冰窟窿，脸色煞是难堪，腾地站起，向外气呼呼地走去。他跨上马车，马夫把鞭子抽得"噼啪"作响，马蹄扬起一股飞尘，带着情场失意的宰相飞奔而去。

原来元妹并不喜欢这位仗着权势居高临下的张平章，故意在诗中把他比作污染画堂的"纤尘"和不识时务的"燕子"，将他气跑了。

管夫人的劝夫词

元代著名书画家赵孟頫，因其艺术上的造诣显赫一时，前往他家拜访求画者也络绎不绝。名望与物质上的逐渐提高与满足，使赵孟頫也开始追求享乐及酒色。看见别人娶妾纳妓，赵孟頫也产生纳妾的念头。

有一天，赵孟頫为此事专门到后院与自己夫人商议，也是想看看管夫人的意思好最后定下此事。他一脸堆笑，来到夫人面前，周旋了半天刚要开口说"正题"，管夫人忙抢着道："对此我也知晓……"刚说半句，不觉泪水便从眼圈流出，她忙揩掉又接着说："我有一件礼物送给你，看后如果你愿意，就自拿主意吧。"说完便从案几上拿出一幅卷轴来，原来是一首墨迹尚新的词章。赵孟頫忙展开细看，却是一首《我侬词》：

　　我侬两个，特然情多！
　　譬如将一块泥儿，捏一个你，
　　塑一个我。忽然喜欢呵，
　　将它来都打破。重新下水，
　　再团再练再调和，再捏一个你，
　　再塑一个我。那其间，那其间：
　　我身子里也有了你，你身子里也有了我。

这首词生动形象，感情极为真挚。赵孟頫感受到了妻子对自己深厚的爱情，激动万分，立刻打消了娶妾的念头，并且急忙向夫人赔礼道歉，承认自己心生此念实在不该，辜负了夫人的一片深情。管夫人转忧为喜，并未责难赵孟頫。

藏在茶中的秘密

奸臣严嵩连夜写奏疏，编说罗洪先的罪名，

准备早朝时在皇帝面前说他的坏话,治他的罪。

罗洪先是严嵩的亲家,这时还蒙在鼓里,睡在严嵩家里做着好梦呢!

终于,严嵩的秘密被他的女儿发现了,爹爹这次要整倒的正是她的公公,这怎能不让她着急呢?可是严府家法森严,即使做女儿的也不能随便行动,更不要说去通风报信了。

情急生智,她让丫鬟给公公送一杯茶,再三嘱咐说:"务必请我公公体会这茶的意思。"

罗洪先这时还没有睡,他见儿媳妇派丫鬟送茶,心里已是疑惑,夜半三更的还送茶水干什么呢?打开茶碗一看,只见水面上浮着两颗红枣和一撮茴香,更是生疑。这个罗洪先亦是个官场人物,不过为人正直。他喝过各种各样的茶,唯独没有见过枣子、茴香茶,而且儿媳带来言语要好好体会茶中之味。这倒引起了他的警惕。联想到今晚严嵩举行的宴会上,一些奉承拍马的人都在一个劲地颂扬严嵩用巨鱼骨头当栋梁新造的客厅,罗洪先听不进去,力排众议,当着客人的面批评客厅造得过于豪华和浪费,严嵩当场就沉下脸来。也许,这位心地狭窄、报复成性的家伙,正在打自己的主意吧。

他想到这里,再看看茶杯中那两颗血红的枣子和一撮茴香,顿时悟出它的含义来,莫不是儿媳已经得到信息,暗示我早(枣)早(枣)回(茴)乡(香),逃离这是非之地吧!

罗洪先不觉惊出一身冷汗来,再也不敢上床入睡,第二天拂晓,就骑着快马急奔故乡。严嵩看见亲家已走,皇帝面前告状的事只得作罢。从此以后,这两位亲家再也没有往来。

村姑巧难唐伯虎

明代江南名士唐伯虎,是一个词藻丰富、文思敏捷的大诗人,又是一个赫赫有名的大画家。可是,正如古人所说的"智者千虑,必有一失",唐伯虎的"一失"就失在村姑手里。

那天,唐伯虎来到杭州西湖畔,翻岭越溪,不知不觉走进一座依山傍水的清秀山村。他玩得精疲力竭,又累又饿,就坐在村边休息。

这时,走来一个村姑,手提一篮萝卜,去溪边刷洗。唐伯虎又饥又渴,就走上前去,施了一个礼,恭恭敬敬地说道:"大姐姐,我是苏州唐伯虎,因为贪玩多走了一些路,误了吃饭时间,眼下饥渴难忍,你能给我两个萝卜让我聊以充饥吗?"

村姑抬头一看,是个风流倜傥的白面书生,有意和他说笑一番:"我说大公子,你要吃萝卜不难,可得先对个对子。对中了,让你吃个痛快;对不出来,就不能怪我小气了。"

唐伯虎心想:要说吟诗作对,那可是我的拿手戏了,何况你是一个山野村姑,谅你也出不出绝对。于是嘻嘻一笑,两手一拱,不无滑稽地说道:"大姐姐请了,小弟洗耳恭听。"

村姑嫣然一笑,娇滴滴的声音在溪边荡漾:"你是读书人,走过万里路,读过万卷书,一定见多识多。我且问你:世上什么最深?什么最浅?"

唐伯虎不假思索地应道:"此对如此容易,怎能难倒我唐伯虎?我说大海最深,小碟最浅!"

想不到村姑连连摇头,讥讽道:"亏你还是个大才子呢,怎么一句都没答对?人世间宰相的肚子最深,小人的眼睛最浅!"

"妙呀,妙呀!"唐伯虎抚掌称绝,可是转而发起愁来,"这么说,你的萝卜小弟没有口福吃了?"

村姑"咏咏"笑了起来,立即洗了两个又白又嫩的大萝卜,递到唐伯虎手里,说道:"乡下的萝卜不值钱,这两个不够,吃了再来拿。只是以后不能再小看我们乡下人啦,在我们村上,比我聪明的人多着呢!"

唐伯虎津津有味地啃着白萝卜,连连称是:"大姐姐说的是,小弟认错就是了。"

戚夫人摆小牛阵

明朝时,有一天,戚继光率军与倭寇作战,戚夫人带领女兵和浙江温岭县新河镇百姓出海给戚家军运送物资。大家忙碌了一天,回到新河城下时,已是二更时分。只见城中火光冲天,鸡飞狗叫,老的少的四处奔逃。原来,一股倭寇探知戚家军已经出海作战,便连夜偷袭新河城。这股倭寇约有千余人,而戚夫人身边的女兵只有二百多人,怎么办呢?

戚夫人正在想办法如何应敌,忽然火光中三头小牛逃出城来。两个倭寇在后面追赶。戚夫人和几个女兵从暗处冲将出来,手起刀落,劈死倭寇,夺回小牛。看着健壮的小牛,戚夫人突然计上心来……

城里的倭寇正在烧杀抢掠,忽听得城外披云山上传来姑娘们清脆的喊声:"杀倭贼啊!""杀倭贼啊!"直震得山谷回响。接着,响起"咚咚咚"的战鼓声。

倭酋一听乐开了,说:"怪不得城中不见

花姑娘，原来都逃到山上去啦。"他立即命令号手"嘟嘟嘟"地吹起螺号，集合了全部倭兵，点起火把，直奔披云山。

天蒙蒙亮，倭寇循声冲进一片松林搜索，哪有花姑娘的人影？只见一片松林里用长绳系着三头小牛，每头小牛的双角上都挂着一面战鼓，牛头牛背上扎着花花绿绿的衣裳，远远望去，真像一群花姑娘。那小牛不住地挣扎，挂在牛角上的铜鼓，便"咚咚咚"地擂响起来。

倭酋走近一看，气得"哇啦哇啦"一阵号叫，挥舞战刀一阵猛砍，小牛疼得发了狂，乱蹦乱跳，战鼓擂得更响了。

埋伏在松林边草丛中的戚夫人，见时机已到，便引弓对准倭酋的后脑勺"嗖"的一箭，倭酋惨叫一声，倒在地上。埋伏着的女兵也一齐张弓射箭，一会儿就把处在明处的倭兵射倒上千。倭兵见首领已死，同伴又死伤惨重，军心大乱，纷纷夺路而逃，但怎能逃得出戚夫人布下的天罗地网。女兵们放完箭，四面夹击，把这股残兵败卒杀得片甲不留。

当地百姓为纪念戚夫人，后来便在披云山上建了一座"戚夫人庙"。

万历年间一奇女

明朝万历年间，有个在地方判罪的北方人，是个县令。因为某些事情牵连，皇帝下令把他关押在诏狱，很久都得不到昭雪。县令快老了，料想自己一定得死在狱中，伤心的是还没有儿子。于是他把自己的家产全部卖掉，在监狱近处营建了一所房子，安置他的爱妾。然后又用厚礼贿赂管监狱的，使得他能暗中自由进出。

县令有个侄子很不成器，他一点点地偷窃县令家的钱财，经常到赌场去赌博。巡逻的士兵发现后，很是怀疑，就极力追问他，他就把所有的事都交代了，而且说："家里有一匹青骠子，我叔叔走的时候必定要骑它，没用的时候就出租给别人用。这骠子可以证明我说的话。"巡逻的士兵暗中侦察了几天，果然像那侄子所说的。

这天，县令正跟他的妾在中堂对坐着吃饭，一群巡逻士兵进来了，县令吓得筷子都掉在了地下。妾马上起身迎过去说："我家老头子胆小，不要逼迫他了。你们跟他有怨仇吗？"

他们说："没有。"

妾说："如果这样，你们不过是想多得点银子罢了。银子全归我掌管，你们尽管随我走，我一定让你们满足。"

巡逻的士兵看这个女人相貌漂亮，说话中听，就留下一人看守县令，然后这群人跟着妾进了卧室。妾指着床说："银子在床顶上放着呢。"她拿了架小梯子往上登，那群人就在下边跟她调笑，她一点儿也不恼怒，嬉笑的声音都传到了外屋。不一会儿，她捧着一个匣子下来了。打开一看，里面有很多银子。妾说："还不止这些。"她又捧了一个大箱子下来，里面的银钱装得满满的。屋里这群人都哄着去抢夺银子，喧闹声音越发大了。在外屋看守的人也想得到银子，脚底下就不自觉地往里屋挪动。县令趁这个空子偷偷逃出去了。

这群巡逻的士兵怀揣着银钱，心满意足地出了卧室，一看县令不见了，吓得想溜走。妾看准一个身体比较瘦弱的，用力揪住他，大声喊叫"这里有抢银子的贼"。那群人就一起挥拳来打妾，连牙齿、指甲也用上了，但是这个妾却死也不松手。她的喊叫声越来越凄厉，惊动了屋子外面的路人。外面的人一进来，那些巡逻的士兵就窜逃了。他们只捉住了一个，连同妾所揪住的那个人，一起交送巡城官潘御史。

妾向御史控诉了那群凶犯下流、贪婪的丑行，并报告了所丢失的卖家产的银钱数目。这两个人无法隐瞒，就全部供出了他们的同伙的姓名。不一会儿，同伙就全部被抓到，银子还在他们怀里揣着呢。他们以犯人县令逃走为借口，为自己开脱。御史就让人去诏狱察看，县令却还在狱中；这些人没话说了，但他们又把罪过推到那个不成器的侄子身上，御史就拘捕了侄子，然后给他们用杖刑，他们全死在了棍棒之下。

妾拿回了原来的银钱，回到家，登记了数目之后就去告诉县令。

钱六姐避不说九

明代湖北咸宁钱家湾有个巧女叫钱梅窗，因她排行第六，大家叫她钱六姐。

钱六姐出落成一个水灵灵的大姑娘，加上她聪明伶俐、心地善良，她的爹爹九公逢人就夸女儿。这一天，他当着众人的面又夸起女儿来了："我那女崽，挺敬重我呢，对我说话，已经懂得避讳，从不提及'九'字。"

听众里有两人很不服气，一人叫张老九，一人叫李老九。他们私下里嘀咕：你这个九公，夸女儿夸出瘾头，我们倒要看看你女儿有多大的能耐。

这一天，九公外出未归，张老九、李老九以为机会来了，邀请了九个人，一起来到钱六姐家。李老九对六姐说道："我们来找你爹爹是有事的。"

钱六姐笑笑答道："伯伯叔叔有什么事？如果信得过我，可以告诉我，待我爹回家，再说给他听。"

张老九说道："六姑娘，你对九公这样说——

张老九，李老九，九叔九伯来访友。
手拿九把鲜葱韭，约好九月初九日，
九公去喝九盅酒。"

临走时，张老九连连嘱咐六姐不要说错了。走出门后，这一伙人就悄悄地在房前屋后躲藏起来，一定要看九公的笑话。

不一会儿，钱九公回到家里，钱六姐告诉爹爹说："刚才有人来找过你呢。"

"来了哪些人？找我有什么事吗？"钱九公问道。

躲在外面的张老九、李老九听到这里，连大气都不敢透一口儿，只要钱六姐当着她爹爹的面说一个"九"字和"九"字的谐音，他们就要毫不客气地回到钱九公的家里，当面羞辱一番。

只听钱六姐轻声细语地对他爹爹说："爹，你听我说——"接着念起顺口溜：

张四五，李三六，八位叔公加一公，
手里拿着扁叶葱，邀爷等到重阳日，
去喝三盅三盅又三盅。

躲在房前屋后的张老九、李老九他们，听见钱六姐将"九"字撇得一干二净，无不心服口服。

钱六姐过渡巧对

有一天，钱六姐从婆家挑了一担葱韭，要路过一条大河回娘家。可是，当她赶到渡口时，渡船刚刚离开码头。她大声呼喊起来："船公公，我要过渡！船公公，我要过渡！"

船上坐着的人大多认识钱六姐，纷纷建议船公靠岸。船公见是一位俏丽的少妇，也不想难为她，正想扳艄回头，只见船上的一个文官说道："慢，素听钱六姐能诗善对，为什么不当众试试？"

旁边坐着的一个武官眨动着两颗小眼珠，附和道："对，她若能答得出来，就让她上船。答不出来呢？那就对不起，只能等下一趟了。"

船公就把船停在河中，笑眯眯地看着他俩抓耳挠腮地琢磨对子，好一阵子，只听文官说道："有了，你听我说。"

"六姐，"文官清了清喉咙，放大声音喊道，"久闻你联对有名，今天我有一个对子，你如果能对出来，渡客才愿掉头。你听好了，我以船上所装为题：船装蜜漆，蜜七桶，漆八桶。"

钱六姐放下肩上的担子，看到葱韭，随即答道："我以肩上挑的应对：肩挑葱韭，葱九提，韭十提。"

文官听罢，觉得此对天衣无缝，实在难以非议，一时怔在那里。乘客们一齐拍起手来，连声叫好。船公无话可说，掉转船头，搭钱六姐过渡。

钱六姐到了船上，与乡亲们说着热闹，把那个文官抛在一边。文官心中不快，想对钱六姐侮辱一番，碍于船上人多，不敢放肆。突然，他眼睛一瞪，计上心来，转身对钱六姐说道："我还有一对，你能对出来吗？"说着吟道：

笔头尖尖，笔杆圆圆。
同船过渡，前世姻缘。

众人吃了一惊，哪有这样出对子的？看着六姐，却端坐船中，不动声色。

那位武官以为钱六姐被难住了，也想占点便宜。他本不会吟诗作对，就把文官的对子改动一字，咧开大嘴，冲着六姐嚷道："我也有一个对子，特向六姐请教。"他的"对子"是：

剑头尖尖，剑柄圆圆。
同船过渡，前世姻缘。

说罢，文官、武官得意地仰头大笑。钱六姐仍是端坐船中，好似没有听到一般。乡亲们的目光一齐向她射去，示意她答对还击。

船公对钱六姐本无敌意，只是看见她长得美丽，想和她多说几句话，他顺着文武两官的对子，嬉皮笑脸地凑个热闹：

船头尖尖，船桨圆圆。
同船过渡，前世姻缘。

六姐这时对文官、武官、船公说道："刚才你们的对子都听到了，恕我不能一一奉对，就合起来对一个吧：

奶头尖尖，乳墩圆圆。
一胎三子，文武官员。

船公一听没有自己的份儿，连忙问道："还有我船公呢？"

钱六姐回答："小子没得用，河边驾渡船。"

乘客们听到钱六姐吟出这副对子，一个个

265

笑得前仰后合，只有那"一胎三子"——文官、武官、船公被羞得无地自容，狼狈不堪。

钱六姐巧改对联

一次，钱六姐到窑市姑妈家去。路过朱财主家，见门上贴了一副对联：

窑中藏宰相，市上隐神仙。

听说朱财主扬言：谁要是能把这副对子改上一个字，就奖10两银子。钱六姐就改写一副对联，贴在朱家大门上：

窑中坛罐扁扁歪歪何须着红着绿；
市上瘟神凛凛赫赫总是害物害人。

朱财主又恼又羞，吟道："可敬六姑娘，文才肚内藏，怀胎十个月，出口便成章。"

钱六姐马上答道："开口就放屁，孔庙打字谜，子曰读一年，找姑再出气。"

朱财主输了，只得算给钱六姐200两银子。

钱六姐不舍棒槌

钱六姐家隔壁，有一对夫妻，因为男的长得丑，女的长得漂亮，妻子经常无缘无故找丈夫扯皮，闹得四邻不安。

一天，那女子下河洗衣服，钱六姐也端一盆衣裳去洗。她故意将棒槌丢进河里，接着往河里跳，那女子一把拉住她说："水太深，为一根小棒槌不值得冒险。"

钱六姐道："嫂子不能这么说——棒槌虽小，跟我多年。夫妻丑陋，终身不嫌。"

那女子感到羞愧：人家一根棒槌，感情都这么深，何况我们是夫妻哩！从此，夫妻和好了。

钱六姐斥"癞蛤蟆"

有个花花公子，混名"癞蛤蟆"，久闻美貌多才的钱六姐选贤招亲，也想去试试。

一天，他打扮成一个卖鸭蛋的少年，提一篮鸭蛋来到钱家门口。见钱六姐走出屋子，他忙吟道："这位女菩萨，莫非钱六姐？有缘今相会，请赏一杯茶。"

钱六姐仔细打量了他一下，答道："六姐她在家，亲手烧香茶，只待真君子，不唉小爬爬。"又问他："这位客人的鸭蛋是卖的吗？"

"癞蛤蟆"答："是的，大姐可要？一个蛋，两个黄，包你满意包你藏。"

六姐道："壳内藏，两个黄，杂种出世不认娘。"

"癞蛤蟆"嬉笑道："绿壳鸭蛋绿皮脸，一头圆来一头尖，黄泥滚蛋虽难看，包你可口味道鲜。"

六姐见树下一只黑狗在叫，便说："黑皮癞狗黑皮脸，嘴尖舌长肚子圆，满腹大屎不知臭，乱嚷乱咬发梦癫。"

骂得"癞蛤蟆"灰溜溜地跑了。

钱六姐断母子案

有一天，一个知县坐着官轿路过某村，被人挡住了去路。知县撩起轿帘，见是一个老妇人拉着一个年轻人，跪在面前，知有冤情，忙下轿询问起长短来。

老妇人道："他是我的亲生儿子。他爹爹死得早，是我一把屎一把尿拉扯大的。可是这几年他被人带坏了，整天赌博，把一个好端端的家弄得光光的。这还不算，竟然偷盗我的陪嫁，一件件输光了。现在，他又不肯抚养母亲，这叫我怎样活下去呀！"

知县一听大怒道："我要治他个不孝之罪！"说罢，立即判他儿子每月供养母亲三斗米，二十年就是七十二石，要他一次交清。

"小人实在拿不出这么多米呀！"那个年轻人连连向知县磕头求饶。

"那好，让我把你这个不孝子送进监狱！"

在人群中的钱六姐把这一切都看在眼里，她既恨这个后生不走正道，又担心他吃了官司，老母亲无人来赡养，灵机一动，有了办法。他走到知县面前求情道："我说呀，知县大人，这七十二石米也着实太多了，能不能减少些呢？"

"你是何人？与这无赖什么关系？为何要为他说情呢？"知县气冲冲地责问道。

"民女钱六姐。"她在威风凛凛的知县面前毫无胆怯之色。

知县早就听说钱六姐是个才女，就故意把难题给她做："你说怎么办才好呢？"

"这好办，"钱六姐胸有成竹地回答，转过身向老妇人问道，"老妈妈，你儿子生下地的时候，有多重呀？"

"六斤四两。"老妇人怔怔地望着这位灵秀漂亮的姑娘，一时摸不清她的用意。

钱六姐不慌不忙地吟道：

儿子本是娘身肉，十月怀胎娘生育。
如今儿子不养母，割他六斤四两肉。

知县听了点头称好。吩咐衙役赶快备刀，割他六斤四两肉赔娘，以治他不孝之罪。

衙役立即扑上去把那后生拿下，剥下衣服。正要动刀割肉，那不孝子吓得连连磕头："老爷，我这身上的肉，割哪块疼哪块，万万割不得呀！"

可是知县令既发出，哪肯轻易收回？那后生眼见这割肉之苦无法避免了，只得再向老母磕头呼喊："母亲救救孩儿！"

老妇人见儿子已经回心转意，处罚太重，做母亲的也心疼，就向知县求情道："既然我儿答应养我，老妇就不告他了。"

知县见老妇人撤了诉，也不便再认真起来，摆摆手让母子俩离开，那后生急忙扶起母亲就走。刚走几步，忽然想到免除这巨额大米和割肉之苦的恩人，急忙回头去找钱六姐，可是，钱六姐早已离开了人群。

霍定金试文必正

文必正是明朝洛阳才子，只因爱上了大家闺秀霍定金，就以一个仆人的身份卖进霍家。几年过去了，还没有搭上机会同小姐说上话。眼看岁月蹉跎，心里急得火烧火燎般地难受。

这一天，文必正见小姐父母踏青扫墓去了，就到室外采了一束鲜花，只身来到霍定金的绣楼上，献上花束。霍小姐看见一个年轻男仆进了她的闺房，羞得两颊绯红，站在那里不知如何是好。

"小姐不必惊慌，仆人乃是文必正也！"文必正认为时机已到，大着胆子说明了自己的真实身份。

"既是洛阳才子，为何如此打扮？"霍小姐稳住神问道。文必正巴不得小姐这样问他，于是就把如何爱慕小姐、如何卖身为仆、如何在霍家苦度年月而见不到小姐一面，原原本本谈了出来。小姐听了十分感动，正要表白心迹，一想终身大事应该慎重，此人是真是假，难以辨别，文才或高或低，莫见分晓，不如试他一试。于是说道："我有一个上联，请你续出下联，可否？"

"必正遵命。"他恭恭敬敬地说。

"吏部堂中，一史不读枉作吏。"霍小姐说毕，圆睁杏眼，一个劲地瞅住文必正。

"天香阁上，二人叙情夫为天。"文必正脱口而出。

霍定金一听，此联不仅工整、贴切，而且巧妙地把眼前谈情说爱的情景也说进去了。不禁顿释疑团，暗暗钦佩。

文必正趁机也说出一联："寄寓客家，牢守寒窗空寂寞。"

霍小姐答道："迷途逝远，返迴达道遊逍遥。"

就这样，两人在绣楼上你对我答，越谈越欢，播下了爱情的种子，后来成为终身伴侣。

状元妻智对乾隆

清朝乾隆年间，通州人胡长龄进京赶考，三榜三甲，中了头名状元。乾隆爱他一表人才，心想招他为驸马，就派主考官王御史前往试探。不料胡长龄说已有结发之妻。

乾隆听说新科状元不肯招驸马，心想：好一个不识抬举的胡长龄，请你上轿你不上，我倒要看看你那元配夫人到底是个什么样的美人，试一试她肚子里到底有多少学问。于是，下道圣旨宣胡氏夫妇进宫。

皇帝率领三宫后妃，在后宫召见状元夫妇。胡妻农妇装束青布衣裙，蓝布长衫，举止大方，进殿跨槛时，轻轻撩裙角，启口说道："乡女村妇，一条草裙，千万别污了万岁爷的金槛。"乾隆听了，大吃一惊，万万没想到一个民间女子竟然如此大胆且又如此知礼。他抬头细细将胡妻打量一番，只见她，既非红颜粉黛，更非绝色佳人，而是相貌平常，皮肤黝黑，体高魁伟，尤其是裙下露出一双大脚，一尺有余。乾隆不禁脱口而说："其足之自大，天下无双，男子莫及，见所未见。"

胡妻见乾隆取笑自己，不慌不忙，从容答道："脚大胜似舢舻覆惊涛。"

乾隆听后说："依你所见，是脚大好了，那么朕宫中嫔妃婕妤，人人是金莲小足，你说如何？"

胡氏随声应道："足小宛若画舫过浪巅。"

乾隆明白胡妻在讥笑三寸金莲行走不便，但又不得不佩服她出口成章，对答如流，便吩咐宫女奉茶。胡长龄夫妇坐下，胡妻喝了一口香茶，随口吟道："饮啜香茗遥念故乡水。"

乾隆被胡妻思乡之情感动，传令摆宴为状元夫妇洗尘，胡妻接着又说："食俸皇粮当思耕夫辛。"

乾隆越加敬佩胡妻奇才，就出个上联要她对下联："远闻通州出才子。"

胡妻不假思索道："近观皇宫多佳人。"

乾隆又出一联："冠授官，官戴冠，官被

冠管。"

胡妻沉思片刻,大声对道:"仁教人,人压仁,人受仁欺。"

乾隆听罢,心悦诚服,称赞胡妻才思敏捷;更赞叹新科状元不图高贵,不弃前妇,是当世难得的才子。于是乾隆拿起大笔,写下"翰林竹梅"四字,叫工匠刻在匾上,赠给胡长龄夫妇,以表敬意。

乾隆年间一才女

张宛玉,乾隆年间的榼江人,出身平民之家,从小喜爱诗文,也写得一手好字。她的父母贪喜钱财,经当地一个媒婆撮合,就把女儿嫁到淮北一个素不相识的行商家里。这个商人行为卑琐,庸俗不堪,与张宛玉性格极不投合,张宛玉实在忍受不了其夫的卑劣习性,乘其夫外出经商之际,便逃到江宁县一位亲戚家中,丈夫回来发觉此事后勃然大怒——在那个时代此事被认为是辱没门庭,于是状告到山阴县府。

当时,在江宁县任知县的正是颇负盛名的文学家袁枚。袁知县获悉有女背夫私奔,立即差人四出缉拿。被拘捕来的张宛玉在公堂上据理力争,申诉与俗夫性格不投、无法共同生活的经历,义正辞严地申明:自己是反抗包办婚姻,决非犯淫私。当她知晓知县即是当时著名诗人袁枚时,便灵机一动:何不以诗言志,看看这位袁大人能不能理解自己心中的痛苦。随即便在公堂审簿上写下了这样一首诗:

玉湖深处素馨花,误入淮西估客家。
偶遇江州白司马,敢将幽怨诉琵琶!

真是情浓意切,确是一首好诗。张宛玉以素馨花自比,哀婉动人地诉说出自己屈嫁俗商的痛楚心情。诗中还借用白居易的《琵琶行》,暗喻自己是一位不幸的琵琶女,希望得到像白司马那样好心官吏的同情。言语情深,引出了袁枚的怜悯惜才之心。袁枚为了进一步试探张宛玉的诗才,就随手指着一棵枯树,要她以树为题,再赋诗一首。张宛玉心里明白,这是袁大人对自己做进一步考验。才智不负苦心人,她仅沉吟片刻,便挥笔写道:

独立空庭久,朝朝向太阳。
何人能手植,移作后庭芳?

以树喻己,借树明志,令袁枚心中暗暗佩服。

后来,这场官司由袁枚出面写了一封书信给山阴县,代张氏求情说:"才女嫁俗商,不称,故释其背幽之诽,且放归矣。"张宛玉就这样以自己的才能赢得了两个县令的认可,无罪释放而返故乡。

林氏妇死前自挽

清乾隆年间,福建省光泽县有一民妇林氏,死前自撰了一副挽联:

奴别良人去矣。大丈夫何患无妻,愿后日再订婚姻,莫向生妻言死妇;

儿依严父艰哉。小孩儿定仍有母,倘他时得蒙抚养,须知继母即亲娘。

遗孀佳联惊总督

清朝光绪年间,广州大马站内,有个候补小官,久病不愈而去世。妻子写下这么一副挽联:

撒手又何悲,数十年贫病交加,纵我留君生亦苦;

贱躯何足惜,八千里翁姑未殡,因君累我死犹难。

据说两广总督张之洞见了十分赞赏,当即下令厚赏葬礼白银1000两。

十只猪蹄试丈夫

从前,潼州(现四川省绵阳县)有个管理监狱的官吏名叫王藻,每天总要携带银钱回家,妻子怀疑他在办案时受贿枉法,几次试探,想让丈夫讲出真情,但丈夫却不理不睬她。

一天,妻子叫婢女梅香给丈夫送去10只猪蹄。王藻回家后,妻子故意说:"今天我叫梅香送去13只猪蹄,味道怎么样?"

王藻惊讶地说:"明明只送来10只猪蹄,怎么有13只呢?"就把梅香叫来查问。

梅香说:"是10只猪蹄。"

王藻以为梅香偷吃了3只,就把梅香毒打了一顿。梅香痛得忍受不住,只得含冤招认了。

王藻对妻子说:"梅香招认了,的确是13只猪蹄,她偷吃了3只。"

妻子含着泪说:"你每天拿钱回家,我一直怀疑你是受了人家的贿赂。你用酷刑逼供,人家只得花钱来买通你,让你减轻刑罚。可问了你几次,你避而不谈真情,只得用婢女送猪蹄的事来试你一下,婢女果然屈打成招了。由此看来,在那残酷的刑罚的折磨之下,有哪一项罪名敢不招认承当呢?"

王藻羞愧地低下了头。

妻子又说："从今以后，愿你一文钱也不要带回来，因为那是不义之财啊！"

妻子说完，让丈夫把一大笔钱送给梅香，并向她赔礼道歉。王藻在壁上题诗道：

从今不愿持刀笔，放下归来游翠林。

夫妻俩把钱财分给穷人后，离开了潼州，远走他乡去了。

女店主是什么姓

应试日子到了，三位忙于赶路的书生匆匆走进一家客栈投宿。走进大门，看见一个中年妇女正在打扫，忙上去问这里客满没有。

中年妇女抬头一看他们，便知是赶路应试的考生，忙道："还有客房，多谢光临。"说着，端凳倒茶。

女店主走到一位书生面前，问道："请问相公贵姓？"

这位书生为了显示自己的聪明，站起来说："十八子。"

女店主微笑着说："李相公请喝茶。"

她又走过去问另一位："您贵姓呢？"

他答道："易（亦）十八！"

女店主说："杨（杨）相公也请吧。"

她带着微笑，问最后一位："您这位相公又是姓什么呢？"

只见他站起来彬彬有礼地回答："我双十八是了。"

这妇人做了一个请的手势，微笑着说："林相公请用茶吧！"

他们三人用了茶，见此妇人还在一旁，就问："请问您贵姓？"

这妇女微笑着应道："我比你们都大四岁。"

三个书生听了，想了许久，也没猜出她姓什么。

女店主最后笑着告诉他们："我姓甘。'甘'可拆成'廿'和'二'。廿和二相加得廿二，廿二不是比十八大四岁吗？"

美女和尚巧对联

很久以前，某地出了一个才女，既有满腹学问，又出落得楚楚动人，见过她的人没有不喜欢的。附近的年轻人纷纷提媒求婚，才女都直摇头。

母亲悄声问道："女儿呀，男大当婚，女大当嫁，你要什么样的条件，才答应出嫁呢？"

才女回答说："我一不贪图钱财，二不追求俊美，只求郎君要有学问。"

怎样才算有学问呢？总不能出张考卷让人家来应考吧？母女俩苦苦思索，不一会儿，才女说："有了，我出一个上联，谁能对上，我就嫁给他。"

母亲摇摇头担心地说："如果有老者对上，怎么办？有残疾者对上又怎么办？有上无片瓦、下无插针之地者对上，又该怎么办？"

才女想了想说："另附三个条件，要年龄相当、身体健全、未有妻室者对上，我才出嫁。"

可是母亲仍不放心，这样招亲风险太大，但又不便再劝，也算默认了。

过了几天，才女的门前挂出一个上联，上写："长巾帐下女子好，少女更妙。"传出话来，谁能对出下联，符合三个条件者，无论穷富子弟，才女都愿出嫁。一时间，许多年轻小伙子像蜂蝶闻到花香纷纷赶来，都想一试才气，交个艳运，可是都失败了。

才女耐心等待着。

这一天，来了一个年轻和尚，也想凑个热闹。有人劝道："你是和尚，就是对出来了，才女能嫁你吗？"

和尚反驳说："小姐明明写着三个条件，我哪一样不符合？"

众人一想，倒有道理，也就不再阻止。

和尚看过上联，知道这是一副拆字联，极难对得工整。只是看到才女貌美，来了一股邪劲，磨蹭着不肯离开。才女看到一个和尚也在搜肠绞肚地苦思冥想，不禁"扑哧"一声笑将出来，想你既已出家，又何必再恋红尘？

"有了，有了！贫僧献丑了。"和尚扬起光秃秃的头颅，两眼直勾勾地盯着才女，高声念道，"山石岩前古木枯，此木是柴——我'山石'对你'长巾'，'岩前'对你'帐下'，'古木'对你'女子'，'枯'对'好'，'此木'对你'少女'，'是柴'对你'更妙'。"

众人一听，都暗中称奇，连说："对得好！对得好！"

才女如果也说"对得好"，那么，她就是这个和尚的妻子了。在那个时代，一个女子嫁给和尚，势必要遭到世俗的非议，做父母的不会同意，就她自己也不愿意呀！可是，才女又不能改口，和尚和众人的眼睛一齐盯着她，没有一点儿声音。

冷寂了片刻，才女冷笑一声道："和尚，你今天对是对上了，只是你对的是岩前枯木，哪有枯木匹配少女之理？枯木只可做柴，就算我买了，给你一笔钱吧！"说罢，拿出一包钱来，送到和尚手里，和尚知道自己也不配才女，二话没说，接过钱径自走了。

才女自此也就收了上联，另觅途径择婿。

巧媳妇水果表意

从前一个中秋节的夜晚，一轮明月冉冉东升，给庭院抹上一层银色。院子中，一对年轻夫妇正在赏月。少顷，丈夫要了笔墨纸张，妻子以为他要对月作诗，站在一旁看着。

丈夫凝思良久，饱蘸浓墨，一气写下七个大字：中秋月下写休书。妻子借着月光，看得分明，转身向室内走去。

丈夫分明在写休书，气得妻子说不出话来。这话从何说起呢？他们是青梅竹马，婚后一直相亲相爱，举案齐眉。丈夫的变心，恐怕同读了几本书有关。早日已有言语，数说妻子不懂四书五经，配不上他这位饱学在胸的书生。如果这时妻子哭鼻子抹眼泪地向他乞求不要休她，那么，丈夫的骄傲之气更会膨胀，即使留下来，也会遭到丈夫冷淡，日后免不了仍要分手。只有拿一点才气给这个骄傲的丈夫看看，也许还能弥补裂痕。想到这里，妻子探出头去，看见丈夫还在摇头晃脑，而纸上还是那七个字，知道他肚中无货，写不下去了。

"我帮他写出下文。"妻子想。她找来一个盘子，拣了四样水果，恭恭敬敬地端到丈夫面前。"请夫君用水果！"她不露声色地说。

丈夫正为想不出下文而苦恼，抬头看见盘中之物——石榴、青枣、荸荠、梨，觉得其中含有深意，一连默诵几遍，顿时领悟。原来这四样水果的谐音正好是一句完整的话：十六清早逼妻离。丈夫心中一阵惭愧：妻子比自己聪慧，我多读了几本书又有什么用呢？终于撕毁休书，和好如初。

老板娘以谜点菜

从前，有个姓赵的老板，在一个镇上开了一家酒店，每天顾客盈门，生意越做越红火。可是，自从对面新开了一家菜馆，来酒店吃酒的人渐渐少了。赵老板心中大惑，新开菜馆凭什么把他的老顾客拉过去了呢？一天，他装扮成一个顾客模样，走进对面的菜馆，买了几个菜，一边细细品味，一边观察着店老板如何做生意

的。他明白了，新建菜馆，不只是炒的菜味美价廉，更主要的是店老板娘包大嫂年轻貌美，待人和气，服务周到。他心中不服，准备找个机会给她一点难堪，出出她的洋相。

赵老板有两个酒友，一个叫张三，一个叫李四，都是能说会道的人。有一天，他把张三、李四叫到酒店，各人送上一瓶好酒，附着他俩的耳朵，如此这般地嘱咐一番，两个酒友频频点头，就向对面的菜馆走去。

张三刚刚坐定，就大声嚷了起来："包大嫂，我要炒一盆菜，你店里有吗？"

"客人尽管吩咐。"包大嫂柔声细语地说。

"有根不落地，有叶不开花，街上买得到，园里不种它。"张三像吟诗一般摇头晃脑，端详包大嫂那张漂亮的脸，发出一阵捉弄人的惬意的笑声。

李四不等包大嫂反应过来，也兜着圈子说道："我要的菜是——绿阳伞、黄阳伞，凉伞下面一窝蛋。"

包大嫂点点头，转身走到灶间去了。

过了好一会儿，还不见包大嫂端菜出来，好心的顾客们都为店老板捏一把汗。张三、李四正要出声发难，包大嫂笑眯眯地端出两盘菜来，放在张三面前的是蜡黄的炒豆芽，端给李四的是喷香的红焖芋艿。张三、李四暗暗佩服，顾客们发出一片"啧啧"的赞美声。

这可把躲在人群中的赵老板气坏了，忍不住大叫道："包大嫂，我也要四个菜——一要洗不净的菜，二要煮不熟的菜，三要看不见的菜，四要听不见的菜。"这时来了不少看热闹的人，内中有认识赵老板的，也在暗中为他使劲。如果包大嫂在这古怪的四道菜面前难到，她的声誉就要砸了！

包大嫂又进灶间去了。

赵老板得意扬扬地哼着小曲儿，等着看他导演的这幕恶作剧带来的结果。

可是，包大嫂很快地端出了四盘菜：灰菜、生菜、对虾（谐音"瞎"）、木耳，幽默地说："赵老板，这灰菜难洗，生菜难煮，对虾（瞎）难找，木耳难听，这菜钱可要提价了！"

赵老板面红耳赤，自此再也不敢来纠缠了。

一个木瓜的故事

有个郡守设酒钱行，前来吃酒的人都献上一份礼物。其中有个客人带来一个木瓜，送给郡守。木瓜本非珍贵之物，只是当地未曾见过，

大家都觉得新鲜，互相传递着欣赏一番。

不料有个京城来的官员看过这木瓜，随手放入袖中，对大家说道："皇宫中还没有这玩意儿，各位都得到皇帝的好处，不能只顾自己赏玩，应该把这木瓜献给皇上。"

郡守不敢阻拦，看着京官带了木瓜回到船上，不一会儿，船就开走了。

郡守并不心痛木瓜被人带走，一个木瓜能值多少钱？他担心京官把木瓜带到京城，献给皇上，如果多疑的皇帝以为郡守借献木瓜为名，侮辱皇上是傻瓜的话，那么，这个郡守就要倒霉了，轻则削职，重则掉头，因此闷闷不乐，命人把宴席撤了。

有个官妓站出来说："郡守只管与众友欢饮，不必为那个小小的木瓜担心。"

郡守抬起疑惑的眼睛，盯着说话的官妓，问道："你可有什么高见？"

官妓答道："那木瓜经过一夜时间，必然会被抛到水里的。"

郡守的眼睛一亮，陡然来了精神，紧紧追问道："你怎么知道木瓜会被抛到河里去呢？"

"这道理很简单，"官妓不慌不忙地说，"木瓜鲜嫩脆弱，怎经得起众人的传看？你一把我一抬，木瓜必然破损，损坏后必然溃烂，溃烂的东西怎好意思进献皇上呢？不就随手丢进河里去了吗？"

郡守和饮酒的诸友将信将疑。

第二天，护送使者的人回来了，报告太守说："木瓜带到船上，使者的眷属又玩赏了一番，第二天一早，木瓜就溃烂流水，发出一股刺鼻的异味，那位京官惋惜了一阵，只得命人将木瓜扔进水里去了。"

郡守心中的一块石头落了地，让人找来官妓，重重地奖赏了她。

聪妹盖三间新房

从前有个姓刁的财主，一连几次吃了村上的巧女聪妹的大亏，总想寻机报复。他让管家把聪妹那会点泥瓦手艺的老阿爹找了来，对他说："老爹啊，我想在你们村旁的山上造几间房子给牛过冬，也可趁冬闲在山上放牧。我访了几天，附近又没有多少能工巧匠，想来想去只好跟你商量。只是我要造的这房子，不砌一块砖，不涂一撮泥，不盖一片瓦，不覆一把草，不钉一枚钉，不系一根绳。因为我等着用，现限你三天时间造好。倘若能造好，我免你家三

年租子，如果违期，可别怪你东家不客气，到那时，你就得乖乖地把你家聪妹姑娘送过来给我做偏房！"

老阿爹一听，可犯了难啦。不要说不准用这些材料，就是用，三天也盖不成三间房啊！这不是明明存心要糟蹋我女儿吗？他愁眉苦脸地回到家，把原委告诉了聪妹。聪妹对阿爹说："爹，不用急，三天之内把房子盖好不就行了吗？"

第二天一早，聪妹约了村里的小伙子和姑娘们，磨快了一把把柴刀，来到山上的毛竹园里，砍竹子的砍竹子，剖篾的剖篾，摘箬叶的摘箬叶，仅仅花了两天两夜工夫，就编成了三片大大的箬帘。第三天天未亮，小伙和姑娘们便来到山上，一齐动手砍倒几根粗大的毛竹，又动手扎屋架，再把竹片串扎成竹筏子作墙，最后盖上箬帘，用竹篾系得扎扎实实。到太阳落山时，三间宽敞的竹房终于盖成了。

刁财主见了只好认输，免了聪妹家三年地租。

五姑娘和韩老大

五姑娘出生在一个有钱的人家。长到十八九岁，该找婆家了。因为她长得挺俊，又是心灵手巧，说媒的把门槛儿都踏破了。可五姑娘却看上了给她家打短工的小伙子韩老大。

五姑娘的爸爸、妈妈，心眼儿挺小，每天早晚给韩老大做很稀的粥。晌午给做的饭，除了贴玉黍饼子咸菜梗，就是高粱米干饭放菜汤儿。一天，五姑娘的爸爸和妈妈去赶集，对五姑娘说："你今日中午，给做活的贴玉黍饼子，放点菠菜汤。"

五姑娘等他们一走，却把大黄豆泡好，又一个人用小石磨磨豆腐，捞了点小米干饭，又贴了几个玉黍饼子。那时候，过年过节或者春天种地、夏天拔麦子、收秋，东家犒劳做活的，才做小米干饭豆腐脑呢。

一会儿，五姑娘老远就望见了她爸爸、妈妈回来了。五姑娘进屋一看，韩老大还没吃完呢，又不好意思催他快吃，咋办哪？忽然，她看见院里的母鸡正在啄地上的鸡食，灵机一动，赶紧用瓢子舀了半瓢玉黍粒，又往瓢里抓了几把大黄豆，端着瓢子，顺着小河沟跑到赶集道上，这里离家已经有半里多地儿，她就把玉黍粒和大黄豆沥沥拉拉撒了几十丈远，然后又顺着小河沟跑回了家。

五姑娘的爸爸和妈妈走着走着,看见路上撒着不少的玉米粒子和大黄豆粒,蹲在地上拣开了,拣了很长时间,才高高兴兴回到家里。这时候,韩老大早把小米干饭豆腐脑吃完了。五姑娘把筷子碗也刷了。老俩口进屋一看,桌子上摆着玉米饼子,咸菜梗儿,半小盆菠菜汤。

五姑娘十八九岁了,还没有婆家。做官的有钱的,她一个也看不上。父母亲着急地问她道:"你这个相不中,那个看不上,到底是要啥样的?"

五姑娘回答得挺干脆:"我要找一个喜欢帮助别人、忠厚、聪明的人。"

两位老人没法,只好依了她,并照她说的条件,写了一张"招婿布告"贴在大门口。

第二天,韩老大登门求亲去了。五姑娘的爸爸、妈妈见是韩老大,既不是读书人,又没钱,就麻搭着眼皮,爱理不理地应酬了几句。因为韩老大给他家扛过几年活,她早就爱上了这个小伙子,隔着竹帘子:"你是半夜三更做梦娶媳妇——想得美。"

五姑娘的爸爸、妈妈以为不愿意,就让韩老大走了,其实韩老大已悟出五姑娘话里之话。

这天正是八月十五。夜里,月儿明亮,韩老大三更就来敲五姑娘家的门。五姑娘的爸爸一看叫门的是韩老大,没好气地问:"半夜三更,你来干啥?"

韩老大说:"是你闺女让我来的。"

五姑娘听了,在屋里搭了话:"爸爸,是我让他来的。"

五姑娘爸爸问:"你啥时候说让他来的?"

韩老大说:"您闺女不是说我半夜做梦娶媳妇吗?我刚睡了一觉做过了梦,就差娶媳妇啦!"

五姑娘爸爸问:"五丫头,他说的对吗?"

"嗯。"五姑娘点了点头。

后来五姑娘与韩老大成婚,大家叫她"五娘子"。

五娘子妙讽先生

五娘子生了双胞胎,一个小子,一个丫头,长得一模一样,又白又胖。

有一天,五娘子背着小子,抱着丫头回娘家。一进村,正巧迎面碰上本村的教书先生。

"哟,这不是五姑娘吗?嚯,两年多不见都有两个孩子啦!"

"是双胞胎,一个儿子,一个闺女。"

教书先生挨个儿看了后,眼眉一挑,笑了笑说:"哈,这两个孩子一模一样,像一个模子刻出来的,是先生的儿,还是先生的女呀?"

她灵机一动,顺口说:"先生是我儿,后生的是女(汝,"你"的意思)。"教书先生讨了个没趣,转身走了。

五娘子巧治阔少

一年冬天,韩老大和五娘子在道边上开了个小饭店。

有一天,来了两个纨绔子弟。他们一进店门,就嚷嚷:"给爷们炒两个菜。"

韩老大问:"不知二位要啥菜?"

一个说:"来一个油炸大虾。不过,我不要勾身子大虾,要直身子的。"

另一个说:"我要一个油炸水。"

韩老大愣了,心想,大虾炸了以后,哪儿还能直着身子呀?都是勾着身子——就是活虾也是勾的呀?水和油不相容,咋个炸法?这简直是无赖!

五娘子在小灶上掌勺,听韩老大一讲,忙说:"这我会做,你告诉他们,就是贵点儿,问他们要不要?"

韩老大出了灶间,对两个阔少这么一说,两个阔少想:爷们有的是钱,你是不会做,拿贵来吓唬我们,就说:"多少钱都要!"

韩老大说:"好咧。"就告诉五娘子去了。

五娘子把大虾洗净,劈好了一把很细的小竹签,一个一个的往大虾上穿。

韩老大一看就明白了,也帮着穿起来,一边干活儿一边说:"那两个无赖说不怕贵。"

五娘子说:"白给咱们钱,咱们不要,就对不起他们啦。"

五娘子把油炼热,把串着竹签的大虾放进油锅炸好,捞出以后再把竹签拔出,这样一个个大虾都是挺直着身子。韩老大给端去以后,两个阔少都愣住了,不知是咋炸的。

五娘子用刀砍了一块凉冰,用面粉裹了裹,放到油锅里一溜,赶紧捞上来,韩老大一溜小跑端到客人面前。两人一看,确实可称做"油炸水",又愣了,问:"两个菜一共多少钱?"

韩老大说:"50两银子。"

阔少说:"哪儿有这么贵的?"

韩老大说:"有言在先,您二位不是说不怕贵吗?"

两个阔少把衣袋都掏净了,才凑了20两银

子。

韩老大说："少点就少点吧。"

阔少走了以后，韩老大和五娘子都乐了。这两个阔少从此再也不敢来要无赖了。

巧女黄三姐出嫁

赵村有个赵老汉，平时说话总爱拐个弯。他的小儿子肠子直得像根擀面杖，说不出道不出。

这天爷俩一块去耕地，烈日炎炎，赵老汉故意说："三儿啊，我渴了，你去背口袋水来喝。"

老三"嗯"了一声，路上可犯了愁，不住地嘀咕："这水好说，可这口袋怎么能盛水呢？"不知不觉中来到了高庄的东头。

赶巧黄三姐正在园里看枣。听到老三的嘟囔，觉得挺有趣儿，接上话茬说："口袋不能盛水，还不能盛瓜？你装两个西瓜不就行了？"

赵老汉吃着儿子背来的瓜，又甜又解渴，心里痛快极了。

一会儿就快晌午了，赵老汉又说道："三儿啊，我饿极了，你去弄饭吧。晌午咱吃盘着腿的、噘着嘴的、肚脐朝上的。"

老三"嗯"了声，就走了。路上又犯了嘀咕，一个劲儿地挠头皮，直到村东头也没猜着爹爹点的什么饭。没办法，只好再来问三姐。

三姐笑了笑说："盘着腿的是粽子，噘着嘴的是饺子，肚脐朝上的是包子。"

中午，赵老汉吃着儿子弄来的饭食，心里别提多高兴。说道："三儿啊，你能有这几个转轴儿，爹就放心了。"

老三直通通地端了实底儿："嘿嘿，哪咧，仝是黄三姐教给的！"

赵老汉一想来了精神。托了个媒人，送上重重的聘礼，把黄三姐娶过来给老三做了媳妇。

一枝花和死肉瓜

从前某地有个地主，家里金银论斤称，吃的用的样样堆成山，摆的设的金光灿烂，没有一件不好，没有一件不美。可生个儿子却是呆头呆脑，连话也说不清。附近村里都知道他傻，再穷也没人稀罕他的聘礼。

地主只好到很远的地方，用了很多的钱，娶来一个又漂亮又伶俐的姑娘。她进了门，才知男人是个傻子，很伤心。当晚，她打发傻子睡了。就跑到厨房里找到一块肉、一棵大葱，拿回房里，又摘下一朵头上戴的花，取了桌上的一面镜子，一块儿包好，放在炕头上。自己换掉了新媳妇的衣服，悄悄跑掉了。

第二天一早，地主家里找不见新媳妇，只见炕头上有一个小包。打开一看，却是一棵葱，一面镜子，一朵花，还有四四方方一块肉。

地主家的人被这包东西弄糊涂了，有个农民把这些东西看了一会，说："这媳妇不愿在你家。"

地主说："你倒了解这包的意思？"

农民说："她说的是：聪明伶俐一枝花，谁跟你个死肉瓜！"

种瓜姑娘的故事

从前有个姑娘，是个孤儿。她独自在田野里搭了个茅棚，靠种一大块地的甜瓜过活。

一天，有位私塾先生路过瓜田，口渴得很，想买两个尝尝。恰恰身上没带钱，便向种瓜姑娘讨个瓜解渴。姑娘说："吃瓜很容易，可得首先答复我四句问话：一、什么深？二、什么浅？三、什么苦？四、什么甜？"

私塾先生答复说："深，深不过深海；浅，浅不过灯盏；甜，甜不过蜜糖；苦，苦不过黄连。"

姑娘却说："不对！亏你是个斯文人，这四个字都答不上来，想要吃瓜，得花钱买。"

先生羞得满脸通红，拔腿走了。

第二天，有个年纪顶大的学生知道先生丢丑的事后，便也到瓜田里去，也向姑娘讨个瓜吃。姑娘照例要学生回答这四句问话。学生回答说："口吃无底喉咙深，贪图势利人眼浅，三岁无娘孤儿苦，恩爱夫妻日子甜。"

姑娘听了很高兴。不久他俩结了婚，一同种着甜瓜。

巧姑回敬酸秀才

古时候的一天，巧姑在河边淘米，有个秀才调戏道："有木便为'桥'，无木也念'乔'，去木添个女，添女便为'娇'，阿娇休避我，我最爱阿娇。"

巧姑道："有米便为'粮'，无米也念'良'，去米添个女，添女便是'娘'，老娘虽爱子，子不敬老娘。"

那酸秀才悻悻离去。

巧姑智斗无赖汉

有个无赖,听说巧姑十分聪明,想去戏弄她。把嘴贴去半边,对别人说:"我贴起半边嘴也说得过她。"

他来到张古老家问巧姑:"你公公呢?昨天我在跟别人说话时,话柄子被他岔丢了,今天要他来赔话柄子。"

巧姑说:"我公公上山砍旋风根子去了。"

无赖说:"你撒谎!旋风哪有根子呢?"

巧姑说:"旋风没有根子,说话怎么会有柄子呢?"

无赖被问住,翻着白眼没话找话:"你男人呢?"

巧姑说:"我男人刚才牵牛到厨房的锅台上耕地去了。"

无赖问:"牛在锅台上拉屎怎么办?"

巧姑说:"不要紧,牛屁眼已经贴起来半边了。如果还要拉屎,就把它全贴起来。"

说着拿起一张纸,刷了点浆糊走上前去,那无赖捂着已贴起半边的嘴巴逃走了。

美貌女郎嘲秀才

从前有个秀才,赴考途中歇进一家旅店,见对门有个美貌女郎,不觉萌生爱慕之心,便作了一个上联送过去:

寄寓客官,守宿寒窗空寂寞。

那女郎见含有轻薄之意,即写出这样的下联:

漂游浪汉,流落江湖没深浅。

秀才受了奚落,寻机报复。见那女郎骑着一匹骡马(母马)出门,便嘲笑道:

骡人骑骡马,骡上骡下。

那女子对道:

绝士吟绝联,绝子绝孙。

秀才再也不敢去招惹她了。

织布娘妙解隐语

从前,松江府华亭县有个聪明的织布娘,离此6里外有个老秀才,对织布娘的聪明将信将疑,有心要考考她。

一天,他见织布娘的丈夫在集市上卖布,就上前说:"老夫要买一匹,无奈身边没带钱,烦你明日跑一趟,把布送到我家中,你说可好?"卖布的问他姓氏、地址。老秀才说:"鄙人姓氏西北风,家住'正南'屋高耸;屋旁船儿常出洞,屋里嚷嚷众儿童;屋后有棵倒头树,门前有个倒烟囱。"

卖布的回去后一讲,织布娘沉思片刻说:"'西北风'意思是'寒','寒'韩同音。'正南'指庙宇,因为庙宇都是正南向的;'船出洞',指船从拱形石桥下面经过;'嚷嚷众儿童',指学堂;'倒头树',指杨柳树;'倒烟囱'指井。老秀才的意思是:他姓韩,住在拱形石桥旁的庙宇里,庙宇里有私塾学堂;庙宇后有一棵杨柳树,前面有一口井。"

丈夫按照妻子的话,很快寻到了老秀才,送布上门。

村妇巧斥薄情郎

从前有个秀才得了重病,全靠隔壁的一位姑娘精心照顾,才救活了他,于是结为夫妻。后来,秀才准备应考。他想,自己满腹文章,一旦考中,妻子却是个村妇,很不相配,便把妻子赶走。

妻子恨他不念旧情,给他留下一封信,信中说:"为了郎的病,我受了多少煎熬,到今日方得团圆,随郎起,伴郎眠,郎的病好了,却狠心地将我抛在一边。"信中还留下一张膏药。

秀才见这封信既是指责他的忘恩负义,又是一则谜语,而谜语就是以前常给他敷的膏药,触景生情,回心转意,找回了妻子。

才女诗责粗心汉

从前有个叫郭晖的人,出外三年后,才给妻子写了一封家书。谁知寄时,误将一张白纸装入了信封。日夜想念丈夫的妻子收到一纸空文,心里很不平静,写了这样一首诗作答:

碧纱窗下启缄封,尺纸从头至尾空。

应是仙郎怀别恨,忆人全在不言中。

才女赋诗规劝夫

古时候,有个姓张的少妇,美丽而贤惠。而她的丈夫十分放荡。一次,他要去杭州。杭州多美女,少妇恐其坠入风尘而不能自拔,赋诗规劝道:

此去湖山逍遥游,红桥白社更青楼;

攀花折柳寻常事,只管风流莫下流。

巧玉猜谜招亲记

从前，杭州有一相门千金，名叫巧玉。她才貌双全，只是新婚两月，丈夫就暴病而亡。孝满后，父母有意另择东床。巧玉对老父说："女儿这里有诗一首，每两句打一字，破者，我夫也。"前来求婚的王孙公子见诗是这么写的：

少女年方十八，生辰寅末辰初；
新婚不满两月，丈夫一命呜呼。

没有一个能破谜。一天来了个穷书生走到中堂案前，大书"柳翠"二字，相爷忙叫丫鬟递给女儿，巧玉看后大喜。然而书生也出一谜：

人说青山好，双岫叠云霄；
满目参天树，由君细细瞧——打四字。

话音刚落，千金走了出来。书生施礼道："请小姐明示。"

千金含羞道："我这不是已回答你了吗？"

原来谜底是"请出相见"。于是这对才子佳人择日成婚。

贤妻巧解公子难

从前，有个纨绔公子，读了几年书，自以为有满肚子的墨水，在人面前总是趾高气扬。一天，他路过一块棉花地，老棉农向他招呼道："公子，这里有个上联，请你对一对。"

他毫不在乎地说："对对子有何难哉，老头，说说你的上联吧！"

老棉农看着他傲气十足，便以顶针格道出一条上联：

棉花织布布包棉。

公子对不上来，很是尴尬。一到家，妻子见他满脸愧色，问明原因，便在公子耳边嘀咕了一阵。公子重新跑回棉田，先向老棉农道歉，然后说出了下联：

菜籽榨油油炒菜

自此，这位公子再也不敢自命不凡了。

金凤断鹰死谁手

从前，某山村里有个美丽而聪明的姑娘叫金凤。村上的青年猎手李龙和王虎都向她求婚。

金凤说："山林里有只恶鹰常来抓鸡，谁打死它，我就嫁给谁！"

一会儿，李龙和王虎把一只死鹰扔到金凤脚下，都说是自己打死的。

金凤见打在恶鹰胸口的是李龙枪中的细铁砂，打在恶鹰背部的是王虎枪中的粗铁砂。金凤想：枪伤分别在胸口和背部，肯定不会同时打中的，那么是谁先射中的呢？如果是王虎先击中鹰的背部，那么鹰是不会再飞起来了，李龙怎能击中它的胸部呢？一定是李龙先击中了在空中盘旋的鹰的胸部，而王虎不甘认输，又在摔落在地上的鹰背上补了一枪。

一问，果然如此，金凤就答应嫁给李龙。

妻子赠联劝丈夫

清朝，江苏丹徒人张骐，到广西任巡检，随任前往的妻子钱守璞，发现张骐贪饮奢谈，醉后乱言招惹是非。便题赠一联：

人生唯酒色机关，须百炼此身成铁汉；
世上有是非门户，要三缄其口学金人。

秋瑾夫人庙题联

相传，南宋期间，金兵南下到浙江某山时，山上的乱石忽然如雨滚下，打得金兵狼狈逃窜。后来，人们认为有位"动石夫人"在指挥乱石抗金卫国，就在这山上建造了"动石夫人庙"。清末革命志士秋瑾在庙里题了一副对联：

巍巍肝胆女儿，有志复仇能动石；
堂堂须眉男子，无人倡议敢排金。

她借神话故事，抒发感慨，寓以褒贬，激励人们起来推翻清王朝。

媒婆断句胜知县

从前，某知县有一个丑儿子，却想找个漂亮的媳妇。他就叫衙役，找了个媒婆给儿子去说亲。

媒婆受过知县的勒索，想出一口气。她特意找了个财主的跛脚、独眼的姑娘。事先作了安排，让姑娘穿上新裙袄，侧着身子坐着，隔着帘子看不出一点破绽。那姑娘经过一番装扮，去相亲的知县的儿子一下子看愣了。口里忙叫道："美，美极了。"忙赶回去禀报父亲，立即要订下这门婚事。

知县怕媒婆要花招，一定要立个婚约，这下正合媒婆的心意。她马上请衙役里的文师爷代笔。媒婆说："人才十分丑陋并无，一双好足，三人对六面，乌眼肉耳，腿长脚短，不合不与媒人相干。"双方都在婚约上面签字画押。

不久，接亲的日子到了，从花轿里走出来的却是一个又跛又瞎的女子。知县派人抓来媒婆问罪，下令要打她40大板。

媒婆忙说："且慢！我们有约在先，上面写得清清楚楚，你要打我，我就到知府那里告你！"

知县想：有约为证，媒婆花言巧语骗不过知府大人，便答应同去知府那里。

知府大人听了知县一席话，把惊堂木一拍，说道："大胆的媒婆，你东撮西拐，竟骗到知县头上来了，给我重重打40大板！"

媒婆忙说："大老爷息怒，这里有婚约凭证，请大人过目。"说罢双手递了上去。知府大人便令媒婆当众宣读。

只听得她这样念着："人才十分丑陋，并无一双好足，三人对六面，乌眼肉耳，腿长脚短不合，不与媒人相干。"

知府大人听后，再看婚约上还有画押指印。这时，知县还想申辩，知府把他轰了出去。

侍婢巧言避横祸

袁世凯窃取中华民国临时大总统后，每天做着皇帝梦，有一次竟白日进入梦中。侍婢见状，忙准备参汤以供袁世凯醒来进补，却不慎将玉碗打碎在地，顿时惊得她目瞪口呆。她知道这只玉碗曾是某国宫中的珍宝，袁世凯多年来一直带在身边，就连太后也不曾"孝敬"。她知道自己犯下了弥天大罪，惊惶至极。

袁世凯醒来后，看见玉碗成了满地碎片，顿时气不打一处来："今天俺非要你的命不可！"

侍婢急中生智，连忙哭道："不是小人之过，有下情不敢上达。"

袁世凯骂道："快说快说，看你编什么鬼话。"

侍婢说："小人端参汤进来，看见床上躺着的不是大总统。"

袁世凯怒喝道："混账东西，床上躺着的不是俺能是啥？"

侍婢哭道："小人不敢说，怕人哪！"

袁世凯倏地起立道："你再不说，瞧俺杀了你！"

侍婢下跪道："我说，我说。床上，床上，床上躺着的是一条五爪大金龙！"

袁世凯一听，以为自己是真龙转世，顿时一股喜流流遍全身，情不自禁地拿出一叠钞票为侍婢压惊。

才女妙答冯玉祥

冯玉祥将军当年选择配偶的方式十分特殊，他采取口试、对话的方式来定取舍。对方若不是满腹经纶，或缺乏随机应变的口才，答得不能令其满意，也是不会看中的。

一次，经人介绍，他与一位姑娘见面。冯玉祥的头一句问话就是："你为什么要和我结婚呢？"

这位姑娘羞涩地答道："因为你官儿大，和你结婚就是官太太。"

冯玉祥听了，眉头一皱，没有再谈下去，就起身告辞了。

后来，又有一位勇敢的姑娘，慕名而至，两人一见，冯玉祥又提出这个问题。姑娘则以羡慕的口吻说："你是英雄，我爱慕英雄。"

冯玉祥仍不中意。人们捉摸不透他的心思。

有一天，人们把李德全女士领来，请他们相见。当冯玉祥又一次提出这个问题时，李德全率直而颇有风趣地说了一句话，她说："上帝怕你办坏事，派我来监督你！"这话使冯玉祥为之一怔。他望着这个皮肤黝黑、体魄健壮、外貌平常又不修边幅的才女，频频点头，表示满意。他对人说，这是个不平凡的女子！随即订了终身。

聪明媳妇巧解偷

一天，婆婆在针线笸箩里找来找去，怎么也找不到那个红线球了。又没外人来过，笸箩就放在炕头上，怎么就没个踪影了哩？婆婆便问小孙子："你见谁拿了我那红线球？"

"俺娘！"

这时媳妇下地回来。婆婆就唠叨起来："家贼难防呀，家贼难防呀！"

媳妇听了，心里一愣，就问："娘，您丢了什么东西啦？"

"我丢什么，你还不知道？"

媳妇知道老人怀疑上自己了，便说："娘，您不说，我怎么知道？"

"我笸箩里的红线球哪去了？"

媳妇忙说："娘，您别生气，都怪我不好，是我拿了您的红线球用了。"

婆婆鼻子哼了一声："你'拿了'？没隔山没挡海，拿我的东西用，也不告诉我一声。"

"嗯,娘,不是拿了,是我偷您的红线球回娘家时送给俺娘了。"

人家既已承认,再说也不是什么大事。婆婆就不再说什么了。

过了几天,婆婆拾掇被褥时,在炕角上,那个红线球轱辘辘地滚到眼皮底下来了!这不就是自己那个红线球吗?她忙把小孙子喊过来,问:"你娘拿的我那线球是什么颜色的?"

"黑的"。

"你是看见从奶奶笸箩里拿的吗?"

"没有。"

"哎,奶奶说丢的红线球嘛,你怎么张口就说是你娘拿了哩?"

"奶奶,咱家就您和俺娘用线球嘛,除了您,不是俺娘还能有谁哩?"

哟,婆婆心里可后悔极了。

媳妇下地一回家,婆婆就问她:"孩子,红线球我今儿在炕头上找着了,你怎么说是拿到娘家去了哩?"

媳妇听到这儿可笑开了,说:"娘呵!有句古话说'肚里没病死不了人'嘛,看到您生气,我担心呀,担心您生气伤了身。您怀疑是我拿了红线球,我承认下来,再认个错,您就消了气,不害病。您不害病,就是咱全家的福啊!"

这番话直说得婆婆心里头滚烫滚烫的,就像开了锅的水!婆婆把钱匣子递过来,从腰带上解下钥匙,对媳妇说:"从今日起,这个家由你来当吧,娘老了,丢三忘四的,连个针头线脑也管不好,你心眼正,一定能当好这个家!"

新娘子编奇风俗

新婚之夜,新郎送走最后一批客人,兴冲冲地走进洞房。新娘对他说:"你可知道俺山里人新婚之夜的风俗?"

新郎笑笑说:"不知道。管它什么风俗不风俗,睡觉吧。"说着他就去展被子。

新娘满脸不高兴地按住了新郎的手:"不知道俺山里人的风俗就和我结婚?你应尊重俺山里人的风俗。第一,新婚之夜谁也不许开箱子、柜子,这叫圈财;第二,你给我三把锁,我锁起一箱、一柜、一门,你再用你手里的三把钥匙把锁开开,这表示从今日以后就是一家人;第三,新婚之夜不准闭门,这表示咱互相信任,也不堵财宝的来路。"

新郎笑了:"哎呀呀,道道还不少呢,我照办就是了。"说着他找来三把锁递给了新娘。

新娘接过锁和钥匙,锁上了箱子、柜子,附耳给新郎说了几句悄悄话。新郎一听,急忙转身跑出了大门。

停了一会儿,新郎领着几个持枪民兵回来了。他把柜门打开,大喊一声:"出来!"拉开了柜门,两个哆哆嗦嗦的人慢慢爬出了立柜。

原来新郎送客时,新娘从镜子里发现两人钻进了大立柜,她想喊,又怕坏人行凶,灵机一动编了个山里人的风俗,稳住了坏人。

经审问,才知这两个人是惯偷,他们趁闹洞房之机,混进洞房,藏在柜里,伺机作案,谁知却中了新娘的妙计。

故意写错了地名

江苏省吴县陈墓镇历史悠久,风景优美,交通方便,是开辟旅游点、建造疗养院等的理想之处。有关部门登了广告,希望有识之士到那里去兴办第三产业,但事与愿违,响应者寥寥无几。

原因何在?有关方面征询各方人士的意见,并成立"江南开发公司",专门从事旅游点的兴建和开发工作。

公司经理由副镇长兼任。他是一个思想开明、办事认真的饱学之士,为了搞好这项新兴事业,决定公开招聘公司工作人员。

招聘启事一张贴,报名人数甚多,不少青年都想为本地的发展效力。但"粥少僧多",不可能满足所有报名者的要求。副镇长就采取严格的考试来选拔人才。

考场设在镇中学。应考者坐满了一个大教室,副镇长亲自出卷。考卷包括了政治、语文、历史、地理、旅游知识等内容。

副镇长监考时,见有个年轻姑娘神情专注,下笔如飞,从容不迫地答完了所有的试题。他不由得赞赏地点点头。

当晚,副镇长批卷。大多数的试卷不尽如人意,当看到那位姑娘的卷子时,顿觉眼前一亮,不仅字迹娟秀,而且回答问题头头是道,有条有理。但不知什么原因,凡写有"陈墓"的地名,都写成了"陈慕"。

副镇长不无遗憾地叹了口气:"这个姑娘连家乡的地名都写错了,可惜可惜!"

为了不抹煞人才,副镇长把姑娘找来问道:"你怎么接连把'墓'字写成了'慕'?"

姑娘出乎意料地回答道:"那是我故意写

错的。"

副镇长不解地问:"为什么?"

姑娘回答说:"我们的家乡样样好,就是这个地名不好,陈墓,就是陈家的墓地,别人看到这个地名,就认为不吉利,所以不愿来兴办事业。如果改为陈慕,人们可能就会羡慕这个地方,而慕名前来。"

副镇长高兴地笑道:"改得好,你真是我的'一字师'啊!"

江南开发公司立即以陈慕的地名再登广告,重发通知。果然慕名者纷至沓来,投资兴建疗养院和旅游点。

那个姑娘被招聘到了公司,后来担任了副经理之职。

列车上的生意经

一年秋天,浙江余杭市乔司针织服装厂女厂长金根仙,登上了一列北上的火车,带着本厂的产品样品去北京参加一个订货会。该厂是个生产手套的专营厂家,品种繁多,花色宜人,尽管质优价廉,但在市场上尚未引起注目,金厂长就是想利用参加北京订货会的机会,为本厂的产品打开销路。列车在原野上奔驰,车厢内的旅客,有的闭目养神,有的谈兴正浓,不断变换着话题,其中有时事新闻,有电影电视,有文艺体育,更多的谈的是与人们衣食住行切身有关的商品行情,什么南方的电器、上海的服装、苏州的丝绸和南京的皮鞋等,车厢里还有不少经营部门和厂家的业务人员,他们熟悉商品知识,对本行业的产品,谈起来如数家珍,滔滔不绝。

金根仙却还想着参加订货会的事,她听了邻座的乘客谈得起劲,不由灵机一动:一列火车就是一个小社会,我何不趁此机会来宣传一下本厂的产品呢?想着,她就从旅行袋里拿出几双尼龙、棉纺和绒布手套,抬手挂在行李架上,然后用热情的目光向车厢内的顾客扫视了一下,就不声不响地坐了下来。

她这一招使得旅客们感到十分好奇,纷纷过来围观她亮出来的手套,观看之后又不断提出询问:"这手套很漂亮,是哪里生产的?"

"这种手套价钱贵不贵?能不能买到?"

这时一个来自四川的女采购员挤过人群,从行李架上拿下一副绣花尼龙手套,戴在手上,一会攥紧拳头,一会儿放松手指,做着试验,觉得正是她所需要购进的货物,便同金根仙亲切地交谈起来。

金根仙趁此机会就宣传起本厂的产品,详细介绍了它们的性能、价格和品种。那位四川女采购员当场就订购了5000副尼龙手套进行试销。

一笔生意谈成,第二笔、第三笔业务接踵而来,她在火车上仅尼龙手套一项就成交了17万副。

在北京订货会上,她谈了在火车上做生意的经过,并出示了火车上热烈订货的照片,参加订货会的业务员看到她带来的实物样品,一笔又一笔的生意做成了。

学名牌和创名牌

孙红娟是上海市嘉定县桃浦乡的一个青年女农民。在改革的热潮中,她承包了一家乡办厂。

办工厂千头万绪,但确定项目是最重要的一条,上什么项目呢?孙红娟想到现在穿西服的人越来越多了,一套西服往往要配几条领带。领带本轻利重,生产方便,办个领带工厂不是很好吗?

她觉得办企业既要有魄力,又要减少盲目性,市场上确实存在这种现象,有的领带只卖二三元却无人问津,有的领带几十元一条却购者如潮,关键在质量。既然要生产领带,就一定要搞出高质量的名牌产品来。

创名牌先要学名牌,孙红娟学创名牌领带的方法非常奇特。

一天,她来到上海市区一家商店,这里设有领带专柜,花色品种特多,真是色彩缤纷,琳琅满目。她对营业员说:"我要买领带,请你每个色样拿一条。不过,必须是名牌货。"

营业员以为她是个外地的个体商贩,就依孙红娟的要求办了。

孙红娟出了商店又来到一家大服装店门前,她先将刚买到的30条领带拆下商标,然后走进店内,对一个年老的售货员说:"这些领带都是我们厂新生产的,商标还没有搞出来,请看看质量如何,请你们店代销如何?"

老师傅不相信一个刚开办的小厂能生产出好的领带,就没认真看那些领带,而从自己店的柜里拿出了一条领带说:"名牌领带是市面上的热销货,像这种名牌货,我们每天都能销掉不少。"

其实,老师傅手里拿的正是孙红娟刚才购买的30多种中的一种,她没有去揭穿事实,只说："如果我们能赶上或超过这种领带的质量，能不能行销？"

"那当然能啊！"

孙红娟就是这样了解到市场信息的，从中还悟出了人们的一种购货心理。她回去后就仿照名牌产品，从用料、加工和花色等各方面加以改进，不久，她所创建的"绿杨领带厂"生产的"万象牌"领带问世了，并同那家大型服装店订立了合同，很快成为热门货和畅销品。

女医生智斗歹徒

临近下班时分，某市人民医院骨科门诊室来了两个人。一个瘦瘦的，下颌骨脱臼，由一位高个子陪同着。

"医生请帮他看看吧。"高个子环顾四周后，压低着嗓音对女医生丁碧华说。

"好，坐下吧，让我来看看。"白衣白帽白口罩打扮的丁医生仔细检查起来，"他这是怎么搞的，这下巴颏？"

"学骑自行车时不小心跌的。"

"请抬起头来。"丁医生用手摸了摸那人的下巴。那人疼得直哼哼，原来，耳下两颊关节都肿了。

"哟，要拍张片子，看看是否骨裂了。"丁医生看了看手表，"倒是快要下班了，小张，你打个电话给X光室，问他们拍张片子还来得及吗？"

"哎。"护士小张匆匆出门去了。

那陪送的人也想跟着去，可是丁医生叫住他说："来，你能否谈谈他是怎么碎成这样的，有多久了？"

"是……前天晚上。"

"为什么不早点来看？"

"我、我们想试着自己装上去，没成……"

"看肿成这样子，再耽误下去要出大事了。"丁医生用力握着那人的下巴，那人直叫了起来。

这时，门口传来一阵急促的脚步声，几位民警冲了进来，那两人一看情势不妙，起身想溜。

"不准动！"民警拔出了手枪。

"你们怎么来抓好人？"

只见女医生拉下口罩和白帽，对那两人说："你们还认识我吗？"

"啊！"那两人惊叫一声瘫倒了。

事情还得追述到三天前的晚上。

深夜12点，骨科医生丁碧华骑着自行车从医院下班。当拐进一条冷僻的小巷时，冷不防从身后窜出两条黑影。

"喂，亲爱的，下来，咱们亲亲。"

随着淫声浪气的调子，两个歹徒逼了过来。其中一个瘦个子的手中还扬着匕首。

丁碧华明白，与他们硬顶定会吃眼前亏的。

"这新车和进口表，你们拿去好了，让我走。"

"这玩意儿等会再说，我们先要借你的人用一下。识相点，跟我们到弄堂里去！"扬着匕首的瘦子恶狠狠地说。

两个歹徒一个在弄堂口望风，一个把丁碧华逼到弄堂的深处。瘦家伙迫不及待地一把搂住了她。

"看你胡子都一把了，还干这勾当。"丁碧华故意温柔地说。

"谁说的，我没胡子。"

"那黑糊糊的，不是胡子是什么？"

丁碧华顺势用手抓住那家伙的下巴，只听"咔嚓"一声，把歹徒的下颌骨给卸脱了。

"呜呜呜……"那家伙疼痛难熬，双手捧住下巴蹲在了地上。

丁碧华迅即跳上自行车，从弄堂另一头穿出去了……

当天凌晨，公安局通知了全市各医院骨科：发现来接下颌骨的病人立即报告。

这不，两个流氓，在三天后竟然撞到了丁碧华的手上！

嫣然巧解新三纲

任嫣然是个女大学生，她的口才好，在全校是有名的。

一次学生会举办智力竞赛活动，任嫣然自然被推为本系的代表参加。不过，在抢答题时，竟差点出了洋相。

主持人出的题目是：三纲五常中的"三纲"指的是什么。

正确的答案是：君为臣纲，父为子纲，夫为妻纲。由于任嫣然一不当心，回答成："臣为君纲，子为父纲，妻为夫纲。"刚好把三者的关系弄颠倒了。赛场上的一片笑声洪水般涌来，简直可以把任嫣然淹死。

主持者正要为任嫣然打分，在这紧急关头，任嫣然手按话筒朗声说："诸位不要笑嘛，我这'三纲'是新'三纲'，与古代的旧'三纲'完全是两码事。"

主持人说："从没听说过有这么个新'三纲'

嘛。你倒是解释看。"

任嫣然扫视了一下整个赛场，赛场上一片寂静，大家都在洗耳恭听。她这时才用清脆悦耳的声音即兴演讲：现在，我们中国人民当家做主，是主人，而领导者，不管官职多大，都是人民的公仆，岂不是'臣为君纲'吗？我们的国家以计划生育为国策，一对夫妇只生一个孩子，于是孩子在家庭里都成了'小皇帝'，岂不是'子为父纲'吗？许多家庭中，妻子的权力一般都超过丈夫，所谓'妻管严'、'模范丈夫'不是为'妻为夫纲'作最好的注脚吗？"

台上台下一齐叫好。鼓掌声超过了刚才的嘲笑声。

主持人用话筒向全场宣布："鉴于刚才这位选手的应变能力和创造能力，我宣布，这道抢答题加20分！"

用绿草换取绿钞

应该说，绿草是比较好理解的，大凡植物都是绿色的，草地也是绿色的，所以绿色有生命之色的称谓。至于绿钞就需要作一些解释了，因为美钞是绿色的，所以许多地方称之为绿钞。两者连在一起，就是说绿草可以换取美钞，做小草生意也可以发大财。

做绿草生意而发财的是台湾"天作实业公司"的女老板周玉凤。她从日本引进一种新技术，并加以改进，用人工制作一种"植生绿化带"出口中东沙漠国家。

所谓"植生绿化带"，实际上是一种人工草皮。首先用化学纤维和天然纤维制成一种"不织布"，再把青草种子和肥料均匀地撒在两层"不织布"之间，卷成一匹匹，就可包装运输、出售。使用时，只要将其铺在地上，敷上一层薄土或草灰，洒水保持湿润，不到一个月，光秃秃的地面，就会长上一层草皮。对绿化环境、清洁空气、防止风沙有着良好的作用。

中东国家盛产石油，美元即绿钞很多，缺少的就是绿草。所以他们极愿用绿钞来换取绿草，向周玉凤的"天作公司"寄去大量订单，这位女企业家因此成为名重一时的世界性的女强人。

她的成功不仅是敢于引进和改良新技术，因为做到这一点还是比较容易的。难能可贵的是，看准这种新技术有着推行的前景。为此，她不遗余力地亲赴中东的沙特阿拉伯和巴林的沙漠地带进行产品试验和推销。而且她还看到即使在沙漠地带短期不能产生效益，城市居民也会喜欢上这种产品的。他们可以在院子里或屋顶上铺上人工草皮，使生活充满了绿意。为此，她在无背景、无靠山的情况下，挨门逐户地进行推销，没有多久，她终于取得了成功，中东国家的一些酋长和王子把"植生绿化带"称之为"台湾创造的现代神毯"。城市居民使用的也越来越多了。

三姐盘歌斗恶霸

传说刘三姐是广西壮族中最美丽最聪明的姑娘，又唱得一口好山歌，每天都有壮族小伙子上她家求婚。有一天，来了一个穿绸戴金的老头子，带了许多聘礼，要刘三姐做他的小老婆。这个老头叫莫海仁，刘三姐认识，他是这一带臭名昭著的恶霸地主，快入土的人了，家里大小老婆一大群，竟然癞蛤蟆想吃天鹅肉！

刘三姐见到莫海仁，像见到一只癞皮狗，本想把老头子带来的聘礼全部扔出去，转而一想，这样的举动有所不当，于是板着脸孔对莫海仁说："你知道我们壮族的规矩吗？三天后，我和你对歌，你胜了我，我就跟你成亲，败了就不要再来啰嗦。聘礼请先带回去。"

莫海仁见刘三姐说的在理，就带着聘礼回去了。

三天后，双方来到一座山上，摆开阵势。莫海仁说："刘三姐，我请来了陶、李、罗三位秀才，他们才学满腹，山歌满车，你该服输了吧？"

刘三姐说："你再请三位举人，我也不怕！"

接着，莫海仁让陶、李、罗先后上场对歌，都被刘三姐一一击败。莫海仁气得直跺双脚，向刘三姐走近几步，低声说道："你嫁得我莫海仁，住有楼，穿有绸，喜欢唱歌天下走，好似神仙过的日子，你还有什么不满足的呢？"

刘三姐装作没有听见，不理睬莫海仁。

"莫海仁，你再不对歌，刘三姐就跟我们回村啦！"前来为刘三姐助威壮胆的姑娘们齐声喊道。

莫海仁没有办法，只得亲自上阵对歌，声音像公鸭子在叫：

姑娘你且莫逞能，三百条狗四下分，
一少三多要单数，分不清就是莫家人。

这哪里是对歌，这是在举行数学考试！几个姑娘听了直摇头，都在为刘三姐担心，如果做不出这道"分狗"的难题，她就要跳进莫海仁的火坑啦！

可是，聪明的刘三姐没有被难倒，她在短短的时间里做出了题目，编好了反击的歌词。只听她唱道：

九十九条打猎去，九十九条看羊来，

九十九条守门口，还剩三条狗奴才！

这可把莫海仁和陶、李、罗三个奴才骂了个痛快，莫海仁灰溜溜地大败而归。

苗族巧女斗恶婆

从前，苗族有个忠厚的青年，娶了个聪明美丽的媳妇。他们相亲相爱，每天勤劳地干活。可是，婆婆却不喜欢聪明的媳妇。

一天，老妇人对儿子说："你和媳妇今天去给我买一种肉，要没有肥的，没有瘦的，也没有骨头的。"

聪明的媳妇买了一大笼猪肚子，老妇人暗暗叫奇，但是，更恨聪明媳妇了。

又一天，老妇人对儿子说："你们今天去做一种活路，底下玉溜溜，顶上黄泱泱。"

聪明的媳妇和丈夫来到茶山上，先把茶树下的杂花野草砍割得光光的。然后，聪明媳妇对丈夫说："你去请婆婆来看吧。"

老妇人急急走来，正是中午，阳光照射下来，看起来：上面是黄泱泱的一层茶叶，下面是玉溜溜的一片亮地。老妇人暗暗叫奇，但是，更恨聪明媳妇了。

又一天，老妇人对儿子说："你和媳妇今天去做一种活路，上面像出太阳，底下像落雪花。"

聪明的媳妇对丈夫说："好，我们去锯木板。"

老妇人急急走来，看着他们锯出的木板，面上白得像太阳，烫得像火烧；木板下面木屑纷纷落，好像飘雪花。老妇人暗暗叫奇，但是，更恨聪明媳妇了。

又一天，老妇人对儿子说："你们今天包饭去给一种人吃，他们好像是在过桥，但又不走动。"

聪明的媳妇对丈夫说："好，你去请婆婆到那个渡船的地方去吧！"

儿子和媳妇包着饭先走了，老妇人急急地跟在后头，看见儿子和媳妇捏着一团一团白生生的饭团，送给那些渡船的人吃。老妇人暗暗叫奇，但是，更恨上了聪明的媳妇。

到了正月，家家户户忙着走客，老妇人对儿子说："你准备一些礼物送媳妇走娘家去，但是，一定要带回三样东西给我吃：萝卜黄心心，团鱼没有脚，龙宝没有叉。"当他们回来时，媳妇的挑篮里盛着一个鸡蛋、一个粑粑、一团糯米花。老妇人又没有难倒他们，气得手发抖，脚发酸，嘴唇直打颤。

麻脸姑娘当皇后

从前有个国王，每年都向民间征3000个姑娘，凡是18岁的都得应征。到了皇宫还要经国王考试，每次都出三个题：一个是八种最好吃的东西是什么？一个是万民最喜爱的花是什么？一个是不到20岁的姑娘可不可以当伴娘？若是答上两个题就留在宫里，答不上，就撵出宫门。不知有多少穷人家的好姑娘，回不去家就饿死在荒山野岭里了。

一年，一个小村子就要选八个姑娘，村长全村都抓遍了，才抓到七个。最后把一个麻脸姑娘拉去充数。到了皇宫，国王就出了三个题，七个姑娘都没答上，可国王看她们个个都长得挺俊俏，就下令送进后宫，对麻脸姑娘连看也不看，就叫人撵出宫去。她没吃没穿，又回不去家，又气又急，就骂道："不到20岁就当伴娘了，真是天大的怪事！"

国王大怒："你的话是什么意思？"

她说："和我同来的有七个姑娘，她们一个题也没答上，就因为长得俊，都送进后宫成了新娘，独独把我撵出去了，我才18岁，就成了她们的伴娘，这不是天大的怪事吗？"

国王气得没话可答，因为这正回答了他考试的第三个题。国王没法子，就又问第二个问题："你说最好吃的八种东西是什么？"

"是盐。因为八种以上的菜都要用它，不管什么菜，有了它才更好吃，人们都最喜欢它。"

国王一听答得有理，就又问："那么万民最喜爱的花是什么？"

"是棉花。因为它最美，最白。它能给人温暖，万民缺了它就要冻死。"

国王在众大臣跟前有口难言，只好娶她做皇后。

黛阿姑娘难秀才

有个秀才读了几年书，觉得满腹装着才气，就走出书房，打算找个人比比高低。

秀才走过一个苗家山寨，看见一个姑娘正在门前专心致志地挑花，旁边还摆着一架算盘。

看样子，她是在一边挑花，一边学打算盘。秀才估计她只会挑花，肚里没有多少墨水，决定第一个就同她比试。

"姑娘叫什么名字？"秀才问道。

"我叫黛阿。"挑花姑娘抬起脸来，扑闪着两颗又黑又亮的眸子，庄重地答道。

"黛阿姑娘，我知道你很聪明，这里有一个谜，你能猜出来吗？"秀才说道。

"你就说出来吧。"黛阿不动声色地说。

秀才来了劲，靠近这位苗家姑娘坐下，晃着头吟道：

苗汉两寨隔条岗，苗家没有汉家强，
苗家好汉有五个，不及汉寨人一双。

苗家姑娘笑道："你是大秀才，读书千千万，我也给你一个谜语猜猜，怎么样呀？"当秀才答应后，她学着他摇头晃脑的样子，脱口说出一首谜来：

两支义军七将领，起义杀敌一股劲，
只要黛阿一挥手，杀败官兵百万人。

可是，秀才却猜不出来。黛阿在一旁咪咪发笑，把秀才弄了个大红脸。苗家姑娘不忍心让他过分难堪，拍打着身旁的算盘说："我的谜底就是你的谜底呀！"

秀才这才恍然大悟，只得回到他的书斋去了。

美女讥讽老皇帝

古代，有个穷人的女儿长得天仙一样美丽。一天，皇帝打发媒人前来说亲。媒人问她："你要些什么嫁妆，尽管说吧，有的是。"

姑娘问："皇帝今年多少岁？娶过多少老婆了？"

媒人答："皇帝今年70多岁，娶过多少老婆，这可是数也数不完呀！"

姑娘于是干脆地说："那样的话，我的嫁妆要20只狼，30只豹子，40只狮子，60匹骟马，70斤棉花，80根木桩。"

媒人只得向皇帝回话。

有个大臣对皇帝说："这些东西只要叫猎人、牧人、农夫和木匠去准备就行了。"

有个仆人听了哈哈大笑。

皇帝把他叫去问："你笑什么？"

仆人说："我笑你们理解错了。姑娘要的这些嫁妆，意思是人满20岁，就像狼一样勇敢敏捷；到了30岁，就像豹子一样身强力壮；满40岁就像狮子一样威风凛凛；可是，当人活到60岁时，就会像骟马一样软弱无力；活到70岁时，就会像棉花似的松松绵绵；那么，活到80岁时，他需要的不是别的东西，而是木桩，就是只需要抬死尸的架子了。那个聪明的姑娘是说，陛下现在需要的不是姑娘，而是抬死尸的架子。但你们还一本正经地准备那些嫁妆，我就是为这个好笑。"

皇帝在姑娘这犀利的讥讽下，气得一命呜呼了。

马玲玲智剪羊毛

传说在松花江南岸有个村子，村上有个马老头给本村一家地主放羊，挣的工钱还不全给，哪年都欠几个月的。有一年，老马头揭不开锅，恳求东家把过去工钱算给他，好度饥荒。

东家说："不到年不到节，算什么工钱？这样吧，明天借你五只大羊，你到县城集上卖了钱买点米，度过饥荒……"

老马头非常感激，连声道谢。但东家又说："慢着，我话还没说完，到明天晚上必须如数还给我五只大羊。不然，别怪我不讲情面！"

老马头极度悲愤地空手回家，女儿马玲玲听他一说，气得浑身直哆嗦，对父亲说："明天我去对付他！"

第二天，马玲玲带着弟弟来福子去找东家。

东家见她来借羊，就说："到晚上得仍还我这五只大羊。"还要她立下字据。

马玲玲领着弟弟把羊赶到僻静的树林里，叫弟弟把五只肥羊的蹄子捆上，拿出一把羊毛剪刀，把羊毛"刺啦刺啦"地剪了个精光。

晚上地主见马玲玲赶来五只被剪光了毛的羊，气得浑身发抖，可是那羊一只只活蹦乱跳，还"咩咩"地叫得挺欢呢，地主只能干瞪眼啦！

慧童卷

十四岁的小国君

晋厉公十八年春正月十四日，晋国的栾书和中行偃派程滑杀死了厉公，又去把周子迎到京城，要立他为晋国国君。

当时周子才14岁，大夫们到清原去迎接他，他对来人说："我原先并没有想到当国君，但形势发展到了今天这个地步，难说这不是天意。一般说来，人们要求有个国君，是让他发布命令的。若立个国君，却不听从他的命令，那还立他做什么？你们想用我，在今天就可以决定；不想用我，也可以在今天决定。要是大家真心拥护我，神灵会降福给你们的。"

群臣听了，纷纷说："拥立你当国君，这是我们的心愿，不敢不听从你的命令呀。"

第三天，大臣们盟誓向他效忠之后，他才进入京师，住在祖庙里祭奠。二月初一即位，当天就下令驱逐了违法乱纪、怀有二心的七个臣子。

这儿说的周子，就是历史上复兴了晋国的晋悼公。

远见卓识小鬻贾

春秋时期，楚国的令尹（相当于丞相）子文年纪大了，向楚王提出辞职的请求，并推举大将成得臣接替他的职务。

楚王只好同意了他的意见，由成得臣担任令尹。

满朝文武官员都拥到子文府中，参加盛大酒宴，祝贺他为国家推举了一位得力的人才。只有大夫鬻吕臣因病未能出席。

酒宴正在进行，有个男孩走了进来，向大家举手致意后坐上宴席，旁若无人地大嚼起来。在座的有人知道他是鬻吕臣13岁的儿子，名叫鬻贾。

子文觉得奇怪，便问鬻贾："我为国家推举了一位令尹，文武大臣都来祝贺，唯独你小子不贺，这是为什么？"

鬻贾说："大家以为可贺，我却认为该吊呢！因为照我看来，成得臣这个人虽然勇于承担重任，却缺少正确决策与当机立断的才能。能进而不能退，只可以辅助，不能独当一面，若国家的军政大权交给他，必定坏事。你推举一人而毁了国家，也该祝贺吗？如果日后他并没有败坏国家，再来祝贺不晚。"鬻贾大笑着退席，

扬长而去，宴会不欢而散。

第二天，楚王拜成得臣为元帅，领兵攻打宋国，一直打到京城睢阳。冷不防强大的晋国发出救兵从背后杀来。楚王大惊，急忙命令成得臣撤兵。可是成得臣自以为天下无敌，不听命令，结果被晋军杀得大败，他只好拔剑自刎。

子文在家得到消息，叹息着说："果然不出鬻贾所料！我的见识反不如童子，怎不羞愧！"随即吐血不止死去。

13岁的鬻贾被楚王封为工正，掌管楚国的百工。

子骞深情感继母

春秋时期，鲁国有个以德行和忠孝著称的人，名叫闵子骞。他是孔子的学生。据说当时孔子有3000学生，其中有72位贤人，闵子骞就是72贤人中的佼佼者。下面是他小时候的故事。

有年数九寒天，闵子骞兄弟俩跟随父亲骑马，去一位朋友家赴宴。一路上，飞雪扑面，寒风刺骨。闵子骞浑身打战，嘴上不断地喊着："冷啊，多冷的天啊！"

他的弟弟则相反，额上还微微渗出汗珠，他说："好热啊，好热。"

父亲看闵子骞穿的棉衣着实比小儿穿得厚，就怀疑闵子骞在撒谎，随即扬起马鞭，狠狠地朝他背上抽去。鞭落衣破，棉衣露出了一团散乱的白芦花，很快被西北风吹得飞舞起来。

父亲看见闵子骞的脸上挂满泪珠，伸手摸了摸他的"棉衣"，里面包的全是不保暖的芦花，他转身摸摸小儿子的棉衣，里面却全是包得严严实实的丝棉。原来是后妻在虐待闵子骞。心想，家里出了这样的丑事，两个儿子穿的两个样，还有什么面目去见朋友。于是，带着两个儿子，毅然掉转马头回家了。

回到家里，闵父一怒之下便愤然挥毫写了休书，要马上休掉后妻。

闵子骞见状立即跪地哀求说："父亲，请您千万不要休掉母亲。"

闵父莫名其妙地问："母亲如此狠心地虐待你，你为啥还要为她求情？"

闵子骞流着眼泪说："现在受虐待的只有我一个人，如果把母亲休了，再娶一个继母来，这样不是我和弟弟都要受虐待吗？与其两人都受苦，不如让我一个受苦好。"

闵子骞的话说得太感人了，继母被感动得

失声痛哭起来。她忍不住一把抱住了子骞,声泪俱下地说:"母亲对不起你呀!要是你父亲不赶我走,往后我待你和你弟弟一个样。好孩子,你相信母亲吧!"

闵父也深深感动,放弃了休妻的主张。从此,一家人相亲相爱,继母待闵子骞就像对亲生的儿子一样。

婧女巧言救父亲

齐景公十分喜爱一棵大槐树,常常在树下吟诗观赏,流连徘徊。

他令下属派人日夜守护大槐树,还在树旁立了一块木牌,上面写着告示:碰撞槐树的受刑,损坏槐树的处死。

从此,齐国京城的人都只敢远远地朝大槐树观望,生怕不小心触犯了景公颁布的刑法,遭受刑罚。

一次,有个叫衍的人喝醉了酒,摇摇晃晃走过大槐树,恰巧看树人坐在树下打瞌睡,一时疏忽了,衍蹒跚地撞到树干上,碰伤了一小块树皮。

齐景公听说此事后,大发雷霆,立即传令将衍逮捕。

衍突遭大难,女儿婧的心情十分焦灼,便急匆匆来到相国的官府里,拜见晏子。

晏子见她面色苍白、神情憔悴,觉得很奇怪,心想:小女孩年纪轻轻,怎么会有满腹心事啊?便问道:"你有什么事?"

婧缓慢而沉痛地回答道:"我父亲叫衍。这两年,他觉得我们国家风雨失调,粮食歉收,心里很是痛苦,便在昨天私自向名山神水祭祀,祈祷连年丰收、国富民安。不料多喝了一些酒,神志失控,不小心损伤了大槐树,触犯了刑法。现在大王要处死我父亲,这样我就会成为孤儿。我个人受点委屈倒是小事,主要是大王这样做,是有损于国家法制的尊严,也会降低君王的威信的。别国的人听了,不就会耻笑我们齐国制定法律,看重树而看轻人、爱树而害人吗?"

晏子听了,连声喝彩道:"有道理,有道理。"不等送走婧,就驱车直往王宫,拜见齐王,谏道:"您宣布'碰撞槐树的受刑,损坏槐树的处死',这个刑罚是不够恰当的,它伤害了人民,会给天下人耻笑的呀。"

齐王恍然大悟,当即下令赦免衍,撤销护树人员,取下告示木牌。

齐国京城的百姓纷纷竖起大拇指,赞扬婧说:"小小年纪了不起。她既拯救了父亲的生命,又帮助国家维护了法律的尊严。"

鲍童智辩田大臣

齐国有个姓田的大臣,他拥有良田千顷,房屋百间,广有资产,单是收养的食客就有数千人,随时可供他使唤,为他服务。

一天,他在家里的大庭院里举行隆重的祭祖典礼。

参加盛典的客人纷纷献送各种礼物。有一位客人送上一条罕见的大鱼和一只珍奇的大雁。田氏看了十分高兴,不由感慨地说:"苍天对于人类可算是太优待了啊!它不但命令土地生长出五谷,供我们食用,还命令世界出产这些鱼类鸟类供我们尝鲜。啊,苍天多么仁慈和伟大啊!"

客人们听了,异口同声地奉承道:"田大人妙言妙语,真是不同凡响!"

这时,有个姓鲍的食客带着一个12岁的儿子赴宴会。那孩子这时忍不住站起来说道:"田大人,您的说法我不敢苟同。依我看,世界各种物类同我们是一起产生的,人也是一种物类。凡是物类,都没有什么高低和贵贱,只是因为智力大小的不同,因而产生相互制约、迭相食用的现象,并不是苍天有意安排的。我们人类无非是索取可吃的物类来享用,难道这些东西是苍天有心为我们生产出来的吗?"

鲍家孩子说完这番话,他爸爸的脸色白得像张纸,手颤抖着,硬拉着儿子的衣襟,叫他落座,不要再说话。

客人们听了反响不一:有暗暗赞成的,有不以为然的;有笑小孩口出狂言的,也有一个劲儿看主人脸色的。

田氏倒也气度恢弘,宽容地对着小孩道:"你说得有点道理,可是我要请教一点:如果这大鱼和大雁不是苍天有意为人类制造的,为什么它们的味道这么鲜美呢?"

鲍家小孩霍地站起,从容地答道:"田大人,蚊子叮人吸血,吃得津津有味,虎狼撕咬人肉,也吃得津津有味。难道这也是苍天有意为它们享用美味而安排的吗?按照您的逻辑,苍天生出我们这些人类,原来都是给蚊子和虎狼做美食的啊!"

客人们不禁轰然大笑。

田氏满面笑容,走下主桌,向鲍家小孩敬了一杯酒,欣慰地说:"想不到我家食客门下有此聪颖过人的孩子。哎，要做到不埋没天下任何一个人才，是很不容易的啊！"

鲁连妙语驳田巴

齐国有个雄辩的演说家，名字叫田巴。此人生就一张铁嘴，滔滔不绝，口若悬河，在徂丘、稷下一带发表演说，同人辩论，没有一个人是他的对手。他可以把历史上的春秋五霸统统贬斥得一钱不值，把完全不同的东西说成一模一样。那张擅长诡辩术的如簧巧舌，简直是一把所向无敌的宝剑。

一个名叫徐劫的人，有个能言善辩的学生鲁连，只有12岁，听说田巴的赫赫声名，心里很是不服气。一天，他对徐劫说："老师，我想去同田巴辩论一番，好让他不要再摇唇鼓舌、瞎吹牛皮，好不好？"

徐劫看了看鲁连，摇摇头说："你这小小年纪，行吗？"

鲁连昂起头，拍拍胸说："行，一定行！"

徐劫见到田巴便说："我有个学生，才12岁，却是一匹千里驹，后生可畏，能不能向您请教一番啊？"

田巴微微撇了一下嘴巴，露出一丝轻蔑的神情说："可以。"

鲁连见了田巴，就单刀直入地说道："我曾听人说过，厅堂上的垃圾没有清除，哪还顾得上铲除郊野的杂草呢？在短兵相接进行搏斗的时候，怎能防备远处射来的冷箭呢？这是什么道理呀？事情有个轻重缓急，如若急事不办，次要的事却先办，岂非乱套？现在，我国形势非常危急，南阳地方有楚国大军屯驻，高唐一带遭受赵国军队攻打，聊城被十万燕军团团围困。田先生，您可有什么救急的妙计吗？"

田巴一时张口结舌，红着脸说："没有办法。"

鲁连笑道："国家紧急不能想出拯救之法，人民危亡不能提出安抚之计，哪还算什么擅长演说的学者呢？目前，我倒可以用计赶走南阳的楚兵，击退高唐的赵军，解除聊城的包围。真正有价值、有本事的辩才必须能解决实际问题啊！可您的滔滔演说，只像猫头鹰喋喋不休的空叫声，让人讨厌死了。希望您今后还是少开尊口吧！"

田巴越发无地自容，羞惭地说："说得对，说得对。"

第二天，田巴专程前去拜访徐劫，赞不绝口地说："您教出来的那个学生鲁连，何止是小马驹啊，而是追万里风的骏马啊。"

从此，田巴不再夸夸其谈了。

甘罗十二岁出使

战国时，秦王派遣大臣蔡泽去燕国拆散燕国和赵国的联盟。燕王听信蔡泽的话，叫太子丹去秦国做人质，又请秦王派一个大臣来燕国当相国。

秦国吕不韦派张唐到燕国去。张唐说："我曾经为秦昭王攻打过赵国，赵国悬赏说：'能抓到张唐，赏赐100里土地。'现在去燕国一定要经过赵国，我不能去。"

文信侯吕不韦闷闷不乐地回到家。伺奉他的是个12岁的孩子，名叫甘罗，他是甘茂的孙子。听说这件事以后，甘罗就对吕不韦说："让我去说服他，叫他去赵国。"

吕不韦大声斥责道："走开！我亲自请他，他都不肯去，难道他会听小孩子的话？"

甘罗不服气地说："从前项橐7岁的时候，就当孔子的老师，现在我已经12岁了，我要是请不动他，您再骂我也不晚哪！"

吕不韦说："那么，你就去试试吧。"

甘罗见了张唐问："将军的功劳与武安君白起比谁大？"

张唐说："武安君南边打败了强大的楚国，北边打败了燕国和赵国，每战必胜，每攻必取，不知打了多少回胜仗，夺到了多少座城池，我哪儿比得上他哪？"

甘罗又问："那么文信侯的权力跟应侯范雎的权力比起来，哪个大呢？"

张唐说："当然是文信侯的权力大。"

甘罗说："应侯要攻打赵国，武安君不愿意去，离开咸阳七里就死在杜邮。现在，文信侯亲自请您上燕国当相国，将军却坚决不干，我还不知您将死在什么地方呢！"

张唐慌忙叫人整理行装，准备出发。

甘罗对吕不韦说："张唐已准备出发去燕国，可他还有点怕赵国，请丞相借给我5辆车子，让我上赵国替他疏通疏通。"

不几天，甘罗到了赵国。赵襄王到城外迎接秦国派来的外交官。

甘罗问："燕太子丹上秦国做人质，大王知道吗？"

赵王说："知道。"

甘罗又问："张唐去燕国当相国，大王知道吗？"

赵王说:"也听说了。"

甘罗说:"大王既然都听说了,就应当明白贵国所处的地位。燕太子丹到秦国做人质,是燕国对秦国信任的表现;张唐去燕国当相国,是秦国对燕国放心的标志。秦燕两国友好,就是为了夹击贵国,以扩展敝国河间一带地方。您还不如将靠近河间的5座城割让给秦国,我回去求求秦王,不让张唐去燕国,并送还燕太子,跟他们断绝友好关系,咱们两国结成友好邻邦。如此强大的赵国去收拾那样弱小的燕国,您所得到的哪里仅仅是失去的5座城呢?"

赵王立即就割让5座城给秦国。于是秦国送回了燕太子丹,后来赵国攻打燕国,取得了上谷一带30座城池,把其中的11座让给了秦国。

不久,秦王封12岁的甘罗为上卿。

孟尝君巧辩难父

薛公田婴是齐威王的小儿子,曾在齐国当宰相。他有个儿子叫田文,是五月五日生的,田婴认为这个出生日子是不吉利的,就对田文的母亲说:"扔了!不要养他!"但田文的母亲偷偷地将他哺养起来。

一天,田婴看见田文,就大骂妻子道:"谁让你养大他的?"

田文的母亲吓得不敢讲话。

田文向父亲叩头后问:"父亲大人,您为什么不让养五月五日出生的孩子?"

田婴说:"五月五日出生的孩子,会长到大门那么高,将来对我们父母不利。"

田文问父亲:"人的命运是由天支配的呢,还是由大门支配的?"

"这……这……"父亲被问住了。

田文又接着说:"人的命运,如果由天支配的话,父亲何必忧愁呢?如果由大门支配的话,可以把大门开高些,谁能长得那么高呢?"

过了些日子,田文问父亲说:"儿子的儿子,叫什么?"

田婴答:"孙子。"

"孙子的孙子叫什么?"

"玄孙。"

田文追问:"玄孙的孙子又叫什么?"

田婴答:"这我就不知道了。"

田文紧接着说:"您在齐国受重视,当了宰相,历经三位君王,齐国的疆域并没变大,但是,您私人的财富却积累了万金,幕僚之中一个贤人都没有。您后宫的人身穿绮纱细绫,可是一般才士,连粗服也穿不上;您的仆妾有剩余的饭粱肉食,而一般才士,竟连糟糠都吃不饱。现在您还尽力地积蓄贮藏,想把它留给您方才所说的那不知道的孙子、玄孙和玄孙的孙子,却忘掉国家的政事一天比一天地败坏了,我真觉得好奇怪呢。"

田婴听了,觉得儿子十分明事理,将来一定是有用之才,从此之后,开始喜欢他了。后来,田婴派他主持家事,接待宾客,田文的名声也逐渐传开了。田婴死后,田文继承父亲做了薛公,他就是孟尝君。

汉武帝少年判案

西汉景帝在位年间,京城里发生了一桩儿子杀继母的大案:有一个名叫防年的少年,母亲病故后,父亲又娶了继母。这妇人姓陈,凶悍妒忌。一天,防年的父亲在房里读书,读到古诗里描写一位美女,不但多情而且贤慧,无意中说了一句爱慕的话:"娶妻倘能如此,三生有幸呵!"妇人竟然拿起裁衣剪刀,猛地朝丈夫头上戮去,当场把他杀死。防年赶来,夺过凶器,怒不可遏,也把那妇人当即刺死。

这件大案上报到汉景帝那儿,景帝觉得很为难:一为杀夫,一为弑母,均属死罪;然而子报父仇,似乎又当别论。

这时,12岁的儿子刘彻侍立一旁,启奏道:"陈姓妇人,到了夫家,成了丈夫的前妻的孩子的继母,那是她与丈夫的关系这一点上来论定的;现在,这个姓陈的妇人,下毒手杀害了丈夫,还有什么夫妻关系呢?"

景帝说道:"这时哪儿还有一点夫妇的伦理关系!"

刘彻说:"既然没有了夫妇关系,那么,也就自然断绝了母子关系。防年之举完全是为父报仇,这也就谈不上什么大逆不道之类的罪名了。"

景帝大喜,道:"对,防年无罪。这也得多谢你的明智呵!"

后来,刘彻继承景帝皇位,他就是历史上有名的汉武帝。

汉昭帝识破骗局

汉昭帝继位时只有8岁,根据武帝遗诏,由大将霍光摄政,辅佐幼主。由于国家事务都由霍光决定,因此他也因种种原因得罪一些大臣，如上官杰、桑弘羊等人。

上官杰等人为了搞垮霍光，争夺权力，就伪造了一封燕王旦的书信，找人送到朝廷。信中给霍光捏造了私调羽林军，调选自己府第的校尉，独断专行，想政变夺位等罪名。桑弘羊乘机煽动，要罢免霍光，可昭帝却不听从。

第二天早朝，霍光听到这事，便停留在画室中不愿上朝。昭帝不见霍光，便问："大将军在哪里？"

上官杰乘机说："因燕王告他，不敢上朝。"

汉昭帝就下令霍光上朝。霍光不得已，只得上朝，刚入朝廷，他就卸下帽子顿首谢罪。

昭帝说："请大将军戴上帽子，我已知此信是假的，大将军无罪。"

霍光惊诧，忙问："陛下怎么知道的？"

昭帝说："将军演习羽林军，这属大将军的业务范围。调选校尉这事不到10天，处在远方的燕王如何能知？而且大将军若搞政变，也用不着调动校尉。"

当时，汉昭帝仅14岁，他准确的判断使满朝文武百官大为赞叹，那个上书的人闻讯逃跑了。

张汤设堂审老鼠

西汉大臣张汤，杜陵（今陕西长安县东北）人。父亲为长安县丞，他跟随父亲住在官舍里，经常观看县衙审理案件。有一次，父亲出远门回来，发现猪肉被老鼠拖走了，大发脾气，将张汤狠狠地揍了一顿。张汤恨透了老鼠，便想方设法寻找老鼠算账。

他刨遍屋内的鼠洞，发现一个鼠洞内还有吃剩的猪肉，便将老鼠一只只捆绑起来，像一个老练的公差，先数落一阵老鼠的罪状，再在屋子里设下公堂，摆下记录供词的文案，将老鼠押解到公堂上，将罪证——老鼠吃剩的猪肉摆在一旁，一本正经地审理起这桩老鼠盗肉案来。他像一名正式法官，从谁是主谋、谁是主犯、谁是胁从，一个一个审问。老鼠自然不能回答。张汤就用木片将老鼠夹住，动起刑法来，老鼠痛得吱吱乱叫。最后，他写出判决书，当堂宣布了老鼠的罪状，动用了当时最残酷的刑罚——"磔"，将老鼠肢解而死。

父亲看着儿子审判老鼠，觉得很可笑。一看文辞，大吃一惊，居然像是老办案人员写的法律文书。于是专门请人教他法令和办案断狱的方法。张汤很用功，后来竟成为朝廷不可多得的司法专家，汉武帝时，被拜为太中大夫。他管理监狱、审理案件非常严苛，后来官至御史大夫。

彭修拒盗救父亲

汉朝时候浙江绍兴附近有个15岁孩子叫彭修，字子阳。他的父亲在当地做事，休假的时候，他同父亲一道回家，路上遇到一伙强盗。

这孩子见情势危急，乘强盗不备，一下子拔出佩刀，揪住强盗头子说："父亲受辱，儿子就得拼命，难道你不怕死吗？"

强盗们见状大为吃惊，不得不说："这孩子是条好汉，我们不要把他逼急了，走吧。"于是丢下他们父子匆匆离去。

张衡发明浑天仪

张衡是我国古代著名的科学家。他出生于东汉时南阳郡的一个官僚家庭，但在小时候，父亲就去世了，家境贫穷，常靠亲戚、朋友们接济。清苦的生活，激发了小张衡刻苦求学的精神。

张衡10岁时，已经熟读"四书"、"五经"，也能写出一手好文章。少年张衡还喜爱自然科学。

一天，他从诗集《冠子》中读到描述北斗星在四个季节傍晚时的变化，引起了极大的兴趣，便把诗句抄下来，画成图。每当繁星闪烁的夜晚，他就在院子里仰望着星空，对照着古书中关于气象的记载和自己画的图，仔细观察和琢磨，思索着各种各样有趣的问题：天上的星星为什么不会掉下来？天上究竟有多少星星？他竟然天真而又细心地数起来："一、二、三、四……"

张衡不断地仰望星空，不住地数着星星，数了东边数西边，数了南边数北边，经过长时期的实际观察，终于得出了比较精确的数字，他记载的中原地区的星星数——2500颗，与现代科学论证相符。

书本上的内容和家乡生活毕竟还是有局限的，张衡稍大时，就外出访师求学，先到古都长安，又到首都洛阳，遍游名胜古迹，考察世态人情。广交文人学者，虚心地向他们讨教学问，这就使他在科学的各个领域打好了扎实的基础，成了当时有名的少年学者。

有志者事竟成，张衡终于创造了世界上第

一架利用水力转动、较准确地测定天象的浑天仪。浑天仪制成后，他反复用以测定天象，第一次正确地解释了月食的成因。

后来，张衡还制成了世界上第一个可以测定地震方向的地动仪和观测气象的候风仪。

华佗拜师解难题

东汉末年的一天，7岁的华佗到一位姓蔡的医生家去拜师。

行过见面礼后，华佗规规矩矩地坐在那里静听老师的吩咐。

蔡医生医术高明，前来拜师的人很多，他觉得应该收那些智力强的孩子为徒。

他指着家门口的一棵桑树对华佗说："你瞧，这棵桑树的最高枝条上的叶子，人够不着，你说怎么采下桑叶来？"

华佗说："用梯子呗！"

蔡医生说："我家没梯子。"

"那我就爬上去采。"

"不，我想让你用别的什么办法。"

华佗在屋里找了根绳子，又在绳上系着一块石头，往那最高的树枝上一抛，那根树枝就被压了下来。华佗一伸手就把桑叶采下来了。

蔡医生高兴地点点头说："很好，很好。"

过了一会儿，庭院里有两只山羊在打架，几个孩子去劝，可怎么也拉不开。蔡医生又对华佗说："你去想办法叫那两只羊不要打架吧。"

华佗在桑树下转了一圈，弯腰去拔了一把鲜嫩嫩、绿油油的草，把这草送到两只羊的面前。山羊打累了，肚子也饿了，见了草，也就顾不得打架啦。

蔡医生对华佗说："你真会动脑子，我很高兴当你的老师。"

华佗后来成了著名的医生。

郑玄壮志成大家

东汉顺帝时，有个孩子叫郑玄。8岁时连多位数的乘除法，只要谁讲两个数字，不用排式演算，他都能不假思索地随口报出答数，一点不错。

一年岁末，郑玄来到外婆家参加腊月祭神活动。那天，外婆家热闹非凡：香案上红烛高燃，香烟袅袅，祭品摆满一桌；前来参加祭祀的大小客人，都穿了华丽的服装。中午的宴席上，一些少年客人几杯酒下肚，就肆无忌惮地高谈阔论起来，有的背诵自己的诗作，有的抨击别人的文章。只有郑玄坐在一边，默默无语，好像什么也不懂、什么也插不上嘴似的。

母亲坐在郑玄旁边，见他这样闷头坐着，好像低人一等，就悄悄地对儿子说："你为什不声不响呢？把你算术上的才能，讲一点给他们听听，也好让他们刮目相看啊！"

郑玄低低地对母亲说："夸夸其谈，炫耀自己，这并不是我的志向。与这样的人为伍，我感到是一种耻辱！请母亲不要为难我。"

由于郑玄能专心学习，不受庸俗世风的影响，终于成为汉代著名大经学家和教育家，后人把他的学说，尊称为"郑学"。

徐孺子中秋说月

徐稚，字孺子，东汉豫章南昌（今江西省南昌市）人。他才学出众，桓帝时曾多次征召他出来做官，他因不满宦官专权的现实，而坚决推辞了，被尊称为"南州高士"。

徐孺子自幼善思考，具有超乎寻常的智力和思辨能力。他喜欢与小伙伴争辩问题，往往争得面红耳赤，每次总是胜辩。9岁那年的中秋节之夜，玉盘似的月亮挂在东南的天边上，一泻如水的月光下，一群天真烂漫的孩子在游戏。而孺子却在池塘边，听着悦耳的蛙鸣，望着池中碎银般的月光出神。

一个孩子跑过来问徐孺子："你在看什么呢？"

"你瞧，这水中的月光多美呀！"

那孩子抬头望着天空皎洁的明月，对徐孺子说："要是月亮里没有那些黑糊糊的东西该多好啊！"

"为什么呢？"

"那样不是更明亮吗？"

徐孺认真地说："不对吧，月亮正因为有东西才能反射太阳的光辉，发出亮光，不然的话，它一定是不亮的，这就好比我们人的一双眼睛一样，眼睛里有瞳仁，才会明亮、才有光彩。要是没有瞳仁它一定不亮，也就成了瞎子。"

那个孩子听了他的论说，非常佩服。

杜安的远见卓识

东汉时的杜安，从小很有志气，13岁就进了大学，人们说他是"奇童"。

京城里的一些皇亲国戚仰慕他的名声，有的为了跟他拉关系，就赠送给他一些书画。杜安收到这些东西从不打开，统统收藏在夹壁之内。

后来，由于政治上的相互倾轧，一些皇亲国戚垮台了，被追捕法办。当事情牵涉到杜安时，杜安叫人打开夹壁，取出那些收藏的书画，让人查看。

来人一看，所有书画都原封不动。这证明杜安和那些送书画的人只是一般交往，所以也不应该受到株连。当时的人都认为杜安这孩子确实有远见卓识。

孔融六岁巧分梨

东汉末年的文学家孔融，小时候非常有礼貌，而且聪颖过人。他6岁让梨的故事早已家喻户晓，被后人传为美谈，但孔融巧思分梨的故事恐怕很少有人知道。

一天吃完午饭，孔融便自觉到书房去读书写字了。这时老管家进房传话说："小主人，在外地的伯伯、叔叔、婶婶和6个堂兄妹都来了，夫人叫你到前庭去见见他们。"孔融高兴极了，说实在的，伯伯、叔叔长年在外地做官，孔融长到6岁还没见过他们，特别是6个堂兄妹不知长啥模样。于是，孔融没等老管家赶到前庭回话，已飞也似的先到了。在父母的介绍下，孔融一一给伯伯、叔叔、婶婶和6个堂兄妹见过了礼，大家都夸孔融有礼貌。

这时，母亲叫丫鬟端上一盘梨来，玲珑剔透的盘中放着6只又大又香又嫩的鸭梨，母亲又叫孔融把鸭梨分给6个堂兄妹吃。

孔融正要分梨，却被父亲止住了："慢！融儿，你把梨子送给堂兄妹，每个人一个，而且盘子里还要留一个，你能分好吗？"

父亲知道孔融很聪明，有意想夸耀一下孔融，谁知题目太难，反倒把孔融给问住了。伯伯、叔叔、婶婶们，也觉得这事连他们都难以办妥，何况一个6岁的稚童呢？6个堂兄妹更是束手无策，面面相觑，心里在琢磨着：这样分梨，我们6个人中总有一个人吃不到梨子呀！

孔融拧着眉头苦思，他为难地看看母亲，母亲慈祥地对孔融说："融儿，动动脑筋呀！梨子分来一个不少，你一定能分好的。"

孔融的眼珠子急速地转动着，他瞧了瞧盘子又望了望梨子，忽然，脸上露出了喜悦之色，他拍着小脑瓜儿说："有办法了。"只见孔融拿起盘中5只梨子分别递给5个堂兄妹，盘中剩下一只梨子，可还有一个堂妹没有分到梨子，这个堂妹感到很委屈。伯伯、叔叔和婶婶说这个办法不灵。孔融微微一笑，把剩下的一只梨子连同盘子一起递给了这个堂妹。

父亲高兴地说："融儿，你分得很对，能不能给大家讲讲为什么要这样分？"

孔融脆生生地说："每人分一个，说明6个堂兄妹都得分着；盘子里还要留一个，这也可理解为只要有一只梨子放在盘子里就行，所以我这样分是符合题意的。"

大家恍然大悟，连夸孔融聪明过人，父母亲也开心地笑了。

孔融奇辩胜大官

孔融在10岁时，跟随父亲到了洛阳。当时，洛阳有个大名鼎鼎的人物叫李元礼，官至司隶校尉（相当于太守）。因为他多才多艺、道德高尚，拜访他的人络绎不绝。但是，要才华出众的社会名流和他家的亲戚，守门人才给通报。孔融几次央求父亲带他去见见李元礼，父亲生怕他不懂事，得罪人家，所以不肯答应。

这一天，孔融瞒着父亲一个人来到李家的门口，冲着守门人行了个礼，脆生生地说："我是李大人的亲戚，让我进去。"

守门人见他长得乖模乖样、知情识礼，是个书香人家子弟，就进去通报李元礼。

孔融被请进客厅，李元礼觉得他面生，就问道："你和我是什么亲戚呀？"

孔融答道："说来话长，过去我的祖先孔子和您的祖先老子（李聃，春秋时代的思想家、道家学说的创始者）有师生关系，因此我和您自应是老世交了。"

见这个孩子这么从容不迫、能说会道，在座的宾客没有不感到惊奇的。李元礼更是赞叹不已："好口才，真是个神童啊！"

这时，看门人通报：太中大夫陈韪到。

陈韪大摇大摆来到客厅，听见大家正在赞扬一个不知名的孩子，就好奇地问是怎么回事。人们把孔融的话告诉他，陈韪不以为然地说："小时候聪明伶俐，长大了不一定有什么出息。"

大家都觉得他说话很粗鲁，但又不好回驳他。堂上一阵沉默。

孔融不慌不忙地回敬陈韪："我想，陈大人在小时候一定是很聪明伶俐的吧。"

陈韪想：这不是用我的话来治我吗？说我

小时候聪明,不就是说我现在是个没出息的笨蛋吗?不由得脸色通红。

大家见这位大官竟败在一个小孩手里,心中不由得暗笑起来。

诸葛亮巧对老师

传说诸葛亮小时候,由父亲带去拜水镜先生为师。

水镜先生对诸葛亮说:"我出三个题目,答对了就收下你。"接着出了一个哑题:他屈起食指,伸到诸葛亮面前,又点了点。

诸葛亮向水镜先生深深一鞠躬,又后退三步,站在一边解释道:"你要我做首屈一指的大官,我当鞠躬尽瘁,死而后已。"

先生坐在蒲团上说:"我出的第二个题目是,要你想办法使我离开这座位。"

诸葛亮走到墙角,顺手拿了一根竹竿,就要捅房上的瓦。

先生连忙起来阻止说:"不要捅漏了房子!"

诸葛亮笑了:"先生坐地,我想通天,先生不是离开座位了吗?"

先生稳坐在椅子上说:"你能使我寸步难行吗?"

诸葛亮手指先生说:"你这老匹夫,分明没有本事,在此胡扯!"先生气得脸色发紫,诸葛亮却摘下他的帽子,扔到房顶上。先生气急了,只好脱了鞋蹲在诸葛亮父亲的肩上去拿帽子。这时,诸葛亮抓起先生的鞋子藏了起来。先生拿到了帽子,却找不到鞋子,诸葛亮说:"您寸步难行啦!"

水镜先生哈哈大笑,说:"好聪明的孩子,我收下你啦!"

三年后的一天早上,水镜先生对弟子们说:"我出一道考题:从现在起到午时三刻止,谁能得到我的允许走出水镜庄,谁就出师。"

弟子们急了,有的大呼:"庄外失火!"有的谎报:"家里死了人,得赶紧回去!"水镜先生概不理睬。只有诸葛亮,早伏在书桌上睡着了,鼾声大作,搅得考场不得安宁。水镜先生很生气。

午时三刻快到了,诸葛亮一觉醒来,听说先生出了这么个考题,一把拉住先生的衣襟哭道:"先生这么刁钻,尽出歪题害我们,我不当你的弟子了,还我三年学费,快还我三年学费!"

水镜先生是天下名士,谁不尊敬?现在见诸葛亮这么辱骂他,气得浑身打颤,喝令他滚出水镜庄。诸葛亮哪里肯走,水镜先生命几个弟子,把他赶出庄去。

诸葛亮一出庄子,哈哈大笑起来,在路旁拾了根棍子,跑回水镜庄,跪在先生面前,双手捧上棍子说:"刚才为了应付考试,万不得已冲撞恩师,弟子愿受重罚。"

水镜先生猛然醒悟,转怒为喜,扶起诸葛亮说:"看来,青出于蓝而胜于蓝,你真的可以出师了。"

少年曹操的心机

曹操从小就很有心机,幼年时喜好飞禽走兽,行为放荡不羁,叔父很不喜欢他,还常在他父亲曹嵩面前说他的坏话,为此,曹操经常遭到父亲的鞭挞。

曹操一直想找机会教训一下叔父。一天,他远远看到叔父向自己家走来,忽然心生一计,等叔父快到自己跟前时,曹操口歪目斜,嘴吐白沫,像突然中风一般倒在了地上。叔父一看,赶紧跑去叫他父亲。

等叔父一进屋,曹操赶紧把衣服鞋衫弄得干干净净,高高兴兴地向家里走去。

他父亲听到儿子中风的消息赶紧跑出来,可一见曹操神采奕奕的样子很惊讶:"刚才你叔父说你中风倒地,怎么这么快就痊愈了?"

曹操显得很委屈地说:"孩儿从来没有得过这种病症,只因为叔父不喜欢我,所以经常诬陷我啊!"

曹嵩相信了儿子的话,以后叔父再说曹操坏话,他父亲不相信了。

崔瑗门上留佳诗

东汉著名文人崔瑗,涿郡安平(今河北安平)人。通天文、历数,东汉著名科学家张衡也曾经向他学习过天文历法。

崔瑗从小聪明伶俐,气质高雅,相貌不俗,由于家庭环境的良好影响,小崔瑗志向高远,喜好读书。"四书"、"五经"、诸子百家只要有书他就尽情地去读;礼、乐、射、御、书、数等技能他总是努力去学。他有一个奢想:要集百家于一身,会众艺于一人。

有一天,风和日丽,春光融融。崔瑗住所的前面路上前呼后拥地来了一队人马,其中骑着一匹栗色高马的人,白面文静,举止不俗,声言要来拜访崔姻。9岁的崔瑗听人说,这就是当今的县令，为官廉洁正直，有清名，颇受人们的敬重。小崔瑗忽发灵感，胸中酝酿了一首诗，于是随手写在大门上：

虽无干木，君非文侯。
何为光光，入我闾里。

意思是说，我们这偏僻的地方并不是古代的魏国啊，虽然那古魏国隐居的高人"干木"在这里并未出现，这位远道而来的谦谦君子也并不是曾经拜干木做老师的魏文侯，他为什么摆着架势来到我们这穷街陋巷呢？

县令拜客完毕，正要告退，忽然看到门上的诗句，那字写得端庄秀丽，心中顿生喜爱之情，但是再看那诗句的内容，感到对他有点儿隐微的讥讽。崔瑗被叫来了，县令一看是个眉清目秀的孩子，就说："你还能再接写几句吗？"只见崔瑗提起笔来一挥而就：

君使臣以礼，臣事君以忠。

县令见他小小年纪知识渊博，懂得那么多典故，且又出口成章，思维敏捷，情不自禁地说："真是奇才啊！"

荀攸心细察凶犯

东汉智士荀攸13岁时，祖父去世。这时，祖父的故吏张权，跑来吊丧，掩面哭号，还一再说，为了报答太守的恩德，他要为太守长守坟墓。极度悲痛中的荀家人，都为之感动，准备答应他的请求。

荀攸敏锐地觉察此人行为反常。他想，祖父生前，没听说与此人有深交，对他有大恩。非自己的尊亲而又无深交和恩惠，却要求为之守墓，这是不合于人之常情的。

荀攸既生此疑，就更细心观察，发觉此人对死者之悲情不由衷；对死者之爱，言过其实；言辞躲闪，心有所隐；面带惊忧，必有所惧。于是忙悄悄对叔父说："此人神色特别，所求反常，大概有作奸犯科之事。"一句话提醒了叔父，忙叫过张权，进行盘察。

张权做贼心虚，以为露了马脚，事情败露，遂供认犯了杀人罪，逃亡在外，欲以守墓为名，暂避于此，以逃脱官府追捕的真相。

苍舒逗山鸡跳舞

东汉末年的一天，南方有个少数民族派人送给丞相曹操一只名贵的山鸡。

那山鸡浑身长着艳丽的羽毛，五色斑驳，昂头挺胸，显得十分威武。

曹操见了大喜，走上前用手指一味地逗弄着。山鸡只是轻轻地"咯咯"叫了两声，依然昂头挺胸。

曹操觉得有些遗憾：山鸡虽然很美丽，却过分呆板。他便对左右说："谁能叫这只山鸡跳舞，我重重有赏。"

左右听了，无不跃跃欲试。有的到山鸡面前挤眉弄眼；有的在山鸡面前放声高歌；有的干脆抱着山鸡兜起圈来；有的竟跪在山鸡面前，磕头像捣蒜一般……总之，都想激起山鸡的劲儿，叫它翩翩起舞。谁知，办法都使尽了，那山鸡还是不动声色。

曹操见状，又急又恼，忍不住脱口骂道："一帮蠢货！"

有个姓苍的官员急忙趋前说："丞相，我的孩子人很机灵，常常玩弄动物，叫他来保证一逗就灵。"

曹操便问："他有几岁了？"

"7岁。"

曹操沉吟了一下，对那官员说："谅你也不敢诳我，就传苍舒来试一试吧。"

苍舒奉命来到相府，那双滴溜滚圆的眼睛在山鸡身上扫来扫去，过了一会儿，便说："请拿面大镜子来。"

一面比人还高的大镜给扛来了。

苍舒让家奴把镜子竖在山鸡面前。

说也怪，那山鸡竟有灵性，见到镜子里美艳绝伦的山鸡模样忍不住妒心大发，便像孔雀似的张开彩色的翅膀，蹦蹦跳跳地舞蹈起来。它的本意是想借此压过镜子里的山鸡，不料后者也不买账，竟跟它对着干；结果惹得它越发疯狂地跳着，叫着，舞着……

镜内镜外一对山鸡跳起了节奏极快的"双鸡舞"。

曹操和左右忍不住哈哈大笑。

曹操连声夸赞苍舒，重重地奖赏了他。

吴佑止父抄经书

东汉有个叫吴佑的名士，少年时既能洞察世事，又通晓历史，对官场中尔虞我诈、相互倾轧的人事关系有深刻的了解，常常为当官的父亲筹划计谋，使父亲安然地避免了祸患。

有一年，吴佑的父亲吴恢奉旨远赴南海郡担任太守，当时只有12岁的吴佑也随同前去。

上任一些日子后，吴恢认为自己治理南海

很有政绩，就要一边记载在册，一边抄写经书。吴佑知道了，便急忙劝阻："父亲，万万不可。"

吴恢听到很是恼火，厉声责问道："你懂个啥？"

吴佑从容地问道："父亲，您不远千里，不辞辛劳，攀越越城、都庞、萌渚、骑田、大庾等五岭，来到这濒临南海的蛮荒之地，您知道其间的利害关系吗？"

吴恢听到儿子出口不凡，言辞凿凿，语气不免和缓了，惊疑地说："你说这话是什么意思？"

吴佑解释道："据我观察和调查，南海郡百姓所受文化教育很少，风俗鄙陋，人情险恶，这是一个很难治理的地方啊。朝廷并不相信您短短时间就有治理的政绩，而是怀疑您是否贪污了许多财宝；那些权贵显要人物并不会赞扬您治理的政绩，而是日夜盼望您能向他们贡献一些稀世珍宝，因为这里本是盛产黄金、宝石的地方啊。"

吴恢觉得儿子有些杞人忧天，便说："我可以不记政绩，但与我抄写经书又有什么关系呢？"

吴佑笑道："大有关系，如若处理不当，可能有杀身之祸呢！"

吴恢说："你这是危言耸听！"

吴佑说："父亲，就算把六经抄写一遍，您估计要几辆马车才装载得下？"

吴恢说："抄在竹片上，那需要两辆哩！"

吴佑笑道："好，两辆马车运回京城，人们会怎样看这件事呢？"

吴恢惊问道："两车经书嘛！"

吴佑严肃地说："恐怕没有这么简单吧！过去马援将军曾经把南方的薏苡果带回一车，原先是准备做种子，在北方推广种植，不料却被别人误认为是珍宝。他死后还遭人揭发，蒙受了不白之冤。王阳平时喜欢驾驭精美的车马，穿戴华贵的衣服到处炫耀，结果引起别人的妒忌，以致纷纷传说他捞取了不少黄金，害得他有口难辩。这种遭人怀疑、嫉恨和陷害的事，是古时候的先贤时刻警惕的呀！"

吴恢恍然大悟，立即打消了抄经书的计划。他抚摸着儿子的头说："好啊，我们吴家也出了一个像古代谦让豁达的季札一类的贤人了。"

曹冲凭石称大象

东汉末年，割据东吴的孙权，为了巴结借汉献帝之名执掌实权的丞相曹操，给他送去一头大象。

曹操见了大象，大喜过望。这头大象产自南方，它卷动长鼻，四只脚像四根坚强的大柱，浑身透露出一种稳重、刚实、摇撼不动的大山似的壮美之气。

上下左右端详了一番，曹操忽然想起："这大象可不知有多重啊？"想着，便向百官问道："谁家有大秤，把这头象称称？"

群臣听了一个个噤若寒蝉，呆若木鸡。

曹操正要发火，猛地一拍自己的额头，笑道："罢，罢，罢！世界上哪来称大象的秤呢？"曹操笑了一回，又问："大家看，有啥法子能称出大象的重量？"

百官们面面相觑，谁也拿不出妙计。突然，一个小孩从人群背后钻出来，叫道："爸爸，我有法子！"

曹操一看，是自己的小儿子曹冲，当时还只有5岁，便呵斥道："你懂个啥？"

曹冲也不理会父亲，翘着小嘴，开始说起来："容易得很哩。把大象赶到一条大船上，看船吃水多深，在船舷上做个记号。这样，把大象牵上岸，再往船上一筐又一筐地装石头，让船沉到刻记号的地方。只要把石头再一筐又一筐地过秤，加起来的重量不就是大象的重量了吗？"

曹操听完，拈着胡须，欣慰地笑道："妙！妙！你不愧是我曹家的千里驹啊！"

百官纷纷喝起彩来："神童！神童！"

人们按照曹冲的办法，很快称出了大象的重量。

曹冲机智救库吏

东汉末年，丞相曹操为了稳定社会秩序，制定了许多严刑苛法。属下稍有过失，就会挨重罚。

一天，库吏发觉收藏在仓库里的曹操坐骑的马鞍，给老鼠咬坏了一点，于是吓坏了，心想：这下可完啦，丞相如若追究起来，我是必死无疑的了。

想着，他就去找了一根长绳子，想把自己捆绑起来去曹操处负荆请罪，希望得到从宽处理。

路上，他碰到曹操的小儿子曹冲。

曹冲见状，奇怪地问："您这是干啥呀？"

"我工作失职，马鞍让老鼠给咬坏了。"

曹冲想了一想，连忙帮他解除了绳索，劝告道："您别焦急，我自有办法。"

于是，曹冲去找了把小刀将自己穿的衣服戳了许多小洞洞，活像老鼠咬坏的一样。完事后，便装成一副忧心忡忡的样子去见曹操，满腹心事地说："父亲，您看，我的衣服给老鼠咬成这样。听说，老鼠咬坏了衣服，主人一定凶多吉少，我真有点发愁哩。"

曹操听了哈哈大笑，摸了摸儿子的头，劝慰道："你别听人瞎说，没那回事，这是迷信！"

曹冲拜别父亲后，去见那个库吏，充满信心地说："现在，您去自首吧，保您没问题！"

库吏还有点将信将疑，便犹犹豫豫地将自己捆绑了前去报告。

曹操见状，诧异地问道："你这是干啥啊？"

库吏红着脸，结结巴巴地说："我，我工作失职，仓库里的马鞍给老鼠咬坏啦。"

曹操哈哈大笑道："孩子的衣服穿在身上都给老鼠咬坏了，马鞍挂在桩子上，哪有不给咬坏的道理？算了，算了。"

说着，曹操让左右替库吏解除了绳索。

库吏跪谢了曹操，又马上跑到曹冲那儿，千恩万谢一番。

诸葛恪滴水不漏

一次，孙权问诸葛恪："都说侄女像姑，侄儿像叔，你太像你的叔叔诸葛亮了。若把你的父亲和叔叔两相比较，哪个更好一些呢？"

此时吴、蜀正在交兵，诸葛亮是蜀国的丞相。对此，诸葛恪是心中有数的，于是，他随口答道："叔叔不如父亲。"

"为什么呢？"

"父亲比叔叔保的皇帝好！"孙权大喜。

蜀国派使者到吴国讲和，诸葛恪作陪。蜀国使者对诸葛恪早有耳闻，便有意试探他道："你知道蜀国的'蜀'字怎么解释吗？"

诸葛恪道："有水是浊，无水是蜀，横目苟身，虫入其腹。""蜀"在诸葛恪的口中一无是处。

蜀国来使既生气又吃惊，又问："那吴国的'吴'字又该怎样解释呢？"

"无口是天，有口是吴，下临沧海，天子帝都。"

孙权听了，心里很是高兴，但碍于面子，忙打圆场说："这是诸葛先生的侄子，他喜欢骑马，请让他的叔父带匹好马来作礼物。"

诸葛恪听罢，连忙磕头，以示谢恩。孙权不解地问道："要送马的是你叔叔，又不是我，再说好马还未送到呢。"

"皇上降旨，叔叔怎敢不送，自然要谢主隆恩了。"诸葛恪说道。

蜀使对诸葛恪的言行十分厌烦，谁料诸葛亮听了，不但不恼，反而喜笑颜开，道："我在蜀国为相，处在敌国的亲属稍有不慎，就会招致灭顶之灾，侄子小小年纪就懂得公私分明、各为其主，很好。"

诸葛恪歪答歪问

一天，一只白头翁停歇在殿前，孙权问："这是什么鸟？"

诸葛恪回答说："此鸟称白头翁。"

张昭年纪最老，以为诸葛恪在拿鸟取笑他，便挑拨说："诸葛恪欺陛下，没说过有鸟叫白头翁的，如果是的话，你能找出白头母吗？"

诸葛恪答道："有一种鸟叫鹦母，请你找出鹦父吧！"张昭也无言可答，座中都欢笑。白头翁只是鸟的名称，并不代表性别，诸葛恪歪答对歪问，回敬自然，简洁有力。

孙亮辨蜜中鼠屎

孙亮是三国时吴国国君孙权的小儿子。孙权死时，他只有10岁，就做了国君。一天，园丁向国君献上一筐青梅，孙亮刚想吃，想到宫中仓库里有蜂蜜，就叫太监去取。那太监知道宫廷里收藏的蜂蜜味道特别好，也曾经向掌管内库的官吏讨，都遭到那官吏的拒绝，太监一直气在心里，想报复一下。他把蜂蜜领出内库后，在蜂蜜里放了十几颗老鼠屎。

太监献上蜂蜜后，孙亮把青梅在蜜中浸一下，刚要吃，猛然发现蜜中有老鼠屎，气愤地下令把管理仓库的官吏押来。

孙亮质问道："你专职管理仓库，却让老鼠把屎屙到蜂蜜里，知道这是什么罪吗？"

那小官吏知道这是渎职罪，轻则丢官，重则坐牢。但他一直小心翼翼，存放蜂蜜时先检查有没有杂质，检查后才装进干净的坛子里密封起来，绝对不可能有老鼠屎的。他于是连连叩头，接着反复申诉，高喊冤枉。

孙亮沉思了一会儿问："太监向你要过蜜吗？"

小官吏说："他私自向我讨过多次，我没敢给。"

太监大声嚷道:"胡说,我从来没有私自向他要过。"

这时,站在孙亮身边的几个大臣说:"他们的供词不一样,应当把他们送到监察司审问。"

孙亮摆摆手说:"不用,这事很容易弄清楚。"说罢,命令太监把老鼠屎捞出来,并叫他把老鼠屎用刀剖开。

孙亮逐个检查了剖成两半的老鼠屎后,笑着对身旁的大臣说:"你们看,如果老鼠屎早就放在蜜里,那么,应该里外都是湿的。但这些老鼠屎,都只是湿了点外表,里面都是干燥的,说明是刚放进蜜中不久。这说明是太监领出蜂蜜后,放进去的!"

太监这时"扑通"一声跪倒在地,连连叩头承认自己犯了陷害罪,请求宽恕。在场的人对年纪很小的国君判别是非这样准确,都感到十分震惊。

太子孙登比弹丸

三国时吴国君主孙权的长子——太子孙登,有一次骑马出外,忽然有个弹丸从他身边擦过。孙登的随从人员立即在附近搜查打弹丸的人。

有一个人背着弓带着弹丸,随从们全都认为是这个人用弹丸打了孙登,就一拥而上,对他围斗。可是这个人极力否认。随从们正要动手打他,孙登过来制止了手下的人,让他们去找那个飞过来的弹丸。

弹丸找到了,孙登拿来和那个人所带的弹丸一比较,不一样,就释放了那个人。

张俨做客赋犬诗

张俨,字子节,三国时吴国吴郡(今江苏苏州)人,少有才。有一次,小张俨到骠骑将军朱据家做客。朱据早已耳闻小家伙文才不凡,想亲自考考,就对他说:"今天小才子光临寒舍,机会难得,我想请你赋诗一首,再入座饮酒,不知意下如何?"

张俨爽快地说:"行,就请将军出题吧。"

朱据沉吟片刻,说:"就以到我家看到的任何一件事物为内容,自己命题,自己作诗。"

忽然一只狗从外边厨房里跑来,嘴里还衔着一根骨头,龇牙咧嘴,恐怕伙伴抢走似的,张俨灵机一动,对将军说:"就写这只犬吧,题目就是《赋犬》。"

"行,请读出来吧!"

"守则有威,出则有获……"张俨脱口而出。

"很好,对狗的特点和习性基本上抓住了,果然名不虚传。"将军连连喝彩。

陆绩少时议国事

陆绩,三国时吴国吴郡(今江苏苏州)人。精通天文、历算,曾绘《浑天图》,注释过《易经》,撰写了《太玄经注》等文。

陆绩的父亲陆康,东汉时曾任卢江太守。一天,孙策、张昭和秦松等人在一起议论国事,不足13岁的陆绩在一旁玩耍。只听大人们说:现在天下大乱,英雄豪杰蜂起,谁有武装就是英雄。因此要想统一天下就需要广招兵马,用武力征伐。

陆绩听到如此议论,大声说:"春秋时齐桓公以管仲为相,九合诸侯,一匡天下,根本就不用武力。孔子早就说过,远方的国家如果不归降顺服,就进一步用仁义礼乐教化他们。"

张昭故意说:"齐桓公、孔夫子都是古代圣人,可你还是黄发小童,怎么能相提并论?"

陆绩说:"我虽然是个小孩,不懂得什么,可是,我听你们没有一个人提到道德教化、安抚百姓,却大谈战争,武力征伐,与圣人背道而驰,我认为是很不合适的。"

陆绩的话虽然不合时宜,但这样小小的年纪却能纵论国家大事,确属难能可贵。因此,孙策等评价说,这个小孩将来一定是个杰出的人才。

后来,陆绩果然成长为一位博学多识的人物,被孙权任命为奏曹掾,官至郁林太守。

钟毓钟会巧应对

三国时魏国的太傅钟繇有两个儿子,哥哥叫钟毓,弟弟叫钟会,两兄弟从小就都很聪明,但性格却不同,钟毓比较憨厚,而钟会则比较调皮,虽然做同一件事情,弟兄俩却会表现出不同的态度。

有一次,父亲午睡,钟会就出主意与钟毓一同溜进父亲的房间去偷药酒喝。其实父亲是假装睡着,偷偷察看两个儿子的行动。

钟毓先向父亲跪拜,行礼如仪,然后才开始喝酒;钟会不但不拜,喝酒时,还向父亲做着鬼脸。父亲当时没有出声,事后问钟毓:"我既已睡着,为何行礼?"

钟毓答道:"偷喝药酒心中忐忑不安,不

拜更觉不安。"

父亲又问钟会："你为何不拜？"

钟会答道："偷酒已属非礼，所以不敢行礼！"

钟繇见两个儿子回答得都很有理，满心欢喜，便没再加以责备，只是勉励他俩好好读书。

魏文帝曹丕得知钟家兄弟的才能，就命钟繇带着孩子来见。

钟毓和钟会都是第一次见皇帝，但神态各异。大殿上庄严肃穆，魏帝高坐龙椅，威严显赫，卫兵列队，刀戟并举，钟毓一见这副阵势，紧张得满面流汗，而钟会则若无其事。

魏文帝问钟毓："你为什么出这么多汗呢？"

钟毓回答说："战战惶惶，汗出如浆。"这是实话，钟毓当时确是这种心情。

魏文帝又问钟会道："你为什么不出汗呢？"

钟会应声道："战战栗栗，汗不敢出。"这是虚言，但回答得比哥哥巧妙，有胆有识。他的回答使魏文帝和百官都惊奇不已，齐声夸奖兄弟俩聪明过人。

钟会长大后，官拜秘书郎、镇西将军，和邓艾一起进兵四川，灭了蜀国，事实证明他是个有才能的人。

司马遹牵帝衣襟

愍怀太子司马遹，字熙祖，是晋惠帝司马衷的长子，晋武帝司马炎的孙子，小时候非常聪明，武帝十分喜爱，常常带在身边。

有一天晚上，宫中忽然失火，武帝登楼观望。那时5岁的小太子司马遹牵着武帝的衣襟，把他拉到暗处。武帝问他有什么事，他说："晚上突然出了乱子，该小心防备，不要让别人看到你在这儿呀。"从这件小事情上，武帝看出了这个小孩子的智慧非同一般。

有一次，小太子跟着武帝巡视宫内的养猪场，对武帝说："猪很肥，长期养着耗费粮食，还不如犒劳臣下和卫士呢。"

武帝称赞了他的主意，立即叫人去烹猪，还拍着他的肩对廷尉傅祗说："这孩子会使我们家兴旺的。"

王戎辨路边苦李

西晋时期的宰相王戎，小时候就很聪明。

夏日的一天，他和几个小伙伴到临沂城外去游玩。他们跳呀蹦的，玩得很带劲，玩了一会儿，觉得很口渴。

一个小朋友说："走，我们去找些水果吃吃。"

他们远远看见大路边有棵李树，就奔了过去。好啊，上面沉甸甸地挂着满树熟透的李子。

小朋友们高兴地嚷道："多好的李子呀！多妙的李子呀！我们可以吃个痛快啦！"

于是，大家一哄而上。只有王戎一个人站在旁边不动。

有个小朋友问："喂，王戎，你还站那里干啥呀？"

王戎说："这李子是苦的，不能吃。"

这时，一个小朋友已经咬了一口："啊！啊！真是苦的，苦的！呸！呸！"

小朋友们都尝到苦味，扔下李子，跑到王戎面前问他："你怎么知道这李子是苦的呢？"

王戎认真地说："这棵李树在大路边，如果是甜的，早就被人摘光啦。这是棵野生的李树呀！"

王允之装醉脱险

东晋时代，有个孩子名叫王允之，为人机灵，很善于揣摸大人的心理。

王允之的伯父是东晋的大将军，名叫王敦。此人执掌朝政，骄横跋扈，为人残暴凶狠，被人称为杀人不眨眼的魔王。有一次，他为了强迫客人喝酒，竟接连杀死了几个敬酒不成的美女，使得客人难以夹菜下咽。

可王敦对王允之倒很喜欢，常常邀他同床而眠。

有一天，王允之照例酒足饭饱后同王敦睡在一起。

天亮后，王敦给一个下属唤醒。王敦忙起床跟他密谈："喂，我叫你准备的兵马和武器怎样了？"

"将军大人，已经万事俱备，只欠东风了。"

"好，好极了。你计划几时动手包围王宫？"

"如此……"

"必须注意保密，若有外人知晓此事，格杀勿论！"

王敦同那心腹越谈越兴奋，以至忘记了帐子里还有一个小孩在睡觉。

其实，王允之早已醒了，他们关于谋反的谈话内容他全都听见了。他觉得自己处在险境之中，情急生智，便用手指往喉咙里死命地深抠，立时将隔夜的酒饭呕吐了一床。接着，又闭起眼睛，装着熟睡的样子，微微打起鼾来。

王敦跟下属谈了好久的话，忽然想起自己背后的床上还睡着王允之，大为惊恐，赶忙奔去，掀开帐子查看。不看也罢，一看不禁释然大笑，捂着鼻孔，自言自语地说："简直像头醉酒的小死猪！难闻死了，难闻死了。"

原来，满床呕吐物发出一阵阵酸臭之味，王允之兀自埋在污秽里酣睡哩。

王允之运用自己应变的智慧，逃过了杀人魔王杀人灭口的灾祸。

司马绍幼时妙言

晋明帝司马绍小时候非常聪明伶俐，很受父亲元帝的宠爱。

一次，元帝抱着小太子玩，太监前来禀报："陛下，长安派人来了。"

元帝朝见完毕，对幼小的太子说："孩儿，你说太阳和长安，哪个离我们这儿远？"

太子抬头望望太阳，说："太阳远，长安近呀。"

"为什么呢？"

"太阳好远好远的，从来没来过人；长安近，所以常来人呀。"

元帝摸摸太子的小脸蛋，高兴地说："对呀对呀，还能讲出理由来呢！"

第二天，晋元帝宴请文武百官。为了让大家知道太子的聪明，就把太子也叫来参加宴会。

大家正吃得高兴时，元帝问太子道："孩儿，父皇问你，太阳和长安，哪个离我们这儿近？"

太子又抬起头，朝殿外一指说："太阳离我们这儿近呀！"

元帝听了大吃一惊，顿时变了脸："你怎么和昨天说得不一样呀？"

太子说："你们看看呀，那不是太阳吗？我们老是能看见，长安呢，我们怎么看不见呀！这不是太阳近，长安远吗？"

元帝松了一口气，得意地笑了。

孙子荆敏捷应对

孙子荆少年时，看到仕海浮沉、官场黑暗，于是收起了猎取功名的宏愿，一心想学习古代的隐士，到深山老林去过幽静而孤寂的生活。

一天，他为了选择良好的隐居环境，便走到一处风景极佳的山谷地。只见那儿有一泓碧澄见底的池塘，一道流着淙淙山泉的清溪，几块光洁如新的青石……

孙子荆不禁喜出望外，喜滋滋地想：这就是类似古人许由隐居的极佳环境吧？想着，想着，那个有名的古代传说又浮现在脑海里：

尧要把天下谦让给许由治理，不料许由掉头就走，来到一道山溪边大洗耳朵。人们问他："这是为什么？"他答道："听了尧的话，弄脏了耳朵，所以要洗干净。"

孙子荆踏勘隐居地址回来后，又专程前往名士王武子那儿，向他津津乐道地描叙隐居山林的绝妙图景——"枕石漱流"，意思是说，住在山林里，困乏时可以枕着光洁的石头睡觉，口渴了又可以就着溪水漱漱嘴，喝几掬清水，那是多么自由自在、舒畅快乐的情景啊！谁知孙子荆说得太急，竟把它说颠倒了，变成"枕流漱石"。

王武子听罢不由得哈哈大笑，揶揄道："清水可以当枕头睡觉，石头可以当溪水漱口吗？"

孙子荆这才发觉自己说错了话，要改也来不及了，怎么办？于是他竟将错就错，即刻应声道："我说的'枕流'就是用水洗耳朵，我说的'漱石'，就是用石头来磨砺牙齿啊！"

王武子见他敏捷应对，言之成理，不禁脱口赞美道："妙！妙！想不到你竟有如此巧辩的奇才！"

从此，"枕流漱石"就成为沿用至今的著名典故。

小谢尚酬答自如

谢尚，字仁祖，东晋时阳夏（今河南太康县）人，是豫章郡太守谢鲲的儿子。

谢尚8岁时，有一次父亲带着他一齐待客，他彬彬有礼，酬答自如，俨然饱读诗书的谦谦君子。客人们都不禁对他另眼相看。

一位客人夸奖说："在座的这么多人，只有这孩子骨格清奇，举止落落大方，天资聪颖，问一知十，真是颜回再世呀！"

谢尚接过客人的话说："说我是一座之中的颜回，实在过奖。在座的既然没有孔子，又怎么能分辨出颜回来呢？"他的回答令满座惊讶。

后来，谢尚终于学有所成。晋穆帝时，任尚书仆射、豫州刺史和镇西将军等职，为一代名臣。

张玄之反讥邻居

晋代名将张玄之,在8岁的时候,掉了好几颗乳牙,一时没有长出来。说笑之间,嘴巴张开着,只见红红的舌头,好有趣。

一天,张玄之正同一群小孩子在院子里踢毽子,旁边正围观着好些男女,兴致勃勃地为他们做着裁判哩。

有位邻居见张玄之正张着没牙的嘴,气喘吁吁地踢得正欢,就上前与他搭讪道:"小公子,请教你一个问题,好吗?"

张玄之看了看那笑容可掬的男人,也笑道:"伯伯,什么问题呀?"

男人便问道:"狗窦(洞)为什么开得这么大啊?"

张玄之瞥了那男人一眼,不假思索地回答道:"狗洞大开,是为了让您能自由地出入啊。"

"哗——"院子里的人们哄堂大笑起来。

那个男人顿时涨红了脸,心里暗暗钦佩:张玄之的机智善辩,果真名不虚传啊!

张华著赋抒抱负

张华,字茂先,西晋时期范阳方城(今河北固安县)人,小时候家境贫困,一边牧羊,一边借书自学。8岁时会作赋,经过几年刻苦努力,已经具有相当高的写作水平。

有一次,张华为了抒发自己报国之抱负,作了《鹪鹩赋》以自寄。不久,"竹林七贤"之一的阮籍看到此赋,就把张华请到自己家中,边读边议论起这篇《鹪鹩赋》来。

阮籍很快就被赋中生动形象的描写所吸引,情不自禁地放声读了起来:"何造化之多端,播群形于万类。惟鹪鹩之微禽,亦摄生而受气,育翩䎒之陋体,无玄黄以自贵……飞不飘扬,翔不翕集。其居容易,其求易给。巢不过一枝,每食不过数粒……委命顺理,委物无患……任自然以为资,无诱慕于世伪。"

阮籍读到这里,大声地称赞道:"妙极了!以鹪鹩的谦虚、俭朴和远大抱负自比,不愧为有理想、有志气的少年。"

阮籍迫不及待地往下读时,发现赋的立意不断升华。作者先写鹓鶵、鹍鸟等"美羽"而"皆毙","苍鹰挚而受绁,鹦鹉慧而入笼",再描写它们造成这一下场的原因:"变声音以顺旨,思摧翮而为庸。"最后,文章点出了一个令人深思的道理:"普天壤而遐观,吾又安知大小之所如。"人与万物一样,不在于地位的高低,而在于廉洁和正直。阮籍被这位少年的文章折服了,不禁拍案叫绝:"高见,你乃王佐之才也。"

张华长大后,成为当时著名的文学家,官拜中书令、黄门侍郎、太子少傅等。著作有《博物志》400卷。

百文钱买百只鸡

张邱建是南北朝时的著名数学家。著有《算经》三卷,共有92题,已提到了等数、二次方程、不定方程、开平方、开立方等较高深的数学知识。

张邱建出生于农村的一个养鸡家庭,八九岁时就帮着父亲进城卖鸡,不论别人买什么种类的鸡、买多少只鸡,他都能随口报出价钱,从无差错。

有一次,县官派人送来100文钱,要张家送去100只鸡,并且要公鸡、母鸡、小鸡三个品种。由于这三种鸡的价格是不同的,张邱建的父亲算来算去算不清楚。

正遇着张邱建放牛回家,知道这事后,他把鸡价、品种和数量心算一下,对父亲说:"我家的公鸡每只4文,母鸡每只2文半,小鸡每只半文,明天给县里送去4只公鸡,18只母鸡,78只小鸡就对了。"

鸡送到县衙后,县官一查点,鸡的品种、数量和钱数正好相符,正是100文钱买100只鸡。他又给了100文钱,仍买100只鸡,但品种要与这次的不同。

回家后,张邱建见父亲正在发愁,便说道:"这次只要送8只公鸡,11只母鸡,81只小鸡就可以了。"

这次,张邱建同父亲一同将鸡送到县衙。县官连声叫绝,又拿出100文钱来,还要买品种不同的100只鸡。

张邱建当堂脱口而出:"老爷,我们下次可以送12只公鸡、4只母鸡、84只小鸡来!"

县官听了非常高兴,夸奖道:"真是神童名不虚传!"他把100文钱和前两次买的鸡全部赠给了张邱建。原来,县官并非真要买鸡,而是听说张邱建神算,故意考他的。

谢道蕴咏雪妙诗

古代,人们对有才能的女子冠"咏絮才"以称赞。为什么有这个"咏絮才"的称谓呢?

原来还有这么一个出典。

东晋时代有个著名的文学家叫谢安,在一个大雪纷飞的冬天,他围着火炉同侄儿侄女一起谈诗论文。

大雪预示着庄稼的丰收,所以谢安非常高兴,他望着室外一片银白世界,不由诗兴大发,想考一考侄儿侄女的文才,便出了一道诗题"白雪纷纷何所似?"要侄儿侄女们接他的诗句作为回答。

谢安有个侄儿名叫谢郎,当时只有8岁,素有神童之称,他略一思索,便接口道:"撒盐空中差可拟。"

平心而论,这句对得很工整,也很形象,意思是大雪纷飞就像空中撒了盐一般,这对一个8岁的儿童来说,已是很难为他了。但谢安却摇摇头评论道:"盐的体积很小却分量很重,如何能够纷飞?怎能形容出大雪飘落的动态?"

谢安的侄女名叫谢道蕴,当时只有7岁,见谢郎被难住了,便接口道:"我已想好了一句诗,不知妥否?"

谢安平时对谢道蕴并不留意,听到她已想好诗句,倒有些出乎意料,便说:"快说出来听听!"

谢道蕴不慌不忙地接上一句诗:"未若柳絮因风起。"

这是一个多么形象的比喻啊!风吹柳絮上云霄,像雪花飘舞,絮白如雪,雪轻如絮,字句工整,比喻恰当,场景鲜明,动态醒目。

谢安听了不由拊掌大笑,夸奖谢道蕴的奇才,谢郎也觉得自愧不如,不由羞红了脸。

谢道蕴却谦虚地说:"我是信口胡诌的,不值得夸奖!"

其实,这句诗哪是什么信口胡诌,而是谢道蕴深厚的文学修养的反映。她从小就喜爱读书,而且不囿于书本知识,善于把学到的知识与实际生活联系,养成了一种独特的观察能力。后人虽然有很多咏雪的诗文,但却无法超过谢道蕴这个用柳絮比作雪花的譬喻。所以人们不仅以她的咏雪诗句作为范句,还以"咏絮才"来称呼有才能的女子。

蔡兴宗深明大义

南北朝时期,南方的宋朝,有一个从小好学而且深明大义的孩子,他就是蔡廓的小儿子,叫蔡兴宗。

他们是济阳考城(今河南省民权县东北)人。蔡廓为人正直,不畏权势,在朝廷受到人们的推崇。蔡兴宗受父亲的影响,具有父亲的风范。

蔡廓同哥哥蔡轨感情深厚,他对哥哥十分敬爱,家中事情,不论大小,他都征得哥哥蔡轨的同意才去办。家中的所有财产,包括蔡廓自己的俸禄、皇帝的赏赐,都交给哥哥蔡轨。至于自己和家中需要花钱,都要到哥哥那里去说明开销,由哥哥支给。

蔡廓在豫章郡(治所在今江西省南昌市)任郡太守,后来罢官回家,想造两座宅院,东宅院先修成,他让哥哥蔡轨一家居住。西宅院准备留给自己家居住,但是西宅院还没有完全修好,蔡廓就去世了,兴宗才10岁。不久,蔡轨从长沙郡(治所在今湖南省长沙市)郡守任上罢官回家。

蔡轨回来后,马上送来50万钱,作为自己东宅院的营建费。蔡兴宗见伯父这样做,想:伯父送钱来,是因为父亲去世了,怕我们孤儿寡母连累伯父吗?不一定这样吧?伯父是很通情达理的。那一定是看我们家境困难,所以说是修房用的钱50万,实际上接济我们。可是我父亲修东西两座宅院,先修好东边伯父的宅院,完全是父亲对自己兄长的一片爱心啊!如果我们接受了这50万钱,就违背了父亲建房时的初衷,对不住去世的父亲!而且,这样做,岂不是把一家人的骨肉深情淹没在金钱之中了吗?

蔡兴宗就对母亲说:"我们和伯父家从来就如同一家,长期以来,不论是富有的时候,还是不宽裕的时候,都是一起度过的。所以,修宅院的钱,不应当接受。"

母亲见小儿子如此明白事理,就把钱送回了蔡轨家,并把兴宗所说的道理讲了,蔡轨听了,很觉惭愧。他对儿子蔡淡说:"我已经60岁了,办事还不如兴宗这10岁的孩子,我感到很羞愧,兴宗如此明理,我弟弟后继有人了!"

深明大义的蔡兴宗长大后,果然成为一个道德品质高尚的人。

神童刘歊的才学

刘歊,南北朝时期齐朝武帝永明六年(公元488年)生于平原郡(治所在今山东省平原县西南),字士光。6岁时,刘歊读《论语》、《诗经》。12岁时,他读了《庄子》,特别喜爱其中的《逍遥游》。

《逍遥游》是一篇气势磅礴、文辞优美、境界玄妙、寓意高深的著作,它一下子便把小刘歆吸引住了，他读了一遍又一遍，越读越觉得庄子讲得道理深奥。《逍遥游》浪漫的文辞、丰富奇异的想象、超凡脱俗的境界，使小刘歆在品味这篇文章时，暂时把他从幼年丧父的苦恼中解脱出来，可以说，佛典和《逍遥游》对小刘歆形成逃避现实世界的思想起了重大的作用。终于，刘歆对哥哥们说："《逍遥游》这篇文章，我已经读明白了。"

哥哥们听了，都非常高兴。

《逍遥游》是一篇不大好理解的文章，许多有名望的学者看它时，还常常有弄不明白的地方，或产生不少疑问。所以，当刘歆读懂《逍遥游》的事传出去之后，有的人惊异，有的人怀疑，认为这是吹牛皮、说大话。

这一天，刘家来了几个客人，这是当时的《庄子》学者，对《庄子》相当精通。他们来刘家，是为了考考刘歆。几位学者一个问题接一个问题提问，有的问题属于文字训诂方面的，有的问题属于寓意方面的……小刘歆毫不慌张、随问随答，两位哥哥紧张地站在一边，听到那些连大人也难以回答的问题，小刘歆却对答如流，他们这才松了一口气。

刘歆对文字训诂的解释，反应了他的文字功底之深厚。刘歆对《逍遥游》的寓意，有很多独到的见解，他滔滔不绝地发挥着自己的见解，描述着他的"心"体悟到的境界，话语自然而然地从他的心田流出，以至于忘记了自己是在同几位学者辩论，仿佛他处在庄子所描绘的"自然"之中，他的思想在逍遥自在地畅游。几位《庄子》学者先是吃惊不已，接着，他们也被刘歆的议论吸引住了，进而又似乎陶醉了……他们由衷地叹服。

他们临走时，对刘歆的两位哥哥说："令弟真是神童！"

"神童"之名，从此传播出去了。

刘歆长大以后，博学有文才。

小祖莹主讲《尚书》

南北朝时期的北魏，有一个嗜好读书的孩子叫祖莹，字元珍，范阳郡（治所在今河北省涿州市）遒县（今河北省涞水县）人。他的曾祖、祖父和父亲，都在北魏为官，可说是个官宦家庭。

父亲在祖莹很小的时候，便教他识字读书，祖莹8岁时，就能够背诵《论语》和《尚书》了。

祖莹坚持白天读书，晚上读书，他付出了多于常人的工夫，获得了超过一般人的学问知识。与他有过接触的人，都赞赏他学识渊博。

祖莹12岁时进入中书省当学生。他仍然坚持白天、晚上都读书。有一次，中书博士张天龙讲授《尚书》，他知道祖莹8岁时已能背诵《尚书》，就特意挑选祖莹第一个来讲。

这一天，中书省里的学生都集合在讲堂，静静地坐着，等待祖莹升座讲解。可是，大家左等他不来，右等他还是不来，中书博士张天龙便派人到宿舍去催祖莹。其实，祖莹并不是故意拖延。晚上，他读了一夜的书，天快亮时才打了个瞌睡，所以并没有发觉天已经大亮了。在差人的催促下，祖莹赶紧整理了一下衣帽，随手从桌子上拿了本书，便走向讲堂，坐到主讲座位上。

谁知他把书拿错了！原来刚才匆匆忙忙地从房中跑出来，随手拿的并不是自己早就准备好的那本《尚书》，而是在一个房间住的同学李孝怡的《曲礼》。中书博士张天龙，向来对学生要求严格，不许稍有差错。所以祖莹明知拿错了书，也不敢回去把《尚书》换来。他定了定神，心想：凭着自己平时熟读《尚书》，背着讲也是可以的。更何况，今天那么多人来听讲，要是说拿错了书，肯定会被张天龙训斥一顿。想到这里，祖莹若无其事地把《曲礼》往面前一放，扫视了一下讲堂，便开始讲《尚书》了。他一边背诵，一边讲解，《尚书》三篇，他背诵得一字不差，张天龙微笑着朝他点了点头。

李孝怡在祖莹拿着书走上讲台时便发现：祖莹来讲《尚书》，怎么拿了我的《曲礼》呢？因此，他坐立不安，暗地里替祖莹捏了一把汗。后来，见祖莹背诵《尚书》一字不差，讲解得滴水不漏，李孝怡一颗悬着的心才放下了。

祖莹讲完了，正要起座离开讲台，李孝怡忍不住向中书博士张天龙讲了祖莹匆忙之间拿错了书的事。张天龙和满堂的学生都非常惊奇，整个讲堂一片寂静。随后，惊异声、论议声、赞叹声充满了讲堂。

高洋快刀斩乱麻

南北朝时期，东魏丞相叫高欢，他生养了好几个儿子。

高欢平时对儿子们管教甚严，一心望子成龙。儿子们大都俯首帖耳，只要父亲有芝麻大点儿的暗示，就纷纷踊跃去做。唯独一个名叫高洋的儿子，常常要犟头倔脑，违抗父命，以致惹得高欢很不喜欢。

一次,高欢想了一个选题,意图考查一下儿子们的才智。儿子们闻命赶来,齐刷刷列队站好,听候提问。

"现在每人各发一把乱麻,谁整理得又快又好,谁就有奖。"说着,将乱麻分发到儿子们手里。

"开始!"

一声令下,孩子们个个全神贯注,清理起乱麻来。

好难整理的乱麻呵。那黄澄澄的团团乱麻,好似给人践踏过的乱草窝,麻线纠结缠绕在一起,连找个头都要费上好半天时间。

亏得孩子们有耐心。只见他们将乱麻一根根地抽出来,然后一根又一根地理齐。

只有高洋捧着乱麻既不抽头,也不理线,想了一想,去内室找来一把锋利的小刀,三下两下把乱麻齐刷刷斩断了。完事后,即向高欢大声报告道:"爸爸,乱麻已经整理好啦。"

高欢丢掉书本,离座前来验视。不看犹可,一看不由得勃然大怒道:"叫你理线,怎么都斩断了?!"

高洋脸不红,心不慌,坚定而有力地答道:"乱者必斩!"

高欢先是一愣,后来即刻回嗔作喜,暗暗想道:想不到此儿竟有执政的气魄!看来他将来必成大器!

想着,连忙宣布高洋获胜,予以奖赏。

果然不出所料,高洋长大后成了一国之君,就是北齐的文宣帝。

李寄智勇斩巨蛇

福建有座大山,名叫庸岭,又高又峻,在它西北方,有个巨大的山洞,洞里蛰伏着一条七八丈长的巨蛇。此蛇曾吞吃了许多过往行人,使得附近的百姓诚惶诚恐、人人自危。东冶郡(现福州市附近)的负责官员实在想不出制蛇的妙法,却一味听从巫师道士的建议,年年用整羊整牛去祭祀它,可仍然不能消灾祛邪。

巫师们为了挽回自己的声誉,便干脆造谣说,巨蛇已给他们托过梦,只有不断地将十二三岁的童女奉献给它,地方才得以安宁。东冶郡的昏官们居然又深信不疑,几年下来,已祭献了九个无辜女孩。可是,巨蛇为害依然存在。

有一年,"祭日"又快到了。官府又去搜抢女孩,可是搜来查去再也找不到。官府正在为难之际,将乐县有个名叫李寄的女孩却自愿来了。

原来,农民李诞生养了六个女儿,没有儿子。李寄最小,听说官府征召丫头祭蛇,便自告奋勇前去应征。李诞死也不肯放她走,岂料她说道:"我们这些丫头非但不能供养父母,反而白白增加了家庭的负担,活着有啥好处呢?还是把我卖给官府,您可得到一大笔赏钱,既可贴补家用,又少了我一份口粮。再说,我也不一定就会给蛇吞吃了嘛!"

李寄见父母还是不放她走,趁着黑夜偷偷地溜了出来。

李寄向官府提出,要一口好剑和一只厉害的狼狗,还要拌上蜜糖的几大担糯米团子。官府满口应允。

到了祭蛇那天,李寄也不用差役押送,反而命令他们挑上早已准备好的糯米团子,带上宝剑和狼狗,昂头挺胸地走向蛇洞。

到达洞口,李寄令差役将糯米团子倒在地上,挥手让他们回去。差役们生怕巨蛇出洞伤人,脚不点地地逃离了。

没有多久,巨蛇爬出洞口。躲在一旁的李寄看见,这是一条罕见的大蛇:脑袋有圆顶的谷仓那么大,眼睛活像两面两尺阔的眼镜。

巨蛇闻到地上食物的香气,便大口大口地将糯米团子吞吃个精光。

不一会儿,巨蛇蜷缩着身子,盘在洞口酣然睡去。原来,李寄在团子里拌了不少黄酒,巨蛇显然是被灌醉了。

李寄对着狼狗喝声:"上!"狼狗扑上去就朝蛇的颈子狠命地撕咬。

李寄擎着锋利无比的宝剑冲上去,用尽全力朝蛇头劈斩。巨蛇痛极了,吐出红红的长舌,在地上扭曲、翻滚,过了好一会儿,它全身一挺,死了。

李寄走进蛇洞,看见洞里有九具女孩的头骨,便全部捧出洞来,自言自语地说:"唉,你们既胆小怕事,又不肯动脑筋,白白丢掉性命,真可惜啊!"

王澄的机敏直言

王澄是太安狄那(大致在今山西省朔县一带)人,生活在北魏、东魏、北齐时期。

王澄不仅善骑马、射箭,而且十分爱好文学,从小就读了不少书,《诗经》、《论语》、《周易》、

《尚书》以及《文选》他都读过，有的还能背诵。

13岁时，王澄去见扬州（今江苏省扬州市）刺史郭元贞。郭元贞见到这个机灵的小家伙，很是喜欢，用手抚摸着他的背问道："你最近读些什么书？"

"读《孝经》。"

"《孝经》中说些什么？"

"《孝经》中讲，在上面做官的人，不能骄横傲慢；在下面的老百姓，不能反叛作乱。"

郭元贞一听笑了，说道："哦，你看我现在做刺史，是不是骄横傲慢呢？"

王澄马上回答说："大人虽然并没有骄横傲慢，不过，君子应当防患于未然，所以，请大人还应留意这一点。"

郭元贞听后，连声称好。

王澄15岁时父亲王基在北豫州（治所在今河南省郑州市西北）当刺史，王澄也跟随父亲到了北豫州。

当时，大将侯景拥兵10万，所以，东魏封他为司徒、南道行台，专门统治河南。一天，侯景同官员一起议论，这个没有学问的人却要充斯文模样，竟同官员们讨论起穿衣时应当前襟向左掩，还是向右掩。有认为应当左掩的，也有认为应当右掩的。这时，尚书敬显俊引经据典地谈了看法："孔子说'要是没有管仲，我们这些人恐怕都要披散着头发、穿着前襟向左掩的衣服了。'这样看来，孔子认为，穿前襟向左掩的衣服，不是我们中原人的习惯，那么，衣服前襟是应当向右掩的。"

陪同父亲来行台衙门的王澄，见这些官员正事不做，却为衣服前襟向左掩还是向右掩争论不休，就突然站出来大声说道："各位大人，我们国家就像巨龙一样，从北方的原野腾飞，雄伟地步入了中原地区，有多少事情要做啊！五帝的礼仪不相同，三皇的制度也是不一样的，哪能都一成不变呢？衣襟向左还是向右掩，有什么值得去争的呢？把时间精力耗费在区区小事上，岂不可惜！"

侯景听到这个少年的一番谈论，觉得很有道理，于是大加赞扬。

祖冲之绳量车轮

南北朝时代的科学家祖冲之推算的圆周率值在3.1415926和3.1415927之间，并提出了圆周率的约率22/7和密率355/113。密率值的提出比欧洲早1000多年。祖冲之不只是伟大的数学家，也是一位天文学家。他编制的《大明历》比当时的其他历法更为准确。

祖冲之从小不喜欢读"四书五经"，却酷爱数学、天文。

有一天深夜，小祖冲之在床上翻来覆去睡不着觉，对白天学的"圆周是直径的3倍"很不相信。第二天天一亮，他就把母亲纳鞋的绳子要来一段，飞奔着跑到村头的大路上，等待着来往的车辆。一会儿，大路上来了一辆马车。小冲之很有礼貌地叫住马车，请他允许用绳子量车轮。马车夫同意了，小冲之用绳子把车轮的圆周量了一下，然后把绳子均分为三段，再用其中的一段量直径。量来量去，他总觉得这三分之一的圆周比直径长。

过了一会儿，又过来一辆马车，小冲之同样彬彬有礼地请求车夫让他量一下车轮。结果一样，圆周的三分之一比直径长。他百思不得其解：为什么圆周的三分之一比直径长？究竟长多少？这个问题一直在小冲之的头脑里翻腾着。几十年过去了，直到他40岁，终于解开了这个谜，算出了相当精确的圆周率。

萧遥欣阻止打鸟

南齐时代的江南，不少人家养鸟。在一个村子的一个私塾里，有一个男孩最喜欢用弹弓射鸟。一天下午，这个孩子又在表演他的杀鸟技术，周围的人都屏住呼吸，安静得一点声响都没有。忽然，人群中响起了一个清脆的声音："手下留情！"

人们转过脸来一看，原来是一个10岁左右的男孩在叫唤。

那男孩停住手，放下举起的弹弓，喝问道："你是什么人？"

"我名叫萧遥欣，是今天到这儿来做客的。"

"我打鸟关你什么事？"

萧遥欣很认真地说："天下可供游戏的方法，有许许多多，何必专门去打鸟呢？每一只小鸟，都是一条小小的生命，它们在云中飞翔，停下来给人们歌唱，我们应该感谢它们都来不及，为何要伤害它们的生命呢？鸟是我们人类的最和善的朋友，射杀无辜，岂不太残酷了吗？"

那孩子听了很是羞惭，从此再也不打鸟了。

拓跋晃识敌酋心

北魏皇帝为了打击经常在边境骚扰的柔然兵,就从平城调集大军,分四路出师。皇帝亲自率领一路为先头部队,跟随他的还有15岁的皇太子拓跋晃。

北魏先头部队从小道直闯柔然狼主的所在地鹿浑谷。为了不使孤军深入无援,北魏皇帝命令沿途分别留军扎营。这样,部队行进了600余里到达鹿浑谷附近时,皇帝身边只剩下2000骑兵了。

皇帝和太子拓跋晃驱马奔上一个小山岗,发现前面隐隐约约有一片敌营。这时,尚书刘浴也骑着马过来向皇帝报告,说前边15里的那一片敌营即是柔然狼主的大本营。

"好,传令部队就地扎营,待四路大军会合后发动进攻。"皇帝对刘浴说。

"不可!"皇太子拓跋晃止住刘浴,转身对皇帝说,"儿以为兵贵神速。我军应该迅速出击,乘敌不备,打他个措手不及。"

皇帝摇了摇头说:"不,在没有掌握敌方的虚实之前,是不能冒险出击的。再说,我这里现在的人马也太少,我们应该等到四路人马会齐后再动手。"

拓跋晃仍坚持说:"父皇,机不可失。我军现在人马虽少,但士气正盛,足可以一当百,只要一鼓作气冲进敌人大营,敌人不知我军虚实,必然不敢迎敌!"

皇帝略一沉思就点头同意了。然后叫刘浴传令全军,人不卸甲,马不停蹄,直冲对方大营。

拓跋晃骑着白马,紧随父亲之后,率领2000人马向前奔驰。眼看离敌营只有几里之遥了,可就在这时,刘浴又策马过来,气喘吁吁地说:"陛下,请快停下。臣观察敌营情形怪异,其中可能有诈。"

皇帝急忙叫部队停止前进,抬头向前仔细观察了一下,发觉敌营里尘雾弥漫,而且鼓角混乱,似乎有埋伏。于是就犹豫不决起来。

这时,刘浴乘机又进谏说:"陛下,依臣之见,不如等两三日,待我四路大军会合时再进攻,这样可以稳获全胜。"

拓跋晃急忙说道:"父皇,刘尚书未免太多疑了。儿以为现在进攻,正是最好时机。"

皇帝用马鞭指着敌营回答道:"你没看见吗?敌营里尘雾弥漫,这说明敌人正在摆阵设伏。我军如果贸然闯进去,不是正中其计吗?"

拓跋晃争辩道:"如果敌营外边有尘土飞扬,那是敌军出营布阵设伏的迹象,可是据儿观察,现在是敌营里面尘土飞扬,那必定是敌人不明我军虚实,以为是重兵压境,所以军心动摇,惊慌失措,东奔西窜所致。如果我军现在迅速出击,定可大获全胜;若犹豫不决,过几天再去进攻,恐怕敌人早就逃掉了!"

可是他的话皇帝根本就不想听,挥师后退扎营。

两天过后,北魏的另外三路大军赶到了。这时候,皇帝再看敌军大营与原来并无多大变化。于是就对刘浴说:"今日进攻时机已到,快快点齐人马,立即向敌军大营发动进攻。"刘浴忙去传达进攻命令,而拓跋晃却站在一旁微微摇头叹息说:"敌营早已空了。"

北魏军攻进柔然兵大营时,果然见是一座空营,营中只有几百名无法逃跑的老弱病残的柔然兵。皇帝审问了几个老兵,他们都说,柔然狼主赫连可汗知道北魏人马到达鹿浑谷后,心中非常害怕,就在北魏皇帝退兵扎营的那个晚上,带着家眷连夜逃掉了。第二天一早,其余部将知道狼主已经逃遁,也都纷纷逃跑了。

"唉,若听我儿的话,早就一举歼灭敌酋了!"皇帝十分懊悔地对拓跋晃说。

宗悫夜半杀强盗

南北朝时期宋国将领宗悫,南阳涅阳(今河南镇平南)人。在他14岁那年,他哥哥宗沁结婚那天的晚上,家里曾发生这样一件事:

宗悫闹了哥哥的洞房后就脱去新衣,换上了紧身衣衫,拿着剑像往日一样到后花园去练武。

月光下,花园里静悄悄。宗悫先打了一套拳,然后又舞剑。当他一套套练完之后,已经是夜深人静了。他收起剑正准备回房休息,忽听前厅方向隐隐传来一阵又一阵的呼喊"救命"的声音。宗悫闻声拔脚就往前厅奔去。

原来,有一伙强盗见宗悫家里办喜事,估计会有不少彩礼,于是就隐伏在宗家后花园附近。等到夜深人静,前厅里吃喜酒的客人散去后,他们就潜入园中,首先来到前厅,将几个正在收拾房间的家人捆绑了起来,强迫他们说出贮藏彩礼的地方。几个家人不肯说,他们就用皮鞭抽打,直打得家人们"哇啦哇啦"喊救命。

夜色朦胧,宗悫借着月光,看见五六个脸上涂着色彩、头上缠着头巾的强盗正在拷打家人，不禁大喝一声，挥舞着宝剑冲进前厅。

强盗们听见宗悫的喝叫声，开头吃了一惊，但当他们看清来人只不过是一个孩子时，气焰又嚣张起来。宗悫见强盗的刀闪着寒光向他砍来，急忙一闪身躲开刀锋，顺势转到强盗的背后，一剑刺入那坏蛋的后背。那家伙痛得大叫一声，就摔倒在地板上。宗悫凭借自己平时苦练出的好功夫，不断使出种种绝招。几个回合较量下来，强盗们都不是他的对手。一个强盗的前胸被他刺中一剑，另一强盗被他刺中咽喉，其余的几个强盗见势不妙，纷纷窜出前厅逃走了。

"往哪里逃！"宗悫大叫一声，紧紧追赶在前边逃跑的一个强盗。可是当他接近哥哥的新房时，忽听见新房内传出声音。他估计一定有强盗在那里行凶，就折转身奔向新房。

宗悫估计得不错。原来有几个强盗趁宗悫与另外几个强盗交手时，悄悄地溜到了这里，想从新房里捞一些金银首饰再走。没想到他们刚踏进新房的外室，还没来得及下手，就被宗悫发现了。

几个强盗仗着人多，举刀一齐上来围攻宗悫。宗悫大显身手，将剑挥舞得冷光闪闪，吓得强盗们不敢近身。一个强盗躲闪不及，被宗悫一剑刺中，立即栽倒在地上。

"快来捉强盗呀！"

这时候，宗悫的叔叔带着家丁们赶来了。大家一齐动手，把剩下的几个强盗都捉住了。

小苻坚不惧司隶

十六国时期的前秦皇帝苻坚的父亲苻洪是西戎酋长，骁勇多谋，被各部族首领推为盟主。苻坚幼时才貌双全，祖父和父亲视他为掌上明珠，非常重视对他的培养和教育。

有一天，小苻坚和几个孩子在街上玩耍，两"军"对垒，喊杀声震天。他们有的扔泥块，有的手持木条做剑戟，有的以牒为械，有的赤手空拳做相扑状，还有的滚作一团，吸引了许多大人站在旁边观看，孩子群中的苻坚像一个小元帅，指挥着军士们左冲右突，厮杀争夺。

旁观者中有一位名士叫徐统，走出来故意大声喊道："司隶来了！"司隶相当于现在的公安人员或警察，听到这一声喊有很多孩子吓跑了，没吓跑的也都躲在路旁大气不敢出。苻坚却站在街心若无其事地玩着。

徐统见他不害怕，走上前来问道："苻郎，这儿是官员们行走的御街，你在这里嬉戏玩耍，影响行路，怎么就不害怕司隶把你抓走呢？"

苻坚看了看徐统，昂然地回答："司隶的主要任务是察举百官以下和京师中那些犯法的人，追捕奸滑的盗贼。他们怎么会来抓玩耍游戏的小孩呢？"

徐统见他理直气壮、振振有词，对于司隶的职责又了解得那么清楚，私下里对左右的人说："这小家伙将来一定是个了不起的人。"

小苻坚长大以后果真胸有大志，博学多艺。他19岁那年杀死了凶暴残忍的昏庸皇帝苻生，自立为帝。

岑文本辩雪父冤

隋炀帝大业四年（公元608年）仲夏的一天，长安城司隶台（隋炀帝时期设立的中央三个监察机关之一）的大堂上，一个年方14岁的孩子滔滔不绝地向司隶大夫申诉，叙述父亲的冤情。这个孩子，就是后来辅佐唐太宗治理大唐帝国、开创"贞观治世"的名臣之一岑文本。

岑文本，字景仁，南阳棘阳（今河南省南阳市南）人。他的父亲岑之象，在隋炀帝时期担任邯郸（今河北省邯郸市西南）县的县令。在县令任上，岑之象廉洁清正，办事大公无私，对下属要求也很严格，不许他们欺凌百姓，更不能容忍贪赃枉法，因而得罪了一些人。于是，有人诬告岑县令违法。岑之象被捕待审，虽几次三番申诉，都没有结果。14岁的岑文本为了救父，日夜兼程赶往长安。一到长安，他连夜写出了申诉状，天一亮就投到司隶台，在司隶台衙门外大声喊冤。

进入司隶台大堂，只见正中坐着司隶大夫，两边是手持棍棒、刑具的皂役，一声声升堂的呼喊声，使肃穆寂静的大堂，增添了几分骇人的气氛。申诉状由衙役递了上去，岑文本又把父亲治理邯郸，公正廉明、爱护百姓、惩治违法奸徒的情况叙述了一下，接着申诉道："家父为政清廉，处事公平，惩恶不惜身、罚奸不留情。奸恶之徒受国家法纪惩罚，不思改正，反而依托亲友权贵，诬词陷害家父，家父三次申诉，四次陈词，郡衙不予理睬，以至于今，冤不得伸，身陷狱中。长此下去，败坏法纪，危害极大：家父蒙冤，此其一；奸恶之徒的邪恶行为得逞，此其二；国家大法因而败坏，此其三。由于这三点，忠臣遭殃，奸人胡作非为，百姓将再遭凌辱。这绝不是我大隋帝国所追求的。"

岑文本慷慨激昂的陈词，情中有理、理中寓情的申诉，使司隶大夫既佩服又感动，在旁的官吏和皂役，听着岑文本的辩解，也都入了神，暗暗称奇。司隶大夫听完岑文本雄辩的申诉后，对岑文本说："岑文本，本官已听清你的申诉，岑县令显然是蒙受了冤屈。前两天本官看到武安郡（治所在今永年县东南）送来的文案，就有些疑问，经你详细剖析，指出事由，本官已经明白了。无赖诬告，郡衙应该辨明，而久拖不决，以至于今，本官明日即奏明皇上，为岑县令昭雪。你小小年纪，为救父亲，不顾路途遥远，来到京城，孝心可嘉。本官见你口才雄辩，词锋犀利，又读你申诉书状，情真词切，想来是岑县令教诲所至。本官极想当面一试你的文才，你看如何？"接着他抬头一看，见大堂之外的小池中，白色和淡色的莲花，随风摇摆，他立即说："就以莲花为题，请作赋一篇。"

差人拿过砚墨纸笔，岑文本略加思索，提笔便写，只见他笔不停顿，一会儿《莲花赋》就写成了。司隶大夫接过来看完之后，欢喜异常，连声称妙。

岑文本雪冤救父的事传扬开了，可惜，他的《莲花赋》没有流传下来。但是，他在司隶台这个中央监察机关，破天荒地作赋，却被史学家记载下来了。

苏世长上书言事

苏世长，雍州武功（今陕西省武功县西北）人。在北周和隋代，都担任过官职。

小时候，苏世长就喜爱读书。他也常常听到担任过刺史的父亲和朋友们谈论当时的政事，家庭、环境的熏陶，使苏世长从小开始留心国家大事，关心政治局势的变化，思考政治问题。他通过了解到的情况，认为北周面临几个必须尽快解决的问题。于是小世长便给北周武帝宇文邕上书，分析了北周存在的问题。其大意是：

皇帝陛下以天下百姓为重，想治理好国家，这是天下百姓的幸福。要治理好国家，首要的是百姓安宁。而百姓的安宁，最根本的是要保证他们的衣食丰足。百姓衣食的丰足，关键又在于不误农时。所以，在农耕、收获的季节，国家应当保证农时，不能征兵打仗，不要征发百姓修建宫殿、城池。

皇帝陛下是国家的元首。国家大权应当掌握在皇帝陛下的手中，皇帝陛下的权威要有绝对的保证，不允许任何人凌驾在君主之上，更不允许官员和他们的子弟、下属仗势欺凌百姓，贪赃枉法，败坏国家法纪。

总之，国家要保护和安定百姓，皇帝要巩固权威、以德治国。只有这样，国家才能富庶强大，皇帝陛下消灭北齐和南方陈国、统一全国的伟大事业，才可能完成。

北周武帝看到苏世长的上书，非常高兴。苏世长书中所说的安民、强国、君权、统一这些重大问题，也正是他日夜考虑的大事，于是决定召见他。那天，苏世长进宫来见武帝。宇文邕一看上书的原来是个10岁多一点儿的小孩子，心里就有点疑虑：那上书是他写的吗？那书中的见解、提出的问题，是这个孩子自己想出来的吗？于是，武帝问道："你在家读些什么书？"

"回禀皇帝陛下，小臣在家读《孝经》、《论语》。"

"《孝经》、《论语》这两部书讲了些什么？"

苏世长见皇帝这样问，觉得又好答，又不好答。好答，只要把两部书中讲的道理说一下就行了；不好答，讲多了不行，讲少了，又不能把两部书的精华、精神实质讲透。苏世长想了想，决定把回答引到自己上书中的问题上来。他回答道："《孝经》讲的是，治理国家的人，要关怀没有妻子和没有丈夫的孤苦人，给他们以温暖，不要欺侮和伤害他们。《论语》讲的是治理国家应当施行德政，要仁厚。"

北周武帝对小世长巧妙的回答十分赞赏，这回答，既把《孝经》、《论语》的主要精神提炼出来了，又同小世长上书言事的内容有着直接和有机的联系。北周武帝的疑问消除了。

后来，北周武帝在政治、军事方面进行了改革，经过五年的努力，在公元577年消灭了北齐，实现了统一全国的第一步，控制了整个北方。

于仲文放牛断案

于仲文曾在隋朝做过大官。

在他小时候，有一年，村上任家和杜家都丢失了一头牛，两家都倾巢出动分头寻找，找了好久也没有找到。后来别人总算为他们找到了一头，两家都抢着说那头牛是自己的，双方争执不下，把官司打到州里，州官也难以判断，案子就挂了起来。

这时，益州长史（官职名）韩伯俊灵机一动，对州官说："少年于仲文聪颖过人，为何不召他来断案？"

州官不以为然地说："嘴上无毛，办事不牢！此案大人都不行，何况少年？"

韩伯俊说："大人此言差矣。"说着，就向州官介绍了于仲文9岁时跟着父亲去晋见隋文帝的轶事：

皇帝向于仲文问道："听说你喜欢读书，书里记载着哪些事啊？"

于仲文从容地回答道："奉养父母，服务国君，千言万语无非是'忠孝'两字而已。"

隋文帝惊异于于仲文概括能力之强，连连赞叹道："说得好！说得好！"

韩伯俊说："大人，您看能否让于仲文这小子试一试处理此案？"

州官欣然应允，即命左右持着大红请帖前往于家。

于仲文到达州府，问明前后情况，微笑道："这个案子很容易判定。"

说着，便叫任、杜两家各将自己的牛群全数赶到州府前的大操场上。他便喝令道："放牛！"

说完，那头牛直往任家牛群奔去。

场上人群欢呼起来："是任家的，是任家的！"

于仲文冷眼见杜家不服，便叫声："慢，把那头牛单独赶出来。"

牛出来了，于仲文命差役用鞭子狠命地抽打，任家的人奔上前，拼命地抵挡，还将鞭子夺了下来。杜家的人只是在旁边喊道："莫打了，莫打了。"那喊声有气无力，像在演戏。

于仲文看了，便厉声盘问杜家人："如果查出这头牛不是你家的，而你们硬要冒领，除了10倍罚款，还要承担法律责任啊！"

杜家人知道瞒不过仲文，只得承认自己有冒领之罪，诺诺连声，告退而去。

于仲文神断牛案的名声，从此传了出去。

何妥反嘲顾教官

这是隋朝的名士何妥小时候的故事。

有一天，左邻右舍的大人取笑他说："小何妥啊，你在我们地方上可算得上是没有对手的神童了，要是你到京城的最高学府国子学去，那就可要处处碰壁，大败而归了。"

8岁的何妥撇了撇嘴，不服气地说："国子学又怎么？难道有三头六臂会吃人吗？"

那人说："吃人倒不会。不过，那儿都是知识丰富、学问渊博的人，你去了只能虚心求教，否则，必定自讨没趣的。"

何妥笑道："有志不在年高，有理不在声大。我若去国子学当然是虚心学习，但如果有人恃才傲物，欺侮我是小孩，我也不会买账的呀。"

邻居听了，似信非信地摇摇头，走了。

何妥果然不服气，终于找了个机会，跑到国子学里去，站到教室旁虚心聆听那些学者的讲课。

忽然，某教室下课了，拥出了一批学生。走在最后的是一个教官，名叫顾良。他看见了何妥，又惊又喜地说："嘿，你不是远近闻名的神童何妥吗！今朝什么风把你吹来啦？"

何妥恭恭敬敬地说："顾大人，我特来国子学一游，顺便恭听您的教课，得益非浅。"

顾良见他小小年纪，说起话来老成持重，刚柔相济，在暗暗佩服之余，不免生出开玩笑的想法，便说："你这何妥的姓氏，究竟是'荷叶'的'荷'，还是'河水'的'河'啊？"

顾良说着，顿时就有一些大学生围拢来，嘻嘻地笑着，看何妥怎么回答。

何妥略加品味，就明白了顾良玩笑之中揶揄的意味，于是应声答道："您老先生不是姓顾吗，请问，那是'眷顾'（照顾、关怀之意）的'顾'，还是'新故'（新近死去或新旧之意）的'故'啊？"

顾良顿时面孔绯红，有些难以招架。

何妥到17岁，便凭着他的智慧和才干，被湘东王用重金聘去干事了。

少年智辩胜狂僧

隋朝时，有个和尚叫三藏法师。他对佛经也学了一些，但学得不深，只懂得些许皮毛，可是常常大言不惭，自诩为天下佛学权威。一些善男信女为他的"博学"所迷惑，无不佩服得五体投地。

一天，他照例设斋拜佛，讲经说法。各地佛教信徒慕名赶来，将设置讲桌的斋坛围得水泄不通。

三藏法师清了清嗓子，摸了摸发亮的光头合掌于胸，微闭双目，口中念念有词，睁开眼，脸含笑，正式地讲起学来。

信徒们一齐恭而敬之地聆听三藏法师那天书似的教课。有的实在听不懂，只能自怪娘生了自个一颗笨脑袋，就端详起法师嘴角的白沫沫，看着它们忽儿起泡儿、忽儿消散开，倒也是打掉瞌睡虫儿的妙法。

好容易等他讲完，那些健嘴巧舌的子弟便迫不及待地提出一些稀奇古怪的难题来，哪知三藏法师竟是对答如流，而且还说这答案出自什么什么佛经。从没有看过什么佛经、文化水平很低的信徒们，只得个个耷拉着脑瓜子，仰望着大师诚惶诚恐地崇拜起来。

此刻，三藏法师显现出一派志得意满的神气，眼睛微微乜斜着，流露出"天下佛学舍我其谁"的狂妄之光。

忽然，一个十二三岁的孩子从信徒人群中倏地站了起来，大声问："大师，我记得有部佛经上写着关于野狐和尚的事，它把'狐'叫作'阿闍黎'。请问，这部佛经叫什么名字？"

三藏法师听了面色刷地变白，一时语塞。但毕竟他吹牛讲学多年，阅历丰富，便马上"嘿嘿"冷笑两声，来了个偷换论题的把戏，向小孩严厉反问道："你这小鬼嗓子尖、个儿小，怎么不拿'声音'来补养身子呢？"

小孩不甘示弱，当即来个针尖对麦芒，反唇相讥道："请问你眼窝深、鼻子长，怎么不割下鼻子来充补眼睛呢？"

三藏法师又羞又恼，正待发作，坛下却哄然大笑起来。

李世民智救父亲

隋朝末年的隋炀帝是个昏庸腐朽的暴君。有个奸臣与李渊不和，要借隋炀帝之手害死李渊。于是，他投隋炀帝之好，提出让李渊百日之内为皇帝修建一座颇具规模的宫殿，若到时不能修好就处死李渊。

圣旨传到李渊处，李渊知道奸臣想借此加害自己，可是又怎敢抗旨？看来是死到临头了。二子李世民对父亲说："百日之内修一座宫殿是很难的，大宫殿完不成，我们就修小些。只要宫殿的布局合了皇上的心意就行。我认为修造宫殿的关键在于人，只要我们肯出重金，重赏之下必有勇夫，各种人才是能收罗齐的。"

李渊听了儿子的话后觉得有理，便派人寻访又贴告示，广招京城内外的能工巧匠，匠人们因重赏而趋之若鹜，果然，百日不到宫殿就造好了。宫殿虽不大，但精致堂皇很合隋炀帝心意。

可奸臣又向隋炀帝进谗言，说宫殿是李渊早就修好了的。宫殿修好没几天，隋炀帝又召李渊到朝廷上，厉声道："你竟敢欺骗我，百日之内怎么能造起这座宫殿？听说这是你早就造好自己用的，你私造宫殿有谋叛朝廷之罪！推出去斩了！"

李渊明白这是昏庸的皇帝听了奸臣的谗言，连喊"冤枉"。突然，殿下传来一声高喊："冤枉！请刀下留人。"

原来是李世民听说隋炀帝又把父亲叫去，知道事情不妙，便紧跟来了。隋炀帝见来人是个少年，有些奇怪，便阻止行刑的兵士，叫李世民上来问话。

李世民跪下叩拜，报了姓名身世，就说："我父亲冤枉！这座宫殿是我和父亲一起监造的，确实是百日之内才造好的，请陛下查验。"

隋炀帝问："怎么证明是才造好的？"

李世民说道："请陛下派人拔钉验锈，揭瓦验泥。新修的宫殿，钉子没有生锈，瓦泥还是新的。如果是早修好的，钉子一定生锈了，瓦上也会生霉斑。"

隋炀帝立即派人验查，果然见钉子无锈，瓦上无霉，泥土也是新的。这就证明了宫殿是新造的。于是重赏了李渊父子，同时处罚了进谗言的奸臣。

房玄龄识天下势

唐太宗时的著名宰相房玄龄，字乔，齐州人。父亲房彦谦，曾在隋朝担任过泾阳（今陕西省泾阳县）县令。隋文帝开皇九年，统一了全国，不久，12岁的房玄龄随父亲来到了京城长安。

房玄龄在去长安的路上，了解到农民缺少土地，隋朝刑罚很重。到了长安，又见到皇族贵戚骄横、奢侈。他深切地感到，隋帝国的根基并不坚实。房玄龄从隋王朝的表面安定中，看到了它内部的矛盾和深处潜伏的种种危机，综合听到、看到的情况，经过多日的思考、分析，得出了与其他人截然相反的结论。一天，他悄悄地对父亲讲述了所见所闻和自己对隋王朝前景的看法：

"父亲，现在的太平日子长不了。皇上本来并没有什么功劳和德行，他之所以能当上皇帝，还不是因为他是周朝皇家的近亲，夺取了周朝的天下。皇上从不为国家和自己子孙的千秋事业考虑，他把封为藩王的儿子与继承皇位的太子混淆在一起，正是嫡庶不分。这会造成诸王和太子为了争夺皇位而互相倾轧，最终宫廷内乱、残杀必不可免，这个王国就保全不了。今天看起来，好像是很太平的，那是因为这些问题还没有发展到激烈的程度啊！一旦问题发展起来,我看大隋帝国的灭亡一定是很快的,就像把脚跷起来那样的容易、那样的迅速!"

房彦谦听了小玄龄的一番话,觉得很有道理。

房玄龄10余岁时所分析的隋朝大势,10余年后得到了证实。公元618年农民起义的熊熊烈火,埋葬了隋王朝,暴君隋炀帝也在扬州被处死。

善于观察、分析天下大势的房玄龄,也很会识人,当李渊从太原起兵反隋的时候,李世民领兵经过渭北,房玄龄看准了李世民确实有济世安民、一统天下的雄才大略,便到兵营去投奔李世民,从此开始了他参与创建大唐帝国的新生涯。

李琪鉴古而知今

唐朝的李琪,年幼时熟读诗书,很有文名。小小年纪就读通了《诗》、《书》、《礼》、《乐》、《易》、《春秋》这些中国文化经典书籍。

有位名叫王铎的军政官员,听说李琪年龄小学问大,很有点怀疑,便想找机会考考他。

有一次王铎在官府举行宴会,他派人邀李琪父子前来赴宴。

宴席上,王铎虚与委蛇地赞扬了李琪几句,便请李琪当众作一篇赋,题目叫《三杰赋》。

李琪略加思索,很快墨浓笔饱,潇潇洒洒地写完文章,交给王铎。

王铎一边看,一边赞赏不已。读到结尾几句,禁不住连连喝彩。那结尾的大意是这样的:"国家一定要得到贤才的辅佐、治理,才能繁荣昌盛,而决不能任用道德败坏、学问浅薄的小人,从而败坏国家的前途。要特别看重第一流的人才,珍爱有雄才宏略的大臣。历史的教训是深刻的啊,项羽所以败亡是有其必然的原因的,就是他有一个范增却不能好好任用。刘邦的最终获胜,就在于他能重用张良、萧何、韩信三个豪杰啊!"

读完全文,王铎兴犹未尽,对宾客大声赞道:"此儿今后必成大器,我等不可等闲视之!"

宴会结束后,王铎又想出了一个考查李琪诗才的题目,便说:"刚才,我看到皇帝下达的诏书,说是要调拓跋恩恭为大将,率领大军收复北京。你能否当场写出一首诗,赞美这个壮举啊?"

李琪点点头,说:"王大人,我就献丑了。"说着,挥笔蘸墨,随手写下了一首五绝:

飞骑日边来,何时玉辇回?
早平关右贼,莫待诏书催!

王铎看罢,连连称赞说:"好诗,好诗。"

从此,小李琪的名声鹊起。

贾嘉隐巧对大臣

唐朝的名人贾嘉隐,相貌丑陋,两颗门牙暴出嘴外,五官配搭也不端正。然而,他学问高深,小时有"神童"的美称。

有一次,他接受皇帝的召见。皇帝见他聪明伶俐、机智非凡,高兴地设宴招待他。

在宴会上,有两位执掌朝政的大官却不以为然。这两个大官,一个是赵国公长孙无忌,一个是司空徐勣。他们见贾嘉隐长得难看,已有七分不喜,在宴席上就交头接耳地说:"这个丑小孩,看样子蠢头蠢脑的,怎么会折服皇帝呢?"

谈着谈着,两人便悄悄地商量了一个取笑贾嘉隐的办法。

散席后,两位大官邀请贾嘉隐到庭院去散步。

好大的庭院啊,有假山、池塘、楼榭和各种树草花卉。贾嘉隐顿觉心旷神怡。

这时,徐勣突然不走了,倚靠着一棵松树,笑着问嘉隐:"我靠的是什么树?"

嘉隐答道:"松树。"

徐勣顿时板着面孔说:"明明是槐树,你为何要乱说?"

嘉隐面不改色,道:"您是德高望重的赵国公,'公'靠在'木'边上,岂不是'松'字吗?"

徐勣见他回答得礼貌而巧妙,一时找不到岔子,愣住了。

长孙无忌见状,内心不服,便靠上一棵槐树,向嘉隐发问道:"我靠的又是什么树?"

嘉隐说:"槐树。"

长孙无忌也板起面孔,故意问道:"为什么?"

嘉隐还是从容地答道:"刚才徐大人是'公'靠'木',如今是'鬼'靠'木',岂不是'槐'字吗?"

两位大官听罢顿时红了脸,心想:这小子好厉害,说'鬼'靠'木',具有双重含义:一是'无忌'之名类似'无常',含'鬼'之意;二是明明影射他俩提问题的动机不纯,有'捣鬼'之意。他俩很是尴尬。

可是徐勣很不服气,便羞恼地说:"想不

到你人长得这么难看，说出来的话却是这么厉害！"

嘉隐立即不假思索地说："大人您脸长得像胡人，还能当汉人的宰相。难道丑人就一定不聪明吗？"

徐勣和长孙无忌顿时瞠目结舌，哑然无言了。

骆宾王七岁赋诗

"初唐四杰"之一的骆宾王，婺州义乌（今浙江义乌）人，6岁时已读了很多诗文。他在读书之余，还喜欢观察各种小动物的活动。

7岁时，有一天早晨，他坐在村池塘边一块大青石上朗读古诗。他读了一会儿后，伸了伸腰，就留心起池塘里游着的一群群白鹅来。只见那湖面上碧波荡漾，白鹅高仰着头，两只红掌不断地拨动，发出嘎嘎的叫声，尽情地在水面上游来游去。看白鹅那种大摇大摆游动和引颈高叫的样子，真有点像歌唱家那样，多么扬扬自得。他目不转睛地观察着白鹅的一举一动，觉得十分有趣，就情不自禁地吟起了一首《咏鹅》诗来：

鹅，鹅，鹅，曲项向天歌。
白毛浮绿水，红掌拨清波。

这首随口而出创作的诗歌，把白鹅的活动写得惟妙惟肖。

"鹅，鹅，鹅"，像是呼唤同伴，多么亲切逼真呀。

"曲项向天歌"，那白鹅弯曲着项颈，发出嘎嘎的声音，像是回答同伴，又像是向着天空自由歌唱，多么活泼可爱！

"浮"字以静写动，把白鹅游动的情景写活了，可谓妙笔。"拨"字更是精到之笔，既形象，又贴切，把鹅的动态写得逼真如画。这清新活泼的诗句出于一个7岁的小孩子之口，确实令人惊叹不已。

骆宾王成人以后，学问渊博，才华横溢，诗和文章都写得很出色。他写的《帝京篇》、《在狱咏蝉》等诗篇，都是初唐律诗中传诵极广的名作。

元嘉同时做六事

唐朝武则天执政时，有个神童叫元嘉，他聪慧过人，好学不倦，而且性格坚韧，好胜心强，谁有本领就向谁学，一定要超过那个人才罢休。到了10岁时，他读书、写字、作文都具有相当高的水平，超过了年龄比他大得多的文人学士。但是元嘉并不满足。

有一次，他看见一个高手下棋，这位高手能够同时与几个人对弈。别人冥思苦想，他却落子如飞。结果，几个人同时都输给了他。元嘉见了非常惊奇，就向那位下棋高手请教，如何才能掌握这种本领。

下棋高手对元嘉说："这并不希罕，凡事只要熟练了就能生巧。我只不过下棋比别人专心，下的次数也比别人多。小朋友，你很聪明，如果认真学棋，准会下得比我还好。"

元嘉并没有跟那位高手学下棋，只是把高手的方法运用到他读书、写字、作文中，他不断练习同时用手、脚、眼、嘴做不同的几件事，经过长时间的练习，他终于练成了同时做六件事的技能。

元嘉可以左手用笔在纸上画圆形，右手用笔在纸上画方形，嘴里背诵着古文，眼睛看着羊群点数，脑子构思着诗稿，脚趾夹着笔把构思的诗文写出来，这六件事，他同时进行，很快就完成了。

人们对元嘉的这种本领非常佩服，十分惊奇，他们觉得能这样做的人并非凡人，就给他起了个"神仙童子"的外号。

直到如今，有些人能左右手提笔写诗，或是一边写字，一边读书，同时能做两三件事，还没有人能超过元嘉同时做六件事的记录。

李泌方圆动静诗

唐朝开元年间，唐玄宗曾下令召集一批精通佛学、道学、儒学的学者到皇宫来，讨论学术问题，并且相互质难、答辩。

就在学者们穿梭于讲台上下的时候，有个名叫员淑的孩子，只有9岁，也飞步跨上讲台，口若悬河，侃侃而论，谈笑极其从容。

唐玄宗等员淑走下讲台，招手叫他来到身旁，笑问道："在你们小朋友当中，还有没有像你这样聪明的孩子啊？"

员淑连忙跪下，回奏道："有，有。我的表弟李泌就是一个！"

唐玄宗大喜，立即派人骑马去李府传唤李泌进宫。

李泌进宫的时候，玄宗正和张说在看别人下棋。

李泌见了玄宗，下跪禀告道："小臣李泌

应召来到。"

玄宗笑着将李泌扶起，请他坐在一旁，便示意张说出题目当面考问。张说略一沉吟，便令以《方圆动静》为题叫李泌作一首小诗。为了示范，张说自己先脱口咏道：

方如棋局，圆如棋子，
动如棋生，静如棋死。

李泌也略一思索，紧跟着应声吟咏道：

方如行义，圆如用智，
动如聘材，静如得意。

唐玄宗听罢，连连赞扬："小李泌的诗比张说的高明多了，不只跳出了就事论事的圈子，还显示了他的雄图大略呢！看来，这个孩子的识见和才能远远高出他的身材啊。"

李泌后来真的成了大器，做过唐肃宗、代宗、德宗三个皇帝的朋友和老师，还做过德宗的宰相，成为晚唐名噪一时的贤臣。

李白猜谜知姓名

唐代大诗人李白，一生写诗千余首，其诗雄奇奔放，瑰丽绚烂，飘逸神妙，把我国古代的诗歌创作推向了巅峰，对后世和世界都有极大的影响，被后人尊为"诗仙"。

李白5岁时从西域随父亲回到四川青莲地区定居。到10岁时候，琴棋书画样样都行。

有一年春天，有个住在岷山山脚下的隐士前来拜访李白的父亲，恰巧他外出未归。隐士满脸透出失望的神气，兜转屁股就要离去。李白见状，连忙拉住隐士道："您远道而来，席不暇暖，就要返回，这是有伤身体和精神的啊。"

客人见李白礼貌热情、出言不俗，不免暗暗称奇，便坐了下来。

为免客人无聊，李白撇下书房里的功课，到厅上陪隐士说话，首先问道："请问先生尊姓大名，以便转告家父。"

隐士有心要试试李白的才学，便咳了一声，用手指轻拂一下长须，朗声说道："姓是'有人偷'，名是'鸟落山头不见脚'。"

李白略微思索了一会儿，便拱手回答道："小童知道了，小童知道了，家父回来一定禀报。"

隐士逼问道："请说出来！"

李白马上答道："'有人偷'就是把'偷'字去掉单人旁，那么就是'俞'字，'鸟落山头不见脚'，就是'岛'字。您姓俞名岛！"

隐士听罢，十分惊佩，连连拍着他的脑袋说："童子奇才，可喜可贺！"

李白巧对胡乡绅

李白不到10岁就名闻家乡。14岁时，李白来到南浦（今万县），当地有个胡乡绅，恃才傲物，他想考一下李白的才学。就出了一个上联："梁山栽大竹，无须淋（邻）水。"这个上联含有三个地名，因此是一个很难对的上联。

谁知李白随口答道："南浦人长寿，何惧丰都。"这个下联前后也是三个地名，对仗甚是工整。

李白诗作得好，酒也喝得多，胡乡绅很是嫉妒，他指着墙上的一幅画叫众人观看。那画上有个老神仙，怀抱大酒坛，睡在山崖边，坛口朝外面流着酒。胡乡绅以画为题又出了个上联："酉加卒是醉，目加垂是睡，老神仙怀抱酒坛枕上偎，不知是醉还是睡？"

李白不慌不忙地回答："月添半是胖，月添长是胀，胡乡绅挺起大肚堂中站，不知是胖还是胀？"

胡乡绅本想借联讥笑李白，谁知反被李白针锋相对嘲讽了一番，堂前众人，一看胡乡绅肥胖如猪的那般模样，不禁一齐捧腹大笑起来。

胡乡绅不由怒火中烧，想伺机报复。酒席散后，他领众人到花园散步，只见荷花池里有几只小鹅浮在水上，便借题发挥对李白说："白鹅黄尚未脱尽，竟不知天高地厚！"

李白心中自然明白胡乡绅的用意，顺势向池塘中扫视一眼，恰好看见一只乌龟伸出头来，便应声答道："乌龟壳早已磨光，可算是老奸巨猾！"

众人听了，望着直瞪眼珠的胡乡绅哄然大笑起来。

张九龄养鸽传书

唐玄宗时的大臣张九龄自幼喜爱小动物。他5岁时，有亲戚送了他一对白鸽，他就精心喂养。后来，鸽子繁殖到三四十只。他每天清晨起床的第一件事，就是带着鸽子到郊野放飞，让鸽子自由飞翔，他自己则步行回家。当他到家门口时，那些鸽子已一只不少地在家里等他了。

张九龄13岁那年，准备南下广州，去探访亲友，借此也扩大眼界，认识社会。

他人出门旅行都是带着大包小包的行装，

张九龄却只带了两只装有鸽子的木笼。

"请问公子，你带这么多鸽子出行做什么？"船老大带着惊诧的神色问道。

"我用来传递信息。"张九龄淡淡地回答。

三天后，船过英德。张九龄写了一封短信，绑在一只鸽子的腿上，然后把鸽子托在手中，伸向半空。那鸽子展翅高飞，直上云天，瞬间就不见了。又过了三天，到了三水，他用同样方式又放出一只白鸽，让他带上沿途平安的信息，飞向曲江。再过两天，张九龄到了广州，又放出第三只白鸽。

唐朝的广州，已是南方的大商城。张九龄大开了眼界，他很有兴趣地到处游览，并根据观感，写下了不少诗文。张九龄小小年纪就能写出如此好诗，因而他的名字很快就在当地文坛传开了。最后广州最高行政长官、身为广州刺史的王方庆知道了，也派人请他到官署相见，要结识他这位善于写诗的曲江（今广东韶关）神童。

"你孤身出来已经好几个月了吧？那么长时间，你不怕父母掂念？"王方庆问。

"父母确实惦念我，但我每隔五天十天，就给他们写平安信和问候信。"张九龄满有把握地说，"他们收到我的信后，也就放心了。"

"啊，五天十天去一封信，怎么可能呢？"王方庆诧异地说，"就是官道传递公文也得一个月呢。"

"我清晨发出的信，午后就可到曲江家中了。"张九龄微笑地说，从怀里摸出随身携带的一只鸽子，又从衣袖里取出前几天父亲托人送来的一封信，信中说他从英德和三水以及刚到广州让飞奴送回的三封家书，全都收到了，而且还说三只飞奴，除了在广州的那只飞了大半天，另两只都是只隔了一两个时辰就飞到曲江家中了。

王方庆看了张九龄的家信，抚摸着鸽子，真是有种说不出的敬佩感，想不到小小鸽子竟能比官家快马驿站还要及时、迅速。他拍拍张九龄说："你真是有见识，今后前途远大啊！"

薛涛幼吟梧桐诗

薛涛，唐朝著名女诗人，一生写的诗歌相传有500多首，大多散佚，明代人辑其诗词名为《薛涛集》。

薛涛8岁那年的一天，清晨起床后不久，初日的红光照彻大地，庭院中那棵高大的梧桐也披一身明晖，微风吹来，树叶娑娑作响。薛父于是指着梧桐树随口吟了两句诗：

庭除一古桐，耸杆入云中。

父亲吟完这两句诗后，停了下来，含笑望着薛涛，说："下面就由你来续成一首完整的诗吧。"

要续写下面的两句很难，须讲究平仄，得注意押韵，更要注意对仗，内容当然还要连贯。父亲的意思是想考考她，也是想锻炼她。薛涛迎着父亲信任的眼光，然后凝望着梧桐树那高大的身姿，略作短暂的沉吟，朗声诵道：

枝连南北鸟，叶送往来风。

这两句诗续得很富情趣，有了它顿时使全诗灵气四溢，有声有色，给人以广阔的联想天地。你看，南来北往的鸟儿非常喜欢这棵大树，有的在树枝上停栖，啁啾啼鸣，有的还在上面筑巢安家，哺婴育雏；梧桐叶的小掌轻轻拍着，就像在迎接南吹北拂的风。也难怪父亲听了女儿的吟诗后，品味再三，不禁连声赞叹呢！

林杰五岁七夕诗

林杰是唐代的一位非常聪明的孩子，大家都管他叫"神童"，可惜他英年早逝，仅在这块生育他的热土上生活了10年就匆匆地离去了。然而，他留下的《七夕诗》，成为传世之作。

5岁那年的农历七月初七黄昏，看见天空时时飘动着几朵白云，满天星星仿佛在白花丛中欢快地眨着眼睛，母亲知道自己的孩子非常聪明，就要他写一首关于"七夕"的诗。林杰想起母亲讲过的牛郎织女的故事，就挥笔写道：

七夕今朝看碧霄，牵牛织女渡河桥。

家家乞巧望秋月，穿尽红丝几万条。

第一行说在富有美丽神话色彩的七月初七的晚上，大家抬头望着天空，不仅点出了时间，而且描绘出了人们过节日的兴奋情绪。

第二行说在七夕晚上人们最关心的事：一年到头，牛郎忙于耕种放牧，织女忙于纺纱织布，二人隔河忙碌，难得七夕会面。人们多么希望天下的鸟儿来搭起鹊桥，让牛郎织女相会啊！

一、二句写的是天上，接着小林杰话锋一转，用三、四句专说人间。织女既然是一位神仙，当然心灵手巧，聪明非凡。因而在七夕的时候，人间的女子便抓住这个良机向她乞求聪明智巧。她们纷纷在秋月映照下，用彩色丝线穿七孔针，练习针线活，乞求织女娘娘赐给大家织布绣花的本领。

这首诗把人间和天上连在一起，把神话世界和现实世界连在一起，既有美丽动人的神话色彩，又有十分热闹的人间情味，充分显示了小林杰的才气。

狄仁杰制伏府尉

唐朝武则天时的宰相狄仁杰12岁那年，狄家庄上发生了一件命案，死者和狄仁杰同在一个私塾里读书。有一天，人们发现这孩子不明不白地死在村口的一条路边，身上留有刀伤，于是报案。

太原府主管缉捕盗贼的府尉受太原府尹的派遣，带着十几个人，骑着高头大马直奔狄家庄去勘查案情。这时候，年过半百的老塾师正在给狄仁杰几个学生讲《论语》，其余的学生也都在专心读书。突然，一群凶神恶煞似的官兵闯进书屋，学生们停止了朗读，惊愕地看着站在他们面前的那个身穿官服的府尉。

府尉把草屋扫视了一周，然后转身朝兵丁做了个手势说："搜！"那些兵丁们就动手翻箱倒柜地搜查起来。

"喂，老头儿！"府尉挥舞手中的马鞭子对村塾老先生吼道，"你们这里死了童生，凶手是谁，你快指出来！"

可是不论府尉如何恐吓，那老塾师实在说不出什么来。这时候那些兵丁也都搜查完了，一无所获。于是，府尉开始审问学生们。

"你的同学被杀害的时候，你到哪里去了？"府尉这样开始一个一个地审问。学生们都被吓得哭出声来。

可就在这非常混乱的时候，狄仁杰端坐在靠墙角的一张方桌边，正全神贯注地看着手中的那册《论语》。

府尉觉得这是对他的蔑视，就从坐着的椅子上跳了起来，冲到狄仁杰的跟前，气急败坏地大声吼叫道："喂，这小子，你们这里出了凶杀大案，你为何不来受审？"

狄仁杰头也不抬地说："我在读圣贤书，休得打扰！"

府尉见狄仁杰如此蔑视他，不由得恼羞成怒，叫嚷道："你这小子好大胆，竟敢藐视官府，来人哪！"

府尉一声吼叫，立即窜过几个兵丁来到狄仁杰身旁。狄仁杰微微冷笑着站起身来说："你凭什么说我藐视官府？我读的是孔圣人教诲后代的经典，胜朝和当今的大唐皇帝都曾三令五申，务必尊重，不得亵渎。如今你胆敢闯入学宫无理取闹，借口勘查，侮辱圣贤，践踏斯文。如此行为，有损新朝威信，败坏官府声誉。我正要去觐见大唐皇帝，我知道，当今皇上礼贤下士，读书人他都肯见。我这就和你一起去觐见皇上吧！"

到这时候，被吓昏了的府尉才回过神来。心里说："这小子好厉害！当今皇上倡导'以诗书治理天下'，如果他真要告我一状，我可担当不起啊！"于是他急忙换上一副面孔，和颜悦色地对狄仁杰说："小哥儿，不要生气，刚才是和你开玩笑，不必介意！"他带来的那些兵丁也跟着灰溜溜地走了。

慧能和尚承法嗣

唐代时，黄梅县东林禅寺的方丈弘忍法师学问高深，又善于结交僧俗人众，因此很有名望。有一个叫慧能的小和尚前来拜谒，向他行过大礼后，再三表示希望在他左右当个跟随，聆听他的教诲。弘忍法师边跟慧能说话，边注意仔细观察，见慧能面目清秀，态度虔诚，但骨瘦如柴，不知有没有苦读经学的毅力。于是便令小沙弥打来盆沸水，放在慧能面前，然后若无其事地说："你的脚太脏了，如果你真有诚心，就请濯洗吧。"

慧能听了，立即明白了弘忍的意思。于是他故意一言不发，转身就走。

"师兄，难道你不诚心求佛了？"小沙弥还以为慧能真的要走，急忙上前拦住他。

慧能指着盆中的沸水，一语双关地回答道："这么大的佛庙，却没有我的立足之地，还强留下来做什么呢？"

弘忍见慧能如此聪明，很是高兴。但他决心再试一试，又叫小沙弥："去拿一个冬瓜来。"

不一会儿，小沙弥捧来一个大冬瓜。弘忍将一根针插在瓜上，什么话也没说，就示意小沙弥将冬瓜交给慧能。

"噢，这是说针（真）心留我过冬。"慧能捧过冬瓜，稍加思索就猜破哑谜，急忙奔到弘忍跟前跪下，感谢法师收留他。

"从明天起，你就在碓房踏碓吧。"弘忍法师更加喜欢，但仍不露声色，只淡淡地说了一句，就叫小沙弥带慧能去休息。

第二天，慧能来到碓房舂米。可那木碓十分笨重，他这么个骨瘦如柴的少年不仅力气小，身体分量也太轻，因此怎么使劲也踏不动它。

怎么办呢？慧能知道这又是弘忍法师对他的考验和磨炼，自己一定要咬紧牙闯过这一关。他眼珠一转看见碓房里有块大石头，就想出了办法。于是他找来根长绳，把那块石头绑在腰间，这样他的身体就增加了分量，那笨重的木碓也就被他踏动了。

过了半天，小沙弥奉弘忍之命来检查慧能舂米的情况。他见到慧能腰间绑着石块在舂米，立即跑回去向弘忍报告。弘忍听了心中高兴地想：嗯，果然不错！

过了几个月，弘忍决定在全寺僧人中寻找一个能传真谛的大弟子。一天，他在讲殿上当众宣布说："我决定选择法嗣（法师的继承人），你们可以将读经心得写成偈语，谁写得好，谁就当法嗣。"

在弘忍法师的1000多个徒弟和十大弟子中，有一个极富才华的和尚法号神秀，最受弘忍赏识。神秀自己也觉得了不起，因为他已多次代弘忍讲经说法了。所以法师宣布过后，他自认为法嗣已非他莫属了。于是他反复思考了半天，最后提笔在南廊过道的白粉墙上写了首短偈：

身是菩提树，心如明镜台；
时时勤拂拭，莫使有尘埃。

第二天一清早，全寺的僧人都来看神秀的偈语，都说写得好。弘忍看了，也认为不错，但又觉得此偈还缺少些独到的见解。

这时慧能站在众僧人的身后，忍不住大声说道："神秀师兄的偈语写得不错，就是还没有讲得透彻。"

弘忍问道："你说神秀的偈语不透彻，难道你能写出比他透彻的偈语吗？"慧能点点头。弘忍就叫小沙弥拿来笔墨。慧能提笔在神秀的偈语旁写道：

菩提本无树，明镜亦非台；
本来无一物，何处惹尘埃？

弘忍法师看了慧能的偈语，认为他确已达到了一代宗师方具有的悟性，于是当众宣布把慧能立为法嗣。

张兰妙对武则天

张兰，唐代河北宣化人，是武则天当女皇帝时的一位女神童。她13岁时，能和大人一起写诗对联，意境深邃，名声传得很远。地方官为了讨好女皇帝，便把这件事禀奏了上去。

武则天召见了女神童，问："听说你吟诗作对很不错，是真的吗？"

张兰说："民女作得不好。"

女皇说："我出上联，你答下联能行吗？"

女皇的上联是：河里荷花，和尚掐去何人戴？这一联里面共包含着四个同音字——河、荷、和、何，难度可不小。连在场的当朝很有学问的文官都觉得不好对答。

只见张兰略皱眉头，沉思了片刻后，张口便念出了一句下联：情凝琴弦，清音弹给青娥听。这句下联里也包含着四个同音（或近音）字——情、琴、清、青。

这句话刚出口，金殿上立刻一片寂静。女皇似乎在琢磨下联的含义。文武众官员个个脸上流露出惊惧：小张兰，你怎么可以斗胆把女皇比作青娥，又将万乘之尊跟和尚相提并论呢？女皇乍听小小民女不知高低尊卑地将自己比作青娥，也是大出意料之外，一时不知如何发作。但接着武则天想：我虽然高居万民之上，但毕竟已是年逾花甲的老太婆了，人家用青娥——这样一个年轻美貌的女子的形象来赞扬自己，也是一片忠心，想到这里于是高兴起来。

小张兰可不知道人家想得那么多。她并不完全是乍出奇想，而是熟谙诗词，心中有数才应付自如的。当朝大诗人杜审言，也就是杜甫的祖父，就有一首脍炙人口的好诗《戏赠赵使君夫人》，诗里有"红粉青娥映楚云"的佳句，用来赞颂使君夫人的年轻美貌，这首诗在民间很有影响，青娥也成了对女子常用的赞美称谓。

女皇武则天说："小张兰果真是女神童，对联的功夫实在不同凡响。朕赐你黄金100两、绸缎20匹。"

李百药幼显奇才

唐朝著名的史学家和文学家李百药是定州安平（今河北省深县）人。其父李德林为隋朝内令史，曾撰写《齐史》。

李百药7岁的这一年夏季，有一天，父亲的好友陆义和马元熙（当时都是担任中书舍人的官员）来到他家做客。好友相会，饮酒谈诗，好不痛快。他们远望着金色的麦浪和蔚蓝的晴空相接，赏心悦目，怡人万分，于是就谈到南朝著名文学家徐陵文章中的两句话：既取成周之禾，将刘琅邪之稻。但他们左思右想都不懂其意。

这时，坐在旁边正在研墨的李百药笑着插嘴说："这两句都是《左传》上的典故，前一句出自《左传·隐公三年》，后一句出自《左传·昭公十八年》，合起来的意思是，琅邪开阳人曾经到成周地方去借来禾苗种植，现在稻子已成熟，将要收割了。"

陆乂感到惊奇，站起来追问："何以见得？"

李百药道："《左传》记载，春秋时'禹人借稻'。"

马元熙红着脸，瞪着眼问："何谓'禹人'？那'琅邪开阳'又在何处？"

小百药推开砚台，不假思索地朗声答道："西晋著名学者杜预解释说：'禹人'就是禹国人，禹国在今天'琅邪开阳'（山东）这个地方。"

大家一听，都惊奇不已，齐夸小百药读书认真，记忆非凡，真是个"奇童"。

神童刘晏震宫廷

公元723年，唐玄宗率领文武大臣到泰山封禅。有曹州南华（今山东省东明县）神童——年方8岁的刘晏写了一篇《东封书》呈献给他御阅。他简直不相信这篇立意新颖、文笔流畅的文章出自一个孩子之手，虽然他听说刘晏在7岁时已考中了"神童科"，但还是要宰相张说面试一下他的才能。

张说是唐玄宗时的文坛领袖，他的文章一出，天下文人都要抄写背诵。由一个大文豪来考一个小神童，张说不知出什么题好，尽管他出了个照顾孩子水平的题目，但毕竟还是太难，出题之后，他也很后悔。谁知刘晏不同凡响，竟然当着百官，毫不慌张，对答如流，出口成章。

唐玄宗非常高兴，让刘晏担任内阁秘书省正字官，这个官衔比一般进士出身的官职还要高三级。

刘晏10岁那年，唐玄宗在皇宫里举行娱乐大会，演出各种精彩节目，因刘晏是个小才子，杨贵妃就让他坐到自己的双膝上。

娱乐大会最精彩的节目是杂技演出。一个叫王大娘的演员，头顶长竿，竿上顶两座木制假山，一个小孩拿着红色的彩单，在木山中忽上忽下地翻滚，而王大娘左移右挪，始终使竹竿保持着平衡。刘晏一边为竿顶那边唱边舞的孩子捏一把冷汗，一边深深佩服王大娘那胜过男人的力量和高超的技巧。

这时杨贵妃指着精彩的杂技表演，要刘晏即兴赋一首诗。刘晏当场吟诗道：

楼前百戏竞争新，惟有长竿妙入神。

谁谓绮罗翻有力，犹自嫌轻更著人。

刘晏描写王大娘顶竿，却是用百戏来烘托，然后再赞赏王大娘的高超技艺，再形容楼前彩带飞舞的热闹场景和艺人御重若轻的自若神态。这首题名为《咏王大娘戴竿》的即兴诗作，把精彩的杂技表演生动而形象地再现出来。唐玄宗和杨贵妃连连称赞，还当场赐给他一件黄绸袍和上朝用的象牙朝笏。

后来，刘晏官至宰相，他以杰出的才干和爱民为先的经济思想，有效地解决了当时全国的财政困难，为恢复"安史之乱"之后的国家经济和发展生产作出了贡献。

苏颋诗戏京兆尹

唐玄宗时有个很有学问的宰相名叫苏颋。他是武功（今陕西省境内）人，自幼就熟读经书，写得一手好文章。

他7岁那年，有人给他家送来一只兔子，挂在屋檐下的竹竿上，父亲苏瑰要他以此为题作诗，他随口吟道——

兔子死弹丸，将来挂竹竿。

试将明镜照，无异月中看。

苏颋在后两句中，暗用了月宫玉兔捣药的神话传说，说如果拿一把明亮的镜子来一照，那兔子倒映在圆圆的明镜中，就像是在观赏那天上一轮明月中美丽的玉兔了。全诗把神话传说和现实结合得神妙之极。

后来他随着做官的父亲来到京城长安，很快就盛传神童苏颋的才能，来访者络绎不断，苏颋应答自如，果然是聪明机警，诗文皆能。

消息传到了京兆尹的耳中。京兆尹是京城的行政长官，三品大员，他也来到苏家，想会会这个小才子。

当时还是唐中宗李显在位时期，苏颋的父亲许国公苏瑰见京兆尹来访，就对儿子说："京兆尹大人要考我儿，我儿应该向大人好好请教。"

苏颋心里犯疑，不知京兆尹要对自己如何考试。

京兆尹慢条斯理地说："下官居京兆尹之职，就以'尹'为题，请苏公子作诗一首。"这个题出得很难，一个"尹"字非常生僻，无论从字义和官职来说，都很简单，但要以此字为题，作成一诗，谈何容易？

谁知，苏颋面无难色，略为思索一下，就咏诗一首：

丑虽有足，甲不全身，

见君无口，知伊少人。

这是一首字谜诗，"丑"字有足，"甲"字不全，"君"字去掉口，"伊"字少了人都是"尹"字，但巧就巧在没有直接提到"尹"字。

由此可见，苏轼对字的形体变化多么熟悉，更奇妙的是诗中的每一句都带着贬义，实际是在戏弄出题刁难他的京兆尹大人。

京兆尹听了感到既佩服又惭愧，连声赞道："苏公子名不虚传，真是闻名不如见面，见面胜过闻名，可喜可贺！"

后来，苏轼18岁中了进士，官至宰相，受到唐玄宗的赏识，凡他拟的文稿诏书都留有副本，作为珍品，收藏在宫中。

杨收咏诗巧用典

唐朝年间，陕西同州冯翊（今陕西省大荔县）有个儒学世家。其中有后来做了宰相的杨收，他与大哥、二哥以及三个儿子都是进士及第，"一门六进士"成为盛传一时的佳话。

杨收幼时思路开阔，才思敏捷，凡所见景物都能随口咏成诗，由于他熟读儒家经典和历朝史籍，所以在诗中善于引经据典。作出来的诗不仅文句优美，而且内容丰富，富有哲理。当时他住在苏州，被当地人誉为"神童"。

一天，他与大哥杨发在田野散步，田野里蛙鼓声声，清脆悦耳，杨收应大哥之请，即景作了一首《咏蛙》诗：

兔边分玉树，龙底耀铜仪。

会当同鼓吹，不复问官私。

诗的大意是：在月宫，青蛙与白兔分列于似玉的桂树两边；在地上，青蛙又显耀于铜仪的龙嘴之下。当天上地下的蛙声一同响起来时，就不必问它们属官家还是属私人的了。

杨收在"不复问官私"的诗句里用了一个有趣的典故。西晋的惠帝司马衷是个有名的糊涂皇帝，一次在华林园听到青蛙叫，便提出了"这青蛙是属于官家的还是私人的"问题，诗中运用典故和传说恰到好处，虚实结合。大哥又要他以"笔"为题作诗一首，杨收又作《咏笔》诗：

虽非囊中物，何坚不可钻？

一朝操政事，定使冠三端。

这首诗的意思是，笔尖虽不如"囊中物"——锥子那么尖利，但是又有何物钻不透呢？在朝一日掌握朝政，文士的笔端定能超过武士的锋端、辩士的舌端而名列于三端之冠。诗中的"囊中物"又有一个典故：

战国时，平原君为解邯郸之围，需要有文武全才的食客同往。平时并没显露才能的毛遂自荐前往。平原君认为，人的才能就像在囊中的锥子一样，用不了多久就会显露，而毛遂却从未显露，因此对他的才能表示怀疑。毛遂答道："现在就请你将我放在囊中吧，看我能否显露才能。"后来他果然帮助平原君解了邯郸之围。杨收在诗里运用典故来说明自己的志向。

后来，杨收果然当了宰相，操持政事。但他有才无德，成了一个贪官，最后落得个身败名裂的结局。可见，德才应该兼备。杨收的经历，很值得深思。

崔铉咏鹰抒壮志

在唐宪宗和唐文宗间当过御史大夫、京兆尹、户部尚书的崔元略有个儿子名叫崔铉。

崔铉9岁时的一天，父亲带他去拜访晋国公韩滉。韩滉是个名士，诗文俱佳。那时他年岁已老，著名的《五牛图》、《收归图》已经名噪一时，崔铉有这么好的机会去请教这个位高名重的著名学者，非常高兴。

晋国公耐心地向崔铉父子介绍《五牛图》的创作经过及画法，从谈话中，他得知崔铉喜欢作诗，非常高兴，就请他当场作诗一首。

崔铉很大方地回答："请问以什么为题？"

晋国公指指挂在屋檐下的架上的鹰说："以此为题。"

以鹰作题并非难事，自古以来，写鹰的诗不计其数，但都是描写那翱翔长空、雄姿英发的雄鹰，可是这架上的鹰，是被束缚的俘虏，如何来写一个失败的英雄呢？

他并不慌张，随口吟出一首《架上鹰》：

天边心胆架头身，欲似飞腾未有因。

万里碧霄终一去，不知谁是解绦人。

这首诗的大意是：我有搏击长空的志向和胆气，可是身体却被束缚在这木架子上，想飞腾又没有办法，但我终究要到万里长空中去的，不知道谁来为我解脱这锁链呢？

这首诗的焦点是，雄鹰渴望翱翔万里，关键是要有"解绦之人"。于是他含蓄地提出了一个问题来问晋国公。

晋国公连声称赞："这么难的题作得如此巧妙，这个孩子真不简单，日后他也会像雄鹰一样，前程万里！"

经过名人韩滉的测试，崔铉的名声大起来

了，人们往往把他的咏鹰诗与韩滉的《五牛图》相提并论。他长大之后，中了进士，在唐武宗和唐宣宗时，两度担任宰相。

小黄巢咏菊花诗

黄巢，曹州冤句（今山东菏泽县西南）人。他是唐末农民起义军的领袖，是中国历史上叱咤风云的英雄人物。在领导起义前夕，他写了一首气势磅礴的《菊花诗》：

待到秋来九月八，我花开后百花杀。
冲天香阵透长安，满城尽带黄金甲。

这首菊花诗寓意深刻，豪情激荡，可以说是起义者推翻旧政权的宣言诗。

黄巢在幼时就很聪明，5岁就能吟诗。

那年秋天，5岁的黄巢陪着外祖父和父亲赏菊，外祖父兴致很高，认为菊花开得如此鲜艳，岂能无诗助兴，便与黄巢的父亲琢磨起诗句来。外祖父毕竟老了，张了张口，一个字也吐不出来，小黄巢急得不耐烦了，冲口便吟出了两句：

堪与百花为总首，自然天赐赭黄衣。

这两句诗的意思是：菊花可以作为百花的总首领，大自然赏赐给它红黄的颜色，就像彩衣一样。

父亲责备黄巢不该没有礼貌抢在长辈之先作起诗来，倒是外祖父鼓励地说："你既才思敏捷，就吟一首菊花诗吧。"

黄巢应声吟道：

飒飒西风满园栽，蕊寒香冷蝶难来。
他年我若为青帝，报与桃花一处开。

在诗里，他抒发了远大的志向，要做主宰天地的青帝，颠倒乾坤，让菊花与桃花同时在春天开放。联系到前两句诗中的黄衣，因为黄色是皇帝龙袍的颜色，在这里也表现出了黄巢从小就有叛逆的性格和豪迈的情操。这首诗和他起义前夕写的那首《菊花诗》堪称是姐妹篇。

何仲举以诗代税

五代十国时期，战乱频繁，统治者为了支付庞大的军事开支，就加重对百姓的剥削，苛捐杂税名目繁多，交不出税，就要予以重罚。

湖南营运有个少年名叫何仲举，父亲早亡，他与母亲相依为命。尽管家境贫寒，他仍能在逆境中刻苦学习，到了10岁，已能流畅地写诗、作文了。

县官李宏皋因为上司追逼交税，便下令将交不出税的人关进监狱。13岁的何仲举也被带上木枷，下在狱中。

有人对李宏皋说："何家只有孤儿寡母，不是有意抗税，实在是交纳不起，再说何仲举这个孩子会吟诗作文，是个人才。"

李宏皋也喜作诗，便将何仲举从狱中提了出来，说道："听说你会作诗，现限你在当堂作诗一首。如作得好，就以诗代税；如果作得不好，说明你徒有虚名，假装斯文，便要两罪并罚。"

何仲举想了想，便吟了起来：

似玉来投狱，抛家去就枷。
可怜两片木，夹却一枝花。

诗的前两句，何仲举把自己比喻成洁白的玉石，无辜受辱，抛舍家庭不能照料，却被带上了枷锁。后两句，他又把自己比喻成一朵初放的鲜花，将被两片木枷扼杀生命，该有多么不平啊！这首诗既是小诗人为自己的辩白状，也是对不平社会的控诉书。

李宏皋听了这首诗也深受感动，立即请何仲举到厅上谈话，客气地送他回家，还免去了他家的税。

何仲举以诗代税的事迹一时传为佳话，他也由此出了名。后来他更发愤读书，中了进士，当了全州、衡州判吏。由于他出身贫寒，深知民间疾苦，所以他为官期间，为百姓办了不少好事。同时他也是当时的著名诗人，他的诗句"树迎高鸟归深野，云傍斜阳过远山"，成为传诵一时的名句。

解铃还须系铃人

南唐时候，金陵（今南京）清凉山上有座庙宇，庙内香火旺盛。鸣钟击磬，悠扬荡谷；鸟啼丹树，鹤饮石泉。许多年轻和尚跟从著名的佛学大师法眼禅师在此学习佛法。其中有一个名叫泰钦的小和尚，聪明过人，性格豪放，经常"惹是生非"。有一次，泰钦躲到后山烧野鸡肉吃，恰巧被寺庙管理者瞧见，被罚面壁三日。可他仍不思悔过，嬉笑称道："酒肉穿肠过，佛祖心中留。"好像他比不吃荤的和尚还尊重佛祖释迦牟尼。这自然引起了众和尚对他的嫉恨。

有一天，泰钦私自到山下的集镇上闲逛，走街串巷，好不逍遥。慢慢游到一家门口挂着"三杯倒"旗牌的酒肆，不看则已，一看他的犟脾气就来了，心想：你说"三杯倒"，我偏要喝他五杯，看我倒不倒？

酒家见泰钦和尚要肉要酒，不免吃惊。因为山上寺庙来打过招呼，凡是和尚来饮酒，一律不准接待。可今儿看在几个铜钱的面上，照样将酒肉端上。泰钦自斟自酌，美不可言，干脆来了个一醉方休，足足喝了10杯酒。

泰钦喝得酩酊大醉，酒话连篇，竟然还把肚中的污秽物吐在佛堂上，这下可招来了众怒。武和尚们持棒槌他，以示抗议；文和尚们联名上书给法眼禅师，一致要求把这个屡犯戒律、败坏寺规的"不堪造就者"赶下山去，以正寺规。法眼禅师不忍失掉这一聪慧的弟子，但有心担保泰钦吧，众和尚群情激昂、义愤填膺，又怕触犯众怒，影响寺庙的秩序。他苦思冥想，终于想出了一个两全其美的办法。他对在场的和尚们说："泰钦触犯寺规，理应处罚，姑念其学习刻苦聪颖过人，再给他一次机会。试猜一谜，倘若泰钦不能解，而诸位中任何人能解，则按寺规将泰钦赶出山门；倘若诸位中无一人能解，而唯有泰钦能解，那么仍留他下来，面壁思过，这样不知可否？"

大家见法眼禅师发话，也就同意了。

法眼禅师接着出一谜语："老虎脖子上挂着一个金铃，谁能在不伤老虎的条件下把金铃摘下来？"

众和尚想：杀死老虎能轻而易举地解下金铃，可规定不伤害老虎；不伤害老虎去解金铃，就会被老虎吃掉。众和尚们绞尽脑汁、搜索枯肠，结果仍然面面相觑，没有一个人能答得出。

这时，酒意未消的泰钦却说："我能解谜！"

众和尚向泰钦投去鄙夷的目光，暗暗嘲笑他：说你的酒话去吧。

泰钦似醉非醉，笑嘻嘻地说："解铃还须系铃人。"

法眼禅师舒了口气，说："泰钦答得对。"

众和尚实在泄气，但法眼禅师有言在先，不便违抗。法眼禅师对泰钦意味深长地重复道："解铃还须系铃人，善哉！善哉！"泰钦也已领悟到法眼禅师的暗示和训导：自己造成被动局面要靠自己的努力来改变，自己的缺点错误要由自己来改正。

从此泰钦继续留在法眼禅师身边，潜心研读经文，成了精通佛学的著名大师——法灯禅师。

张策识辨伪古鼎

五代十国时期，后梁著名经学家张策少年时就才智超群、学识渊博。

有一次，他家所在的洛阳敦化里，在疏挖一口甜水井时，起出了一只古鼎。那锈蚀斑驳的铜鼎上铭刻着一行篆字："魏黄初元年春二月，匠吉千。"那做工十分精细考究。左邻右舍无不认为这是稀世的文物。大家高兴极了，好像已得了飞来的横财。

可是，张策望了古鼎一会儿，苦笑了笑，说："众乡亲啊，不是我说扫兴话，这只'古鼎'是后人假造的，绝不是曹魏时代的珍品。"

众人听了都大惊失色。有个老学究却不服气，冷笑道："唉！你这小子不过十二三岁，怎晓得几百年前一个古物的真伪呢？"

张策的父亲张同也有此感，怒声责问道："你可要谦逊一些！"

张策也不气恼，只是轻声慢语地对老学究说："老先生，晚辈斗胆说一下根据，请您指教。"

老学究笑笑，话内含刺地说："愿听高见。"

张策侃侃而谈："建安二十五年，曹操去世后，东汉年号就改为延康了。这年十月，曹丕接受了汉献帝刘协的禅让，做了皇帝，建立了魏国，改年号为黄初。这就是黄初元年，请问哪来的二月呢？可是，古鼎上的篆文说什么'魏黄初元年春二月'，岂不是太荒谬了吗？"

老学究和张同听了，相对着望了一眼，不再言语了。

众人纷纷七嘴八舌地说："张同先生，您何不取出《三国志》来查对一下呢？"

《三国志》取来了，张同翻开其中《魏书》一看，果然书中记载的同张策的说法完全一样。

老学究面色一红，连忙说："张策真是个博古通今的奇才啊！"

李渶幼作咏灯诗

李渶，字正伦，五代十国时期徐州人。他很小的时候就失去了父母双亲。杨行密在进攻濠州时，偶然发现了他，见他长得相貌堂堂，十分结实，且又富有学识，就收为养子。后来，又被吴国（五代十国时期的吴国）的丞相徐温收为养子，改名为徐知诰。

李渶像屋檐下的麻雀寄人篱下。养父、养母不把他当成自己的孩子，这在他幼小的心灵上留下了难以磨灭的创伤。他时时企求着父爱母爱，企求着家庭的温馨，希望父母都真诚地对待他。9岁那年，他把自己的这种渴望寄托于手中的笔，藏在《咏灯诗》的字里行间：
　　主人若也勤挑拨，敢向尊前不尽心？
　　诗的意思是说，灯的主人啊，您如果殷勤地拨动灯心，这盏灯又怎么敢在您长辈面前不尽心尽力呢？
　　李洤把自己比作油灯，把养父、养母看作灯的主人，表白了只要养父母真心实意地对待他，时时关心他，他就会像油灯那样尽心尽力地报答主人，始终为主人照亮直到烧尽灯心。
　　徐温读了李洤的《咏灯诗》心里非常惭愧，同时也为李洤的才华所倾倒。从此以后他把李洤当作亲生儿子，格外关照抚养。后来徐温谢世了，李洤像对待生身父亲一样出殡安葬，一时传为佳话。
　　徐温之后，李洤掌握了吴国的政权，恢复了李姓。

寇准登华山咏志

　　北宋名相寇准幼时因父亲去世而家道中落，全靠母亲纺线织布维持生活。小寇准上不起学，略通诗文的母亲在家教他认字，慢慢地他就能自学读书了。7岁那年，母亲积攒了一些学费，送他进了私塾。于是他学业突飞猛进，不久就能写诗作文了。
　　寇准的家乡东南方不远就是著名的西岳华山，素以险峻著称，寇准跟着老师登上了莲花峰，站在山顶极目东望。蔚蓝的天空悬挂一轮红日；脚下连绵起伏的青翠山峦像大海的波涛；白云飘渺，雾聚雾散，色谲光诡，气象万千，令人涤胸荡肠。寇准顿生豪情壮志，很想引吭高歌一番。老师看着他那豪情满怀的样子，就说："寇准，写首诗吧。"
　　老师话音刚落，寇准就脱口吟出：
　　只有天在上，
　　更无山与齐。
　　举头红日照，
　　回首白云低。
　　这首诗运用夸张兼写实的手法描绘了华山的高峻雄伟和秀丽，老师和同学们听了都齐声夸赞。后来，寇准19岁考中了进士。

一日千里的杨亿

　　宋太祖开宝七年（公元974年），建州浦城（今属福建）一户姓杨的官宦人家出了一个神童，名叫杨亿，他7岁已经会作诗了。
　　一次父亲大会宾客，杨亿俨然大人一般端坐席间。有人想试试杨亿的文才，就请他即席赋诗。于是大家都边喝边作诗，众人的诗尚未作成，杨亿却已经作好了。只听他朗声诵道：
　　危楼高百尺，手可摘星辰。
　　不敢高声语，恐惊天上人。
　　这首《登楼》诗气势磅礴，意境深远，想象丰富，众宾客羞于再吟自己的诗作了。一时间，杨亿声名大震。
　　后来，宋太宗得知浦城县出了个神童，就命江南转运使张去华面试杨亿。通过面试，张去华相信杨亿确是奇才，便把面试的情况和杨亿的诗文呈交皇帝。宋太宗大喜，立即派人将杨亿接来京城，授以官职。当时杨亿只有11岁。
　　杨亿在开封时，住在宰相府中，据传寇准有一次在宰相府中问杨亿"水底日为天上日"怎么对才合适？杨亿以"眼中人是面前人"应对，在座者人人惊叹，说对得绝妙。于是宰相府的官员都向皇帝朝贺。
　　宋太宗便在皇宫亲自面见杨亿，问道："你远离家乡，可想念父母？"
　　虽然这个问话带有关切之意，但杨亿却感到很难回答。说是想家，就对皇帝不忠；说是不想家，就是对父母不孝。真所谓忠孝不能两全，他想到这个利害关系，脱口答道："我见了皇上如同见了父母一般。"
　　宋太宗闻言大喜，夸奖道："你小小年纪，就有这么好的文才，简直是以一日千里的速度在成长，好自为之吧！"
　　杨亿果然不负众望，成为北宋初年知名的学者和文学家，是当时最流行的西昆诗派的代表人物，他主持编纂了长达千卷的《册府元龟》和《太宗实录》，一直流传至今。

黄鉴妙对祖父联

　　和宋代翰林学士杨亿同时代的举人黄鉴幼时被人称为"神童"。黄鉴8岁那年春天，跟着祖父到郊外去玩。南国的春天，格外的迷人。满山遍野的油菜，黄灿灿一片，各种鸟儿，都在展放歌喉，一争高下。水草青青，鱼儿追逐嬉戏，溅起阵阵水花。大自然到处是一片生机，到处是一片诗情画意，令人如醉如痴。
　　祖父领着黄鉴边走边观赏这迷人的景色，谈论着关于描写春日、春色、春景的诗文歌赋，十分愉快。祖孙两个走到一个大水池边，看到岸上树木、马牛的影子清晰地映在水里，触景生情，祖父随口说出一上联要孙儿答对：

　　水马池中走。

　　话音刚落，黄鉴续出下联：

　　游鱼波上浮。

　　祖父听了喜不自胜。

磨面娃娃王禹偁

　　北宋初年，济州名士毕文简应太守之约，骑马赶去州衙。正逢炎日当空，他口渴难耐，就到一个井台去要水喝。井台边，一对年轻夫妇在洗麦，旁边有个七八岁的孩子聚精会神地用手蘸着井水在井栏上练习写字。这孩子名叫王禹偁，生在农家，他帮着父母磨面为生。毕文简见他聪明伶俐，便以"磨"为题让他作诗一首。

　　王禹偁当即作出一诗：

　　但存心里正，无愁眼下迟，

　　若人轻着力，便是转身时。

　　诗中说的是：只要心地端正，不愁眼前迟迟未动，只要有人轻轻一推，便是转动的时机了。这首诗不仅切合"磨"的题意，而且把磨面同自己的身世、志向联系起来，自然而巧妙地表达了自己希望得到别人的帮助来实现自己理想的愿望。

　　毕文简对这个磨面娃的文才非常欣赏，同时，也被他的诗中蕴涵的情感与期望所感动，决心做那个"轻着力"的推磨人，于是就把这个磨面娃带回家中，教他读书作诗。

　　一次，毕文简出了上联：鹦鹉能言争似凤，要他的几个儿子应对，但几个儿子都无言以答；在旁的王禹偁却脱口而出：蛛丝虽巧不如蚕。对得非常巧妙。

　　毕文简便向简州太守推荐王禹偁。那日太守大宴宾客，时值秋高气爽，太守令他以池中白莲为题作诗一首，以试其才学。

　　王禹偁便写下了《咏莲诗》：

　　昨夜三更后，嫦娥堕玉簪。

　　冯夷不敢受，捧出碧波心。

　　诗中说：昨夜三更之后，嫦娥不小心把白玉簪（比喻白莲花）掉落到水中，水神冯夷不敢私藏玉簪，便把它托出碧绿的水面。这首诗把莲花和神花联系在一起，耐人寻味，全诗构思新颖奇特，反映出小作者开阔的思路，深厚的功力。

　　诗一吟完，太守惊奇地夸奖道："真是天降的奇才！"

　　王禹偁一生诗文创作丰富。他的诗内容充实、风格平易，对于扭转北宋初年不重内容、一味追求文辞华丽的不良文风，起到了有益的作用。

欧阳修对答过关

　　欧阳修，吉水（今属江西）人，北宋的文学家、史学家，所著《醉翁亭记》等名篇，历来为后人写作的范文。他名列于"唐宋八大家"，对后世影响很大。

　　在欧阳修12岁那年，一天傍晚，暮色苍茫，他身背行囊，急急匆匆来至襄阳城下。此时城门已关，但见一个老兵站在城墙上把守城门。他拱手施礼大声喊道："烦请老伯开门。"

　　老兵问："你是什么人？进城做什么？"

　　"学生欧阳修，从远道而来，因行色匆匆，误了路程，明日一早便要上学，请老伯放学生进城。"

　　那老兵见欧阳修求学心切，而且礼貌周全，口齿伶俐，便起了爱怜之心，说道："既是学生，我出一上联，对得出，放你进城；答不出，明晨再进。"

　　欧阳修说："谨遵老伯之命。"

　　老兵随口说出了一个上联：开关早，关关迟，放过客过关。这上联看似容易，其实很难，难就难在叠字连用，暗藏机巧。

　　欧阳修略加思索，也随口说道：出对子容易，对对子难啊！请先生先对吧。

　　那老军一听立即火了，大声呵斥道："是我要你对对子，怎么你却要我先对，真是岂有此理！"

　　谁知欧阳修笑道："学生已经对过了。"他把刚才的话语整理了一下，便成了"出对易，对对难，请先生先对"，把老兵出的上联对答得严丝密针，天衣无缝。

　　老兵回味欧阳修刚才说的话，又听了他这个下联，觉得这个孩子确实不简单，便立即走下城楼，恭敬地为欧阳修打开了城门。

陆轸七岁自咏诗

　　陆轸，宋代山阴（今浙江省绍兴市）人，从小爱作诗。7岁那年的一天，家里来了一位客人，客人知道他能咏诗，就对陆轸说："今天我来考考你，看你的诗咏得如何。"

　　陆轸说："考就考。请出题吧！"

客人想了想，说："这题还不大好出。我就出一个你想不到的题，你以你'自己'为题作一首诗，怎么样？"

小陆畛点点头，随即高声咏道：

昔时家住海三山，日月宫中屡往还。

无事引来天女笑，谪来为吏在人间。

这首诗的大意是说：我过去住在东海中的三座仙山——蓬莱、方丈、瀛州上，经常在月宫和日宫来往游玩。因为我爱开玩笑，逗得仙女们发笑，犯了仙规，被贬到人间来做官。

陆畛的天真活泼、顽皮，在诗中都表现出来了，他把自己比作神仙，在说笑打趣的诗作中，把丰富的想象力和神话故事结合在一起，反映了小诗人开阔的思路和无拘无束的性格。

客人听陆畛咏完诗，哈哈大笑说："原来你是个'小神仙'啊！怪不得有这么多的仙气。"

陆畛长大以后，在兵部做了一个郎官。

文彦博洞中取球

北宋著名宰相文彦博小时候爱踢皮球。

一天，文彦博与村上的小朋友在稻场上踢球。大家你争我夺，正踢得兴高采烈时，那只球不歪不斜地被踢进一棵古老的白果树的树洞里去了。

大家叫声"糟糕"，一齐跑上去。

洞里黑乎乎的，什么也看不见。

一个小朋友自告奋勇地捋起衣袖，身子趴伏在洞口，将手臂深深地伸到洞里。摸呀，转呀，够不到底。怎么办呢？

又一位小朋友赶回家去，拿着一根长长的竹竿跑来，撑到洞里去探呀，拨呀。哎，不行，那洞道弯弯曲曲，怎么也探不到虚实。

第三个小朋友干脆去向大人们求援。大人们来了好几个，朝又深又黑的树洞望着。这个抽着旱烟筒，敲敲鞋帮子；那个摸摸光脑袋，点点太阳穴……大人们微微苦笑，面面相觑。

久不做声的文彦博这时叫道："我想出了一个好办法——各人回家去拿桶、盆装水来！"

"好！好！"

咕嘟嘟，咕嘟嘟……一桶桶水，一盆盆水，直往树洞里灌。

很快，树洞给灌满了，球儿浮到洞口上来了。

司马光破缸救人

北宋时期有个名人叫司马光，他两度为相，是历史上有作为的政治家，而且更是一个有突出成就的史学家，他著述了294卷的历史巨著《资治通鉴》，是我国宝贵的文史遗产。

司马光从小聪慧过人，而且学习刻苦。读书"不知暑寒饥渴"，作文几达"废寝忘食"，7岁时就能复述教师讲授的《左氏春秋传》，有神童之称。

司马光富有才智，千百年来流传着他破缸救人的故事。

有一天，司马光和同伴们在花园里玩着"捉迷藏"的游戏。当时有个孩子为了不使同伴寻找得着，便藏进了一只大水缸里。那孩子毕竟年少幼稚，不知缸里盛满了清水，及至翻进缸里，已被满缸的水淹没，顿时发出了连连的呼救声。

在场的孩子正玩得兴高采烈，被这突然的变故惊呆了，眼看那孩子就要活活被淹死在水缸里面。

此时，少年司马光急中生智，急忙从院子里搬来一块大石头，猛地向水缸的底部撞击，一下子将水缸撞开了一个大洞，缸里的水不断地从洞中急涌流出，水尽缸空，那个孩子终于得救了。

黄庭坚重文轻仕

北宋著名的大文学家苏东坡的门下，有四个才学出众的才子。其中黄庭坚最为突出，被认为可同苏东坡齐名，而有"苏黄"之誉。

黄庭坚是江西修水人，自幼记忆力过人，5岁时就已能诵读儒家的"五经"。

黄庭坚虽然从小能诗善文、聪慧过人，但对仕途并无兴趣，不愿追逐利禄功名，父亲和舅父多次要他去参加童子试，他却摇头说："这有什么可以考的？"他经常同乡里小朋友去放牧，吹短笛，唱牧歌，让动听的歌声伴着悠扬的笛声回荡在青山绿水之间。

7岁时，黄庭坚随父亲去访友，路过一片田野，看见一个牧童正在吹笛牧牛，他陶醉于这美好的田园风光，触发了诗意，吟出了一首《牧童》诗：

骑牛远远过前村，吹笛风斜隔垄闻。

多少长安名利客，机关用尽不如君。

黄庭坚小小年纪，写出了这首不同流俗的诗篇，抒发了自己开阔的胸襟和对人生的真切的理解，实在难能可贵，所以一些文人墨客读了这诗，也感到羞愧万分，感慨地说："我们这些'长安名利客'还不如一个孩子看得透啊！"

虽然黄庭坚后来也去应试，中了进士，但他的仕途并不得意，还是致力于学问之中，以他的实际才能，成为江西诗派的领袖，以他的文学成就彪炳史册。

范纯佑预防盗墓

宋朝有个大官，名叫富弼。他的官邸巍峨富丽，家里财产堆积如山，奇珍异宝不可胜数。

有一天，富弼家里忽然病死了一个人，富弼下令实行厚葬。

出殡的场面真是隆重极了：一口又厚又重的大棺材由八人抬着，后边是演奏丧乐的乐队、戴白挂黑的亲朋好友，最后是扛着陪葬品的长长的队伍。那陪葬品都是银闪闪、黄澄澄的，大大小小，圆圆方方，多得叫人目迷五色、眼花缭乱。

大街两旁围观的人多极了，好奇的、羡慕的、惋惜的，当然更有怀着不轨企图的……各种各样的人都有。

这时，送丧的队伍中忽地跳出一个十来岁的孩子，跑到扛送陪葬品的行列里，抢过一件陪葬品，把它折成两段，大声喊道："你们看呀，都说富家富得冒油，其实是骗人的，这东西明明是锡做的。"

围观的人群骚动了。有认得那小孩的，都说："嘿，他不是范仲淹的儿子范纯佑吗？"

"纯佑到底聪明又眼尖，一眼就看穿陪葬品的假戏。"

说时迟，那时快，送丧队伍里又跳出一个小孩，一把揪住范纯佑的上衣，大骂道："你真瞎了狗眼，竟敢嘲笑我家！"

人们一看，这小孩原来是富弼的儿子。

范纯佑也不与他纠缠，只是满脸挂着冷笑，凑近富公子的耳边，低声而有力地说："你好糊涂！你不怕别人认为这些是银器半夜来盗墓吗？"

富家公子这才恍然明白范纯佑的好意。

王元泽巧言獐鹿

北宋神宗年间，王安石作为丞相，主持朝政，内政外交的大事无不取决于他。因而，求他办事的、献礼送物的、请示机宜的，来来往往，门庭若市。

一天，一个少数民族首领派人扛一个很大的铁丝笼子进来。

"喔、哦，喔、哦，"笼子里发出一阵阵怪叫。众人惊疑地望去，见里边关着两头蹦跳不定的小走兽：一头长着角，像鹿；一头也长着角，却也像鹿。

客人等笼子停放在庭院后，笑着问一旁玩耍的王安石的小儿子王元泽："王公子，笼里关着一头小鹿、一头小獐。你可知道，哪是小鹿、哪是小獐吗？"

五六岁的王元泽朝笼里打量起来，见里面的小走兽模样实在差不多，难以分辨清楚。但他很快地回答道："小獐旁边是小鹿，小鹿旁边是小獐。"

"哈哈！"众人一齐大笑起来。

客人心里暗暗称奇：小公子在不认识鹿、獐的情况下，作出如此回答，虽然有些滑头，可也难以驳斥，难以说他不对啊！

牧童识名画破绽

宋朝的时候，四川有位姓杜的收藏家，是位归隐的处士，喜欢收集古董和书画，家里珍藏着千件古玩和几百幅名贵的字画。在这些珍品中，有一幅名叫《斗牛图》的画，是唐朝著名的大画家戴嵩的手笔，尤其得到杜收藏家的喜爱。

一日，雨过天晴，杜收藏家见室内有些潮气就把所有画幅拿出晾晒。正巧，有一个牧童此时打收藏家门前经过，眼光一下子落到这幅名贵的《斗牛图》上。但见画上的牛活灵活现，有呼之欲出之感。牧童越看越爱看。但又仔细看了一会儿，突然拍手大笑，对收藏家说："这画上的牛是在打架，两头牛头对头、角对角，气势汹汹。牛画得虽好，可惜画得不对！"

收藏家闻言，有些着急了："什么不对？这是唐代大名鼎鼎的画家画的，还能有错不成？"

牧童解释说："先生不要急，我常年放牛，最知道牛打架时的样子。牛斗架时，力用在角上，可是牛尾巴却紧紧地收夹在两股中间，这时任凭力气再大的人也休想把牛的尾巴拉开。而这幅画中的牛，尾巴挺得高高的，显然是画错了！"

放鹅娃汪洙趣诗

北宋末年，浙江鄞县有个放鹅娃叫汪洙。因家境贫寒，上不起学，他就边放鹅边到学馆外面听老师讲课。

那时的学校设在孔庙里,年久失修,连孔子和颜回的塑像都露在庙外。他感慨万分,就在塑像上题了一首诗:

颜回夜夜观星象,夫子朝朝雨打头。
历代卿相从此出,何人肯把俸钱修。

他以切身的体会,说明了官府对教育的不重视,从而发出了要复兴教育的呼吁。

官府听说孔庙的墙头诗是个9岁的孩子题写的,非常惊异,便派人将汪洙传去县衙。汪洙借了一件短衫,穿在身上去面见县官。

当时的礼节,出门会客需穿长套袍袖,县官便问汪洙:"何以穿短衫见官?"

汪洙当即以诗答道:

神童衫子短,袖大惹春风,
未去朝天子,先来谒相公。

县官听罢赞道:"好大的气派,孺子可教!"

后来,汪洙中了状元。由于他深知贫童无读书机会之苦,便在家乡办了义学。他还作《神童诗》3册,共34首,作为儿童的启蒙读物。

其中有劝儿童勤学的童诗:

学问勤中得,萤窗万卷书。
三冬今足用,谁笑腹空虚。

还有激励儿童志气的童诗:

自小多才学,平生志气高。
别人怀宝剑,我有笔如刀。

汪洙的成长道路和他的《神童诗》,千百年来激励着一代又一代的少年奋发成才。

小抄书手欧阳程

宋朝太平兴国年间,营道(今湖南省道县)有个穷孩子名叫欧阳程,他虽然酷爱读书,但家里没有能力供他上学,他便通过自学的途径,读了一些书,并开始学写诗文。

到了10岁时,欧阳程经人介绍在所在的郡里当上了一名抄书手。他对这项工作颇为喜爱,不仅可以挣些钱补贴家用,而且还能通过抄写得到一些读书和写作的机会。

一天,欧阳程经过郡衙门的池亭,感触很深,便写了一首《咏池亭》的诗:

凿开幽境泛流萍,回合波间小洞庭。
寒影倒吞凌汉树,冷光高浴半天星。
鱼翻锦鬣波纹皱,鹭洗霜翎水气腥。
昨夜蛟龙忽飞去,满轩风雨震雷霆。

诗的大意是:这人工开凿的水池,环境幽雅,浮萍漂动,波纹荡漾,就像是一座小小的洞庭湖。池面波动的亭影,好像在吞噬着池边高耸入云的大树树影,天空的星星映照在池面,寒光闪闪,就像沐浴在水中一样。池中鱼儿翻动斑斓的鳞鳍,弄皱了池水的波纹,白鹭在池中清洗雪白的羽毛,使池水也有了腥气。昨天晚上,池中的蛟龙忽然飞走,使得满亭风雨雷电交加。

这首诗虽是欧阳程的即景之作,但结构巧妙,层次分明,观察细腻,幻想连翩,内容生动,文字形象,是一首绝妙好诗,也是欧阳程辛勤读书的结果,把他的才智发挥得淋漓尽致。

欧阳程写好了诗又去忙于抄写工作了。正遇上郡知事来取抄本,看到了《咏池亭》,他细细一品味后,觉得这诗作得太好了,还以为是欧阳程平时学习的范文。

便问:"这首诗是谁的大手笔?"

欧阳程谦虚地回答:"是童子的习作,还请大人赐教!"

郡知事闻言大惊,他绝没想到面前的少年居然能作出这样的好诗。

他便又问道:"你读了几年书?"

"童子没钱,没读什么书!"

"真可惜!"郡知事是个爱才之人,便道,"从今后,你不要当抄书手了,我出钱供你读书。"

欧阳程喜出望外。他没有辜负知事对他的期望,有了良好的条件后,更加刻苦学习,不几年就中了举人。就是在做官之后,仍刻苦学习。

赵葵一言定军心

南宋时,荆湖地区主持军事的制置使叫赵南仲。他的儿子赵葵不但勇武无畏,而且具有军事韬略,每每面临战事,常对父亲提出建设性的意见,因而深得赵南仲及官兵的喜爱。

几次接阵打仗,金兵屡屡溃败。他们觉得赵军士气高昂,冲锋陷阵,锐不可当。连赵南仲自己也很奇怪:为什么将士这样不怕死,这样所向无敌?勇敢从何而来?

在一次战后休息时,赵南仲在官府后园与家属弈棋品茗,闲谈时讲到上述怪事时,夫人忍不住用手指戳戳他的额头说:"亏你还是三军的统帅呢,还不及一个孩子?"

赵南仲大吃一惊,忙问:"夫人,这话是什么意思?"

夫人指指赵葵:"你问问他!"

赵葵面色绯红,说:"父亲,每次听到我军击鼓进军的号令,我就偷偷地披挂上阵,跟着战士们一起向前冲锋。官兵们怕我有所闪失,为了保护我，都争先恐后地扑向敌人，把对方的气焰压住。"

赵南仲听罢，又惊又喜，忙将儿子搂住，说："小小年纪，就这么勇敢而有心计，将来必定远远超过父亲啊！"

一次，赵南仲指挥军队同金兵打了一场恶仗，又大获全胜。在犒赏三军时，官兵们觉得奖赏不公，劳苦功高的得不到应得的份额，一时议论纷纷，少数血气方刚的将士准备闹事。就在兵变即将发生之际，当时只有十二三岁的赵葵从父亲身后跳出来，高声叫道："大家请快息怒！这是朝廷的奖赏，我父亲另外还有奖赏呢，不要着急嘛！"

一场危险的喧闹顿时平静了下去。

事后，赵南仲对奖赏一事作了补救。

王十朋巧赋奇联

南宋著名学者王十朋，温州乐清（今浙江乐清）人。传说他小时候经常到温州江心寺游玩。寺中长老通晓文墨，经常和王十朋对对子。有一年春天，王十朋到江心寺游玩观景，借宿寺中。夜里，长老偶得一上联，苦无对句，便去找十朋答对。长老吟道：

江畔高亭，明月清风留客醉。

王十朋略加思忖，对道：

屿上古寺，白云流水伴僧闲。

长老连声叫好。

后来，王十朋专门为江心寺题一趣联：

云朝朝朝朝朝朝朝朝散；

潮长长长长长长长长消。

这副对联读作：

云，朝朝，朝朝朝，朝朝朝散，

潮，长长，长长长，长长长消。

意思就是：

云，早朝，日日朝，早朝早散；

潮，常涨，常常涨，常涨常消。

原来，"朝"和"长"都有两种读法，两种解释。上联第二、四、五、七、九这五个朝字，都读作"zhāo"，作早晨或白天讲。其余的朝字，读如朝见、朝拜的朝；下联第三、六、八这三个长字，都和"涨"字同意同义。其余的长字，则和"常"字同音同义。整个对联的含义就是说，浮云早上来朝拜江心寺，早上朝拜后，早上就消散了；潮水经常上涨，经常上涨，又经常消退。这里巧用"朝"、"长"二字的双音多义，明写海水潮涨潮落，浮云常长常消的自然景观，暗喻世事如浮云，斗转星移，封建王朝起落更替，荣华富贵功名利禄如过眼烟云，思想深刻，境界恢弘。既有时间的流逝，又有空间的辽阔。而且"朝"和"长"从两字多音字反复吟咏，自有无穷韵味，所以千百年来脍炙人口，传为佳作。

李献可皇宫献诗

李献可，南宋时吉水（今江西吉水县）人，《古书图书集成》上记载了他6岁时的一件事。

那是在夏天，一位朝中的参政带着几个侍从正急慌慌赶路，忽然豆大的雨点从头顶上落了下来，参政和部下连忙躲到了一座古庙里。他们刚刚站定，只见从庙门外又跑进一个湿淋淋的孩子。他忽闪着大眼睛，看着眼前这一群人。参政一眼就看出这孩子不同于一般，从他的话中，参政知道他叫李献可，吉水人，年仅6岁，还知道他能作诗写文章。几个人更为吃惊，忙让即兴吟一首"大雨诗"。小献可不假思索，脱口而出，参政和部下连连称赞。

回到朝廷后，参政没忘把小献可的事报告给当时的皇帝宋孝宗。他说，天降神童，这可是国家的祥瑞之兆啊！孝宗于是立即派人把李献可召来，要考考他。

小献可被带进后宫跪见了皇帝。孝宗皇帝说："听说你小小的年纪就能诗写文，这很了不起。"说着他又指指旁边的床榻："你就以这为题作一首诗吧。"这时，小献可才注意到那床榻上有一个宫女正在午睡，那睡相很美，恰如一朵午后的睡莲。李献可看看皇上，又看看美丽的宫女，略一沉吟，便跪下念道：

御手指蝉娟，青春白昼眠，

粉匀香汗湿，鬓压翠云偏。

柳妒眉间绿，桃嫌脸上鲜。

梦魂何处是，应绕帝王边。

这首诗描写宫女的美貌，把她的音容笑貌刻画得十分生动。孝宗听了非常高兴，抚摸着李献可的脊背夸奖他，感叹说："如此聪明的孩子，为什么不是我的儿子呢！"

岳飞沙盘学写字

这是南宋抗金名将岳飞小时候的故事。岳飞8岁了，因为家里很穷，所以上不起学，每天都到荒野里打柴。他很羡慕那些上学的孩子，因此，他每天总是提早出门打柴，为的是打完柴后早点赶到私塾外偷听先生讲课。

这几天，先生讲的是关于欧阳修的故事。欧阳修也是宋朝人，是离岳飞不远的历史人物。先生讲了欧阳修写的几篇好文章，岳飞都很喜爱。由于他聪明好学，所以先生讲过的文章他记得清清楚楚，有的名篇如《醉翁亭记》，他几乎能把全文背诵出来。

可是，他不会写字，脑子背出欧阳修的文章，却无法把欧阳修的文章抄录下来。他多么想买些纸墨和笔学习写字啊，可是自从父亲在黄河发水灾时去世后，全靠母亲替他人缝补洗涤赚点钱，勉强维持生活，哪里还拿得出钱来给他购买纸墨和笔呢？

岳母知道了儿子的心事后，又高兴又悲伤，她想了一下，就拿出一件旧衣裙，要儿子去典当几个铜钱，换些纸和笔来，准备自己教儿子写字。

岳飞是个很孝顺的孩子，知道母亲仅剩下这一件稍微像样一点的旧衣裙了，如果拿去典当了，还不知什么时候才能有钱赎回来呢？

过了一些时候，岳飞回来了。可他手中仍然拿着母亲的那件旧衣裙。

"我儿，你怎么不把它当掉？"岳母问。

"孩儿不须花一个小钱，就把纸和笔都弄到了。"岳飞笑着，他转身到屋外拿进一只装满细沙的木升和几根柳枝，又说，"母亲，这就是纸和笔呀！"

岳母听了儿子的话，心中也很高兴。于是她就在屋内的一个角上铺平细沙，用柳枝当笔，教岳飞写字。

字写在细沙上，写好了可以抹掉，抹掉后可以再写，非常方便。几个月后，岳飞在母亲的教诲下，不仅学会写很多字，而且字写得很好。

雷潮捏泥人看羊

南宋著名的民间雕塑家雷潮，自小父母双亡。12岁那年，他到席员外家放羊。狠心的席员外交给他100只羊，说如果丢失一只羊，就罚跪到二更天；丢失两只，罚跪在砖上到四更天；丢失三只，则跪在碗底上直到天亮；丢失四只以上，用绳吊一夜。

雷潮放羊的地方相当偏僻，时有野兽出没，一不小心羊群就会出事。

第一天放牧，就被野狼叼走一只羊，席员外知道后，毫不留情地命雷潮跪到二更天。第二天，又被野兽叼走一只，他被席员外罚跪在砖上到四更天。只闭上一会儿眼，雷潮又赶着羊群出门放牧，他一边走一边哭，怕再丢失羊，受到更重处罚。

有个讨饭的老头见他哭啼，问明情况后，就替他捏了几个泥人。这些泥人手里举着棍子，做出要打的姿势，羊见了居然不敢乱跑，野兽见了也不敢走来。从此，雷潮就不再担心羊被野兽叼走了。

雷潮心灵手巧，也学着捏泥人，时间久了，他捏的泥人也栩栩如生，完全可以管住羊群了。

一天中午，席员外趁雷潮回家吃饭，悄悄地到放牧的地方去察看。忽然发现那里有个人高举棍子，对他劈头打来，席员外吓得浑身发抖，赶紧后退，不料脚被树根一绊，朝天跌了下去，脑袋正巧撞在一块岩石上，顿时血流如注。后来席员外病死了。

雷潮离开席家，以塑像为生，技艺越来越精湛。传说现在陈列在洞庭东山紫金庵中的一尊彩塑罗汉，就是他的作品。

一场特殊的赛马

1180年某日，晴空万里，辽阔美丽的蒙古草原上，正在进行着一场特殊的赛马。比赛开始后，十几匹赛马刚离开起跑线，便磨磨蹭蹭地向前移动，有的甚至原地踏步。剽悍的骑士们身体后倾，拼命将马缰绳向后揽，谁也不希望自己的马超过别人。这究竟是怎么回事呢？

原来，铁木真的父亲统治的孛儿只斤部落打了一个胜仗，夺回了大片领地和许多牲口。为了庆祝胜利，特意安排了一场赛马，但优胜者标准不同往常——最后到终点的马才能得奖，以至于出现了开头赛马的情景。

骑士们你慢我慢大家慢，过了好一阵，赛马跑得远的只行进了十分之一的路程，近的马尾巴还在起跑线上，滑稽的是，由于这个骑士把缰绳揽得死死的，竟把赛马的后半个身子又退到起跑线外。

眼看夕阳不等人，马赛又难以结束，大家有点耐不住了。铁木真的父亲也后悔自己不该别出心裁搞这种马赛，但话已出口，金口难改。怎样尽快结束这场僵局呢？铁木真的父亲略一思忖，便令人传下谕旨："谁有办法尽快结束比赛，给予重赏。但是，不能改变原定的优胜条件，跑得慢的还是获胜。"

众人绞尽脑汁，仍想不出一个万全之策。这时年仅12岁的铁木真跑到那些原地徘徊的赛马前，对每一个骑士说如此道这般，进行了一番新的安排，然后厉声发出号令："跑！"只见骑士们一改刚才的拖沓状况，争先恐后地纵马向终点跑去，那个原来半个马身在起跑线外的骑士还第一个冲到了终点。比赛在瞬息之间结束了，可跑得最慢的马依然得了优胜。

原来，铁木真对赛马作了重新安排，让骑手们相互调换赛马。因为赛马的胜负只以马计，不是以骑手计，甲骑乙的马，乙骑丙的马，丙骑丁的马……这样一来，每个骑手都希望自己驾驭的别人的马跑得最快，不能获得奖，使自己的马落在最后，从而取胜，这就打破了众骑士踯躅不前的僵局啦！

安童巧谏忽必烈

在元朝京城大都有一个神童叫安童，他是皇后的外甥，13岁时就已读过不少史书。元世祖忽必烈也很看重他，让他当自己的侍卫官。

这一年，忽必烈在大漠北边最后击败了和他争夺皇位的兄弟阿里不哥，并把追随阿里不哥的部属党羽千余人均押到京城里。但是如何处置这些人？他召集文武百官征询意见。

"臣以为对叛逆之人应遵祖宗之法，杀无赦！"忽必烈的宠臣阿合马说。

"臣以为可仿效汉人的怀柔政策，以安民心。"大臣耶律楚材主张宽赦。

大臣们议论纷纷，大多数人以为天下初定，宜用重典，以杀为好。忽必烈一时还拿不定主意。他忽然想起了站在身边的安童，就转身征询他的意见。

安童说道："请可汗恕我直言。我刚才想起《史记》里的一则故事，觉得与可汗所论之事有些雷同，我想借来一用。"

"什么故事？你快说吧！"忽必烈对安童微微一笑，鼓励他说。

安童说："汉军主帅刘邦拉拢彭越，彭越就率兵3万余人归顺刘邦。刘邦叫彭越攻击楚军后方，截断楚军粮道，于是彭越的军队猛攻外黄城。外黄城军民无力抵抗就向彭越投降，项羽大怒，急令进军外黄城，进城后，项羽下令屠杀城内15岁以上的全部男子。这时，一个舍人去见项羽说，现在全城百姓都是大楚子民，可是您一进城就要杀他们，今后百姓还会跟您吗？如果这件事传到别的城池，那么谁也不愿再归顺大王了。大王一旦失去民心，还怎能成就霸业呢？项羽听了舍人的话，终于收回了屠杀令。"

"唔，你是说我也应该不杀那些被俘的叛逆者？"

"是的。这些俘虏不过是阿里不哥的部属，当初人各为主，他们拼死战斗也是自然的。其实他们当中有不少人只是为了衣食而追随阿里不哥。如果可汗不抚恤四方，不宽恕敌部，一味杀戮，那么民间就会以为您为了发泄私愤而不惜殃及部属。如此，则人心惶惶，民心浮动，天下不得太平，大元江山也就难以安固了。所以，依我之见，还是把他们放了。天下百姓见您对叛逆者都能赦免，一定会称颂您的仁慈宽容，对您就更拥戴了。"

"说得有理！"忽必烈当即宣布赦免1000多名被俘的叛逆者。

虞仲文七岁咏雪

金代有名的大臣虞仲文，从7岁开始学习写诗，到10岁时，又开始学写文章，一下笔居然写出很长的篇幅。

那年的冬天，冷风刺骨，天空上彤云密布，到了过午时分，风慢慢刹了；不一会儿就纷纷扬扬飘起雪来。那雪花一团团、一片片，在空中飘然地舞着，很像是春日开得满山遍野的玉兰花的花蕊，又像是漫天翩飞的白蝴蝶。小仲文凭窗远眺雪景，看到片片雪花落到庭前的水池中，一会儿便倏然不见了。那雪花落到树上、屋上、石凳上一会儿就一片皆白了。仲文又想起东晋谢道韫"未若柳絮因风起"的咏雪诗句来，也跃跃欲试，朗声吟咏道：

琼玉与玉蕊，片片落前池。

问著飞来处，东君也不知。

这首小诗比喻贴切，联想丰富，展现出小仲文惊人的才华。

王冕解谜骂财主

元朝著名画家、诗人王冕小时候给财主放牛。

年底领工钱时，财主说："你如果能解答出我的一个问题，就把工钱给你。"

王冕说："你问吧。"

财主说："从前有伙穷人在锄地，挖出了一块玉璧。大家叫道：'是块宝贝呀！我们分了吧。'于是他们就把玉璧砸碎了，一人分到一块。可是他们却不懂，这块价值千金的玉璧一旦砸碎了就分文不值了，结果，这伙穷人仍旧是两手空空。这是个故事谜，猜一个字，你猜吧！"

王冕说："你讲'穷人分宝贝还是穷'的意思，这不是'贫'字吗？"

财主只好把一年工钱付给王冕。

王冕在财主家放牛，受尽折磨。一天，他对财主说："东家，我说个故事，请你猜一个字。猜出了，我白给你干一年；猜不出，我就要告辞回家了。"

财主说："行，你讲吧。"

王冕说："从前，有个财主想出外做生意发大财。他雇了一个伙计，在合同上写明：财主出钱，伙计出力，一年后赚了钱三七开。干了一年果然发了大财。为了独吞，当伙计来分利时，财主哭丧着脸说：'昨天我们分手时，马受惊狂奔过来，把那只装钱的箱子踩扁了。'这样，那些钱全部装进了财主的腰包。你猜猜这是个什么字？"

财主猜不出。

王冕说："那财主对伙计说：马踩扁了钱箱，马和扁合在一起不就是'骗'字吗？财主老想骗人嘛。"

财主被王冕借机骂了一通，脸色红一阵、白一阵，但又不好发作，只得让王冕回家。

耶律铸少年咏日

元代中书左丞相耶律铸13岁时一天，登上郊外的高山，东方刚刚破晓，一开始满天的星星还很璀璨，可是不久，星星就一个接一个隐遁去了。东方的鱼肚白开始跳出一根红线，红线跳跃着渐渐变成了一抹朝霞，紧接着一轮朝日跃出了地平线。耶律铸看到这壮观景象，情不自禁地心潮澎湃，随口吟咏出《日将出》一首：

阴云夜合乾坤失，万象不能分别得。

苍凉海底浴重光，却与行人指南北。

意思是说：在那阴云夜合的时候，乾坤混沌，什么都分辨不清。就在这一片昏暗、一团漆黑的时候，有一样东西在躁动、在振奋，它就要喷发而出了。等它跃出地平线普照万物的时候，给人们带来光明和温暖，给人们指示东西南北。

这首诗写得多么宏大雄浑啊，它表达了作者对太阳的热爱，对光明和理想的追求。

后人称赞说："小小耶律铸，13岁吟歌作诗，下笔达到了隐微深奥的境界。"

朱元璋少年妙联

明朝的开国皇帝朱元璋，一生喜爱写对联，提倡写对联，后人称他为"对联天子"。

朱元璋出身于元朝末年的濠州钟离（今安徽凤阳东小李庄），家境贫寒，幼小时替地主放牛。9岁那年，他和几个穷苦的孩子实在饿极了，便带头把地主刘德家的一只小牛打死，野餐分食了。肚子虽然饱了，几个孩子却害怕起来，这事被地主刘德追查起来如何了得？朱元璋却说："不必怕，我自有办法。"

于是，他把那头小牛的皮和骨头埋了，把牛尾巴插在石头缝里，说是小牛钻进了石洞里，怎么拉也拉不出来。小伙伴们都称赞这个办法好。徐达（后来成为朱元璋率领的起义军的大将军）还风趣地说："小牛钻山洞，尾巴在外。"朱元璋也风趣地说："老爷打重八，脑壳当先。"重八是朱元璋的乳名。他对的这个联，是他挨打受骂、穷苦生活的真实写照。

地主刘德听说小牛钻进了山洞，大发雷霆，派管家到实地去查看究竟。后来重八被毒打了一顿。

重八17岁那年，家乡发生了严重灾荒，他的父母和大哥都饿死了，他孤苦伶仃，无法生活，就到皇觉寺当了和尚。一天有个秀才来寺里玩，由重八引路。秀才看见寺庙边的田里有几个尼姑在挑禾，就想戏谑重八，便口占一上联：师姑田里担禾上。联中"禾上"是"和尚"的谐音。重八立即反唇相讥，对出了下联：美女堂前抱绣裁。联中的"绣裁"是"秀才"的谐音。那个秀才想不到朱元璋的才思如此敏捷，不得不刮目相看。

那时候，寺庙里也很穷，朱元璋就当起了"游方僧"出外化缘，实际上就是到处讨饭吃。一次，他讨饭来到合肥地方，听到一个穷书生在自怨自艾："哎，可叹古今良吏少啊！"朱元璋触景生情就对答了一句："嗯，须知世上苦人多嘛。"

又有一次，他化缘来到河南汝州一个村庄，恰逢庄主祝寿，家人就将饭食给他，他饿极了，便狼吞虎咽地吃了起来。庄主见他其貌不扬，吃相难看，便出口骂道："吠！尔小子肮肮脏脏，进门就吃，又夹菜，又扒饭，好似馋猫偷食。"重八受了侮辱，不甘示弱，边吃边答："呸！你老瞎颠颠倒倒，开口便骂，不通情，不达理，犹如恶狗伤人。"简直把那庄主气昏了。

解缙应景吟诗联

明代有个少年叫解缙,字大绅,江西吉水人。自幼聪敏好学,志向高洁。他出身贫寒,母亲在家纺棉摇纱,父亲挑担上街卖豆腐。

有一年春节,他在大门上贴了一副对联:门对千竿竹,家藏万卷书。他家的对门是户地主,种了一片竹子,解缙以这副对联,表明自己读破万卷书的决心。

那地主看了,非常生气,认为穷苦人家不配写此对联,只有像自己这种大户人家才可能"家藏万卷书",一气之下,便把门前的竹子砍了。

解缙知道地主在和自己作对,就立即将对联加以修改,变成:门对千竿竹短,家藏万卷书长。

那地主见了更加气恼,便命人将竹子连根挖掉,解缙又将对联改了:门对千竿竹短无,家藏万卷书长有。

解缙三写门联,气坏了地主,地主便将他找来家中一论长短。解缙应邀来到,地主就给了他一个下马威,不开正门,只开侧门,并高诵道:"小犬无知嫌路窄。"

解缙不走侧门,偏要走正门,也高声诵道:"大鹏展翅恨天低。"

地主无法,只好开正门将解缙迎入大厅。宾主未及坐定,地主趾高气扬地问解缙:"不知尊府做何生计?"

纺纱卖豆腐在古时候属于下等营业,是被人看不起的,解缙明白地主问话的用意是想羞辱他,他不慌不忙地答道:"母在家中,手转乾坤;父在街头,肩挑日月。"

回答得多么形象而高雅,地主见难不倒解缙,只好命人送客。

送客的是地主家中的教书先生,他见解缙小小年纪居然应对自如、不卑不亢,心中不服,他送解缙出门,门外便是长江,江边有一古树,他脱下衣服挂在树上,随口诵道:"千年古树为衣架。"

解缙不假思索脱口而出:"万里长江作浴盆。"应对得非常巧妙,而且气势很大。

此刻大路上走过两名解差押着一名犯罪的和尚,教书先生还想考一考解缙的文才,问道:"你能即景作一首五言诗吗?"

"这有何难?"解缙立即口诵一首五言诗:
落发又犯法,出家又带枷,
两块无情板,夹个大西瓜。

教书先生这才口服心服。

解缙长大后官至翰林学士,他有许多名联巧对和打油诗流传下来,历来为文坛的趣谈。

岳柱巧驳私塾师

营邱子曾在一所私塾当先生。他对元朝的统治深为不满,可又无法摆脱。于是常借酒消愁,聊以偷生,对那些拜读于自己门下的纨绔子弟毫无栽培之意,渐渐地养成了懒散的习性。他经常在课堂上打瞌睡,一些无心习文的富家子弟自然乐不可支。

可学生中有一个小朋友却大有意见,他就是后来扬名天下的元朝著名学者岳柱。岳柱家境贫寒,但聪明好学,遇事总爱动脑筋。他打听到营邱子过去博学多才,为人师表,可现在为什么老爱打瞌睡,对学生不负责任呢?他决心解开这个谜。

有一天,上习字课,营邱子叫学生按字帖写字,自己伏案便睡,这下课堂里就乱了套。这些富家子弟自由惯了,有的拿出早已准备好的蟋蟀,进行逗玩;有的嬉笑追骂;有的在习字本上画些乌龟王八什么的。岳柱趁众学生闹得起劲时,悄悄走到讲台旁,摇醒正在打瞌睡的营邱子,低声问道:"先生,您为啥老是打瞌睡?"

营邱子正在做白日梦,朦胧中被岳柱摇醒,真有点丈二和尚摸不着头脑,迷迷糊糊看了一下四周,又习惯性地摸摸自己的脑壳,故作神秘地回答道:"我是到梦乡去见古圣先贤去了,就像孔子梦见周公那样,然后将古圣先贤的教训传授于你们。"说完便摇头晃脑地吟起:"采菊西篱下,悠然见北山。"

"不对呀,应该是'采菊东篱下,悠然见南山'。"岳柱纠正道。

营邱子叹息道:"茫茫人世,芸芸众生,人妖不分,何分东南西北。"

岳柱知道营邱子所谓的梦中托言纯属谎词,至于营邱子故作糊涂的缘由他也能领悟一二,他想让营邱子改掉打瞌睡的坏毛病,左思右忖,终于想出了一个好办法。

第二天上课时,当营邱子正摇头晃脑地读着:"世间行乐亦如此,古来万事东流水……"忽然发现岳柱也在打瞌睡,便大声呵斥道:"懒惰成性,真是朽木不可雕啊!"可岳柱却不慌不忙地站起来说:"先生,您冤枉人了,我是在学习呀!"

营邱子更怒了："明明是打瞌睡，还敢诡辩！"

"真的，我到梦乡去拜见古圣先贤去了，就像您梦见古圣先贤一样。"

营邱子有意刁难岳柱，问道："古圣先贤给了你一些什么教训？"

岳柱从容答道："我呀，见到了古圣先贤，就问他们：'我们的先生几乎每天都来拜望你们，你们给了他些什么教训？'但他们回答：'从未见过这样一位先生。'"

营邱子听了，顿时瞠目结舌，继而满脸羞愧。没想到一个身高齐腹的孺子，竟能以其人之道还治其人之身的办法，揭穿了自己的谎言。从此，他改掉了打瞌睡的坏毛病，对岳柱更是悉心栽培。

王守仁吟抛棋诗

明代的王守仁，字伯安，余姚（今浙江省余姚县）人。他7岁已经会作诗了。

但是，王守仁的爱好很多，学习不专心，却迷恋上了象棋。母亲就把象棋抛到水里。王守仁笑嘻嘻地作诗八句，中间四句是：

兵卒堕河皆不救，将军溺水一时休。

马行千里随波去，象入大川逐浪游。

此诗表达了他抛却象棋专心读书的决心，也显示了他的诗才。

王守仁11岁时，父亲带他从家乡余姚到镇江金山寺访海月禅师。夜里明月高悬，他忽生奇想：月大还是山大？海月禅师要他作诗，他顺口咏出：

山近月远觉月小，便道此山大于月。

若人有眼大于天，还见山小月更阔。

诗中充满了辩证法，抒发了他的胸怀。

后来，王守仁发奋攻读，成了一位著名的哲学家、教育家和文学家。他主张"知行合一"、"知行并进"，他的哲学思想和教育思想对后世影响极大。著作有诗文集《王文成公全集》。

杨溥巧对免父役

明朝英宗初年的吴武殿大学士杨溥，出身贫寒。幼年时，他所在的湖广石首县（今湖北石首市）县官经常广招民夫做劳役，百姓深受其苦。

有一次，杨溥的父亲又被县衙派来的差人抓去服劳役，父亲走后，家中妻弱子幼，生活无以为继。杨溥就跑到县衙向县官苦苦恳求释放父亲。

县官见杨溥是个小孩子，胆大聪明，很是可爱，就想试试他的文才，便说道："我出个对子，你若能对上，我就可免去你父亲的劳役。"说完提笔写了个上联：四口同，内口尽归外口管。

"圖"是"图"的繁体字，外边一个大"口"，里边有三个小"口"字。县官利用"圖"字的字形，寓有深意，意思是说，他是一县之官，犹如大"口"一样，有权管辖那些如同小"口"的众百姓。言外之意是，县官有权派百姓的劳役，你父亲应服从支配，否则就是抗命犯上，是绝对不允许的。

杨溥文思敏捷，已明白了县官的意思，他思索片刻，拿过笔来写了下联：五人共，小人全仗大人遮。

"傘"字是"伞"的繁体字。这个"傘"字共有五个人，一个大"人"遮盖了四个小"人"。意思是：你县官犹如大"人"应该遮盖作为众百姓的小"人"，言外之意是：我父亲固然要受你县官管辖，但希望你能照应一下，给个方便。

这个下联同样应用了字形的规则，对得非常工整、确切，形象地反映了当时社会的等级关系，婉转地表达了自己为父亲求情之意。

县官见了此联，佩服杨溥善对，而且受到了不露形迹的恭维，心中很是高兴，便连声赞道："对得巧！对得好！"

为表示自己的宽宏大度，像大人一样能够遮盖"小人"，县官就免去了杨溥父亲的劳役。

一个一丈长的字

明朝正统年间，有一个神童，能写一笔很好的大字，有人把他带进京城。皇帝听说了，也很感兴趣，想出个难题试试他，就派人给他送去一幅一丈多长的红罗绢，让他在上面只写一个"大"字。

孩子考虑了一下，把罗绢铺在地上，先写了跟罗绢一样长的竖，然后在右边加了一个大点，于是写成了一个"卜"字。

在场观看的人都惊呆了，这件稀奇事很快传遍了天下。

王阳明智诚继母

明代著名理学家王阳明，12岁的时候，父亲在京做官，余姚（今浙江余姚）家中只有他和继母二人。继母待他很不好，王阳明知道要躲过继母的虐待是很难的，但他不甘心长期受苦，决心设法改变自己的处境。他想呀想，终于想出了一个办法。

王阳明经常看到继母求神拜佛，于是他就想利用继母迷信鬼神这一特点来让她转变。

一天，王阳明到野外去拜访射鸟的人，从那儿得了一只奇形怪状的活鸟，回家后把它偷偷放进继母的被窝里。继母整理被褥时，见一只怪鸟忽然从被子里扑棱棱飞走，不知这是什么预兆，很是害怕，便叫来巫婆卜问吉凶。

王阳明暗中用自己平时节省下来的零用钱买通了巫婆，让巫婆在继母面前说："王状元的前妻托付后妻照顾好孩子，托付无效，现在她责怪后妻虐待她的遗子，把后妻告到天帝那里。天帝派阴司的兵卒来收取后妻的魂魄。被窝里飞出来的怪鸟就是阴司的兵卒。"

巫婆得了好处，就来到继母面前装着如神附体的样子，按照王阳明教给她的话说了一遍，结果把继母吓得大声啼哭，连忙磕头求饶，表示愿意痛改前非。

这时，王阳明趁机也哭泣着，求拜亲娘的阴魂饶恕继母。继母见他不记前怨，还替自己求情，觉得他特别善良可爱，心里涌起一股热流，一把搂住王阳明，眼里流出了感激的泪水。

从此以后，继母再也不虐待王阳明了。

小解缙戏弄财主

有一年春天，解缙为了早点赶到先生家上课，就穿小路从一个财主家的油菜田埂上走过，谁知被财主看见了。财主叫家丁把解缙拉住，问道："你为什么要从我的油菜田埂上路过？"

解缙说："这里不是有路吗？"

"有路也不许你走！"财主说罢，抬手打了解缙一巴掌，打得解缙的脸火辣辣地疼，但他也没哭，咬咬牙走了。

过了几天，解缙想了一个戏弄财主的办法：有天下雷雨，解缙用锅底灰把脸糊得黑黑的，活像个夜叉，然后偷偷走进财主的油菜田边，跪在那里。

不一会儿，一个过路人看见了，好奇地问："你这个小孩，怎么跪在这里？"

解缙摇摇头，没有回答。那人走近一看，见解缙满脸漆黑，双眼发直，吃惊地问："你，你这孩子怎么了？"

解缙抬眼望了望过路人，好半天才慢吞吞地说："我……我被……雷打了，起……起不……来。"

过路人见这孩子呆头呆脑的，就到村里把消息传开了，人们听说有个孩子被雷打了，脸像夜叉，跪着不起来，纷纷跑来看稀奇。不一会儿，就来了百八十人，在财主油菜田里挤进拥出，把3亩田的油菜踩成了泥浆。

财主见了心疼得要死，气得捶胸顿足，可是无计可施。

洪钟四岁御前书

明代的洪钟，崇仁人，自小聪明异常。4岁时，随父前往北京，在船中，他父亲洪朝京跟客人下棋，洪钟在一旁久久观看，渐渐便开始给其父出主意，在儿子的点拨下，父亲几盘棋都获得了胜利。

到了临清，洪钟见到牌坊上大字题写的匾额，就要笔写了起来，竟模仿得一模一样，人称神童。

到了京师，明宪宗听说后，便召见他，让他写字，他就接连写了好几个字。又叫他写"圣寿无疆"几个字时，他却握着笔久久不肯动手写。

皇上说："是不是有不会写的字呢？"

他磕头说："不是不会写，只是因为这几个字不敢在地上写罢了。"

皇上很赞许他的话，便叫内侍抬来几案，又拿来了踏脚的凳子，让他站在凳子上，在几案上写这几个字，他一挥而就，皇上很是高兴，便叫翰林院收他为学生，供给他廪米，让他到国子监读书，他的父亲也跟着升为国子助教。

五龄童元宵捉贼

某官宦人家，有个五龄儿童，聪颖过人，玲珑活泼，人见人爱。

元宵佳节，老仆背着五龄童上街观灯。今年的灯会特别热闹，街上红男绿女，熙熙攘攘，个个兴高采烈，人人流连忘返。老仆正出神观灯，突觉肩上一轻，五龄童已不在背上，忙四处查看，哪里还有小主人的踪影！

再说那五龄童也在出神看灯，正在人群拥挤当口，忽觉身子一掀，两手脱离了老仆的肩膀，待等再抓住老仆肩膀时，眼前的灯队又变了花样，他便目不转睛地观看灯队的表演。

但稍过片刻，五龄童就觉得情况有异，背他之人不往人多处挤，反而向人少处跑。再细一辨认，那人衣着、身影都不似家中老仆，他

329

顿觉自己被骗子拐跑了。

背他之人果真是个骗子，外号"雕儿手"，生得精悍，出手灵巧。他见五龄童穿着华丽，特别是一顶帽子镶嵌着一颗硕大的"猫儿眼"宝石，就使出绝技，将小儿移至自己背上，准备背到僻静处再取他的衣帽，故远离灯市，专拣小路僻巷行走。

五龄童年纪虽小，却颇有心计，他默不作声，佯装不知受骗，想着脱身之计，他先想到帽子值钱，故将帽子取下，藏在袍袖之中。

"雕儿手"是个骗子行家，虽然后脑并不长眼，但已发觉了五龄童的举动，心里不免暗暗得意：毕竟是小孩子家，你人尚且在我手里，将帽子藏起又有何用，也默不作声，继续向偏僻处快跑。脚步交错，摇摇晃晃，他觉得背上的孩子竟伏在他肩上睡着了，他更觉得意。这下省事了，即使在路上遇到人也不会碍事。

当他转入一条小巷，劈面过来一乘轿子，"雕儿手"便向路边稍候，让那轿子过去。正当轿子擦肩而过时，五龄童突然向轿内大声喊道："叔叔快来救我！"这一声喊，吓得"雕儿手"连忙将他扔下，折回原路，混入看灯回家的人群之中。

原来，五龄童刚才是假装睡着，以麻痹骗子，轿中之人也不是他的"叔叔"和熟人，却是一个突发急病要去求诊的老妇人，那病妇问明了情况，将五龄童交给了巡街的官员。

那巡街的官员却是认识五龄童的，知道他是某高官的爱子，虽然没有被骗子拐走，毕竟受了惊吓，自己身为巡街官员，职责攸关，便想抓到骗子，将功赎罪，也好向上司作个交代。他问五龄童："那骗子长得如何相貌？"

五龄童眼珠一转，回答道："我在他的背上，怎能看得见骗子的面容？"

巡街官员自觉问得可笑，正不知如何抓贼时，五龄童又笑着说："不过我已在那骗子身上留下了记号。"

原来，五龄童所戴之帽上，母亲给他插上了一枚避邪的金针。五龄童在藏帽之际，偷偷地将金针穿在那"雕手儿"的衣服上。

巡街官员便封锁路口，寻找骗子，不多久就在人群中找到了"雕手儿"。

且说，那老仆人因遍找不到小主人，已回家报讯。全家一片慌乱之际，五龄童却笑嘻嘻地回家来，合家上下转忧为喜，齐夸他聪敏乖巧。

少年智退大鳄鱼

明朝年间，郑和第五次下西洋，他来到泉州招募舵工和水手。告示一贴出，前来应招的人一批又一批。

一天，招募处来了个12岁的小孩，挤进去要报名应招。把门的士兵见他那样小，就说："小孩，到别处去玩！"说完，还伸开双手拉住他。小孩子二话没说，扭转身子，突然又来个"玉兔穿梭"从士兵腋下猛钻进去。这时，郑和恰好来到招募处视察，见来个小孩子，哈哈笑道："孩子，你来干啥？"

"你们不是要招募水手吗？"

郑和抚摸着小孩的脑袋说："这下西洋可不是闹着玩的。你这么小，能行吗？"

"这有什么稀奇，我生下来就下过西洋！"

原来，这孩子叫海宝，生在海上，长在海上，是风浪里摔打大的。他父母是这一带有名的弄船好手，专门运送华侨到海外去。一天，他父母被海匪杀害了，海宝抱着一块木板跳下海，漂了三天三夜才回来。郑和了解到海宝熟悉南行的海路，就把海宝安排在自己的船上。

不几天，郑和在泉州招足了水兵，就起航了。一天，船队在南中国海的海面上航行，蔚蓝的海水突然变得黑压压的。原来是成群结队的鳄鱼包围了郑和的船队。鳄鱼掀起巨浪，打得大船左右摇晃。有的鳄鱼还跃上船来，张开大口，露出锋利的牙齿，好吓人啊！有不少水手被咬伤了。郑和见状，就命令用刀砍枪刺。

可是那鳄鱼身上的鳞甲，又厚又硬，刀砍不进，枪戳不入，而且越赶越多，越赶越凶。郑和和满船官兵束手无策，急得团团转。

在这千钧一发之际，海宝来见郑和，说他有一个办法可以赶走鳄鱼。

海宝叫大家在船上架起油锅，烧了一大锅一大锅滚开的油。士兵、水手一齐动手，舀起油向冲上甲板的鳄鱼当头浇去。那鳄鱼一被烫，赶快翻滚起来，掉下大海去。大家又向海上的鳄鱼浇去，鳄鱼只好逃走了。

小邹智一举夺魁

邹智，字汝愚，合州（今四川省合川县）人。家贫，但他从小爱读书，家里买不起灯油，晚上读书时,他就点燃木头、树枝、树叶,用来照明。这样连续苦读了三年。12岁时,邹智已经写得一手好文章了。

明宪宗成化年间,成都府的四川乡试已经考完,发榜的这一天,人们议论纷纷。原来,一个不为人知的穷孩子邹智,竟然一举夺魁,取得了乡试第一名!这件事轰动了整个成都。人们竞相来观看这个乡试夺魁的举人,大家都以怀疑的目光审视着他,向他提出了一些奇怪的问题,看的人越来越多,提的问题越来越怪,似乎像他这样一个一文不名的穷书生、名不见经传的小人物,不配乡试第一似的。

面对着惊奇、怀疑的人群,这个穷孩子朗声吟了一首诗,作为回答:

龙泉庵内小书生,偶窃三巴第一名。
世上许多难了事,乡人何用大相惊?

诗中说:我是曾经寄住在龙泉庵的小书生,偶然夺得了三巴(指巴东、巴西、巴郡,合称三巴,即指四川省)乡试的第一名。世界上有许多难以理解的事,乡亲们又何必大惊小怪呢?

听了邹智吟诗之后,人们佩服地说:"果然厉害,出口成章,难怪得第一呢!"

后来,邹智还考中了进士。

小林章的题像诗

林章,出生在明代嘉靖年间,是福清(今福建省福清县)人。很小的时候就能作诗。

一天,他的父亲给他看一幅唐代大文学家韩愈的画像,并请他为此画像题诗。小林章知道父亲要考考自己,便提起了笔,小眼珠转了两转,落笔写下了《题韩文公像》诗:

独立蓝关雪,回看秦岭云。
非干马不进,步步恋明君。

这首诗中提到了蓝关、秦岭,涉及韩愈一生中的一件大事:在唐宪宗元和年间,崇信佛教的唐宪宗,准备兴师动众地把法门寺(在今陕西扶风县境内)的佛骨迎到宫中供奉,韩愈为此上了《谏迎佛骨表》进行劝谏,唐宪宗大怒,贬韩愈到潮州(今广东省潮安县)。韩愈赴任时,途经蓝关(今陕西省蓝田县东南,这是古代从长安到南方去的必由之路),远望云雾弥漫的秦岭,马儿在积雪中踯躅不前,韩愈感慨万分,赋诗抒怀,其中有这样几句:

本为圣朝除弊政,敢将衰朽惜残年。
云横秦岭家何在,雪拥蓝关马不前。

小林章在诗中,便依据这一事实,生动地表现了韩愈忠心报国的品质。

小林章写诗,选择抒发感情的题材很巧妙。韩愈一生,可记、可叙的事太多了,可以说他的文章盖世,也可以说他的诗作,可以讲他参加对藩镇的平定,也可以讲他提携后进、为国选拔人才。但是,这些人们瞩目的成就和业绩,小林章都不用,只选择了韩愈贬潮州路上立马回首这个细节,写得形象、生动,寓意十分深刻。"立马回首"之中,把韩愈一腔忠君报国的热情淋漓尽致地烘托出来了,诗的意境大大超出一般的称赞和叙述。

父亲看了小林章的诗后,赞赏不已。

高明餐桌讽客人

明朝时,浙江平阳地方有个孩子叫高明,字则诚。他父亲会客,高明到桌边窃食。见此,客人灵机一动,就对高明的父亲说:"听说令郎捷对,让我试一试。"随即说出上联:

小儿不识道理,上桌偷食。

高明应声答对:

村人有甚文章,中场出对。

客人一听,自觉很窘,红着脸说:

细颈壶儿,敢向腰间出嘴。

这联影射高明不讲礼貌。高明来个针锋相对,竟将对方讥为不学无术的村人:

平头锁子,却从肚里生锈。

客人无言以对,只好认输折服。

高明长大后才高学深,成为我国历史上的一个著名剧作家。他所著的《琵琶记》,为南曲之冠。明太祖把此书比作"珍馐百味",说"富贵人家不可以没有此书"。可见,高明那时的声望是非常高的。

小刘溥咏《沟水诗》

刘溥,字原溥。明代长洲(今江苏省苏州市)人。从小聪明伶俐,兴趣广泛,爱好医药,又喜欢读书、吟诗。6岁时,他写诗主要是模仿,但是,不久就能自己构思创作了。他勤奋地写作,平时,很注意留心各方面的事物,为吟诗积累素材。

8岁时,他在家门口,看到水沟里的水哗哗地流着,便吟了一首《沟水诗》:

门前一沟水,日夜向东流。
借问归何处?沧溟是住头。

一沟流水,没有动人的景致,没有广阔的

场面，平常又平常，实在难以下笔。但是，刘溥从时间、空间上给予展开，由当时，联想到沟水的日日夜夜；从眼下，联想到沟水的千里归宿，把一沟流水同"千里细流归大海"这样的道理联系起来，使一沟流水闪烁出哲理的光辉，耐人寻味。全诗流畅自然，没有一点儿雕琢的痕迹，可以看出刘溥高超的创作技巧。

这首《沟水诗》传出去以后，当时人都认为刘溥是一个奇异的"圣童"。"圣童"之名，在长洲传开了。

在明代宗景泰（1450～1456年）年间，有10位出名的才子，被称为"景泰十才子"，刘溥便是"景泰十才子"的领袖人物。著有《草窗集》。

袁崇焕智胜尚书

袁崇焕是明末大将，抗金英雄，虽因后金使用离间计，被明朝皇帝凌迟处死，但人民始终崇仰他，后人在北京龙潭湖公园附近建了"袁督师庙"，康有为题写了对联和横额。这位进士出身的督师辅臣，是广东东莞人，年幼时就胆略过人。民间流传着他智胜尚书的故事。

在袁崇焕10岁时，他家在石龙镇，祖父开设了一个规模很大的杉木店。一天，当地有个退休的徐尚书带领家人来到杉木店，要购买大批杉木，整修他的尚书府。徐尚书自恃势大气粗，借用石龙地方的方言"跳"和"条"同音，命家人将店里的杉木放成一堆堆，然后跳过一堆就算作一跳，结账时又把一跳当作一条。其实一跳杉木何止几十条之多，他是想用这个方法来捞取便宜。跳完杉木，徐尚书说："明天到府里来取银子。"就带领家人扬长而去。

面对徐尚书这种欺行霸市的恶劣行径，袁记杉木行上下都急得一筹莫展。这时，袁崇焕正放学回家，向愁容满面的祖父问明了原委，便心生一计，说道："祖父不必忧虑，孙儿自有办法。"

第二天，祖孙俩来到徐尚书家中取杉木钱。徐尚书便命家人拿秤来称银子，此时袁崇焕不慌不忙地拿出一根竹筒放在桌上说："且不要拿秤，本店收银不用秤，而是用竹筒来量的，一条杉木一筒银子，请往竹筒里边装银子吧！"

袁崇焕这个办法是利用了徐尚书昨天买杉木时，没有讲明价格和收款方式这一漏洞。徐尚书当时心想：我一跳就是几十根杉木，你价格再高，还是我占便宜，谁知袁崇焕这个小小的孩子会使出这种办法来，所以，他气急败坏地说："哪有如此收银子的？"

袁崇焕立即以其人之道还治其人之身，理直气壮地说："哪有你那样计算杉木的规矩？"

徐尚书自知理亏，无可奈何，只得如数付了杉木款。

翟永龄止母念佛

古时候，有个叫翟永龄的孩子，母亲笃信佛教，对佛祖释迦牟尼可说是虔诚之至。别说逢年过节，她总要沐香汤，戒荤腥，设香案，烧纸钱，顶礼膜拜一番；即使平日，她总是抓住一切空余时间，整日"阿弥陀佛，阿弥陀佛"的念得家人很是烦恼。

翟永龄决心说服母亲不要再念佛念个不停。这一天，大声呼唤道："母亲，母亲。"

母亲不理他，依然一边在灶间烧火，一边"阿弥陀佛，阿弥陀佛"地念个不停。

翟永龄又高声喊道："母亲，母亲。"

母亲一边"嗯，嗯"了两声，一边依然念"阿弥陀佛，阿弥陀佛。"

翟永龄穷追不舍，不停地喊道："母亲，母亲。"

母亲怒声责骂道："烦死了，我又不是聋子！你这么大声喊，有什么事啊？"

翟永龄说："母亲，我只不过叫了您五六声，您就不耐烦，可您自己对释迦牟尼整天整天地念了不知有几千遍的'阿弥陀佛'，佛祖听了岂非要厌烦死了！这样下去，可不得了啊？"

母亲看着儿子满脸惊慌的神情，也惊慌地问："怎么不得了啊？"

翟永龄说："我听一个有道行的云游老和尚说，佛经上讲的，如果教徒得罪了佛祖，活着要遭殃，死了不得升入极乐世界！"

"啊！"母亲大吃一惊，从此再也不敢"阿弥陀佛"地念个不歇了。

小儿打碎泥菩萨

从前，有户人家遭遇不幸，户主接连死了妻子和女儿。他认为是自己得罪了上天，因此玉皇大帝派鬼神将她们拉走了。户主原来就很相信卜卦、问相等迷信活动，这下子更信了，就请了几尊泥塑木雕的菩萨，敬放在家龛里。每逢初一和十五，将省吃俭用的钱买了供品供奉菩萨，烧香磕头，祈祷菩萨保佑他家平安无事，再也不要发生祸害了。

可是他的一个十几岁的儿子,对父亲这一套做法很是不满,不仅不肯磕头,还常常同父亲争吵。一天,这孩子想出了一个毁掉菩萨而又能让父亲不得不心服口服的妙计。

机会来了。一天,父亲要出门办事,临走时再三嘱咐儿子将已经煮熟的几块大肉供奉菩萨享用。儿子不再言语,老老实实照父亲吩咐的办理,还在香案上摆上几双筷子。父亲见了又惊又喜,心里想:儿子到底还是听从我老子的话啦!

可父亲前脚跨出门槛,儿子后脚就拿起肉碗,大口大口地吃了个精光,还把那几尊菩萨打了个粉碎,碎片撒落在屋里,满地都是。

不久,父亲回家,不禁怒急交加,大声质问儿子道:"谁把菩萨打掉了?"

儿子和颜悦色地说:"我也不知道啊!我把肉摆放在案上。你前脚走,这几个菩萨后脚就争上前大抢特抢,谁也不肯谦让,抢着抢着就大打出手,结果两败俱伤,同归于尽。唉,真是可惜极啦!"

父亲骂道:"狗东西!菩萨是泥土捏做的,是个死物,怎么会上前抢肉吃?又怎么会打起架来?"

儿子大笑道:"您说得真对!既然菩萨是泥土做的,当然不会吃东西了,您用好菜好肉供养它们,难道不是多此一举吗?再说,既然菩萨是泥做的,是个死物,又怎么能保佑咱家平安消灾呢?"

父亲被儿子说得哑口无言,只得认输。

五岁儿子教老子

翰林崔来凤有个儿子,只有5岁,却善于吟诗作赋,即兴对偶。

一天,有个外地客人到崔翰林家里,送来了许多新鲜的核桃和枣子。小公子见了,欢欢喜喜蹦跳着,往篮子里抓了一把就要吃。崔来凤连忙夺下,笑着对儿子说:"你要吃可以,不过先要回答我出的考题。答得出尽你吃,答不出一颗也不准吃。"

儿子也笑了:"你尽管出好了。"

崔来凤说:"你就将核桃和枣子作为题目,立即说出个对子来。"

儿子不加考虑,应声说道:"有的果子,吃里面的丢掉外面的;有的果子,吃外面的丢掉里面的。"

父亲和客人不约而同地鼓掌喝彩,开心极了。儿子高高兴兴地抓了核桃和枣子大吃起来。

过了几天,那个客人有事又来拜访崔来凤。

小公子忘记不了前日父亲考问自己的情景,便对父亲说:"父亲,我也要考问你一个题目。"

"啊!"崔来凤先是一愣,接着恍然笑道,"好,好。"

儿子说:"父亲,你就拿这个炕做题目,即兴说出个对子吧。"

崔来凤沉吟了好一会儿,才想到必须模仿前日儿子的说法,便大声说:"有时炕能睡人,有时炕能烘人。"

客人正要叫好,小公子却摆摆手,说:"父亲,亏您还是个做官出身哩!'睡人','烘人',这字眼太俗里俗气啦!"

崔来凤和客人异口同声地说:"有理,有理,那你说怎么办?"

儿子说:"有时炕能卧人,有时炕能暖人。"

崔来凤大喜过望,抢前一步把儿子抱起亲了又亲。

丘浚笑对大富豪

在广东琼山的一个乡村里,有一天,大雨滂沱,一群学童冒雨来到学塾里读书。11岁的孩子丘浚正要坐到自己的位子上去,这时,风雨更大了,学塾因年久失修,雨水从屋面上漏了下来,打湿了丘浚的座位。他便挪了一个位子,坐下来静心地读书,等候老师来上课。

这时,当地一个富豪的孩子也来到课堂,见到自己的位子被丘浚占去了,虽然旁边还有许多雨水打不到的座位,但这个平日骄横惯了的富家少爷哪肯罢休,就来抢丘浚的座位,正在埋头读书的丘浚当然也不甘示弱,两人就争吵起来。

老师来了,见丘浚和富豪之子为争抢座位而争吵,就说:"你们两人不要争吵了,我有一个五字联句,谁先对出,谁就坐在那位子上。"他一向喜欢聪明的丘浚,知道他善对对子。记得前几天他在一位朋友家下棋,丘浚在院墙外玩球时,不慎将球扔进了这家的院子,被正在下棋的老师拾到,老师笑道:"我出个对子,对上了,我便还你。"接着出了个上联:"墙壁当前,龙不飞,凤不舞,桃不开花,梨不结果,可笑小子。"这个联取材于墙壁上的雕刻,很深奥难对,且有取笑丘浚的含意。丘浚望了望正在下棋的老师,当即应道:"棋盘之中,车无轮,马无鞍,炮无烟火,兵无粮草,敢杀将军。"答得含义双关,特别是"敢杀将军"有反唇相讥的意思,使得老师无话可说,只得将球还给丘浚。

眼下,老师想到了这件事,仍想以对对解决,就出上联道:"细雨肩上滴。"那富豪的儿子觉得很难,而丘浚却认为很便当,以"青云足下生"相对。老师见丘浚先对上了对联,就让他坐在那个位置上。

那富豪的儿子受了委屈,回去告诉了父亲。那富豪大怒,不仅把塾堂的老师训斥了一顿,而且还把丘浚找来家中,骂道:"谁谓犬能欺得虎?"他把自己的儿子比作"虎",把丘浚当作"犬",真可谓是欺人太甚了。丘浚并没被富豪的气势所吓倒,从容不迫地对答道:"焉知鱼不化为龙?"意思是说,我虽然贫穷,就像一条困在浅水里的鱼,但将来却有可能变成深海的蛟龙。

富豪一听,大吃一惊,心想:这个孩子出口不凡,莫非真能化为"龙"?万一他将来得势了,做了大官,岂不要来找我算账?他想到这里,也就不再争论,让丘浚走了。

后来,丘浚果真化成了"龙",他不仅考中了进士,成为大学士,还当上了明朝弘治年间的宰相。

曹宗巧对得大鱼

明朝弘治年间,广东有个神童叫曹宗,7岁时已能吟诗作对。

一天,小曹宗独自到海边去游玩。滩上有几个渔民正在补渔网,远远看见神童来了,便悄悄议论道:"难得他到这儿来,今儿倒要难难他!"说话间,曹宗已来到渔民近旁。

有个叫阿三的渔民马上笑着打招呼:"来来来,你若能对我们的上联,送你一条大鲜鱼。"

曹宗高兴地说:"好!"

阿三朗声念道:"沙马钻山洞,沙生沙马目。"

"沙马"是一种鱼名,所以下联也必须有一种动物的名称与之相对才行。渔民欺曹宗不识"沙马",故而出了这个难对来刁难他。

谁知曹宗略一沉吟,即刻就应对道:"水牛食水草,水浸水牛头。"

渔民们顿时啧啧称奇。阿三觉得再搜索肚肠出对子,也难不倒小曹宗了,就从搁在沙滩上的木船上拖出一条10来斤的大鱼来,对曹宗说:"我们说话要算数,喏,这条鱼送给你,让你父母高兴高兴。"

渔民们一齐眼睁睁望着曹宗,看他怎么拿回家,心里都不禁暗暗得意。

曹宗装作没看见渔民们看好戏的神情,只在一个渔民脚下捡起一根断头绳,穿过鱼腮将大鱼拴住了,然后用小手扣住绳圈儿,将鱼拖到近旁一条小水沟里,那鱼见了水,顿时活泼地游起来。

曹宗嘴里喊声:"谢谢,再会!"小手却紧紧扣住麻绳,毫不费力地拖着大鱼往家里跑去。

渔民连连说:"真是神童!真是神童!"

戴大宾戏弄官员

明朝时,福建莆田有个少年叫戴大宾,幼年就会吟诗作联,在地方上很有名气。

戴大宾5岁那年,父亲背着他去应童子试,在场的都是成了年的秀才,还有几个双鬓染霜的老童生。他们看到戴大宾小小年纪也来应试,在惊奇之余,想来考问一下这个孩子,其中有个秀才问他:"孩子,你将来想做什么官?"

戴大宾听了这个明显带着"瞧不起"的调侃式问话,很不高兴,应口回答:"要做阁老。"

按明朝的官制,阁老就是宰相,是一人之下、万人之上最大的官员,那个秀才听了这个乳臭未干的孩子口气竟这么大,觉得很可笑。便出联戏谑:"未老思阁老。"

戴大宾瞅着这个瞧不起人的秀才,立即加以还击:"无才做秀才。"搞得这个秀才面红耳赤,众人都哈哈大笑。

他13岁那年中了举人,有个官员有事来找他的父亲,看见一个孩子在院子里玩耍,再一看那孩子就是新中举人的戴大宾,他觉得一个举人还这么贪图玩耍,很不应该,岂不白白浪费了大好时光?便出了一道题想难难他,这题只有两个字:月圆。戴大宾见了那官员并不畏惧,坦然对出了两个字:风扁。

官员听了不禁发笑,他想:这个少年举子徒有虚名。便说:"风哪还有什么圆的扁的形状呢?"

谁知戴大宾解释说:"风见缝就钻,不扁怎么能钻进门缝呢?"

官员听了无话可答,便又说了两个字:"凤鸣。"

戴大宾随口应道:"牛舞。"

官员又失声大笑说:"牛怎么会舞呢?"

戴大宾回答:"古书中有'百兽齐舞'的句子,

牛也在百兽之列,怎么不会舞呢?"

那官员又是无话可说。

少年英雄夏完淳

夏完淳是明代末年的少年英雄,著名诗人。他牺牲时年仅17虚岁。9岁时,他已经把写作的诗编成一本集子,名为《代乳集》。

夏完淳8岁那年,跟随父亲在京城拜访明朝大官钱谦益。钱谦益跟他谈论《论语》,深深地为孩子滔滔不绝的议论所折服。当钱谦益向来访的三个客人介绍时,不断地称赞夏完淳是神童。

其中有个客人是国子祭酒(相当于大学校长),他听了介绍,不大相信小小年纪便有很高深的学问。于是他从书橱里拿出一部书来,顺手翻开一页,问道:"这里有一句'公子重耳对秦客曰……'你能把晋公子重耳回答秦国使者的话背出来吗?"

夏完淳略想一下,昂着头就把文中的话一字不漏地背出来了。客人很是惊讶。

这时,国子祭酒一手扶着桌上的烛台,一手捻着长须,沉吟不语。夏完淳以为要考他八股文中的"破题(剖析题义)"了,便用手指着红烛,朗声念道:"丹心照国,身尽而心完。"

这话不但文义正确,而且充分表现了不惜牺牲报效国家的精神,所以客人们不禁齐声称好。

夏完淳14岁时,跟随父亲和老师起兵抗清。起义不久兵败,父亲不屈,投水自尽。夏完淳并未失望,又同老师陈子龙在太湖流域组织起义。

1847年夏天,17虚岁的夏完淳在家乡松江因人告密而被捕,几天后,被押解乘船去南京。

临上船时,这位少年诗人向家乡作了最后的诀别,吟诵了一首刚完成的激昂慷慨的诗:

三年羁旅客,今日又南冠。无限山河泪,谁言天地宽?

已知泉路近,欲别故乡难。毅魄归来日,灵旗空际看。

"羁旅客"指长期寄居他乡的人;"南冠"、"泉路"分别是囚犯和死的代名词。诗中的意思是说:三年来风尘仆仆坚持抗清斗争,经历了无数挫折和失败,过着颠沛流离的生活,现在又被捕成了囚犯。为了山河破碎,不知流了多少眼泪,谁能说这天地对抗清义士是宽阔的呢?已经预料到自己将死,但是要跟养育我的故乡、亲人诀别,那是非常困难的。我死后魂魄回归故乡的那一天,请故乡父老抬头观看,我依然会在天空中高举抗清的义旗!

夏完淳到南京后,由投降清朝的原明朝大臣洪承畴亲自审问。洪承畴知道夏完淳是江南大名鼎鼎的神童和才子,为了收买民心,竭力劝他投降清朝。但是,夏完淳不肯屈服,最后英勇就义。

庞振坤治大疙瘩

庞振坤村上有个神婆子,一天到晚装神弄鬼,设坛作法,把虔诚的善男信女们骗得团团转,乖乖地把钱财和供物白白送给她。不消多久,那神婆便发了财。庞振坤的母亲也对她崇拜得不得了。

一天,庞振坤不去上学,只是将双手紧紧捂住腮帮子,蹲在地上,哭叫起来:"痛死我啦,痛死我啦!"

母亲听了,慌忙上前将儿子扶起来,掰开他的双手,不由得吓了一大跳:"哎呀,这是怎么搞的呀?"

小振坤的右脸上鼓起了一个大疙瘩。

"我也不知道,昨儿晚上睡觉还是好好的,谁知今早一起来就肿胀成这样。"

"乖孩子,别哭,"母亲就要撬开儿子的嘴,看个仔细,"让母亲看看里边长了啥东西?"

"莫动莫动,痛啊痛啊。"庞振坤咬紧牙齿,话儿从齿缝间透出。

母亲觉得儿子病得不轻,便心急慌忙地去请神婆来。

神婆子迈着小脚,颤颤巍巍地跨进庞家门。见了庞振坤,便上下左右地朝他全身端详了一番,然后舞动双手,闭着眼睛,朝着天空念念有词地胡诌了一遍。好一会儿,才说:"哎呀,这是上天神仙在发火呢,病情危险呀!"

母亲忙道:"有啥法子消灾祛病?"

神婆一本正经地说:"不难,只须我在神龛前求愿一番,神仙附灵在我身上,自会唱出经文。你只要照唱词的要求去办,没有不逢凶化吉的!"

母亲说:"只要病好,随您什么要求都可照办。"

神婆子便端坐到神龛前的椅子上,合掌于胸,紧闭双目,微微翕动嘴唇。看她神气,好似已经升天,正同神仙们对话呢。

不一会儿,神婆子深深打了几个呵欠,悠

悠飘飘地唱了起来:"王母娘娘下凡来,单治造孽小奴才。巴掌打在儿脸上,长个疙瘩遭灾祸。要想好了儿的病,全猪全羊摆神台。十斤香油点灯用,丈二红绫搭彩棚……"

母亲听了连伸舌头,暗暗想:"乖乖,要这许多东西?"可又不敢多说什么,便想吩咐家人去照办。

这时,庞振坤实在憋不住了,"呸"地把嘴里一颗大红枣子朝神婆子的脸上啐去,顿时,脸上的疙瘩消散了。神婆子倏地满脸通红,灰溜溜地逃出了庞家。

从此,附近地方再也没有人去找神婆消灾祛病了。

庞振坤智胜叔父

清朝乾隆年间,河南邓州有个机智人物叫庞振坤。

庞振坤小时候,跟着叔父过活。叔父不让他上学,他自己偷偷跟人家学,认识了不少字。

一次,庞振坤对叔父说:"你老是说我是小毛猴子,咱俩明天一起去邓州城,看谁认识的人多。"

叔父说:"你不过想到城里看看罢了,好吧,若没有人认得你,当心你的屁股!"

第二天,庞振坤手里提一个小孩玩的灯笼,做得非常花哨,跟叔父一起去邓州城。

到了城里,庞振坤跟着叔父转完南街转北街,串罢东巷串西巷。庞振坤不论走到哪里,都有不少人惊奇地看他,嘴里还说:"看,'庞振坤来了'!"

庞振坤点点头回答说:"嗯,来了。"

起初,他叔父以为大街上人多重了名,就把他领到背巷里转。走不多远碰上一群学生走过来,刚走到眼前,就见学生指着说:"看,'庞振坤来了'!"

庞振坤又说:"嗯,来了。"

叔父感到奇怪,又把他领到茶馆里。庞振坤一跨进门,几个老学究就说道:"看,'庞振坤来了'!"

庞振坤小声说:"嗯,来了。"叔父更感到稀奇。

到了家里,他叔父问他:"你没进过城,咋会城里人们都认识你?"

庞振坤笑着把手里的灯笼高高举了几下。

眼睛不好的叔父凑近一看,见上面写着"庞振坤来了"5个字,这才恍然大悟。原来人们并不认识庞振坤,是在念灯笼上写的字,不禁大笑道:"你真是个聪明的孩子,我一定供你上学去。"

纪昀幼时写状纸

清代大学者纪昀,字晓岚,小时候不仅聪慧过人,而且富有同情心,遇有不平之事,总要想方设法助人急难。

一天,他经过坟场,忽见一位身穿孝衣的少妇跪在一座新坟前哀哀痛哭,那哭声又悲惨又凄凉,实在让人难受。晓岚不由得上前慰问道:"您为啥哭得这样伤心啊?"

那少妇见是纪晓岚,知道他是当地的神童,便向他诉起苦来:"我丈夫刚死,丢下两个孩子和他70多岁的老母亲,叫我这寡妇怎么养家活口啊?"说完,泪如泉涌。

晓岚忙安慰她道:"别哭,别哭,你到我家来,我为你写张状纸,到县太爷那儿去告。"

少妇抹去眼泪,说:"不行,不行。告谁?告谁?"

"您别急,我自有办法。"晓岚说着把她带回家,很快写好状纸。

县太爷在大堂接过穿麻戴孝的少妇的状纸,只见上面写着:状告丈夫死得早,留下老的老来少的少。民妇叩问父母官,守着好还是走了好?"

县太爷看着看着,皱起了眉头,捋起了胡须,陷入了进退两难的处境里:说走了好吧,夫死要守节,男人尸骨未寒就嫁人,岂非违背三纲五常,坏了风教?若是传扬出去,我这顶县官的乌纱帽都要保不住啊。不行,不行!说守着好吧,岂非明明是向我这个父母官要钱吗?钱啊,钱!我不明不白将钱给一个穷民妇,虽说是公款,岂不是挖了我的心头之肉?不行,不行。

县太爷在案桌前折腾了许久,得不出个较好的断案办法。最后,他脑子里忽地闪了一下灵光:哎,自己即将任满了,能否升迁,全靠社会舆论和上司考察哪。何不趁此机会花些钱,出个烈女贞妇,也算我教化有方,为我买个好官声呢?真是舍得花鸡钱,或许将来赚个牛钱呢!

"天下以孝为重,还是守着好!"县官说着,便叫差役给少妇支了10两纹银。

有人觉得纪晓岚真神,就问他:"你怎么写了一个状纸就为寡妇赚得了10两纹银?"

晓岚笑道:"县太爷平时很小气,可他就

要任满了，面临着升迁、平调的利害抉择，小气也要变大方啊。"

纪昀缠叔学对联

纪晓岚小时候勤奋好学，四叔纪容雅很有学问，对他特别喜爱，在纪晓岚去私塾读书之余，四叔常常教他学习对对，内容都是屋里屋外常见的事物。时间一长，里里外外凡能接触到的事物，几乎都对遍了，纪容雅觉得自己的本事都给晓岚掏光了。

一天，纪晓岚又跑到纪容雅家里，说："四叔，再出点对子让我练练吧。"

纪容雅羞惭地说："我的小祖宗，你就另请高明吧，我肚里这点儿货色也差不多啦。"

晓岚诚恳地说："四叔，您在我们地方上德高望重，谁不晓得您学富五车、才高八斗啊。您就教教我吧。"

纪容雅被缠得无法脱身，只得苦思冥想了一番。好久，才说："你耳聪目明，就在这屋里帮我找找看。看什么没有对过，就以什么为题，好吗？"

纪晓岚听了，便在屋里东瞅西瞧，从天窗、大梁看到方砖地坪，从卧室的梳妆台看到雕花大床……

"嘻嘻，看你们爷儿俩，真正是书生气十足了！"忽地，从床上发出一个女人的笑声。

纪晓岚一惊，这一惊倒激发了他的灵感。原来，发笑的女人是四婶，她正坐在床上缝制衣服，一只缠过的小脚露在裤子外边，小脚穿着绣花软鞋……纪晓岚见了，便拍着小手笑道："有了，有了。婶婶的脚就没有对过。"

四叔一捋胡须，抿嘴一乐，脱口说出上联："三寸金莲瘦。"

纪晓岚不假思索，应口对道："一双绣鞋轻。"

四婶有些恼火，放下活计，对着纪容雅和纪晓岚嗔骂道："老不死，兔崽子，我的脚也能来作对子吗？太不正经了！"

纪容雅见老婆发怒也不计较，反而幽默地给以反驳，又说出了一个新联："人谁不有脚。"

纪晓岚紧接着笑应道："何必动无名。"

动无名就是发无名之火，当然暗指四婶了。这么一来，四婶笑出了泪，四叔笑弯了腰。

纪昀幼年巧对联

纪昀从小就天资聪颖，博闻强记，能言善辩。一天，已到晌午，纪昀正拿着用牛皮拧的小鞭子在院子里玩耍，父亲走过来叫他到学堂去叫哥哥回家吃饭。纪昀答应一声，抢着小鞭子跑到学堂。他不管三七二十一，推门闯进了课堂，只见哥哥正低着头垂手直直地立在老师跟前。

他大叫一声："哥哥，快回家吃饭！"

哥哥稍微抬了抬头，没有说什么，就又低下了头。纪昀见哥哥不动，跑上前去想拉哥哥走。

先生说："慢着，你哥哥正在挨罚！"

纪昀睁大眼睛问："为什么？"

先生说："我出了个上联，叫他对下联，他对不上，所以挨罚。"

纪昀眨了眨眼睛，对先生说："先生，我替哥哥对上行不行？"

先生见纪昀是个四五岁的小毛孩子，笑了笑，顺口搭音地说："行，对不上，可得连你也罚。"

纪昀说："好，你出上联吧！"

先生见他真的要对了，也就认真想了想说："上联是'苇眉织席席盖苇'。"

纪昀脑袋一歪，眼珠一转，斜了斜手中的小皮鞭子，脑瓜一抬，朗声对答道："下联是'牛皮拧鞭鞭打牛'。"

先生听后，大吃一惊，一边点头，嘴里连着说："好！好！好！"并挥手示意叫他们哥俩回家吃饭。

纪昀惩罚恶道士

纪晓岚小时候求学的塾馆同一座道教的道观毗邻。那道观内有一个老道士，表面上道貌岸然，其实道德败坏，极为好色，常常偷看漂亮的女人，有时按捺不住，公然盯梢或调戏。在道观旁，有个大水坑，常年积水，是女人们洗衣裳的好地方。由于有了这个恶道士，她们从不敢单身到这里来用水。

有一年大旱，井水枯竭，只有这个大水坑还积有半坑水。村上的女人们，不得不三五成群地结伴来到坑边洗衣服。纪晓岚上学经过道观门口，几次发现老道士趴在墙头上，红着双眼，鬼鬼祟祟地朝水坑盯视，觉得这个道士淫心太盛，便想出了一个惩治他的好主意。

一天中午，纪晓岚看见几个妇女又到坑边去洗衣服，便随后跟去，悄悄溜进门。走到大殿前院的侧屋旁，他用手指蘸了蘸唾液，将菱形窗格上敷贴的窗纸一点，化开一个小洞，眼睛凑上去窥看，只见老道士正脱掉上衣，光着膀子呼呼地睡大觉，道帽放在床旁的小凳上。

晓岚便轻轻推开门，蹑手蹑脚走进去将道帽拿在手里，顶在自己头上，蹚回身，将房门轻轻带上。走到院子里，他搬了几块土坯，放在墙头之下。他又捡了几块小石头，脚踩住土坯，刚好能让墙外水坑的女人看见道帽。接着，晓岚将手里的小石子接二连三地朝墙外的水坑方向扔去。

"哎呀呀，哎呀呀，哪个促狭鬼来捣蛋！"

"啊，是老色鬼，老道士！"

"死不要脸的东西！"

一阵吵骂声远远地从墙外传来。原来，晓岚早就计算好距离，用力非常均匀和准确，那石子竟像长了眼睛一个个落在水里，溅得妇女们满身满脸都是水。妇女们朝石子投来方向抬头张望，只见道观墙内的道帽一晃一晃，一会儿却不见了人影。女人们匆匆忙忙搞洗好衣服，端起衣盆边骂边走了。

且说道观内晓岚闻声判断已经得手，便急忙跳下砖坯，又悄悄推开侧屋门，将道帽放回原处，又从原路走到门边。他先朝门外观望一下，见女人们的身影已远了，便轻捷地跳出来，把大门虚掩上，飞也似的溜了，躲在竹林里远远地看"戏"。

不大一会儿，只见妇女们带着村里的男人们浩浩荡荡奔向道观。很快，就远远听见道士哀求饶命的声音。

老道士经受了一番皮肉之苦后，再也不敢调戏妇女了。

李调元对联得粽

清代著名文学家李调元，四川绵阳人，从小就能巧对对子。

在他7岁那年的一天，午饭时间还未到，他就迫不及待地向嫂嫂要粽子吃。嫂嫂不让，呵斥道："五弟，粽子还未煮熟。"

李调元看到粽子旁边还有已做好的糍粑，就改口说："三嫂，那糍粑已经做好，让我吃点吧！"

三嫂笑着说："那更不行，你只知道吃，哪晓得这糍粑是我连夜做的，多么辛苦。"

不一会儿，灶上的粽子已经煮熟，李调元又央告说："三嫂，快拿只粽子让我尝尝吧！"

三嫂见小叔子纠缠不休，就故意刁难他："要吃粽子可以，但必须对出一联。"

李调元吃粽子心切，急忙道："请出上联。"

三嫂即景出了一个上联："五月五日，五叔讨粽子。"

这上联看来平易，实际上很难，难就难在九个字中有三个"五"字，而且即景而出，非常贴切，李调元思索了一下，联想到嫂嫂深夜做糍粑的情景，便对道："三更三点，三嫂偷糍粑。"

三嫂听了，点头赞道："三个'三'字倒难为你了，不过那个'偷'字很不妥当，我为一家人操劳，何曾偷过糍粑？"

李调元调皮地眨着眼睛："你用了一个'讨'字，我只好以'偷'来对，否则就对不工整了，嫂嫂，你就委屈些吧！"

这话说得三嫂无言可答，知道李调元的用意是：既要吃到粽子，又要去掉"求讨"的模样，便将上联改成："五月五日，五叔吃粽子。"

李调元马上接口："三更三点，三嫂做糍粑。"

李调元终于吃到了粽子，而且留下了一副叔嫂佳联，传作趣闻。

傅嘉难倒李调元

李调元20岁中进士后，被委派出任广东学政。当地有个叫傅嘉的孩子，故意在他每天上街或回家的必经之路，用三块石头垒成一座石桥，来考李调元。有一次，李调元回家时，轿夫将三块石头的"石桥"踏倒了，在一旁守候的傅嘉便责难轿夫不该将他的"石桥"踏倒，而轿夫则责怪傅嘉不该在当路垒桥以妨碍行走，两人便吵了起来。

李调元闻声便下轿调解，傅嘉有备而来，说："素闻大人善于对联，我这就出个对子，如对上了，就放你们走，否则就要赔我的桥。"

李调元最喜和人作联应对，一听此言正中下怀，再看傅嘉一副天真活泼、聪明伶俐的神态，非常高兴，连忙说："请出上联。"

傅嘉指着被踏倒的小石桥说："踏倒磊桥三块石。"按说此联的"磊"字应改为"垒"字比较确切，但傅嘉故意用上这个"磊"字，以便与后面的"三块石"相接，形成难题。从字面上看，"磊"不正是"三块石"吗？

李调元果真被难住了，提出回去想想，明天再来应对。傅嘉初战获胜，也就答应了李调元的要求。

李调元回到家后心神不宁，他的夫人也是个喜爱对联的人，知道了丈夫闷闷不乐的原因后，说："这有何难？"她拿着正在剪的花样说："剪开出字两重山。""出"字一分为二，正是"二重山"，确能对出"磊"字的"三块石"，所以李调元听了连声叫妙。

第二天，李调元在路上又遇傅嘉，便将下联对了出来，傅嘉拍手大笑说："好倒是好，不过这不是你对的。"

李调元惊奇地问："你怎知道不是我对的？"

傅嘉回答说："想大人堂堂男子汉，当用'劈'和'砍'之类的豪迈字句。据童子推测，这下联是夫人对的。"

李调元当即承认了事实，越发觉得这个孩子聪明过人，更加喜爱，很快去找到傅嘉的父亲，将自己的俸银200两送给傅家，以供孩子读书之用。

北国才子王尔烈

一年秋天，在东北辽阳城的郊外，一个塾师带着一群学童在秋游。面对黄花盛开的原野，老塾师随口吟联："野外黄花似金钉钉地。"众学童张口结舌，无以对答，只有一个孩子，他抬头眺望了一下辽阳城内的名胜古迹白塔，答道："城内白塔如玉钻钻天。"这个孩子就是后来乾隆三十六年间中状元的王尔烈。

王尔烈家境不好，读完四年私塾后，就去龙泉寺当小杂工，抽空向寺里的和尚请教诗文。一年冬天，大雪过后，王尔烈同和尚一起扫雪堆雪，用雪塑了个观音菩萨像，方丈元空和尚出联道："雪积观音，日出化身归南海。"王尔烈虽然年龄小，却对出了一个很好的下联："云成罗汉，风吹漫步到西天。"这联对得不仅工整，而且神思驰骋、意象生动，大家齐声称赞。元空方丈便把王尔烈收为身边的茶僮。

一天，元空方丈带领几个小和尚划船到大安寺去。大安寺的小尼姑正在湖边汲水，她见小和尚撑船，影子倒映在湖水中，船篙正好打在和尚的倒影上，她觉得非常有趣，便笑着出一联："和尚撑船，篙打湖心罗汉。"和尚们对不出下联，都瞅着王尔烈，要他应急。王尔烈指着汲水的小尼姑说："尼姑汲水，绳系潭底观音。"这个下联比小尼姑的上联更有意境。试看：尼姑汲水时，竟将自己的影子也提上来了，多么生动形象啊！元空方丈就收王尔烈为徒，教他读书。从此，王尔烈进步更快了。

后来，王尔烈考中状元，被誉为"北国才子"，做了太子（后来的嘉庆帝）的老师。

郑板桥为师改诗

在一个风和日丽的日子里，兴化有位塾师带着一群学生到郊外踏青游春，其中有年方10岁的郑板桥。

刚刚抽枝发绿的柳条，随风飘拂，江水滚滚东流，四月的江南景色如画。这时突然从上游飘来一具女尸，卡在桥下。这是位年轻姑娘，上穿红袄，下着绿裙，青丝散乱，双目紧闭，但面容如生，唇红颊白，显然是刚死不久。塾师见此情景，顿生怜惜之情，口诵一诗：

二八女多娇，风吹落小桥。

三魂随浪转，七魄汇波涛。

郑板桥听了老师的这首诗直率地指出："老师，你作的这首诗不对！"

塾师望着郑板桥，他深知这个学生平时学习刻苦，思路敏捷，素有"怪才"之称，便不耻下问："如何不对？"

"死者年纪很轻，但老师并不认识她，如何能直指她为二八年龄？老师不知她是如何死的，怎么就判断她是被风吹落的呢？魂魄是虚无飘渺的，老师又如何得知她的魂魄在随波逐流，在浪里打转呢？"

写诗是需要想象力的，塾师的即景之作，这种写法也还说得过去，但他听了郑板桥的意见，觉得自己的想象和判断太武断了，就再问道："依你之见，应该如何？"

郑板桥当仁不让，便将老师的诗作改成：

谁家女多娇，何故落小桥？

青丝随浪转，粉面汇波涛。

死者姑娘谁都不认识，也不知她因何而死，所以自然会产生"谁家"和"何故"的疑问，"青丝""粉面"是看得见的东西，比虚无飘渺的"三魂""七魄"要实在得多，因而感情也要真挚得多。那位塾师听了郑板桥改的诗连声称赞，认为比自己作的原诗好得多。

郑板桥自小就努力学习，善于观察，肯动脑筋，长大后成为清代著名的思想家、文学家和艺术家。他的诗书画被誉为"三绝"。

陶澍写对联自勉

陶澍是清嘉庆年间的进士，他家贫志不移，才高不自负，民间流传着他写联自勉的故事。

有一年，湖南安化陶澍所在的村子里，新

开了一所油坊。开张之日，老板请了许多秀才为油坊写副对联，以示庆贺之意。那些秀才平日里弄文舞墨、夸夸其谈，写出来的对联，也不过是些"生意兴隆通四海，财源茂盛达三江"和"日进千金"、"招财进宝"之类的泛泛之作，老板看了摇摇头，表示不满意，秀才们冥思苦想也想不出什么佳句新联。

年少的陶澍也杂在人群中看热闹，他见老板着急的样子和那些秀才搔耳托腮的窘态，便天真地说道："让我来写一副对联可否？"

老板见是一个孩子发问，再看这孩子貌不惊人，衣衫破旧，颇有些看他不起，就不予理睬。那伙秀才心想自己饱读经书，尚且想不出什么妙联佳对，一个小小的乡间孩子又有什么能耐？便对陶澍嗤之以鼻。倒是围观的村民，鼓励陶澍将对联写出来。

陶澍研墨挥笔，写下这么一副对联：榨响如雷，惊动满天星斗；油光如月，照亮万里乾坤。

在场者看到了这副对联都连声叫好，几位秀才也目瞪口呆，那个老板更喜得眉开眼笑，不仅当场给了陶澍重金奖赏，而且还当着他父亲连声夸赞："令郎小小年纪，有此文才，将来必定大有出息。您老享福的日子在后头呢！"

可陶澍的父亲却说："享福我倒不想，只要餐餐清茶淡饭，冬天有树根烤火不愁饥寒，我就如意了。"

陶澍听了父亲的话，就借此话题，于春节时在自家门上写了这样一副对联："清茶淡饭树根火，老夫所享，余愿足矣；修身齐家平天下，小子之事，尔其勉哉。"

陶澍以联自勉，后来果然实现了自己的诺言。他中进士后，先后任翰林、御史，做到"为翰林能读，为御史能言。"在道光年间任两江总督、加太子少保兼管盐政。

魏源对联骂举人

魏源，清道光年间进士，湖南邵阳人，是杰出的思想家、学者和文学家。

魏源幼有文才，9岁那年，参加邵阳县的童子试。县令端杯喝茶，杯上有太极图案，就出了一个上联："杯中含太极。"魏源怀中正揣着两只当午饭的麦饼，便应道："腹中孕乾坤。"并解释说："乾坤就是天地，这两只麦饼，一只是天，一只是地，我吃到腹中，就可想天下大事了。"

县令见他应对正确，出言不俗，志向远大，不由连声赞好。

乡间有个姓胡的举人，中举之后不求上进，拿了别人的文章，冒充是自己的作品，招摇撞骗。少年魏源读书甚多，曾当面加以揭穿。胡举人不由恼羞成怒，想当面显示一下自己的文才，并对魏源进行报复。他指着灯笼里的蜡烛借题发挥，说道："油蘸蜡烛，烛内一心，心中有火。"

魏源知道这是一个"顶针联"，即两"烛"两"心"相顶，便针锋相对地回了一联："纸糊灯笼，笼边多眼，眼里无珠。"此联中的灯笼，同蜡烛相对很工整，而且以两"笼"两"眼"相顶，来对两"烛"两"心"，并借机痛骂胡举人"眼里无珠"。

胡举人没有占到便宜，反被一个孩子奚落一顿，哪肯善罢甘休，又气冲冲地出了一联："屑小欺大乃为尖。"这是个"拆字对"，"小大"为尖，意思是说魏源是个小无赖，以小欺大太尖刻了。

魏源当然也不示弱，立即回敬："愚犬称王即是狂。"同样也是"拆字对"，反犬旁加王为"狂"，对得非常贴切，而且以牙还牙。你说我是"屑小"，我反骂你是"愚犬"；你说我尖刻，我反说你狂妄。寸步不让，使胡举人反受其辱，无地自容。

蒋坚古庙识凶犯

清代有个能干的官员名叫蒋坚，他是江西铅山人。小时候有一天，蒋坚跟着叔父出去游春。走到一座古庙前，忽见男男女女围着寺庙议论纷纷，路上还不断有人赶到古庙那里去，好像里边发生了什么稀奇事情似的。叔父拉着蒋坚的手就往庙里挤。

到达大雄宝殿，他们看见了一个奇异的情景：几个县衙里的差役，严肃而愤怒，"一"字长蛇阵般地坐在殿边的凳子上。几个和尚正同一个差役的头头讲话。

叔父悄悄地问了问旁边的看客："先生，发生了什么事情？"

那人轻声说："附近一座寺庙里死了一个和尚，差役正在追查凶手呢。"

蒋坚听罢也不言语，只是在人群中钻进钻出，往大殿周围走了一遭。

回到叔父身边，蒋坚便说："我看杀人凶犯就是那个坐在大殿右边角落念经的老和尚。"

叔父慌忙捂住侄儿的嘴，连声说："不要瞎说！这可是人命关天的大案，可不能随便冤枉人啊。"

蒋坚坚持说："我可以断定老和尚是凶手！"

叔父问："你有什么根据？"

蒋坚说："你看他念经的样子！"

叔父朝大殿右角望去，果然，那个老和尚手里捧着一本佛经，低眉垂眼地念着，却心神不定，不时拿眼角东张西瞟，根本不像专心致志念经的样子。叔父觉得侄儿说得有道理，便悄悄地将情况报告了旁边的一个差役。

差役传递了消息，那头领忙将那个老和尚叫来，只不过一袋烟工夫，做贼心虚的老和尚，就交代了杀人的罪行。

毛奇龄应试妙语

毛奇龄，浙江萧山人。清代经学家、文学家。散文、诗词都写得很好，并从事诗词理论批评，有《西河诗话词话》。通音律，撰有《竟山乐录》等。后人编有《西河合集》。

毛奇龄13岁那年，到县城应试。主考官陈大樽一看是个毛孩子，开玩笑说："黄毛娃娃，敢来应试？"

毛奇龄应声答曰："鹄飞有待，此振先声。"

陈大樽一听，十分惊奇。考试时，陈大樽让考生以"春蚕作茧"为题作诗。

只见毛奇龄眉头一皱，提笔写道："经纶犹有待，吐属已非凡。"毛遂自荐，大胆表明自己有满腹学问，等待器重使用的非凡抱负。

陈大樽看后不禁叫绝，断定这孩子将来必成大器。这次考试，13岁的毛奇龄名列榜首。当时陈子龙任推官，特别喜欢他，把他补为生员。

诸葛庙中的妙联

在湖北古隆中诸葛庙，有一副草庐亭长联，为清代著名书法家邓石如所书，气势恢弘，风格高古，被很多书法家誉为书坛绝学。然而，这副长联却是一个名不见经传的少年学生李文举所撰。

邓石如很喜欢吟诗作联。有一次，他想为自己的书斋"碧山书屋"题写一副对联，苦思日久，却没有觅得佳对。学生们听说老师要撰一副书斋联，都跃跃欲试，争相献艺，对联写了不少，但没有一副是合老师的意的。这时一个穿戴普普通通的农家少年最后来到邓石如面前，躬身一礼道："弟子拟有一联，不知能当老师意否？"说着吟道：

南华经，相如赋，班固文，马迁史，薛涛笺，右军帖，少陵诗，摩诘画，屈子离骚，古今绝艺。

沧海日，赤城霞，峨眉雪，巫峡云，洞庭月，彭蠡烟，潇湘雨，广陵涛，庐山瀑布，宇宙奇观。

上联历数古今绝艺，名家名作，诗词歌赋，书画经史，无所不有。下联写尽天下奇观，江山胜景吞云吐日，云蒸霞蔚，气势磅礴。全联上下数千年，纵横几万里，歌颂了老师的博览群书，满腹经纶，深不可测；又歌颂了老师的心胸宽阔，道德高尚，不落凡俗。邓石如不禁眉开眼笑，拍案叫绝。

小孩智答老和尚

据说清朝时，江南有一个聪明的小孩，一次去北方探亲。一天，他跟着大人到一所庙里去烧香。因南方人的装束与北方的有点不同，但他生得很机灵，老和尚见了，就想逗逗他。

老和尚："从哪里来？"

小孩："从江南来。"

老和尚："江南草木耳！"

小孩："草木之中，唯吾独秀。"

老和尚："择其秀者而伐之。"

小孩："伐为国家做栋梁。"

老和尚本想奚落小孩一顿，没想到被小孩弄得理屈词穷，就横不讲理地用骂人的口气想置小孩于进退两难的境地，大声说："你进三步就会死，退三步就会亡。"

小孩却毫不在意地轻松答道："我横走三步又何妨！"

老和尚再也无言以对了，只好沮丧地闭着眼假装坐禅。

放牛娃计逐群猴

清代嘉庆年间官至湖北省一品提督的罗思举，少年时在四川老家给人家放牛。

当时，四川峨眉山中有很多猴子，这些猴子常常跑到农民家中偷盗食物；而且一来就是一大群，人少的小村子简直拿它们没有办法；田里稻子成熟时，群猴上千只跑下山来摘稻穗，稻田被它们糟蹋得不成样子。农民们眼见辛辛苦苦种出的庄稼被猴子白白糟蹋掉，都十分恼恨。可是想尽办法，总驱赶不掉猴子。

这天，有个放牛娃手持绳索，悄悄地潜伏在村头山坡旁边。一会儿，猴群下山来了，等到走近，放牛娃突然一跃而起，以迅雷不及掩耳之势，抓住了一只大猴的后颈。其余猴子见状大惊，一只只跳上了树。放牛娃将大猴捆住，带回家中。

放牛娃将猴子捆绑在柱子上，跑去找来了一柄剃头刀，将猴子周身的毛剃得光光的。接着，他又去找来了五彩颜料，将猴子那光秃秃的身上、脸上画得斑驳陆离，像鬼怪似的狰狞可怖。

众人见放牛娃将猴子这样打扮，都以为他是孩子气，抓住了一只猴子来寻开心，一个个都咧开嘴望着这只奇怪的猴子嘻嘻哈哈地笑。

放牛娃刚刚将猴子画好，村人来报说："不得了，大批猴子又下山来了！"

放牛娃一听，马上去找来了一只铜铃套在猴子颈上，又在猴子尾巴上缚上好几挂鞭炮，自己腰里装上几枚大花炮，拉上猴子径奔村外。主人和众村民都好奇地跟在放牛娃后面，看他到底玩弄什么戏法。

放牛娃来到村外，只见庄稼地里成了猴子的世界，立的、蹲的、爬的、跳的、树挂的，好不嚣张！放牛娃对大家说："再拿几面锣来！"众人拿来了几面大锣。

群猴正在肆无忌惮地大叫大嚼、跳跃嘶叫、得意扬扬的时候，猛然听到"砰"地一声炮响，锣声"铿！铿！铿！"地响成一片。群猴一齐惊视时，只见从村口蹿过来一只怪物，周身五颜六色，面目狰狞可怕，尾巴上"噼里啪啦"乱响，烟雾弥漫，连蹦带跳，直朝猴群奔了过来。猴子们这一惊非同小可，不知眼前来了什么鬼怪，一齐回过头去就逃。可是那鬼怪功夫却不在众猴之下，登山上树，如履平地，跟在猴群后面紧追不舍。猴子们上山它上山，猴子们上树它也上树，吓得众猴魂飞天外，魄散九霄，一齐拼命直往大山深处逃去。那只鬼怪也紧紧跟在猴群后面消逝在丛山密林之中。从这以后，猴子再也不敢到这村子来糟塌庄稼了。

小儿量地叔纳妾

古时候，有个小男孩，从小失去双亲，被寄养在叔叔家里。一天，他发现叔叔神情忧郁，就上前探问原因。叔叔答道，因为膝下无子，妻子多病，又不能生育，为传宗接代，他本想娶个小妾，可妻子偏不答应，为此一筹莫展。

男孩想了想说道："叔叔别担心，我想个办法叫婶婶让步就是。"

"这恐怕做不到吧？"叔叔表示怀疑。

第二天一早，男孩拿着一把量衣服用的尺子，装模作样地量起院门与叔叔房子间的地皮来。他这一举动把婶婶从屋里吸引了出来。

"你在这儿干嘛？"她问道。

"我量量地皮。"男孩子冷冷地回答，回答时也没有停下手中的活。

"什么！量地皮？"婶婶问，"你对我们家的房子打什么主意？"

男孩带着自信的表情答道："婶婶，我在为自己的将来做准备呢。你和叔叔年纪大了，又没有儿子，将来这座房子肯定就是我的了。现在我先量一量，日后想让人把它改造一下。"

婶婶一言未发地跑进屋里，叫醒了丈夫，让他赶快去纳妾，愈快愈好。

小丫头纵火擒贼

很久以前的一个深夜，一伙蒙面强盗闯入一家殷实富户。主人夫妇从床上被拖了起来，吓得浑身筛糠似的发抖。

"快，快把柜门、箱笼的钥匙交出来！"强盗们扬着宝剑，直逼主人的喉咙，那剑刃兀自闪着寒光。

主人夫妇不敢怠慢，哆哆嗦嗦地到梳妆台上寻出一串钥匙。强盗们立即分散奔入各个房间，翻箱倒柜。顿时，卧室、厅堂、书房……全给搅得狼藉不堪。

此时，有个小丫头见状十分愤怒，猛生一计。她装出十分害怕的样子，对放哨的强盗哭哭啼啼地说："我冷，我冷，让我到厨房里去暖和暖和。"

那强盗见小丫头不满10岁，又不是要求出门，就不以为意，很不耐烦地说："去吧！"

小丫头获得允诺，马上跑进厨房，将门儿闩上。拿起敲火石，点着了油灯，并往灶间塞进几大把稻柴，将火点着了……然后，她推开窗子，越窗跳入后院，复将窗子关好。

放哨的强盗走到厨房门前，朝门缝里窥探了一下，只见油灯闪亮，灶膛间透出红光，估计那小丫头蹲在灶前取暖，便重新回到厅堂门前放起风来。

且说那小丫头来到后院，即刻敲石引火，将靠近围墙的一垛稻草堆点燃。顿时，火苗呼呼地往上窜。火借风势，风助火威，那后院小半个天空就变红了。

村上的人们纷纷被惊醒了。一下子，人群包围了那家富户：拎着桶的、擎着扁担的……

埋头搜索财物的强盗们听见外面人声喧闹，

猛然惊觉，要想外逃，可是为时已晚，他们全被村民们活捉了。

村民们无不赞许小丫头随机应变的智慧。

童辉井底捞玉簪

童辉的母亲在井边急得直跳脚，原来她去打水时，头上戴的粉红色的玉簪掉到井里了。这簪子可是值钱的东西呀，难怪母亲快急死了。

童辉忙跑到井边安慰母亲说："母亲，别急啦，我们把它捞上来！"

母亲问："用什么捞呀？"

童辉去找了根竹竿，在竹竿的一端绑上一个小铁钩儿。母亲接过来，就把竹竿伸到井里去。

井好深呀，里面很暗，那玉簪又小，怎么也看不清呀。捞了一会儿没捞上来，母亲甩一把汗，抬起头望着太阳说："要是太阳帮帮忙，照到井里就好啦！"

童辉一听，说："对！我们来请太阳帮帮忙。"说完转身回家拿了一面大镜子。

童辉把镜子对准太阳，那镜子立即反射出一道十分强烈的光，可怎么也反射不到井里去。

母亲叹了口气说："太阳不肯帮忙。"

童辉看看太阳，又望望井口和手中的镜子，歪着脑袋想了一会儿说："太阳肯来帮忙的。您等着瞧。"他说完，又"腾腾腾"地跑回家。

一会儿，童辉又抱来一面大镜子，把它斜着竖在井台边，镜面斜着向上，立即反射出耀眼的阳光。这反射出的阳光正好照在童辉手中的那面向下的镜子。就这样，阳光拐了两个弯，反射到井里去了。

井中被照亮了，呀，看见了，清澄的井水能一眼望到底，井底下安安静静地躺着那只粉红色的玉簪，母亲把竹竿重新伸下去，小铁钩儿一钩，就把那玉簪钩上来啦。

小女孩智擒强盗

古时候的一天，有个富贵人家的老爷和夫人都出去走亲戚了，只留下一个小丫鬟看家。那个小丫鬟只有9岁，操持家务已经十分在行，所以深得主人的信赖。

此时，小丫鬟正在擦拭一只大银盘。那东西银光闪闪，盘面犹如明镜，光可鉴人。这是一件国宝，原是皇帝赏赐给这家主人的。

突然，小丫鬟听得背后一声喊："不准回头，一回头就杀死你！"

小丫鬟发觉是强盗闯进家门来了，便乖乖地站着不动，说："是！"

"把银盘给我，别回头！"

小丫鬟便把大银盘缓缓地举过头顶，想交给那个强盗。忽地小丫鬟将双手落下，向前略微一弯腰，说："你仔细看看，是不是这只银盘？"

强盗也弯下腰，越过小丫鬟的脑袋，朝银盘审视了几下，不由分说，舒展手臂，一把夺过银盘，另一只手仍用刀尖顶在她背后，低声吼道："在我退出房间前不许回头！"强盗边说边退，退至门前，便兜转屁股，旋风似的逃走了。

主人夫妇回来后，一听御赐的宝贝被人抢走了，不禁勃然大怒，喝令家人将小丫鬟捆绑起来，准备施以重刑。

小丫鬟忙说："老爷、夫人息怒！小奴婢自有办法擒捉强盗。"

"什么办法？"

"报了县官就有分晓。"

县官接到案情报告，知是国宝被抢，不敢急慢。详细询问了强盗作案的经过，长叹了一声道："小女孩啊，你好糊涂！不知道那强盗的长相，即使有千军万马又如何能擒拿到案？"

小丫鬟嘻嘻一笑说："禀告县太爷，您别着急！我将银盘递给强盗时，在眼前停了一会儿，诱他低下头来看银盘，我从银光闪闪的盘面上看清了他的面相。"

县官一拍惊堂木："好！"

根据小丫鬟提供的强盗相貌，很快抓住了罪犯，大银盘物归原主。

放牛娃智杀母狼

一头母狼经常趁着夜色偷袭人畜，造成伤亡，害得村民们六神不安。大家都恨不得要杀死它，可一时又想不出好办法。倒是两个放牛娃悄悄商议了一个妙计。

一天，他们循着恶狼的足迹，寻到了山谷里的狼窝，发现里边有两个狼崽子，他们躲在树丛间窥探等候。恶狼从窝里跑了出来，出外觅食去了。放牛娃忽地窜出来，直奔狼窝，一人捉了一个小狼崽子就跑。两个孩子各人爬上一棵大树，两棵大树之间相距好几丈远。

过了好久，恶母狼回来了。它不见了狼崽子，便急得嗷嗷乱叫，绕着狼窝不断地兜圈儿。一个放牛娃见状，便在树上用力揪扯小狼的耳朵，痛得它哇哇乱嗥。恶狼听见叫声，冲到树下，一边嚎叫着，一边拼命地抓咬树干，扑腾蹦跳不已。此时，另一个放牛娃也在树上用力揪扯小狼的耳朵，痛得它哇哇乱吼。恶狼听得叫声，丢下这棵树，立即奔向那棵树，一边嚎叫着一边拼命地咬树干，扑腾蹦跳不已。一会儿，先前那棵树上的小狼又叫了起来，恶狼又兜转屁股，奔到那里，嚎叫着，撕咬着，蹦跳着……

就这样，恶母狼不停地来回奔跑了上百个来回，嚎叫声渐渐微弱了。最后，恶狼终于声嘶力竭，倒地死了。

少年夜半惩男巫

南方某村有个男巫，喜欢装神弄鬼，自称拥有法术，能够驱妖祛病。如果有人生病向他求医，他就一本正经地沐浴戒荤，虔诚念佛，然后设置祭坛，吹响螺角，摇动铜铃，又是上蹦下跳，又是大呼小叫，疯狂地追逐奔跑，仿佛在与妖魔鬼怪搏斗似的。要是病人侥幸痊愈了，男巫就大肆自吹自擂一通，害得病家破费巨款酬谢招待他。要是病人死了，他就说："这是天命如此，佛法巫术已经无法挽救了。"总之，他浑身都是本事，平时常常向人夸下海口："我最擅长驱治鬼妖，任何鬼怪休想在我面前逞能作恶。"地方上的人们受他愚弄被骗去不少钱物，他很快富了起来。

村上有一个少年早已对男巫欺世盗名的诈骗行为十分憎恨，便同几位小朋友商量了一个惩罚他的妙计。

一天夜里，男巫从外地做了巫术"生意"回家。走到一个树林边上，忽然，"呼啦啦"一团沙子朝他头上掷来，甩得他脸面生疼。男巫望着黑黝黝的林子，以为真有鬼来跟他作对了，心里害怕得不得了，便从腋下拔出螺角，"呜呜"地吹起来为自己壮胆。谁知走了几百步路，又听得一棵树上"刷啦啦"地响，几团沙子石粒直往他的身上掷落下来，他更吓得浑身发抖，以为鬼怪肯定要置自己于死地了，便丢下螺角，摇起铜铃，慌不择路地奔逃起来。哪晓得跑了几百步路，又兜头给掷了几团沙子石粒，他越发以为鬼怪这下一定不会放过他了，吓得将铜铃掉在地上，拼命地奔跑着。听到自己的脚步声和树叶的沙沙声，都认为是鬼叫声，只能一路跑，一路大喊"救命"。

直到半夜，他才摸到家门口，连忙号啕大哭，"砰砰"敲门。妻子起床为他开门，他结结巴巴气喘吁吁叫道："快，快，扶我上床。今儿，我见到鬼了，快，快，活不成了。"妻子大吃一惊，慌忙搀扶他上床。哪知他刚躺下去，就心胆破裂，两眼翻白，双脚一挺，滚到床下，死了。脸面和身上的肌肤全是一片青紫。

事情传开后，引起了少年们一派哄笑。少年委托一个大人对乡亲们说："那是邻村一个淘气孩子玩的鬼把戏。可笑啊，男巫直到死还认为自己是遇到了真鬼哪！"从此，附近地方的人们，再也不相信佛法巫术能够驱鬼治病的骗人说法了。

童仆戏讽大财主

古时候，某地有个大地主，尽管山珍海味滋补药品不断，却总不见胖。人瘦得像竹竿，三天两头就头疼脑热。挨到60岁，终于生了一场大病，四处求医问卜，也毫无起色。便召来两个宝贝儿子急切地询问道："你们在私塾读了许多圣贤书，那些先哲学者说到阴间地府的情况了吗？究竟好不好啊？"

可笑他两个儿子从来不喜好读书，只会吃喝嫖赌，见父亲发问，竟涨红着脸，结结巴巴答不出个所以然来。

财主见儿子痴痴呆呆的样子，兀自怒目骂道："废物！饭桶！不中用的败家子。"

这时一个十来岁的童仆，扶住财主的肩膀，拍打着财主的背脊，说："老爷，请您息怒，我知道阴曹地府的情况，那儿真是好得不得了，要吃有吃，要住有住，要美女有美女……"

财主又吊起一股心火，将童仆推开，讥讽地责问道："你这穷小子，斗大的字不识半升，怎么知道阴曹地府的好坏？全是一派胡言，想来糊弄我！"

童仆笑嘻嘻地说："老爷，别发火。我说话是有根据的。"

财主冷笑道："你有根据？你的根据是什么，是孔子的《论语》，还是朱熹的《四书集注》？哼！哼！"

童仆从容地说："老爷，如果阴曹地府环境不好，那么请问，为什么阳间的人进到阴间去后，没有一个返回来的？那不就是证明，他们贪图那儿的生活吗？"

财主一听，竟觉得极有道理呢。

王华沉银归钱袋

古时候，有个6岁的孩子叫王华，一天和一群小朋友在小河边游戏。正玩得兴高采烈的时候，一个过路的醉汉，跟跟跄跄奔过来，还没靠近小朋友，就"哇"地呕吐出来，把裤脚弄得很脏很脏。他只得将肩上的一只小布袋放在地上，自己挽起裤脚管，脱了鞋子，赤脚下河洗涤。洗了好一会儿，他才上岸，穿上鞋子，又蹒跚地朝前赶路了。

不一会儿，王华来到河边，忽然看见灌木丛边有一只小布袋，他恍然记起："啊，这是醉汉忘记了的口袋！"想要追上前去喊他，可那人早就没了影儿。王华提着口袋掂了掂，嘿，好沉好沉哪！解开袋子一看，啊，竟是亮晃晃的几十两银子！王华想：失主酒醒后发现丢了银子，一定会很难过的！他必定会从老路返回来寻找。对，我一定要在这里守候他！

王华想着，却见几个小朋友好像往这儿奔来，这处又有行人过来，便慌忙将布袋口扎紧，顺手拎起，丢入河岸边的浅水里。自己坐在岸边等候。

果然没多久，那个酒醒的醉汉哭哭啼啼地跑回来了。

王华问道："你是不是丢了东西？"

那人慌忙问道："是啊，你看见我的口袋了吗？"

王华指指小河，说："别急！东西好好地在那水里哩。"

那人就下河将布袋捞了起来。上得岸来，他连声道谢，还惊喜地拍着王华的脑袋说："了不起！你不但心地好，还很有心计呢！"说着，他急忙解开袋口，取出一锭白银作为酬礼，王华无论如何不肯接受。那人只好提着袋子走了。

顾盼巧设四字计

从前，有个叫顾盼的孩子很聪明。一次，村子里的两个地痞神秘兮兮地将他叫到跟前，斜着眼睛对他讲："大家都说你挺聪明的，你能猜得出我们下的这盘棋谁输谁赢吗？猜对了，我们赏你一个苹果；猜错了，你让我们两个各打十下屁股。怎么样？敢吗？"两个地痞说完捧出一堆苹果放在石桌上。

顾盼猛吃一惊：我猜甲赢，甲有意输给乙；我猜乙赢，乙有意输给甲。今天要是和他们打赌，不是要白白挨这两个混蛋一顿打？

他想了一下，灵机一动，马上答应："好吧。"当场铺开纸，一边写一边念念有词："甲赢乙输。"说完，笑眯眯地瞅着甲、乙两人。

果然不出小顾盼所料，刚开局不久，甲就连续不断地把车、马、炮送给乙白白吃掉，甲兵败如山倒，给乙"将"住了。甲回头一瞥顾盼："看清了吗？快去弄块竹板，让我们打你的小屁股吧！"

顾盼不慌不忙回答："别忙，我猜对了呀。"他摊开纸，指着上面四个字念道："甲赢乙输！"说完调皮地拣了个大大的红苹果。

甲和乙气得目瞪口呆，下第二盘要顾盼再猜。顾盼嬉笑着，仍旧写上"甲赢乙输"四个字。

这一回棋，甲假装下得很认真，一会儿，乙便认输。甲扬扬得意地开口："顾盼，这回该服输了吧？"

"不，你们输啦。"顾盼指着那张纸，大声念道，"甲赢，乙输。"念完甜甜地又吃了一个苹果。

甲和乙气得高声嚷嚷："好，咱们再下最后一盘。不过，这次你要是猜错了，要让我们每人打50大板，不许叫痛！"

顾盼将那张纸一扬："好啊，我还是这四个字。"

一会儿，甲乙两人成了和局，马上推开棋盘，一同站起来高喊："小家伙，乖乖地贡献出你的屁股吧！"

不料，顾盼爆发出一串银铃般的脆笑："这个结局，我没猜错啊。不信你们看这四个字：甲赢？乙输？就是说，甲也不会赢，乙也不会输，你们两人下了一局不分输赢的和棋。看来，我还要谢谢你们贡献的第三个苹果了。"

牧羊童妙答三题

有个叫阿龙的孩子在大地主家里放羊。那家地主心狠手辣，饭不给阿龙吃饱，工钱到了月底却总要七折八扣，住的地方是羊棚。阿龙很想不干了，可又受到契约的束缚，难以脱身。

一天，早已看出阿龙心思的财主，为了寻开心，竟开玩笑地说："阿龙，你只要答出三道题目，我就将契约还你，放你回家。"

阿龙兴奋极了，说："好，你把全村人都叫来作证人。"

村民们全都被叫来了。地主指着两位小姑娘说："喏，她俩之间有一个是哑巴，你说谁是哑巴？"

阿龙瞟了两个小姑娘一眼，猛地从腰间拔出一把寒光闪闪的尖刀。

一个姑娘吓得直喊："妈呀，不要杀我！"另一个只是"哎哎"地叫。

345

阿龙指着后者说："她是哑巴！"村民们齐声喝彩。

地主面色很难看，又叫来两个男孩，对阿龙说："他俩中有个聋子，你说谁是聋子？"

阿龙朝他俩端详了一会儿，倏地跑到男孩背后，猛然吹出三声口哨。

一个男孩连忙捂住耳朵，转过身来，另一个男孩仍然呆呆地站着。阿龙指着呆男孩说："他是聋子。"村民们鼓掌大笑。

面色发白的地主，恼怒地叫人牵来两只毛色、大小一样的山羊，对阿龙冷冰冰地说："哪是老羊？哪是小羊？"

阿龙仔细地看着两只山羊，偏着头想了想，便从腰间抽出羊鞭，朝半天空"啪"地甩了一下响鞭，两只山羊被赶往溪边。一只山羊蹚水过溪，另一只却直往后退缩。阿龙指着后退的山羊说："这是小羊，过溪的是老羊。"村民们异口同声喊好！

原来老羊经常过河溪，所以不怕水；小羊过河经验不够，所以怕水。地主这下子像棵给早霜打蔫了的草，只得履行诺言，将契约交还给阿龙。阿龙像只飞出了笼子的小鸟，欢天喜地地回到家里。

孙中山智擒拐匪

六月盛夏的一天早晨，11岁的孙中山（孙文）离开翠亨村，为他哥哥到三乡去给一个朋友送礼。为了抄近路，他不走大路而穿越海拔不高的五桂山。这条路线虽然荒僻一些，但孙中山一点也不害怕，因为他对这里的地理位置比较熟悉。

大约走了10余里地，孙中山来到一个叫作疴屎环的冷僻地带。这里杂草丛生，又没有人烟，除了他一人之外，路上不见一个行人。

突然，孙中山听见旁边树丛里有脚步声，他扭头一瞧，只见从拐弯处闪出一个30多岁的人来。听孙中山说去三乡，他热心地说是同路。

孙中山看那人的装束，好像不是本地人，心中就警觉起来。但表面上仍保持原来那种毫不在乎的样子，随口问道："你是三乡人吗？"

"是的。"那人点点头回答，"我在三乡住后山，你不识路，我还可以给你带路呢。"

孙中山一听此人的回答，就知道他说的是假话，因为孙中山对三乡的情况非常熟悉。在只有四五十户人家的三乡，孙中山从未见过这个人。由此他估计这个人是个坏蛋。另外，最近翠亨村附近已经发生过小孩失踪的案件，据说是被坏人拐走的。孙中山联想到眼前这个人的神态，更认定他必是拐匪。于是他心中暗暗说道：我一定要想办法抓住这个拐骗咱们小孩的坏蛋，不能让他溜掉再去拐骗其他小孩！

"好的，咱俩一道走吧。"孙中山心里虽然恨透了那家伙，但表面上显得若无其事。

那人见孙中山对自己毫无警惕，心中非常高兴。

孙中山和那人说着走着，已经走了两三里路。这时，孙中山看见前边不远处有个小山村，就装着跟那人非常亲热的样子说："我要把礼物中的一部分送给这村子里的一个亲戚，然后再到三乡去。现在我把一部分礼物留在你这里，请你在这里等我一下，我马上就回来。"

那人见孙中山一副天真的样子，就毫不怀疑，他说："好，你去吧，快点回来，我就在这村口等你。"

孙中山冲那人笑了笑，提着一份礼物匆匆走进了村里。他看见有几个乡民正坐在大树荫下谈家常，就急忙跑过去，把自己在路上如何遇到一个坏人的事叙述了一遍，请那些人跟他一起到村口去把那人捉住。

"你这孩子也太疑心了。"一个中年人笑着说，"人家正好跟你同路，又好心要帮助你，你怎么反怀疑人家是什么拐子、绑匪呢？"

另一个年轻人说："是啊，如果那人真是个坏人，一定是很狡猾的，他怎么会上你这么个小毛孩子的当呢？如果咱们听你的话去捉住那人，而那人若不是坏人，不是很麻烦吗？"

"真的，我说的都是真话。"孙中山终于说服了那些乡民们。几个中青年怀着对拐卖小孩子的绑匪的仇恨，就跟着孙中山从村里跑了出来。

"就是他！"孙中山边跑边叫道。

那人见孙中山带人来捉他，心中非常懊恼，当他想拔脚逃跑时，已经晚了，几双有力的大手已将他紧紧地抓住了。他想说自己不是坏人，可是他拐卖小孩的几张单据，被人们从口袋里搜了出来。在人们的逼问下，他不得不老实交代：在离这个村不远的麒麟头海面，有他的一条小船。他本打算过了这个村，就把孙中山拐上船，然后送到澳门去卖掉，没想到今日他栽在一个少年的手里。